D1664251

Mathias Krempl
Johannes Thaler

Arbeitsmarktverwaltung in Österreich 1917–1957

Bürokratie und Praxis

ÖGB VERLAG

Verlag des Österreichischen Gewerkschaftsbundes GmbH
Johann-Böhm-Platz 1
1020 Wien
Tel. Nr.: 01/662 32 96-0
Fax Nr.: 01/662 32 96-39793
E-Mail: office@oegbverlag.at
Web: www.oegbverlag.at

BUNDESMINISTERIUM
FÜR ARBEIT, SOZIALES
UND KONSUMENTENSCHUTZ

Das Bundesministerium für Arbeit, Soziales und Konsumentenschutz hat 2013 dem Institut für Zeitgeschichte der Universität Wien den Forschungsauftrag mit dem Thema „Historische Rahmenbedingungen der Arbeitsmarktverwaltung auf dem Gebiet des heutigen Österreich 1917–1957" erteilt. Über die Ergebnisse war eine Studie zu verfassen. Die vorliegende Publikation basiert auf dieser Studie.

ISBN 978-3-99046-178-5

Umschlaggestaltung: Thomas Jarmer

Medieninhaber: Verlag des Österreichischen
Gewerkschaftsbundes GmbH, Wien
© 2015 by Verlag des Österreichischen
Gewerkschaftsbundes GmbH, Wien
Verlags- und Herstellungsort: Wien

Printed in Austria

Inhalt

Vorwort

Die historische Aufarbeitung der österreichischen Arbeitsmarktverwaltung ist in mehrfacher Hinsicht von Bedeutung. Es handelt sich dabei um eine der ersten öffentlichen Verwaltungseinrichtungen, die sich selbst zum Gegenstand einer historischen Untersuchung machte. Der Aufbau der Arbeitsmarktverwaltung mit ihren Strukturen, ihrer Organisation und ihrer Zuständigkeiten, die Mechanismen seit ihrer Entstehung, ihre Rolle als Arbeitsvermittlerin und der dabei entwickelten Instrumentarien, Gesetze und Verordnungen sind ebenso Gegenstand der Untersuchung wie die Menschen, die darin handelten. Die Wechselwirkung zwischen Geschichte und Politik, in der die Akteure der Arbeitsmarktverwaltung zum Einen eingebettet ist, zum Anderen sie aktiv mit gestalten, lässt sich in dieser  Studie besonders gut nachvollziehen. Damit wurde auch eine kritische Institutionengeschichte geschrieben, wie man sie in Österreich kaum findet.

Mit dem Team des Instituts für Zeitgeschichte der Universität Wien ist damit eine hervorragende Arbeit gelungen, die nicht nur durch wissenschaftliche Exzellenz besticht, sondern auch für die MitarbeiterInnen des Sozialministeriums und seiner Einrichtungen ein historisches Selbstbewusstsein schafft.

Die Studie beleuchtet die Rolle der Arbeitsmarktverwaltung im Längsschnitt vom Ende der Monarchie, die 1. Republik, die Zeitabschnitte des Austrofaschismus sowie des Nationalsozialismus und in weiterer Folge die beginnende 2. Republik auf dem Gebiet des heutigen Österreichs. Bereits im Jahr 1917 wurden rechtliche Grundlagen für eine zentrale Arbeitsverwaltung geschaffen – die aufgebaute Sozialgesetzgebung wurde zum Vorbild für andere Staaten.

Die Studie setzt sich auch kritisch mit der Rolle der Arbeitsmarktverwaltung und Ihrer MitarbeiterInnen und Führungskräfte auseinander. Es wurden von den Wissenschaftlern illustrative Funde in den österreichischen Archiven, aber auch in Deutschland und den USA gehoben und dokumentiert.

Geschichtsbewusstsein ist ein wichtiger Baustein in unserem Denken und Handeln. Es lässt uns weltpolitische Ereignisse im Hier und Jetzt besser verstehen.

Es ruft uns die Notwendigkeit in Erinnerung, an Themen dran zu bleiben. So wie Ferdinand Hanusch von 1918 bis 1920 als erster Sozialstaatssekretär die erste Sozialgesetzgebung festschrieb, um damit die Not der ArbeiterInnen abzufangen und neue Wege zu beschreiten, so gilt es auch heute den Fokus auf diejenigen zu legen, die der staatlichen Unterstützung und Förderung bedürfen.

Somit ist diese Studie in vielerlei Hinsicht lesenswert und ich freue mich sehr, dass das Sozialministerium mit der Unterstützung dieser Publikation einer breiten LeserInnenschaft neue Einsichten in die Geschichte unserer Arbeitsmarktverwaltung und damit auch einem Stück unserer Sozialgeschichte bringen möge.

Wien, Oktober 2015

Rudolf Hundstorfer
Bundesminister für Arbeit, Soziales und Konsumentenschutz

Vorwort

Diese Studie ist auf Initiative eines engagierten Beamten des Sozialministeriums, Ministerialrat Wilhelm Koldus, der leider 2011 verstorben ist, entstanden. Herr Koldus hat mich 2009 gebeten, zuerst eine Forschungsstudie zur Arbeitsmarktverwaltung in der NS-Zeit zu leiten, aus der in weiterer Folge eine Gesamtanalyse entstehen sollte. Auf der Basis der finanziellen Unterstützung durch das Bundesministerium für Arbeit, Soziales und Konsumentenschutz konnte Mathias Krempl 2011 seine Diplomarbeit „Die Arbeitsmarktverwaltung in der ‚Ostmark' von 1938 bis 1945" umsetzen, und in weiterer Folge gemeinsam mit Johannes Thaler das vorliegende Buch verfassen. Sowohl bei der Konzeption als auch den Quellenrecherchen, sowie der Manuskriptgestaltung hat der wissenschaftliche Beirat mit den Professorinnen Gabriella Hauch und Ilse Reiter-Zatloukal und Professor Emmerich Tálos eine wichtige Funktion ausgeübt und wichtige Hinweise und Kritik gegeben. Für die Unterstützung bei der Umsetzung des Projektes danke ich als Projektleiter dem zuständigen Sektionsleiter Roland Sauer sowie Abteilungsleiter Josef Attila Horvath und Frau Manuela Hargassner-Delpos.

Damit liegt die erste umfassende wissenschaftliche Auseinandersetzung mit der Gründungsgeschichte der Arbeitsmarktverwaltung 1917 gegen Ende des 1. Weltkrieges vor, sowie die Entwicklung seit der 1. Republik. Im Zentrum der Langzeitanalyse stehen die Kontinuitäten bzw. Diskontinuitäten in der führenden und mittleren Bürokratie – auch als Folge der politischen Einschnitte durch die Kanzlerdiktaturen 1933-1938 und das nationalsozialistische Terrorregime. Mathias Krempl hat die Änderungen des Aufgabenprofils von der Kriegsinvalidenbeschäftigung, über die explodierenden Arbeitslosenraten in der Zwischenkriegszeit, der Patronagepolitik für aktive Parteigänger des Dollfuss/Schuschnigg-Regimes bis zur Organisation des Einsatzes von ausländischen ZwangsarbeiterInnen in der Kriegsrüstungsindustrie nachverfolgt. Nach 1945 kam – zum Unterschied von Deutschland – zu den traditionellen Aufgaben der Arbeitsmarktverwaltung auch die Mitorganisation der Entnazifizierung dazu. Immer wieder wurde auf der Basis der für die Praxis leider spärlichen Quellen von den beiden Autoren versucht, konkrete Fallstudien für typische Arbeitsfelder zu präsentieren.

Diese Studie ist ein gutes Beispiel für die gesellschaftliche Auseinandersetzung mit dem Nationalsozialismus in der 2. Republik Österreich. So wurden, wie die Autoren nachweisen konnten, zwar aus der Bürokratie fast alle „reichsdeutschen" Beamten, die nach 1938 erst in die „Ostmark" gekommen sind, sofort „entnazifiziert" und in das ehemalige deutsche Kerngebiet zurückgeschoben. Damit wurde letztlich die politische Mitverantwortung am 2. Weltkrieg und dem Holocaust mit abgeschoben. Typisch für die NS-Zeit war die Verdopplung der Mitarbeiter in der Arbeitsmarktverwaltung, die wegen des Zwangsarbeitseinsatzes in der Rüstungsindustrie hochgefahren wurde. Gleichzeitig stieg der Anteil der NSDAP-Mitglieder unter den leitenden Mitarbeitern – auf dieser Verwaltungsebene waren kaum Frauen tätig – signifikant an.

Insgesamt gesehen bietet dieses Buch einen guten Einblick in die Auswirkungen zentraler arbeitspolitischer Rahmenbedingungen durch die beiden Weltkriege, die demokratische und autoritäre Phase sowie die kontrollierte Demokratie nach 1945 auf das konkrete Arbeitsfeld dieser Behörde, die dadurch eine Art Spiegel der politischen Kultur im 20. Jahrhundert darstellt. Den beiden Autoren ist eine kritische Behördenanalyse gelungen, die die Basis für weitere Forschungen und Studien bieten kann.

Wien, Oktober 2015   Univ.-Prof. DDr. Oliver Rathkolb

Danksagung

Dieses Buch hätte ohne die Unterstützung durch eine Reihe von Förderinnen und Förderern nicht in der vorliegenden Form zustande kommen können. Besonderer Dank gebührt Oliver Rathkolb für die vorzügliche wissenschaftliche Leitung des Projekts. Dank schulden wir dem Bundesministerium für Arbeit, Soziales und Konsumentenschutz (BMASK) für die Finanzierung des Projekts sowie insbesondere Manuela Hargassner-Delpos und Josef Attila Horvath für die engagierte Betreuung. Einen gewichtigen Beitrag haben Gabriella Hauch, Ilse Reiter-Zatloukal und Emmerich Tálos als wissenschaftliche Beiräte geleistet. Mit Ideen und Anregungen haben auch die Beiräte des BMASK und des Arbeitsmarktservice (AMS), Christian Roupec, Marius Wilk, Gerhard Grundtner und Michael Lunardi beigetragen. Marian Koldus gebührt der Dank für die Zurverfügungstellung seines Privatarchivs, das sein Vater Willy Koldus für das Projekt anlegte und leider viel zu früh verstarb, um es weiter verfolgen zu können. Dank wollen wir auch dem Österreichischen Staatsarchiv, wo Bertold Konrath mit praktischer Unterstützung und wertvollen Hinweisen zur Verfügung gestanden ist, dem Bundesarchiv, dem Oberösterreichischen Landesarchiv sowie den AMS-Landesgeschäftsstellen Oberösterreich und Niederösterreich für die Zurverfügungstellung der Archivalien ausdrücken. Agnes Meisinger danken wir für die Mitarbeit im Projekt sowie Alfred Grieshofer und Monika Thaler für die Vornahme des sprachlichen Lektorats.

Arbeitsamt und Staatsgewalt

Arbeitsmarktbehördliche Organisation
und Sachfragen im politischen Wandel
(Mathias Krempl)

Einleitung

Vorbemerkungen

Entsprechend dem Titel fokussiert die Studie auf den Zeitraum zwischen 1917 und 1957. Ausgangspunkt bildet die Entstehung der Arbeitsmarktverwaltung als neuer Verwaltungszweig. Es wird in diesem Zusammenhang davon ausgegangen, dass sich erste Konturen für eine solche erstmals 1917 abzeichneten, womit dieses Jahr den Beginn der zeitlichen Eingrenzung kennzeichnet. Schwieriger gestaltet sich die Definition des jüngeren Endes des Zeitfensters in der Zweiten Republik, wo auch etwa 1955 als Stichjahr denkbar gewesen wäre. In diesem Jahr ist nicht nur mit der Unterzeichnung des Staatsvertrags eine allgemein bedeutsame Zäsur zu sehen; vielmehr wurde zur selben Zeit auch das Arbeitsbuch als eines der zentralen rezipierten NS-Instrumente abgeschafft. Ebenso wäre das Jahr 1969 als Begrenzung für die Untersuchung möglich gewesen, mit dem Nachteil, dass dann die umfangmäßig notwendige Ausklammerung der mittlerweile sehr bedeutenden AusländerInnenbeschäftigung eine gravierende Verzerrung der Darstellung bedeutet hätte. Insgesamt ist es ein wichtiges Anliegen der Studie darzulegen, dass etliche Fragen des überkommenen Arbeitsmarktrechts bis weit hinein in die Zweite Republik offen blieben und insbesondere die Überwindung der NS-Strukturen nicht konsequent vorangetrieben wurde.[1]

Im Jahr 1957 wurde schließlich mit der Nationalsozialistenamnestie den arbeitsmarktbehördlichen Zuständigkeiten im Bereich der Entnazifizierung ein formales Ende bereitet. Im Übrigen erfolgte kurz danach eine lang anhaltende Phase der Vollbeschäftigung,[2] einhergehend mit dem Einsetzen größerer Ausländerbeschäftigung ab den 1960er Jahren. Vor diesem Hintergrund erschien dieses Stichjahr für die Begrenzung des Betrachtungszeitraums am geeignetsten.

Innerhalb der Arbeitsmarktverwaltung lassen sich grob die drei Aufgabenbereiche Arbeitsvermittlung, Berufsberatung und Arbeitslosenversicherung unterscheiden, von denen die ersten beiden in dieser Studie im Vordergrund stehen. Demgegenüber bleibt die Arbeitslosenversicherung weiteren Forschungen vorbehalten.[3]

---

[1] Siehe dazu vor allem Kap III. C. 8. Der Versuch einer gesetzlichen Neuauflage der Arbeitsmarktverwaltung. Zur allgemein kritischen Einschätzung der Fokussierung auf Zäsuren siehe etwa *Rauchensteiner*, Manfried, Das Jahrzehnt der Besatzung als Epoche in der österreichischen Geschichte. In: *Ableitinger*, Alfred / *Beer*, Siegfried / *Staudinger*, Eduard G. (Hg), Österreich unter alliierter Besatzung: 1945–1955 (Wien/Köln/Graz 1998) 15–39, hier: 18–20.

[2] Unter Vollbeschäftigung ist generell eine Arbeitslosenrate in Höhe von unter vier Prozent zu verstehen: *Schmidt*, Karl, Geschichte der Arbeitsmarktverwaltung von ihren Anfängen an (Salzburg o.J.), 39; *Schmuhl*, Hans-Walter, Arbeitsmarktpolitik und Arbeitsmarktverwaltung in Deutschland 1871–2002 (Nürnberg 2003), 14.

[3] Diese Dreiteilung des inhaltlichen arbeitsmarktbehördlichen Zuständigkeitsbereichs zeichnete sich vor allem in Nachweisen aus der Zweiten Republik ab, ist aber durchaus auch auf die Zwischenkriegszeit übertragbar. Ausdrücklich zur Dreiteilung nach dem Zweiten Weltkrieg etwa in: AMS OÖ/LGSt, GZ 1.240/50, Dienstanweisung des Landesarbeitsamtes O.Ö. Nr. 75/1950 betreffs Neuanlage der Handakte (12. Juni 1950); ferner Sozialwissenschaftliche Arbeitsgemeinschaft, Arbeitsvermittlung und Berufsberatung in Österreich. Gedanken zur notwendigen Neuregelung (Wien 1955) 1. Dass besonders nach dem Jahr 1945 ausgerechnet diese drei Aufgaben in den Vordergrund gerückt wurde, ist wohl zu einem Großteil legistischen Diktionen aus der NS-Zeit zuzuschreiben; so schreibt etwa *Hammerl*, Josef, Probleme der Arbeitsvermittlung. In: ÖJZ (1948) 53–55, hier 53, dass „[f]ür die Arbeitsvermittlung […] gegenwärtig auf Grund des Rechts-Überleitungsgesetzes noch gewisse reichsrechtliche Vorschriften maßgebend [waren], und zwar in der Hauptsache das Gesetz über Arbeitsvermittlung und Arbeitslosenversicherung vom 16. Juli 1927, DRGBl. I S. 187, und das Gesetz über Arbeitsvermittlung, Berufsberatung und Lehrstellenvermittlung vom 5. Nov[ember] 1935, DRGBl. I S. 1281." In diesen beiden, in der Nachkriegszeit als wichtig angesehenen Gesetzen, schlug sich die dieser Studie zugrunde gelegte Dreiteilung ebenfalls zu Buche.

Fragestellung/These/Themeneingrenzung

Die forschungsleitende Fragestellung lautet:

1. Wie stellte sich die Entwicklung der österreichischen Arbeitsmarktverwaltung in den Bereichen Arbeitsvermittlung und Berufsberatung im Zeitraum von 1917 bis 1957 dar?
2. Wie gestaltete sich die entsprechende behördliche Realität in diesen Bereichen (Vollziehung)?
3. Welche waren dabei die entscheidenden inhaltlichen und organisatorischen Umbrüche?
4. Inwiefern schlugen sich die politischen Zäsuren (1933/1934, 1938 und 1945) in diesen Bereichen auf inhaltlicher und auf organisatorischer Ebene nieder?
5. Im Umfeld welcher weiteren Stellen agierten die Arbeitsmarktbehörden?
6. Vor welchen politischen, wirtschaftlichen, sozialen und rechtlichen Hintergründen verlief die Entwicklung der österreichischen Arbeitsmarktverwaltung in den Bereichen Arbeitsvermittlung und Berufsberatung?

Die Untersuchung wird von folgender These geleitet: Die Arbeitsmarktbehörden waren im Betrachtungszeitraum nicht nur mit Aufgaben betraut, die in einem unmittelbaren sachlichen Zusammenhang mit den Arbeitsmarktfragen standen. Vielmehr wurden sie sowohl in den Zeiten der Diktaturen als auch danach für grundsätzlich arbeitsmarktfremde Ziele funktionalisiert – und zwar für die Schaffung beziehungsweise die Beseitigung autoritärer Staatsstrukturen.

Die vorliegende Studie kann nicht den Anspruch auf eine vollständige Darstellung der Arbeitsmarktverwaltung erheben; vielmehr soll versucht werden, die zentralen Themen in den Bereichen Arbeitsvermittlung und Berufsberatung herauszuarbeiten. Zur Eingrenzung des Untersuchungsgegenstandes wird festgehalten, dass besonders nachstehende Themen nicht im Zentrum der Analyse stehen: Arbeitslosenversicherung, Haushalt, Ausländerbeschäftigung, Arbeits- und Dienstrecht, umfassende internationale Rahmenbedingungen.

Forschungsstand

Zum Thema selbst gibt es keine umfassende wissenschaftliche Publikation. Allerdings gehen die bestehenden Untersuchungen auch auf die gegenständlich interessierenden Aspekte ein – dies allerdings oft unter Aussparung wichtiger Quellen. Einzig eine Monografie,[4] die noch unapprobierte rechtshistorische Dissertation[5] des Autors im Bereich der österreichischen Arbeitsmarktverwaltung sowie die in der vorliegenden Studie enthaltene Untersuchung von Johannes Thaler[6] behandeln die österreichischen Arbeitsmarktbehörden im gesamten Betrachtungszeitraum; eine sozialhistorische Dissertation[7] behandelt die Zeit vom ausgehenden 19. Jahrhundert bis 1938, eine Diplomarbeit[8] fokussiert die Zeit des Nationalsozialismus, geht aber auch auf die Erste Republik und den Austro-

---

[4] *Schmidt*, Arbeitsmarktverwaltung.
[5] *Krempl*, Mathias, Arbeitsamt und Staatsgewalt. Das Recht der Arbeitsmarktverwaltung 1917–1957 – Zentrale Organisationsstrukturen und Sachfragen in den Bereichen Arbeitsvermittlung und Berufsberatung im Wandel der politischen Systeme auf dem Gebiet des heutigen Österreich (unapprobierte rechtswiss Diss, Wien).
[6] *Thaler*, Johannes, Eliten der Arbeitsmarktverwaltung im politischen Umbruch. Fallstudien und Statistiken. Zur Frage der politischen Kontinuität (in diesem Band).
[7] *Vana*, Irina, Gebrauchsweisen der öffentlichen Arbeitsvermittlung. Österreich 1889–1938 (geisteswiss Diss, Wien 2013).
[8] *Krempl*, Mathias, Die Arbeitsmarktverwaltung in der „Ostmark" von 1938 bis 1945 (geisteswiss Dipl, Wien 2011).

faschismus ein. Eine andere Studie[9] behandelt die Erste Republik und den Austrofaschismus; schließlich die Untersuchung von Franz Danimann[10] den Austrofaschismus und den Nationalsozialismus. Eine umfangreiche Abhandlung zur Arbeitsmarktverwaltung im „Altreich", aus der einiges für die „Ostmark" gewonnen werden kann, stammt von Hans-Walter Schmuhl.[11] Die wichtigste Grundlage für die aus dem „reichsdeutschen" Kerngebiet („Altreich") übergeleiteten Vorschriften zum NS-Arbeitseinsatz bildet eine zeitgenössische Zusammenstellung.[12] Es gibt viel Literatur zum Thema Zwangsarbeit, wobei in diesem Zusammenhang vor allem einige empirische Fallstudien zu einzelnen Branchen (Elektrizitätswirtschaft,[13] Reichsforste[14]) beziehungsweise zu Unternehmen (Reichswerke AG „Hermann Göring"[15], Teerag Asdag AG[16]), zu jüdischer Sklavenarbeit[17] sowie zu ausländischen ZwangsarbeiterInnen[18] zu erwähnen sind. Weiters sind zwei Standardwerke zur Entnazifizierung vorhanden.[19]

Quellen

Die Gesetzesmaterialien des souveränen Österreich (Kabinettsratsprotokolle, Regierungsvorlagen, Erläuternde Bemerkungen, Ausschussberichte und Stenografische Protokolle) geben wichtige Aufschlüsse über die politischen Hintergründe der gesetzlichen Normen besonders in der Zeit der Republik. Demgegenüber sind die Gesetzesmaterialien aus der NS-Phase – aber teilweise auch jene aus der Zeit der Provisorischen Staatsregierung – dürftig, da in diesen Phasen jeweils die Exekutive mangels Parlaments die Gesetzgebung besorgte.

Gesetzessammlungen sind für das souveräne Österreich im Rechtsinformationssystem des Bundeskanzleramtes (RIS) abrufbar, bezüglich der Rechtsgrundlagen des Deutschen Reichs in den Datenbanken der Österreichischen Nationalbibliothek (ALEX), wo ebenfalls Teile der Judikatur (besonders des VfGH) dokumentiert sind.[20]

Diverse Archivbestände liefern die bedeutendste Erkenntnisgrundlage für die Gesetzesanwendung. Allerdings ist die verwaltungsrechtliche Praxis oftmals nicht flächendeckend belegt; die vor-

[9] *Hofmeister*, Herbert, Arbeitsvermittlung und Arbeitslosenversorgung in Österreich, insbesondere 1918 bis 1938. In: *Benöhr*, Hans-Peter (Hg), Arbeitsvermittlung und Arbeitslosenversorgung in der neueren deutschen Rechtsgeschichte (Beiträge zur Rechtsgeschichte des 20. Jahrhunderts, Tübingen 1991) 217–236.

[10] *Danimann*, Franz, Die Arbeitsämter unter dem Faschismus (Wien 1966) 35–54.

[11] *Schmuhl*, Arbeitsmarktpolitik 110–340.

[12] *Szilagi*, Alexander, Gesetzliche Vorschriften über den Arbeitseinsatz in der Ostmark. Wegweiser durch die bis Anfang August 1938 im Lande Österreich in Kraft getretenen Bestimmungen zur Lenkung des Arbeitseinsatzes (Graz/Wien/Leipzig 1938).

[13] *Rathkolb*, Oliver / *Freund*, Florian (Hg), NS-Zwangsarbeit in der Elektrizitätswirtschaft der „Ostmark" 1938–1945. Ennskraftwerke – Kaprun – Draukraftwerke – Ybbs-Persenbeug – Ernsthofen (Wien/Köln/Weimar 2002).

[14] *Rathkolb*, Oliver / *Wirth*, Maria / *Wladika*, Michael (Hg), Die „Reichsforste" in Österreich 1938–1945 (Wien/Köln/Weimar 2010).

[15] *Rathkolb*, Oliver (Hg), NS-Zwangsarbeit. Der Standort Linz der Reichswerke Hermann Göring AG Berlin, 1938–1945 (Wien/Köln/Weimar 2001). Die Untersuchung enthält im Beitrag von Michaela C. Schober einen umfassenden Statistikbericht zu verschiedenen Aspekten wie Bestrafung oder Unterbringung.

[16] *Lütgenau*, Stefan / *Schröck*, Alexander, Zwangsarbeit in der österreichischen Bauindustrie. Die Teerag-Asdag AG 1938–1945 (Innsbruck/Wien/München 2001).

[17] *Gruner*, Wolf, Zwangsarbeit und Verfolgung. Österreichische Juden im NS-Staat 1938–1945 (Nationalsozialismus und seine Folgen 1, Innsbruck/Wien/München 2000); *Maier*, Dieter, Arbeitseinsatz und Deportation. Die Mitwirkung der Arbeitsverwaltung bei der nationalsozialistischen Judenverfolgung in den Jahren 1938–1945 (Publikationen der Gedenkstätte Haus der Wannsee-Konferenz 4, Berlin 1994).

[18] *Freund*, Florian / *Perz*, Bertrand / *Spoerer*, Mark (Hg), Zwangsarbeiter und Zwangsarbeiterinnen auf dem Gebiet der Republik Österreich 1939 – 1945 (Veröffentlichungen der Österreichischen Historikerkommission 26/1, Wien/München 2004). Die Studie enthält eine umfassende statistische Auswertung insbesondere der branchenmäßigen und regionalen Verteilung der Zwangsarbeiter.

[19] *Stiefel*, Dieter, Entnazifizierung in Österreich (Wien/München/Zürich 1981); *Schuster*, Walter / *Weber*, Wolfgang (Hg), Entnazifizierung im regionalen Vergleich (Linz 2004). Eine einschlägige rechtshistorische Studie behandelt zwar die Entnazifizierung, geht aber nicht auf die Rolle der Arbeitsmarktbehörden ein (*Schlegel*, Armin, Die österreichische Wiedergutmachungs- und Entschädigungsgesetzgebung und -vollziehung nach 1945 unter Berücksichtigung des unterschiedlichen Opferbegriffs mit besonderer Berücksichtigung der Angehörigen der slowenischsprachigen Minderheit in Kärnten, rechtswiss Diss, Univ. Wien 2009, 102–114).

[20] www.ris.bka.gv.at/Bund/ (abger am 15. Jänner 2015); alex.onb.ac.at/tab_dra.htm (abger am 15. Jänner 2015).

handenen Erkenntnisse aus den einzelnen Bundesländern lassen aber meist zumindest grobe Rück-schlüsse auf das übrige Bundesgebiet zu, womit ein Überblick über das Gesamtbild möglich wird.

Der größte Teil der Archivalien liegt im Österreichischen Staatsarchiv/Archiv der Republik, Be-stand Bundesministerium für soziale Verwaltung/Sozialpolitik (ÖStA/AdR, BMsV/SP). Hinsichtlich der Ersten Republik gliedert sich dieser Bestand in die findbehelfsmäßig durch Stichworte katalo-gisierte Sammelakten-Reihe und die nicht systematisch erfasste Zahlenreihe. Während die einschlä-gigen Akten der Sammelakten-Reihe im Wesentlichen vollständig durchforstet werden konnten, musste in Bezug auf die Zahlenreihe ein Großteil des sozialpolitischen Bestandes ausgespart bleiben.

Die Bestände in ÖStA/AdR, BMsV/SP (Zweite Republik) wurden systematisch bezüglich der Sammelakt-Nummer 12 (Landesarbeitsämter, LAÄ) vollständig durchgearbeitet – hinsichtlich der Sammelakt-Nummer 6 (Arbeitsämter, AÄ) nur bis 1948; wenn nicht anders angegeben, beziehen sich die zitierten Beständen aus ÖStA/AdR, BMsV/SP (Zweite Republik) auf die SA 6 und 12. Abgesehen von diesen beiden Sammelakt-Nummern wurde über weite Strecken anhand folgender Stichjahre recherchiert: 1945/46 (unmittelbare Nachkriegszeit), 1950/51 (Besatzung) und 1956/57 (Souveränität/Staatsvertrag).

Andere Bestände als den Bestand Sozialpolitik im ÖStA/AdR, BMsV/SP zu recherchieren, ist nach Ansicht des zuständigen Referenten im ÖStA, Dr. Bertold Konrath aufgrund des unverhältnis-mäßig hohen Aufwandes wenig aussichtsreich.

Zur Ergänzung im Hinblick auf regionalhistorische Perspektiven wurden das Oberösterreichi-sche Landesarchiv (OÖLA) sowie die Archive der beiden Arbeitsmarktservice-Landesgeschäftsstellen (AMS-Landesgeschäftsstellen) Niederösterreich (NÖ) und Oberösterreich (OÖ) konsultiert.

Als besonders problematisch stellt sich die Überlieferungslage im Nationalsozialismus dar, denn da klaffen kompetenz-, kriegs- und regimebedingt große Lücken; die ÖStA-Bestände erschöpfen sich im Wesentlichen 1938. Besondere Bedeutung für die NS-Zeit haben – abgesehen von landes-archivarischen sowie behördeneigenen Quellen – daher Bestände des Bundesarchivs; so liegen etwa im Bundesarchiv/Deutsches Reich (Berlin) Rechnungshofberichte, die als Quelle in Frage kommen. Im Bundesarchiv/Militärarchiv (Freiburg) befinden sich vor allem Kriegstagebücher, welche arbeits-amtliche Kompetenzen im Nahbereich der Wehrwirtschaftsbehörden dokumentieren.

Methode/Einordnung

Die Untersuchung wird von einer stark quellenbasierten Perspektive geleitet. Dies soll umge-kehrt natürlich nicht heißen, dass nicht auf die bestehende aktuelle Forschungs- und zeitgenössische Literatur Bedacht genommen werden soll. Es steht aber die Frage im Vordergrund, welche Mittel den Behörden zur Verfügung gestellt wurden, um die Arbeitskräfte entsprechend den Vorgaben der jeweiligen Regierungen in der gegebenen Längsschnittperspektive zu steuern. Aus dieser Aufgaben-stellung in Verbindung mit der gegebenen Überlieferungslage ergibt sich ein relativ breites gefächer-tes Feld methodischer Zugänge.

Die wichtigsten Erkenntnisgrundlagen stellen Texte verschiedener Gattungen dar, deren Inhalt es systematisch zu erfassen und zu kontextualisieren gilt. Im Vordergrund soll die kritische Auseinander-setzung mit der bestehenden Forschungsliteratur und mangels umfangreicherer Forschungsliteratur besonders dem Quellenmaterial[21] stehen. Es soll ein fundierter Überblick über die Zuständigkeiten und Organisationsstrukturen geliefert werden. Die Analyse von Zeitungsartikeln wird das politische Umfeld genauer thematisieren. Sofern zugänglich, ist im Zusammenhang mit den einzelnen behördlichen Aufgabenbereichen auf den zeitgenössischen sozialpolitischen Fachdiskurs einzugehen. Außerdem sollen vereinzelt regionalgeschichtliche Ansätze verfolgt werden. Immer wieder wird auf geschlechtsspezifische Aspekte einzugehen sein. Abgesehen von den qualitativen Zugängen kommen im Bereich der Arbeitsmarktzahlen, die zur Erläuterung der politischen Hintergründe anzuschneiden sind, auch quantifizierende Methoden zur Anwendung. Bei einzelnen größeren Quellenbeständen – zum Beispiel des Österreichischen Staatsarchivs oder des OÖ Landesarchivs – wurden aus arbeitsökonomischen Gründen bisweilen gezielte Samples gezogen.

Gliederung

Die Studie gliedert sich chronologisch entlang der politischen Umbrüche in drei Teile, wobei die verhältnismäßig geringe Dichte der Quellenbestände zwischen 1917 und 1938 eine Zusammenfassung der drei Zeitabschnitte Monarchie, Erste Republik und Austrofaschismus sinnvoll erscheinen ließ. Die einzelnen Teile gliedern sich weiter in folgende drei Kapitel mit wiederkehrender Systematik: Rahmenbedingungen; Organisation; Arbeitsmarktgestaltung.

Im Kapitel „Rahmenbedingungen" wird auf allgemeine und sozialpolitische Entwicklungen eingegangen, welche als grundlegend für die Arbeitsmarktverwaltungs-Bezüge erachtet werden; im ersten Teil wird in diesem Zusammenhang auch die Entwicklung im Vorfeld der Entstehung der zentralstaatlichen Arbeitsmarktbehörden thematisiert (historische Ausgangslage). Bei den rechtlichen Rahmenbedingungen geht es insbesondere um übergreifende juristische Fragen wie die Rechtsüberleitung und Grundsätze sowie um einzelne Sachfragen, denen kein eigenes Kapitel gewidmet ist. Zum Teil dient dieses Kapitel damit auch als „Auffangkapitel", worin etwa das Arbeitsbuch in der Zweiten Republik dargestellt wird.

Das Organisationskapitel fokussiert auf die grundlegenden institutionellen arbeitsmarktbehördlichen Aspekte. Dabei werden auch das Umfeld sowie skizzenhaft die wesentlichen Akteure dargestellt.

Die Unterkapitel zur Arbeitsmarktgestaltung thematisieren vor allem das zentrale materielle Recht. Zum Teil werden auch hier organisatorische Aspekte dargestellt, soweit diese für das jeweilige Unterkapitel relevant sind.

Die einzelnen historischen Unterkapitel folgen ebenfalls grob einem dreiteiligen Aufbau. Zunächst wird jeweils auf die Entstehungsphase der betreffenden Rechtsgrundlage eingegangen, um nachzuvollziehen, wo die grundlegenden Ideen und sozialpolitischen Wertungen wurzelten. Darauf aufbauend folgt die normative Analyse des in Kraft gesetzten Rechts. Abschließend wird die Praxis dargestellt.

Die einzelnen Materien werden jeweils nur soweit dargestellt, wie es für die Beleuchtung der Rolle der Arbeitsmarktbehörden notwendig erscheint.

---

[21] Die Diplomarbeit des Autors (*Krempl*, Arbeitsmarktverwaltung), für welche der Großteil der bereits bestehenden Literatur zum Zeitraum 1917 bis zum Nationalsozialismus erarbeitet wurde, sowie dessen noch unapprobierte rechtshistorische Dissertation bilden einen wichtigen Ausgangspunkt für die Studie. Im Rahmen der Vorarbeiten zur vorliegenden Untersuchung wurde erstmalig Quellenmaterial systematisch gesichtet, das es nun vor dem Hintergrund des bestehenden Forschungsstandes zu kontextualisieren galt.

Begriffs-, Formulierungs- und Formatierungshinweise

Als problematisch stellt sich grundsätzlich die Kennzeichnung der historischen Begriffe durch Anführungszeichen dar. Einerseits soll durch diese Kennzeichnung eine Offenlegung des Sprachgebrauchs des jeweiligen Regimes erfolgen, die insbesondere bei Jargon-Ausdrücken angebracht erscheint. Andererseits beeinträchtigt eine konsequente Kennzeichnung die Lesbarkeit des Textes. Als Kompromisslösung wird insbesondere NS- sowie austrofaschistischer Jargon, der heutzutage noch politisch konnotiert und insofern missverständlich sein könnte (wie etwa „Anschluss"), mit Anführungszeichen gekennzeichnet. Bei eher wertfreien Bezeichnungen technischer Natur (wie etwa Gauleiter) wird auf eine Kennzeichnung zugunsten des Leseflusses verzichtet.[22]

Eine ähnliche Problematik besteht bei personenbezogenen Bezeichnungen im Hinblick auf gendergerechte Formulierungen. Grundsätzlich steht fest, dass für diesen Studienteil[23] keine Hinweise auf Frauen als leitende Akteurinnen besonders innerhalb des Behördenapparats bestehen. Andererseits kann – insbesondere in der Zeit der Republik – nicht ausgeschlossen werden, dass in Einzelfällen auch Frauen leitende Positionen innehatten. Um den tatsächlichen Verhältnissen möglichst gerecht zu werden, wurde letztlich auf eine stringente Verwendung einer gendergerechten Formulierung in Bezug auf die Leitungsfunktionen verzichtet – in dem Bewusstsein, dass dabei in einzelnen Fällen, in denen auch Frauen tätig gewesen sein könnten, ein verzerrtes Bild entsteht.

Bei sämtlichen Personen (AkteurInnen) werden deren Vornamen, Titel sowie Parteizugehörigkeit angegeben, soweit diese Daten bekannt sind; bei AutorInnen wird entsprechend den historiografischen Gepflogenheiten nur der vollständige Name angegeben, soweit dieser aus der Publikation ersichtlich ist.

Eckige Klammern stehen für Ergänzungen in wörtlichen Zitaten, wobei die Wortwahl möglichst an die Originaltexte angelehnt ist. Direkte Zitate werden durch Zeileneinzug hervorgehoben. Größere inhaltlich zusammenhängende Textabschnitte innerhalb eines Kapitels werden voneinander durch eine Leerzeile getrennt. In den Fußnoten folgt bei den archivbezogenen Quellenangaben nach „betreffs" der wörtlich zitierte Betreffstext zugunsten besserer Lesbarkeit ohne Anführungszeichen.

---

[22] **Begriffe MIT Anführungszeichen (Auszug):** Sämtliche in den Kundmachungsorganen verlautbarten Rechtsgrundlagen bei Erstzitierung; Landesarbeitsamt „Alpenland"; „Altreich"; „Anschluss" (völkerrechtlicher Vorgang); „Arier"; „Auskämmkommission"/„Auskämmung"/ „Durchkämmung"; „AZS-Aktion"; „Beschränkung des Arbeitsplatzwechsels"; „(minder-)belastet" (NSG); „be- und entlastende Faktoren" (Nationalsozialismus); „Bundesdienstpflicht"; „Cisleithanien", „fremdländische" Arbeitskräfte; „Führer und Reichskanzler"; „Fürsorgeausschüsse"; „Generalbevollmächtigter für den Arbeitseinsatz"; „Generalreferat Österreich"; „geschlossener Arbeitseinsatz"; „Gleichschaltung"; „Groß-Wien"; „Kriegsinvalide"; LAA-Bezeichnungen „Oberdonau", „Steiermark-Kärnten", „Tirol-Salzburg" (auch LAA „Alpenland"), „Wien-Niederdonau"; „Landesarbeitsamtskommission"; „Landesstelle" (Ende des Ersten Weltkriegs); „Landhilfe"; „Landjahr"; „[il]legal" (Verbotsgesetz); „(privilegierte) Mischehe"; „Mischling"; „Nationalsozialistisches Kraftfahrkorps"; „Ostarbeiterinnen"; „Österreich-Medaille"; „Ostmark/Alpen- und Donaureichsgaue"; „Prüfungskommission/ Göringkommission"; „Minister für Wirtschaft und Arbeit"; „Reichsanstalt (für Arbeitsvermittlung und Arbeitslosenversicherung)"; „Reichsgau"; „(Führer und) Reichskanzler"; „Reichskommission"; „Reichssonderverwaltung"; „Reichsstatthalter (Österreichische Landesregierung)"; Rüstungsinspektion XVII („Wien")/XVIII („Salzburg"), da eine örtliche Zuständigkeit über diese beiden „Reichsgaue" hinaus gegeben war; „Reichsstock für Arbeitseinsatz"; Reichswerke AG „Hermann Göring"; „Schiedskommissionen"; „Freiwilliges Schutzkorps"; „Schutzstaffel"; „Sicherheitsdienst des Reichsführers SS"; „Stellvertreter des Führers"; „Umsiedler"; „Verwaltungskommission" (BGBl 96/1934); „Volljude"; Arbeitsamt „Wiener Boden"; „Wiedergutmachung"; „Zentralstelle für jüdische Auswanderung"; „Zweigstelle Österreich".
Begriffe OHNE Anführungszeichen (Auszug): sämtliche Abkürzungen; sämtliche politische Parteien; Arbeitseinsatz; Arbeitsbuch; Arbeitspflicht (Zweite Republik); Arbeitsplatzwechsel (NS); Beauftragter für den Vierjahresplan; Belasteten-/Minderbelastetenamnestie; Dienstpflicht (NS); Gauarbeitsamt; Gauleiter; Gauärzteführer; Kreisstadt; Kriegstagebuch; Landeswirtschaftsamt; Landkreis; Oberkommando der Wehrmacht; Notdienst; Okkupation; Pflichtzahl; Produktive Arbeitslosenfürsorge; Reichsarbeitsdienst; Oberfinanzpräsident; Reichsarbeitsministerium; Reichsstatthalter (Organ im „Reichsgau"); Rüstungskommando; Rüstungsurlauber; Trennungsbeihilfe; Uk-Stellung; Vermittlungsausschuss; Verwaltungsausschuss; Wehrkreise; Wehrmachtsbehörden; Wehrwirtschaftsinspektionen; Wertschaffende Arbeitslosenfürsorge.

[23] Beachte aber einzelne arbeitsmarktbehördliche Akteurinnen bei *Thaler*, Eliten, Kap IV. C. 1. Frauen in der AMV.

Abstract (Deutsch)

Gerade in den letzten Jahren ist die Diskussion um das moderne österreichische Arbeitsplatzmanagement vor dem Hintergrund steigender Arbeitslosenzahlen wieder entflammt; dabei steht fest, dass die dahinter steckenden Strukturen und Zuständigkeiten historisch gewachsen sind – mitsamt ihren Schattenseiten. Ausgangspunkt für die Studie hier sind die wirtschaftlich schwierigen Jahre des Ersten Weltkriegs und jene der Ersten Republik, in welchen ein beispielloses, zentralstaatlich geführtes Vermittlungswesen etabliert wurde.

Dem jungen Verwaltungszweig blieben keine zwei Dekaden, um sich in einem politisch einigermaßen gesunden Umfeld zu konsolidieren. Die Arbeitsämter als sozialpolitische Schnittstellen drängten sich für das Dollfuß/Schuschnigg-Regime geradezu auf, für ideologische Zwecke instrumentalisiert zu werden.

Die Bereitschaft des NS-Regimes, im Einklang mit seinem Weltbild und für die Kriegsindustrie besonders in den letzten Jahren eine massive Sklavenwirtschaft zu betreiben, ist bekannt. Dass der behördliche Zugriff auch auf „Reichsbürger" dem Regime nicht nur dazu diente, in den Zeiten der Arbeitslosigkeit Ansehen zu gewinnen, zeigten Methoden wie jene der „Dienstpflicht" und des „Arbeitsplatzwechsel"-Regimes.

Nach dem Krieg verstand man es, die Arbeitsämter mit Entnazifizierungsagenden zu betrauen und zugleich auf die in der NS-Herrschaft entwickelten Mittel zurückzugreifen. Freilich erfolgte die Rezeption im Dienste des Wiederaufbaus, doch die Diktaturen des Austrofaschismus und des Nationalsozialismus schienen im Licht der Rechtsordnung lange Zeit nicht wirklich überwunden worden zu sein.

Die Forschung zur Zwangsarbeit im okkupierten Österreich ist bereits relativ weit gediehen. Demgegenüber wurde der Fokus auf die Mechanismen der Arbeitsmarktverwaltung seit ihrer Entstehung, auf die Verwendung der Arbeitskräfte abseits der Sklavenarbeit in der Regimezeit und auf die Nachwirkungen der dabei entwickelten Methoden in der Zweiten Republik bislang stark vernachlässigt. Ein historischer Längsschnitt am Beispiel dieses Verwaltungszweigs scheint geeignet, um der Frage nach den Umbrüchen und Kontinuitäten über die Zeit der Diktaturen auf dem Gebiet des heutigen Österreich hinweg nachzugehen.

Abstract (Englisch)

In recent years, the modern Austrian workplace management has become a current topic, especially with regard to the rising unemployment. In that context it is clear that the structures behind it and the responsibilities have grown historically – including their downsides. The starting points for this study are the economically difficult years of World War I and those of the First Republic, in which an unprecedented, centrally state-run finding system was established.

The young branch of the administration did not even have two decades of time to consolidate in a politically reasonably healthy environment. The employment offices as socio-political interfaces were absolutely suited to the Dollfuss/Schuschnigg-Regime to be exploited for ideological purposes.

The willingness of the Nazi regime, to operate in accordance with its worldview and to run a massive slave economy for the war industry, particularly in the last few years, is well known. Methods like those of the "Dienstpflicht" and "Arbeitsplatzwechsel" showed that the official access on "Reichsbürger" served the Nazi regime not only to gain prestige in the periods of unemployment.

After the war, job centers were entrusted with denazification agendas while simultaneously resorting to the methods developed by the NS regime. Of course, the recourse took place in the service of reconstruction, but the dictatorships of Austro fascism and Nazism appeared not to have been really overcome for a long time in terms of the legal system.

The research on forced labor in occupied Austria is relatively far advanced. Yet, the focus on the mechanisms of the Labor Market Administration since its inception, on the use of the labor force apart from slave labor in the times of the NS regime and on the repercussions of those methods developed during the Second Republic has so far been greatly neglected. A historic longitudinal section using the example of this administrative branch seems appropriate to pursue the question of the changes and continuities in the course of time since the dictatorships in the area of present-day Austria.

Teil I: Monarchie – Erste Republik – Austrofaschismus

A. Ausgangslage und Rahmenbedingungen

1. Historische Ausgangslage

Frühe Wurzeln der Arbeitsvermittlung auf dem Gebiet des heutigen Österreich sind bereits im Mittelalter zu finden. Arbeitsvermittlung als Kerntätigkeit im späteren modernen Arbeitsmarktgeschehen war damit schon lange vor deren weitreichender Überantwortung in gesamtstaatliche Behördenhände ein vitales Betätigungsfeld verschiedener Einrichtungen. Schon für die Zeit um die Gründung von „Ostarrîchi"[24] sind etwa Personen überliefert, die mit Gewinnabsicht nicht-staatliche Stellenvermittlung betrieben. Hans Hülber erwähnt beispielsweise „berufsmäßige Werber", die in der Zeit der Ungarneinfälle (Schlacht auf dem Lechfeld 955) und der beginnenden Binnenkolonialisierung der späteren österreichischen Gebiete tätig waren.[25] Wenngleich der Studie Hülbers – dem Titel zufolge – die Entwicklung im Wiener Großraum im Vordergrund steht, legt schon die Intention des Autors, „den Arbeitsmarkt und seine Probleme isoliert darzustellen", nahe, von diesen Erkenntnissen auch auf andere Gebiete der habsburgischen Erbländer zu schließen. Insgesamt war gewerbliche Stellenvermittlung ständig mit dem Ruf überhöhter Tarife[26] belastet.

In dieser Epoche sind stark ausgeprägte branchenspezifische Vermittlungsstrukturen etwa im Umfeld der Zünfte zu verorten.

„Zunächst scheinen es die Zechen gewesen zu sein, die sich der Aufgabe des Arbeitsnachweises unterzogen. Der wandernde Geselle ging zum Zechmeister mit der Bitte um Arbeit. Je zahlreicher aber die Gruppe der Gesellen war und je mehr sich für die Meister die Last der Sorge für die Wandernden vergrößerte, umso lieber überließen sie den Gesellen die Verwaltung dieser Angelegenheit."[27]

Im Zentrum der Stellenvermittlung durch die „Gesellenbruderschaften" standen fest ausgebildete und fachspezifische Handwerksbräuche. Im Regelfall erfragte der „Altgeselle", die Leitfigur der betriebsübergreifenden Gesellen-„Herberge", beim wandernden Gesellen anhand überkommener Formulierungsmuster die Eignung und Zugehörigkeit des Zugereisten zum Handwerk, wobei die adäquaten Antwortschablonen dem nach Abschluss der Lehre „freigesprochenen" Gesellen als Legitimation mitgegeben worden waren.[28]

Dem Übergang der Vermittlungsagenden von den Zünften (Meisterschaft) zur Gesellenbruderschaften (Gesellenschaft) waren tiefgreifende gesellschaftliche Umbrüche in den spätmittelalterlichen Habsburgerländern vorausgegangen; das verstärkte Bevölkerungswachstum bis Mitte des 14. Jahrhunderts wurde durch Pestepidemien eingedämmt und von Osmaneneinfällen begleitet.[29] So führten Entwicklungen wie Bevölkerungswachstum, Landflucht und handwerklicher Arbeitskräfteüberschuss zu einem verstärkten Spannungsfeld zwischen den sich zusehends nach außen hin abschließenden Zünften einerseits und den sich ausdifferenzierenden Gesellenbruderschaften ande-

---

[24] *Vocelka*, Karl, Geschichte Österreichs. Kultur – Gesellschaft – Politik (Graz/Wien/Köln ⁵2002) 48.

[25] *Hülber*, Hans, Arbeitsnachweise, Arbeitsvermittlung und Arbeitsmarktgeschehen in Österreich in vorindustrieller Zeit unter besonderer Berücksichtigung Wiens. Eine sozial- und wirtschaftsgeschichtliche Studie. In: Verein für Geschichte der Stadt Wien (Hg), Wiener Geschichtsblätter, Sonderheft 1, 30. Jahrgang (1975) 15. Zur Stellung der gewerblichen Stellenvermittlung in der Zwischenkriegszeit siehe Kap I. B. 3. Das Umfeld der Arbeitsmarktbehörden.

[26] *Schmidt*, Arbeitsmarktverwaltung, 25; *Hülber*, Arbeitsvermittlung, 23 und 28.

[27] *Hülber*, Arbeitsvermittlung, 8. Er bezieht sich damit auf allgemeine Tendenzen im Handwerk des ausgehenden Mittelalters und meint nicht besondere Gewerbezweige. Er weicht insofern von *Brauneder*, Wilhelm, Österreichische Verfassungsgeschichte (Wien ⁸2001) 48, ab, als letzterer lediglich von den Zechen als Akteuren am Arbeitsmarktgeschehen spricht.

[28] *Hülber*, Arbeitsvermittlung, 10–12.

[29] *Bruckmüller*, Ernst, Sozialgeschichte Österreichs (München ²2001) 86 f. In diesem Sinne auch *Vocelka*, Geschichte, 76.

rerseits, letztere mit steigendem Interesse an einer Kanalisierung der Proletarisierung durch gesellenbruderschaftliche Arbeitsmarktregulative.[30] Der nachhaltige Stellenwert dieser handwerklichen Arbeitsmarktmechanismen zeigt sich noch in den parlamentarischen Erhebungen über die Geschichte der Arbeitsvermittlung im Jahr 1895, in deren Rahmen bei einzelnen Gewerben noch bestehende Reste dieser Art des Arbeitsnachweises festgestellt worden waren.[31]

Unvergleichlich starrer stellte sich demgegenüber das Fluktuationsregime in der Landwirtschaft im Licht der Weistümer[32] dar. Hier dienten – im Wiener (W) Raum nachweislich im 15. und 16. Jahrhundert – sogenannte Mietstätten als Arbeitsbörsen, die üblicherweise jährlich nur einmal zum Lostag Maria Lichtmesse abgehalten wurden und den Wechsel der Arbeitsplätze der Mägde und Knechte regelte, wobei in der Regel ein Arbeitsplatzwechsel direkt, ohne Einschaltung Dritter, erfolgte. Der Beginn oder die Beendigung von Dienstverhältnissen dieser Berufsgruppe war somit grundsätzlich nur zu diesem Termin möglich, womit auch das Vermittlungsregime diesem relativ unbeweglichen Muster unterworfen war. Ab dem 16. Jahrhundert erfolgte sukzessive eine Anpassung des dörflichen Dienstbotenrechts an jenes der Städte und landesherrlichen Besitzungen.[33]

Obrigkeitliche Elemente in der zünftischen Selbstverwaltungsautonomie, wie die Meisterernennung,[34] sind weder für die Gesellenbruderschaften, noch für die frühe Dienstbotenvermittlung festzustellen, weshalb in diesen Bereichen nicht von unmittelbaren Vorläufern späterer, neuzeitlicher „staatlicher" Stellen (Arbeitsmarktbehörden) auszugehen ist. Frühe Ansätze behördlicher – wenn auch nicht zentralstaatlicher – Kompetenzausübung sind hingegen im Wiener Dienstbotenamt angelegt.

Der Beginn der Ausbildung des Dienstbotenrechts stand in engem Zusammenhang mit der Aufwertung der Städte ab dem 12. Jahrhundert, die den EinwohnerInnen gegenüber den Grundholden in den Grundherrschaften mehr rechtliche und politische Freiheiten gewährten.[35] Zur Aufnahme einer Vermittlungstätigkeit unter der Leitung des Wiener Magistrats kam es unter Josef II. Angestrebt wurde ein Wiener Dienstbotenamt bereits Mitte des 18. Jahrhunderts. Zu dieser Zeit sprach aber jene Erkenntnis gegen die Umsetzung dieser Pläne, dass ein solches Amt lediglich ein Zehntel der Gebühren einnehmen würde, die bisherige private StellenvermittlerInnen erhielten. Am 1. November 1788 war dann jedoch die Zeit reif für einen Versuch: Das Wiener Dienstbotenamt wurde im ersten Stock des Alten Rathauses in der Wipplingerstraße eröffnet und damit nach derzeitigem Forschungsstand die erste behördliche Vermittlungsstelle auf dem Boden des heutigen Österreich.[36]

Ein anderer Ansatz zielte darauf ab, die Polizeibehörden in den Bezirken der Stadt Wien sowie in den Vorstädten mit der Konzessionserteilung zu betrauen.[37] Ein Gutachten des Magistrats der Stadt Wien aus dem Jahr 1801 enthielt den Vorschlag, arbeitslosen Dienstboten die Gelegenheit einzuräumen, sich innerhalb von 14 Tagen nach Verlust der Dienststelle einen neuen Arbeitsplatz zu suchen. Danach wären sie von der jeweiligen Bezirksdirektion vorzuladen und einem vorgemerkten Dienstgeber beziehungsweise einer Dienstgeberin zuzuweisen. Die napoleonischen Kriege kamen aber einer Umsetzung dieser Pläne zuvor; im Anschluss daran herrschte wieder das Primat der privaten Vermittlungstätigkeit.

[30] *Hülber*, Arbeitsvermittlung, 7. Ähnlich auch *Bruckmüller*, Sozialgeschichte, 95–97.
[31] *Hülber*, Arbeitsvermittlung, 12, beruft sich auf Sten Prot, AbgH, 16. Juli 1895, XI. Session, 415. Sitzung.
[32] *Hülber*, Arbeitsvermittlung, 15 f. Zum Weistum als „kollektive[r] Aussage rechtskundiger Männer über das bestehende Recht" siehe *Werkmüller*, Dieter, Über Aufkommen und Verbreitung der Weistümer. Nach der Sammlung von Jacob Grimm (Berlin 1972) 67.
[33] Ebd. 16. Zu den Dienstbotenordnungen siehe unten in diesem Kap.
[34] *Brauneder*, Verfassungsgeschichte, 94.
[35] *Hülber*, Arbeitsvermittlung, 17.
[36] Ebd. 27 f.
[37] Ebd. 42 f, 46.

Die verstärkte Industrialisierung, wie sie in der Gründerzeit im jungen Deutschen Reich ab dem Sieg im Deutsch-Französischen Krieg (1871) und in anderen Ländern Mitteleuropas einsetzte, hat Mitte des neunzehnten Jahrhunderts auch in Österreich Platz gegriffen.[38] Besonders die Auflösung der Grundherrschaften im Rahmen der Bauernbefreiung – eines der bleibenden Ergebnisse der Märzrevolution aus 1848 – hatte unmittelbare Auswirkungen auf das für die Industrialisierung nötige Arbeitskräftereservoir. Viele Bauern konnten den von ihnen zu bestreitenden Beitrag im Rahmen der Grundentlastung nicht ohne weiteres aufbringen und suchten in weiterer Folge Arbeit in den städtischen Industrien. Es ist deshalb nicht verwunderlich, dass sich nun das Feld der Akteure im Arbeitsvermittlungswesen abseits der gewerblichen Stellenvermittlungen erheblich aufzufächern begann. Wichtige Akteure vor Ausbruch des Ersten Weltkriegs waren die Gewerbegenossenschaften,[39] bei denen nach § 116 der „Gewerbeordnung"[40] vom 26. Dezember 1859 idFv[41] 15. März 1883 Listen zur Einsicht auflagen, die einerseits Arbeitsuchende und andererseits Gewerbeinhaber mit offenen Stellen anführten. Darüber hinaus bestanden vereinsmäßige Arbeitsvermittlungseinrichtungen.[42] Der Verein für Arbeitsvermittlung etwa wurde von einer Reihe von Gewerbegenossenschaften gemeinsam mit ArbeitnehmerInnen gegründet.[43] Außerdem gründeten die 1867 erstarkenden Gewerkschaften Vereine zur Stellenvermittlung.[44] Diesen Stellen war ihre nicht-staatliche Organisation gemein.

Etwa hundert Jahre nach der Gründung des städtischen Wiener Dienstbotenamtes wurde in der Sitzung des Wiener Gemeinderates vom 7. Juni 1898 neuerlich eine städtische Einrichtung zur Arbeitsvermittlung ins Leben gerufen[45] und damit das kommunale Arbeitsvermittlungswesen „Cisleithaniens" wiederbelebt. Im Laufe des folgenden Jahrzehnts wurden dann in allen Landeshauptstädten auf dem Gebiet der späteren Republik (Deutsch-)Österreich sowie in Dornbirn, Feldkirch, Bruck an der Mur, Neunkirchen, Stockerau, Korneuburg und Wiener Neustadt kommunale Arbeitsvermittlungsämter durch die jeweiligen Gemeinderäte errichtet.[46]

Bei der Schaffung eines Netzes von behördlichen Vermittlungsstellen mit branchenübergreifender Zuständigkeit nahmen damit die Gemeinden eine bedeutende Rolle ein. Im Diskurs über die Befrachtung des kommunalen Kompetenzbereichs mit dem arbeitsmarktbezogenen Vermittlungswesen gab es ebenfalls 1898 – im Jahr der Errichtung des städtischen Wiener Arbeitsamtes (AA) – Überlegungen in Richtung einer stärkeren Zentralisierung. Das „K.K. Arbeitsstatistische Amt" im Handelsministerium erarbeitete einen Gesetzesentwurf,[47] welcher die Verpflichtung der Gemeinden zur eigenständigen Stellenvermittlung unter gesamtstaatlicher Leitung vorsah.[48] Vorbild für diese Pläne war die deutsche Rechtslage, gemäß derer Gemeinden mit mehr als 3.000 Einwohnern verpflichtet waren, kommunale Arbeitsnachweise zu schaffen.[49]

Dieses Modell mit einer stark kommunalen Komponente nahm der Sozialstatistiker, Jurist und Begründer des städtischen Grazer Arbeitsamtes, Ernst Mischler, 1899 zum Anlass, im Auftrag des

[38] Zur Industrialisierung in Österreich im Überblick siehe etwa *Vocelka*, Geschichte, 188–193.
[39] *Schmidt*, Arbeitsmarktverwaltung, 17, 28 ff.
[40] öRGBl 227/1859.
[41] öRGBl 39/1883.
[42] *Hülber*, Arbeitsvermittlung, 49.
[43] *Schmidt*, Arbeitsmarktverwaltung, 23.
[44] Ebd, 19, 29.
[45] *Schmidt*, Arbeitsmarktverwaltung, 31.
[46] Ebd, 42 ff.
[47] *Becker*, Otto, Die gesetzliche Regelung der Arbeitsvermittlung in den wichtigsten Ländern der Erde (Berlin 1913) 43 bzw. zum k.k. Arbeitsstatistischen Amt ausführlich *Pellar*, Brigitte, ... mit sozialpolitischen Erwägungen. Staatliche Arbeitsstatistik und Gewerkschaftsmitsprache im Handelsministerium der Habsburgermonarchie (Berichte und Forschungen zur Gewerkschaftsgeschichte 2, Wien 2013).
[48] *Vana*, Arbeitsvermittlung, 56, 59 und 65.
[49] Ebd, 56.

„K.K. Arbeitsstatistischen Amtes" einen Gegenentwurf[50] mit stärkerer Betonung des zentralstaatlichen Aspektes[51] zu erarbeiten. In organisatorischer Hinsicht stellte er dabei auf die Errichtung völlig neuer staatlicher Arbeitsvermittlungseinrichtungen unter der Leitung des Handelsressorts ab. Inhaltlich wollte er eine stärkere Fluktuation der Arbeitskräfte über die Grenzen der Gemeinden hinaus erreichen. Im Zusammenhang mit der bestehenden gewerblichen Vermittlungsebene verwies er ausdrücklich darauf, dass ein gesetzliches Monopol dieser neu zu schaffenden staatlichen Einrichtungen vehement abzulehnen sei, um das Entstehen eines „Schwarzmarktes" zu verhindern.

Beide Entwürfe wurden letztlich vor Ausbruch des Ersten Weltkriegs nicht mehr in Verhandlung gezogen.[52] Ausschlaggebend für diese Zurückhaltung waren die „Kompetenzbedenken, ob nämlich [der] Reichsrat [einerseits] oder [die] Landtag[e] [andererseits] mitzuwirken" hatten.[53] Einen dringenden Bedarf nach einer derart fundamentalen Neuregelung konnte man auf politischer Ebene zu dieser Zeit offenbar noch nicht orten. Im Vorstoß des Handelsministeriums beziehungsweise im damit angeregten zentralistischen Gegenpol Mischlers ist dennoch ein früher und wegweisender Versuch zu sehen, auf dem Gebiet des heutigen Österreich ein behördlich getragenes Vermittlungssystem auf gesetzlicher Grundlage zu schaffen. Im Spiegel der zeitgenössischen deutschen Literatur galt Österreich mit diesen Anstrengungen jedenfalls als „der erste europäische Großstaat, in dem der Gedanke auftauchte, den Arbeitsnachweis zum Gegenstand staatlicher Verwaltung zu machen".[54] Allerdings verschweigt der Autor, dass bereits 1909 in Großbritannien ein flächendeckendes staatliches Vermittlungswesen unter der Leitung des Handelsressorts geschaffen wurde.[55]

Entwicklungen in Richtung gesetzlich fundierter und auch tatsächlich umgesetzter Vermittlungsstrukturen mit branchenübergreifendem Charakter, die vom Gedanken einer Zuständigkeit besonderer Behörden auf dem Boden des historischen Österreich getragen waren, sind in Böhmen zu Beginn des 20. Jahrhunderts festzustellen.[56] Per „Gesetz vom 29. März 1903"[57] wurden die dortigen „Naturalverpflegsstationen" zu „Anstalten für allgemeine und unentgeltliche Arbeits- und Dienstvermittlung" umgewandelt (§ 1 leg cit). Gemäß (gem) § 11 stand einem „Landesausschuß" die Aufsicht über die Bezirks- beziehungsweise Gemeinde-Arbeitsvermittlungsanstalten mittels der „Landesinspektoren für die Naturalverpflegsstationen" zu. Ein vergleichbares Modell wurde 1904 ebenfalls per Gesetz für Galizien geschaffen;[58] dort kam es jedoch nicht zur Umsetzung.[59] Auch für Niederösterreich gab es zu dieser Zeit ähnliche Pläne, die aber ebenfalls Papier blieben.[60]

Nach Ausbruch des Ersten Weltkriegs machten die Veränderungen auf dem heimischen Arbeitsmarkt den Bedarf nach einem standardisierten Vermittlungsregime deutlich. Dies allerdings mit der Beschränkung, dass fortan Bestrebungen in diese Richtung lediglich branchenspezifisch – im Bereich der Landwirtschaft – beziehungsweise im Hinblick auf „kriegsversehrte" Arbeitskräfte zu verfolgen waren. Die erwartete steigende Ressourcennachfrage im Ernährungsbereich ließ es nun unausweichlich erscheinen, insbesondere im landwirtschaftlichen Vermittlungswesen zu einer Umsetzung der in den vergangenen Jahrzehnten diskutierten Strukturfragen zu schreiten. Zu diesem Zweck verordnete

---

[50] *Becker*, Arbeitsvermittlung, 43.
[51] *Vana*, Arbeitsvermittlung, 61–64. Zur Person Mischlers siehe näher *Vana*, Arbeitsvermittlung, 35, mit weiteren Nachweisen.
[52] *Vana*, Arbeitsvermittlung, 64.
[53] *Becker*, Arbeitsvermittlung, 43.
[54] Ebd.
[55] *Price*, David, Office of Hope: A History of the Public Employment Service in Great Britain (London 2000) 19; *Weishaupt*, Timo, Social Partners and the Governance of Public Employment Services: Trends and Experiences from Western Europe (Genv 2011) 10.
[56] *Becker*, Arbeitsvermittlung, 44.
[57] LGBl (Böhmen) 57/1903, 113.
[58] LGBl (Galizien) 56/1904.
[59] *Becker*, Arbeitsvermittlung, 45; *Vana*, Arbeitsvermittlung, 53.
[60] *Vana*, Arbeitsvermittlung, 53.

Anfang August 1914,[61] wenige Tage nach Kriegsbeginn, das Ackerbauministerium im Einvernehmen mit dem Ministerium des Innern aufgrund einer kaiserlichen Verordnung[62] Franz Josephs die Schaffung von „Erntekommissionen" durch die Gemeinden.[63] Die Ackerbauministeriums-VO normierte die Zusammensetzung der „Erntekommission": Demnach bestand diese

„aus drei bis sieben Mitgliedern. Den Vorsitz führt der Gemeindevorsteher oder ein von ihm bestimmtes Mitglied des Gemeindevorstandes. Als Mitglieder kommen zunächst in Betracht die Seelsorger, die Schulleiter und Lehrer, dann die Gemeinde- und Distriktsärzte, die Organe der landwirtschaftlichen Berufsvertretungen sowie sonstige fachkundige und vertrauenswürdige Gemeindemitglieder."

Die an sich beachtliche Annäherung dabei an Elemente der Volkssouveränität auf kommunaler Ebene – die in den frühen Jahren des Konstitutionalismus fußt[64] – durch die Einbeziehung des gewählten „Gemeindevorstehers" wurde letztendlich stark relativiert, da die übrigen „Erntekommissions"-Mitglieder nicht kraft Wahl, sondern auf Grund ihres Honoratiorenstatus zum Zug kamen. In der allfälligen Beteiligung „eine[r] Vertretung"[65] der Gutsgebiete (Großgrundbesitze mit Gemeindefunktionen) waren schließlich grundherrschaftliche Relikte zu orten. Wenngleich bei der Zusammensetzung der „Erntekommissionen" noch nicht vom Paritätsprinzip gesprochen werden kann, so waren gewisse Elemente späterer demokratisch konstituierter Körper (Verwaltungs- und Vermittlungsausschüsse[66]) durchaus schon darin angelegt.

Inhaltlich waren die „Erntekommissionen" dazu berufen, „die in der Gemeinde anwesenden Personen männlichen und weiblichen Geschlechtes" zu „Feldbestellungsarbeiten" zu verpflichten.[67] Im Endergebnis (kollegiales Entscheidungsgremium, Arbeitspflicht) erinnert die hier vorgefundene Konstruktion ansatzweise an das Modell des Arbeitspflichtgesetzes[68] (APflG) allerdings mit den gravierenden Abweichungen des fehlenden eigenen Behördenapparats sowie eben der branchenmäßigen Beschränkung auf die Landwirtschaft. Die kaiserliche Verordnung wurde aufgrund des § 14 StGG/Reichsvertretung[69] erlassen (Präambel der kaiserlichen Verordnung) und zählte damit zur langen Reihe der viel berüchtigten Notverordnungen aus dieser Zeit.[70] Die Ackerbauministeriums-VO trat am 5. August 1914 in Kraft.[71] Die „Erntekommissionen" blieben bis Kriegsende bestehen.[72]

Der zweite große Bereich, in dem während des Ersten Weltkriegs ein zentralstaatlich getragenes Vermittlungswesen errichtet wurde, betraf die „kriegsversehrten" Arbeitskräfte.[73] In diesem Fall wurde ab 1915 federführend das Innenressort[74] tätig. Mit dem Ziel der Wiedereingliederung der

---

61 „Verordnung des Ackerbauministeriums im Einvernehmen mit dem Ministerium des Innern vom 5. August 1914, mit der auf Grund der kaiserlichen Verordnung vom 5. August 1914, R.G.Bl. Nr. 199, infolge des Kriegszustandes notwendigen Anordnungen zur Sicherstellung der Ernte- und Feldbestellungsarbeiten erlassen werden" (öRGBl 200/1914).

62 „Kaiserliche Verordnung vom 5. August 1914 wegen Erlassung von infolge des Kriegszustandes notwendigen Anordnungen zur Sicherstellung der Ernte- und Feldbestellungsarbeiten" (öRGBl 199/1914).

63 § 1 Abs 2 Ackerbauministeriums-VO (öRGBl 200/1914).

64 Provisorisches Gemeindegesetz (öRGBl 170/1849).

65 § 1 Abs 3 Ackerbauministeriums-VO.

66 Dazu näher in Kap III. B. 2. Unterinstanzen.

67 § 4 leg cit.

68 BGBl 63/1946. Dazu näher im Kap III. C. 1. Arbeitspflicht.

69 „Gesetz, wodurch das Grundgesetz über die Reichsvertretung vom 26. Februar 1861 abgeändert wird", kurz Staatsgrundgesetz/Reichsvertretung (öRGBl 141/1867).

70 Allein im Zeitraum zwischen 1897 und 1917, der Zeit der „Obstruktionen" im Reichsrat, wurden knapp 270 § 14-Notverordnungen erlassen (Hasiba, Gernot, Das Notverordnungsrecht in Österreich, 1848–1917. Notwendigkeit und Missbrauch eines „Staatserhaltenden Instruments", Wien 1985, 125 f, 144 und 152–154).

71 § 11 leg cit. Zu ihrer Anwendung siehe Vana, Arbeitsvermittlung, 84, die sich auf Bestände des Stadtarchivs Horn beruft.

72 Vana, Arbeitsvermittlung, 86.

73 Zu den ersten materiellrechtlichen Regelungen in der Zwischenkriegszeit siehe Kap I. C. 2. Die Rolle der Arbeitsmarktbehörden im Rahmen des Arbeitsplatzmanagements zugunsten benachteiligter Arbeitskräfte („Kriegsinvalide").

74 Das Ministerium des Innern forcierte schon 1914 die Errichtung eines eigenen staatlichen, branchenübergreifenden Vermittlungswesens und erreichte mit diesen Bestrebungen die Errichtung einer „Zentralstelle für Arbeitsvermittlung für Wien und Niederösterreich" unter

„Kriegsbeschädigten" ins Berufsleben ordnete das Ministerium des Innern im Juni 1915 „die Schaffung von Landesstellen und Einrichtungen zum Zweck der Arbeitsvermittlung (und Nachschulung bzw. Umschulung) der ‚heimkehrenden Krieger'"[75] an. Inhaltlich hoben sich die diesbezüglichen Regelungen vor allem dadurch von der Ackerbauministeriums-VO ab, dass zur Gänze auf Zwangsinstrumente verzichtet wurde.

Auf organisatorischer Ebene wies der Vermittlungsapparat insofern eine enge Verknüpfung mit den allgemeinen Verwaltungsbehörden auf, als die „Landesstellen" direkt den Statthaltereien und über diese indirekt dem Innenressort unterstellt wurden.[76] „In vielen größeren Städten hat […] der Minister des Innern unter der Führung der Landesstellen […] Bezirksstellen der k.k.Arbeitsvermittlung an Kriegsinvalide eingerichtet".[77] In jenen Städten, wo erwartungsgemäß „vielleicht nur einmal im Monat oder einmal in der Woche ein Kriegsinvalide anklopft[e]",[78] waren – wohl aus Kostengründen – keine Bezirksstellen vorgesehen. Als Schnittstelle zwischen den „Kriegsversehrten" und dem behördlichen Überbau dienten dort „Fürsorgeausschüsse", die per Erlass[79] des Ministeriums des Innern 1916 sukzessive gegründet wurden. Bei den „Fürsorgeausschüssen" handelte es sich um keine eigenständigen behördlichen Einrichtungen, sondern um „Hilfsorgane"[80] der betreffenden „Landesstellen". Dass die Tätigkeit in den „Fürsorgeausschüssen" von ehrenamtlichem Charakter geprägt war, geht aus der Aufgabenbeschreibung der Mitglieder hervor, „den heimischen Kriegsinvaliden auf eigene Faust zu helfen, mit ihrer Erfahrung, mit ihrem Ansehen und, wenn es ihnen möglich ist, auch mit Geld und Zeit."[81] In diese Richtung weist auch die Beschreibung der „Heranziehung von Privaten zu amtlichen Fürsorgezwecken nach amtlichen Instruktionen und unter amtlicher Oberleitung".[82] Auf diesem Weg sollte jedenfalls den in entlegenen Gebieten beheimateten „Kriegsinvaliden" die Möglichkeit gegeben werden, „an den in der Landeshauptstadt so reichlich angemeldeten Posten [teilzuhaben]",[83] womit zugleich die Kriegswirtschaft bedient wurde. Wie sehr sich das Problem des Arbeitskräftemangels im Laufe des Kriegs verschärft hat, zeigt die forcierte Frauenbeschäftigung. So ist etwa in der Metall verarbeitenden Industrie der Anteil weiblicher Arbeitskräfte von 15 Prozent (1915) auf 25 Prozent (1917) gestiegen; 1918 lag der Anteil in den Munitionsfabriken bei etwa

der Führung der Gemeinde Wien (*Vana*, Arbeitsvermittlung, 84 f); die Schwäche dieses Ansatzes ist vor allem im beschränkten örtlichen Zuständigkeitsbereich zu sehen.

[75] *Vana*, Arbeitsvermittlung, 87, zitiert in diesem Zusammenhang einen Erlass des Ministeriums des Innern vom 28. Juni 1915, Mitteilungen des K.K. Ministeriums des Innern über Fürsorge für Kriegsbeschädigte 1 (1915) Seiten 26–28. In diesem Sinne auch OÖLA/ BHFreistadt, Schachtel 218, N 6854, Arbeitsvermittlung an Kriegsinvalide, Kundmachung des k.k.Ministerium des Innern betreffs k.k.Arbeitsvermittlung an Kriegsinvalide, Abschnitt II A, Die Landesstellen der k.k.Arbeitsvermittlung an Kriegsinvalide.

[76] OÖLA/BHFreistadt, Schachtel 218, N 6854, Arbeitsvermittlung an Kriegsinvalide, Rudolf Peerz, Von der Front zum schaffenden Leben. Vorschläge zum Ausbau der Stellenvermittlung an Kriegsinvalide (Wien 1916) 22–29; in diesem Sinne auch OÖLA/BHFreistadt, Schachtel 218, N 6854, Arbeitsvermittlung an Kriegsinvalide, Kundmachung des k.k.Ministerium des Innern betreffs k.k.Arbeitsvermittlung an Kriegsinvalide, Abschnitt II B, Bezirksstellen der k.k.Arbeitsvermittlung an Kriegsinvalide, und *Vana*, Arbeitsvermittlung, 87.

[77] OÖLA/BHFreistadt, Schachtel 218, N 6854, Arbeitsvermittlung an Kriegsinvalide, Peerz, Stellenvermittlung, 29.

[78] Ebd.

[79] OÖLA/BHFreistadt, Schachtel 218, N 6854, Arbeitsvermittlung an Kriegsinvalide, Erlass des k.k.Statthalters in Oberösterreich an die k.k.Bezirkshauptmannschaften in Braunau a/Inn, Eferding, Freistadt, Grieskirchen, Perg und Schärding betreffs Gründung von Fürsorgeausschüssen der k.k.Arbeitsvermittlung an Kriegsinvalide; Veranstaltung von Wandervorträgen und Einleitung der Propaganda (21. August 1916) 1.

[80] Ebd. In die „Fürsorgeausschüssen" sollten „[i]n erster Reihe […] je ein Angehöriger des geistlichen, des Lehrer- und des Ärztestandes, ferner Angehörige jener selbständigen wirtschaftlichen Berufe, welche im Bezirk am stärksten vertreten sind, und nach Tunlichkeit auch Vertreter der Arbeitnehmer"(Seite 3) berufen werden. Die Zahl der Mitglieder sollte 10 bis 12 betragen.

[81] OÖLA/BHFreistadt, Schachtel 218, N 6854, Arbeitsvermittlung an Kriegsinvalide, Peerz, Stellenvermittlung, 31. Bei Peerz geht die Angliederung dieses ehrenamtlichen Bereichs an die formale Behördenstruktur auch aus der Textstruktur hervor, in welcher die „Fürsorgeausschüsse" nicht im Kapitel „Die staatlichen Einrichtungen", sondern unter „Die Mitwirkung der Gesellschaft" behandelt wird.

[82] OÖLA/BHFreistadt, Schachtel 218, N 6854, Arbeitsvermittlung an Kriegsinvalide, Erlass des k.k.Statthalters in Oberösterreich an die k.k.Bezirkshauptmannschaften in Braunau a/Inn, Eferding, Freistadt, Grieskirchen, Perg und Schärding betreffs Gründung von Fürsorgeausschüssen der k.k.Arbeitsvermittlung an Kriegsinvalide; Veranstaltung von Wandervorträgen und Einleitung der Propaganda (21. August 1916) 1.

[83] OÖLA/BHFreistadt, Schachtel 218, N 6854, Arbeitsvermittlung an Kriegsinvalide, Peerz, Stellenvermittlung, 30.

50 Prozent.[84] Der notorische Arbeitskräftemangel macht deutlich, wie sehr die Maßnahmen der verstärkten „Kriegsversehrten"-Vermittlung seitens der Regierung erwünscht waren.

Wenngleich Nachweise aus späteren Kriegsmonaten nicht überliefert sind, ist aus diesen Quellen ein dem Grunde nach dreistufiger Instanzenzug zu entnehmen. Dieser wurde im Laufe der Zwischenkriegszeit innerhalb der Arbeitsmarktbehörden allgemein etabliert und prägte selbigen praktisch das gesamte 20. Jahrhundert lang. Im Licht der aktuellen Literatur zeichnet sich aber, im Unterschied zu den „Erntekommissionen", das Bild einer eher mangelhaften Umsetzung ab.[85] Allerdings erhoffte sich das Innenministerium eine Vorbildwirkung von der „mustergültigen [sic!] Organisation der Landesstelle Linz der k.k.Arbeitsvermittlung an Kriegsinvalide [...], welche sodann als Muster in den anderen Ländern dienen könnte".[86] Einige Quellen weisen auf Strukturierungsbemühungen für die unterste organisatorische Ebene hin. So wurden in Österreich unter der Enns bis 1916 die bestehenden „Bezirksarmenräte" zu „Bezirksstellen der k.k.Arbeitsvermittlung an Kriegsinvalide" erklärt; in Böhmen und Galizien wiederum fungierten die aufgrund der dortigen Rechtslage geschaffenen Bezirksarbeitsvermittlungsstellen als „Bezirksstellen".[87] Bei der Gründung der „Fürsorgeausschüsse" bedienten sich die Bezirkshauptmannschaften – ähnlich wie die „Erntekommissionen" – der Gemeinden, welche die Funktionäre namhaft machten.[88] Vom Innenministerium vergebene Musterstatuten[89] sollten zur Vereinheitlichung auf dieser organisatorischen Ebene beitragen.

Die dargestellten Vermittlungssysteme im Agrarbereich und in jenem der „Kriegsversehrten"-Vermittlung weisen Gemeinsamkeiten auf. Beide stellten auf einen beschränkten AdressatInnenkreis ab. Außerdem wurde der prinzipiell vorhandene zentralistische Gesichtspunkt durch die weitgehende Heranziehung der Gemeinden auf unterster Ebene in den Hintergrund gerückt. Ein augenfälliger Unterschied zwischen den beiden Systemen ist zunächst in der jeweiligen Rechtsform zu sehen, die sich im Fall der „Erntekommissionen" als puplizitätsfreundliche Verordnung und bei der Invalidenvermittlung als Erlass darstellte. Eine öffentliche Kundmachung der Ackerbauministeriums-VO[90] als solche erschien wohl nicht zuletzt auch deshalb als angebracht, weil diese mit dem Arbeitspflicht-Instrument stark in die BürgerInnenrechte eingriff. Die Behördenstruktur der staatlichen „Kriegsversehrten"-Vermittlung hob sich überdies durch eine relativ stark ausgeprägte zentralistische

---

84   *Bruckmüller*, Sozialgeschichte, 357.

85   In Niederösterreich und Wien wurden die Aufgaben auf Landesebene von der „Zentralstelle für Arbeitsvermittlung für Wien und Niederösterreich" wahrgenommen, in einigen – nicht näher genannten – Kronländern wurden gar keine „Landesstellen" tätig (*Vana*, Arbeitsvermittlung, 88).

86   OÖLA/BHFreistadt, Schachtel 218, N 6854, Arbeitsvermittlung an Kriegsinvalide, Erlass des k.k.Statthalters in Oberösterreich an die k.k. Bezirkshauptmannschaften in Braunau a/Inn, Eferding, Freistadt, Grieskirchen, Perg und Schärding betreffs Gründung von Fürsorgeausschüssen der k.k.Arbeitsvermittlung an Kriegsinvalide; Veranstaltung von Wandervorträgen und Einleitung der Propaganda (21. August 1916) 1 f.

87   OÖLA/BHFreistadt, Schachtel 218, N 6854, Arbeitsvermittlung an Kriegsinvalide, Kundmachung des Ministern des Innern betreffs k.k.Arbeitsvermittlung an Kriegsinvalide, Abschnitt II B, Bezirksstellen der k.k.Arbeitsvermittlung an Kriegsinvalide.

88   Etwa OÖLA/BHFreistadt, Schachtel 218, N 6854, Arbeitsvermittlung an Kriegsinvalide, GZ 2.283, Schreiben der Gemeinde-Vorstehung St. Oswald bei Freistadt an die BH [Bezirkshauptmannschaft] Freistadt Ob[er] Öst[erreich] (5. November 1916) mit folgendem Wortlaut: „Als geeignete Persönlichkeit zum Zwecke der Vermittlung, der in der Gemeinde vorhandenen Invaliden, wird Herr Lehrer I. Klasse Franz Klopf in Vorschlag gebracht", gezeichnet von Bürgermeister Leopold Krenner.

89   OÖLA/BHFreistadt, Schachtel 218, N 6854, Arbeitsvermittlung an Kriegsinvalide, Erlass des k.k.Statthalters in Oberösterreich an die k.k.Bezirkshauptmannschaften in Braunau a/Inn, Eferding, Freistadt, Grieskirchen, Perg und Schärding betreffs Gründung von Fürsorgeausschüssen der k.k.Arbeitsvermittlung an Kriegsinvalide; Veranstaltung von Wandervorträgen und Einleitung der Propaganda (21. August 1916) 1 f. Fallweise ist eine Verwendung der Formulare überliefert, etwa in OÖLA/BHFreistadt, Schachtel 218, N 6854, Arbeitsvermittlung an Kriegsinvalide, Satzung des Fürsorgeausschusses der k.k.Arbeitsvermittlung an Kriegsinvalide in Freistadt O[ber] Öst[erreich].

90   öRGBl 200/1914. § 1 Abs 2 normierte die Zusammensetzung der „Erntekommission": Demnach bestand diese „aus drei bis sieben Mitgliedern. Den Vorsitz führt der Gemeindevorsteher oder ein von ihm bestimmtes Mitglied des Gemeindevorstandes. Als Mitglieder kommen zunächst in Betracht die Seelsorger, die Schulleiter und Lehrer, dann die Gemeinde- und Distriktsärzte, die Organe der landwirtschaftlichen Berufsvertretungen sowie sonstige fachkundige und vertrauenswürdige Gemeindemitglieder." Die an sich beachtliche Annäherung an Elemente der Volkssouveränität auf kommunaler Ebene – die in den frühen Jahren des Konstitutionalismus fußt (Provisorisches Gemeindegesetz, öRGBl 170/1849) – durch die Einbeziehung des gewählten „Gemeindevorstehers", wurde letztendlich stark relativiert, da die übrigen „Erntekommissions"-Mitglieder nicht kraft Wahl, sondern auf Grund ihres Honoratiorenstatus zum Zug kamen. In der allfälligen Beteiligung „eine[r] Vertretung" der Gutsgebiete (Großgrundbesitze mit Gemeindefunktionen) in Abs 3 waren schließlich grundherrschaftliche Relikte zu orten.

Note hervor.[91] Ungeachtet des beschränkten Adressatenkreises ist besonders im „Kriegsversehrten"-Vermittlungsmodell dieser frühen Zeit mit dem Hinweis auf das branchenübergreifende, „erbländerweite" und staatlich getragene Vermittlungswesen eine „Vorform der 1917 etablierten"[92] Pläne zur Ausgestaltung der Arbeitsmarktverwaltung zu sehen. Bezeichnend ist in diesem Zusammenhang, dass von manchen AutorInnen schon in den frühen Kriegsphasen ein allgemeines staatliches Vermittlungswesen erwartet wurde; Walitschek schreibt etwa, dass zur „Rückführung der Kriegswirtschaft in normale Bahnen [...] die Schaffung einer guten Arbeitsvermittlungsorganisation die größte Bedeutung haben"[93] würde.

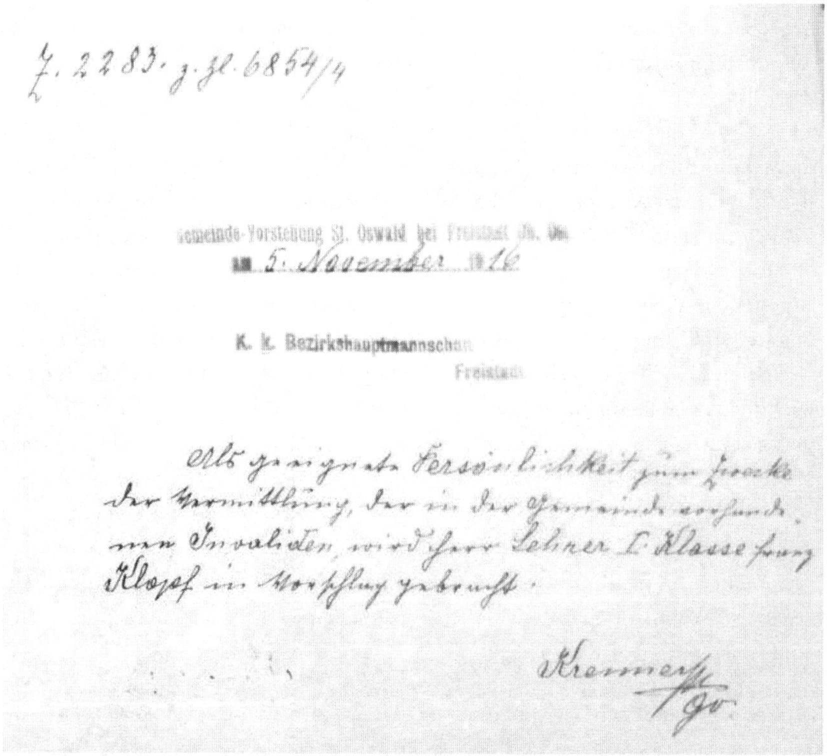

Z. 2283. g. Zl. 6854/4

Gemeinde-Vorstehung St. Oswald bei Freistadt Ob. Öst.
am 5. November 1916

K. k. Bezirkshauptmannschaft
Freistadt

Als geeignete Persönlichkeit zum Zwecke der Vermittlung, der in der Gemeinde vorhandenen Invaliden, wird Herr Lehrer I. Klasse Franz Klopf in Vorschlag gebracht.

Krenner
Bgm.

Abbildung 1:[94] Schreiben der Gemeinde-Vorstehung St. Oswald bei Freistadt an die Bezirkshauptmannschaft Freistadt Oberösterreich anlässlich der Errichtung von Fürsorgeausschüssen (5. November 1916)

---

91 So regelt etwa die Ackerbauministeriums-VO neben den Arbeitspflicht-Agenden vor allem die Struktur der „Erntekommissionen" und entbehrt im Übrigen einer dreistufigen Gliederung in Instanzen, wie sie im Bereich der „Kriegsversehrten"-Vermittlung durchaus vorgesehen war.

92 *Vana*, Arbeitsvermittlung, 88, mit weiteren Nachweisen. Zur „Verordnung [...] betreffend die Regelung der Arbeitsvermittlung für die Dauer der durch den Krieg verursachten außerordentlichen Verhältnisse" (öRGBl 509/1917) siehe Kap I. A. 3. Rechtliche Ausgangslage und Rahmenbedingungen.

93 *Walitschek*, Anton, Der Arbeitsmarkt in Österreich während des Krieges. In: Zeitschrift für Volkswirtschaft, Sozialpolitik und Verwaltung 24 (1915) 727–776, hier: 776. In diesm Sinne auch *Forchheimer*, Karl, Arbeitslosenfürsorge und Arbeitsvermittlung. In: *Exner*, Wilhelm (Hg), 10 Jahre Wiederaufbau. Die staatliche, kulturelle und wirtschaftliche Entwicklung der Republik Österreich 1918–1928 (Wien 1928) 273–275, hier: 275.

94 OÖLA/BHFreistadt, Schachtel 218, N 6854, Arbeitsvermittlung an Kriegsinvalide, GZ 2.283, Schreiben der Gemeinde-Vorstehung St. Oswald bei Freistadt an die BH [Bezirkshauptmannschaft] Freistadt Ob[er] Öst[erreich] (5. November 1916) mit folgendem Wortlaut: „Als geeignete Persönlichkeit zum Zwecke der Vermittlung, der in der Gemeinde vorhandenen Invaliden, wird Herr Lehrer I. Klasse Franz Klopf in Vorschlag gebracht", gezeichnet von Bürgermeister Leopold Krenner.

2. Politische, wirtschaftliche und soziale Rahmenbedingungen

Die dargestellte historische Ausgangslage zeigt, dass bis zum Ende des Zweiten Weltkriegs zwar eine bedeutsame Vorarbeit auf der Ebene des politischen Diskurses geleistet wurde, bis in die späte Kriegsphase es aber zu keiner Realisierung eines allgemeinen, zentralstaatlich geführten Arbeitsmarktwesens kam. Nachfolgend gilt es zunächst die politischen, wirtschaftlichen und sozialen Rahmenbedingungen zu beleuchten, welche die Entwicklung der zentralstaatlichen Arbeitsmarktbehörden im Laufe der Zwischenkriegszeit maßgeblich beeinflussten.

Der Umbruch von der Monarchie zur Demokratie schlug sich in den zentralen arbeitsmarktpolitischen Gesetzen wie dem „Arbeitslosenversicherungsgesetz"[95] (AlVG) und dem „Invalidenbeschäftigungsgesetz"[96] (IBG) auch darin nieder, dass deren Zustandekommen maßgeblich durch die sozialpolitischen Überlegungen der politischen Parteien geleitet wurde. Für die politische topografische Karte bedeutete der Zusammenbruch der Monarchie selbstverständlich auch die Reduktion der Staatsgewalt auf den verhältnismäßig kleinen Raum der Republik Deutschösterreich; allerdings sind Bemühungen der Regierung Renner aus der Zeit vor dem Staatsvertrag von St. Germain überliefert, später nicht mehr zu Österreich gehörige Gebiete in den räumlichen Zuständigkeitsbereich der jungen staatlichen Arbeitsmarktbehörden einzubeziehen.[97]

Sowohl im von der Gewaltenteilung gekennzeichneten politischen System der Republik als auch in der institutionellen Landschaft des „Bundesstaates" Österreich (1934–1938) spielten arbeitsmarktbehördliche Agenden in allen drei Staatsfunktionen eine Rolle.[98] Mangels einer materiellrechtlichen Kodifikation der Arbeitsmarktagenden und der weitgehend fehlenden Bindung der Arbeitsmarktbehörden an die Bescheidform[99] ist allerdings der Bestand der öffentlichrechtlichen Judikatur (des VfGH beziehungsweise VwGH gem „Bundes-Verfassungsgesetz",[100] B-VG, sowie des BGH gem Maiverfassung[101]) in der Zwischenkriegszeit relativ überschaubar und betrifft vor allem das IBG.[102] Zu spannenden Kapiteln wie jenem der privilegierten „Schutzkorps"-Einstellung sind leider keine öffentlich-rechtlichen Judikate bekannt.[103]

Im Übergang vom Dollfuß/Schuschnigg-Regime vollzog sich aus arbeitsmarktbehördlicher Perspektive auf organisatorischer sowie auf materieller Hinsicht eine wesentliche Zäsur, wobei bezüglich Einzelheiten ebenfalls auf die entsprechenden Textstellen verwiesen sei.

An dieser Stelle scheint es angebracht, Aspekte des Begriffsdiskurses aufzugreifen. Als „Austrofaschismus"[104] wird vor allem in der aktuellen österreichischen Forschungsliteratur das Regime der Christlichsozialen Partei beziehungsweise der „Vaterländischen Front" in den Jahren 1933 bis

---

[95]   StGBl 153/1920. Dazu näher im Kap I. B. 2. Unterinstanzen.
[96]   StGBl 459/1920. Dazu näher im Kap I. C. 2. Die Rolle der Arbeitsmarktbehörden im Rahmen des Arbeitsplatzmanagements zugunsten benachteiligter Arbeitskräfte („Kriegsinvalide").
[97]   Dazu näher im Kap I. B. 2. Unterinstanzen.
[98]   Zu den Quellen von Legislative, Exekutive und öffentlich-rechtlicher Judikative siehe jeweils die einschlägigen Kapitel.
[99]   Zur fehlenden Bindung der Arbeitsmarktbehörden an die Verwaltungsverfahrensgesetze in den Bereichen Arbeitsvermittlung und Berufsberatung im Betrachtungszeitraum siehe Kap III. B. 2. Unterinstanzen.
[100] BGBl 1/1920.
[101] BGBl 1/1934.
[102] Zum IBG näher Kap I. C. 2. Die Rolle der Arbeitsmarktbehörden im Rahmen des Arbeitsplatzmanagements zugunsten benachteiligter Arbeitskräfte („Kriegsinvalide").
[103] Zu diesem Thema näher Kap I. C. 4. Das Vermittlungsregime im Austrofaschismus: Belohnung für Konformität und frühe Tendenzen der Zwangsbeschäftigung. Für die Zeit des Austrofaschismus ist festzustellen, dass die Register zur BGH-Judikatur bezüglich zentraler Rechtsgrundlagen (AlVG, IBG, GSVG, SchukoEVO, SchukoEG) keine Hinweise auf Entscheidungen aufweisen.
[104] Tálos, Emmerich, Das austrofaschistische Herrschaftssystem. In: Tálos, Emmerich / Neugebauer, Wolfgang (Hg), Austrofaschismus. Politik – Ökonmie – Kultur. 1933–1938 (Wien ⁵2005) 394–420, hier: 395, 415 f; Neugebauer, Wolfgang, Repressionsapparat und -maßnahmen 1933–1938. In: Tálos, Emmerich / Neugebauer, Wolfgang (Hg), Austrofaschismus. Politik – Ökonomie – Kultur. 1933–1938 (Wien ⁵2005) 298–321, hier: 298; Tálos, Emmerich / Manoschek, Walter, Aspekte der politischen Struktur des Austrofaschismus. In: Tálos, Emmerich / Neugebauer, Wolfgang (Hg), Austrofaschismus. Politik – Ökonomie – Kultur. 1933–1938 (Wien ⁵2005) 124–161, hier: 158.

zum „Anschluss" Österreichs an das Deutsche Reich 1938 bezeichnet. Dabei handelte es sich beim „Austrofaschismus" mangels wesentlicher Faschismus-Elemente um keine gewöhnliche Form des „Faschismus". Es fehlten dafür vor allem die Universalität der politischen Ziele – „Universalität" verstanden im Sinne von „Orientierung weit über die Grenzen des Staatsgebietes hinaus" – und die Machtergreifung einer revolutionären faschistischen Partei.[105] Vielmehr ist darunter allenfalls die Spielart eines weit gefassten Faschismus-Verständnisses zu verstehen.

Teilweise werden in der Literatur dem Faschismus-Begriff überhaupt andere Bezeichnungen wie „nationalistisch-autoritärer"[106] Staat vorgezogen; Jagschitz etwa schlägt vor, mit dem Ausdruck „Ständestaat"[107] die Eigenbezeichnung des Regimes beizubehalten, während Brauneder mit „Bundesstaat"[108] den Rechtsterminus der Verfassung[109] von 1934 verwendet. Eigentlich sind all diese Formulierungen unzureichend. Einerseits handelte es sich bei der Regierungsform im Zeitraum 1933 bis 1938 im Licht der aktuellen Faschismus-Forschung um keinen Faschismus im strengen Sinne des Wortes; andererseits verschleiern die meisten alternativen Bezeichnungen den diktatorischen Charakter des Regimes, weshalb Wohnout mit dem Begriff „Kanzlerdiktatur" die Macht des Bundeskanzlers ausdrückt.[110] Für diese Studie hier wird an der gängigen österreichischen Formulierung „Austrofaschismus"[111] festgehalten und als Synonym die Bezeichnung „Dollfuß/Schuschnigg-Regime" verwendet.

Die triste Wirtschaftslage nach dem verlorenen Krieg und die Bewältigung der Heimkehrermassen wurden zum ersten großen Prüfstein für die jungen Arbeitsmarktbehörden. Schon nach dem Kriegsende und dem Friedensvertrag von St Germain stand es mit der Wirtschafts- und damit notwendigerweise auch mit der Beschäftigungslage sowie dem direkt betroffenen Sozialgefüge nicht zum Besten. In diese Phase fielen fundamentale organisatorische (AlVG) und materiellrechtliche (IBG) sozialpolitische Regulative.

Zu Beginn der Dreißigerjahre wurde die öffentliche Arbeitsvermittung von den politischen Spannungen im Austrofaschismus und der wirtschaftlichen Misere der Weltwirtschaftskrise massiv auf die Probe gestellt. Die Weltwirtschaftskrise ab 1929 führte zu einer großen Depression. Während die Arbeitslosenrate ab dem ersten Nachkriegsjahr meist doch deutlich unter der Zehn-Prozent-Marke geblieben war, erreichte sie 1933 ihren Höchstwert in der Zwischenkriegszeit von 25,9 Prozent.[112]

In diesem auf die Arbeitslosigkeit bezogenen Spitzenjahr betrug der Budgetabgang bundesweit 106,2 Millionen Schilling von 268,6 Millionen, welche die Arbeitsmarktbehörden auszugeben hatten; das bedeutet, dass 39,5 Prozent der Ausgaben nicht durch Beitragsleistungen gedeckt waren und damit aus den Budgeteinnahmen bezogen wurden.[113] Durch die hohe Arbeitslosenquote ging außerdem die im Volksmund sogenannte „Aussteuerung"[114] einher. Dies hieß nichts anderes, als dass

---

[105] *Paxton*, Robert O., The anatomy of fascism (London 2004) 218; *Borejsza*, Jerzy, Schulen des Hasses. Faschistische Systeme in Europa (Europäische Geschichte, Frankfurt am Main 1999) 54 ff.

[106] *Payne*, Stanley G., Fascism. Comparison and definition (Madison 1980) 107 ff; kritisch zu diesem Begriff *Borejsza*, Faschistische Systeme, 46 ff.

[107] *Jagschitz*, Gerhard, Der österreichische Ständestaat 1934–1938. In: *Weinzierl*, Erika / *Skalnik*, Kurt (Hg), Österreich 1918–1938. Geschichte der Ersten Republik, Bd 1 (Graz 1983) 497–515, hier: 498.

[108] *Brauneder*, Verfassungsgeschichte, 231 ff.

[109] BGBl 1/1934.

[110] *Wohnout*, Helmut, Die Verfassung 1934 im Widerstreit der unterschiedlichen Kräfte im Regierungslager. In: *Reiter-Zatloukal*, Ilse / *Rothländer*, Christiane / *Schölnberger*, Pia (Hg), Österreich 1933–1938. Interdisziplinäre Annäherungen an das Dollfuß-/Schuschnigg-Regime (Wien 2012) 17–30, hier: 30.

[111] *Tálos*, Herrschaftssystem, 395, 415 f. Auf Anführungszeichen wird in weiterer Folge zugunsten der Lesbarkeit verzichtet.

[112] *Schmidt*, Arbeitsmarktverwaltung, 96.

[113] Ebd, 90.

[114] Ebd, 94.

ein Großteil der Arbeitslosen der Arbeitslosenfürsorge verlustig ging und keine öffentliche finanzielle Unterstützung mehr erhielt. Im Austrofaschismus wurde überdies das ohnehin aufgrund der Weltwirtschaftslage geschwächte Sozialgefüge zusätzlich durch die Lagerkämpfe geschwächt, wobei sich diese Konflikte ebenfalls in den einschlägigen arbeitsmarktbehördlichen Materien (etwa GSVG,[115] SchukoEG[116]) zu Buche schlugen.

Zur Eindämmung der Arbeitslosigkeit wurden verstärkt staatliche Maßnahmen ergriffen, wodurch Arbeitskräfte vor allem im infrastrukturellen Bausektor (Straßenbau, Kraftwerksbau) untergebracht wurden. Die Maßnahmen wurden von Kurt Schuschnigg in Anlehnung an den Sprachgebrauch des Deutschen Reiches schon 1935 als „Arbeitsschlacht"[117] bezeichnet. Allerdings dienten die Großprojekte nicht nur der Arbeitsplatzbeschaffung; bei manchen Baustellen wie jenen der „Nibelungen Straße"[118] (sie ist auch unter der Bezeichnung „Donaustraße"[119] bekannt) wurden auch Häftlinge zwangsweise eingesetzt. Auf einem etwa 1,25 km langen Teilstück (zwischen der Brücke in Schlögen und dem ehemaligen Gasthof Eisgrabenwirt) arbeiteten ab 9. September 1935 Insassen des Bettlerlagers (Haftlagers) in Schlögen.[120]

Eine weitere arbeitsmarktpolitische Maßregelung war das Arbeitsförderungsgesetz.[121] Es sicherte jenen Industriegruppen eine Vergütung zu, die ihren durchschnittlichen Beschäftigungsstand um 20 Prozent gegenüber dem Vorjahr erhöhten. Diese Vergütung sollte der Höhe nach der Hälfte jenes Betrags entsprechen, den sich der Staat dadurch an Arbeitslosengeld ersparte.[122] Durch jene Maßnahmen, wie sie mit diesem Gesetz gezielt ergriffen wurden, wie etwa verstärkte Rüstung und Großprojekte, die vor allem auf die Bauwirtschaft abstellten, wie die Großglockner-Hochalpenstraße, die Packer Straße, die Wiener Höhenstraße,[123] die Plöckenstraße, die Gerlosstraße, die Iselsbergstraße, die Hochtannbergstraße, die Autoeinfahrtsstraße Wiental oder die Wiener Reichsbrücke[124] konnte die Arbeitslosenrate auf 21,7 Prozent im Jahr 1937 reduziert werden.

Im Ergebnis führten diese Bestrebungen zu einer Unterscheidung der Investitionsvorhaben entsprechend der Finanzierungsquelle in „öffentliche Arbeiten" einerseits und „private Arbeiten" andererseits. Unter erstere fielen Maßnahmen wie jene der Produktiven Arbeitslosenfürsorge[125] (PAF, vor allem zur Beschäftigung von Bauarbeitern[126]) sowie des „Freiwilligen Arbeitsdienstes" (FAD),[127] welcher auf jugendliche Arbeitskräfte abzielte. Demgegenüber verstand man unter „privaten Arbeiten" jene Investitionen, die vorwiegend von Geldquellen außerhalb des Fiskus bestritten wurden.

---

[115] Kap I. B. 2. Unterinstanzen.

[116] „Bundesgesetz über die begünstigte Einstellung von arbeitslosen, abgerüsteten Angehörigen des freiwilligen Schutzkorps und des Militärassistenzkorps in die Betriebe" (BGBl 165/1935). Dazu näher im Kap I. C. 4. Das Vermittlungsregime im Austrofaschismus: Belohnung für Konformität und frühe Tendenzen der Zwangsbeschäftigung.

[117] *Hofmeister*, Arbeitsvermittlung, 233. Zur Etymologie dieser Bezeichnung siehe Kap II. A. 1. Politische, wirtschaftliche und soziale Rahmenbedingungen.

[118] *Tröbinger*, Jürgen, „Armenpflege mit eiserner Faust". Öffentliche Fürsorge und die Verfolgung „Asozialer" im Reichsgau Oberdonau. In: Mitteilungen des Oberösterreichischen Landesarchivs 21 (2008) 617–692, hier: 618 f.

[119] Ebd.

[120] *Ganglmair*, Siegwald, „Die hohe Schule von Schlögen." Zur Geschichte und Rezeption eines Bettlerlagers im Ständestaat. In: Medien & Zeit 2 (1990) 19–29, hier: 22.

[121] BGBl 181/1935.

[122] *Schmidt*, Arbeitsmarktverwaltung, 114.

[123] Ebd. 100. Schmidt erwähnt die letztgenannten Projekte. Zur Wiener Höhenstraße siehe grundlegend *Riegele*, Georg, Die Wiener Höhenstraße. Autos, Landschaft und Politik in den dreißiger Jahren (Wien 1993).

[124] *Sandgruber*, Roman, Ökonomie und Politik. Österreichische Wirtschaftsgeschichte vom Mittelalter bis zur Gegenwart (Österreichische Geschichte, Wien 2005) 399. Er erwähnt alle hier angeführten Projekte.

[125] Dazu ausführlicher im Kap I. C. 3. Produktive Arbeitslosenfürsorge.

[126] *Hofmeister*, Herbert, Arbeitsvermittlung und Arbeitslosenversorgung in Österreich, insbesondere 1918 bis 1938. In: *Benöhr*, Hans-Peter (Hg), Arbeitsvermittlung und Arbeitslosenversorgung in der neueren deutschen Rechtsgeschichte (Beiträge zur Rechtsgeschichte des 20. Jahrhunderts, Tübingen 1991) 217–236, hier: 232.

[127] Zum FAD allgemein siehe Kap I. B. 3. Das Umfeld der Arbeitsmarktbehörden, zur Entwicklung im Austrofaschismus und der Rolle der Arbeitsmarktbehörden in diesem Zusammenhang Kap I. C. 4. Das Vermittlungsregime im Austrofaschismus: Belohnung für Konformität und frühe Tendenzen der Zwangsbeschäftigung.

Im Jahr der größten Arbeitslosigkeit in der Zwischenkriegszeit (1933[128]) betrug von insgesamt 2,14 Millionen Arbeitskräften die Zahl der bei „öffentlichen Arbeiten" Beschäftigten im Jahresdurchschnitt zirka 9.000 (PAF) beziehungsweise 8.000 (FAD). Dieses Verhältnis zeigt, dass der mit Abstand größte Teil der Beschäftigten in diesem Jahr nicht den „öffentlichen Arbeiten" zuzuordnen war und insofern die Investitionsprogramme kaum erfolgreich waren. Die weitere Entwicklung der Arbeitslosenzahlen im Austrofaschismus deutet darauf hin, dass diese strukturellen Maßnahmen zur Bekämpfung der Arbeitslosigkeit auch danach nur wenig fruchteten. Im Austrofaschismus nahm der FAD insofern eine Sonderstellung innerhalb der „öffentlichen Arbeiten" ein, als dieser dazu instrumentalisiert wurde, durch zum Beispiel entsprechende Freizeitgestaltung eine gezielte ideologische Einflussnahme im Sinne des „Ständestaates" zu erwirken.[129]

Die bald nach der Machtübernahme Adolf Hitlers Ende Jänner 1933 einsetzende Aufrüstung im Deutschen Reich bewirkte eine damals weltweit beachtete Entlastung des Arbeitsmarktes. Die Arbeitslosigkeit sank nämlich von etwa 31 Prozent im Jahr 1932 auf zirka 8 Prozent im Jahr 1936.[130] Freilich war diese „Verbesserung" der Arbeitslosenstatistik insofern nur eine solche „auf dem Papier", als Faktoren wie die Wiedereinführung der Wehrpflicht sowie des Reichsarbeitsdienstes (RAD) zur Beschönigung der Statistiken beitrugen.[131] Militarisierung und damit militärische Rüstung wurde auch in Österreich seit dem Bürgerkrieg im Februar 1934 zu einem entscheidenden Wirtschaftsfaktor,[132] allerdings in einem vergleichsweise weit kleineren Ausmaß.

Im Jahr 1936 betrug die Arbeitslosenrate etwa der USA 23,9 Prozent, jene von Großbritannien 13,1 und in Frankreich lag die Rate bei 10,4 Prozent.[133] Die Situation in Österreich befand sich damit durchaus im internationalen Trend. Von einer wirklichen Erholung des Arbeitsmarktes war man aber im Austrofaschismus weit entfernt.

	1	2	3	4
	Gesamtzahl der Arbeitslosen	Zahl der unterstützten Arbeitslosen	Arbeitslosenrate in % der ArbeitnehmerInnen	Anteil der Unterstützten an der Gesamtzahl der Arbeitslosen
1919	355.000	147.196	18,4 %	44 %
1920	79.000	32.217	4,2 %	41 %
1921	28.000	11.671	1,4 %	42 %
1922	103.000	49.434	4,8 %	48 %
1923	212.000	109.786	9,1 %	53 %
1924	188.000	95.225	8,4 %	48 %
1925	220.000	149.980	9,1 %	68 %
1926	244.000	176.536	11,0 %	72 %
1927	217.000	172.478	9,8 %	80 %
1928	183.000	156.185	8,3 %	85 %
1929	192.000	164.477	8,8 %	86 %
1930	243.000	208.398	11,2 %	86 %
1931	334.000	253.376	15,4 %	76 %

---

[128] Siehe Tabelle 1 „Zahl der Arbeitslosen in Österreich (1919–1937)".
[129] Dazu näher im Kap 4. Das Vermittlungsregime im Austrofaschismus.
[130] *Schmidt*, Arbeitsmarktverwaltung, 118. *Schmuhl*, Arbeitsmarktpolitik, 218 führt für das Jahr 1936 7,4 Prozent an.
[131] Zum RAD allgemein siehe Kap I. B. 3. Das Umfeld der Arbeitseinsatzbehörden. Zur Verzerrung der Arbeitslosenstatistik durch Maßnahmen wie jenen des RAD siehe *Schmuhl*, Arbeitsmarktpolitik, 218, mit weiteren Nachweisen.
[132] *Schmidt*, Arbeitsmarktverwaltung, 106; *Danimann*, Arbeitsämter, 14.
[133] *Schmuhl*, Arbeitsmarktpolitik, 218.

	1	2	3	4
	Gesamtzahl der Arbeitslosen	Zahl der unterstützten Arbeitslosen	Arbeitslosenrate in % der ArbeitnehmerInnen	Anteil der Unterstützten an der Gesamtzahl der Arbeitslosen
1932	468.000	309.968	21,7 %	66 %
1933	557.000	328.844	26,0 %	60 %
1934	545.000	278.527	25,5 %	53 %
1935	515.000	261.768	24,1 %	51 %
1936	515.000	269.187	24,1 %	50 %
1937	464.000	231.320	21,7 %	50 %

Tabelle 1:[134] **Zahl der Arbeitslosen in Österreich (1919–1937)**

3. Rechtliche Ausgangslage und Rahmenbedingungen

Anknüpfend an die Entwicklung des Vermittlungswesens bis zum Ersten Weltkrieg[135] ist im Folgenden zunächst auf die rechtliche Ausgangslage für die Anfänge der zentralstaatlichen Arbeitsmarktverwaltung in Österreich einzugehen; in einem zweiten Schritt sollen die rechtlichen Rahmenbedingungen für den gegenständlichen Zeitabschnitt beleuchtet werden.

Auf der Grundlage des „Kriegswirtschaftlichen Ermächtigungsgesetzes"[136] erließ der Minister des Innern, Friedrich von Toggenburg, die Kriegswirtschaftsverordnung vom 24. Dezember 1917[137] (fortan Arbeitsvermittlungsverordnung, AVVO 1917). Sie wird als „die eigentliche Geburtsstunde der österreichischen Arbeitsmarktverwaltung"[138] betrachtet. In diesem Sinne stellt auch Vana fest, dass „[k]onkrete Schritte zur Ausgestaltung der öffentlichen Arbeitsvermittlung [...] erst 1917 unternommen [wurden]. Im Kontext der Übergangswirtschaft wurde die Arbeitsvermittlung endgültig als Teil einer umfassenden sozialpolitischen Agenda aufgefasst und umgesetzt."[139]

Die AVVO 1917 stand in unmittelbarem Zusammenhang mit dem Ersten Weltkrieg und sollte den durch den Kriegsdienst der Männer hervorgerufenen Arbeitskräftemangel reduzieren. Das Kriegsende erfolgte zwar erst im Herbst des Folgejahres und der tatsächliche Ausgang des Krieges war 1917 noch nicht absehbar. Man machte sich aber bereits, und das zeigt die AVVO 1917 recht deutlich, Gedanken über die Nachkriegszeit.[140] Die Fragen der Demobilisierung und des damit verbundenen Andrangs auf den Arbeitsmarkt[141] waren dabei von großer Relevanz. Zwar bestanden schon die erwähnten Einrichtungen zur Arbeitsvermittlung, doch erschien die bestehende dezentrale Struktur zur Bewältigung des anstehenden Ausmaßes an Arbeitslosigkeit als unzureichend.

Die Ausarbeitung der AVVO 1917 erfolgte durch das „Generalkommissariat für Kriegs- und Übergangswirtschaft" beziehungsweise durch den „Ausschuss für Demobilisierung und Arbeitsvermittlung"; letzterer wurde im Mai 1917 gegründet, dem Generalkommissariat unterstellt und war durch seine paritätische Zusammensetzung gekennzeichnet.[142]

---

[134] *Stiefel*, Dieter, Arbeitslosigkeit, politische und wirtschaftliche Auswirkungen – am Beispiel Österreichs 1918–1938 (Schriften zur Wirtschafts- und Sozialgeschichte 31, Berlin 1979) 29. Die Zahlenangaben beziehen sich jeweils auf den Jahresdurchschnitt.

[135] Kap I. A. 1. Historische Ausgangslage.

[136] öRGBl 307/1917.

[137] „Verordnung [...] betreffend die Regelung der Arbeitsvermittlung für die Dauer der durch den Krieg verursachten außerordentlichen Verhältnisse" (öRGBl 509/1917).

[138] *Schmidt*, Arbeitsmarktverwaltung, 65.

[139] *Vana*, Arbeitsvermittlung, 91, in diesem Sinne auch 83, mit weiteren Literaturnachweisen.

[140] *Schmidt*, Arbeitsmarktverwaltung, 65.

[141] *Heise*, Bettina, Vom k.k. Ministerium für soziale Fürsorge zum Bundesministerium für soziale Verwaltung (geisteswiss Dipl, Wien 1995) 28.

[142] *Vana*, Arbeitsvermittlung, 92.

„In diesem waren von Seiten der Unternehmer/innen Fritz Hamburger (Hauptstelle Industrieller Arbeitgeber-Organisationen [...]), Arthur Kuffler (Kriegsverband der Baumwollindustrie), Heinrich Vetter, (Reichsverband der österreichischen Industrie) und Ludwig Urban Jr. vertreten. Für die ArbeitnehmerInnen verhandelten Ferdinand Hanusch, Anton Hueber, der sozialdemokratische Gewerkschafter Antonín Hampl, sowie der christlich soziale Gewerkschafter Franz Spalowsky."[143]

Der „Ausschuss für Demobilisierung und Arbeitsvermittlung" erarbeitete die AVVO 1917 nicht aus freien Stücken heraus. Vielmehr stützte er seine Tätigkeit auf zwei unterschiedliche Entwürfe des Kriegs- und des Innenministeriums; die Variante letzteren setzte sich schließlich im Ausschuss durch. Der zentrale Scheidepunkt gegenüber dem Vorschlag des Kriegsministeriums betraf die Frage der freiwilligen Inanspruchnahme der neu zu schaffenden Vermittlungseinrichtungen. Während der Kriegsministeriumsentwurf einen Zwang zur Einschaltung der neuen Vermittlungsstellen auf beiden Seiten des Arbeitsvertrags vorsah, bezog man im Innenministeriumsentwurf eine liberalere Position, wonach die Heranziehung der neuen Stellen als Vermittlungseinrichtungen lediglich unverbindlichen Charakter haben sollte.[144] Die Umsetzung der liberaleren Variante überrascht insofern nicht, als der Grundsatz der Freiwilligkeit schon im Rahmen des Wiener Dienstbotenamtes im ausgehenden 18. Jahrhundert realisiert worden war.[145] Die AVVO 1917 wurde von Toggenburg unterzeichnet und trat in „Cisleithanien" am 24. Dezember 1917 in Kraft.[146]

Das eminent Neue an der AVVO 1917 war die Eingliederung der Arbeitsmarktverwaltungsstruktur in den gesamtstaatlichen Verwaltungsapparat und damit der Beginn ihrer Zentralisierung – und zwar auf branchenübergreifender Ebene.[147] Zu diesem Zweck war gem § 6 AVVO 1917 beim Ministerium des Innern als oberster Instanz die „Reichsstelle für Arbeitsvermittlung" vorgesehen.[148] Sie wurde mit der „Leitung und Überwachung der gesamten Arbeitsvermittlungsorganisation"[149] betraut und unterstand direkt dem „Ministerium des Innern". Auf der Mittelebene war für das Verwaltungsgebiet jeder politischen Landesbehörde – also jedes Kronlandes – eine „Landesstelle für Arbeitsvermittlung"[150] vorgesehen, welche ebenfalls direkt dem Innenressort unterstand. Über die Zusammensetzung der „Landesstellen" finden sich in der AVVO 1917 außer dem Hinweis, dass „[d]ie Organisation und Geschäftsführung der Landesstelle für Arbeitsvermittlung" dem Ministerium des Innern vorbehalten waren,[151] keine näheren Angaben.

Aufgabe der „Landesstellen" war es, die „Förderung und Überwachung der nicht gewerbsmäßigen Arbeitsnachweisestellen" sowie die „Durchführung des Ausgleichs auf dem Arbeitsmarkt" zu betreiben.[152] Außerdem – und das war in der Aufbauphase wahrscheinlich die zentrale Kompetenz – oblag den „Landesstellen" die „Entscheidung bezüglich der Öffentlichkeitserklärung"[153] der bestehenden „nicht gewerbsmäße[n] Arbeitsnachweisstelle[n]"[154] und damit der Aufbau der untersten Instanz des künftigen zentralstaatlichen Vermittlungswesens.

---

[143] *Fischer*, Peter G., Ansätze zu Sozialpartnerschaft am Beginn der Ersten Republik, 131, zit nach *Vana*, Arbeitsvermittlung, 92.
[144] *Vana*, Arbeitsvermittlung, 92 f.
[145] Dazu näher im Kap I. A. 1. Historische Ausgangslage.
[146] § 12 leg cit.
[147] Zu den frühen Bemühungen um branchenbezogene, behördliche Vermittlungsstrukturen siehe Kap I. A. 1. Historische Ausgangslage.
[148] *Heise*, k.k. Ministerium, 28.
[149] Lex cit.
[150] § 5 leg cit. Unterscheide von den „Landesstellen" gem AVVO 1917 die gleichnamigen Einrichtungen im Bereich der Invalidenvermittlung aus dem Ersten Weltkrieg. Dazu näher in Kap I. A. 1. Historische Ausgangslage.
[151] § 5 am Ende.
[152] Lex cit.
[153] § 2 viertletzter Abs leg cit.
[154] § 1 Abs 1 leg cit.

Die Wichtigkeit dieser Kompetenz unterstreicht die Stellung der Regelungen über die „Öffentlichkeitserklärung" bestehender Arbeitsnachweise bereits im ersten Teil der Verordnung.[155] Demnach hatte jede „nicht gewerbsmäßige Arbeitsnachweisstelle" binnen 14 Tagen eine Anzeige über ihren Bestand, die Zielgruppe sowie allfällige Gebühren zu erstatten. Damit sollte ein möglichst genaues Abbild bestehender Einrichtungen, die in das künftige System einzubinden waren, erstellt werden. Die Anzeige war an die jeweilige politische Landesbehörde beziehungsweise eine allfällig errichtete „Landesstelle für Arbeitsvermittlung" zu richten. Bei Bedarf[156] konnten jene Arbeitsnachweise zu „öffentliche[n] allgemeine[n] Arbeitsnachweisstellen für einen bestimmten Sprengel erklärt werden", „welche Arbeit jeglicher Art vermittel[ten]",[157] also nicht nur bestimmte Branchen bedienten.

Weitere Tatbestandsmerkmale für die „Öffentlichkeitserklärung" waren die Verankerung der „Unparteilichkeit der Arbeitsvermittlung durch die Satzung (Geschäftsordnung)" sowie die Überwachung der Tätigkeit des in Frage kommenden Arbeitsnachweises durch einen Ausschuss, „in welchem Arbeitgeber und Arbeitnehmer in gleicher Zahl vertreten" waren und damit das Paritätsprinzip vorherrschend war.[158] § 4 legte fest, dass „Gemeinden, in welchen keine öffentlichen Arbeitsnachweisstellen […] [bestanden], und welche sich zur Errichtung einer solchen nicht bereit […] [fanden]", bei neuen öffentlichen Arbeitsnachweisstellen mitzuwirken hatten – und dies in der Form, dass sie die bei ihnen „angemeldeten Arbeitsanbote und Arbeitsgesuche sammeln und an die zuständige öffentliche Arbeitsnachweisestelle weiter[zu]geben [hatten]".[159] In dieser Bestimmung ist ein Hinweis darauf gegeben, dass die Zentralverwaltung im seit 1898 entstehenden kommunalen Umfeld der habsburgischen „deutschen Erblande" zentrale Kooperationspartner erblickte.[160]

Bei diesen Vorgaben fällt besonders ein bedeutendes Systemmerkmal auf, und zwar der Rückgriff auf bestehende Vermittlungsstrukturen im Rahmen der Etablierung der neuen, zentralstaatlichen Zuständigkeiten. Wichtige Konstante im Vermittlungswesen der letzten Jahrhunderte, besonders verkörpert durch die gewerbsmäßige Stellenvermittlung, wurden mit der AVVO 1917 nicht abgeschafft – wie dies etwa im Kriegsministeriumsentwurf angedacht und später unter NS-Ägide tatsächlich weitestgehend umgesetzt wurde. Vielmehr trachtete man danach, einen Teil der bestehenden Strukturen gezielt zu integrieren. Zu diesem Zweck wurde den in der AVVO 1917 angesprochenen Gemeinden als wichtigen Akteuren in diesem Prozess eine staatliche Subvention in Aussicht gestellt; darüber hinaus „wollte das Ministerium [des Innern] die Ausbildung geschulter Vermittlungsbeamter" übernehmen und Musterstatuten für die unterste Instanz ausarbeiten.[161]

Dass die Umsetzung der AVVO 1917-Vorgaben in eine Zeit allgemeiner Umbrüche fiel, war gewiss nicht die optimale Ausgangslage für einen erfolgreichen Start. Die Monarchie war kurz davor, den Ersten Weltkrieg zu verlieren und zu zerfallen, und das ursprünglich zuständige „Ministerium des Innern" verlor die Arbeitsmarktagenden an das gerade entstehende, weltweit erste Sozialministerium.[162] Über die tatsächliche Gründung der „Reichsstelle für Arbeitsvermittlung" ist wenig bekannt. Die „Landesstellen" wurden offenbar während des Krieges nicht mehr – sehr wohl aber

---

[155] §§ 1–4 leg cit. Zur „Öffentlichkeitserklärung" gem der AVVO 1917 siehe vor allem auch *Vana*, Arbeitsvermittlung, 92–95, wo allerdings auf die juristische Konstruktion des Regelungsgegenstandes weitgehend nicht eingegangen wird.

[156] § 2 Z 1 leg cit.

[157] § 2 Abs 1 leg cit.

[158] § 2 Z 3 leg cit.

[159] § 4.

[160] Zum ersten städtischen Arbeitsnachweis in Wien und den folgenden Entwicklungen siehe näher in Kap I. A. 1 Historische Ausgangslage.

[161] *Vana*, Arbeitsvermittlung, 93.

[162] Zur Entwicklung der Obersten Instanzen siehe Kap I. B. 1. Vom Ministerium für soziale Fürsorge zum Bundesministerium für soziale Verwaltung.

zumindest vereinzelt danach[163] – gegründet. Zur Zeit der Gründung der Republik bestanden lediglich 23 „öffentliche Arbeitsnachweisstellen" im Sinne der AVVO 1917.[164] Unbestritten dürfte jedoch die Tatsache sein, dass Bestrebungen in Richtung einer Verwirklichung der Konzepte der Verordnung bestanden und diese damit zumindest teilweise wirksam umgesetzt wurden. Abgesehen davon beweisen auch die frühen Rezeptionsbestrebungen in der Ersten Republik die grundsätzliche gesellschaftspolitische Bereitschaft, das in der AVVO 1917 vorgezeichnete System zu etablieren.

Den Umbruch von der Monarchie in die Republik überstand die AVVO insofern, als die Gesetze aus der Monarchie grundsätzlich fortbestanden.[165] In diesem Sinne wurde etwa auch in § 10 AVVO 1918 festgelegt,[166] dass die AVVO 1917 zunächst weiterhin bestehen blieb. Außer Kraft gesetzt wurde sie per „Vollzugsanweisung"[167] mit Wirkung zum 15. Juni 1920,[168] welche im Zusammenhang mit dem AlVG zu sehen ist. In dieser Vollzugsanweisung wurde ein umfassendes Aufsichtsrecht der IBK über die „nicht gewerbemäßigen Arbeitsnachweisstellen" in Anlehnung an die AVVO 1917 etabliert.

Abgesehen von der formalen verfassungsrechtlichen Tragweite im Übergang zur republikanischen Zeit ist aber vor allem unübersehbar, dass die AVVO 1917 tatsächlich wirksam wurde und besondere Vorbildwirkung für die fortan ausgestalteten branchenübergreifenden, zentralstaatlichen Vermittlungsstrukturen hatte. Davon ist auch ungeachtet der Tatsache auszugehen, dass die später folgenden Regelungen in einzelnen Details wie auch Begrifflichkeiten von den hier getroffenen Dispositionen abwichen. Der mit der AVVO 1917 einsetzende und erstmals rechtlich fundierte Zentralisierungstrend im Bereich der Arbeitsmarktverwaltung mit einem umfassenden Adressatenkreis prägte nicht nur den Beginn der Ersten Republik, sondern setzte sich seitdem sukzessive bis zu seinem Höhepunkt im NS fort.[169] Hierbei steht im Einklang mit der eingangs zitierten Forschungsliteratur fest,[170] dass in diesem Regelwerk der zentrale Anstoß für die weitere historische Entwicklung in Österreich zu sehen ist. Fest steht mithin, dass die – nicht näher bekannte – tatsächlich erzielte Vermittlungsstatistik dieser frühen staatlichen Behörden wohl nicht als der große sozialpolitische Erfolg einzuschätzen ist. Dieser lag eher darin begründet, dass nun die politische Bereitschaft so weit gediehen war, einen staatlichen Vermittlungsapparat aufzubauen.

---

[163] Dies trifft etwa auf Tirol zu, wo 1919/1920 die „Landesstelle" dem StAsF beziehungsweise StAsV regelmäßig über die heeresinternen Ambitionen berichtete, einen eigenen Vermittlungsapparat aufzuziehen. Dazu näher im Kap I. B. 3. Das Umfeld der Arbeitsmarktbehörden.

[164] *Vana*, Arbeitsvermittlung, 95 f. Die Verteilung dieser erstinstanzlichen, öffentlichen Arbeitsnachweisstellen auf das Staatsgebiet ist nicht bekannt. Unklar ist auch der Vorgang ihrer Gründung, da ja gem § 3 viertletzter Abs AVVO 1917 die Landesstellen über die „Öffentlichkeitserklärung" zuständig waren. Möglicherweise wurde in diesem Zusammenhang die „Reichsstelle für Arbeitsvermittlung" aktiv, der ja auch gem lex cit Entscheidungskompetenzen in Beschwerdefällen im Zusammenhang mit „Öffentlichkeitserklärungen" zukam.

[165] § 16 des „Beschlusses der Provisorischen Nationalversammlung für Deutschösterreich über die grundlegenden Einrichtungen der Staatsgewalt" vom 30. Oktober 1918 (StGBl 1/1918). Das bundesweite Kundmachungsorgan der Frühzeit der Republik Österreich ab Mai 1945 trug dieselbe Bezeichnung.

[166] Zur „Vollzugsanweisung des Deutschösterreichischen Staatsrates, betreffend die Arbeitsvermittlung für die Zeit der Abrüstung" (StGBl 18/1918, kurz AVVO 1918) siehe näher im Kap I. B. 2. Unterinstanzen.

[167] StGBl 243/1920. Über diese „Vollzugsanweisung" informierte die Republik Österreich das IAA in einem der regelmäßigen Berichte: ÖStA/AdR, BMsV/SP, Kart 489, GZ 88.142/28, Jahresbericht 1928 über die Durchführung der von Oesterreich ratifizierten internationalen Uebereinkommen, darin: Beilage 1, Bericht zum Übereinkommen über die Arbeitslosigkeit (11. Jänner 1929).

[168] § 5 leg cit.

[169] Zur weitgehenden Monopolstellung der Arbeitsämter im NS siehe Kap II. B. 3. Das Umfeld der Arbeitseinsatzbehörden.

[170] Dazu weiter oben in diesem Kap.

Jahrgang 1917.

Reichsgesetzblatt

für die

im Reichsrate vertretenen Königreiche und Länder.

CCXXXIII. Stück. — Ausgegeben und versendet am 29. Dezember 1917.

Inhalt: № 509. Verordnung, betreffend die Regelung der Arbeitsvermittlung für die Dauer der durch den Krieg verursachten außerordentlichen Verhältnisse.

509.

Verordnung des Ministers des Innern im Einvernehmen mit den beteiligten Ministern vom 24. Dezember 1917,

betreffend die Regelung der Arbeitsvermittlung für die Dauer der durch den Krieg verursachten außerordentlichen Verhältnisse.

Auf Grund des Gesetzes vom 24. Juli 1917, R. G. Bl. Nr. 307, wird angeordnet, wie folgt:

§ 1.

Jede nicht gewerbemäßige Arbeitsnachweisstelle (Anstalt für Dienst- und Stellenvermittlung) hat binnen 14 Tagen nach dem Inkrafttreten dieser Verordnung, im Falle der Neuerrichtung vor Beginn der Tätigkeit, eine Anzeige zu erstatten, welche folgende Angaben zu enthalten hat:

a) Bezeichnung der Arbeitsnachweisstelle,

b) Sitz (Adresse) der Arbeitsnachweisstelle, ihre Geschäftsstunden, eventuell Fernsprechnummer,

c) Namen der Personen oder Körperschaften, welche die Arbeitsnachweisstelle erhalten,

d) Name, Beruf und Adresse des verantwortlichen Betriebsleiters,

e) Sitz (Adresse) etwaiger Zweigstellen, ihre Geschäftsstunden, eventuell Fernsprechnummer,

f) die Kategorie von Dienstposten, auf welche sich die Vermittlung erstreckt,

g) allfällige Gebühren, welche für die Vermittlung eingehoben werden.

Änderungen, welche in den anzeigepflichtigen Verhältnissen eintreten, hat die Arbeitsnachweisstelle binnen 14 Tagen anzuzeigen.

Von einer beabsichtigten Einstellung der Tätigkeit der Arbeitsnachweisstelle ist vier Wochen früher die Anzeige zu erstatten.

Die Anzeigen sind in dreifacher Ausfertigung — Anzeigen nach dem ersten Absatz dieses Paragraphen unter Anschluß von drei Exemplaren der Satzungen (Geschäftsordnung) — an die politische Landesbehörde, soferne für das betreffende Verwaltungsgebiet eine Landesstelle für Arbeitsvermittlung (§ 5) bereits errichtet wurde, an diese zu erstatten.

§ 2.

Zur Schaffung einer einheitlichen Organisation des öffentlichen allgemeinen Arbeitsnachweises in Österreich können nicht gewerbemäßige Arbeitsnachweisstellen, welche Arbeit jeglicher Art vermitteln und geeignet sind, besondere Aufgaben beim zwischenörtlichen Ausgleiche zu übernehmen, als öffentliche allgemeine Arbeitsnachweisstellen für einen bestimmten Sprengel erklärt werden, wenn

1. für ihren Bestand ein Bedarf besteht,

2. keine oder nur geringfügige, von der Landesstelle für Arbeitsvermittlung (§ 5) genehmigte Vermittlungsgebühren eingehoben werden,

336

Abbildung 2:[171] „Verordnung […] betreffend die Regelung der Arbeitsvermittlung für die Dauer der durch den Krieg verursachten außerordentlichen Verhältnisse" (kurz AVVO 1917)

---

[171] öRGBl 509/1917.

Im übrigen Teil dieses Kapitels gilt es einige wesentliche Aspekte darzustellen, welche für die Einschätzung der organisatorischen und inhaltlichen Fragen im Bereich der Arbeitsmarktverwaltung zwischen den beiden Kriegen als richtungweisend gesehen werden.

Die ersten Monate nach Kriegsende war die finanzielle Versorgung jener Arbeitskräfte eine fundamentale sozialpolitische Zielsetzung, deren Unterbringung auf dem durch die Kriegsfolgen gebeutelten Arbeitsmarkt nicht bewerkstelligt werden konnte;[172] Vermittlungsfragen spielten in dieser Phase im Normengefüge eine eher untergeordnete Rolle, wie im Fehlen der Verpflichtung zur Annahme einer von den Arbeitsmarktbehörden zugewiesenen Beschäftigung zum Ausdruck kam. Nichtsdestotrotz wurden bereits Vorkehrungen für ein künftiges Vermittlungsregime getroffen, indem sich die Bezugsberechtigten „[b]ehufs Genehmigung des Ansuchens auf die Arbeitslosenunterstützung" (§ 4 Vollzugsanweisung[173]) und unter Angabe des ausgeübten Berufs beim jeweiligen „Arbeitslosenamt" (AlA) melden mussten. Zweck dieser frühen Meldepflicht war es – schon zwei Jahre vor dem AlVG –, die unterstützten Arbeitskräfte im Hinblick auf eine spätere Vermittlung zu erfassen. Mit der Fokussierung der verwaltungsbehördlichen Arbeitsvermittlung auf „Arbeitslose" begann sich eine fundamentale inhaltliche Maßregel im staatlichen Vermittlungsregime abzuzeichnen. Mit dieser Bestimmung wurde im Übrigen die Bezeichnung „Arbeitslosenamt"[174] erstmals in den arbeitsmarktbehördlichen Rechtsquellenbestand eingeführt.

Die Sicherstellung einer Geldquelle für die Arbeitslosen war auch ein primäres Anliegen des Arbeitslosenversicherungsgesetzes[175] vom 24. März 1920 (AlVG), einem der zentralen sozialpolitischen Regelwerke der Ersten Republik. Es führte die Arbeitslosenversicherungspflicht ein und knüpfte ebenfalls hinsichtlich des versicherungspflichtigen Kreises an die Krankenversicherung an.[176] Eine wichtige Neuerung war die Einführung der Mitfinanzierung durch die ArbeitgeberInnen und ArbeitnehmerInnen. Während in den letzten beiden Jahren davor zur Gänze der Staat das Beitragsaufkommen bestritt, wurde es von nun an gedrittelt und zusätzlich zum Staatsanteil zu je einem Drittel von diesen beiden Seiten gespeist.[177] Das Arbeitslosenversicherungsgesetz wurde bis zum 6. November 1934[178] insgesamt 31 Mal novelliert.

Die finanzielle Versorgung sollte aber fortan nicht mehr ohne weiteres gewährt werden; vielmehr war die „Bekämpfung der Arbeitslosigkeit und ihrer Folgen", wie es bereits in § 1 AVVO 1918 hieß, eine systemimmanente Ergänzung der Arbeitslosenversicherung. Dementsprechend war der im Unterstützungsbezug stehende „Arbeitslose" „verpflichtet, eine ihm durch das Arbeitslosenamt zugewiesene entsprechende Beschäftigung" anzunehmen.[179] Unter einer „entsprechenden Beschäftigung" war eine solche zu verstehen, welche den körperlichen, gesundheitlichen und sittlichen Anforderungen sowie dem erlernten Beruf nachkam. Es war jedoch absehbar, dass der Zweck, „den qualifizierten Arbeiter nicht seinem erlernten Berufe [zu] entfremd[en]",[180] mit den volkswirtschaftlichen Konsequenzen am Arbeitsmarkt kollidieren würde und „für zahlreiche arbeitslose Angehörige einzelner Berufsgruppen auf absehbare Zeit die Aussicht auf eine Rückkehr in die erlernte [...] Beschäftigung

---

172 Zur Entwicklung der Arbeitslosenzahlen in der Ersten Republik im Überblick siehe die Tabelle 1, „Zahl der Arbeitslosen in Österreich (1919–1937)".
173 „Vollzugsanweisung des Deutschösterreichischen Staatsrates vom 6. November 1918, betreffend die Unterstützung der Arbeitslosen" (StGBl 20/1918). Die Anspruchsberechtigung knüpfte an den Kreis der Krankenversicherten an und war gem § 1 leg cit bis zum 15. Februar 1919 befristet.
174 Ebd.
175 StGBl 153/1920.
176 § 1 Abs 1 litera a leg cit, § 1 Abs 1 lit a leg cit; *Schmidt*, Arbeitsmarktverwaltung, 83 ff.
177 *Hofmeister*, Arbeitsvermittlung, 225.
178 BGBl 414/1934.
179 § 6 Abs 1 AlVG; *Vana*, Arbeitsvermittlung, 132.
180 680 BlgKNV, EB, 18.

verschlossen"[181] bliebe; in diesem Sinne war nach achtwöchigem Bezug der Arbeitslosenunterstützung und Unvermittelbarkeit durch das Arbeitslosenamt eine Berücksichtigung des erlernten Berufs nicht mehr vorzunehmen, worüber der arbeitslosen Arbeitskraft auf Verlangen eine Bestätigung auszustellen war.[182] Folge für die Verweigerung der nach diesen Regeln vermittelten Arbeitsstelle war der Verlust des Anspruches auf Unterstützung für acht Wochen. Mit dieser Anknüpfung an die Kriterien der Arbeitsfähigkeit und -willigkeit wurde ein Mechanismus geschaffen, der weit über den Betrachtungszeitraum hinaus ein fundamentales arbeitsmarktbehördliches Element an der Schnittstelle zwischen Arbeitsvermittlung und Arbeitslosenversicherung bildete.

Die Diktatur unter Kurt Schuschnigg und dessen Sozialminister Josef Resch unternahmen mit dem „Gewerblichen Sozialversicherungsgesetz"[183] (GSVG) von 1935 den wenig erfolgreichen Versuch, sich im Sozialwesen zu profilieren. Dieses Gesetz übernahm die AlVG-Systematik der verpflichtenden Annahme der vermittelten Arbeitsstelle;[184] Danimann stellt im Zusammenhang mit dem GSVG fest:

„Wesentlich war an sich der Umstand, daß im § 299 ff. GSVG die Arbeitsvermittlung und die Maßnahmen zur Eindämmung der Arbeitslosigkeit eindeutig gesetzlich normiert wurden. Es fehlten allerdings die Arbeitsplätze, die das Gesetz erst sinnvoll gemacht hätten."[185]

In diesem Sinne schreibt auch Vana, dass im GSVG der „Beginn der rechtlichen Regelung der Vermittlung"[186] zu sehen sei. Dabei darf aber nicht übersehen werden, dass das Vermittlungsregime des GSVG in seinen §§ 299–304 auch nur im Ansatz geregelt war. Diese Paragrafen erschöpften sich im Wesentlichen in den wenig revolutionären Bestimmungen bezüglich der bedarfsweisen Nachschulung,[187] der Reisekosten- und „Fürsorge"-Klausel und der PAF;[188] letztere wurde allerdings schon mehr als zehn Jahre vor dem GSVG geschaffen.

Schon in der Ersten Republik wiesen vereinzelt dezidierte organisatorische Nachweise auf eine Wahrnehmung der Berufsberatung durch die Arbeitsmarktbehörden hin. So bestand etwa 1929 innerhalb der IBK in Graz eine eigene Abteilung für Berufsberatung (Amtskalender-Eintrag „Berufsberatungsstelle u[nd] Lehrstellenvermittlung"[189]). Innerhalb der Innsbrucker IBK wurde schon 1926 ein eigenes Berufsberatungsamt errichtet,[190] das allerdings im gegenständlichen Amtskalender nicht aufscheint. Der Unterschied des GSVG gegenüber der arbeitsmarktbehördlichen Wahrnehmung der Berufsberatung in den Zwanziger- und frühen Dreißigerjahren ist also vor allem in der Tatsache zu sehen, dass mit dem GSVG eine knapp formulierte gesetzliche Zuweisung dieses Kompetenztatbestandes zugunsten der Arbeitsmarktbehörden erfolgte. Die Berufsberatungsagenden dürften aber schon zuvor von den Arbeitsmarktbehörden wahrgenommen worden sein.

Für die Bereiche Arbeitsvermittlung und Berufsberatung muss also die Feststellung gemacht werden, dass im GSVG eher keine Zäsur zu sehen ist. Es dürfte im Übrigen durchaus keine Besonderheit darstellen, dass sowohl in den frühen Rechtsgrundlagen der AVVO als auch im AlVG und dem GSVG inhaltliche Aspekte der Arbeitsvermittlung weitgehend ungeregelt blieben. Denn

---

[181] Ebd.

[182] Gemäß VwSlg 13.436 A/1924 hatte im Fall einer Beschwerde der nach § 6 Abs 3 leg cit unvermittelbaren Arbeitskraft über deren Zuweisung von einem Facharbeitslosenamt zum Arbeitsamt der Stadt Wien eine Stellungnahme des betreffenden Arbeitslosenamtes in Bescheidform zu ergehen.

[183] BGBl 107/1935.

[184] § 294 Abs 1 leg cit.

[185] *Danimann*, Arbeitsämter, 22.

[186] *Vana*, Arbeitsvermittlung, 138.

[187] § 301.

[188] §§ 303 f. Kap I. C. 3. Produktive Arbeitslosenfürsorge.

[189] Amts-Kalender 1929, 542.

[190] ÖStA/AdR, BMsV/SP, Kart 633, SA 50, Innsbruck 1927–1933, GZ 92.203/26, Mitteilungen der Industriellen Bezirkskommission Innsbruck (21. Dezember 1926) Punkt 5, Errichtung eines Berufsberatungsamtes bei der IBK Innsbruck.

die Arbeitsmarktagenden scheinen allgemein jenen verwaltungsbehördlichen Kompetenzbereichen anzugehören, die von einer eher geringen inhaltlichen Regelungsdichte gekennzeichnet waren.[191] Die Aufgaben waren zwar generell grob vorgegeben; detaillierte inhaltliche Regelungen – etwa über den persönlichen Anwendungsbereich des Vermittlungsregimes gem AlVG auf „Arbeitslose" hinaus – wurden jedoch auf gesetzlicher Basis weder in der Ersten Republik noch danach aufgestellt. Vielmehr wurde die inhaltliche Ausgestaltung des Arbeitsvermittlungs- und Berufsberatungsregimes von den politischen EntscheidungträgerInnen in vielen Bereichen den arbeitsmarktbehördlichen Akteuren auf Verwaltungsebene in die Hände gelegt.[192]

Es bestanden zwar mitunter gesetzliche Normen mit inhaltlicher Ausgestaltung, doch bildete dies eher die Ausnahme – mit dem Ergebnis, dass die sachliche Zuständigkeit in den Bereichen Arbeitsvermittlung und Berufsberatung im Betrachtungszeitraum – besonders im Vergleich zur Arbeitslosenversicherung – eher dürftig zentralstaatlich-normativ durch G/VO vordefiniert war. Dieses Phänomen kann durchaus in das differenzierende Licht einer weiter zurück projizierenden, verwaltungsgeschichtlichen Perspektive gestellt werden. Einerseits dürfte sich darin vor dem Hintergrund der allgemeinen, neuzeitspezifischen verwaltungsrechtshistorischen Tendenzen ein üblicher Umgang mit Verwaltungsmaterien aus vor- und frühkonstitutioneller Zeit widerspiegeln, welche zwar seither stärker ausdifferenziert wurden, aber weiterhin oftmals von einer relativ geringen Normendichte gekennzeichnet waren.[193]

Bei der Einschätzung der hier vorgefundenen Ausgangslage einer möglicherweise eher geringen Normendichte ist jedenfalls zu berücksichtigen, dass es sich bei der Arbeitsmarktverwaltung schlechthin um einen gänzlich neuen Verwaltungszweig handelte. Ab 1933/34 lag eine geringe Positivnormendichte im arbeitsmarktbehördlichen Exekutivbereich möglicherweise auch im politischen Wesen der Diktatur und ab dem NS zusätzlich in den Flexibilitätserfordernissen des Kriegs begründet. Eine endgültige Einordnung dieser Fragen in Bezug auf die Arbeitsmarktverwaltung muss weiteren Forschungen zu anderen Verwaltungszweigen vorbehalten werden.

Mangels einer Kodifikation entbehren die Agenden Arbeitsvermittlung und Berufsberatung auch gesetzlich festgelegter Grundsätze. Als maßgebende Prinzipien des arbeitsmarktbehördlichen Vermittlungswesens bezeichnet Danimann „Freiwilligkeit, Unparteilichkeit [und] soziale Gerechtigkeit".[194] Auch die weitreichende Freiheit des Arbeitsmarktes, die sich als Ausfluss der Privatautonomie[195] versteht, würde in diese Reihe grundsätzlicher Werte passen. Tatsache ist allerdings, dass solche Prinzipien im Betrachtungszeitraum gesetzlich nie katalogisiert wurden.

---

[191] Zur Problematik der eher geringen inhaltlichen Regelungsdichte im NS – etwa im Bereich der Kooperation mit den Wehrwirtschaftsbehörden – siehe Kap II. B. 3. Das Umfeld der Arbeitseinsatzbehörden, zu den gescheiterten Plänen der Neudefinition der Stellung der Arbeitsmarktbehörden und ihrer Aufgaben in den 1950er Jahren Kap III. C. 8. Der Versuch einer gesetzlichen Neuauflage der Arbeitsmarktverwaltung.

[192] In diesem Sinne auch *Vana*, Arbeitsvermittlung, 100 f.

[193] Für die absolutistische Epoche der Regierungen von Maria Theresia bis Franz I/II (vorkonstitutionelle Zeit) etwa galt noch: „Während die Justiz ‚bloß' Gesetze anwendet, vollzieht die Verwaltung die oft nicht gesetzlich normierten Staatszwecke auf Grund interner, wechselnder Instruktionen. Durch das Handeln der Justiz wird eine vorhandene Rechtsordnung konkretisiert, durch das der Verwaltung eine politische Ordnung" (*Brauneder*, Verfassungsgeschichte, 86). Dieses System lockerer Regelungsgeflechts bedingte die Sachkenntnis einer Mehrzahl von erfahrenen teilnehmenden Entscheidungsträgern („Kollegialsystem", *Brauneder*, Verfassungsgeschichte, 92); in einem vergleichbaren Rahmen bewegten sich auch diverse arbeitsmarktbehördliche Gremien, welche in der Ersten (wie auch Zweiten) Republik maßgeblich vom „Paritätsprinzip" geleitet wurden (dazu näher im Kap I. B. 2. Unterinstanzen). Von diesem Primat des Kollegialsystems im österreichischen Verwaltungswesen wurde erst nach Beendigung des Vormärz im Zuge der Ausarbeitung von Verfassungen und darauf aufbauenden präzisen Verwaltungsrechtsinhalten abgegangen („Ministerialsystem", *Brauneder*, Verfassungsgeschichte, 122).

[194] *Danimann*, Arbeitsämter, 44.

[195] *Kletečka*, Andreas, Grundriss des bürgerlichen Rechts, Bd 1, Allgemeiner Teil, Sachenrecht, Familienrecht. Auf Grundlage der von Helmut Koziol und Rudolf Welser gemeinsam herausgegebenen 1.-10. Auflage. 11. u. 12. Auflage bearbeitet von Helmut Koziol unter Mitarbeit von Raimund Bollenberger (Manzsche Kurzlehrbuch-Reihe 1, Wien ¹³2006) 94–96.

Ferner war der gesamte Behördenapparat von Beginn der Ersten Republik an bis zu deren Ende in den beiden unteren Instanzen vom Paritätsprinzip geleitet, was bedeutete, dass die Organe sowohl mit OrganwalterInnen von ArbeitgeberInnen- als auch von ArbeitnehmerInnenseite besetzt wurden.[196] Dieses behördliche Strukturelement war bereits in der AVVO angelegt und war – ab dem Dollfuß/Schuschnigg-Regime nur noch bruchstückhaft – bis zur Zeit des Nationalsozialismus in Österreich ein dauerhaftes Merkmal. Generell ist im Licht der organisatorischen und materiell-rechtlichen Entwicklungen davon auszugehen, dass im Austrofaschismus von wichtigen demokratischen Leitgedanken Abstand genommen wurde.

Schließlich sei an dieser Stelle noch auf das Übereinkommen[197] Nr. 2/1919 der International Labour Organisation (Internationale Arbeitsorganisation, ILO) als wichtige völkerrechtliche Grundlage hingewiesen, das die Mitgliedsstaaten dazu verpflichtete, ein staatlich geführtes, unentgeltliches Vermittlungswesen auf Grundlage des Paritätsprinzips zu errichten.[198] Die Ratifikation durch Österreich erfolgte 1924.[199] Die in diesem Zusammenhang ergangenen Quartalsberichte sind aufschlussreiche Quellen für die Einschätzung der österreichischen Arbeitsmarktverwaltung. Aus dem BMsV-Entwurf zu einem der ersten Berichte an das Internationales Arbeitsamt (IAA) geht insbesondere hervor, dass nach der Einschätzung des Sozialressorts und unter Verweis auf das AlVG[200] „[z]ur Durchführung des Uebereinkommens […] in Oesterreich keinerlei Maßregeln zu treffen"[201]wären.

---

[196] *Hofmeister*, Arbeitsvermittlung, 224; *Schmidt*, Arbeitsmarktverwaltung, 73; *Haberler*, Adolf, Der Weg zum öffentlichen paritätischen Arbeitsnachweis für das Baugewerbe. In: o.Hg., Das neue Arbeitsamt für das Baugewerbe (o.O. o.J.) 21–23, hier: 22. Zum Paritätsprinzip näher im Kap I. B. 2. Unterinstanzen.

[197] www.ilo.org/dyn/normlex/en/f?p=NORMLEXPUB:12100:0::NO:12100:P12100_INSTRUMENT_ID:312147:NO (abger am 7. Februar 2014).

[198] Art 2 Abs 2 leg cit.

[199] BGBl 226/1924; *Vana*, Arbeitsvermittlung, 100.

[200] StGBl 153/1920.

[201] ÖStA/AdR, BMsV/SP, Kart 489, GZ 72.828/24, Berichtsentwurf des BMsV den Jahresbericht 1924 betreffend das Uebereinkommen über die Arbeitslosigkeit. (I. Internationale Arbeitskonferenz Washington 1919.) (5. März 1925).

B. Organisation

1 Vom Ministerium für soziale Fürsorge zum Bundesministerium für soziale Verwaltung

Im Oktober 1917 ordnete Kaiser Karl I. die Errichtung des „Ministeriums für Soziale Fürsorge" (MsF) – des weltweit ersten Sozialministeriums[202] – durch Ausgliederung etlicher Agenden aus dem „Ministerium des Innern" an,[203] das zu dieser Zeit unter der Leitung von Friedrich von Toggenburg stand. Darunter fiel auch der Kompetenztatbestand der Arbeitsmarktverwaltung.

In der am 12. November 1918 ausgerufenen Republik Deutschösterreich,[204] dem Nachfolgestaat der Österreichisch-Ungarischen Monarchie, stand die Neugestaltung des Behördenapparates der Arbeitsmarktverwaltung im Fokus. Es war eine der ersten zentralen Aufgaben des „Staatssekretärs"[205] für soziale Fürsorge – dem „Vorsteher" des „Staatsamtes für soziale Fürsorge"[206] (StAsF) –, Ferdinand Hanusch,[207] den von der AVVO 1917 vorskizzierten Apparat der Arbeitsmarktverwaltung aufzubauen. Nachdem zunächst noch sehr unbestimmt die Errichtung eines „Arbeitsamt[es] […] [unter der] Leitung ein[es] paritätisch aus Vertretern der Unternehmer und Arbeiter zusammengesetzte[n] Direktorium[s]"[208] angekündigt wurde, organisierte Hanusch sukzessive die Schaffung von Arbeitsmarktbehörden auf der mittleren und untersten Verwaltungsebene. Der dreistufige Instanzenzug wurde auch nach dem „Anschluss" an das Deutsche Reich im März 1938 – wenn auch unter anderen Behördenbezeichnungen – beibehalten.

Gemäß dem „Gesetz über die Staatsregierung"[209] vom 15. März 1919 wurde das „Staatsamt für soziale Fürsorge" in „Staatsamt für soziale Verwaltung" (StAsV) umbenannt. Das „Bundes-Verfassungsgesetz"[210] vom 10. November 1920 lässt sowohl in seiner damaligen wie auch in der geltenden Fassung die Bezeichnung der einzelnen Bundesministerien offen und behält diese im Art 77 Abs 2 einem eigenen Gesetz vor. Die nach § 26 des „Verfassungsgesetzes, betreffend den Übergang zur bundesstaatlichen Verfassung"[211] vom 10. November 1920 gewählte Bezeichnung „Bundesministerium für soziale Verwaltung" für das Sozialressort wurde schließlich bis zum „Anschluss" beibehalten und war auch nach dem Zweiten Weltkrieg noch gebräuchlich. Im Sozialressort war die sozialpolitische Sektion – und innerhalb dieser wiederum eine eigene Abteilung – für die Arbeitsvermittlungsagenden zuständig.[212]

---

202 *Gutheil-Knopp-Kirchwald*, Carl, Vom K.K.Ministerium für soziale Fürsorge zum Bundesministerium für soziale Verwaltung. Die Errichtung des Österreichischen Sozialministeriums (Wien 1998) 17.

203 öRGBl 504/1917; *Steiner*, Guenther, Sozialversicherung unter dem Primat der Wirtschaft. Sozialminister Josef Resch und die österreichische Sozialversicherung 1918–1938 (Wien 2014) 34 f; *Schmidt*, Arbeitsmarktverwaltung, 66.

204 StGBl 1/1918.

205 § 11 des „Beschlusses der Provisorischen Nationalversammlung für Deutschösterreich über die grundlegenden Einrichtungen der Staatsgewalt" vom 15. November 1918 (StGBl 1/1918).

206 § 13 leg cit.

207 *Schmidt*, Arbeitsmarktverwaltung, 65; o.A., Die industrielle Bezirkskommission Wien, Landesbehörde für Arbeitsvermittlung, und ihre Arbeitsämter (Wien o.J.) 5. Die Jubiläumsschrift dürfte aus dem Jahr 1928 stammen, wie aus dem Suchergebnis im Onlinekatalog der Universitätsbibliothek der Universität Wien hervorgeht. (aleph.univie.ac.at/F/1R3CQ9R5HPNJCL4VTEE35QPNLYB2A1HM2Q1JD2 LDBRB16TSAEP-53040?func=full-set-set&set_number=038197&set_entry=000002&format=999, abger am 17. April 2012).

208 StGBl 4/1918.

209 StGBl 180/1919.

210 BGBl 1/1920.

211 BGBl 2/1920.

212 Etwa Amts-Kalender 1923, 58. In diesem Jahr wurde die sozialpolitische Sektion (IV.) von Sektionschef Dr.iur. Friedrich Hawelka, die Abteilung 14 mit den Zuständigkeitsbereichen „Arbeitsvermittlung, Industrielle Bezirkskommissionen, Arbeitslosenämter und Kataster, Arbeiterkammern" von MinR Dr.iur. Alfred Korompay geleitet; ein ähnliches Bild des organisatorischen Aufbaus zeigt sich auch in späteren Ausgaben, etwa im Amts-Kalender 1929, 47, oder für den Austrofaschismus im Amts-Kalender 1935, 64. Die Berufsberatungsagenden

2. Unterinstanzen

Kurz nach Kriegsende regelte zunächst eine Verordnung[213] – im folgenden AVVO 1918 bezeichnet – und sodann das AlVG[214] die von zentralstaatlicher Seite wahrzunehmende Arbeitsmarktverwaltung neu, wobei der vorrangige politische Auftrag der Ausgestaltung des staatlichen Vermittlungswesens aus der Kriegszeit ungebrochen fortbestand. Eine Parallele zur AVVO 1917, die zunächst in Kraft blieb, war damit der Fokus auf das Organisationsgefüge der zu bildenden Arbeitsmarktbehörden. Ähnlich wie jene regelten sowohl die AVVO 1918 als auch das AlVG primär den Aufbau beziehungsweise Ausbau des zentralstaatlichen Behördenapparats, wie mit dem Vollzug der AVVO 1917 bereits begonnen worden war. Gegenüber organisatorischen Fragen spielten dabei inhaltliche[215] Aspekte besonders der Arbeitsvermittlung zunächst eine untergeordnete Rolle.

Im Detail wichen die beiden Verordnungen aus den Jahren 1917 und 1918 doch beträchtlich voneinander ab. Ein zentraler Unterschied war, dass abseits der „Landesstellen für Arbeitsvermittlung" nun – 1918 – „Industrielle Bezirkskommissionen"[216] – fortan IBK – errichtet wurden. Auch die organisationsbezogenen Aufgaben der Mittelinstanzen in der frühen Nachkriegszeit waren unterschiedlich geregelt. Während die „Landesstellen" gem AVVO 1917 vor allem die „Öffentlichkeitserklärung" bestehender „nicht gewerbemäßiger Arbeitsnachweisstellen" vorzunehmen hatten, sollten die IBK schlicht „auf die Errichtung paritätischer Arbeitsnachweisstellen nach Maßgabe des Bedarfes hin[wirken]".[217] Worin das „Hinwirken" zu bestehen hatte, wurde in der Verordnung nicht ausgeführt. Wenngleich sowohl die überlieferte Rechtslage als auch die Quellenbestände nur grobe Rückschlüsse zulassen, schienen die beiden Stellen in ihrer Aufgabenverteilung einander nicht zu behindern. Dies zeigt etwa der Bericht der Tiroler (tir) „Landesstelle" über die Rolle der Innsbrucker

---

waren aller Wahrscheinlichkeit nach – ohne ausdrücklich aufgezählt zu sein – ebenfalls dort angesiedelt, während für die Arbeitslosenversicherung wiederum eine eigene Abteilung zuständig war.

[213] „Vollzugsanweisung des Deutschösterreichischen Staatsrates, betreffend die Arbeitsvermittlung für die Zeit der Abrüstung" (StGBl 18/1918).

[214] StGBl 153/1920.

[215] Zu den materiellrechtlichen Aspekten gem AlVG siehe Kap I. A. 3. Rechtliche Ausgangslage und Rahmenbedingungen.

[216] StGBl 18/1918; *Schmidt*, Arbeitsmarktverwaltung, 65; o.A., industrielle Bezirkskommission Wien, 5; *Hofmeister*, Arbeitsvermittlung, 224.

[217] § 1 lit b AVVO 1918.

IBK im Zusammenhang mit den Heeresambitionen im Versuch, einen eigenen Vermittlungsapparat aufzubauen.[218]

Auf die mangelhafte Etablierung der „Landesstellen für Arbeitsvermittlung" während des Krieges wurde bereits an anderer Stelle eingegangen.[219] Tatsache ist, dass diese Einrichtungen schon in den ersten Nachkriegsjahren an Bedeutung verloren und praktisch sämtliche Agenden auf Mittelebene auf die IBK übergingen, welche damit ihre tragende Rolle bis zum GSVG 1935 behielten. In diesem Sinne wurden im AlVG auch die IBK mit der arbeitsmarktbehördlichen Kernaufgabe der Vermittlung von Arbeitslosen betraut.[220] Den IBK oblag seit dem AlVG aus 1920 auch die Aufsicht über die Arbeitslosenämter.[221]

Schon die AVVO 1918 regelte in § 1 grob den Aufbau der IBK und normierte, dass diese „aus einem Vorsitzenden und dessen Stellvertreter [bestanden], ferner aus vier bis acht Mitgliedern – und zwar zur Hälfte Vertreter der Arbeitgeber und zur Hälfte Vertreter der Arbeiter – und der entsprechenden Zahl von Ersatzmännern, die sämtlich vom Staatssekretär für soziale Fürsorge" zu ernennen waren. In dieser Zusammensetzung kam erstmals auf Mittelebene das fortan tragende Paritätsprinzip zum Ausdruck. Das AlVG knüpfte an diese Ausgangslage an und übernahm das hier vorgezeichnete paritätische Modell mit der Abweichung, dass keine Mitgliederzahlen vorgesehen waren.[222] Als wichtige Ergänzung ist die Regelung des Vorschlagsrechts zu werten. Im letzten Satz des § 17 Abs 2 wurde festgelegt, dass die Landesregierung vor der Ernennung der Mitglieder nach Anhörung „der in Betracht kommenden Berufsvereinigungen" die Ernennungsvorschläge zu erstatten hatte. Das Paritätsprinzip war somit ein Instrument, mit dem versucht wurde, den sozialen Umbrüchen auf zwei unterschiedlichen Ebenen zu begegnen. Einerseits war mit der Einbindung der „Berufsvereinigungen" eine sozialpartnerschaftliche Komponente gegeben, welche der Gegensatz zwischen Arbeitgeber- und ArbeitnehmerInnenseite berücksichtigte. Indirekt flossen andererseits über diesen Ansatz – da ja in den jeweiligen Interessenvertretungen Nahverhältnisse zu bestimmten politischen Parteien bestanden – Pluralismusideen ein. Zu einer Distanzierung von dieser Pluralismuskomponente bei formaler Aufrechterhaltung des Paritätsprinzips im Hinblick auf die sozialpartnerschaftliche Tragweite kam es im Austrofaschismus. Die gänzliche Abschaffung des Paritätsprinzips erfolgte im NS.

Abseits der Ausgestaltung des Paritätsprinzips legte das AlVG in relativ detaillierten Ausführungen den weiteren inneren Aufbau der IBK fest. Demnach übten sowohl die Vorsitzenden und ihre Stellvertreter als auch die Mitglieder – zumindest zunächst[223] – ihre Tätigkeit unentgeltlich aus.[224] Vana spricht in diesem Zusammenhang davon, dass sich der Staat „in diesem System als politischer Vermittler"[225] positionierte. Eine „Anstellung von besoldeten Beamten" (sic!) nach Genehmigung durch das StAsV war allerdings ebenso möglich, wie die Gewährung von Entschädigungen für den Vorsitzenden und die mit besonderen Funktionen betrauten Mitglieder.[226] Die Ehrenamtlichkeit

---

218 Dazu näher im Kap I. B. 3. Das Umfeld der Arbeitsmarktbehörden.
219 Kap I. A. 2. Rechtliche Ausgangslage und Rahmenbedingungen
220 § 17 leg cit. Auch dazu näher im Kap I. A. 2. Rechtliche Ausgangslage und Rahmenbedingungen
221 § 20.
222 § 17 Abs 2.
223 Die Ehrenamtlichkeitsklausel war auch in den beiden wiederverlautbarten Fassungen (BGBl 778/1922 und BGBl 73/1927) enthalten. Zu beachten ist demgegenüber etwa die „Verordnung der Bundesregierung vom 10. April 1933 über die Dienst- und Besoldungsverhältnisse der Bediensteten der Industriellen Bezirkskommissionen und Arbeitslosenämter" (BGBl 123/1933). Darin war zwar keine grundsätzliche Abkehr vom Grundsatz der Ehrenamtlichkeit enthalten; § 1 leg cit mit dem Verweis auf die Zuständigkeit des BMsV zur Regelung der Dienst- und Besoldungsverhältnisse lässt jedoch zumindest indirekt auf Grund des Regelungsbedarfs eine Divergenz zwischen der gesetzlichen Intention und den realen Gegebenheiten vermuten.
224 § 19 Abs 3.
225 *Vana*, Arbeitsvermittlung, 99.
226 § 19 Abs 3.

erscheint besonders angesichts des Behördencharakters[227] beachtlich und kann als Hinweis darauf gewertet werden, dass abgesehen von Kostengründen darauf gezielt wurde, durch die Heranziehung außerbehördlich Berufstätiger eine möglichst große Volksnähe im Sinne eines demokratischen Staatsaufbaus – zur selben Zeit wurde das B-VG erarbeitet – zu erreichen.

„Der Staatssekretär für soziale Verwaltung" hatte ein Mitglied der IBK oder eine „andere geeignete Persönlichkeit" mit dem Vorsitz zu betrauen, wobei „[d]er Stellvertreter des Vorsitzenden [...] einer anderen Gruppe"[228] in Bezug auf die beruflichen Interessenvertretungen anzugehören hatte. Auch in dieser Norm kam das Paritätsprinzip zum Tragen, allerdings mit der Einschränkung, dass die Bestellung von IBK-Mitgliedern der dogmatischen Wertung zufolge zwar die Regel, aber durchaus kein Zwang war. Damit wurde ein Durchgriff des Staatssekretärs für soziale Verwaltung beziehungsweise des BMsV und im Weiteren eine Durchbrechung des Paritätsprinzips möglich gemacht.

Die Funktionsdauer der Mitglieder betrug drei Jahre. „[D]er Vorsitzende" war mit der Geschäftsführung betraut. Amtsenthebungsgründe waren das Ausscheiden aus der Berufsgruppe insofern, als es „nicht mehr geeignet"[229] erschien, deren Interessen zu wahren. Beschlussfähigkeit der IBK war gegeben, wenn ein Drittel ihrer Mitglieder anwesend war; die Beschlüsse erforderten einfache Mehrheit, bei Stimmengleichheit war die Vorsitzstimme maßgeblich.[230] Vertretungen der Landesregierung, der Finanzverwaltungsbehörden, der Gemeindeinspektion und der Bergbaubehörden hatten in den Sitzungen das Recht, „mit beratender Stimme"[231] beigezogen zu werden. Der Landesregierungs- und Finanzverwaltungsseite war jeweils vorbehalten, „Einspruch" gegen Beschlüsse zu erheben. Ein „Einspruch" hatte aufschiebende Wirkung bis zur Entscheidung durch das StAsV beziehungsweise durch das BMsV.

Die räumliche Verteilung der IBK im Staatsgebiet wurde durch diverse Verordnungen geregelt und folgte grob der Bundesländereinteilung beziehungsweise teilweise jener der Gewerbeinspektorate. Zunächst ergingen diese Regelungen aufgrund der AVVO 1918. Die erste VO[232] errichtete Industrielle Bezirkskommissionen mit jeweils einem Sitz in Wien (für die Aufsichtsbezirke der Gewerbeinspektorate Wien 1, 2, 3, 4 und 5), Wiener-Neustadt und St. Pölten (für die dortigen Gewerbeinspektoratssprengel), Linz (mit örtlicher Zuständigkeit auch für Salzburg, Sbg), Graz, Leoben (für den gleichnamigen Gewerbeinspektoratssprengel), Klagenfurt, Innsbruck (für Nord- und formal auch für Südtirol sowie Vorarlberg, Vbg), Reichenberg und Komotau (für Deutschböhmen) und schließlich Mährisch-Schönberg (für das Sudetenland, § 1 leg cit). Diese VO trat am 15. November 1918 in Kraft. Mit einer zweiten VO[233] wurde in Jägerndorf „für die ehemals zu Schlesien gehörigen Teile des Sudetenlandes" eine IBK errichtet.

In dieser frühen Phase der deutschösterreichischen Arbeitsmarktbehörden ist wohl ein Hinweis darauf zu sehen, dass seitens der Exekutive durch die Errichtung von zentralstaatlichen Behörden mit

---

[227] Dazu gleich unten in diesem Kap.

[228] § 17 Abs 3.

[229] § 17 Abs 6.

[230] § 18 Abs 1. Beispiel: Bei der betreffenden IBK waren je drei VertreterInnen aus dem Kreis der Arbeiterkammer- und Handelskammertage bestellt, den Vorsitz führte ein weiteres Arbeiterkammertag-Mitglied und zur Abstimmung waren der Vorsitzende, die drei Handelskammertag-Mitglieder sowie zwei weitere Arbeiterkammertag-Mitglieder anwesend. Stimmten bei der Stimmabgabe die beiden Seiten jeweils einheitlich ab, so setzte sich die Arbeiterkammertag-Seite auf Grund der Vorsitzstimmgewichtung durch.

[231] Lex cit.

[232] „Vollzugsanweisung des Deutschösterreichischen Staatsrates vom 4. November 1918, betreffend die Standorte und Sprengel der Industriellen Bezirkskommissionen" (StGBl 19/1918). Die folgende Reihenfolge der Sitz-Städte ist an diese VO angelehnt.

[233] StGBl 30/1918.

Sitz im Sudetenland territoriale Ansprüche erhoben wurden.[234] Ebenfalls mit Wirkung zum 15. November 1918 wurde schließlich jeweils eine IBK in Bregenz und in der Stadt Salzburg errichtet.[235]

Nach dem Inkrafttreten des AlVG wurde diese Verteilung, abgesehen von den nun weggefallenen sudetenländischen Sitzen und der Zuständigkeit für Südtirol sowie weiteren späteren Änderungen, im Wesentlichen beibehalten.[236] Mit Wirkung zum 1. Juli 1922 löste der Sozialminister Dr. Franz Pauer die IBK Leoben auf und gliederte das betreffende Gebiet dem Sprengel der IBK Graz an.[237] Nach der Entstehung Burgenlands als Bundesland[238] wurde mit Wirkung zum 13. November 1922 in Sauerbrunn eine IBK errichtet.[239] Erst Mitte Dezember 1930 wurde Eisenstadt als Standort der burgenländischen IBK festgelegt.[240] Mit der Errichtung der IBK Gmünd, die für die politischen Bezirke Horn, Gmünd, Waidhofen an der Thaya, Zwettl und den Gerichtsbezirk Ottenschlag des politischen Bezirks Pöggstall zuständig war,[241] erfolgte mit Wirkung zum 15. März 1923 schließlich die letzte größere Änderung im Geflecht der örtlichen Zuständigkeiten, die auch nach den Umbrüchen im Austrofaschismus beibehalten werden sollte.[242] Die IBK Wien und – ab dem GSVG aus dem Jahr 1935 – das LAA Wien waren solche Arbeitsmarktbehörden auf der Mittelebene, welche außer ihrem Kernzuständigkeitsgebiet, das sich auf die Stadt Wien erstreckte, auch bezüglich einzelner Teile eines zweites Bundesland für zuständig erklärt wurden – nämlich für das Wiener Umland, das politisch dem Bundesland Niederösterreich angehörte.[243]

Über die Ausgestaltung der erstinstanzlichen Arbeitsmarktbehörden finden sich in den frühen Grundlagen noch kaum Hinweise. Frühe Ansätze erschöpfen sich etwa in der Abhängigkeit der „nicht gewerbemäßigen Arbeitsnachweisstellen" von den „Landesstellen" in Bezug auf deren „Öffentlichkeitserklärung" nach der AVVO 1917 und damit ihre – wenn auch lockere – Einbindung in das zentralstaatlich geführte Vermittlungswesen. Die Pflicht der „nicht gewerbsmäßigen Arbeitsnachweisstellen [...], die Industriellen Bezirkskommissionen [...] bei ihrer Tätigkeit zu unterstützen"[244] birgt eine vage Ausprägung der unterinstanzlichen Zuständigkeit. Das verbindende Element dieser beiden Ansätze war die leitende Funktion der Mittelebene in Bezug auf den Aufbau des erstinstanzlichen Apparats der Arbeitsmarktbehörden. In diesem Sinne legte auch § 20 Abs 1 AlVG fest, dass die IBK gemeinnützige Arbeitsnachweisstellen „mit den Aufgaben der Arbeitslosenämter" (AlÄ) zu betrauen hatten. Durch die AlÄ war sodann im Kern die eigentliche staatliche Vermittlungstätigkeit wahrzunehmen.[245]

---

[234] Zu den Gebietsansprüchen der Republik Deutschösterreich gegenüber der Tschechoslowakei und weiteren Nachbarstaaten im Überblick siehe etwa Arbeitsgemeinschaft Österreichische Rechtsgeschichte (Hg), Rechts- und Verfassungsgeschichte (Wien ³2014) 263.

[235] StGBl 99/1918.

[236] „Vollzugsanweisung des Staatsamtes für soziale Verwaltung über die Sprengel und Standorte der Industriellen Bezirkskommissionen (II. Durchführungsverordnung zum Arbeitslosenversicherungsgesetz)" (StGBl 157/1920).

[237] „Verordnung des Bundesministeriums für soziale Verwaltung vom 30. Mai 1922, betreffend die Auflassung der industriellen Bezirkskommission Leoben (XIV. Durchführungsverordnung zum Arbeitslosenversicherungsgesetz)" (BGBl 312/1922). Kleinere Verschiebungen zwischen den Sprengeln der IBK Wien und Wiener Neustadt erfolgten mit der VO RGBl 618/1922.

[238] „Bundesverfassungsgesetz über die Stellung des Burgenlandes als selbständiges und gleichberechtigtes Land im Bund und über seine vorläufige Einrichtung" (BGBl 85/1921).

[239] BGBl 818/1922.

[240] BGBl 353/1930.

[241] BGBl 130/1923.

[242] Dies zeigt vor allem ein Vergleich der einschlägigen Ausgaben der Amts-Kalender aus den Jahren 1933–1937, wo sämtliche letztgenannten LAA aufgeführt sind.

[243] Zur Verteilung der einzelnen AlÄ und AÄ in den Bundesländern und deren Zuteilung zu den jeweiligen IBK beziehungsweise LAA siehe gleich unten in diesem Kap.

[244] § 9 AVVO 1918.

[245] § 6 leg cit.

Bei den AlÄ war zur Bekämpfung von Bescheiden – „insbesondere durch die Verweigerung oder Entziehung der Unterstützung"[246] – jeweils eine „Schiedskommission" zu bestellen.[247] Wenngleich die Rechtsform in den Bereichen Arbeitsvermittlung und Berufsberatung – nicht nur in der Ersten Republik – eine sehr untergeordnete Rolle spielte, soll an dieser Stelle vor allem deshalb auf die „Schiedskommissionen" eingegangen werden, da in deren Rahmen bereits frühe Pläne zur Verwirklichung des Paritätsprinzips auf unterster Behördenebene ausgearbeitet wurden. Die Mitglieder waren von jener IBK zu ernennen, in deren Sprengel die jeweilige „Schiedskommission" lag.[248] Die Ernennung „des Leiters des Arbeitslosenamtes"[249] durch das StAsV beziehungsweise durch das BMsV war an die Zustimmung der betreffenden IBK gebunden. Die Tätigkeit erfolgte auch für diesen Bereich unentgeltlich.[250] Im Übrigen fanden die für die IBK geltenden Bestimmungen entsprechend Anwendung; die Funktionsdauer der Mitglieder betrug damit ebenfalls drei Jahre, und es galten dieselben Amtsenthebungsgründe.

Während die frühen Regelungen[251] die örtliche Zuständigkeit der ersten Instanz noch unberücksichtigt ließen, war diese nach dem AlVG durch die IBK zu bestimmen, wobei diesbezügliche Erlässe nicht überliefert sind. Allerdings liefern die Amtskalender ein relativ deutliches Verteilungsbild, das in der Ausgabe zum Jahr 1924 in Bezug auf die den IBK unterstehenden AlÄ in den Bundesländern erstmals dargestellt wurde. Für dieses Jahr stellte sich bereits ein sehr dichtes AlÄ-Netz unter der Leitung der jeweiligen IBK dar,[252] das sich in der regionalen Streuung mit jener der Vergleichsjahre 1929[253] und 1937[254] überwiegend deckte.

Grafik 3: Arbeitslosenämter mit allgemeinem Wirkungsbereich (1924)[255]

- Burgenland (IBK Sauerbrunn): Eisenstadt, Großpetersdorf, Mattersdorf (die 1924 in Mattersburg umbenannte Bezirksstadt), St. Martin, Stegersbach
- Kärnten (IBK Klagenfurt): Klagenfurt, St. Veit/Glan, Spittal/Drau, Villach, Völkermarkt, Wolfsberg
- Niederösterreich (IBK Gmünd): Gmünd, Horn, Waidhofen/Thaya, Zwettl
- Niederösterreich (IBK St. Pölten): Amstetten, Hainfeld, Krems, Lilienfeld, Pöchlarn, St. Pölten, Scheibbs, Widhofen/Ybbs
- Niederösterreich (IBK Wien):[256] Bruck/Leitha, Gänserndorf, Groß-Enzersdorf, Hohenau, Korneuburg, Laa/Thaya, Liesing, Mistelbach, Poysdorf, Purkersdorf, Schwechat, Stockerau, Tulln, Wolkersdorf, Zistersdorf.
- Niederösterreich (IBK Wiener-Neustadt): Aspang, Baden, Ebreichsdorf, Gloggnitz, Hirtenberg, Mödling, Neunkirchen, Sollenau, Winer-Neustadt, Wöllersdorf
- Oberösterreich (IBK Linz): Braunau/Inn, Eferding, Freistadt, Gmunden, Ischl, Kirchdorf/Krems, Linz, Perg, Ried, Rohrbach, Schärding, Steyr, Vöcklabruck, Wels

---

[246] § 14 AlVG.
[247] § 21.
[248] Lex cit.
[249] § 20 Abs 2 zweiter Satz.
[250] § 21.
[251] öRGBl 509/1917 und StGBl 18/1918.
[252] Grafik 3: Arbeitslosenämter mit allgemeinem Wirkungsbereich (1924).
[253] Grafik 4: Arbeitslosenämter, wichtige Änderungen (1924 und 1929).
[254] Grafik 5: Arbeits(losen)ämter, wichtige Änderungen (1929 bis 1937).
[255] Amts-Kalender 1924, 1036 f, für sämtliche Bundesländer außer Wien.
[256] Amts-Kalender 1925, 332.

- Salzburg (IBK Salzburg): Hallein, Salzburg, St. Johann i. Pongau
- Steiermark (IBK Graz): Bruck/Mur, Fürstenfeld, Graz, Knittelfeld, Leoben, Rottenmann, Voitsberg
- Vorarlberg (IBK Bregenz): Bludenz, Bregenz, Dornbirn, Feldkirch
- Wien (IBK Wien[257]):
  · Fach-AlA „für männliches nichtqualifiziertes Arbeitspersonal, Gärtner, Arbeit in freien Berufen, Handels- und Transportarbeiter (Neubaubürtel 38, 7. Wiener Gemeindebezirk)
  · Fach-AlA „für weibliches nichtqualifiziertes Arbeitspersonal und Arbeiterinnen in freien Berufen" (Rosinagasse 2, 15. Wiener Gemeindebezirk)
  · Fach-AlA „für Kaffeehausangestellte" (Theobaldgasse 2, 6. Wiener Gemeindebezirk)

Grafik 4: Arbeitslosenämter, wichtige Änderungen (1924 und 1929)

- Niederösterreich (IBK Wien) mit folgenden weiteren AlÄ mit allgemeinem, branchenunabhängigem Wirkungsbereich:[258] Hollabrunn, Klosterneuburg
- Ausbau der Fach-AlÄ-Struktur innerhalb von Wien und Graz[259]

Grafik 5: Arbeits(losen)ämter, wichtige Änderungen (1929 bis 1937[260])

- In Niederösterreich (IBK Wien) Umwandlung etlicher AlÄ in Nebenstellen unter Beibehaltung folgender AlÄ als Hauptstellen:[261] Liesing, Marchfeld, Stockerau, Tullnerfeld, „Wiener Boden" (sic!)
- Reduktion der Fach-AlÄ-Zahl innerhalb von Wien und Graz[262]

Grundsätzlich etablierte sich in Österreich sowohl auf IBK-, als auch auf AlA-Ebene ein behördliches System allgemeiner sachlicher Zuständigkeit, welches innerhalb Wiens – und teilweise auch in Graz – auf der untersten Ebene durch die sukzessive Errichtung von Fach-AlÄ gebrochen wurde. So wurde etwa in Wien noch im Jahr 1923 die Vermittlung bei den meisten Branchen noch nicht durch die IBK und deren AlÄ wahrgenommen.[263] Vielmehr erfolgte sie zu dieser Zeit in erster Linie durch die ursprünglich bestehenden „über 50 Fachvermittlungen der Arbeitgeber- und vor allem Arbeitnehmerverbände".[264] Der Grund für eine verhältnismäßig späte Ausbildung der IBK-geleiteten Fach-AlÄ-Struktur in Wien war die anfängliche Weigerung der UnternehmerInnenorganisationen, sich paritätischen Stellen zu unterwerfen.[265] Noch im Laufe der Zwanzigerjahre erfolgte aber in

---

[257] Amts-Kalender 1923, 555.

[258] Amts-Kalender 1929, 356 f.

[259] Dazu gleich anschließend in diesem Kap.

[260] Zur im Austrofaschismus erfolgten Umstrukturierung der untersten Instanz in das „Arbeitsamts"-Modell siehe weiter unten in diesem Kap.

[261] Amts-Kalender 1937, 390.

[262] Dazu gleich anschließend in diesem Kap.

[263] 1923 standen erst drei Wiener Fach-AlÄ, und zwar „für männliches" sowie „weibliches nichtqualifiziertes Arbeitspersonal […]" und „für Kaffeehausangestellte", unter der Leitung der IBK Wien (Amts-Kalender 1923, 555).

[264] *Habeler*, Adolf, Wien. Die Wiener Arbeitsnachweise. In: Arbeit und Beruf. Halbmonatsschrift für Fragen des Arbeitsmarkts, der Arbeitslosenversicherung, der Berufsberatung und verwandter Gebiete im Deutschen Reich und in Österreich, 7, 22 (1928), 603–605, hier: 603, zit nach *Vana*, Arbeitsvermittlung, 111.

[265] *Vana*, Arbeitsvermittlung, 111.

Wien eine weitgehende Konsolidierung der Fach-AlÄ-Struktur unter der Leitung der Wiener IBK, wie ein weiterer Blick in die Amtskalender enthüllt.[266] Auch für AlÄ der IBK Graz sind spätestens ab 1929 Tendenzen in Richtung einer branchenmäßigen Auffächerung in Fach-AlÄ festzustellen.[267]

Die relativ starke Ausprägung der branchenmäßigen Gliederung, gekennzeichnet durch eine eher große Zahl von Fach-AlÄ, erfuhr während des Dollfuß/Schuschnigg-Regimes sowohl in Wien als auch in Graz erneut eine spürbare Drosselung.[268] Zur Organisationsstruktur der parteipolitisch motivierten Vermittlung in Wien im Austrofaschismus siehe im einschlägigen Kapitel des Vermittlungsregimes in dieser Zeit.[269]

Grafik 6: Die Wiener Fach-Arbeits(losen)ämter (Vergleichsjahre 1925, 1929 und 1937)

- 1925 insgesamt 12 Fach-AlÄ für:[270] „Angestellte (allg[emeiner] parität[ischer] Arbeitsnachweis)", das Baugewerbe, die chemische und Gummiindustrie, „Frisöre", graphische und papierverarbeitende Gewerbe, „Holzarbeiter und verwandte Berufe", „Hotel-, Gast- und Kaffeehausangestellte und Textil-, Bekleidungs- und Hutarbeiter", „Lebensmittel- und Genussmittelarbeiter", „Metallarbeiter", die Schuh- und Lederindustrie, „[a]ngelernte Arbeiter", „[a]ngelernte Arbeiterinnen"

- 1929 insgesamt 15 Fach-AlÄ für:[271] Angestellte, das Baugewerbe, „Bekleidungs-, Textil- und Hutarbeiter", die chemische und Gummiindustrie, „christl[iche] Textil-, Hut- und Bekleidungsarbeiter", „Frisöre", die fleischverarbeitenden Gewerbe, graphische und papierverarbeitende Gewerbe, „Holzarbeiter u[nd] verwandte Berufe", das Hotel-, Gast- und Kaffeehausgewerbe, „Landwirtschaftliche Arbeiter", die Lebens- und Genussmittelerzeugung, „Metallarbeiter", „Nahrungsmittelarbeiter", die Schuh- und Lederindustrie.

- 1937 insgesamt 10 Fach-AÄ für:[272] Angestellte, „Bekleidungs-, Textil- u[nd] Hutarbeiter", Fleischverarbeitende Gewerbe, graphisches und papierverarbeitendes Gewerbe, „Holzarbeiter u[nd] verwandte Berufe", „Hotel-, Gast- und Kaffeehausgewerbe sowie Frisöre", Landwirtschaft, Lebens- und Genussmittelerzeugung, „Metallindustrie, metallverarbeitendes Gewerbe, chem[ische] Industrie", die Schuh- und Lederindustrie.

---

[266] Grafik 6: Die Wiener Fach-Arbeits(losen)ämter (Vergleichsjahre 1925, 1929 und 1937).

[267] Grafik 7: Die Grazer Fach-Arbeits(losen)ämter (Vergleichsjahre 1929, 1933 und 1937).

[268] Siehe die beiden Grafiken zu den Wiener und Grazer Fach-Arbeits(losen)ämtern.

[269] Kap 4. Das Vermittlungsregime im Austrofaschismus.

[270] Amts-Kalender 1925, 442 f.

[271] Amts-Kalender 1929, 772. Inwieweit 1929 ein organisatorischer Zusammenhang zwischen der Wiener Magistratsabteilung 14, welche gem dem Amts-Kalender 1929, 772, nach wie vor einen „Arbeitsnachweis der Stadt Wien" betrieb, und der Wiener IBK bestand, ist nicht im Detail bekannt. Da der „Arbeitsnachweis der Stadt Wien" in derselben Liste geführt wurde, wie die der Wiener IBK unterstehenden Fach-AlÄ, ist es jedenfalls denkbar, dass dort die nun nicht mehr in einem eigenen Fach-AlA angesiedelten „[a]ngelernte[n] Arbeiter" und „[a]ngelernte[n] Arbeiterinnen" (Amts-Kalender 1925, 443) verortet waren. Diese Annahme bestätigt sich anhand des Amts-Kalenders 1937, 869.

[272] Amts-Kalender 1937, 868 f. Ähnlich wie 1929 bestand ein „Arbeitsnachweis der Stadt Wien für ungelernte Arbeiter und Arbeiterinnen"; außerdem führte das Wiener Magistrat nun einen „Arbeitsnachweis der Stadt Wien für das Baugewerbe".

Gegen Ende der Zwanzigerjahre bestanden in Österreich insgesamt über 80 Arbeitslosenämter,[276] welche mit den Aufgaben nach dem AlVG betraut waren, gem § 20 leg cit den IBK unterstanden und somit als zentralstaatliche Behörden erster Instanz zu klassifizieren[277] waren. Für das Jahr 1926 liefert Vana eine quantitative Gegenüberstellung der AlÄ gegenüber anderen VermittlungsträgerInnen.[278] Demnach wurden abseits der den IBK unterstehenden AlÄ nur mehr 18 Arbeitsnachweise von Gemeinden geführt, und 15 weitere – vor allem steiermärkische – Arbeitsnachweise unterstanden direkt den Interessenvertretungen der Industrie, des Handels und Gewerbes auf Landesebene sowie gewerkschaftlichen Vereinen.[279] Diese Zahlenverhältnisse lassen auf ein bereits sehr stark vorangeschrittenes Entwicklungsstadium des zentralstaatlich geführten Vermittlungsnetzes Mitte der Zwanzigerjahre schließen.

Die Titulierung des dritten Abschnitts des AlVG[280] enthielt mit seiner Bezeichnung „Behörden" einen recht eindeutigen Hinweis auf die Rechtsnatur des bürokratischen Unterbaus, welcher der sozialpolitischen Sektion des StAsV beziehungsweise des BMsV unterstand. Nach dem Inkrafttreten des BVG im Jahr 1920 stellte sich grundsätzlich die Frage nach der verfassungsrechtlichen Einordnung der Mittel- und Unterebene des Apparats der staatlichen Vermittlungsstellen. Wenngleich das Sozialressort erst einige Jahre nach der Kundmachung des Bundes-Verfassungsgesetzes[281] nachweislich mit diesem Einordnungsproblem konfrontiert wurde, kann schon an dieser Stelle festgehalten werde, dass es sich bei den IBK nach einer ressortinternen Einschätzung grundsätzlich um „Behörden der unmittelbaren Bundesverwaltung"[282] gem Art 102 Abs 2 BVG handelte.

Diese Feststellung hatte eine Vorgeschichte. Einem Amtsvermerk aus dem Jahr 1927 zufolge hatte ein ehemaliger Angestellter der IBK Graz diese auf Zahlung einer Weihnachtsremuneration geklagt.[283] In der Streitverhandlung wendete die angeklagte IBK ein, dass sie bei Gericht gar nicht geklagt werden könnte, da sie keine juristische Person wäre. Insbesondere wäre sie mit keiner Rechtspersönlichkeit ausgestattet, hätte demnach kein eigenes Vermögen und wäre als eine Behörde des Bundes aufzufassen. Der Kläger hingegen brachte vor, dass es sich bei den IBK um keine Behörden, sondern um soziale Versicherungsinstitute handelte, die selbstständig Umlagen einhoben. Das Grazer Bezirksgericht für zivile Rechtssachen, Abteilung XV, richtete daraufhin an das BMsV eine

---

[273] Amts-Kalender 1929, 542 f.
[274] Amts-Kalender 1933, 610.
[275] Amts-Kalender 1937, 645.
[276] In diesem Sinne auch *Vana*, Arbeitsvermittlung, 107 und 109.
[277] Dazu gleich anschließend in diesem Kap.
[278] *Vana*, Arbeitsvermittlung, 109.
[279] Zu den übrigen bestehenden VermittlungsträgerInnen in Österreich – insbesondere auch im Bereich der gewerblichen Stellenvermittlung – siehe Kap I. B. 3. Das Umfeld der Arbeitsmarktbehörden.
[280] §§ 17–23.
[281] BGBl 1/1920.
[282] Zum Begriffen der mittelbaren und unmittelbaren Vollziehung bei den Bundeskompetenzen siehe *Walter*, Robert / *Mayer*, Heinz / *Kucsko-Stadlmayer*, Gabriele, Grundriss des österreichischen Bundesverfassungsrechts (Manzsche Kurzlehrbuchreihe, Wien [10]2007) 288.
[283] ÖStA/AdR, BMsV/SP, Kart 551, III, GZ 92.380/26, Amtsvermerk des BMsV betreffs Charakter der Industriellen Bezirkskommissionen (21. Jänner 1927).

Anfrage über die Rechtspersönlichkeit und den Charakter der IBK sowie über die behauptete Tatsache, dass diese „ein eigenes Unternehmen" wäre. Nach einhelliger Auffassung sowohl des BMsV als auch des Bundeskanzleramts (BKA) wären die IBK als Behörden einzustufen, also als staatliche Organe, die befugt waren, hoheitliche Befehls- und Zwangsgewalt auszuüben.[284] Als Begründung dafür wurden drei Gesichtspunkte angeführt.[285]

Erstens wären die IBK – genauso wie die Arbeitslosenämter – mit Aufgaben betraut worden, welche dieser Charakterisierung entsprachen. Gemeint war damit vor allem die Ausstellung von Bescheiden als typische verwaltungsbehördliche Rechtsform. Das EGVG[286] erwähnte zwar in seiner ursprünglichen Fassung aus dem Jahr 1925 noch nicht die IBK und Arbeitslosenämter, wodurch die Anwendbarkeit des „Allgemeinen Verwaltungsverfahrensgesetzes"[287] (AVG) und die zugrunde liegende Behördeneigenschaft offen blieben; doch ging der Gesetzgeber offenbar zumindest von der Durchführung eines Verwaltungsverfahrens aus, wie die einfachgesetzliche Rechtslage besonders im Arbeitslosenversicherungswesen zeigt.[288] Zweitens hätte die „hierarchische und organische Stellung" der Arbeitsmarktbehörden für diese Interpretation des Art 102 Abs 2 BVG[289] gesprochen, womit die Weisungsbindung an BMsV-Vorgaben angesprochen wurde. Drittens wäre auch in der gesetzlichen Diktion („Behörde") eine eindeutige Festlegung enthalten. Die Annahme des Klägers, dass die IBK mit zivilrechtlichen Vermögensrechten ausgestattet gewesen wäre, wurde im Übrigen in diesem Zusammenhang verneint.[290]

Über den weiteren Verlauf des gegenständlichen Rechtsstreits, insbesondere die gerichtliche Handhabe dieser verwaltungsbehördlichen Einschätzung, schweigt der vorliegende Akt. Allerdings bezog das BMsV über die in dieser Stellungnahme ebenfalls fehlende Abgrenzung gegenüber der mittelbaren Bundesverwaltung bereits vor diesem Vorfall Stellung. Demnach wären die IBK als „Bundesbehörden" aufzufassen – aufgrund dessen, dass sich die betreffenden Aufgaben als solche „der Bundesverwaltung darstell[t]en und […] [die IBK] dem Bundesministerium für soziale Verwaltung unmittelbar untergeordnet"[291] waren und sich damit der Bund in den Arbeitsmarktangelegenheiten nicht der Landesbehörden bediente, wie dies in den Fällen der „mittelbare[n] Bundesverwaltung" (Art 102 B-VG) vorgesehen war. Der einschlägige Art 10 B-VG wurde in diesem Zusammenhang nicht erwähnt. Dieser enthielt zwar in Z 11, wo gemäß der damaligen Fassung die Bundeskompetenztatbestände für Gesetzgebung und Vollziehung in den Bereichen des „Arbeiterrecht[s] sowie Arbeiter- und Angestelltenschutz […] [beziehungsweise] Sozial- und Vertragsversicherungswesen"[292] festgelegt war, keinen ausdrücklichen Hinweis auf die Arbeitsmarktagenden; die arbeitsmarktverwal-

---

[284]   Zum Behördenbegriff allgemein siehe *Walter / Mayer / Kucsko-Stadlmayer*, Bundesverfassungsrecht, 273.

[285]   ÖStA/AdR, BMsV/SP, Kart 551, III, GZ 92.380/26, Charakter der Industriellen Bezirkskommissionen, darin Schreiben des BMsV an das Bezirksgericht für zivile Rechtssachen, Abteilung XV, in Graz (21. Jänner 1927).

[286]   „Bundesgesetz vom 21. Juli 1925 zur Einführung der Bundesgesetze über das allgemeine Verwaltungsverfahren, über die allgemeinen Bestimmungen des Verwaltungsstrafrechtes und das Verwaltungsstrafverfahren sowie über das Vollstreckungsverfahren in der Verwaltung (Einführungsgesetz zu den Verwaltungsverfahrensgesetzen – E. G. V. G.)" (BGBl 273/1925)

[287]   BGBl 274/1925.

[288]   § 14 AlVG. Über die diesbezüglichen verfahrensrechtlichen Diskussionen siehe Kap III. B. 2. Unterinstanzen.

[289]   BGBl 1/1920. Interessanterweise wurde in diesem Zusammenhang von sämtlichen korrespondierenden OrganwalterInnen nicht ausdrücklich auf die einschlägigen Bestimmungen des B-VG Bezug genommen, sondern lediglich sinngemäß argumentiert.

[290]   In einem anderen Zusammenhang wurde früher „von verschiedenen Seiten" – ohne dass Argumente überliefert sind – die Einordnung der IBK als „Organe einer Anstalt der Sozialversicherung" vorgenommen. Siehe ÖStA/AdR, BMsV/SP, Kart 551, III, GZ 92.380/26, Charakter der Industriellen Bezirkskommissionen, darin Schreiben des BMsV an das BKA betreffs Wesen der IBK, Charakter des Dienstverhältnisses ihrer Angestellten (7. April 1921) zweiter Einlagebogen.

[291]   ÖStA/AdR, BMsV/SP, Kart 551, III, GZ 92.380/26, Charakter der Industriellen Bezirkskommissionen, darin: Schreiben des BMsV an den Hauptverband der Industrie Österreichs betreffs Charakter der Industriellen Bezirkskommissionen (21. April 1926). In diesem Sinne auch schon ÖStA/AdR, BMsV/SP, Kart 551, III, GZ 92.380/26, Charakter der Industriellen Bezirkskommissionen, darin: Schreiben des BKA an das BMsV betreffs Wesen der Industriellen Bezirkskommissionen, Charakter des Dienstverhältnisses ihrer Angestellten (27. Juni 1921).

[292]   Der Kompetenztatbestand der „Arbeitsmarktverwaltung" wurde im B-VG bis heute weder an dieser Stelle noch an anderer ausdrücklich verankert.

tungsbehördliche Praxis nahm jedoch eine Interpretation in diese Richtung vor, wie die Ausführungen des BMsV und des BKA beziehungsweise die tatsächliche Wahrnehmung als Bundeskompetenzen durch einen eigenen Verwaltungsapparat zeigen.[293]

Auch der Umstand, dass es sich bei den IBK und AlÄ um „Behörden der unmittelbaren Bundesverwaltung" handeln könnte, die womöglich in Art 102 Abs 2 BVG ihre verfassungsrechtliche Grundlage hatten, wurde im einschlägigen Diskurs nicht ausdrücklich erwähnt. Dabei enthielt Art 102 Abs 2 leg cit ausdrücklich die Klausel, dass die in Art 10 Z 11 leg cit verorteten Arbeitsmarktagenden „unmittelbar von Bundesbehörden versehen werden" konnten.

Die Frage nach der Einstufung der IBK als Landesbehörden wurde etwa vom Hauptverband der Industrie Österreichs aufgeworfen.[294] Diese Interpretation mag aus der Perspektive der Zwanzigerjahre, nach dem Inkrafttreten des B-VG und der relativ weit fortgeschrittenen Etablierung der IBK, befremdlich erscheinen, hat aber historisch nachvollziehbare Wurzeln. Erstens deuten etwa die Korrespondenzen der Landesstellen gem AVVO 1917 auf einen – nicht näher bekannten – organisatorischen Zusammenhang derselben mit den jeweiligen Landesregierungen hin.[295] Zweitens wurden den Landesregierungen nach den damals geltenden Organisationsregelungen mit dem Vorschlagsrecht bezüglich sämtlicher IBK-Mitglieder[296] und der Beratungsstimme[297] eine bedeutende Position zugewiesen.

Insgesamt zeigt der Diskursverlauf um die verfassungsrechtliche Gestalt des arbeitsmarktbehördlichen Unterbaus, dass das Sozialministerium und das Bundeskanzleramt schon in den Zwanzigerjahren jene Interpretation zugrunde legten, die mit Unterbrechungen – in der NS-Ära[298] – bis zum Ende des 20. Jahrhunderts[299] ihre Geltung behalten sollte. Sowohl die vorgebrachten Argumente, als auch die spätere Entwicklung sowie ein Abgleich mit dem allgemeinen Behördenbegriff können kaum Zweifel daran lassen, dass die Einschätzung über die IBK und die untergeordneten AlÄ als „Behörden der unmittelbaren Bundesverwaltung" als zutreffend anzusehen war. Durch § 11 GSVG wurde der Status der Arbeitsmarktbehörden in beiden Unterinstanzen als „Behörden des Bundes" gesetzlich noch präziser festgeschrieben, als dies nach dem AlVG der Fall war. Insofern muss jenen Teilen der aktuellen Forschungsliteratur widersprochen werden, in welcher die Ansicht vertreten wird, dass der behördliche Charakter der Arbeitsmarktverwaltung erst mit dem Aufstieg des austrofaschistischen Regimes ausgebildet wurde.[300]

---

[293] Zu den im Laufe des zwanzigsten Jahrhunderts entwickelten allgemeinen Regeln der Verfassungsauslegung in Österreich siehe *Walter / Mayer / Kucsko-Stadlmayer*, Bundesverfassungsrecht, 62–70 (allgemein) und 173–177 (in Bezug auf die Kompetenztatbestände). Wesentliche Teile dieser Regeln wurden aber von Lehre und Judikatur schon früh ausgebildet und gehen bis in die Entstehungszeit des ABGB zurück. In VfSlg. 299/1924 ist etwa eine frühe VfGH-Entscheidung überliefert, auf welcher das „Versteinerungsprinzip" fußt. Dieser Auslegungsmethode zufolge sind die B-VG-Begriffe in jener Bedeutung zu verstehen, die in der österreichischen Rechtsordnung zur Zeit der Schaffung des B-VG allgemein mit diesem rechtstechnischen Ausdruck verbunden wurde. Das Versteinerungsprinzip erlangte besonders im Bereich der Auslegung der Kompetenztatbestände eine zentrale Bedeutung (*Walter / Mayer / Kucsko-Stadlmayer*, Bundesverfassungsrecht, 174 f).

[294] ÖStA/AdR, BMsV/SP, Kart 551, III, GZ 92.380/26, Charakter der Industriellen Bezirkskommissionen, darin: Schreiben des Hauptverbands der Industrie Österreichs an das BMsV betreffs Charakter der Industriellen Bezirkskommissionen (26. März 1926). Mit welchen Argumenten die Qualifikation als Landesbehörden angedeutet wurde, geht aus der Korrespondenz nicht hervor.

[295] Etwa ÖStA/AdR, BMsV/SP, Kart 42, GZ 7.563/20, Militärische Arbeitsvermittlungsstellen, Auflassung, darin: GZ 516/19, Bericht der Landesregierung für Tirol, Landesstelle für Arbeitsvermittlung, an das StAsF betreffs Errichtung militär Arbeitsvermittlungsstellen in Tirol (24. September 1919) und GZ 53.697/20, Schreiben des Magistrats der Landeshauptstadt Linz an die Landesstelle für Arbeitsvermittlung bei der O.Ö. Landesregierung (2. Jänner 1920).

[296] § 17 Abs 2 AlVG.

[297] § 18 Abs 3 leg cit.

[298] Die Abkehr von der Lesart gemäß dem B-VG in der NS-Zeit bedeutete allerdings nicht die Abkehr von einem zentralstaatlich geprägten Verwaltungswesen in diesem Bereich (dazu näher im Kap II. B. Organisation).

[299] Zur Qualifikation der Geschäftsstellen des Arbeitsmarktservice im Rahmen gesellschaftsrechtlicher Instrumente – der Gesellschaft mit beschränkter Haftung (GmbH) – siehe BGBl 313/1994.

[300] *Vana*, Arbeitsvermittlung, 139, spricht unter Berufung auf die Erkenntnisse von *Suppanz*, Werner, Arbeitslosigkeit als Thema der Sozialpolitik im „Ständestaat" (Diss Graz 1996) 74, erst ab 1933, als „Beschlüsse, die zuvor durch die Arbeitsnachweise gefällt wurden, verstärkt auf Regierungsebene verlagert [wurden, davon, dass] […] [d]ie Arbeitsmarktverwaltung […] offiziell einen behördlichen Charakter" erhielt. An

Unmittelbar im Anschluss an den Bürgerkrieg nahm die Regierung Dollfuß per VO[301] aufgrund des „Kriegswirtschaftlichen Ermächtigungsgesetzes"[302] (KWEG) eine Umgestaltung des organisatorischen Gefüges der Arbeitsmarktbehörden vor. Primäres Anliegen war es demnach nun, die personellen Kontinuitäten zu brechen und Rahmenbedingungen für eine systematische Inpflichtnahme eines regimetreuen Personals innerhalb des arbeitsmarktbehördlichen Verwaltungsapparates zu schaffen. Neben dem Austausch von Akteuren in Schlüsselpositionen wurde aber auch der innere Aufbau der Behörden verändert, indem das Regime zunächst formal an die in der Ersten Republik etablierten Strukturen anknüpfte.

Die genannte VO[303] enthob sämtliche Mitglieder der IBK mit Wirkung zum 28. Februar 1934 und setzte zur Besorgung der Aufgaben der IBK „für den Bereich jeder Industriellen Bezirkskommission eine Verwaltungskommission ein".[304] Mit dieser Umgestaltung wurde gravierend in das davor ausgewogene institutionelle Gefüge eingegriffen. Eine weitere Änderung betraf das Vorschlagsrecht. Während der BMsV die bisherigen Mitglieder der IBK ohne weiteres übernehmen konnte, galt für die neu zu berufenden Mitglieder ein abgewandeltes Bestellungsverfahren. Das Vorschlagsrecht kam nun nicht mehr wie bisher der jeweiligen Landesregierung und nur indirekt den Interessenvertretungen zu, sondern direkt dem Handelskammer- beziehungsweise Arbeiterkammertag; die Landesregierungen verloren ihre Mitwirkungsbefugnis.[305] Formal wurde damit am Paritätsprinzip festgehalten; da aber die sozialdemokratischen FunktionärInnen fortan nicht mehr in den neuen „Verwaltungskommissionen" vertreten waren – gerade darauf zielte die gegenständliche VO ab – und überdies die sozialdemokratische Partei per VO[306] vom 13. Februar 1934 verboten wurde, stellte dieses stark beschnittene Strukturmerkmal nur noch einen Rumpf des Paritätsprinzips dar. Nach dieser Änderung war also lediglich die sozialpartnerschaftliche Komponente berücksichtigt, aber nicht mehr jene des parteipolitischen Pluralismus.

Die „Verwaltungskommissionen" bestanden jeweils „aus dem Vorsitzenden und je zwei Vertretern der Arbeitgeber und der Arbeitnehmer als Mitgliedern"[307] sowie den Ersatzmitgliedern. Eine zweite Kriegswirtschafts-VO[308] regelte das Abstimmungsverfahren innerhalb der „Verwaltungskommissionen". Demnach war Beschlussfähigkeit schon gegeben, wenn „außer dem Vorsitzenden von jeder Gruppe mindestens je ein Vertreter anwesend"[309] war. Bei Anwesenheit in ungleicher Zahl hatte sich die überzählige Seite auf das Ausscheiden eines Mitglieds zu einigen, wobei im Streitfall über das Ausscheiden das Los entschied. Das Mehrheitserfordernis bei der Abstimmung sowie die Stimmgewichtung zugunsten der Vorsitzstimme wurden aus dem alten Modell übernommen.

Auf AlA-Ebene wurde die Funktionsdauer der „Schiedskommissions"-Mitglieder ebenfalls auf 28. Februar 1934 befristet.[310] Danach ging die Rechtsmittelfunktion der „Schiedskommissionen"

---

anderer Stelle schreibt sie: „Durch das austrofaschistische Regime wurden [die Arbeitsnachweise der Industriellen Bezirkskommissionen] zu staatlichen Behörden" (*Vana*, Arbeitsvermittlung, 144). Diesen Feststellungen kann nach den obigen Darstellungen nicht beigepflichtet werden.

[301] „Verordnung der Bundesregierung vom 16. Februar 1934 über die Einsetzung von Verwaltungskommissionen bei den Industriellen Bezirkskommissionen" (BGBl 96/1934). Auch formal gezeichnet hat die VO nicht wie bisher der BMsV, sondern sämtliche Regierungsmitglieder. Zu den personellen Rochaden im Austrofaschismus siehe näher im Kap I. B. 4. Eliten/Personal.

[302] öRGBl 307/1917.

[303] BGBl 96/1934.

[304] § 1 leg cit.

[305] Lex cit.

[306] BGBl 24/1934.

[307] § 1 VO BGBl 96/1934.

[308] BGBl 177/1934.

[309] § 1 Abs 2 VO BGBl 96/1934 idF BGBl 177/1934. Die alte Fassung (BGBl 96/1934) regelte dort nur das Mehrheitserfordernis sowie den Umstand, dass „der Vorsitzende [...] mit[stimmte]".

[310] § 2 VO BGBl 96/1934.

auf die „Verwaltungskommissionen" über, welche endgültig zu entscheiden hatten. Faktisch wurden damit die „Schiedskommissionen" abgeschafft.

Das GSVG führte auch die organisatorischen arbeitsmarktbehördlichen Agenden einer Neuregelung zu. Es legte die lange nach dem Zweiten Weltkrieg noch geläufige gesetzliche Terminologie mit den Bezeichnungen „Arbeitsamt" beziehungsweise „Landesarbeitsamt" (LAA[311]) fest. Es trat am 1. April 1935 in Kraft.[312]

Eine organisatorische Abweichung gegenüber der Ersten Republik war die stärkere innere Gliederung des jeweiligen Landesarbeitsamtes als Behörde der Mittelebene. Während in der AlVG-Periode die paritätische IBK selbst die Behörde darstellte, war der Rest des im Austrofaschismus beschnittenen Paritätsprinzips im neu gegründeten Modell des „Verwaltungsausschusses" verkörpert. Ein Verwaltungsausschuss bestand innerhalb eines jeden Landesarbeitsamtes, das den übergeordneten rechtlichen Mantel der Mittelebene darstellte. Dieses Modell war schon im Muster der „Verwaltungskommissionen" gem VO[313] angelegt, welche lediglich die Bediensteten der IBK entfernte, diese selbst jedoch noch nicht aufhob. Die mit dieser VO geschaffenen „Verwaltungskommissionen" bildeten damit jeweils eine Subeinheit innerhalb der IBK ähnlich den „Verwaltungsausschüssen" innerhalb der LAÄ. Die formale Abschaffung der IBK erfolgte schließlich mit der Aufhebung des AlVG.[314]

Die inhaltliche Bedeutung dieser Konstruktionsweise hielt sich zwar in Grenzen, sie wurde aber maßgeblich in der Zweiten Republik übernommen. Eine herausstechende inhaltliche Abweichung war eine weitere Schwächung des Paritätsprinzips – abseits der parteipolitischen Tragweite – im Hinblick auf die LAA-Leitung. Im AlVG war noch vorgesehen, dass der IBK-Vorsitzende grundsätzlich dem Kreis der von den Interessenvertretungen in Vorschlag gebrachten Mitglieder angehörte.[315] Diese Norm wurde nunmehr insofern ersatzlos gestrichen, als gem § 313 Abs 1 „[d]ie Leiter der Landesarbeitsämter […] vom Bundesminister für soziale Verwaltung" zu bestellen waren; die Interessenvertretungen wurden dabei also, anders als bei der Bestellung des Verwaltungsausschusses, nicht einbezogen und der BMsV hatte freie Hand.

Der innere Aufbau der Verwaltungsausschüsse war in § 313 Abs 3 GSVG geregelt. Den Vorsitz führte der LAA-Leiter, von den „in Betracht kommenden öffentlich-rechtlichen Interessenvertretungen der Arbeitgeber und Arbeitnehmer" waren je vier Vertreter in Vorschlag zu bringen, die vom BMsV zu ernennen waren. Die Bestellungsdauer betrug vier Jahre. Die Ehrenamtlichkeitsklausel wurde dahingehend abgeändert, dass ein Anspruch auf Ersatz der angemessenen Barauslagen sowie „eine Entschädigung nach Maßgabe der für die Beisitzer der Gewerbegericht geltenden Vorschriften" gebührte.[316]

Die Regelungen über die Beschlussfähigkeit wurden aus § 1 Abs 2 VO[317] (§ 315 Abs 1) mit der Abweichung übernommen, dass, „wenn die Tätigkeit des Verwaltungsausschusses durch das Fernbleiben von Mitgliedern gehemmt" wurde, „der Bundesminister für soziale Verwaltung die Aufgaben des Verwaltungsausschusses dem Leiter des Landesarbeitsamtes übertragen" konnte.[318] Die gegenständliche Vertretungsregelung in Verbindung mit der vom BMsV dominierten Ernennungs-

---

[311]   §§ 312 f leg cit.
[312]   § 356.
[313]   BGBl 96/1934.
[314]   § 534 Z 6 GSVG.
[315]   Dazu weiter oben in diesem Kap.
[316]   § 313 Abs 5.
[317]   BGBl 96/1934 idF BGBl 177/1934. Die alte Fassung (BGBl 96/1934) regelte dort nur das Mehrheitserfordernis sowie den Umstand, dass „der Vorsitzende […] mit[stimmte]".
[318]   § 315 Abs 3.

kompetenz ging an den Interessenvertretungen vorbei, wodurch das Regime sicherstellte, dass im Falle einer – wie auch immer motivierten – Abwesenheit von Mitgliedern jedenfalls der hierarchisch vorgegebene Behördenwille des BMsV durchgesetzt werden konnte. In dieser Konstruktion kam die Wirkungsweise der oben besprochenen stärkeren Gliederung des LAA zum Tragen, indem versucht wurde, die eindeutig autoritären Züge zu kaschieren. Formal entschied nicht ein Rumpfausschuss, sondern eben das LAA ohne den Ausschuss.

Den Verwaltungsausschüssen bei den Landesarbeitsämtern wurden die wichtigsten Aufgaben der Mittelinstanz übertragen; im Übrigen besorgten deren Geschäfte die jeweiligen LAA-Leiter.[319] Unter anderem waren die Verwaltungsausschüsse dafür zuständig, im Rahmen der BMsV-Vorgaben die Grundsätze in den Bereichen Arbeitsvermittlung,[320] Berufsberatung, Nach- und Umschulung[321] aufzustellen. Außerdem hatten sie zu den anstehenden Konzessionen der gewerblichen StellenvermittlerInnen Position zu beziehen.[322] Neben der Bescheidbeschwerde in Unterstützungsangelegenheiten[323] und sonstigen Kompetenzen in Arbeitslosenversicherungsangelegenheiten wurde dem Verwaltungsausschuss auch ausdrücklich eine Rechtsmittelfunktion im Vermittlungswesen eingeräumt. Demnach oblag ihm „die Entscheidung über Beschwerden gegen Verfügungen der Arbeitsämter in Sachen der Arbeitsvermittlung".[324]

Bezüglich der räumlichen Verteilung der Behörden war vorgesehen, dass „[d]er Bundesminister für soziale Verwaltung […] die Errichtung der Arbeitsämter und Landesarbeitsämter […] [verfügte, sic!] und […] deren Sitz, Sprengel und sachliche Zuständigkeit [bestimmte, sic!]".[325] Da hierzu keine Verordnung ergangen sein durfte,[326] ist davon auszugehen, dass diese Festlegungen im Erlass-Weg erfolgten, worüber indirekt die Amtskalender Aufschluss geben. Insgesamt zeigt das Bild der Standortverteilung auf LAA-Ebene eine weitestgehende Kontinuität gegenüber den Entwicklungen aus der AlVG-Zeit. Im Austrofaschismus zeigt sich im Vergleich der einschlägigen Ausgaben der Amtskalender aus den Jahren 1933–1937 ein kontinuierliches Verteilungsbild der LAÄ. Mit Ausnahme von Niederösterreich gab es daher weiterhin in jeder Landeshauptstadt ein LAA, das jeweils für das gesamte Bundesland zuständig war.[327]

Grafik 8: Die österreichischen Landesarbeitsämter (1935)

– LAA Burgenland (Sitz in Eisenstadt)

– LAA Kärnten (Klagenfurt)

– LAÄ in Niederösterreich (Gmünd, St. Pölten, Wiener-Neustadt und Wien)

– LAA Oberösterreich (Linz)

– LAA Salzburg (Salzburg)

– LAA Steiermark (Graz)

– LAA Tirol (Innsbruck)

– LAA Vorarlberg (Bregenz)

– LAA Wien (Wien)

---

[319] § 313 Abs 2 leg cit.
[320] § 314 Abs 1 Z 3.
[321] § 314 Abs 1 Z 4.
[322] § 314 Abs 1 Z 8; *Schmidt*, Arbeitsmarktverwaltung, 112.
[323] § 314 Abs 1 Z 5.
[324] § 314 Abs 1 Z 7.
[325] § 314 Abs 3 leg cit.
[326] Die Durchführungsverordnungen zum GSVG (BGBl 168/1935, 263/1935, 355/1935, 152/1936, 195/1936, 244/1936, 90/1937, 107/1937, 147/1937, 3/1938) enthielten keine Definition der LAA-Sitze.
[327] Amtskalender aus den Jahren 1933–1937.

Auf unterster Ebene bestand die bedeutendste Zäsur in der praktisch vollständigen Aushebelung des Paritätsprinzips – und zwar nicht nur im Hinblick auf die generell beseitigte parteipolitische Komponente, sondern auch bezüglich der Beteiligung der Interessenvertretungen. In die gem § 312 GSVG vorgesehenen „Arbeitsvermittlungsausschüsse" unter dem Vorsitz des „Leiter[s] des Arbeitsamtes" wurden zwar Mitglieder der Interessenvertretungen berufen und es galten dieselben Verfahrensnormen wie bei den Verwaltungsausschüssen; jedoch war die Schlagkraft der „Arbeitsvermittlungsausschüsse" durch den Umstand massiv torpediert, dass deren Stellungnahmen lediglich „zu hören" waren und diese damit jeglicher Verbindlichkeit gegenüber dem AA entbehrten. In diesem Aufbau kam die autoritäre Note innerhalb der GSVG-Arbeitsmarktverwaltung noch stärker zum Ausdruck als auf LAA-Ebene, wo die „Verwaltungsausschuss"-Entscheidungen wenigstens mit bindender Wirkung versehen waren. Dies war umso drastischer, als die erste Instanz die eigentliche Schnittstelle zwischen dem Behördenapparat und den Rechtssubjekten darstellte. Die regionale Verteilung der AÄ im Austrofaschismus wurde bereits an anderer Stellte aufgezeigt.[328] Zur Organisationsstruktur der parteipolitisch motivierten Vermittlung in Wien im Austrofaschismus siehe im einschlägigen Kapitel des Vermittlungsregimes in dieser Zeit.[329]

3. Das Umfeld der Arbeitsmarktbehörden

Das Arbeitskräftedefizit während des Ersten Weltkriegs diente gleichsam als „Motor" für die Ansiedlung der Stellenvermittlung auf ministerieller Ebene und führte in weiterer Folge zu deren Zentralisierung, wie in den einleitenden Kapiteln behandelt und dem Grunde nach auch in der bestehenden Forschungsliteratur thematisiert wurde.[330] An dieser Stelle gilt es auf arbeitsmarktpolitische Akteure einzugehen, die sich abseits der Arbeitsmarktbehörden in deren Zuständigkeitsbereich betätigt haben.

Folgende Nachweise belegen, dass die Nachwirkungen des Kriegs innerhalb des Heeresressorts die Bestrebungen keimen ließen, einen eigenen heeresinternen Vermittlungsapparat zu schaffen. Ende November 1918 berichtete die Zentralausgleichsstelle für Arbeitsvermittlung Wien, dass im Einvernehmen mit dem „Referenten für Arbeiterfragen" des Staatsamtes für Heereswesen (StAHW), Olt Volkert, in der Rennwegkaserne und in der Rossauerkaserne heeresinterne Stellenvermittlungsbüros errichtet wurden – mit dem Zweck, die abgerüsteten Soldaten vor allem in die Landwirtschaft zu vermitteln. Deswegen war eine enge Kooperation mit der „Landwirtschaftsgesellschaft in Wien, welche die Durchführung der Vermittlung von landwirtschaftlichen Arbeitern durch fachkundige Beamte besorgt[e]",[331] durch Beistellung von Vermittlungspersonal vorgesehen. Daraufhin trat das StAsF mit dem Ersuchen an das StAHW heran, es möge genehmigen, dass „der Öffentliche [sic!] allgemeine Arbeitsnachweis der Gemeinde Wien und die Landwirtschaftsgesellschaft bis auf weiteres"[332] in diesen beiden Kasernen je eine ständige Expositur erhalten dürfen.

Während die Quellen zur Fortsetzung dieser Entwicklungen im Osten der damals jungen Republik Deutschösterreich schweigen, steht fest, dass im Sprengel des Militärkommandos Innsbruck,

---

[328] Dazu weiter oben in diesem Kap.

[329] Kap I. C. 4. Das Vermittlungsregime im Austrofaschismus.

[330] Zu den frühen Initiativen des Ackerbauministeriums („Erntekommissionen") und des Innenministeriums (Kriegsversehrtenvermittlung) siehe Kap 1., zur AVVO 1917 siehe Kap 2. Rechtliche Ausgangslage und Rahmenbedingungen

[331] ÖStA/AdR, BMsV/SP, Kart 42, GZ 7.563/20, Militärische Arbeitsvermittlungsstellen, Auflassung, darin: GZ 46/18, Bericht der Zentralausgleichsstelle für Arbeitsvermittlung Wien an das StAsF (25. November 1918).

[332] ÖStA/AdR, BMsV/SP, Kart 42, GZ 7.563/20, Militärische Arbeitsvermittlungsstellen, Auflassung, darin: GZ 1.746/18, Schreiben des StAsF an das StAHW betreffs Arbeitsvermittlung während der Abrüstung. Einrichtung von Anwerbestellen in Wiener Kasernen (26. November 1918). Die im Folgenden verwendeten unterschiedlichen Bezeichnungen „StAsF" beziehungsweise „StAsV" sind darauf zurück zu führen, dass in diese Zeit die Umbenennung des Staatsamtes für soziale Fürsorge in „Staatsamt für soziale Verwaltung" fällt. Dazu näher im Kap 1. Vom Ministerium für soziale Fürsorge zum Bundesministerium für soziale Verwaltung.

das die Länder Tirol, Oberösterreich und Salzburg umfasste, den Akten zufolge ohne Kenntnis auf ministerieller Ebene des Sozialressorts ein heeresinternes Netz von Vermittlungsstellen errichtet wurde.[333] Demnach wäre „[d]iese Organisation […] weit über das jemals vom Staatsamte [für Heereswesen] Gewollte hinausgegangen". Die – auf der einen Seite – primäre Intention der in dieser Angelegenheit aktiven Heeresangehörigen ist der Aktenlage gemäß relativ eindeutig. Es ging vor allem um das Interesse an der Unterbringung der heimkehrenden Soldaten am Arbeitsmarkt.

„Da es sich gezeigt hat, dass viele der Stellungsuchenden [sic!] von der durch das Staatsamt für soziale Fürsorge eingeleiteten Stellenvermittlungsaktion keine Kenntnis […] [hatten], jedoch in Massen bei den Volkswehrwerbekanzleien […] erschienen und dort um Auskünfte und auch direkt um Arbeit […] [baten], sind die Werbekanzleien [als] der geeignete Platz für die Errichtung solcher Auskunfteien"[334]

angesehen worden. Wie aus dem Akt weiter hervorgeht, wurde neben der „Dirigierung der einzelnen Kategorien von Arbeitern an die für ihr Fach in Betracht kommenden Stellenvermittlungsbüros nach den vom Staatsamt für soziale Fürsorge herausgegebenen Plakaten […] [auch] direkt[e]" Werbung vorgenommen. Der Hinweis von Heereskreisen darauf, dass man sich für Vermittlungszwecke vor allem auch deshalb nicht gänzlich auf die zivilen Arbeitsmarktbehörden stützen wollte, weil zu jener Zeit über deren Bestehen beziehungsweise deren erst im Aufbau begriffenen Existenz in den „heimkehrenden" Bevölkerungsteilen noch Unkenntnis herrschte, schien durchaus ein plausibles Argument zu sein.

Umso beachtlicher sind – auf der anderen Seite – die sonst von Heeresseite eingeräumten Motive. Zunächst fällt auf, dass nicht nur auf abgerüstetes Heerespersonal, sondern systematisch auch auf zivile Arbeitsuchende[335] abgestellt wurde. Zwar erklärte das Arbeitsvermittlungsreferat des liquidierenden Militärkommandos Innsbruck auf eine Anfrage der Tiroler „Landesstelle für Arbeitsvermittlung", dass „die militärischen Arbeitsvermittlungsstellen grundsätzlich keine Anbote sammel[ten]".[336] Vielmehr hätten sie sich

„jedes vorsprechenden Mannes, das sind aus dem Militärdienst entlassene Mannschaftspersonen und Heimkehrer, so lange persönlich […] angenommen, bis sie ihn auf einem Arbeitsplatze untergebracht haben. […] Tatsache […] [war], dass die militärischen Stellen verlautbarten, dass sie sich jedes [sic!] Arbeitsuchenden"

annahmen, also auch schlichter Zivilisten. Wohl zu Recht kritisierte die „Landesstelle" Tirol in diesem Zusammenhang, dass durch die Vermittlung von Arbeitskräften über den Kreis der Abgerüsteten hinaus eine Zersplitterung der bestehenden zentralen Organisation des StAsF hervorgerufen würde und überdies der statistische Überblick verloren ginge. In dogmatischer Hinsicht beklagte die Tiroler „Landesstelle", dass unklar wäre, ob die militärischen Arbeitsvermittlungsstellen zur Erstattung der Bestandsanzeige im Sinne von § 1 AVVO 1917 verhalten werden könnten.[337]

---

[333] ÖStA/AdR, BMsV/SP, Kart 42, GZ 7.563/20, Militärische Arbeitsvermittlungsstellen, Auflassung, darin: GZ 231/20, Schreiben des StAHW an das StAsF betreffs Arbeitsvermittlung durch militärische Stellen (26. Februar 1920).

[334] ÖStA/AdR, BMsV/SP, Kart 42, GZ 7.563/20, Militärische Arbeitsvermittlungsstellen, Auflassung, darin: GZ 13.570/18 Schreiben des StAHW an das StAsF betreffs Arbeitslosen Vermittlung – Errichtung von Auskunfteien bei den Werbekanzleien (5. Dezember 1918).

[335] Inwieweit auch auf Frauen betroffen waren, geht aus den Unterlagen nicht hervor.

[336] ÖStA/AdR, BMsV/SP, Kart 42, GZ 7.563/20, Militärische Arbeitsvermittlungsstellen, Auflassung, darin: GZ 516/19, Bericht der Landesregierung für Tirol, Landesstelle für Arbeitsvermittlung, an das StAsF betreffs Errichtung militär Arbeitsvermittlungsstellen in Tirol (24. September 1919).

[337] ÖStA/AdR, BMsV/SP, Kart 42, GZ 7.563/20, Militärische Arbeitsvermittlungsstellen, Auflassung, darin: GZ 389/19, Schreiben der Statthalterei für Tirol, Landesstelle für Arbeitsvermittlung, an das StAsV betreffs Landesverband der österreichischen Militärgagisten für Tirol und Vorarlberg; Errichtung einer intellektuellen Arbeitsvermittlung (18. Juli 1919). Zu § 1 AVVO 1917, der AVVO 1917 allgemein sowie zu deren Rezeption in der Ersten Republik siehe Kap I. A. 2. Rechtliche Ausgangslage und Rahmenbedingungen .

Das Sozialressort hingegen führte – ebenso berechtigterweise – bezüglich der Vermittlung von ZivilistInnen vor, dass die militärischen Vermittlungsstellen vor allem auch wegen ihrer unsachlichen inhaltlichen Vorgehensweise abzulehnen wären. So stellte etwa ein StAsV-Inspektionsorgan fest, dass die militärische Arbeitsvermittlungsstelle in Linz eine „lebhafte Propaganda"[338] zur Anwerbung von österreichischen Arbeitern für Nordfrankreich in den Linzer Tagesblättern betrieb. Gegen dieses Vorgehen brachte aber das StAsV insofern Einwände vor, als zu jener Zeit die Verhandlungen mit der französischen Regierung über entsprechende Arbeitsbedingungen der nach Frankreich zu vermittelnden Arbeitskräfte bisher noch nicht abgeschlossen waren, „sodass auf diese Weise nur eine ungerechtfertigte Unruhe auf dem Arbeitsmarkt verbreitet wurde".[339]

Im Zusammenhang mit der Motivfrage verdient schließlich noch die Volkswehr-Thematik ein besonderes Augenmerk. Die Volkswehr war die bewaffnete Macht des Staates Deutschösterreich,[340] nachdem die k.u.k. Armee aufgelöst wurde. Der Staatsvertrag[341] sah vor, dass das künftige österreichische Heer eine maximale Stärke von 30.000 Mann aufweisen durfte, die in der Volkswehr doch deutlich überschritten wurde. Die Auflösung dieser Armee im Jahr 1920 und die damit verbundene zusätzliche Freisetzung überzähliger Soldaten verschärfte die Arbeitslosenproblematik, nachdem die Situation ohnehin schon durch die Heimkehrer angespannt war. In Bezug auf die abzubauenden Volkswehrformationen bestand die Maßgabe, dass diese „nur dann aus der Volkswehr aus[zu] scheiden [hatten], wenn sie bereits einen anderen Posten"[342] hatten. Während also nach Ansicht des StAHW die „Heimkehrer [...], soweit sie nicht sogleich eine Arbeit" fanden, durchaus von den zivilen Stellenvermittlungseinrichtungen als Arbeitslose geführt werden konnten, genügte dies für die Volkswehrsoldaten deshalb nicht, weil eben dadurch nicht gewährleistet war, ihnen nahtlos einen Arbeitsplatz zu verschaffen.

Mit diesem Argument betrachtete es das Heeresressort als besonders notwendig, einen Vermittlungsapparat mit „gut funktionierenden militärischen Arbeitsnachweisstellen"[343] zu führen. Doch auch in diesem Punkt sprach sich das StAsV gegen die Forderungen des StAHW mit dem Gegenargument aus, dass es durchaus nicht als problematisch einzuschätzen wäre, den abgerüsteten Volkswehrangehörigen durch den Vermittlungsapparat des Sozialressorts einen Arbeitsplatz zu verschaffen. Das StAsV verwies auf konkrete Erfolge im Bundesland Salzburg, wo die „Landesstelle für Arbeitsvermittlung" im Hinblick auf die Versorgung „einer größeren Zahl von Volkswehrleuten"[344] deren Entlassung aus dem Wehrdienst anregte.

Angesichts der allgemein kritischen Einschätzung innerhalb des Sozialressorts gegenüber den so gewachsenen heeresinternen Vermittlungsstrukturen verwundert es nicht, wenn dieses letztlich recht geschlossen für deren Demontage eintrat. Ende Juli 1919 forderte das StAsV – im Licht der Überlieferungslage – erstmals das StAHW auf, „alle militärischen Stellen anzuweisen, die Errichtung

[338] ÖStA/AdR, BMsV/SP, Kart 42, GZ 7.563/20, Militärische Arbeitsvermittlungsstellen, Auflassung, darin: GZ 34.863/19, Schreiben des StAsV an das StAHW betreffs Arbeitsvermittlung durch militärische Stellen. Abstellung der sich hieraus ergebenden Mißbräuche (17. Dezember 1919) 1. Einlagebogen.

[339] Ebd. Zur Reduktion der Arbeitslosenquote von 18,4 Prozent (1918) auf 1,4 Prozent (1921) siehe die Tabelle zur Entwicklung der Arbeitslosigkeit in der Zwischenkriegszeit im Kap 1.

[340] *Wenninger*, Florian, Dimensionen organisierter Gewalt. Zum militärhistorischen Forschungsstand über die österreichische Zwischenkriegszeit. In: *Wenninger*, Florian / *Dreidemy*, Lucile (Hg) Das Dollfuß/Schuschnigg-Regime 1933 – 1938 (Wien/Köln/Weimar 2013) 493–578, hier: 530–532.

[341] StGBl 303/1919.

[342] ÖStA/AdR, BMsV/SP, Kart 42, GZ 7.563/20, Militärische Arbeitsvermittlungsstellen, Auflassung, darin: GZ 18.961/19, Schreiben des StAHW an das StAsV betreffs Einrichtung von Arbeitsvermittlungsstellen seitens militärischer Stellen (20. November 1919) 1.

[343] Ebd.

[344] ÖStA/AdR, BMsV/SP, Kart 42, GZ 7.563/20, Militärische Arbeitsvermittlungsstellen, Auflassung, darin: GZ 34.863/19, Schreiben des StAsV an das StAHW betreffs Arbeitsvermittlung durch militärische Stellen. Abstellung der sich hieraus ergebenden Mißbräuche (17. Dezember 1919) 2. Absatz.

eigener Arbeitsnachweise zu unterlassen"[345] und die heeresinternen Arbeitsvermittlungsreferenten zu beauftragen, sich künftig auf ein einvernehmliches Vorgehen zusammen mit den „Landesstellen für Arbeitsvermittlung" zu beschränken. Zugleich stellte es klar, dass eine zuvor geforderte Refundierung der Kosten nicht in Frage käme.

Die Vehemenz des sozialressortinternen Widerspruchs gegen die heereseigene Vermittlungstätigkeit trat nicht nur in der zumindest einmaligen – anlässlich der StAHW-Fühlungnahme bezüglich eigener Vermittlungsstellen für Volkswehrsoldaten vorgenommenen[346] – Wiederholung der Ablehnung zu Tage. Vielmehr schien sich diese höchstinstanzliche Haltung durchaus über weite Strecken mit jener der Mittelebene zu decken. Mitte Juli berichtete die Tiroler „Landesstelle" über den Beschluss der IBK, „bei den maßgebenden Stellen darauf hinzuarbeiten, dass den milit[ärischen] Stellen jedwede Arbeitsvermittlungstätigkeit verboten werde".[347] Dass die Tiroler „Landesstelle" im selben Schreiben um Bekanntgabe des StAsV-Standpunktes bezüglich dieser Intervention ersuchte, weist auf die Initiative der Mittelebene in diesem Fall hin und schließt zugleich das Vorliegen eines einschlägigen StAsV-Erlasses zu dieser Zeit aus.

Die beharrliche Weigerung des StAsV, das militärische Vorgehen hinzunehmen, schien schließlich zu fruchten. Unter ausdrücklicher Bezugnahme auf dessen Ablehnung der heeresinternen Vermittlungsorganisation von Volkswehrteilen[348] sicherte das StAHW die restlose Beseitigung seiner Vermittlungsstellen zu, indem es „den in der Note Z[ah]l 34.863 vom Staatsamte für soziale Verwaltung niedergelegten Ansichten voll zu[stimmte]".[349] An die untergeordneten Heeresstellen erging der Erlass zur Anordnung der Auflösung mit der Bemerkung, dass fortan „[d]ie Errichtung eigener Arbeitsnachweise seitens militärischer Stellen […] nicht stattfinden"[350] dürfte und bestehende aufzulassen wären.

Inwieweit auf politischer Ebene dem StAsV zu diesem Ergebnis verholfen wurde, ist nicht bekannt. Fest dürfte jedoch den Quellen zufolge stehen, dass das junge Sozialressort den Erfolg verbuchen konnte, seine erst wenige Jahre zuvor erworbenen umfassenden Kompetenzen in Sachen Arbeitsvermittlung gegenüber den zwar geschwächten, aber immer noch existenten und in sozialpolitischen Fragen aktiven militärischen Kräften nachhaltig zu verteidigen.[351]

Nach der ursprünglichen Fassung der Gewerbeordnung war die gewerbliche Stellenvermittlung ein freies Gewerbe. Diese liberale Ausgangslage wurde durch die Gewerbeordnungsnovelle 1907[352] eingeschränkt, mit welcher die Konzession in diesem Bereich eingeführt wurde. Diese Rechtslage

---

[345] ÖStA/AdR, BMsV/SP, Kart 42, GZ 7.563/20, Militärische Arbeitsvermittlungsstellen, Auflassung, darin: GZ 20.578, Schreiben des StAsV an das StAHW betreffs Einrichtung von Arbeitsvermittlungsstellen seitens militärischer Stellen. Anspruch auf Refundierung der Kosten (26. Juli 1919).

[346] ÖStA/AdR, BMsV/SP, Kart 42, GZ 7.563/20, Militärische Arbeitsvermittlungsstellen, Auflassung, darin: GZ 34.863/19, Schreiben des StAsV an das StAHW betreffs Arbeitsvermittlung durch militärische Stellen. Abstellung der sich hieraus ergebenden Mißbräuche (17. Dezember 1919) 1. Einlagebogen.

[347] ÖStA/AdR, BMsV/SP, Kart 42, GZ 7.563/20, Militärische Arbeitsvermittlungsstellen, Auflassung, darin: GZ 389/19, Schreiben der Statthalterei für Tirol, Landesstelle für Arbeitsvermittlung, an das StAsV betreffs Landesverband deröstr. Militärgagisten für Tirol und Vorarlberg; Errichtung einer intellektuellen Arbeitsvermittlung (18. Juli 1919).

[348] ÖStA/AdR, BMsV/SP, Kart 42, GZ 7.563/20, Militärische Arbeitsvermittlungsstellen, Auflassung, darin: GZ 34.863/19, Schreiben des StAsV an das StAHW betreffs Arbeitsvermittlung durch militärische Stellen. Abstellung der sich hieraus ergebenden Mißbräuche (17. Dezember 1919) 2. Absatz.

[349] ÖStA/AdR, BMsV/SP, Kart 42, GZ 7.563/20, Militärische Arbeitsvermittlungsstellen, Auflassung, darin: GZ 231/20, Schreiben des StAHW an das StAsV betreffs Arbeitsvermittlung durch militärische Stellen (26. Februar 1920).

[350] ÖStA/AdR, BMsV/SP, Kart 42, GZ 7.563/20, Militärische Arbeitsvermittlungsstellen, Auflassung, darin: GZ 231/20, Erlass des StAHW an alle Landesbefehlshaber betreffs Arbeitsvermittlung durch militärische Stellen (26. Februar 1920).

[351] Weder in der Forschungsliteratur noch in den archivarischen Quellen sind spätere vergleichbare militärische Bestrebungen um den Erwerb der allgemeinen staatlichen Vermittlungskompetenzen bekannt.

[352] öRGBl 227/1859 idF öRGBl 26/1907 (im Folgenden GewO 1907); zu dieser Fassung und deren Rolle im Zusammenhang mit der Konzessionierung im Bereich der gewerblichen Stellenvermittlung allgemein siehe Vana, Arbeitsvermittlung, 56.

wurde erst durch das NS-Regime zugunsten der Arbeitseinsatzbehörden beseitigt.[353] Neben den allgemeinen Voraussetzungen für die Konzessionserteilung wie dem Leumundserfordernis gem § 7 GewO[354] wurde vom Gesetz „eine genügende allgemeine Bildung, Verlässlichkeit mit Beziehung auf das Gewerbe und ein geeignetes Betriebslokal gefordert".[355] Überdies waren im Konzessionsverfahren die lokalen Verhältnisse zu berücksichtigen, wobei neben den Erfordernissen der „Sicherheits-, Gesundheits- und Sittlichkeitspolizei"[356] eine Bedarfsprüfung vorzunehmen war. In dieser Hinsicht wurden den Gebietskörperschaften ein Anhörungsrecht und bei Konzessionserteilung entgegen dieser Stellungnahme ein Rekursrecht an die Landesregierung eingeräumt.[357] Die allgemeine Zuständigkeitsklausel[358] sah eine Konzessionierung durch die Gewerbebehörden vor, als welche die politischen Behörden erster Instanz fungierten. Seit der Errichtung der IBK waren diese dazu berufen, die Bedarfsprüfung seitens des Bundes vorzunehmen.

Nach dem Inkrafttreten des GSVG 1935 blieben die Bestimmungen des § 21a GweO 1907 aufrecht; sie wurden erst im NS durch das monopolistische „Gesetz über Arbeitsvermittlung, Berufsberatung und Lehrstellenvermittlung"[359] (AVBLG) mit Wirkung bis weit hinein in die Zweite Republik[360] abgelöst. Im Austrofaschismus hatten die LAÄ also wie zuvor die IBK zu den anstehenden Konzessionen der gewerblichen StellenvermittlerInnen Position zu beziehen.[361]

Aus den späten Zwanzigerjahren ist ein Fall überliefert, anhand dessen die Rolle der arbeitsmarktbehördlichen Mittelebene in der Zwischenkriegszeit anschaulich nachgezeichnet werden kann.[362] Der Einschreiterin wurde 1926 die Konzession zur Vermittlung von Dienststellen „für gebildete Stände, häusliches, landwirtschaftliches und gewerbliches Hilfspersonal, mit Ausschluss der Berechtigung zur Stellenvermittlung von Ammen sowie in das Ausland" erteilt. Das Amt der Landesregierung in Graz erteilte der Einschreiterin per Bescheid die Befugnis, den Betrieb ihrer Mutter zu übernehmen, wogegen die IBK Graz erfolgreich „Rekurs" erhob. Argumente dafür waren das Bestehen von 13 Konzessionen in Graz und das wachsende Aufkommen im Zuständigkeitsbereich der zentralstaatlichen Arbeitsmarktverwaltung. Der Bescheid wurde dahingehend abgeändert, dass sich die Befugnis zur Stellenvermittlung lediglich auf die Vermittlung „für häusliches und landwirtschaftliches Hilfspersonal mit Ausschluss von Dienststellen für Ammen und Stellen in das Ausland" genehmigt wurde.

Vana und Wadauer sprechen davon, dass bereits vor dem Ersten Weltkrieg die gewerbliche Stellenvermittlung „marginalisiert"[363] wurde; es darf aber, wie der überlieferten Statistik[364] zu entnehmen ist, nicht übersehen werden, dass noch nach der Okkupation durch das Deutsche Reich in Österreich 239 VermittlerInnen registriert waren. Demgegenüber wurden etwa im Deutschen Reich nach dem Inkrafttreten des AVBLG nur etwa 500 Ansuchen um Konzessionserteilung gestellt.[365]

---

353 Zum Umgang des NS-Regimes mit der gewerblichen Arbeitsvermittlung siehe Kap II. B. 3. Das Umfeld der Arbeitseinsatzbehörden.
354 „Gewerbeordnung" (öRGBl 227/1859).
355 § 21a Abs 2 GewO 1907.
356 Abs 3.
357 § 4.
358 § 141 GewO. Die allgemeine sachliche Zuständigkeit wurde auch idF öRGBl 26/1907 in diesem Paragraf beibehalten.
359 Kap II. B. 3. Das Umfeld der Arbeitseinsatzbehörden.
360 Kap III. C. 8. Der Versuch einer gesetzlichen Neuauflage der Arbeitsmarktverwaltung.
361 § 314 Abs 1 Z 8 GSVG; *Schmidt*, Arbeitsmarktverwaltung, 112.
362 ÖStA/AdR, BMsV/SP, Kart 124, GZ 11.353/27, Amtsvermerk des BMsV betreffs Gartlgruber Marie, Graz, Dienst- und Stellenvermittlung (12. Oktober 1937).
363 *Vana*, Arbeitsvermittlung, 143. Sie beruft dabei sich auf *Wadauer*, Sigrid / *Buchner*, Thomas / *Mejstrik*, Alexander, The Making of Public Labour Interme-diation. Job Search, Job Placement, and the State in Europe, 1880–1940. In: International Review of Social History 57 (2012) 161–189, hier: 163.
364 ÖStA/AdR, BMsV/SP, Kart 376, GrZ 570.066/39, Durchführung der nichtgewerbsmäßigen Arbeitsvermittlung […] (4. August 1939), darin: Übersicht über die gewerbsmäßigen Arbeitsvermittler, die für die Gewährung einer Beihilfe in Frage kommen können (o.D.).
365 Dazu näher im Kap II. B. 3. Das Umfeld der Arbeitseinsatzbehörden.

Insgesamt ist also davon auszugehen, dass der gewerblichen Stellenvermittlung im Laufe der Zwischenkriegszeit – und zwar auch während des Dollfuß/Schuschnigg-Regimes – vor allem im Vergleich zu den folgenden Jahrzehnten relativ großer Raum gewährt wurde.

Wie bereits einleitend dargestellt, bestanden in der Zeit der wirtschaftlichen Depression verschiedene Bestrebungen, um die nachteiligen Auswirkungen auf den Arbeitsmarkt zu kanalisieren.[366] Ein Ansatz dafür war die systematische Versorgung jugendlicher Arbeitskräfte mit Arbeit, welche in die Errichtung einer eigenen Organisationsstruktur mündete – jener des FAD, wobei von Anfang an eine Verzahnung von dessen Strukturen mit jenen der arbeitsmarktbehördlichen bestand.[367]

Rechtsgrundlage für den FAD war das „Bundesgesetz vom 18. August 1932 betreffend den freiwilligen Arbeitsdienst"[368] (FADG). Dieses legte fest, dass Arbeitslose, die sich bei „gemeinnützigen" und „zusätzlichen" Arbeiten betätigten, im Bezug der „Arbeitslosen(Stellenlosen)unterstützung" blieben.[369] Das Kriterium der „Gemeinnützigkeit" wurde angenommen, wenn der „Träger der Arbeit" – also die Bauherrin beziehungsweise der Bauherr[370] – eine juristische Person war, deren Satzung dieses Merkmal beinhaltete, sowie generell bei öffentlich-rechtlichen Körperschaften; „Zusätzlichkeit" war erfüllt, wenn die Arbeiten „ohne Mitwirkung des Freiwilligen Arbeitsdienstes unterbleiben würden".[371]

Damit wurde sichergestellt, Überschneidungen mit dem Tätigkeitsbereich der gewerblichen BauunternehmerInnen zu vermeiden und damit die Beschäftigung der FacharbeiterInnen zu erhalten.[372] In diesem Sinne hatten auch Arbeiten der PAF Vorrang.[373] Besondere Bedeutung hatte der Freiwilligkeitsaspekt, welcher zunächst in der ausdrücklichen Bestimmung zum Ausdruck kam, bei der Ablehnung der Beteiligung am FAD den Anspruch auf Arbeitslosenunterstützung beziehungsweise Notstandsaushilfe nicht zu verlieren.[374] Dieses Zugeständnis wurde im April 1935 – zur Zeit des Inkrafttretens des GSVG und der Errichtung der LAÄ und AÄ – aufgehoben.[375]

Von den „Trägern der Arbeit" waren „Träger des Dienstes" zu unterscheiden; unter zweiteren „wurden ,gemeinnützige Organisationen' verstanden, die im Auftrag des Trägers der Arbeit"[376] und unter Heranziehung von vorwiegend lagermäßig[377] untergebrachten „Arbeitsdienstwilligen" (Grundsatz des „geschlossenen Arbeitsdienstes"[378] im Unterschied zu einem „offenen") die Arbeit durchführten. Als „Träger des Dienstes" fungierten zunächst diverse Organisationen wie „der Verein ,Freiwilliger Arbeitsdienst'; der Verein ,Jugend in Arbeit'; ferner betätigten sich in einigen Bundesländern ,die Ostmärkischen Sturmscharen' und der ,Österreichische Heimatschutz' als Träger des

---

[366] Dazu näher im Kap I. A. 2. Politische, wirtschaftliche und soziale Rahmenbedingungen.

[367] Dazu grundlegend *Weinberger*, Wilhelm, Der Freiwillige Arbeitsdienst In Österreich (Geisteswiss Dipl, Wien 1987). Dieser Abschnitt fokussiert vor allem auf die Frühphase des FAD vor der rechtlich fundierten Möglichkeit arbeitsmarktbehördlicher Rekrutierung von „Dienstwilligen" ab April 1935 (BGBl 132/1935). Zu dieser arbeitsamtlichen Vermittlung von Arbeitslosen an FAD-Arbeitsstellen, die ideologisch motivierten, bevorzugten Vermittlung von „Arbeitsdienstwilligen" nach dem Ausscheiden aus dem Arbeitsdienst im Austrofaschismus und den Fragen der Entwicklung hin zu einem verpflichtenden „Arbeitsdienst"-Modell siehe Kap 4. Das Vermittlungsregime im Austrofaschismus.

[368] BGBl 304/1932.

[369] §§ 1 f leg cit.

[370] *Weinberger*, FAD, 4.

[371] § 2 Abs 1 und 2 leg cit.

[372] *Riegele*, Höhenstraße, 119.

[373] § 2 Abs 2 Satz 2. Dazu näher im Kap I. C. 3. Produktive Arbeitslosenfürsorge.

[374] § 7 leg cit.

[375] BGBl 132/1935. Zu den späteren Debatten zum Freiwilligkeitsaspekt siehe Kap I. C. 4. Das Vermittlungsregime im Austrofaschismus.

[376] *Weinberger*, FAD, 4.

[377] Ebd, 35 f.

[378] ÖStA/AdR, BMsV/SP, Kart 857, Umschlag Arbeitsbeschaffung Allgem[ein], Ministerialrat Dr. Franz Keller, Broschüre Der Freiwillige Arbeitsdienst im Jahre 1933, 1.

Dienstes".[379] Diese Jugendorganisationen, welche ab Herbst 1934 weitgehend vom „Österreichischen Arbeitsdienst" abgelöst wurden, bildeten das eigentliche organisatorische Herzstück der frühen FAD-Strukturen.[380]

Dass der FAD gezielt auf jugendliche, arbeitslose Arbeitskräfte abzielte, war gesetzlich nicht ausdrücklich vorgesehen. Dieser Zielgruppe wurde aber schon nach der ursprünglichen Fassung des FADG durch die Abkoppelung des Anspruchs auf Bauschvergütung von der Arbeitslosenunterstützung für unter 17-Jährige[381] sowie durch die Verlängerung des Anspruch auf eine Bauschvergütung Rechnung getragen, die über die Leistungsfrist der Arbeitslosen- beziehungsweise Notstandsunterstützung hinaus für die Dauer von 30 Wochen gewährt werden konnte.[382] Im Übrigen legte der BMsV-Erlass[383] vom 18. April 1933 dafür grundsätzlich ein Höchstalter von 25 Jahren fest.[384]

Abgesehen von der Möglichkeit mit Hilfe des FAD die Unterbringung von jungen Arbeitskräften – meist als HilfsarbeiterInnen – in der Berufswelt zu organisieren, spielte diese auch im unmittelbaren Zusammenhang mit den Arbeitsmarktbehörden eine Rolle. Auf der Ebene des BMsV wurde am 10. Mai 1933 Odo Neustädter-Stürmer (3. Februar 1931 – 2. Mai 1934 NR-Abgeordneter, Abg. für den Heimatblock) als „Staatssekretär für Angelegenheiten des Arbeitsdienstes"[385] angelobt; dieses Amt hatte er bis zu seiner Auflösung am 16. Februar 1934 inne.

Ursprünglich blieb die Rekrutierung der „Arbeitsdienstwilligen" den „Trägern des Dienstes" vorbehalten. Es war zwar von Beginn an eine lose Einbindung der Arbeitslosenämter in das Eintrittsverfahren der „Arbeitsdienstwilligen" etwa durch die Informierung über die an die Gemeindeämter herangetragenen „Dienstwilligen"-Meldungen vorgesehen;[386] diese Beteiligung diente aber vor allem der Erstellung der Arbeitsmarktstatistik.[387] Erst in der Phase ab April 1935[388] wurde eine erweiterte arbeitsamtliche Kompetenz in diese Richtung geschaffen. Die zentrale Aufgabe der Arbeitsmarktbehörden im Hinblick auf FAD-Agenden war in der Phase davor auf die Mittelebene beschränkt, welche die Abwicklung des Zulassungsverfahrens[389] durchzuführen hatte. Mit der Zulassung wurde dem „Träger der Arbeit" die Bewilligung für die Heranziehung von „Arbeitsdienstwilligen" mittels eines „Trägers des Dienstes" erteilt.[390] Im Rahmen dieses Verfahrens hatte die IBK die Voraussetzungen zu prüfen, wie insbesondere die „Gemeinnützigkeit", die „Zusätzlichkeit", den quantitativen Bedarf an „Arbeitsdienstwilligen" laut Antrag[391] sowie das Nicht-Vorliegen einer PAF-Maßnahme. Demgegenüber war beim „Staatlichen Arbeitsdienst" die Zuständigkeit der IBK für die Zulassung zum Arbeitsdienst ausgeschlossen.[392]

---

[379] *Weinberger*, FAD, 4. Zur Komponente der ideologisch motivierten „Erziehung" im Rahmen des FAD siehe Kap I. C. 4. Das Vermittlungsregime im Austrofaschismus.

[380] Ebd, 5 und 42; in diesem Sinne auch *Riegele*, Höhenstraße, 121 f. *Weinberger*, FAD, 42, nimmt in diesem Zusammenhang ausdrücklich Bezug auf den „Österreichischen Arbeitsdienst", der ab der FADG-Novelle (BGBl 368/1934) primär zuständig war (§ 2a Abs 1 leg cit; VO BGBl 38/1935, Geschäftsordnung) und zahlreiche andere „Träger des Dienstes" ablöste. Diese Aufgaben trafen aber schon davor durchwegs auch auf diese zu.

[381] § 3 Abs 2 leg cit.

[382] § 4 Abs 2 leg cit.

[383] GZ 31.801/33.

[384] *Weinberger*, FAD, 6.

[385] www.parlament.gv.at/WWER/PAD_01042/ (abger am 24. November 2014).

[386] ÖStA/AdR, BMsV/SP, Kart 633, SA 50, Innsbruck 1927–1933, GZ 53.541/33, Mitteilungen der Industriellen Bezirkskommission Innsbruck, Punkt 39 – Freiwilliger Arbeitsdienst. Meldungen Arbeitsdienstwilliger (24. Juni 1933).

[387] ÖStA/AdR, BMsV/SP, Kart 633, SA 50, Innsbruck 1927–1933, GZ 53.541/33, Mitteilungen der Industriellen Bezirkskommission Innsbruck, Punkt 30 – Beschäftigtenstatistik über FAD, PAF und öffentl[iche] Arbeiten (24. Juni 1933). Dazu gleich anschließend in diesem Kap.

[388] „Verordnung des Bundesministers für soziale Verwaltung über die Betätigung jugendlicher Arbeitsloser im freiwilligen Arbeitsdienst" (BGBl 132/1935).

[389] §§ 5 f FADG.

[390] *Weinberger*, FAD, 18–20.

[391] Ebd, 19.

[392] Ebd, 4 f.

Der „Staatliche Arbeitsdienst" wurde im Juni 1933 als jener „Träger des Dienstes" eingerichtet, welcher direkt dem BMsV eingegliedert und für Arbeiten heranzuziehen war, denen im Rahmen des Arbeitsbeschaffungsprogramms der Regierung direkt finanzielle Mittel zukamen. In diesem Bereich war eine Zulassung unmittelbar durch den BMsV vorgesehen.[393]

Die Zulassungsverfahren hatten vor einem bei den IBK jeweils errichteten Ausschuss stattzufinden.[394] Dieser Ausschuss bestand aus

„dem zur Leitung des inneren Dienstes der IBK bestellten Beamten (Geschäftsführer) oder seinem Stellvertreter als Vorsitzenden und aus je drei Vertretern der Arbeitgeber und der Arbeitnehmer als Mitgliedern sowie einer entsprechenden Zahl von Ersatzmitgliedern."

Der Ausschuss konnte auch Sachverständige mit beratender Stimme beiziehen. Beschlussfähigkeit war bei Anwesenheit von je zwei VertreterInnen der ArbeitgeberInnen und ArbeitnehmerInnen gegeben. Bei ungleicher Zahl hatte die Überzahl auszuscheiden, im Streitfall traf die Auswahl das Los. Der Vorsitzende hatte kein Stimmrecht. Für einen Beschluss war Stimmenmehrheit erforderlich, bei Stimmengleichheit galt der Antrag auf Zulassung als abgelehnt. Auf das Verfahren fand im Übrigen das AVG Anwendung.[395] Innerhalb von zwei Wochen nach Antragstellung war eine Entscheidung zu fällen, binnen einer ebenfalls zweiwöchigen Frist war Berufung an das BMsV zulässig.[396]

Der Beschäftigungsstand im Jahr 1933 erhöhte sich von knapp 1.000 „Arbeitsdienstwilligen" im Monat April auf rund 17.300 Ende September.[397] In diesem Monat waren insgesamt 659 Zulassungsverfahren von den IBK positiv beschieden worden, 230 von diesen Arbeiten waren bereits abgeschlossen. Dass zur selben Zeit nur 770 Mädchen in diesem Rahmen beschäftigt waren, wurde vorwiegend auf das dem FAD zugeschriebene Tätigkeitsspektrum zurückgeführt (arg „vor allem Erdbewegungsarbeiten u[nd] d[er]gl[eichen]").

Aus FAD-Perspektive ist besonders die Gegenüberstellung der beiden Projekte Großglockner-Hochalpenstraße und Wiener Höhenstraße aufschlussreich. Bei ersterer wurde in großem Stil auf organisierte, industrielle Durchführung gesetzt.[398] Der Großteil der monatlich etwa 3.200 Beschäftigten waren Facharbeiter wie Maurer, Zimmerer, Elektriker, Schlosser, Gerüster, Mineure und qualifizierte Hilfsarbeiter.[399] Im Unterschied dazu waren beim Bau der Wiener Höhenstraße hunderte – und damit ein beträchtlicher Anteil –, meist ungeschulte junge Arbeitskräfte im Rahmen des FAD im Einsatz.[400]

Durchschnittlich waren beim Bau der Wiener Höhenstraße von April 1934 bis April 1938 zwischen 50 und 150 „Arbeitsdienstwillige" tätig. Demgegenüber stellten in den Jahren 1934 und 1935 die meist als Kleinbetriebe einzustufenden gewerblichen BauunternehmerInnen im Schnitt etwa 600 Beschäftigte.[401] Die „Arbeitsdienstwilligen" wurden zu Hilfsarbeiten wie Rodungen, Ausgrabungen von Wurzelstöcken, Holzhacken und Transporte von Aushub- und Baummaterial herangezogen.[402]

---

[393] Z 1 „Verordnung der Bundesregierung vom 9. Juni 1933, betreffend die Anwendung des freiwilligen Arbeitsdienstes bei dem zusätzlichen Arbeitsbeschaffungsprogramm des Bundes" (BGBl 229/1933).

[394] § 6 Abs 1 FADG.

[395] § 6 Abs 3.

[396] § 5.

[397] ÖStA/AdR, BMsV/SP, Kart 857, Umschlag Arbeitsbeschaffung Allgem[ein], Ministerialrat Dr. Franz Keller, Broschüre Der Freiwillige Arbeitsdienst im Jahre 1933, 1 f. Zur statistischen Einordnung des FAD in das volkswirtschaftliche Gesamtbild siehe Kap I. A. 2. Politische, wirtschaftliche und soziale Rahmenbedingungen.

[398] Zur diesem Projekt und die Rolle der PAF siehe Kap I. C. 3. Produktive Arbeitslosenfürsorge.

[399] Hutter, Clemens M. / Beckel, Lothar, Großglockner. Saumpfad Römerweg Hochalpenstraße (Wien 1985), 58.

[400] Zur Wiener Höhenstraße siehe auch Riegele, Höhenstraße 116 ff.

[401] Riegele, Höhenstraße, 117. Ursprünglich waren auch Straßenbauten größeren Umfangs" (§ 2 Abs 3 FADG) vom Anwendungsbereich ausgenommen; diese Beschränkung wurde im November 1934 aufgehoben (§ 2 Abs 3 FADG idF BGBl 368/1934; Weinberger, FAD, 40). Insofern ist von einer mangelnden rechtlichen Deckung bis zu diesem Zeitpunkt auszugehen.

[402] Riegele, Höhenstraße, 122.

Im Zeitraum der Baudurchführung der Wiener Höhenstraße wurden in ganz Österreich einige tausend Arbeitslose im Rahmen des Freiwilligen Arbeitsdienstes (FAD) mit Arbeit versorgt. Insgesamt war der FAD dennoch nicht mehr als „ein Tropfen auf den heißen Stein"[403] (siehe auch die Tabelle 1: Zahl der Arbeitslosen 1919 – 1937[404]), dem allerdings propagandistisch ein anhaltender Erfolg beschieden war.

Eine Eingabe von Obstlt.a.D. Jaromir Jos Diakow – einem umtriebigen Verfechter des Arbeitsdienstgedankens – ist in zweierlei Hinsicht interessant. Erstens wird darin die ablehnende Haltung der arbeitsmarktbehördlichen Mittelebene gegenüber dem FAD kritisiert. Diakow bemängelte, dass „die Jndustriellen [sic!] Bezirkskommissionen eine verschiedene, oft ablehnende Haltung ein[nahmen]. So […] [bekannte] sich z.B. der Geschäftsführer einer JBK [sic!] voll zur Produktiven Arbeitslosenfürsorge und räumt[e] dem FAD nur ein ganz enges Tätigkeitsfeld im Grenzgebiete [des österreichischen Staatsterritoriums] ein. Als ob man die Grenze umgraben oder mit Wegen versehen könnte; während volkswirtschaftlich sehr wertvolle zusätzliche Arbeiten im weiten Innern des Landes ungetan bleiben […] [mussten]. Ganz übersehen ist [bis dahin] eine der vornehmsten Aufgaben des FAD, billiges Siedeln zu ermöglichen."[405]

Wenngleich diese kritisierende Haltung einem Akteur mit klarer Affinität zum FAD entsprang und inhaltlich eher unpräzise bleibt, erscheint die Feststellung einer zurückhaltenden Einstellung der arbeitsmarktbehördlichen Mittelebene durchaus plausibel. Möglicherweise spielte es dabei eine Rolle, dass den IBK ab dem Zeitpunkt der Zulassung einer Arbeit gem § 5 FADG zugunsten des „Trägers der Arbeit" ein direkter Zugriff auf die „Arbeitsdienstwilligen" verwehrt blieb und dadurch der Mittelebene ihr Einfluss – im Unterschied zur PAF – zu wenig weitreichend vorkam.

Zweitens war die Forderung nach einer stärkeren staatlichen Ausrichtung des FAD ein eindeutiger Wink in die Richtung der zukünftigen Entwicklung. Diakow konstatierte in diesem Zusammenhang:

„Der Staat, bisher begreiflicherweise zurückhaltend, muss die Führung im FAD übernehmen. Der FAD ist in allen seinen Belangen einem Arbeitsamte alleinverantwortlich unterzuordnen, das nach einheitlichen Richtlinien im Sinne des Gesetzes dem FAD den Weg in Volk und Land bereitet […] und damit die Weiterentwicklung zum Arbeitsdienste einleitet."[406]

Er sah in dieser stärkeren Staatsnähe eine Möglichkeit, um dem Erfolg des deutschen FAD-Vorbilds[407] nachzueifern.[408] Die spätere Entwicklung ging zwar nicht so weit, wie das Diakow sich gewünscht haben mochte, enthielt aber inhaltlich – vor allem durch die Einbindung der arbeitsamt-

---

[403] Ebd, 126.

[404] Kap I. A. 2. Politische, wirtschaftliche und soziale Rahmenbedingungen.

[405] ÖStA/AdR, BMsV/SP, Kart 864, Umschlag „Gesetze, Vorschriften", darin: BGBl 311/1932 samt Eingabe betreffs Das Gesetz über den Freiwilligen Arbeitsdienst, von Obstltd. D[es] R[uhestandes] J. Diakow (undatiert) 2. Die Quelle lässt sich weder zeitlich präzisieren, noch lässt sich sagen, worum es sich beim Schriftstück genau handelte. Fest steht allerdings anhand des Inhaltes, dass es sich um eine Eingabe im Vorfeld der FADG-Novelle BGBl 368/1934 zur Errichtung des „Österreichischen Arbeitsdienstes" (wahrscheinlich aus der zweiten Jahreshälfte 1933, arg. „einjähriger, harter Praxis" im Textkopf unter mehrmaligem Verweis auf die Erfahrungen von 1932 und der ersten Jahreshälfte 1933) an eine gesetzgebende Körperschaft (arg. „Anträge" ebenfalls im Textkopf und „neuerliche Novellierung" am Textende) handelte; Diakow forderte am Ende des Schreibens eine „großzügige, sich über das ganze Bundesgebiet erstreckende, gleichartige Organisation des FAD". Er wurde nach der Errichtung des „Österreichischen Arbeitsdienstes" mit dessen Leitung betraut (ÖStA/AdR, BMsV/SP, Kart 810, GrZ 85.513/35, Schreiben des BMsV an den Leiter des Österreichischen Arbeitsdienstes, Obstlt.a.D. wirkl. Amtsrat Jaromir Jos Diakow, betreffs Artikel „Zur Frage des offenen Arbeitsdienstes" in der Zeitschrift „Oesterreichische Arbeitsdienst", 9. Oktober 1935).

[406] ÖStA/AdR, BMsV/SP, Kart 864, Umschlag „Gesetze, Vorschriften", darin: BGBl 311/1932 samt Eingabe betreffs Das Gesetz über den Freiwilligen Arbeitsdienst, von Obstltd. D[es] R[uhestandes] J. Diakow (undatiert) 3.

[407] In Deutschland bestand ein „Freiwilliger Arbeitsdienst" gem § 139a AVAVG idF RGBl I 1931 S 295 seit Juni 1931. Zum Folgemodell des deutschen FAD, dem RAD, siehe näher im Kap II. B. 3. Das Umfeld der Arbeitseinsatzbehörden.

[408] Diakow argumentiert in diesem Zusammenhang quantitativ: „[K]aum 300 freiwillige Arbeiter stehen unseres Wissens nach [sic!] heute in Österreich im Dienste gegen Hunderttausende in Deutschland" (ÖStA/AdR, BMsV/SP, Kart 864, Umschlag „Gesetze, Vorschriften", darin: BGBl 311/1932 samt Eingabe betreffs Das Gesetz über den Freiwilligen Arbeitsdienst, von Obstltd. D[es] R[uhestandes] J. Diakow (undatiert) 1). Diese Einschätzung mag an der Realität vorbeiführen, bringt aber die Messlatte des deutschen FAD plakativ zum Ausdruck.

lichen Unterebene – dessen Handschrift. Inwieweit die stärkere Einbindung des Staates tatsächlich von ihm motiviert war, muss auf Grund der Quellenlage an dieser Stelle dahin gestellt bleiben.

Nach der Eingliederung der FAD-Agenden in den allgemeinen arbeitsmarktbehördlichen Kompetenzbereich fand diese Idee beim Schuschnigg-Regime jedenfalls Anklang und mündete tatsächlich im Zugriff der Arbeitsämter auf die „Arbeitsdienstwilligen" entsprechend der VO[409] aus April 1935.

4. Eliten/Personal

Das Sozialressort wies hinsichtlich seiner parteipolitischen Ausrichtung in der Zwischenkriegszeit gegenüber der Zweiten Republik den markanten Unterschied auf, dass es – abgesehen von Ferdinand Hanusch (Sozialdemokratische Arbeiterpartei, SDAP) und Hugo Jury (NSDAP) – durchwegs von Ministern der Christlichsozialen Partei- (CSP-) beziehungsweise der Vaterländischen Front (VF) geleitet wurde. Im Austrofaschismus zählten vor dem „Anschluss" die Arbeitsmarktbehörden etwa 1.000 Bedienstete, wobei jeweils der Anteil der Beamten und Vertragsbediensteten unbekannt ist.[410]

Der Austrofaschismus brachte für die Arbeitsmarktverwaltung insofern einen anderen Einschnitt als die Weltwirtschaftskrise mit sich, als eine systematische Umfärbung der Arbeitsmarktbehörden nach parteipolitischem Muster Platz griff. Was die Bewertung der Arbeitsmarktbehörden gemessen am Standard der Rechtsstaatlichkeit anbelangt, so wurden klare Schritte in Richtung Beseitigung demokratischer Elemente in den Arbeitsmarktbehörden dieser Zeit unternommen.[411] Per Verordnung[412] wurde eine unbekannte Zahl leitender Bediensreter der IBK ihrer Ämter enthoben und die Befugnis des Bundesministers für soziale Verwaltung normiert, diese Stellen nachzubesetzen. Nach der Entlassung politisch nicht konformer MitarbeiterInnen stellte sich die personelle Besetzung der Arbeitsmarktbehörden in einem massiv anderen – christlichsozial beziehungsweise von der Vaterländischen Front geprägten – politischen Vorzeichen dar.

Für die Zeit des Austrofaschismus weist auch eine Prioritätenliste mit der behördeninternen Anweisung, bevorzugt Mitglieder der „Vaterländischen Front" zu vermitteln,[413] deutlich in eine antidemokratische Richtung. Besonders deutlich wird der autoritäre Charakter an der Tatsache, dass im Vorfeld der Berufung von Bediensteten der Arbeitsmarktverwaltung zwar die Interessenvertretungen der ArbeitgeberInnen und -nehmerInnen ein Vorschlagsrecht hatten, diese Vorschläge aber insofern stark parteipolitisch gefärbt waren, als sie der enthobenen Mandatare der SozialdemokratInnen entbehrten,[414] deren Partei per Verordnung[415] vom 13. Februar 1934 verboten wurde.

Im Gegensatz zu dieser parteipolitischen Umpolung stand, dass an der Behördenstruktur selbst wenig gerüttelt wurde; offenbar hielt das Regime die in der Republik gewachsenen Strukturen – abgesehen vom parteipolitischen Element des Paritätsprinzips – für zweckdienlich. Auch vor der Diktatur der Regierung von Engelbert Dollfuß wurden die leitenden Beamten zentral von Regierungsseite her bestellt.[416] Auch die Kollegialorgane wurden als solche in allen Instanzen beibehalten und nicht etwa durch monokratische ersetzt. Solche antidemokratischen Maßnahmen, die den Be-

---

[409] BGBl 132/1935. Dazu und zu den Diskussionen um Arbeitsdienstpflicht siehe Kap I. C. 4. Das Vermittlungsregime im Austrofaschismus.
[410] *Schmidt*, Arbeitsmarktverwaltung, 145.
[411] *Danimann*, Arbeitsämter, 9 f.
[412] BGBl 96/1934.
[413] *Schmidt*, Arbeitsmarktverwaltung, 108.
[414] *Danimann*, Arbeitsämter, 9.
[415] BGBl 24/1934.
[416] *Schmidt*, Arbeitsmarktverwaltung, 73.

hördenaufbau selbst betrafen, ergriff das Regime zum Beispiel im Bereich der Universitätsbehörden durchaus;[417] sie wurden im Bereich der Arbeitsmarktbehörden aber nicht umgesetzt, wenngleich sie auf kurz oder lang möglicherweise geplant[418] waren. Dass es im Austrofaschismus dazu nicht kam, liegt vielleicht auch daran, dass der „Anschluss" Österreichs an das Deutsche Reich dem zuvorkam.

Bereits in der bestehenden Forschungsliteratur wurde bezüglich der Zeit des Austrofaschismus schließlich belegt, dass das Regime systematisch Maßnahmen ergriff, um eine „Maskulinisierung […] des Öffentlichen Dienstes"[419] zu betreiben. Bezeichnend für diese Tendenzen war besonders die sogenannte „Doppelverdienerverordnung".[420] Diese verpflichtete insbesondere den Bund, „verheiratete weibliche Personen, die in einem aktiven Dienstverhältnis zum Bund stehen', bis spätestens Ende Februar 1934 ‚auszuscheiden', wenn der Ehemann der Bediensteten beim Bund, bei einem Land oder Bezirk […] beschäftigt war."[421] Diese Bestrebungen wirkten sich in einem noch unbekannten Ausmaß insofern auch auf die Arbeitsmarktbehörden aus, als dadurch die geringe Zahl weiblicher Bediensteter zumindest perpetuiert wurde.

---

[417] *Krempl*, Mathias, Die rechtlichen Rahmenbedingungen der Universitäten im Austrofaschismus (Forschungsseminararbeit). In: *Stadler*, Friedrich / *Posch*, Herbert / *Kniefacz*, Katharina, Forschungspraktikum 070185 – Universitätsjubiläen im internationalen Vergleich. Wissenschaftsgeschichtliche Grundlagen, Methoden, Theorien und Narrative (Universität Wien, Sommersemester 2010) 17 ff.

[418] *Schmidt*, Arbeitsmarktverwaltung, 107.

[419] *Bei*, Neda, Austrofaschistische Geschlechterpolitik durch Recht: Die „Doppelverdienerberordnung". In: *Reiter-Zatloukal*, Ilse / *Rothländer*, Christiane / *Schölnberger*, Pia (Hg), Österreich 1933 – 1938. Interdisziplinäre An-näherungen an das Dollfuß-/Schuschnigg-Regime (Wien/Köln/Weimar 2012) 197–206, hier: 205.

[420] Ebd; in diesem Sinne auch *Pawlowsky*, Verena, Arbeitslosenpolitik im Austrofaschismus. Din Beispiel restriktiver Sozialpolitik in ökonomischen Krisenzeiten (geisteswiss Dipl, Wien 1988) 112; „Verordnung der Bundesregierung vom 15. Dezember 1933 über den Abbau verheirateter weiblicher Personen im Bundesdienste und andere dienstrechtliche Maßnahmen" (BGBl 545/1933). Die VO erging aufgrund des KWEG (Präambel leg cit).

[421] *Bei*, Doppelverdienerberordnung, 198.

C.   Arbeitsmarktgestaltung

1. Das Arbeitsbuch und andere Hilfsmittel

Schon in jener Phase der frühen österreichischen Arbeitsmarktverwaltung, als es noch keinen eigenen Behördenapparat für diesen Verwaltungszweig gab, bestanden Mittel zur Administration der Arbeitskräfte. Eines dieser Mittel war das Arbeitsbuch, welches mit der GewO/Anhang[422] eingeführt wurde und die frühe Zeit der Arbeitsmarktverwaltung im Umbruch von der Monarchie zur Demokratie prägte; ab der Novelle[423] von 1885 bis zur Abschaffung[424] des Arbeitsbuchs 1919 bestand dieses Instrument unter Beibehaltung der wesentlichen Grundzüge der ursprünglichen GewO-Fassung. Ein Arbeitsbuch wurde in den meisten europäischen Staaten zur effizienten, zentralistisch gesteuerten Arbeitsmarktverwaltung eingeführt und erst nach erheblichem Widerstand der Gewerkschaften allmählich wieder abgeschafft.[425] Damit war während des Kriegs und auch noch am Anfang der Ersten Republik sowohl im Rahmen selbstständiger Arbeitsuche als auch im Rahmen staatlicher Arbeitsvermittlung ein Arbeitsbuch vorzulegen.[426]

Während für „kaufmännisches Hilfspersonal" nicht näher geregelte „behördlich vidierte Zeugnisse der früheren Dienstgeber" vorgesehen waren,[427] normierte die GewO für „gewerbliche Hilfsarbeiter" ein Arbeitsbuch. Dieses war von der Gemeindebehörde des Aufenthaltsortes der Gehilfin beziehungsweise des Gehilfen auszustellen.[428] Nach Arbeitsantritt war eine Aufbewahrung durch den Arbeitgeber beziehungsweise die Arbeitgeberin vorzunehmen.[429] Das Dienstzeugnis war nur insoweit darin aufzunehmen, als es für den Gehilfen beziehungsweise die Gehilfin günstig lautete.[430] Die ursprüngliche Fassung normierte dazu, dass es beim Zeugnis vor allem um Angaben „über Treu und Sittlichkeit, Fleiß und Geschicklichkeit" ging.[431] Allerdings waren durch das gezielte Weglassen von Beurteilungen indirekt Rückschlüsse für künftige ArbeitgeberInnen erkennbar, wodurch die Zeugnis-Klausel für die ArbeitnehmerInnenseite besonders empfindlich war.

Die Gewerkschaften erkannten im Arbeitsbuch ein „besonders wirksames Disziplinierungsinstrument"[432] und sprachen sich deshalb dagegen aus. In Österreich erfolgte die Abschaffung per Novelle[433] vom 25. Jänner 1919.[434] Die Aufhebung war allerdings nicht gänzlich ersatzlos. Denn es bestand nach der Novelle[435] die Möglichkeit einer freiwilligen Beurkundung der Tätigkeit durch die Gemeinde weiter. Dazu erging die Vollzugsanweisung[436] vom 12. Februar 1919 über die Ausstellung von „Ausweiskarten", welche aber „lediglich als Urkunde[n] zur Beglaubigung der Eigenschaft als

---

[422] öRGBl 227/1859, §§ 1–8 GewO/Anhang.

[423] öRGBl 227/1859 idF öRGBl 22/1885, §§ 79–80i. Im Folgenden wird auf die wiederverlautbarte Fassung öRGBl 199/1907 Bezug genommen.

[424] StGBl 42/1919.

[425] *Mayer-Maly*, Theo, Nationalsozialismus und Arbeitsrecht. In: *Davy*, U. / *Fuchs*, H. / *Hofmeister*, H. / *Marte*, J. / *Reiter*, I. (Hg), Nationalsozialismus und Recht. Rechtssetzung und Rechtswissenschaft in Österreich unter der Herrschaft des Nationalsozialismus (Wien 1990) 173–191, hier: 180.

[426] *Schmidt*, Arbeitsmarktverwaltung, 74 f.

[427] § 79 GewO (öRGBl 227/1859 idF öRGBl 199/1907).

[428] § 80 leg cit.

[429] § 80c.

[430] § 80d Abs 2 ivm § 81.

[431] § 5 Abs 2 GewO/Anhang (öRGBl 227/1859).

[432] *Mayer-Maly*, Arbeitsrecht, 180.

[433] StGBl 42/1919. Der einschlägige Akt zur Arbeitsbuch-Abschaffung in ÖStA/AdR, BMsV/SP, Kart 386, SA 11, Arbeitsbücher-Abschaffung, ist leider leer.

[434] Art II.

[435] Art II Abs 1.

[436] StGBl 106/1919.

gewerblicher Hilfsarbeiter"[437] dienten. Bezüglich dieser „Ausweiskarten"[438] – im Amtsverkehr auch „Dienstkarten"[439] genannt – traten nach Art II Abs 2 der GewO-Novelle[440] in Verbindung mit der „Verordnung [...] über die [...] Ausweiskarten [...]"[441] für HausgehilfInnen und sonstige gewerbliche HilsarbeiterInnen die Durchführungsbestimmungen vom 28. Jänner 1928 in Kraft.

Insgesamt waren hier wohl mehrere Gründe dafür verantwortlich, warum das Arbeitsbuch in diesem Zeitabschnitt der österreichischen Arbeitsmarktverwaltung eine untergeordnete Rolle spielte. Gerade im Rahmen des politischen Systems der frühen Nachkriegszeit bot sich – wie etwa die Kür Ferdinand Hanuschs zum ersten Leiter des Sozialressorts der jungen Republik zeigte – ein erheblicher Gestaltungsspielraum zugunsten der politischen Linken, wodurch der Widerstand gegen dieses „Disziplinierungsinstrument" schon früh Erfolg hatte. In der Zeit politischer Radikalisierung und dem Einflussverlust der Gegner des Arbeitsbuchs bestand zudem aufgrund der hohen Arbeitslosenrate von Seiten des Regimes kein besonders großer Anreiz zur Wiedereinführung. Aus arbeitsmarktbehördlicher Perspektive ist bedeutsam, dass das Arbeitsbuch in Österreich aus der Zeit lange vor der Entstehung des für Arbeitsmarktfragen zuständigen, spezialisierten Behördenapparats (wie des StAVF, der IBK und AlÄ) stammte. So wurde das Arbeitsbuch eher zu einem Instrument der Arbeitskräftedisziplinierung zugunsten der ArbeitgeberInnen als zu einem der gezielten Arbeitsmarktverwaltung, wie es später das NS-Regime ab Mitte der Dreißigerjahre[442] durchsetzte.

Im Übrigen etablierte man innerhalb der Arbeitsmarktbehörden eigene Instrumente zur Handhabe eines organisierten Vermittlungswesens. Besondere Bedeutung hatte in diesem Zusammenhang der „Vermittlungskataster", welcher das gängige Evidenzsystem der Arbeitsämter darstellte. In den Zwanzigerjahren, also nach dem Inkrafttreten des AlVG von 1920, wurden von den AlÄ meist zwei getrennte Kataster-Systeme jeweils für den Unterstützungsbereich und für den Vermittlungsbereich geführt. Diese Zweigleisigkeit war jedoch aufwändig und wurde deshalb sukzessive in einen einheitlichen Kataster übergeführt.[443] Aus arbeitsmarktbehördlicher Perspektive hatte das bloße Katastersystem gegenüber einem Arbeitsbuchsystem die Schwäche, dass nicht sämtliche Arbeitskräfte, sondern lediglich die arbeitslos gemeldeten verzeichnet waren und insofern kein lückenloses Bild über die ArbeitnehmerInnenseite des Arbeitsmarktes bestand.

In der Zeit des Dollfuß/Schuschnigg-Regimes wurde das Instrument des Katasters weitergeführt.[444] Es eignete sich besonders dafür, eine parteipolitisch motivierte Vermittlung von linientreuen Arbeitskräften vorzunehmen.[445] So wurde etwa im Rahmen der Revision des AA „Wiener Boden" im Austrofaschismus die einwandfreie Führung des Katasters im Hinblick auf die bevorzugte Vermittlung gemeldet.[446]

---

[437] OÖLA/BHFreistadt, Schachtel 270, G 4768, GZ 4.768/19, Aufebung der Arbeitsbücher.
[438] BGBl 45/1928; ÖStA/AdR, BMsV/SP, Kart 372, GZ 551.159/39, Schreiben des Ministeriums für Wirtschaft und Arbeit „An alle Landeshauptmänner und den Bürgermeister der Stadt Wien" vom 3. Juli 1939.
[439] ÖStA/AdR, BMsV/SP, Kart 372, 550.418/1939, Wochenbericht für die Zeit vom 23. bis 29. Oktober 1939.
[440] StGBl 42/1919.
[441] BGBl 45/1928.
[442] RGBl I 1935 S 311.
[443] Ausführlich zu dieser Umstellung in ÖStA/AdR, BMsV/SP, Kart 633, SA 50, Innsbruck 1927–1933, GZ 38.513/32, Mitteilungen der Industriellen Bezirkskommission Innsbruck 8, Punkt 47, Richtlinien für die Zusammenlegung der Unterstützungs- und Vermittlungskartei und Führung einer Einheitskartei (20. Oktober 1932) 57–72.
[444] Etwa ÖStA/AdR, BMsV/SP, Kart 621, GZ 44.021/37, Revision des Arbeitsamtes Graz im Jänner 1937 samt Bericht über die vom 4. 1.–16. 1. 1937 stattgefundene Revision des AA Graz (20. Jänner 1937) 4.
[445] Zur ideologisch motivierten Vermittlung siehe Kap I. C. 4. Das Vermittlungsregime im Austrofaschismus.
[446] ÖStA/AdR, BMsV/SP, Kart 621, GZ 111.029/37, Amtsvermerk des BMsV betreffs Revision des AA Wiener Boden in der Zeit vom 1. 9. bis 11. 9. 1937 (11. November 1937).

2. Die Rolle der Arbeitsmarktbehörden im Rahmen des Arbeitsplatzmanagements zugunsten benachteiligter Arbeitskräfte („Kriegsinvalide")

Die Erfahrungen des Ersten Weltkriegs machten nicht nur die Notwendigkeit der Errichtung eines spezialisierten, zentralstaatlichen Behördenapparats im Bereich der Arbeitsmarktverwaltung notwendig, sondern auch die vordringliche Aufgabe der österreichischen Regierung, umfassende Fürsorgemaßnahmen für die vielen tausenden „Kriegsversehrten"[447] zu treffen. Kubat beziffert die „Zahl der Kriegsbeschädigten [in Deutschösterreich nach dem Ersten Weltkrieg] mit ca. 100.000".[448] Ein erster Schritt, um dieser Problematik im Bereich der Arbeitsmarktverwaltung entgegenzutreten, war die Bildung flächendeckender organisatorischer Vermittlungsstrukturen während des Ersten Weltkriegs.[449] Eine weitere Maßnahme stellte die Gewährung von monetären Ersatzansprüchen für erlittene körperliche Kriegsverletzungen heimkehrender Soldaten und andere Formen der Unterstützungen gemäß dem „Invalidenentschädigungsgesetz"[450] dar.

Erste fundamentale Grundlage[451] zur bevorzugten Unterbringung von „Kriegsversehrten" auf dem österreichischen Arbeitsmarkt war das „Invalidenbeschäftigungsgesetz"[452] (IBG). Das IBG lehnte sich in seiner Systematik grob an sein deutsches Pendant an;[453] es zielte auf die systematische Wiedereingliederung von „Kriegsversehrten" mit einer Minderung der Erwerbsfähigkeit um 45 Prozent in das Berufsleben ab.[454] Das Gesetz sah vor allem vor, dass „[g]ewerbliche Betriebe aller Art, Bergwerksbetriebe und Betriebe der staatlichen Monopolverwaltung,[455] ferner land- und forstwirtschaftliche sowie alle sonst auf Gewinn berechneten Betriebe" verpflichtet waren, auf 20 ArbeitnehmerInnen mindestens einen „Kriegsbeschädigten" mit „Einstellungsschein"[456] und auf je weitere 25 ArbeitnehmerInnen zusätzlich je einen Begünstigten aufzunehmen („Pflichtzahl"[457]); für Unternehmen mit mehreren Betriebsstätten galt, dass „die örtlich zusammenhängenden und einer gemeinsamen Leitung unterstehenden gleichartigen Betriebe desselben Arbeitgebers zusammengefasst"[458] wurden. Die Idee einer Pflichtzahl als Arbeitsmarktregulativ war in Österreich schon aus einer

---

[447] „Von insgesamt mehr als acht Millionen k.u.k. Soldaten starben mehr als eine Million, fast zwei Millionen wurden verwundet; 1,7 Millionen waren in Kriegsgefangenschaft geraten (von ihnen starben nochmals 480.000" (*Bruckmüller*, Sozialgeschichte, 364).

[448] *Kubat*, Johann, Die Invalidenentschädigung von 1919 bis 1918. In: Bundesministerium für soziale Verwaltung/Zentralorganisation der Kriegsopferverbände (Hg), 60 Jahre Kriegsopferversorgung in Österreich (Wien 1979) 15–19, hier: 15

[449] Zu den „Fürsorgeausschüssen" siehe näher im Kap I. A. 1. Historische Ausgangslage.

[450] StGBl 245/1919.

[451] 665 BlgNR, XVII. GP, AsVB, 1. Dieser Ausschussbericht aus 1988 anlässlich eines Initiativantrags zur Novelle des IEinstG behandelt relativ ausführlich die Entstehungsgeschichte des IBG.

[452] StGBl 459/1920. *Pacher*, Richard, Das Invalidenentschädigungsgesetz und das Invalidenbeschäftigungsgesetz samt kurzen Erläuterungen (Graz 1925), verzichtet leider – im Widerspruch zum vielversprechenden Titel der Zusammenstellung – in Bezug auf das IBG auf eine Kommentierung im herkömmlichen Sinn und verweist lediglich vereinzelt auf arbeitsmarktbehördlich unwesentliche Materien wie die BReg-VO BGBl 308/1923 zur Zentralisierung der Finanzprokuratur (*Pacher*, Invalidenbeschäftigungsgesetz, 100) im Zusammenhang mit der Verwaltung des Ausgleichstaxe-Aufkommens. Das IBG wurde in den Dimensionen seiner Entstehung und Anwendung zuletzt umfassend dargestellt bei *Pawlowsky*, Verena / *Wendelin*, Harald, Die Wunden des Staates. Kriegsopfer und Sozialstaat in Österreich 1914–1938 (Wien/Köln/Weimar 2015) 414–429.

[453] „Verordnung über Beschäftigung Schwerbeschädigter" (RGBl 1919 S 28).

[454] *Reiter-Zatloukal*, Ilse, Joseph Roths „Rebellion" aus rechtshistorischer Perspektive. In: *Lughofer*, Johann (Hg), Im Prisma. Joseph Roths Romane (Wien 2009) 51–74, hier: 55.

[455] Unter letztere fielen nach Ansicht des VwGH etwa auch Betriebe wie jene der Österreichischen Bundesbahnen (ÖBB, VwSlg 14.349 A/1926).

[456] §§ 13 f. Der „Einstellungsschein" begründete für sich alleine weder den Anspruch der Arbeitskraft auf Begünstigung, noch bildete er die formelle Voraussetzung für die Begründung der Einstellungspflicht; vielmehr hatte der „Einstellungsschein" Indizwirkung und es war das Vorliegen der gesetzlichen Voraussetzungen maßgeblich (VfSlg 179/1923).

[457] § 1 Abs 1 IBG.

[458] § 3 Abs 1 leg cit. Zu den örtlich zusammenhängenden Betrieben im Handel siehe etwa VwSlg 15.326 A/1928, wo eine Streuung von Verkaufsbüro und Lager innerhalb Wiens nicht als Hindernis gewertet wurde.

„Vollzugsanweisung"[459] aus dem Jahr 1919 bekannt,[460] welche GewerbeinhaberInnen mit „wenigstens 15 Arbeiter[n] oder 15 Angestellte[n]" (§ 1 leg cit) verpflichtete, um ein Fünftel mehr Arbeitskräfte einzustellen.

Insgesamt ergaben diese Regelungen des IBG eine Einstellungsquote von fünf Prozent für Betriebe bis zu 20 ArbeitnehmerInnen, die für größere Betriebe um die Vier-Prozent-Regelung ergänzt wurde. „[F]ür bestimmte Gebiete oder Betriebsgattungen",[461] die im Gesetz nicht näher eingegrenzt wurden, konnte eine Herabsetzung der Pflichtzahl vorgesehen werden. Für den Fall einer Unmöglichkeit oder Unverhältnismäßigkeit[462] der Erfüllung dieser Vorgaben oder sonstiger Nichteinhaltung der Pflichtzahl[463] war eine Ausgleichstaxe vorgesehen.[464] Deren Höhe betrug zunächst „für jede einzelne Person, die zu beschäftigen wäre, [...] jährlich ein Viertel des durchschnittlichen Jahresarbeitsverdienstes eines Arbeitnehmers des Betriebes, wobei jedoch die einzelnen Jahresverdienste nur bis zum Betrag von 10.000 K[ronen] zu berücksichtigen" waren.[465] Im Zuge der Einführung des österreichischen Schillings im Jahr 1925 wurde gesetzlich ein fixer Betrag von 200 S pro Person jährlich festgelegt.[466]

Die Rolle der Arbeitsmarktbehörden – § 15 IBG sprach noch von „gemeinnützige[n] Arbeitsnachweisstellen" – in diesem Zusammenhang ist vor dem Hintergrund der Ex-lege-Wirkung nicht als vordergründig einzuschätzen. In diesem Sinne betonten die Erläuternden Bemerkungen, dass „die Vermittlungstätigkeit besonderer Arbeitsnachweise für Kriegsbeschädigte an sich ebenso wenig ausgeschlossen [wurde], wie die etwaige Mitarbeit gewerbsmäßiger Arbeitsnachweisstellen".[467] Für die Verwirklichung des Gesetzeszwecks oblag die Vermittlung der „Kriegsversehrten" aber den Arbeitslosenämtern;[468] ferner bestand ihnen gegenüber die Anzeigepflicht geeigneter Arbeitsplätze,[469] wobei an das Nichterfüllen der Pflichtzahl nach erfolgter Anzeige eine Befreiung von der Entrichtung der Ausgleichstaxe geknüpft werden konnte, sofern keine arbeitslosenamtliche Zuweisung von begünstigten Arbeitskräften erfolgte.[470] Die endgültige Beurteilung, ob für den jeweiligen Arbeitsplatz geeignete „Kriegsinvalide" zur Verfügung standen, oblag dem jeweiligen AlA, wobei dieses seine Einschätzung dem anfordernden Arbeitgeber zur Stellungnahme vorlegen musste.[471] Eine bevorzugte Vermittlung war aber gesetzlich nicht vorgesehen.

Die Überwachungspflichten hatten die Gewerbeinspektorate zu besorgen. Sämtliche „Verfügungen [...] in Angelegenheiten der Entrichtung und Bemessung der Ausgleichstaxe"[472] trafen im Übrigen die nach dem „Invalidenentschädigungsgesetz" eingerichteten „Invalidenentschädigungskommissionen", denen auch die Ausstellung der „Einstellungsscheine"[473] übertragen wurde. Dass den Arbeitsmarktbehörden keine weitreichenden gesetzlichen Befugnisse eingeräumt waren, ist wohl

---

[459] „Vollzugsanweisung des Staatsamtes für soziale Verwaltung über die Einstellung von Arbeitslosen in gewerbliche Betriebe" (StGBl 268/1919); einzelne Anwendungsfälle sind etwa überliefert in ÖStA/AdR, BMsV/SP, Kart 29, GZ 17.182/19 (Dianabad Wien) und ÖStA/AdR, BMsV/SP, Kart 29, GZ 17.596/19 (Hydrawerk Dr. Röder).

[460] *Pawlowsky / Wendelin*, Kriegsopfer, 421.

[461] § 1 Abs 2.

[462] § 8 Abs 2.

[463] § 8 Abs 3.

[464] §§ 8–10. Dazu etwa VwSlg 15.766 A/1929.

[465] § 9 Abs 1.

[466] BGBl 457/1924 (kurz vor der Schillingeinführung) und BGBl 69/1928 (Wiederverlautbarung). Zum Fixbetrag allgemein auch *Kubat*, Invalidenentschädigung, 18.

[467] 934 BlgKNV, EB, 19.

[468] § 15.

[469] § 16 Abs 3.

[470] § 8 Abs 3.

[471] VwSlg 14.765 A/1927.

[472] § 17 Abs 2.

[473] § 14.

auch auf den Umstand ihres kurzen Bestehens zur Zeit der Entstehung des IBG zurückzuführen. Allerdings änderte sich daran auch nach deren Konsolidierung nichts.[474]

Nach dem Inkrafttreten des IBG musste das BMsV feststellen, dass es keinen zufriedenstellenden Überblick über die Anwendungspraxis hatte. 1921 wies es deshalb die IBK an, diesbezügliche Berichte zu liefern.[475] Für Vorarlberg etwa ist bekannt, dass zwischen Mai und November 1921 43 „Kriegsbeschädigte" mit Einstellungsschein vermittelt wurden.[476] Diese IBK-Berichte offenbaren besonders auch, dass es oftmals trotz Einstellungsscheins zu keinem Arbeitsverhältnis kam und insofern der Gesetzeszweck nur bedingt erfüllt wurde.

Ein Blick in die Praxis der IBG-Agenden der Arbeitslosenämter zeigt außerdem, dass die fehlende gesetzliche Normierung einer bevorzugten Vermittlung – wie sie etwa später zugunsten der Mitglieder des „Freiwilligen Schutzkorps" eingeführt wurde[477] – von den Arbeitsmarktbehörden als Manko empfunden wurde. Im Verwaltungsweg ergingen daher Weisungen zur Etablierung einer bevorzugten Vermittlung und so ordnete die IBK Innsbruck Anfang März 1927 an,

„der Vermittlung kriegsbeschädigter Arbeitsloser auch über die Bestimmungen des Invalidenbeschäftigungsgesetzes hinaus besondere Aufmerksamkeit zuzuwenden und diese Kriegsbeschädigten besonders bei Vergebung leichterer Arbeitsstellen nach Tunlichkeit zu berücksichtigen. Bei Anforderungen nach dem Invalidenbeschäftigungsgesetz"[478]

war demzufolge „insbesondere danach zu trachten, den Anforderungen eventuell unter Zuhilfenahme des Landesausgleiches bez[iehungs]w[eise] des zentralen Ausgleiches zu entsprechen." In arbeitstechnischer Hinsicht erging im selben Zusammenhang auch die Weisung, die Begünstigten „auf einer Liste / eventuell in einem kleinen Kataster / unter fortlaufender Eintragung der Vermittlungsdaten evident zu halten."[479]

Der Fürsorgegedanke muss – in dieser frühen Zeit – ex post in vielerlei Hinsicht noch als sehr unterentwickelt bezeichnet werden. Eine große Schwäche des IBG war, dass – im Unterschied etwa zu Frankreich oder der Sowjetunion[480] – nur „Kriegsversehrte", aber keine Personen mit sonstigen Beeinträchtigungen berücksichtigt waren.[481] Außerdem schränkten die Befreiung der Gebietskörperschaften und ArbeitgeberInnen mit gemeinnützigem Charakter sowie die Möglichkeit der Vorab-Befreiung von der Ausgleichstaxe für Betriebe der staatlichen Monopolverwaltung[482] die Durchschlagskraft der Begünstigung ein. Anders als nach dem Zweiten Weltkrieg wurden in diesem Zeitabschnitt im Übrigen keine Bestrebungen zur bevorzugten Eingliederung weiterer exponierter Gruppen wie insbesondere jener der jungen Arbeitskräfte in den Arbeitsmarkt getroffen, wie dies in der Zweiten Republik der Fall war.[483] Systematische Schritte zur Bekämpfung der Jugendarbeitslosigkeit kamen

---

[474] Dies zeigt etwa der Vergleich mit der „Verordnung des Bundesministeriums für soziale Verwaltung vom 8. Februar 1928, betreffend die Kundmachung der gesetzlichen Vorschriften über die Einstellung und Beschäftigung Kriegsbeschädigter (Invalidenbeschäftigungsgesetz)" (BGBl 69/1928) sowie den folgenden Novellen, welche vor allem die Verlängerung des IBG anordneten, aber keine grundlegenden Änderungen vornahmen.

[475] *Pawlowsky / Wendelin*, Kriegsopfer, 428.

[476] Ebd.

[477] Zum arbeitsmarktbehördlichen Zusammenhang zwischen dem IBG- und dem „Schutzkorps"-Einstellungs-Regime siehe gleich unten in diesem Kap.

[478] ÖStA/AdR, BMsV/SP, Kart 633, SA 50, 1927–1933, GZ 48.420/27, Mitteilungen der Industriellen Bezirkskommission Innsbruck, Jahrgang 1927 (4. März 1927), samt deren Erlass, Punkt 26, an die Arbeitslosenämter der IBK Innsbruck betreffs Arbeitsvermittlung von begünstigten Kriegsbeschädigten.

[479] Zum Vermittlungskataster allgemein siehe Kap I. C. 1. Das Arbeitsbuch und andere Hilfsmittel.

[480] *Geyer*, Michael, Ein Vorbote des Wohlfahrtsstaates. Die Kriegsopferversorgung in Frankreich, Deutschland und Großbritannien nach dem Ersten Weltkrieg. In: Geschichte und Gesellschaft 9/2 (1983) 230–277, hier: 246.

[481] 665 BlgNR, XVII. GP, AsVB, 1.

[482] § 8 Abs 4 leg cit.

[483] Kap III. C. 7. Die Rolle der Arbeitsmarktbehörden im Rahmen des Arbeitsplatzmanagements zugunsten benachteiligter Berufsgruppen: „Kriegsinvalide", junge Arbeitskräfte und Bauarbeiter.

über das Stadium des FAD[484] nicht hinaus; die Bauarbeiter wurden insbesondere durch die PAF berücksichtigt.[485]

Nichtsdestotrotz ist die Bedeutung des Gesetzes im Gesamtkontext der österreichischen Arbeitsmarktverwaltung als fundamental zu werten. Der den gegenständlichen Regelungen zugrunde gelegte Mechanismus einer Ex-lege-Quotenregelung mit Unterstützung der Arbeitsmarktbehörden prägte einerseits die „Invalidenvermittlung" im gesamten Betrachtungszeitraum. Wie etwa die „Dritte Verordnung über die Verlängerung der Geltungsdauer des Invalidenbeschäftigungsgesetzes"[486] und das „Rechts-Überleitungsgesetz"[487] (R-ÜG) zeigten, wurde das IBG aus der Zeit der Ersten Republik sowohl in den Rechtsbestand des NS („interlokales Recht"[488]), als auch jenen der Zweiten Republik übergeführt;[489] für letzteren Zeitraum stellt Hoffmann fest, dass die im IBG angelegten „Grundsätze der beruflichen Rehabilitation Behinderter [...] zum Teil heut noch im Invalideneinstellungsgesetz gültig sind."[490]

Davon abgesehen war andererseits das gegenständliche Gesetz über den eigentlichen Regelungsbereich hinaus wegweisend für zentrale weitere Agenden der Arbeitsmarktverwaltung, wo die hier entwickelten Methoden aufgegriffen und weiterentwickelt wurden. Im Austrofaschismus wurden ganz ähnliche Modelle zur bevorzugten Vermittlung von „Schutzkorps"-Männern und in weiterer Folge von VF-Mitgliedern beziehungsweise anderer linientreuer Gruppen angewendet.[491] In der Zweiten Republik fanden die Methoden Eingang sowohl in die Entnazifizierungsmaßnahmen nach dem WSG,[492] als auch in das Wiedereinstellungsgesetz.[493] In beiden Fällen, sowohl bei der Stärkung der Dollfuß/Schuschnigg-Diktatur, als auch im Rahmen der Beseitigung von NS-Strukturen, dienten grundlegende Muster des IBG-Modells regimespezifischen politischen Zwecken. Im Austrofaschismus bestand allerdings der gravierende Unterschied zur Ersten Republik, dass 1933/34 (ähnlich wie im Übrigen auch ab Mitte März 1938) eine gezielte und massive Indienstnahme der Arbeitsmarktbehörden vorgenommen wurde, für welche eine dominante Stellung in der IBG-Zeit – vor den Diktaturen im Sinne eines „autoritären Zentralisierungsprozesses"[494] – noch nicht in Frage kam.

3. Produktive Arbeitslosenfürsorge

Ausgangslage für die Einführung der Produktiven Arbeitslosenfürsorge (PAF) war die Erkenntnis der Bundesregierung, dass eine Novelle zur weitergehenden Eindämmung der Folgen der Arbeitslosigkeit durch eine bloße Ausweitung der Unterstützung den Etat überstrapaziert hätte. Bezeichnend dafür war, dass „unter der Führung des Nationalrates [Ferdinand] Hanusch [...] am 15. d[es] M[onats Februar 1922] eine Abordnung von Arbeitslosen beim Herrn Bundesminister [Franz Pauer (parteilos)] erschien",[495] um ihm Forderungen nach der Erhöhung der Arbeitslosenunterstützung zu überbringen. Nach Konsultation des BMsV mit dem Finanzressort und dem Ministerrat stellte sich

---

484 Zum "Freiwilligen Arbeitsdienst" im Umfeld der Arbeitsmarktbehörden allgemein siehe Kap I. B. 3. Das Umfeld der Arbeitsmarktbehörden, zu dessen Rolle im Dollfuß/Schuschnigg-Regime Kap I. C. 4. Das Vermittlungsregime im Austrofaschismus

485 Kap I. C. 3. Produktive Arbeitslosenfürsorge.

486 RGBl I 1942 S 664.

487 StGBl 6/1945.

488 Zum „interlokalen Recht" näher im Kap II. A. 2. Rechtliche Rahmenbedingungen.

489 § 24 Abs 2 IEinstG (BGBl 163/1946). Dazu näher im Kap III. C. 7. Die Rolle der Arbeitsmarktbehörden im Rahmen des Arbeitsplatzmanagements zugunsten benachteiligter Berufsgruppen: „Kriegsinvalide", junge Arbeitskräfte und Bauarbeiter.

490 Hoffmann, Barbara, Kriegsblinde in Österreich 1914–1934 (Graz 2006) 150.

491 Kap I. C. 4. Das Vermittlungsregime im Austrofaschismus: Belohnung für Konformität und frühe Tendenzen der Zwangsbeschäftigung.

492 Kap III. C. 3. Das Wirtschaftssäuberungsgesetz aus dem Jahr 1945: Die Anfänge der Arbeitsmarktbehörden als Subjekte der Entnazifizierung.

493 BGBl 160/1947; Kap III. C. 6. Das Wiedereinstellungsgesetz samt seinen Novellen.

494 Vana, Arbeitsvermittlung, 38 f.

495 ÖStA/AdR, BMsV/SP, Kart 70, GZ 2.486/22, darin GZ 4.649/22, Amtsvermerk des BMsV betreffs Vorsprache der Arbeitslosen beim Herrn Bundesminister am 15.II 1922 (22. Februar 1922).

aber bald heraus,[496] dass für die Regierung eine solche Erhöhung nicht in Frage kam, weshalb auf Alternativen ausgewichen werden musste.

Die „V. Novelle zum Arbeitslosenversicherungsgesetz"[497] vom 1. August 1922 führte schließlich die Produktive Arbeitslosenfürsorge[498] ein. Ursprünglich war in der „V. Novelle" keine Rede von der Produktiven Arbeitslosenfürsorge;[499] diese wurde erst in den Beratungen des Ausschusses für soziale Verwaltung[500] – wohl unter maßgeblicher Beteiligung von Ferdinand Hanusch als dessen Obmann – aufgegriffen. Die PAF wies folgende Grundzüge auf: Das Institut sah vor, dass den Gebietskörperschaften bei der Vergabe volkswirtschaftlich nützlicher Arbeiten eine finanzielle Beihilfe gewährt wurde, wenn damit die Einstellung zusätzlicher, finanziell unterstützter Arbeitsloser gefördert wurde.[501] Es konnte „in begrenztem Ausmaß auch die Beschäftigung von Arbeitslosen berücksichtigt werden, die das zeitliche Höchstmaß der Unterstützung bereits überschritten"[502] hatten. Für diese Gruppe von „ausgesteuerten" Arbeitslosen wurde per Erlass[503] vom 30. Dezember 1925 eine Einstellungshöchstquote von „15 % der Gesamtzahl der [im Betrieb] Beschäftigten"[504], welche durch die Arbeitslosenämter zugewiesen werden konnten, festgelegt. Grundsätzlich waren bei der Vermittlung durch die AlÄ „Arbeitskräfte, die bereits seit längerer Zeit in Unterstützung […] [standen], sowie Familienerhalter" besonders zu berücksichtigen.[505] Vor allem zur Sicherstellung der tatsächlichen Einstellung von Arbeitslosen wurde den bauführenden Körperschaften

„empfohlen, bei der Vergebung der aus den Mitteln der produktiven Arbeitslosenfürsorge geförderten Arbeiten die Unternehmer zur Einhaltung der Bedingungen, unter denen die Beihilfe gewährt wurde, am besten durch Vereinbarung von Konventionalstrafen, zu verpflichten."[506]

Eine ähnliche Regelung wie jene im AlVG wurde schließlich im GSVG aufgegriffen.[507]

Die PAF wurde vor allem zu einem Auffangbecken für arbeitslose Baufacharbeiter.[508] Ein prominentes Beispiel dafür war die Gewährung von 280.000 Schilling zum Ausbau der Zufahrtsstraße

---

[496] Ebd; in diesem Sinne auch ÖStA/AdR, BMsV/SP, Kart 70, GZ 2.486/22, darin GZ 5.589/22, Amtsvermerk des BMsV betreffs Forderungen der Arbeitslosen; Beschluss des Ministerrats wegen Aufstellung eines Arbeitsprogramms (25. Februar 1922).

[497] BGBl 534/1922.

[498] § 29 AlVG (StGBl 153/1920 idF BGBl 534/1922).

[499] 848 BlgNR, I. GP, RV und EB.

[500] 1129 BlgNR, I. GP, AsVB, 1.

[501] *Hofmeister*, Arbeitsvermittlung, 232. § 29 Abs 1 leg cit im Wortlaut: „Wenn durch finanzielle Beihilfe die Vornahme volkswirtschaftlich nützlicher Arbeiten, die andernfalls unterbleiben würden, ermöglicht wird und bei diesen neuen Arbeitsgelegenheiten Arbeitslose beschäftigt werden, die andernfalls eine Unterstützung nach diesem Gesetz erhalten würden, kann das Bundesministerium für soziale Verwaltung im Einvernehmen mit dem Bundesministerium für Finanzen zu diesem Zwecke über Vorschlag der nach dem Arbeitsplatze zuständigen Industriellen Bezirkskommission Darlehen oder Zuschüsse gewähren (Produktive Arbeitslosenfürsorge). Eine derartige Beihilfe wird in der Regel nur Ländern, Bezirken oder Gemeinden gewährt."

[502] § 29 Abs 2 leg cit.

[503] GZ 72.237/25.

[504] ÖStA/AdR, BMsV/SP, Kart 576, GZ 22.767/28, Prod[uktive] Arb[eitslosen[fürs]orge; Allgemeine Bedingungen für die Gewährung von Beihilfen aus den Mitteln der produktiven Arbeitslosenfürsorge, darin: GZ 22.767/28, Erlass des BMsV an alle IBK betreffs Prod[uktive] Arb[eitslosen[fürs]orge; Allgemeine Bedingungen für die Gewährung von Beihilfen aus den Mitteln der produktiven Arbeitslosenfürsorge. Neuauflage (4. April 1928) Ziffer 4.

[505] § 29 Abs 3 leg cit.

[506] ÖStA/AdR, BMsV/SP, Kart 576, GZ 22.767/28, Prod[uktive] Arb[eitslosen[fürs]orge; Allgemeine Bedingungen für die Gewährung von Beihilfen aus den Mitteln der produktiven Arbeitslosenfürsorge, darin: GZ 22.767/28, Erlass des BMsV an alle IBK betreffs Prod[uktive] Arb[eitslosen[fürs]orge; Allgemeine Bedingungen für die Gewährung von Beihilfen aus den Mitteln der produktiven Arbeitslosenfürsorge. Neuauflage (4. April 1928) Ziffer 3.

[507] §§ 303 f. Dazu etwa ÖStA/AdR, BMsV/SP, Kart 580, GZ 50.000/36, Erlass des BMsV an alle LAÄ betreffs Allgemeine Bedingungen für die Gewährung von Beihilfen der produktiven Arbeitslosenfürsorge (§§ 303 und 304 GSVG). Merkblatt für Bewerber um Beihilfen der produktiven Arbeitslosenfürsorge (29. März 1936).

[508] Grundlegend, aber ohne archivarische Nachweise bei *Hofmeister*, Arbeitsvermittlung, 232. Anwendungsbeispiele: ÖStA/AdR, BMsV/SP, Kart 576, GZ 34.967/24, Erlass BMsV an die IBK Graz betreffs Produktive Arbeitslosenfürsorge; Gewährung von Beihilfen an Unternehmungen des Bundes (9. Juli 1924); ein Nachweis aus späterer Zeit befindet sich in ÖStA/AdR, BMsV/SP, Kart 578, GZ 63.832/32, Erlass des BMsV an alle IBK betreffs Erleichterung der Anwendung der Produktiven Arbeitslosenfürsorge; Vorlage von Herbstprogrammen (19. August 1932): Hier wurde zum erleichterten Zugang zu PAF-Mitteln von einer Fristsetzung im Hinblick auf die Projektfertigstellung Abstand genommen. Im ÖStA/AdR, BMsV/SP liegen zahlreiche Kartons mit Nachweisen für die PAF sowohl in der Ersten, als auch der Zweiten Republik (dazu näher im Kap III. A. 2. Rechtliche Rahmenbedingungen).

der Großglockner-Hochalpenstraße von Heiligenblut aus. Der Zuschuss des Bundes zugunsten der Großglockner-Hochalpenstraße AG ging in die Geschichte dieses Straßenbauprojektes unter dem Stichwort „Verbesserung der Flaschenhälse"[509] ein. Zur Vermeidung von Kollisionen mit FAD-Maßnahmen, welche man zehn Jahre nach der PAF zur Eindämmung der Jugendarbeitslosigkeit ebenfalls mit Blick auf die Baubranche einführte, wurde ein Vorrang der PAF-Maßnahmen festgelegt.[510] Auf die statistische Einordnung der realisierten PAF-Maßnahmen im Verhältnis zu anderen „öffentlichen Arbeiten" wurde bereits an anderer Stelle in dieser Studie hier eingegangen.[511]

Die Rolle der Arbeitsmarktbehörden war auf allen drei Exekutivebenen relevant. Das BMsV hatte seine Zuständigkeit in der Gewährung der PAF-Mittel.[512] Die IBK hatten den jeweiligen Vorschlag für die Gewährung der PAF-Mittel zu erstatten;[513] das Ansuchen um Gewährung der PAF-Beihilfe war nach dem GSVG direkt beim LAA zu stellen.[514]

Den Arbeitslosenämtern oblag vor allem die Vermittlung von Arbeitslosen zu PAF-Posten.[515] Diese Zuständigkeit gab 1928 Anlass zu einer parlamentarischen Anfrage von SDAP-Abgeordneten betreffend den „Missbrauch von Einrichtungen der Arbeitslosenfürsorge zur Pressung Arbeitsloser in die Heimwehr".[516] Diese Anfrage bezog sich vor allem auf die Vermittlung auf PAF-Arbeitsplätze durch die Tiroler „Heimatwehr"-Vermittlungsstelle [sic!], welche von den Arbeitsmarktbehörden widerspruchslos hingenommen worden wäre, aber gem dem Vermittlungsregime von § 29 Abs 3 AlVG ausdrücklich den „Arbeitslosenämtern" und keinen anderen Stellen vorbehalten war. Die Anfragebeantwortung stellte zunächst klar, dass es sich in dem angesprochenen Fall der Bauausführung durch die „Überland A.G." nicht um eine solche mit Unterstützung aus PAF-Mitteln handelte; allerdings wäre die Unternehmerin, „wie in der Regel bei Arbeiten zum Ausbau der Bundesstraßen, verpflichtet worden, sich einen gewissen Prozentsatz der neu aufzunehmenden Arbeitskräfte vom Arbeitslosenamt zuweisen zu lassen".[517] In der Folge hätten sich tatsächlich beim Tiroler

„Arbeitslosenamte einige Leute [gemeldet], die der Firma von der Vermittlungsstelle der Heimatwehr empfohlen [worden] waren, und ersuchten um einen Zuweisungsschein. Elf derartigen Arbeitskräften, die im Bezug der Arbeitslosenunterstützung standen, wurden Zuweisungsscheine ausgestellt. Es handelte sich um Leute, die wohl für eine Zuweisung in Betracht kamen, die aber nicht vom Arbeitslosenamte selbst ausgewählt [worden] waren."[518]

Im selben Zug versicherte das BMsV, dass der „erwähnte Vorgang […] schon nach zwei Tagen abgestellt [wurde], und von diesem Zeitpunkte an […] [sollten], wie auch Kontrollen bei der Baustelle ergaben, nur vom Arbeitslosenamt unbeinflußt ausgewählte Arbeitskräfte zugewiesen" werden. Damit lag ein klares Eingeständnis der missbilligten Verhältnisse vor, gegen welche aber das BMsV offenkundig bereit war, vorzugehen. Ob dieser Heimwehr-Einfluss ein Einzelfall war, oder gezielt durch die Arbeitsmarktbehörden forciert oder zumindest geduldet wurde, wird weder in der

---

[509] *Hutter / Beckel*, Großglockner, 80.
[510] § 2 Abs 2 Satz 2 FADG.
[511] Kap I. A. 2. Politische, wirtschaftliche und soziale Rahmenbedingungen.
[512] § 29 Abs 1 AlVG.
[513] § 29 Abs 1 leg cit.
[514] § 304 Abs 1 GSVG.
[515] § 29 Abs 3 AlVG.
[516] ÖStA/AdR, BMsV/SP, Kart 576, GZ 70.844/28, Anfrage der Abgeordneten Scheibein, Abram und Genossen über Heimwehrvermittlung in Tirol, darin: Anfrage der Abgeordneten Scheibein [Wilhelm, SDAP], Abram [Simon, SDAP] und Genossen an den Bundesminister für soziale Verwaltung über den Mißbrauch der Arbeitslosenvermittlung zu[r] Pressung von Arbeitslosen in die Heimwehr (1928) 3.
[517] ÖStA/AdR, BMsV/SP, Kart 576, GZ 70.844/28, Anfrage der Abgeordneten Scheibein, Abram und Genossen über Heimwehrvermittlung in Tirol, darin: GZ 70.844/28, Entwurf einer Beantwortung der Anfrage der Abgeordneten Scheibein, Abram und Genossen an den Bundesminister für soziale Verwaltung „über den Mißbrauch der Arbeitslosenvermittlung zur Pressung von Arbeitslosen in die Heimwehr" des BMsV (11. Oktober 1928) 1.
[518] Ebd, 1 f.

Anfrage thematisiert, noch kann darauf mangels anderer Nachweise hier eingegangen werden. Fest steht jedoch, dass in dem vorliegenden Fall frühe Tendenzen in Richtung eines politisch motivierten Vermittlungsverhaltens von arbeitsmarktbehördlicher Seite zu sehen ist, welches hier bereits vier Jahre vor der Konsolidierung des Dollfuß/Schuschnigg-Regimes Platz greifen konnte.[519]

4. Das Vermittlungsregime im Austrofaschismus: Belohnung für Konformität und frühe Tendenzen der Zwangsbeschäftigung

In den archivarischen Quellen gibt es etliche Hinweise auf eine bevorzugte Behandlung von Mitgliedern des „Freiwilligen Schutzkorps" bei der Versorgung mit einem Arbeitsplatz ab dem Jahr 1934, welche aus zwei Gründen der Darstellung der politisch motivierten Vermittlung in dieser Zeit vorangestellt werden soll. Erstens handelte es sich dabei um das einzige rechtlich in diversen G, VO und Erlässen umfassend fundierte System gezielter, linienkonformer Bevorzugung durch die Arbeitsmarktbehörden im Austrofaschismus. Zweitens scheint – anhand der Überlieferungslage – die Übervorteilung der nicht dezidiert linientreuen ArbeitnehmerInnen gegenüber weiteren bevorzugten Gruppen (VF, Gewerkschaften) erst anschließend an die „Schutzkorps"-Regelungen ausgestaltet worden zu sein.

Die Sonderstellung der „Schutzkorps"-Angehörigen hatte folgende Vorgeschichte: Nachdem im März 1933 die drei NR-Präsidenten Karl Renner, Rudolf Ramek und Sepp Schaffner zurücktraten,[520] traf die Regierung Dollfuß systematisch Vorkehrungen, um ihre eigene Stellung massiv zu verfestigen. Zu diesem Zweck forcierte sie eine Stärkung der Exekutive, indem sie ab Mai 1933 Schritte setzte, jeweils dem Bundesheer und der Polizei beziehungsweise der Gendarmerie zwei neu geschaffene, getrennte Formationen unterstützend zur Seite zu stellen.[521] Diese fand sich im „Freiwillige Schutzkorps", welche dem Sicherheitsressort und damit letztlich der Befehlsgewalt des „Bundesministers mit der sachlichen Leitung der Angelegenheiten der öffentlichen Sicherheit" – Emil Fey – unterstand.

Seine erste Rechtsgrundlage erhielt das „Freiwillige Schutzkorps" in der „Schutzkorpsverordnung".[522] Besonders Fey trat für das „Freiwillige Schutzkorps" im Ministerrat ein und setzte sich damit letztlich gegen die Vertreter des Landbunds durch.[523] Im März 1934, nach dem Abklingen der „Februarkämpfe", erreichte das „Schutzkorps" mit etwa 42.000 Mann eine erste Höchststärke. Demgegenüber zählte das dem Bundesheer zur Seite gestellte „Militärassistenzkorps" zu dieser Zeit zirka 8.000 Männer. „[I]m Juli 1934 waren annähernd 53.000 Schutzkorpsmänner aufgeboten."[524]

Die Aufstellung des „Freiwilligen Schutzkorps" war bereits ursprünglich gem § 11 „Schutzkorpsverordnung" bis zum Jahresende 1933 befristet; die Geltungsdauer wurde aber fortlaufend bis zum

---

[519] Zum massiv parteipolitisch geprägten Vermittlungsregime im Austrofaschismus siehe Kap I. C. 4. Das Vermittlungsregime im Austrofaschismus.

[520] *Vocelka*, Geschichte, 290.

[521] *Tálos*, Emmerich, Das austrofaschistische Herrschaftssystem. Österreich 1933–1938 (Wien 2013); 223; *Wenninger*, organisierte Gewalt, 516.

[522] „Verordnung der Bundesregierung vom 7. Juli 1933, betreffend die Aufstellung eines freiwilligen Schutzkorps (Schutzkorpsverordnung)" (BGBl 292/1933).

[523] *Tálos*, Herrschaftssystem 2013, 223 f. So räumte etwa Vizekanzler Ing. Franz Winkler (Landbund) in der 887. Ministerratssitzung vom 28. Juni 1933 ein, dass die Vertreter des Landbundes in der Regierung „gegen die Aufstellung eines freiwilligen Schutzkorps von Anfang an schwere Bedenken" hatten (*Neck*, Rudolf / *Wandruszka*, Adam, Hg, Protokolle des Ministerrates der Ersten Republik. Abteilung VIII. 20. Mai 1932 bis 25. Juli 1934. Bd 4, Kabinett Dr. Engelbert Dollfuß. 16. Juni 1933 bis 27. Oktober 1933, Wien 1984, 118) hatten. Allerdings konnte Fey in der nächsten Sitzung (Nr. 888, 30. Juni 1933) berichten, dass er „bei einer neuerlichen Aussprache mit V[ize]k[anzler] Ing. Winkler über die Richtlinien der Aufstellung, Organisation und Aufbietung der staatlichen Hilfsexekutive zu einer vollständigen Übereinstimmung gelangt" wäre (Protokolle Dollfuß, Bd 4, 145).

[524] *Tálos*, Herrschaftssystem 2013, 224.

30. Juni 1935 verlängert.[525] Mit Wirkung zum 1. Juli 1935 wurde die „Schutzkorpsverordnung" durch das nun unbefristete „Schutzkorpsgesetz"[526] abgelöst. Gemäß einer am 27. Juli 1936 kundgemachten Verordnung[527] wurde den „derzeit in Dienst gestellten Schutzkorpsmännern" eingeräumt, „bei Abgabe einer freiwilligen Beitrittserklärung zur Frontmiliz mit sofortiger Wirksamkeit"[528] Angehörige dieser neuen Formation der Vaterländischen Front[529] zu werden, womit ein Auslaufen des „Schutzkorps"-Modells signalisiert wurde. Wann es tatsächlich zur Auflösung der „Schutzkorps"-Verbände kam, lässt sich anhand der bestehenden Forschungsliteratur nicht nachvollziehen. Doch schon mit der Befristung der „Schutzkorpsverordnung" war vorprogrammiert, dass das Regime früher oder später den in den Dreißigerjahren stark angespannten Arbeitsmarkt mit tausenden linientreuen Arbeitskräften strapazieren würde. In Bezug auf deren Versorgung im Nachfeld ihrer Indienststellung kam es aus Regierungsperspektive wohl nicht in Frage, die abgerüsteten „Schutzkorps"-Mitglieder einfach der Arbeitslosigkeit preiszugeben, zumal ja schon deren Aufnahme in dieser großen Zahl auch ökonomisch motiviert gewesen sein dürfte. „Offenkundig handelte es sich [beim Schutzkorps] auch um ein Instrument zur vorübergehenden wirschaftlichen Versorgung der eigenen Klientel".[530]

Nachdem die Macht der Bundesregierung gegenüber den SozialistInnen ausgebaut, der NS-Putschversuch überwunden war und der Bedarf nach der Unterstützung durch das „Freiwillige Schutzkorps" schwand,[531] ordnete das Regime schließlich dessen Abbau an.[532] Damit war zugleich klar, dass es nun – in dieser Phase mit den abrüstenden „Schutzkorps"-Formationen – verstärkt einen großen Teil zusätzlicher regimetreuer Arbeitsloser bevorzugt unterzubringen galt. Darin ist auch das zentrale arbeitsmarktpolitische Motiv für das damit im Zusammenhang stehende Versorgungsregime zu sehen.

In der bestehenden Forschungsliteratur wird bereits die Problematik der Bevorzugung von „Schutzkorps"-Mitgliedern am Arbeitsmarkt beschrieben. So stellt etwa Winkler unter schlichter Bezugnahme auf die Rechtslage nach den Februarkämpfen gemäß der „Verordnung […] vom 9. März 1934"[533] (im Folgenden SchukoEVO) fest, dass „die durch die Schutzkorpsabrüstung bedingten Arbeitslosen, deren Zahl mit 20.000 bis 23.000 angegeben ist […], in öffentlich-rechtliche oder private Betriebe eingestellt werden mußten".[534] Allerdings dürften der Forschung weder die dogmatische Konstruktion noch die weiteren rechtshistorischen Entwicklungen und insbesondere die Rolle der Arbeitsmarktbehörden näher bekannt sein.

Vorauszuschicken ist hier nun, dass wesentliche Elemente des im Folgenden zu beleuchtenden Vermittlungsregimes auf das im Zusammenhang mit dem „Invalidenbeschäftigungsgesetz"[535] entwickelte Vermittlungswesen zurückzuführen sind. In dogmatischer Hinsicht verpflichtete die

---

[525] BGBl 576/1933, 453/1934 und 108/1935.

[526] „Bundesgesetz, betreffend die Abänderung der Schutzkorpsverordnung (Schutzkorpsgesetz)" (BGBl 254/1935).

[527] „Verordnung des Bundeskanzlers im Einvernehmen mit den beteiligten Bundesministern, betreffend die Überleitung der in Dienst gestellten Schutzkorpsangehörigen in die Frontmiliz und die Anwendbarkeit der für das Schutzkorps erlassenen Gesetze und Verordnungen auf die Frontmiliz und die Milizangehörigen" (BGBl 248/1936).

[528] § 1 Abs 1 leg cit.

[529] Gem § 1 Abs 2 leg cit hatten die für die Frontmiliz optierenden Schutzkorps-Mitglieder „das Gelöbnis nach § 13 des Bundesgesetzes über die ‚Vaterländische Front', B.G.B.l. Nr. 160/36, zu leisten".

[530] *Wenninger*, organisierte Gewalt, 516.

[531] *Winkler*, Elisabeth, Die Polizei als Instrument in der Etablierungsphase der austrofaschistischen Diktatur (1932–1934) mit besonderer Berücksichtigung der Wiener Polizei (geisteswiss Diss Wien 1983) 225 f.

[532] *Wenninger*, organisierte Gewalt, 516.

[533] „Verordnung der Bundesregierung vom 9. März 1934 über die begünstigte Einstellung der arbeitslosen abgerüsteten Schutzkorpsangehörigen in die Betriebe" (BGBl 165/1934). Die VO trat gem § 9 acht Tage nach deren Kundmachung in Kraft.

[534] *Winkler*, Polizei, 226; auch *Tálos*, Herrschaftssystem 2013, 225, schneidet die Problematik der Unterbringung von „Schutzkorps"-Angehörigen an.

[535] StGBl 459/1920. Dazu näher im Kap I. C. 2. Die Rolle der Arbeitsmarktbehörden im Rahmen des Arbeitsplatzmanagements zugunsten benachteiligter Arbeitskräfte („Kriegsinvalide").

SchukoEVO alle „auf Gewinn oder Erwerb berechneten Betriebe [...], wenn sie wenigstens 25 Arbeitnehmer" beschäftigten – inklusive jenen der staatlichen Monopolverwaltung – auf je 25 ArbeitnehmerInnen einen „Schutzkorps"-Angehörigen einzustellen („Pflichtzahl"). Dieses Vier-Prozent-Kontingent war Vorbild für den späteren BMsV-Erlass[536] zur bevorzugten Vermittlung von VF- beziehungsweise von Gewerkschaftsmitgliedern. Der begünstigte Personenkreis im Sinne der SchukoEVO erfasste jene „Schutzkorps"-Angehörigen, welche entweder mindestens einen Monat lang oder in der Zeit des Bürgerkriegs („Februarkämpfe" vom 12. bis 18. Februar 1934) in Dienst gestellt waren.[537] Mit der vorliegenden Beschränkung des Personenkreises betonte das Regime den Belohnungsaspekt, wobei wahrscheinlich der „Februarkämpfe"-Klausel – angesichts des zwischenzeitlichen „Schutzkorps"-Höchststandes Anfang März – besondere Bedeutung zukam.

In die Feststellung der Pflichtzahl wurde von einem „örtlich zusammenhängenden und einer gemeinsamen Leitung unterstehenden" Betriebs-Begriff ausgegangen; gewisse Beschäftigte wie jene nach dem Invalideneinstellungsgesetz oder Jugendliche bis zum vollendeten 16. Lebensjahr wurden zur Berechnung der Pflichtzahl nicht einbezogen.[538] Für bestimmte „Gebiete oder Betriebsgattungen"[539] wurde dem BMsV eingeräumt, die Pflichtzahl (ein Begünstigter von je 25 Beschäftigten) herabzusetzen.

Den Arbeitsmarktbehörden auf unterer und mittlerer Ebene kam in zweierlei Hinsicht eine zentrale Rolle bei der Vollziehung dieser VO zu. Erstens waren die IBK mit der „Überwachung" – etwa durch Beauskunftung[540] mittels Inspektion – sämtlicher erfasster Branchen betraut, „ob die Betriebsinhaber der Einstellungspflicht nach § 1 genüg[t]en".[541] Lediglich hinsichtlich der Betriebe öffentlich-rechtlicher Körperschaften sowie jener land- und forstwirtschaftlicher Betriebe waren die Organe der öffentlich-rechtlichen Körperschaften beziehungsweise der landwirtschaftlichen Hauptkörperschaften zuständig.

Zweitens hatten die AlÄ solche Personen, denen eine spezielle Bescheinigung über deren bevorzugten Status[542] ausgestellt wurde, bei der Arbeitsvermittlung „in erster Linie zu berücksichtigen".[543] Im Sinne dieser Bestimmung wurde eine eigene VO[544] erlassen, welche die Zuständigkeit für die Ausstellung dieser Bestätigung („Einstellungsschein") grundsätzlich ebenfalls den AlÄ übertrug.[545] Lediglich für den Bereich der Land- und Forstwirtschaft war eine Ausstellung durch die Bezirksverwaltungsbehörden vorgesehen, um die Länderkompetenzen zu wahren. Gegen ablehnende Bescheide der AlÄ und sonstigen Stellen konnte bei der IBK Berufung eingelegt werden, wobei die Entscheidung in zweiter Instanz sofort in Rechtskraft trat.[546] Die Entscheidung über Streitigkeiten aus der Einstellungspflicht aus der VO wurde dem Landeshauptmann übertragen.[547]

Für den Fall, dass „der Betriebsinhaber die vorgeschriebene Zahl von Arbeitnehmern deshalb nicht aufnehmen [...] [konnte], weil ihm geeignete Personen nicht zur Verfügung"[548] standen, war

---

[536] GZ 54.346/34. Dazu weiter unten in diesem Kap.
[537] § 2 Abs 1 SchukoEVO.
[538] § 3 Abs 1.
[539] § 1 Abs 2.
[540] § 4 Abs 4.
[541] § 4 Abs 1 lit c.
[542] § 2 Abs 2.
[543] § 6 Abs 1.
[544] „Verordnung des Bundesministers für soziale Verwaltung im Einvernehmen mit dem für die Angelegenheiten des Sicherheitswesens zuständigen Bundesminister vom 25. April 1934 über die Ausfertigung von Einstellungsscheinen für arbeitslose abgerüstete Schutzkorpsangehörige" (BGBl 241/1934).
[545] § 1 leg cit.
[546] § 2.
[547] § 5.
[548] § 6 Abs 2 SchukoEVO.

ein besonderes Vermittlungsregime vorgeschrieben. Der Arbeitgeber beziehungsweise die Arbeitgeberin hatte hierbei unverzüglich um die Zuweisung beim zuständigen Arbeitsamt unter näherer Angabe der beabsichtigten Verwendung anzusuchen. An solche Arbeitsstellen durften durch die AlÄ nur arbeitslos gemeldete, abgerüstete „Schutzkorps"-Mitglieder zugewiesen werden.

Das Verwaltungsstrafrecht war in § 7 SchukoEVO geregelt. Bei Unterlassung der Einstellung gem § 1 drohte eine Geldstrafe bis zu S 1.000,–. Der Missbrauch der § 2-Bescheinigung durch ArbeitnehmerInnen war mit einer Geldstrafe bis zu S 500,– beziehungsweise einem „Arrest bis zu 14 Tagen" zu ahnden.

Erst nachträglich[549] wurden auch Mitglieder des „Militärassistenzkorps" berücksichtigt.[550] Dass in diesem VO- beziehungsweise im späteren Gesetzeswortlaut[551] – wie im Übrigen auch in der vorliegenden Studie zugunsten besserer Lesbarkeit – auf eine Doppelbezeichnung verzichtet wurde, ist lediglich ein formaler Aspekt. Allerdings brachte die erst nachträgliche Berücksichtigung der „Militärassistenzkorps"-Mitglieder deren verhältnismäßig untergeordnete Bedeutung im gegebenen Belohnungssystem zum Ausdruck. Diese sekundäre Würdigung entsprach durchaus auch der um ein Vielfaches geringeren Mitgliederzahl gegenüber den „Schutzkorps"-Angehörigen und letztlich der verhältnismäßig geringeren Bedeutung des „Militärassistenzkorps" bei den Bestrebungen des Regimes, seine autoritäre Position gegenüber den SozialistInnen zu festigen und gegenüber den NationalsozialistInnen zu erhalten.

Das BMsV legte am 16. Juni 1934 im Erlassweg[552] dezidiert eine Priorisierung in drei Hauptpunkten fest, in deren Rahmen die „Schutzkorps"- beziehungsweise „Militärassistenzkorps"-Vermittlung eine erstrangige Position einnahmen. Demzufolge rangierten die „Schutzkorps"- beziehungsweise „Militärassistenzkorps"-Mitglieder vorrangig vor Mitgliedern der Vaterländischen Front sowie des Gewerkschaftsbundes.[553] Dass auf diesen Erlass auch noch im Juni 1935, ein Jahr nach seinem Ergehen, Bezug genommen wurde,[554] lässt vermuten, dass diese Reihung auch später grundsätzlich beibehalten wurde.

Ein Jahr nach der SchukoEVO erhielt die Materie der begünstigten Einstellung von „Schutzkorps"-Mitgliedern mit einem am 8. Mai 1935 kundgemachten Bundesgesetz[555] (im Folgenden SchukoEG) eine neue Rechtsgrundlage, wobei der Wortlaut der SchukoEVO – abgesehen von einzelnen Bestimmungen – zunächst weitgehend beibehalten wurde. In formaler Hinsicht trug einerseits das SchukoEG dem mittlerweile in Kraft getretenen GSVG Rechnung, indem dessen Diktion (AA beziehungsweise LAA) übernommen wurde. Andererseits sind zur Materie nun einige Durchführungs-VO und Novellen ergangen, auf deren wichtigste Änderungen hier im Folgenden eingegangen wird. Das Abgehen vom SchukoEVO-Regime brachte insgesamt doch deutliche Verschärfungen zulasten der „Schutzkorps"-Mitglieder, wobei das Verhältnis der Neuregelungen gegenüber der früheren Rechtslage nicht ausdrücklich geregelt war. Aufgrund der Nicht-Regelung ist von einer materiellen

---

[549] „Bundesgesetz vom 20. Juli 1934, womit die Verordnung der Bundesregierung vom 9. März 1934, BGBl I Nr. 165, über die begünstigte Einstellung der arbeitslosen, abgerüsteten Schutzkorpsangehörigen in die Betriebe abgeändert wird" (BGBl 166/1934).

[550] § 9 SchukoEVO idF BGBl 166/1934.

[551] BGBl 165/1935. Dazu gleich unten in diesem Kap.

[552] ÖStA/AdR, BMsV/SP, Kart 810, GrZ 78.818/35 [Umschlag], darin: GZ 1.137, Vermittlung von Arbeitsdienstwilligen zu entlohnten Arbeiten, darin: GZ 54.346/34, Erlass des BMsV an alle Industriellen Bezirkskommissionen betreffs Bevorzugte Vermittlung von Mitgliedern des Gewerkschaftsbundes und der Vaterländischen Front durch die öffentlichen Arbeitsnachweise. Weisung an die Industriellen Bezirkskommissionen (16. Juni 1934).

[553] Näher zu diesem Erlass und allgemein zur bevorzugten Vermittlung im Austrofaschismus abseits des „Schutzkorps"- beziehungsweise des „Militärassistenzkorps"-Bereichs siehe weiter unten in diesem Kap.

[554] ÖStA/AdR, BMsV/SP, Kart 667, SA 64, GZ 55.327/35, Amtsvermerk des BMsV betreffs Allgemeiner öffentlicher Arbeitsnachweis der Stadt Wien, VI., Mollardgasse 8, Kompetenz; Bevorzugte Vermittlung von Mitgliedern der Vaterländischen Front (4. Juni 1935)

[555] „Bundesgesetz über die begünstigte Einstellung von arbeitslosen, abgerüsteten Angehörigen des freiwilligen Schutzkorps und des Militärassistenzkorps in die Betriebe" (BGBl 165/1935 [sic!]).

Derogation[556] im Sinne des Lex-posterior-Satzes auszugehen, mit der Wirkung, dass der zeitliche Bedingungsbereich der abweichenden SchukoEVO-Regelungen endete, deren Rechtsfolgenbereich aber fortdauerte.

Entsprechend der „Februarkämpfe"-Klausel nahm man eine „Juliputsch"-Klausel auf, welche der nun ab dem 1. August 1934 laufenden, sechsmonatigen Frist gleichstellte, in der Zeit zwischen dem 25. und 31. Juli 1934 in Dienst gewesen zu sein.[557] Der Umstand der um das Fünffache verlängerten Frist, mit dem Anfangstermin zum 1. August 1934, brachte deutliche Einschränkungen der Regierungszugeständnisse an die Formationen und deren Angehörigen zum Ausdruck. Auch für den Fall, dass dem Arbeitgeber beziehungsweise der Arbeitgeberin kein geeigneter „Schutzkorps"-Angehöriger zur Verfügung stand, entfiel die zwingende Zuweisung ausschließlich arbeitslos gemeldeter, abgerüsteter „Schutzkorps"-Mitglieder durch die AÄ.[558] Angesichts der Entlastungen zugunsten der einstellenden UnternehmerInnen hielt es wohl die Bundesregierung nun, knapp ein Jahr nach dem nationalsozialistischen „Juliputsch" und im Zuge der Abwicklung der „Schutzkorps"-Verbände, für angebracht, das System des Anreizes für die Exekutiv-Aushilfe entsprechend zu reduzieren.

Als Zwischenbilanz zum hier vorliegenden Versorgungsregime sei festgehalten, dass sich dahinter eine sehr aggressive Art verbarg, die regimetreuen „Schutzkorps"-Angehörigen unter weitreichendem Rückgriff auf die Arbeitsmarktbehörden am Arbeitsmarkt unterzubringen. Indirekt wurden damit die LAÄ und AÄ klarerweise systematisch für politische Zwecke instrumentalisiert, und zwar sowohl gegen die sozialistischen OpponentInnen als auch gegen die NS-PutschistInnen. Diese erstrangige Betrauung der Arbeitsämter mit den Aufgaben bevorzugter Vermittlung hob sich vor allem von der im IBG noch sehr zurückhaltend ausgestalteten Einbindung auf.

Auffällig ist, dass schon unmittelbar nach den „Februarkämpfen" 1934 – und damit sehr früh – Vorkehrungen für die Demontage der Formationen und eine bestmögliche Versorgung des Exekutiv-Überhangs getroffen wurden. Zugleich schuf man in der SchukoEVO gegenüber der ein Jahr später revidierten Rechtslage aber auch Rahmenbedingungen, um den Eintritt in eine „Schutzkorps"-Formation in dieser innenpolitisch äußerst virulenten Zeit möglichst attraktiv zu machen. Von dieser aggressiven Linie distanzierte man sich mit dem SchukoEG wieder ein Stück weit. Dass an der alten, exekutivfreundlichen Rechtslage gemäß der SchukoEVO nach dem „Juli"-Putsch noch fast ein Jahr lang festgehalten wurde, unterstreicht letztlich das Bedürfnis des Regimes, vorsichtshalber an der Attraktivität des Eintritts in eine „Schutzkorps"-Formation zunächst nichts zu ändern. Erst Reichsstatthalter Dr. Arthur Seyß-Inquart (NSDAP) schaffte das SchukoEG und die damit verbundene Bevorzugung gegenüber den übrigen Arbeitskräften am 27. Mai 1938 – eineinhalb Monate nach dem Einmarsch der deutschen Truppen in Österreich – ab.[559]

In Bezug auf die Anwendung der arbeitsmarktpolitischen „Schutzkorps"-Sonderregelungen lassen die statistischen Quellenbestände auf eine weitreichende Wirksamkeit der SchukoEVO und die wichtige Rolle arbeitsmarktbehördlicher Vermittlungstätigkeit schließen. Im Winter 1934/1935 waren bei den österreichischen Arbeitslosenämtern monatlich im Durchschnitt etwa 8.000 „Schutzkorps"-Angehörige vorgemerkt,[560] wobei in der Zeit zwischen Jänner und Februar 1935 von zusätzlich

---

[556] *Walter / Mayer / Kucsko-Stadlmayer*, Bundesverfassungsrecht, 244 f; *Kletečka*, Grundriss, 36 f.
[557] § 1 Abs 3 SchukoEG.
[558] § 8 Abs 3.
[559] „Gesetz über die Aufhebung des Schutzkorpseinstellungsgesetzes" (GBlÖ 148/1938).
[560] ÖStA/AdR, BMsV/SP, Kart 589, GZ 36.144/35, Amtsvermerk des BMsV betreffs Bevorzugte Vermittlung arbeitsloser, abgerüsteter Schutzkorpsangehöriger; Verzeichnisse der Landesarbeitsämter (18. April 1935). Demnach betrug jeweils der monatliche Stand der zur Vermittlung vorgemerkten „Schutzkorps"-Angehörigen 7.659 (Dezember 1934), 8.026 (Jänner 1935), 8.702 (Februar) und 8.087 (März). Die im Betreff angeführten Verzeichnisse liegen dem Akt leider nicht bei. Die Gesamtzahl der Begünstigten geht aus der Zusammenstellung ebenfalls nicht hervor.

4.307 zusätzlichen arbeitslos gemeldeten „Schutzkorps"-Mitgliedern fast ebenso viele (3.859) wieder vermittelt werden konnten. Beachtlich ist dabei, dass zu dieser Zeit die allgemeine Arbeitslosenrate ihren Höchststand von 26 Prozent (1933) gerade erst überschritten hatte. Bei dieser Quote (4.307 zu 3.859) war zudem noch nicht die Zahl derer erfasst, welche ihren gesetzesunmittelbaren Anspruch auf einen Arbeitsplatz bereits ohne die Zuhilfenahme der Arbeitsmarktbehörden durchsetzen konnten. Schließlich handelte es sich bei diesem Zeitfenster (Dezember 1934 bis März 1935) auch um die saisonbedingt ohnehin stark angespannten Monate der Winterarbeitslosigkeit. Im Übrigen wurde in dem Amtsvermerk angenommen, „daß sich in den nächsten Monaten die Zahl der auf Arbeitsplätze vermittelten „Schutzkorps"-Angehörigen erheblich vergrößern" würde, womit man wohl auf den Konjunkturaufschwung der Sommermonate setzte.

Sowohl für die Geltungsdauer der ursprünglichen SchukoEVO als auch jene des SchukoEG fallen besonders auch die weitreichenden Ausnahmen von der Einstellungspflicht auf. So erreichte eine Vielzahl von Interessensvertretungen der ArbeitgeberInnenseite eine Reduktion der Pflichtzahl – sowohl 1934 gem § 1 Abs 2 SchukoEVO als auch 1935 nach § 2 SchukoEG – beim BMsV durchzusetzen.[561] In welcher Form die Pflichtzahl-Reduktion jeweils vorgenommen wurde, ist in den meisten Fällen nicht näher bekannt. Dies betraf den Bund der österreichischen Industriellen (Textil-, Schokolade- und Zuckerwarenindustrie; Eisenhütten-, Stahl- und Sensenwerke), den Hauptverband der grafischen Unternehmungen, den Verband der Herausgeber der österreichischen Tageszeitungen, den Fachverband der österreichischen Eisenbahnen, den Verband der österreichischen Banken und Bankiers. Lediglich in Einzelfällen sind in dem betreffenden Akt Einzelheiten überliefert. Im Bereich des österreichischen Verbands der Versicherungsanstalten steht fest, dass hier für die Berechnung der Pflichtzahl 1934 wie 1935 auch örtlich getrennte Betriebe zusammengefasst werden konnten. Die Donau-Save-Adria-Eisenbahngesellschaft suchte in beiden Jahren erfolgreich beim Zentraldienst und bei der Liquidatur der Gesellschaft um eine gänzliche Ausnahme von der Einstellungspflicht an.

Zusammenfassend ist festzuhalten, dass es dem Dollfuß-Regime sicherlich auch Dank der anfänglich sehr großzügigen Arbeitsmarktregelungen aus der Zeit des Bürgerkriegs im Februar gelang, rasch das Interesse vieler arbeitsloser Opportunisten an einem Eintritt in eine „Schutzkorps"-Formation zu wecken. Insbesondere ist darin ein Beispiel massiver Übervorteilung gegenüber nicht dezidiert regimetreuen ArbeitnehmerInnen zu sehen. An dieser Grundhaltung änderten auch die spürbar eingriffsärmeren Rechtsgrundlagen ab dem SchukoEG aus dem Jahr 1935 nichts. Auch nahm zwar die bereits 1934 erfolgende Einschränkung der „Schutzkorps"-Zugeständnisse durch eine Reihe branchengünstiger Erlässe die schließlich mit dem SchukoEG gesetzlich normierten Entlastungen zugunsten der einstellenden UnternehmerInnen – und damit auch zum Teil der übrigen ArbeitnehmerInnen – vorweg. Doch sowohl damit als auch mit den abgeschwächten SchukoEG-Regeln brachte das Regime letztlich vor allem das volkswirtschaftlich bedingte Unvermögen zum Ausdruck, die ursprünglich sehr großzügigen Versprechungen an seine Klientel im Rahmen der „Schutzkorps"-beziehungsweise der „Militärassistenzkorps"-Sonderregeln auch konsequent einzulösen.

Im Zusammenhang mit den dargestellten arbeitsmarktpolitischen Sonderregelungen fällt im Übrigen die Ähnlichkeit der Intensität arbeitsmarktbehördlicher Einbindung im Vergleich zu Regelungen der Ersten beziehungsweise der Zweiten Republik auf. In der primären Inpflichtnahme der ArbeitgeberInnen und dem Rückgriff auf die Arbeitsämter erst in einem zweiten Schritt lässt sich

---

[561] ÖStA/AdR, BMsV/SP, Kart 293, GZ 6.792/35, darin: GZ 47.368/35, Amtsvermerk des BMsV betreffs Einstellung von arbeitslosen, abgerüsteten Angehörigen des freiwilligen Schutzkorps und des Militärassistenzkorps in die Betriebe; Erleichterung der Einstellungspflicht (23. Mai 1935).

ein Muster erkennen, das schon kurz nach dem Ersten Weltkrieg in das schon eingangs in diesem Kapitel erwähnte IBG Eingang fand.

In der Zweiten Republik schließlich erinnerten die Mechanismen der Entnazifizierung gemäß dem „Wirtschaftssäuberungsgesetz"[562] an das hier vorweggenommene Modell, wenngleich auch die diesbezüglichen Gesetzesmaterialien über eine direkte Vorbildwirkung schweigen.

Letztendlich sind diese Vorgänge eindeutige Hinweise auf die Instrumentalisierung der Arbeitsmarktbehörden für ideologische Zwecke und machen deren Rolle als Akteure auf einer zweiten Handlungsebene deutlich. Während zunächst die grobe Umsetzung des Gesetzeszwecks den ArbeitgeberInnen überlassen wurde, kamen in einem zweiten Schritt die Arbeitsmarktbehörden gleichsam als „Saubermacher" zum Zug, um eine möglichst lückenlose Durchführung des Gesetzeszwecks zu gewährleisten. Im Austrofaschismus war diese politische Indienstnahme besonders drastisch, da sie einerseits zu einer gezielten Stärkung linientreuer Kräfte und damit des Regimes beitrug und andererseits in einer Zeit besonders hoher Arbeitslosigkeit auf die empfindliche wirtschaftliche Übervorteilung eines überwiegenden Teils der Arbeitskräfte abzielte.

Die „Schutzkorps"- beziehungsweise „Militärassistenzkorps"-Sonderregelungen sind ein prägnantes Beispiel für die gezielt parteipolitisch motivierte und rechtlich in diesem Sinne ausgiebig fundierte Übertragung arbeitsmarktbehördlicher Zuständigkeiten im Vermittlungswesen. Allerdings beschränkte sich die Instrumentalisierung der Arbeitsämter bei weitem nicht auf diese Bereiche der Aushilfs-Exekutive. Eine Reihe von späteren Erlässen sah eine begünstigte Behandlung der Gefolgsleute vor, wobei der BMsV-Erlass[563] vom 16. Juni 1934 zur linienkonformen Vermittlungspriorisierung von „Schutzkorps"-, Gewerkschafts- und VF-Mitgliedern als der grundlegende Nachweis in die Richtung eines allgemeinen Vorzugssystems anzusehen ist.

Diesem BMsV-Erlass zufolge wurde im Hinblick auf das Vermittlungsregime eine Unterscheidung zwischen „öffentlichen Arbeiten"[564] und „privaten Arbeiten" getroffen.[565] Im Bereich der „öffentlichen Arbeiten" war

„die Vermittlung [durch die Arbeitslosenämter] in folgender Reihenfolge durchzuführen [...]:

1. Schutzkorpsangehörige mit Einstellungsschein (diesen werden abgerüstete Militärpersonen mit Einstellungsschein für den Fall, als [sic!] die Begünstigung der Einstellungsverordnung für „Schutzkorps"-Angehörige auch auf sie ausgedehnt werden sollte, gleichzuhalten sein).
2. Unterstützte (notstandsunterstützte, ausgesteuerte) Arbeitslose, unter diesen
    a) Mitglieder der Vaterländischen Front, die im Gewerkschaftsbund organisiert sind;
    b) Mitglieder der Vaterländischen Front, die im Gewerkschaftsbund nicht organisiert sind;
    c) Nichtorganisierte.
3. Alle übrigen [nicht unterstützten Arbeitslosen], und zwar in der gleichen Reihenfolge wie nach Punkt 2).

Bei Arbeiten, für die eine besondere Qualifikation erforderlich [...] [war], [...] [entschied] die Qualifikation, bei gleicher Qualifikation obige Reihenfolge."[566]

---

562 SGBl 160/1945. Daran ändert auch der Umstand nichts, dass 1934 die begünstigte Versorgung von Regimetreuen mit Arbeit und in der Zweiten Republik die Beseitigung der „Ehemaligen" vom Arbeitsplatz im Vordergrund stand.
563 Amtliche Nachrichten des BMsV 1934 (Wien 1935) 153 f (GZ 54.346/34). ÖStA/AdR, BMsV/SP, Kart 810, GrZ 78.818/35 [Umschlag], darin: GZ 1.137, Vermittlung von Arbeitsdienstwilligen zu entlohnten Arbeiten, darin: GZ 54.346/34, Erlass des BMsV an alle Industriellen Bezirkskommissionen betreffs Bevorzugte Vermittlung von Mitgliedern des Gewerkschaftsbundes und der Vaterländischen Front durch die öffentlichen Arbeitsnachweise. Weisung an die Industriellen Bezirkskommissionen (16. Juni 1934). Zur erstrangigen Stellung der „Schutzkorps"-Angehörigen im Kontext dieses Erlasses siehe weiter oben in diesem Kap.
564 Abschnitt I leg cit.
565 Abschnitt II. Zu dieser Unterscheidung siehe schon im Kap I. A. 2. Politische, wirtschaftliche und soziale Rahmenbedingungen.
566 GZ 54.346/34.

Die Bestimmungen zur Vermittlung der Arbeitskräfte in „private Arbeiten" folgten demselben Muster,[567] sahen aber im ersten Satz vor, dass „[b]ei privaten Arbeiten [...] die fachliche Qualifikation [entschied]", womit eine höhere Qualifikation auch dann maßgeblich war, wenn sie am jeweiligen Arbeitsplatz nicht erforderlich war. Überdies wurde für „private Arbeiten" ausdrücklich eine Vier-Prozent-Quote – ähnlich wie schon nach IBG[568] – festgelegt. Die Unterscheidung in „öffentliche" und „private Arbeiten" schien später weggefallen zu sein – zumindest wurde sie in maßgeblichen Erlässen[569] nicht mehr erwähnt.

Im Erlass,[570] welcher auf den Ministerratsbeschluss vom 8. Juni 1934 zurückging, wurde festgelegt, dass „die Mitglieder des Gewerkschaftsbundes und der Vaterländischen Front bei der Vermittlung durch die öffentlichen Arbeitsnachweise bevorzugt zu behandeln"[571] waren. Die im Erlass festgelegte Reihenfolge weist zum einen eindeutig auf die Sonderstellung der „Schutzkorps"- beziehungsweise der „Militärassistenzkorps"-Angehörigen gegenüber den übrigen bevorzugten ArbeitnehmerInnen hin. Zum anderen war für die übrige Klientel klar, dass – abgesehen von den Schlüsselarbeitskräften – der Grad der Organisiertheit ausschlaggebend war, welcher offenbar als Indiz für die Linientreue gewertet wurde. Damit schuf sich das Dollfuß/Schuschnigg-Regime ein Vermittlungsmodell, mit welchem ein weitaus größerer Kreis von regimetreuen Arbeitskräften als bei den „Schutzkorps"-Bestimmungen durch die Arbeitsmarktbehörden bevorzugt bedient wurde. Die Bevorzugung der Mitglieder des Gewerkschaftsbunds wird insbesondere deutlich, wenn man bedenkt, dass mit der Abschaffung der Freien Gewerkschaften nach dem Einstellen ihrer Tätigkeiten „die christlichen Gewerkschaften [...] die Führung im neu gegründeten Gewerkschaftsbund"[572] (März 1934) übernahmen. Damit war man ab dieser Zeit von einer sozialistischen Domäne im gewerkschaftlichen Bereich weit entfernt.

---

[567] Abschnitt II.

[568] Kap I. C. 2. Die Rolle der Arbeitsmarktbehörden im Rahmen des Arbeitsplatzmanagements zugunsten benachteiligter Arbeitskräfte („Kriegsinvalide").

[569] Etwa ÖStA/AdR, BMsV/SP, Kart 667, SA 64, GZ 55.327/35, Amtsvermerk des BMsV betreffs Allgemeiner öffentlicher Arbeitsnachweis der Stadt Wien, VI., Mollardgasse 8, Kompetenz; Bevorzugte Vermittlung von Mitgliedern der Vaterländischen Front (4. Juni 1935).

[570] GZ 54.346/34.

[571] Ebd (Vorbemerkung).

[572] *Tálos*, Emmerich, Austrofaschismus und Arbeiterschaft. In: *Reiter-Zatloukal*, Ilse / *Rothländer*, Christiane / *Schölnberger*, Pia (Hg), Österreich 1933–1938. Interdisziplinäre Annäherungen an das Dollfuß-/Schuschnigg-Regime (Wien/Köln/Weimar 2012) 167–180, hier: 171, mit weiteren Nachweisen.

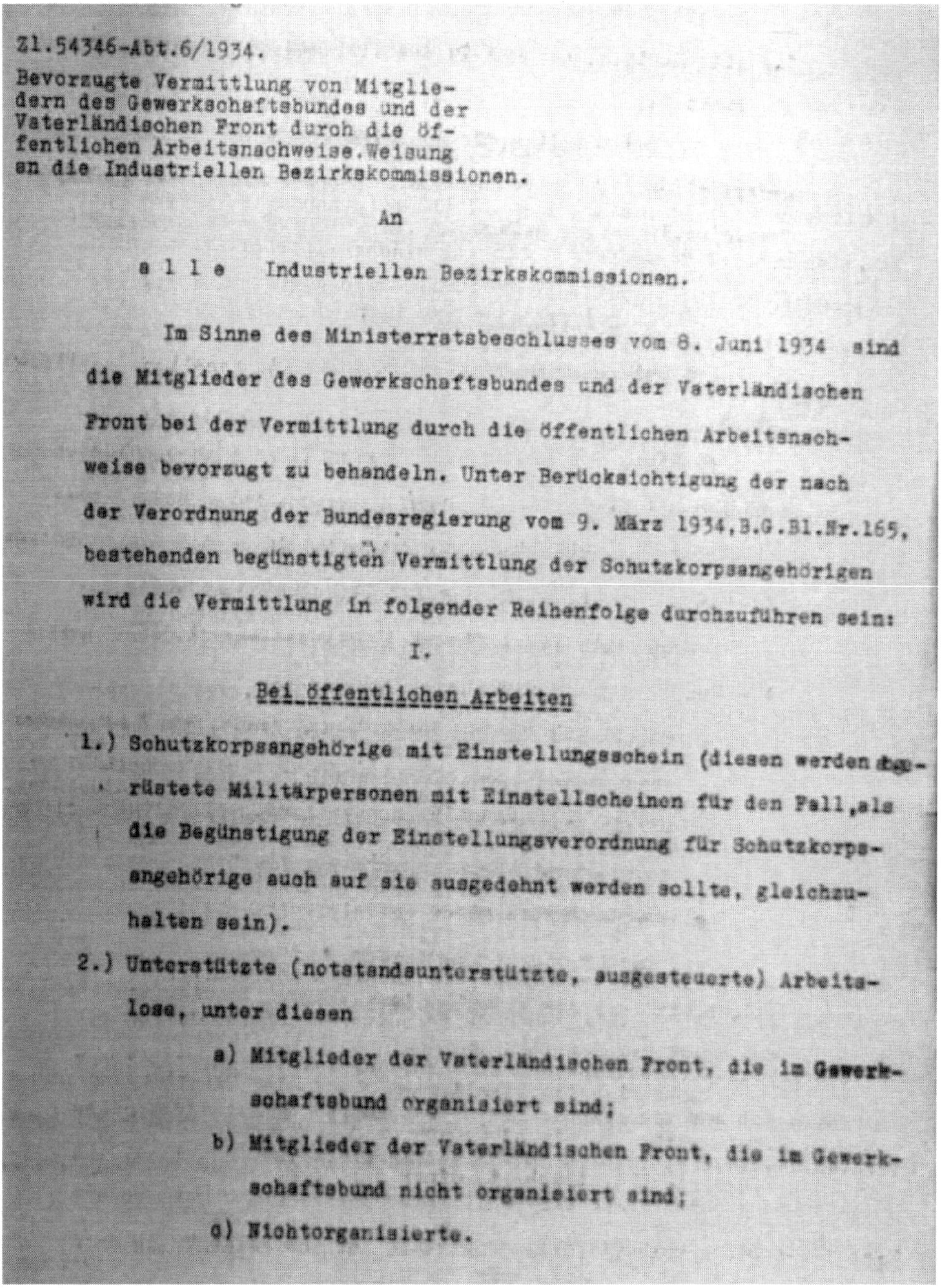

```
Zl.54346-Abt.6/1934.
Bevorzugte Vermittlung von Mitglie-
dern des Gewerkschaftsbundes und der
Vaterländischen Front durch die öf-
fentlichen Arbeitsnachweise.Weisung
an die Industriellen Bezirkskommissionen.
```

An

a l l e   Industriellen Bezirkskommissionen.

Im Sinne des Ministerratsbeschlusses vom 8. Juni 1934 sind die Mitglieder des Gewerkschaftsbundes und der Vaterländischen Front bei der Vermittlung durch die öffentlichen Arbeitsnachweise bevorzugt zu behandeln. Unter Berücksichtigung der nach der Verordnung der Bundesregierung vom 9. März 1934,B.G.Bl.Nr.165, bestehenden begünstigten Vermittlung der Schutzkorpsangehörigen wird die Vermittlung in folgender Reihenfolge durchzuführen sein:

I.

Bei öffentlichen Arbeiten

1.) Schutzkorpsangehörige mit Einstellungsschein (diesen werden ausgerüstete Militärpersonen mit Einstellscheinen für den Fall,als die Begünstigung der Einstellungsverordnung für Schutzkorpsangehörige auch auf sie ausgedehnt werden sollte, gleichzuhalten sein).

2.) Unterstützte (notstandsunterstützte, ausgesteuerte) Arbeitslose, unter diesen

      a) Mitglieder der Vaterländischen Front, die im Gewerkschaftsbund organisiert sind;

      b) Mitglieder der Vaterländischen Front, die im Gewerkschaftsbund nicht organisiert sind;

      c) Nichtorganisierte.

Abbildung 3:[573] **BMsV-Erlass zur bevorzugten Vermittlung von Gewerkschafts- und VF-Mitgliedern (1934)**

---

[573] Amtliche Nachrichten des BMsV 1934 (Wien 1935) 153 f (GZ 54.346/34). ÖStA/AdR, BMsV/SP, Kart 810, GrZ 78.818/35 [Umschlag], darin: GZ 1.137, Vermittlung von Arbeitsdienstwilligen zu entlohnten Arbeiten, darin: GZ 54.346/34, Erlass des BMsV an alle Industriellen Bezirkskommissionen betreffs Bevorzugte Vermittlung von Mitgliedern des Gewerkschaftsbundes und der Vaterländischen Front durch die öffentlichen Arbeitsnachweise. Weisung an die Industriellen Bezirkskommissionen (16. Juni 1934).

Spätere Nachweise bestätigen diese zentralstaatlich koordinierte Tendenz selektiver Bevorzugung von linientreuen Arbeitskräften, wobei die Umsetzung durch die Arbeitsämter nicht immer zur vollsten Zufriedenheit des BMsV und der VF-Standpunkte ausfiel. So bemängelte etwa ein BMsV-Erlass[574] vom 27. März 1935 mangelnde Kooperation der Arbeitsämter mit der VF, dem Gewerkschaftsbund und den Wehrverbänden. Das BMsV wies diesbezüglich daraufhin, dass „einige Arbeitsämter bei der bevorzugten Arbeitsvermittlung nicht das notwendige Einvernehmen mit den Bezirksleitungen der V.F. pfleg[t]en".[575] Es wäre aber „unerlässlich [...], [diesbezüglich] eine ständige Fühlungnahme mit den lokalen Organisationen der Wehrverbände, des Gewerkschaftsbundes und der Vaterländischen Front Sorge" zu hegen.

Inwieweit Reibungspunkte wie der zuletzt genannte tatsächlich ein flächendeckendes Problem für das Regime darstellten, kann anhand der Quellenbestände nicht seriös beantwortet werden. Doch war durchaus nicht jegliche parteipolitisch motivierte, arbeitsamtliche Tätigkeit vom Missfallen der VF-Linie geprägt. In der Zeit zwischen 1. und 11. September 1937 erfolgte etwa durch Dr. Kraus, den „Stellvertreter des leitenden Beamten des Landesarbeitsamtes Wien",[576] und durch weiteres Revisionspersonal eine ressortinterne Kontrolle des AA „Wiener Boden", wo sich Gegenteiliges bestätigte. Es wurde festgestellt, dass unter Verwendung eines besonderen Vermittlungskatasters sowohl Kriegsbeschädigte als auch „Schutzkorps"-Angehörige, Angehörige des Gewerkschaftsbundes sowie Mitglieder der Vaterländischen Front einer bevorzugten Arbeitsvermittlung zugeführt wurden. Als Voraussetzung dafür mussten die Mitglieder ihre Mitgliedschaft in einer nicht näher bekannten Form nachweisen. In diesem Zusammenhang stellten die Revisoren fest, dass im Unterschied zu anderen kleineren Mängeln in der Amtsführung – der Bericht spricht von einer „geringen Anzahl der Einzelbeanstandungen" – die Aufgaben im Bereich der bevorzugten Vermittlung tadellos durchgeführt wurden.[577]

Einen weiteren Bereich mit Hinweisen auf politisch motivierte, arbeitsmarktbehördliche Vermittlung stellte der FAD dar. Mit den ausdrücklichen Argumenten des saisonalen Konjunktureinbruchs im Winter 1934/1935, des Auslaufens der Förderungshöchstfrist[578] sowie des „erzielte[n] Erziehungserfolg[s]" erging durch das BMsV am 15. Oktober 1934 ein Erlass,[579] welcher die bevorzugte Vermittlung von „Arbeitsdienstwilligen" anordnete. Konkret wurden für den Fall eines betriebsseitigen Bedarfs nach „jugendlichen Arbeitskräften" die

„Industriellen Bezirkskommissionen ersucht, dem Probleme [sic!] der Vermittlung von aus dem Arbeitsdienst ausgeschiedenen jugendlichen Arbeitsdienstwilligen auf Arbeitsplätze ihre besondere Aufmerksamkeit zu schenken und die Arbeitslosenämter entsprechend anzuweisen."

Die ideologische Komponente der besonderen Berücksichtigung „Arbeitsdienstwilliger" gegenüber anderen jugendlichen Arbeitskräften drängt sich in diesem Fall nicht so eindeutig auf, wie in den Fällen des „Freiwilligen Schutzkorps" und des Erlasses[580] vom 16. Juni 1934 zur linienkonformen Vermittlungspriorisierung von Gewerkschafts- und VF-Mitgliedern. Sie dürfte aber letztendlich doch bestanden haben und zwar im Zusammenhang mit dem Motiv des „erzielten Erziehungs-

---

[574] GZ 15.635/7/35.

[575] ÖStA/AdR, BMsV/SP, Kart 633, SA 50, Graz 1935–1937, GZ 35.111/35, Mitteilungen des Landesarbeitsamtes Graz Nr. 8 (5. April 1935) samt dessen Erlass an die Arbeitsämter des LAA Graz betreffs Bevorzugte Vermittlung von Mitgliedern der V.F.

[576] ÖStA/AdR, BMsV/SP, Kart 621, GZ 111.029/37, Amtsvermerk des BMsV betreffs Revision des AA Wiener Boden in der Zeit vom 1.9. bis 11. 9. 1937 (11. November 1937).

[577] Ebd, Einlagebogen.

[578] §§ 1, 3 und 4 Abs 2 FADG.

[579] ÖStA/AdR, BMsV/SP, Kart 810, GrZ 78.818/35, darin: GZ 117.750, Bevorzugte Vermittlung von Arbeitsdienstwilligen, darin: GZ 1.024-FAD/34, Erlass des BMsV an die Verwaltungskommissionen aller Industriellen Bezirkskommissionen (15. Oktober 1934).

[580] GZ 54.346/34. Dazu weiter oben in diesem Kap.

erfolgs". Gewiss mögen die Erziehungsbemühungen des FAD auch allgemeinen ideologiefremden Zwecken wie der Förderung der Arbeitsmoral gedient haben. Daneben war es aber auch erklärtes Ziel des FAD im Austrofaschismus, eine verstärkte Sensibilisierung für die „ständische Ordnung" und die „ständische Verfassung" des Staates zu erreichen.[581]

Weiters kam der Umstand einer ideologischen Ausrichtung von Erziehungskonzepten in der Betrauung von Gruppierungen wie den „ostmärkischen Sturmscharen" und dem „Heimatschutz" als „Träger des Dienstes" deutlich zum Tragen,[582] die eindeutig eine ideologische Zielsetzung im Sinne des Regimes verfolgten. Die Erziehung im Sinne des „Ständestaates" ließ es aus Regimeperspektive offensichtlich angebracht erscheinen, gezielt in diese Gruppe von Arbeitskräften zu investieren – eine Anstrengung, die in eine arbeitsmarktbehördliche Sonderstellung dergleichen mündete.

Abgesehen von der Weisung, dieser Vermittlungsagenda „besondere Aufmerksamkeit" im Sinne des BMsV-Erlasses zu schenken, bestand keine Präzisierung für das Vorgehen des behördlichen Unterbaus. Überlieferungen der österreichweiten Praxis der beiden unteren Verwaltungsebenen sind nicht gegeben. Die IBK Linz entschied sich jedenfalls unter Berufung auf den gegenständlichen BMsV-Erlass[583] für eine sehr weitreichende Begünstigung. So wurde festgelegt, dass fünf Prozent der freien [!] Arbeitsplätze durch solche „Arbeitsdienstwilligen" zu besetzen waren, welche „wegen der im Gesetz vorgesehenen Höchstdauer der Beschäftigung entlassen worden sind".[584] Voraussetzung für diese bevorzugte Vermittlung war allerdings die Mitgliedschaft „eines der Wehrverbände (H[einm]w[ehren], O[stmärkische] S[turm]S[charen], Freiheitsbund, christl[ich] deutsche Turner) oder des Gewerkschaftsbundes bzw. der Vaterländischen Front". Damit war eine eindeutig ideologische Einfärbung des Vermittlungsvorgehens gegeben, die sich stark an die „Schutzkorps"-, VF- und Gewerkschafts-Sonderstellung anlehnte beziehungsweise sich mit ihr überlappte.

Die überlieferte Rechtslage zu dieser FAD-Vermittlung ist besonders aufschlussreich, die Stellung der linienkonformen „Schutzkorps"- und VF-konformen Vermittlungsregime betreffend. Denn in diesem Zusammenhang wurde mehrfach auf die „Schutzkorps"-[585] und VF-/Gewerkschafts-[586] Regelungen Bezug genommen und so das FAD-Reglement in das Gesamtgeflecht ideologisch motivierter Vermittlung eingebettet.

Im Hinblick auf die politisch gefärbte Vermittlung im Austrofaschismus gilt es auch auf spezielle organisatorische Aspekte hinzuweisen, wobei besonders für Wien Strukturen in diese Richtung überliefert sind. Dort war der „Allgemeine öffentliche Arbeitsnachweis der Stadt Wien, VI. [Wiener Gemeindebezirk], Mollardgasse 8", mit der Vermittlung „für alle in Wien wohnhaften arbeitslosen Berufsarbeiter und Angestellten, die bereits am 1. März 1934 Mitglieder der nachstehend genannten Organisationen" waren, betraut: „Christliche Gewerkschaften, Unabhängige Gewerkschaften, Heimatschutz, Ostmärkische Sturmscharen, Vaterländische Front oder sonstige christliche oder vaterländische Vereine".[587] Der vorliegende Akt ist ein eindeutiger Hinweis auf das Bestehen eigener Organisationsstrukturen zur systematisch bevorzugten Vermittlung linientreuer Kreise. Der Umstand, dass wie im gezeigten Fall ein spezielles Arbeitsamt für die eigene Klientel errichtet wurde,

[581] *Weinberger*, FAD, 29 f. Wenngleich er nicht ausdrücklich auf die Austrofaschismus-Zeit Bezug nimmt, lässt diese Begrifflichkeit doch Rückschlüsse auf diese Zeit zu.

[582] Ebd. 4.

[583] GZ 1.024-FAD/34.

[584] ÖStA/AdR, BMsV/SP, Kart 810, GrZ 78.818/35, darin: GZ 117.750, Bevorzugte Vermittlung von Arbeitsdienstwilligen, darin: GZ 80/34, Erlass der Industriellen Bezirkskommission Linz an alle Arbeitsämter des Dienstbereiches der I.B.K. Linz betreffs Arbeitsvermittlung der entlassenen Arbeitsdienstwilligen (23. November 1934).

[585] BGBl 165/1934.

[586] BMsV-Erlass GZ 54.346/34.

[587] ÖStA/AdR, BMsV/SP, Kart 667, SA 64, GZ 55.327/35, Amtsvermerk des BMsV betreffs Allgemeiner öffentlicher Arbeitsnachweis der Stadt Wien, VI., Mollardgasse 8, Kompetenz; Bevorzugte Vermittlung von Mitgliedern der Vaterländischen Front (4. Juni 1935).

darf im Übrigen insofern nicht überbewertet werden, als die allgemeinen Vorschriften zur linienkonformen Vermittlung – etwa gem BMsV-Erlass[588] vom 16. Juni 1934 – für sämtliche AÄ galten und nicht auf organisatorische Sonderstrukturen beschränkt waren.

Abseits des ideologisch aufgeladenen Vermittlungsregimes ist in Bezug auf den Austrofaschismus der Frage nachzugehen, inwiefern in diesem Zeitabschnitt Anfänge einer allgemeinen Arbeitspflicht im arbeitsamtlichen Zuständigkeitsbereich eine Rolle spielten. Ausgangspunkt dafür ist die Feststellung von Senft, dass

„[d]as Ende der Freiwilligkeit im Zusammenhang mit dem Arbeitsdienst […] ab Juni 1936 mit der Einführung der sogenannten Bundesdienstpflicht gegeben [war]. Die Dienstpflicht ‚mit und ohne Waffe für Volk und Heimat' ersetzte nun den ursprünglichen Freiwilligen Arbeitsdienst, der damit aus der Liste der Fürsorgemaßnahmen gestrichen wurde."[589]

Da sich der Zulauf Freiwilliger bis zu diesem Zeitpunkt in Grenzen hielt, wären die Arbeitsämter nach dieser Lesart angewiesen, fortan die Kontingente durch Verpflichtungen unter Androhung des Verlustes oder der Verweigerung der Notstandshilfe sicherzustellen. Diese Feststellungen bedürfen einer eingehenden Kontextualisierung.

Zunächst gilt es festzustellen, inwieweit innerhalb des FAD-Konzepts tatsächlich am Ast der Freiwilligkeit gesägt wurde. Nachdem sich in den ersten Jahren des FAD die arbeitsmarktbehördliche Zuständigkeit im Wesentlichen auf die Abwicklung des Zulassungsverfahrens beschränkte,[590] wurde im Austrofaschismus die arbeitsmarktbehördliche FAD-Kompetenz auf die erste Instanz ausgedehnt. Anknüpfungspunkt dafür war § 7 FADG alter Fassung mit dem Zugeständnis an die potentiell „dienstwilligen" Arbeitskräfte, den Anspruch auf Arbeitslosenunterstützung beziehungsweise auf Notstandsaushilfe im Fall der Verweigerung der FAD-Beteiligung zu behalten. Dieses Zugeständnis wurde im April 1935 – zur Zeit des Inkrafttretens des GSVG, der Errichtung der LAÄ und AÄ und der Einführung des verpflichtenden RAD im Deutschen Reich – aufgehoben.

Schon eine novellierte Fassung des § 7 FADG[591] vom Dezember 1933 ermächtigte den BMsV, den Verlust des Anspruchs auf Notstandaushilfe bei Verweigerung der FAD-Teilnahme für jene Arbeitslosen festzulegen, die ledig und im Alter unter 25 Jahren waren. Diese Bestimmung wurde per VO[592] vom April 1935 dahingehend durchgeführt, dass der Anspruchsverlust zu erfolgen hatte, wenn die arbeitsamtliche Vermittlung der FAD-Teilnahme durch diesen Personenkreis verweigert wurde.[593] Die Mittel des FAD wurden ab dem Jahr 1936 sukzessive eingeschränkt und damit wurde zugleich eine zahlenmäßige Aufstockung ausgeschlossen,[594] um dem Problem mangelnder Arbeitsdienstwilliger beizukommen.[595] Dies macht deutlich, dass die arbeitsamtliche Vermittlung in den FAD weitestgehend zurückhaltend umgesetzt wurde. Insofern ist Weinbergers Feststellung beizupflichten, dass in Bezug auf den FAD faktisch nicht ernsthaft „[a]m Prinzip der Freiwilligkeit […] gerüttelt"[596] wurde.

---

[588] GZ 54.346/34.
[589] *Senft*, Gerhard, Im Vorfeld der Katastrophe. Die Wirtschaftspolitik des Ständestaates. Österreich 1934–1938 (Vergleichende Gesellschaftsgeschichte und politische Ideengeschichte der Neuzeit 15, Wien 2002) 479.
[590] Zur Frühzeit der FAD-Regelungen im arbeitsamtlichen Umfeld siehe 3. Das Umfeld der Arbeitsmarktbehörden.
[591] BGBl 304/1932 idF BGBl 583/1933.
[592] BGBl 132/1935.
[593] Z 1 leg cit.
[594] *Weinberger*, FAD, 50.
[595] ÖStA/AdR, BMsV/SP, Kart 817, GrZ 121.047/37, Erlass des BMsV an das LAA in Innsbruck betreffs Gewährung der Bauschvergütung für Arbeitsdienstwillige im Alter von 25 bis 28 Jahren im Sprengel des LAA Innsbruck (18. Dezember 1937).
[596] *Weinberger*, FAD, 50. In diesem Sinne auch *Pawlowsky*, Arbeitslosenpolitik, 47.

Letztendlich ist damit keine direkte Umwandlung der FAD-Strukturen zu einem verpflichtenden Modell anzunehmen. Vor allem ging mit der von Senft angesprochenen Einführung der „Bundes-dienstpflicht" nicht die Abschaffung des FAD einher.[597] Bei deren Schaffung stand vor allem der Zweck der Wiedereinführung der allgemeinen Wehrpflicht im Vordergrund,[598] deren ausdrückliche Umsetzung das Regime aber in Konflikt mit den restriktiven Bestimmungen des Staatsvertrags von St. Germain gebracht hätte; denn dieser verbot die Einführung einer allgemeinen Wehrpflicht, weshalb es zur unklaren Formulierung der „Bundesdienstpflicht" samt den Bestimmungen über den „Dienst ohne Waffe" kam.[599] Vor diesem Hintergrund ist auch die Feststellung von Obstlt.a.D. Jaromier Diakow – welcher an der Entwicklung des Arbeitsdienstgedankens maßgeblich beteiligt war –, dass „[d]urch das Gesetz über die Bundesdienstpflicht […] der Arbeitsdienst endgiltig [sic] aus der Reihe der Fürsorge-Maßnahmen gestrichen, zum Ehrendienst an Volk und Heimat erhoben und dem Wehrdienst gleichgestellt" wäre, eher als Postulat zu werten denn als Darstellung eines Faktums.[600]

In diesem Zusammenhang sind im Licht der eingesehenen sozialpolitischen Quellenbestände jedoch keine Nachweise in Richtung einer systematischen Einbindung der Arbeitsmarktbehörden überliefert. Vielmehr gibt es Hinweise darauf, dass auf freiwilliger Basis rekrutierte „Dienstwillige" des „Österreichische Arbeitsdienstes" systematisch in das „Bundesdienstpflicht"-Modell integriert werden sollten. In diesem Zusammenhang eröffnete ein BMsV-Rundschreiben, dass „[f]ür den Fall der Einführung der Bundesdienstpflicht ohne Waffe […] für's erste die Dienstwilligen aus den Lagern des ‚Österreichischen Arbeitsdienstes' in Betracht"[601] kämen; die Freiwilligkeit bei diesem Rekrutierungsvorgang wird in dem Anreiz deutlich, dass über die FAD-Fristen hinaus „im Falle einer Einberufung mindestens auf mehrere Monate ein Unterkommen" zu finden wäre. Hinweise auf eine arbeitsamtliche Beteiligung sucht man aber sowohl im Hinblick auf die Rekrutierung, als auch auf die folgende Distributierung vergeblich. Vorbehaltlich weiterer Recherchearbeiten im Zu-sammenhang mit dem „Dienst ohne Waffe"[602] nach der Einführung der allgemeinen Wehrpflicht ist also auch in diesem Zusammenhang nicht von einer arbeitsmarktbehördlich geführten Dienstpflicht auszugehen, wie sie etwa wenige Jahre danach durch das NS-Regime auch im okkupierten Öster-reich umfassend umgesetzt wurde.

---

[597] *Weinberger*, FAD, 48. In diesem Sinne beantwortete das BMsV eine Anfrage der Österreichischen Nationalbibliothek, dass zwar die Mittel zur Umsetzung des FAD eingeschränkt geworden sind, dieser aber auch nach Einführung der „Bundesdienstpflicht" selbständig weiter bestand (ÖStA/AdR, BMsV/SP, Kart 812, GrZ 19.487/36, Aktenvermerk des BMsV, 21. Dezember 1936).

[598] *Weinberger*, FAD, 48. Die verhältnismäßig große Bedeutung des Verteidigungsaspekts gegenüber dem Beschäftigungsaspekt geht auch aus der Abbildung „Skizze über die Stellung des Arbeitsdienstes im Rahmen der Bundesdienstpflicht (Obstlt.a.D. Jaromier Diakow, 1936)" (unten in diesem Kap) hervor.

[599] *Zeinar*, Hubert, Geschichte des österreichischen Generalstabes (Wien 2006) 673.

[600] *Diakow*, Jaromir, Der Arbeitsdienst im Rahmen der Bundesdienstpflicht in Österreich (Graz/Wien/Leipzig 1936) 51. Auf die Einordnung des Buches von Diakow als Forderungskatalog deutet besonders auch das Nachwort hin (S. 57), wo er schreibt: „In diesen Zeilen ist alles enthalten, was mich bewegt."

[601] ÖStA/AdR, BMsV/SP, Kart 812, GrZ 4.300/36, Schreiben des BMLV [Bundesministeriums für Landesverteidigung] an das BMsV, zHd Dr. Franz Keller, betreffs Österreichischer Arbeitsdienst, Rundschreiben-Rückstellung (5. November 1936) samt Rundschreiben. Die fol-gende Durchführung der ersten Rekrutierungswelle Anfang Dezember innerhalb des „Österreichischen Arbeitsdienstes" hatte eine Aus-beute von knapp 500 tauglichen Dienstwilligen zum Ergebnis (ÖStA/AdR, BMsV/SP, Kart 812, GrZ 4.300/36, 17.293/36, Schreiben des Österreichischen Arbeitsdienstes an das BMsV, betreffs Stellung der Angehörigen des Oe[sterreichischen] A[rbeits]d[ienstes], 10. Dezember 1936). Für die „einmalig rund 1.000 Angehörige[n] des ‚Österreichischen Arbeitsdienstes' zum Dienst ohne Waffe in der bewaffneten Macht heranzuziehen[den]" „Bundesdienstpflichtigen" kamen „folgende Verwendungen, teils bei der Truppe, teils bei den Behörden und Anstalten, in Betracht: Professionisten (Schneider, Schuster, Tischler, Schlosser, Maler usw.), Magazins- und Hilfsarbeiter" (ÖStA/AdR, BMsV/SP, Kart 812, GrZ 4.300/36, GZ 35.222/36, Schreiben des Staatssekretärs Zehner, General der Infanterie, an den Österreichischen Arbeitsdienst betreffs Österreichischer Arbeitsdienst – Heranziehung zum freiwilligen „Dienst ohne Waffe", 5. November 1936).

[602] BGBl 102/1936. Vielversprechend dürften in diesem Zusammenhang die Bestände des Staatsarchivs sein (ÖStA/AdR, BMLV).

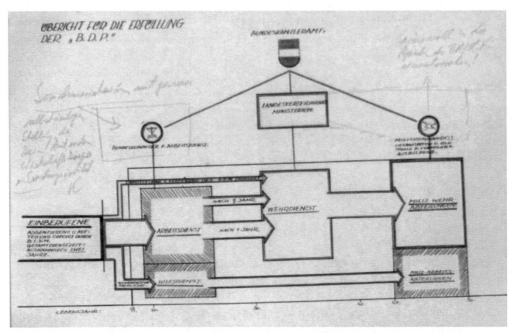

Abbildung 4:[603] **Skizze über die Stellung des Arbeitsdienstes im Rahmen der Bundesdienstpflicht (Obstlt.a.D. Jaromier Diakow, 1936)**

Das arbeitsmarktbehördliche Vermittlungswesen im Austrofaschismus war insgesamt von den systematischen Vorkehrungen geprägt, regimetreue Arbeitskräfte bevorzugt in Arbeit zu bringen. Eine erstrangige Stellung nahmen die „Schutzkorps"- und „Militärassistenzkorps"-Mitglieder ein, denen als den einzigen Gruppen von Arbeitskräften eine den Kriegsheimkehrern (IBG) vergleichbare gesetzlich gewährleistete Stellung eingeräumt wurde. Im Erlassweg wurden später verschiedene andere Gruppen wie insbesondere Mitglieder der VF, der Gewerkschaft und ausgewählter Wehrverbände bedacht. Demgegenüber wurden Vorkehrungen – abseits der PAF und des FAD – zur strukturellen Bekämpfung der Arbeitslosigkeit weitgehend vernachlässigt. Ansätze arbeitsamtlich geleiteter Zwangsbeschäftigung sind im Übrigen nur im Keim zu erkennen; die Bestrebungen des Regimes in diese Richtung erreichten nicht annähernd das Ausmaß, wie sie im NS forciert wurden.

---

[603] ÖStA/AdR, BMsV/SP, Kart 812, GrZ 4.300/36, Schreiben von J. Diakow an den Bundesminister für soziale Verwaltung, Dr. Josef Resch (18. Mai 1936) samt Studie: Der Arbeitsdienst im Rahmen der Bundesdienstpflicht – Ein Vorschlag.

Teil II: „Ostmark"

A. Rahmenbedingungen

1. Politische, wirtschaftliche und soziale Rahmenbedingungen

Die dominante Stellung des Zwangselements im Nationalsozialismus veranlasste das Regime dazu, den Begriff der „Arbeitsmarktverwaltung" durch die stärker hoheitlich geprägte Bezeichnung „Arbeitseinsatz" zu ersetzen. Erste Belege dafür finden sich etwa im „Gesetz zur Regelung des Arbeitseinsatzes"[604] vom 15. Mai 1934 oder im zeitgenössischen wissenschaftlichen Diskurs.[605] Mit Blick auf den Themenkreis der Zwangsarbeit[606] zeigt sich aber, dass diese bewusste Betonung der Unfreiwilligkeit bei weitem nicht nur eine begriffliche Tragweite hatte.

Nach der Okkupation[607] der Republik Österreich – sie büßte während der nationalsozialistischen Herrschaft ihre Souveränität ein[608] – lag die Hoheitsgewalt in Händen des vom „Altreich" aus gesteuerten NS-Regimes. Dies bedeutete eine umfassende Übernahme des nationalsozialistischen Staats- und Verwaltungsaufbaus nach Vorbild des „Altreiches",[609] vor allem unter Beseitigung der Gewaltenteilung. Das Gebiet der Republik bildete fortan einen Verwaltungssprengel des Deutschen Reiches, wobei zentrale Exekutivbefugnisse zunächst vom „Reichsstatthalter (Österreichische Landesregierung)",[610] Dr. jur. Arthur Seyß-Inquart, wahrgenommen wurden, der sich dafür der „Österreichischen Landesregierung" samt dem „Ministerium für Wirtschaft"[611] bediente und ab 23. April 1938 dem „Reichskommissar für die Wiedervereinigung Österreichs mit dem Deutschen Reich",[612] Josef Bürckel, weisungsgebunden war; dieser wiederum unterstand direkt Hitler, dem „Führer und Reichskanzler".[613] Jenes „Gesetz über den Aufbau der Verwaltung in der Ostmark (Ostmarkgesetz)",[614] das am 1. Mai 1939 in Kraft trat,[615] ordnete grundsätzlich die verwaltungsmäßige Eingliederung der „Ostmark" in das allgemeine Modell der „Reichsgaue" an.[616] Dies allerdings mit der Einschränkung, dass vorerst auf „Reichsgau"-übergreifender Ebene der „Reichskommissar für die Wiedervereinigung [...]" die Befugnisse des „Reichsstatthalters (Österreichische

---

[604] RGBl I 1934 S 381. Zum Arbeitseinsatzbegriff und den damit in Zusammenhang stehenden NS-Stellen siehe ausführlich *Vergin*, Ute, Die nationalsozialistische Arbeitseinsatzverwaltung und ihre Funktionen beim Fremdarbeiter(innen)einsatz während des Zweiten Weltkriegs (geisteswiss Diss, Osnabrück 2008) 69–226.

[605] *Schulz*, Gertraude, Notwendigkeit und Grenzen der Arbeitseinsatzpolitik (wirtschaftswiss Dipl, Würzburg 1938) 1.

[606] Dazu ausführlicher am Ende dieses Teils.

[607] *Öhlinger*, Theo, Verfassungsrecht (Wien 8 2009) 46; *Neuhold*, Hanspeter / *Hummer*, Waldemar / *Schreuer*, Christoph (Hg), Österreichisches Handbuch des Völkerrechts, Bd 1 (Textteil) (Wien 4 2004) 568–570. Nach der aktuellen Forschungsliteratur sind die Ereignisse des „Anschlusses" Österreichs an das Deutsche Reich völkerrechtlich als ein Fall von Okkupation – und nicht etwa Annexion – zu verstehen; demnach war die Republik Österreich zwar besetzt und verlor ihre Handlungsfähigkeit, behielt aber grundsätzlich die Rechtssubjektivität. Wie auch immer die rechtliche Einschätzung letztendlich ausfällt, das Argument der „weitgehend unveränderte[n] [...] Rechtsordnung" (*Neuhold / Hummer / Schreuer*, Völkerrecht, 570) kann für den Bereich der Arbeitsmarktverwaltung nicht ins Treffen geführt werden (siehe die Ausführungen zum „Interlokalen Recht" in Kap II. A. 2. Rechtliche Rahmenbedingungen). Von dieser juristischen Einordnung heben sich aktuelle allgemein-historische Einschätzungen (im Überblick etwa bei *Vocelka*, Geschichte, 297; *Bruckmüller*, Sozialgeschichte, 418) ab, welche die Rolle des „Moskauer Memorandums" und jene Österreichs als „erstes Opfer des NS" vor dem Hintergrund des weit verbreiteten „Anschluss"-Wunsches kritisch in einem größeren gesellschaftspolitischen Kontext beleuchten. Im Übrigen ist diese Form der „Okkupation" von jener des originären Gebietserwerbs (*Neuhold / Hummer / Schreuer*, Völkerrecht, 156) zu unterscheiden. In dieser Studie wird daneben die zeitgenössische Formulierung „Anschluss" als Synonym verwendet; diese Anlehnung an die zeitgenössische Diktion hat den Vorteil, dass so im Lesefluss Verwechslungen mit der Besatzungszeit 1945–1955 ausgeschlossen werden können.

[608] *Brauneder*, Verfassungsgeschichte, 248; *Vocelka*, Geschichte, 297. Dazu kritisch *Neuhold / Hummer / Schreuer*, Völkerrecht, 167.

[609] Zu den Umbrüchen in den Bereichen Verwaltung, Gesetzgebung und Gerichtsbarkeit im Überblick siehe *Brauneder*, Verfassungsgeschichte, 251 f.

[610] *Brauneder*, Verfassungsgeschichte, 251.

[611] Dazu näher im Kap II. B. 1. Vom Ministerium für soziale Fürsorge zum Bundesministerium für soziale Verwaltung.

[612] *Brauneder*, Verfassungsgeschichte, 251.

[613] RGBl I 1935 S 751. Dieser „Erlass" enthält die grundlegende Festsetzung dieser Bezeichnung.

[614] RGBl I 1939 S 777.

[615] § 19 leg cit.

[616] § 13 ff.

Landesregierung)" ausübte.[617] Mit Wirkung zum 1. April 1940 gingen diese Befugnisse zum Teil auf die „Reichsstatthalter" der nun errichteten einzelnen „Reichsgaue", zum Teil auf die „Obersten Reichsbehörden" über.[618]

Im Bereich der Legislative räumte später die „Verordnung über die Rechtsetzung durch den Generalbevollmächtigten für den Arbeitseinsatz"[619] vom 25. Mai 1942 dem „Generalbevollmächtigten für den Arbeitseinsatz" (GBA) die Gesetzgebungskompetenzen in dem Umfang ein, wie sie zuvor dem Reichsarbeitsminister zustanden. Die Aufgaben des einstweilen fortgeführten „Rechnungshofes des Landes Österreich" gingen ab August 1939 auf den „Rechnungshof des Deutschen Reiches" über.[620] Die Gerichtsbarkeit des öffentlichen Rechts – besonders die Verwaltungsjudikatur[621] – scheint in der „ostmärkischen" Arbeitseinsatzverwaltung vor allem im Bereich der Arbeitslosenversicherung,[622] nicht aber in jenem der Arbeitsvermittlung und jenem der Berufsberatung eine bedeutende Rolle gespielt zu haben.

Eingehender als auf die allgemeinen politischen Umbrüche ist auf die räumlichen Veränderungen sowie die Gebietsbezeichnung einzugehen, da die Änderungen der politischen Grenzen auch unmittelbar die Arbeitseinsatzverwaltung betrafen und zwar insofern, als sich damit auch die räumlichen Zuständigkeiten der Arbeitseinsatzbehörden verschoben. Die Bezeichnung des Gebietes der Republik Österreich erfuhr im Nationalsozialismus auf Geheiß Adolf Hitlers[623] schon bald nach dem „Anschluss" Österreichs im außergesetzlichen Sprachgebrauch einen Wandel zu „Ostmark". Diese Benennung wurde mit dem „Ostmarkgesetz"[624] vom 14. April 1939 festgelegt. 1942 ordnete Hitler im Zusammenhang mit der Umwandlung der vormaligen Bundesländer in „Reichsgaue" und zur noch deutlicheren Abgrenzung vom ehemaligen „Österreich"-Begriff[625] die Verwendung der Bezeichnung „Alpen- und Donaureichsgaue"[626] für das Gesamtgebiet an.

Bemerkenswert ist, dass selbst das NS-Regime keine eindeutige Diktion im Hinblick auf die Landesbezeichnung einhielt, wie vor allem das Ostmarkgesetz zeigt, das am alten „Österreich"-Begriff festhielt.[627] Auch nach Inkrafttreten des „Ostmarkgesetzes" am 1. Mai 1939 wurde in einzelnen Verordnungen, die sich auf Angelegenheiten des ehemaligen Österreich bezogen, die Bezeichnung „Österreich" aufrechterhalten. Beispiele dafür sind etwa die „Zweite Verordnung über die deutsche Staatsangehörigkeit im Lande Österreich"[628] vom 30. Juni 1939 und die „Verordnung zur weiteren Anpassung des österreichischen Strafrechts an das Reichsrecht"[629] vom 13. August 1940. Noch im März 1940 war offiziell vom „Reichskommissar für die Wiedervereinigung Österreichs […]"[630] die Rede und das zentrale Kundmachungsorgan für die „Ostmark" hieß noch immer „Gesetzblatt für das Land Österreich".[631]

---

[617] § 17 Abs 2.
[618] *Brauneder*, Verfassungsgeschichte, 251.
[619] RGBl I 1942 S 347.
[620] *Brauneder*, Verfassungsgeschichte, 251. Die Rechnungshofberichte sind eine bedeutende Quelle der Geschichte der Arbeitseinsatzverwaltung.
[621] Dazu allgemein *Olechowski*, Thomas, Die Einführung der Verwaltungsgerichtsbarkeit in Österreich (Wien 1999) 249 f.
[622] Siehe dazu etwa die BGH-Beschwerden gem GSVG aus der NS-Zeit in ÖStA/AdR, BMsV/SP, Kart 374–376 und 380.
[623] *Freund*, Florian / *Perz*, Bertrand, Die Zahlenentwicklung der ausländischen Zwangsarbeiter und Zwangsarbeiterinnen auf dem Gebiet der Republik Österreich 1939–1945. In: *Freund*, Florian / *Perz*, Bertrand / *Spoerer*, Mark (Hg), Zwangsarbeiter und Zwangsarbeiterinnen auf dem Gebiet der Republik Österreich 1939 – 1945 (Veröffentlichungen der Österreichischen Historikerkommission 26/1, Wien/München 2004) 7–274, hier: 19.
[624] RGBl I 1939 S 777.
[625] *Bruckmüller*, Sozialgeschichte, 421.
[626] *Freund / Perz*, Zahlenentwicklung, 19.
[627] § 17 Abs 2 leg cit.
[628] RGBl I 1939 S 1072.
[629] RGBl I 1940 S 1117.
[630] Gesetzblatt für das Land Österreich (GBlÖ) 44/1940.
[631] GBlÖ 44/1940.

Im Text dieses Teils der Studie wird hinsichtlich besserer Lesbarkeit und in Anlehnung an die Gepflogenheiten in der Forschungsliteratur[632] auf die Doppelbezeichnung „Ostmark/Alpen- und Donaureichsgaue" zugunsten von „Ostmark" verzichtet. Die mit dem Ostmarkgesetz im April 1939 in „Reichsgaue" umbenannten Bundesländer werden hier durchgängig nach der Diktion des Ostmarkgesetzes genannt, die Bundesländer „Ober-" und „Niederösterreich" werden „Ober-" und „Niederdonau" bezeichnet.

Nicht nur die Bezeichnung des Gebietes, sondern auch dessen politische Innen- und Außengrenzen erfuhren im Laufe des Nationalsozialismus Änderungen.[633] Die „Ostmark" wurde durch Ausdehnung ihrer Außengrenzen mehrmals erweitert; im Oktober 1938 ging dies auf Kosten der deutschsprachigen Randgebiete Südböhmens und Südmährens, im April 1941 waren große Teile Nord-Jugoslawiens davon betroffen. Auf der anderen Seite wurden die Gebiete Mittelberg (das Kleine Walsertal) von Vorarlberg und Jungholz von Tirol zugunsten von Bayern losgelöst.[634] Im Inneren des Landes wurde ebenfalls im Oktober 1938 durch die Eingemeindung von 97 ehemaligen Gemeinden Niederösterreichs Wien[635] erweitert und das Burgenland auf die Länder Niederösterreich und die Steiermark (Stmk) aufgeteilt. Osttirol fiel an Kärnten (Ktn).[636] Vorarlberg bildete gemäß § 1 Abs 2 Ostmarkgesetz[637] vom 14. April 1939 einen eigenen Verwaltungsbezirk und eine Selbstverwaltungskörperschaft, die vom Reichsstatthalter in Tirol geleitet wurde. Auch in anderen Bundesländern wurden Grenzänderungen vorgenommen. Im Krieg wurde das Gebiet der „Ostmark" über die Grenzen der Reichsgaue hinaus in die Wehrkreise XVII (Wien, „Ober-" und „Niederdonau") und XVIII (Kärnten, Salzburg, Steiermark und Tirol samt Verwaltungsbezirk Vorarlberg) eingeteilt. Diese Sprengeleinteilung deckte sich mit jener der Wehrwirtschaftsinspektionen, die 1939 in Rüstungsinspektionen (RüIn) umbenannt wurden.[638]

An der Belebung der deutschen Konjunktur, die im „Altreich" zur Zeit der Okkupation Österreichs schon ganz im Zeichen der Aufrüstung[639] stand, und der Beschäftigungspolitik hatte zunächst Hjalmar Schacht wesentlichen Anteil.[640]

„Die Gesamtheit der Maßnahmen zur Bekämpfung der Arbeitslosigkeit"[641] ging in den nationalsozialistischen Jargon – wie auch in jenen[642] des Austrofaschismus – als „Arbeitsschlacht" ein. Die Bezeichnung „Arbeitsschlacht" ist dem Muster der faschistischen „battaglia del grano"[643] (Kornschlacht) in Italien nachempfunden, für die Mussolini bereits in den Zwanzigerjahren – nicht nur aus arbeitsmarktpolitischen Erwägungen, sondern auch zur Förderung von Autarkiebestrebungen auf dem Agrarsektor – Arbeitskräfte mobilisierte. In ihren Reden bedienten sich Adolf Hitler, Joseph Göbbels und der Leiter der Kommission für Wirtschaftspolitik, Bernhard Köhler, schon ab November 1934 der Bezeichnung „Arbeitsschlacht" für Propagandazwecke.[644]

---

[632] *Freund / Perz*, Zahlenentwicklung, 19.
[633] Ebd, 19 f; *Brauneder*, Verfassungsgeschichte, 253.
[634] § 1 Z 5 „Gesetz über die Gebietsveränderungen im Lande Österreich" vom 1. Oktober 1938 (GBlÖ 443/1938).
[635] § 1 Z 4 leg cit.
[636] *Freund / Perz*, Zahlenentwicklung, 19 f.
[637] RGBl I 1939 S 777.
[638] Kap II. B. 3. Das Umfeld der Arbeitseinsatzbehörden.
[639] *Schmuhl*, Arbeitsmarktpolitik, 196.
[640] Ebd, 118.
[641] *Schmitz-Berning*, Cornelia, Vokabular des Nationalsozialismus (Berlin 2000) 53 f.
[642] Kap I. A. 2. Politische, wirtschaftliche und soziale Rahmenbedingungen.
[643] *Schmitz-Berning*, Vokabular, 53 f.
[644] Ebd.

1937 erreichte das Regime im Deutschen Reich Vollbeschäftigung,[645] wobei – wie bereits erwähnt – diese „Verbesserung" der Arbeitslosenstatistik mit Blick auf Maßnahmen wie die Wiedereinführung der Wehrpflicht oder auf die Schaffung des ebenfalls verpflichtenden Reichsarbeitsdienstes nur sehr bedingt gegeben war.[646] 1937 löste Hermann Göring Hjalmar Schacht als Reichswirtschaftsminister ab. Seit 1936 trieb Göring als Beauftragter für den Vierjahresplan („Verordnung zur Durchführung des *Vierjahresplanes*"[647] vom 18. Oktober 1936) die Kriegsrüstung voran – ein Unterfangen, welches das bald ausgeschöpfte Arbeitskräftepotential fortlaufend strapazierte.[648] Hand in Hand mit der Aufrüstung ging dabei die Einführung der allgemeinen Wehrpflicht und damit eine weitere Entleerung des Arbeitsmarktes[649] einher.

Vor dem Hintergrund der deutschen Rüstungs- und Wehrpolitik verwundert es nicht, dass sehr bald die Arbeitsmarktreserven der „Ostmark", wo ein großes ungenutztes Potential gut ausgebildeter Arbeitskräfte[650] schlummerte, in den Fokus des NS-Regimes[651] geriet. Per „Kundmachung des Reichsstatthalters in Österreich"[652] vom 19. März 1938 wurde der Vierjahresplan in der „Ostmark" in Kraft gesetzt. Durch günstige Kredite und andere Maßnahmen wurde die dortige Wirtschaft gepuscht. So wurden etwa Investitionen zur Anschaffung von Maschinen in allen Wirtschaftssektoren steuerlich begünstigt. Die Wehrwirtschaftsbehörden vergaben Heeresaufträge im Gesamtwert von 25 Millionen Reichsmark (RM) an österreichische Betriebe.[653] Die wirtschaftlichen Aktivitäten vonseiten des „Altreiches" wirkten sich erwartungsgemäß rapide auf den in der „Ostmark" noch gravierend angeschlagenen Arbeitsmarkt aus. In Wien entwickelten sich demzufolge die Arbeitslosenzahlen etwa folgendermaßen: Im Jahresdurchschnitt betrug die Zahl im Jahr 1938 absolut 131.996, im Jahr 1939 42.895 und im Jahr 1940 schließlich nur mehr 13.593.[654] Ostmarkweit wurden im April und Mai 1938 114.000 Arbeitslosen eine Beschäftigung verschafft, im Sommer weiteren 130.000.[655]

Nach der großen Beschäftigungswelle im Frühling und Sommer 1938 stagnierte saisonbedingt der Aufschwung bei den Neueinstellungen.[656] Der Großteil der Arbeitslosen kam außerdem aus der Konsumgüterindustrie; diese freien Arbeitskräfte konnten aufgrund der härteren Arbeitsbedingungen im Baugewerbe nicht untergebracht werden. Ab Jänner 1939 schwand die Restarbeitslosigkeit weiter. Anfang des Monats waren 84.000 Arbeitslose[657] gemeldet, Ende April 77.134.[658] Wichtige Faktoren waren zum Teil die Einberufungen zur Wehrmacht,[659] zum Teil Abwanderung – die Löhne der ArbeiterInnen waren in der „Ostmark" gegenüber jenen im „Altreich" um fast ein Drittel niedriger[660] – und zum Teil Abberufung von FacharbeiterInnen ins „Altreich".[661] Die Vermittlungen und

---

[645] *Schmuhl*, Arbeitsmarktpolitik, 218.

[646] Zum RAD allgemein siehe Kap I. B. 3. Das Umfeld der Arbeitseinsatzbehörden. Zur Verzerrung der Arbeitslosenstatistik durch Maßnahmen wie jenen des RAD siehe *Schmuhl*, Arbeitsmarktpolitik, 218, mit weiteren Nachweisen.

[647] RGBl I 1936 S 887.

[648] *Walter*, Rolf, Wirtschaftsgeschichte. Vom Merkantilismus bis zur Gegenwart (Köln/Weimar/Wien ⁵2011) 211 f.

[649] *Schmidt*, Arbeitsmarktverwaltung, 118.

[650] *Engel*, Reinhard / *Radzyner*, Joana, Sklavenarbeit unterm Hakenkreuz. Die verdrängte Geschichte der österreichischen Industrie (Wien/München 1999) 93.

[651] *Schmidt*, Arbeitsmarktverwaltung, 120.

[652] GBlÖ 30/1938.

[653] *Schmidt*, Arbeitsmarktverwaltung, 120.

[654] Ebd, 125.

[655] Ebd, 122.

[656] Ebd, 123.

[657] *Herbert*, Ulrich, Geschichte der Ausländerpolitik in Deutschland. Saisonarbeiter, Zwangsarbeiter, Gastarbeiter, Flüchtlinge (München 2001) 123.

[658] ÖStA/AdR, BKA-I ZGS Mappe 36 Arbeitseinsatz, 1939–1941, o.A., Die Arbeitslosen und die Hauptunterstützungsempfänger in der Ostmark. In: Der Arbeitseinsatz in der Ostmark 8 (1940) 1.

[659] *Schmidt*, Arbeitsmarktverwaltung, 125.

[660] Ebd, 126.

[661] Ebd, 123.

Verpflichtungen[662] ins „Altreich" beschränkte sich dabei nicht nur auf die unmittelbare Zeit nach dem „Anschluss".

Zum Frühjahr 1939 ist am Arbeitsmarkt in „Oberdonau",[663] zu Kriegsbeginn Anfang September in der gesamten „Ostmark"[664] von Vollbeschäftigung und damit einer Arbeitslosenrate von unter vier Prozent auszugehen; spätestens von da an gab es dort einen Mangel an Arbeitskräften. Dennoch waren in der „Ostmark" zu dieser Zeit noch 32.650 Arbeitslose gemeldet, die vorerst nicht untergebracht werden konnten.[665]

Die Maßnahmen in der „österreichischen Arbeitsschlacht" betrafen im Weiteren den Bau von Autobahnen und Stauanlagen, den Ausbau des Bergwerkswesens und die Bodenverbesserung für die Landwirtschaft[666] – alles Unterfangen, die mehr oder weniger mit den Kriegsvorbereitungen in Zusammenhang standen. Ein eigenes Kapitel waren im Hinblick auf die Kriegswichtigkeit im Deutschen Reich und auf die Priorität[667] der Arbeitskräftezuteilung die Unternehmen der Reichswerke AG „Hermann Göring" (RWHG).

Schließlich war die Strukturierung der Kriegswirtschaft in einen Rüstungs- und einen zivilen Sektor arbeitseinsatzbehördlich von großer Tragweite.[668] In Bezug auf die Arbeitskräftezuteilung war diese Unterscheidung insofern bedeutsam, als der Rüstungssektor mit Fortschreiten des Kriegs im Mechanismus der Arbeitskräfteverteilung auf Grund der gegebenen Verteilungsregeln vorrangig bedient wurde.

Zentrales Kriterium im sozialen Gefüge des gesamten NS-Systems waren die massiven Auswüchse der Zwangsarbeit, welche nicht gänzlich neu auf dem Gebiet Österreichs waren; so wurde Zwangsarbeit etwa schon im Modell des neuzeitlichen Robots geortet.[669] Allerdings ist bei solchen Vergleichen nicht zu übersehen, dass die Dimensionen in der Nazizeit – vor allem im Zusammenhang mit den Genoziden und rassistisch motivierten Verfolgungen[670] – sämtliche bisher bekannten Rahmen sprengten.

In Anlehnung an die bisherige Forschungsliteratur[671] ist im Hinblick auf die Verwendung von Arbeitskräften und die verschiedenen dabei ausgeübten Arten von staatlichem Zwang zwischen

---

[662] Kap II. C. 3. a. Dienstpflicht und Notdienst.

[663] *Moser*, Josef, Aus ökonomischer Sicht: Die Bedeutung des Einsatzes ausländischer Arbeitskräfte, ZwangsarbeiterInnen, Kriegsgefangener und KZ-Häftlinge in den Linzer Eisen- und Stahlwerken. In: *Rathkolb*, Oliver (Hg), NS-Zwangsarbeit. Der Standort Linz der Reichswerke Hermann Göring AG Berlin, 1938–1945, Bd 1, Zwangsarbeit – Sklavenarbeit: Politik-, sozial- und wirtschaftshistorische Studien (Wien/Köln/Weimar 2001) 323–354, hier: 332.

[664] *Schausberger*, Norbert, Deutsche Wirtschaftsinteressen in Österreich vor und nach dem März 1938. In: *Stourzh*, Gerald / *Zaar*, Brigitta (Hg), Österreich, Deutschland und die Mächte. Internationale und österreichische Aspekte des „Anschlusses" vom März 1938 (Veröffentlichungen der Kommission für die Geschichte Österreichs 16, Wien 1990) 177–212, hier: 207; *Schausberger*, Norbert, Sieben Jahre deutsche Kriegswirtschaft in Österreich (1938–1945). In: Jahrbuch (1986) 10–60, hier: 19.

[665] ÖStA/AdR, BKA-I ZGS Mappe 36 Arbeitseinsatz, 1939–1941, o.A., Die Arbeitslosen und die Hauptunterstützungsempfänger in der Ostmark. In: Der Arbeitseinsatz in der Ostmark 1 (1939) 1.

[666] *Schmidt*, Arbeitsmarktverwaltung, 122.

[667] *John*, Michael, Zwangsarbeit und NS-Industriepolitik am Standort Linz. In: *Rathkolb*, Oliver (Hg), NS-Zwangsarbeit. Der Standort Linz der Reichswerke Hermann Göring AG Berlin, 1938–1945, Bd 1, Zwangsarbeit – Sklavenarbeit: Politik-, sozial- und wirtschaftshistorische Studien (Wien/Köln/Weimar 2001) 23–146, hier: 50.

[668] Zur NS-Kriegswirtschaft im Überblick siehe etwa *Boeckle*, Willi A., Die Deutsche Wirtschaft 1930–1945. Interna des Reichswirtschaftsministeriums (Düsseldorf 1983) 233–253 und *Walter*, Wirtschaftsgeschichte, 215 f. Zur Bedeutung dieser Bipolarität im Bereich der Kooperation von Arbeitseinsatz- und Wehrwirtschaftsbehörden im Krieg siehe Kap II. B. 3. Das Umfeld der Arbeitseinsatzbehörden.

[669] *Hülber*, Arbeitsvermittlung, 15 f.

[670] Es bestehen zahlreiche Forschungen zum Holocaust. Zur Schoah grundlegend etwa bei *Gutmann*, Israel, (Hauptherausgeber), Enzyklopädie des Holocaust. Die Verfolgung und Ermordung der europäischen Juden (München 1995); *Aly*, Götz / *Heim*, Susanne, Vordenker der Vernichtung (Hamburg 1991). Zum Porajmos siehe *Zimmermann*, Michael, Rassenutopie und Genozid. Die nationalsozialistische „Lösung der Zigeunerfrage" (Hamburger Beiträge zur Sozial- und Zeitgeschichte 33, Hamburg 1996).

[671] *Freund*, Florian, NS-Arbeitskräftepolitik in der „Ostmark". In: *Rathkolb*, Oliver / *Freund*, Florian (Hg), NS-Zwangsarbeit in der Elektrizitätswirtschaft der „Ostmark" 1938–1945. Ennskraftwerke – Kaprunn – Draukraftwerke – Ybbs-Persenbeug – Ernsthofen (Wien/Köln/Weimar 2002) 8–26, hier: 9; *John*, Zwangsarbeit, 46; *Freund* / *Perz*, Zahlenentwicklung, 11 f; *Maier*, Arbeitseinsatz, 14; *Freund*, Florian / *Perz*, Bertrand, Zwangsarbeit von zivilen AusländerInnen, Kriegsgefangenen, KZ-Häftlingen und ungarischen Juden in Österreich. In: *Tálos*, Emmerich (Hg) NS-Herrschaft in Österreich. Ein Handbuch (Wien 2001) 644–695, hier: 646; *Lütgenau* / *Schröck*, Teerag-Askag AG, 22.

„Zwangsarbeit" und „Zwangsbeschäftigung"[672] zu unterscheiden. Dies mit dem treffenden Argument, dass die Gesamtwürdigung der Lebensumstände eine entsprechende Differenzierung verlangt. Die soziale und rechtliche Stellung der unfreiwillig aufgrund der Dienstpflicht Beschäftigten – meist waren dies deutsche ReichsbürgerInnen – hatten nur wenig mit jener der ausländischen zivilen ZwangsarbeiterInnen, der Kriegsgefangenen und KZ-Häftlinge gemeinsam, sowohl die unmittelbaren Arbeitsbedingungen wie Arbeitszeit und Entlohnung betreffend, als auch hinsichtlich deren übrigen Lebensumstände wie Unterkunftsarten. Nicht zuletzt waren ausschließlich bei der Zwangsbeschäftigung Verfahrensvorschriften und materiellrechtliche Beschränkungen gegeben, die das behördliche Vorgehen in gewisse Schranken wiesen.

Entscheidendes Merkmal der Zwangsbeschäftigung war also, dass trotz des grundsätzlichen Vorhandenseins von Zwang „wesentliche Elemente der freien Beschäftigung noch galten",[673] namentlich tarifliche Entlohnung, geregelte Arbeitszeit, Sozialversicherung und private Unterbringung. Demgegenüber war Zwangsarbeit gekennzeichnet durch Unterbringung in Lagern, Überwachung, tatsächliche oder zumindest angedrohte Gewaltanwendung, keine oder unzulängliche Entlohnung, mangelhaften rechtlichen Schutz bis hin zur Einweisung in „Arbeitserziehungslager" und ungeregelte Arbeitszeit.

Nach einer Definition der ILO aus 1930 gilt als „Zwangsarbeit" „jede Art von Arbeit oder Dienstleistung, die von einer Person unter Androhung irgendeiner Strafe verlangt wird und für die sie sich nicht freiwillig zur Verfügung gestellt hat".[674] Vom Anwendungsbereich sind nach Abs 2 ausgenommen: Militärdienstpflicht, übliche Bürgerpflichten, Arbeit aufgrund einer gerichtlichen Verurteilung, Fälle höherer Gewalt und kleinere Gemeindearbeiten.

Ungeachtet der notwendigen Unterscheidung zwischen Zwangsarbeit und Zwangsbeschäftigung ist aber die Zuordnung der einzelnen Fälle hinsichtlich Arbeitskrafteinsatz in jeweils der einen oder anderen Ausprägung im konkreten Einzelfall problematisch und muss demnach oftmals unterbleiben. So ist bei den KZ-Häftlingen und den ab 1944 in der „Ostmark" beschäftigten ungarischen Jüdinnen und Juden der Zwangsarbeitscharakter unumstritten.[675] Hingegen ist bei den zivilen ausländischen Arbeitskräften infolge der rassischen Hierarchisierung[676] nicht immer unbedingt von Zwangsarbeit im hier verstandenen technischen Sinn auszugehen.

Im Hinblick auf antijüdische Rassenpolitik ist festzuhalten, dass diese und jüdische Zwangsarbeit nicht immer politische Geschwister waren. Durchaus bis zum Kriegsbeginn 1939, jedenfalls aber bis zum Pogrom vom 9. und 10. November 1938, war die antijüdische Rassenpolitik im Deutschen Reich von forcierter Emigration geprägt, die von der „Zentralstelle für jüdische Auswanderung"[677] in Wien, Prag und Berlin unter Adolf Eichmann vorangetrieben wurde. Der Pogrom war dabei ein Höhepunkt der „Austreibung der Juden aus dem deutschen Machtbereich"[678] und leitete gleichzeitig nicht nur eine verstärkte Arisierungswelle[679] sondern auch die Entwicklung ein, Jüdinnen und Juden verstärkt als Arbeitskräfte abzuschöpfen.[680] „Die eigentliche Zäsur des Pogroms lag weniger in dem

---

[672] *Maier*, Arbeitseinsatz, 11. Obwohl Maier den Ausdruck Zwangsbeschäftigung nur auf die unfreiwillige Beschäftigung von Juden vor deren überwiegender Heranziehung zur Zwangsarbeit nach dem Novemberpogrom 1938 bezieht, soll dieser im Folgenden übernommen werden.

[673] Ebd.

[674] Art 2 Abs 1 des ILO-„Übereinkommens über Zwangs- oder Pflichtarbeit" 29/1930 (www.ilo.org/ilolex/german/docs/gc029.htm, abger am 24. Mai 2012).

[675] *Freund / Perz*, Zahlenentwicklung, 16.

[676] Ebd.

[677] *Schmuhl*, Arbeitsmarktpolitik, 320. Zur Entwicklung der Zahlen „ostmärkischer" Jüdinnen und Juden auf Grund von Vertreibung, Deportation und Ermordung siehe Kap II. C. 4. a. Zwangsarbeit von Jüdinnen und Juden.

[678] Ebd, 320.

[679] *Boeckle*, Wirtschaft, 211, 213.

[680] *Gruner*, Zwangsarbeit, 68 ff.

gewalttätigen Vertreibungsversuch oder in einer beispiellosen Radikalisierung, sondern in einer [...] fundamentalen Neuorientierung der ‚Judenverfolgung‘ nach dem Ereignis."[681] Der Kriegsbeginn und die verstärkte Arbeitskräftenachfrage machten den ökonomischen Gesichtspunkt der jüdischen Arbeitskraftreserve noch einmal deutlich. Abgesehen von den Verbrechen, die den jüdischen und anderen ZwangsarbeiterInnen unter Mitwirkung der Arbeitseinsatzbehörden zugefügt wurden, sind Nachweise über Arisierungsvorgänge überliefert, deren juristische Aufarbeitung – wie im Fall der im Juni 1938 zwangsweise zugunsten der „Reichsanstalt" verkauften Liegenschaft in der Weihburggasse 30 – bis ins 21. Jahrhundert hinein andauerte.[682]

Die von NS-Behörden organisierte Zwangsarbeit in der „Ostmark" nimmt in der europäischen Geschichte der Zwangsbewirtschaftung sowie jener der Arbeitseinsatzbehörden eine ganz zentrale und tragische Stellung ein. Auf Grund der großen Bedeutung des in diesem Zusammenhang entwickelten arbeitseinsatzbehördlichen Aufgabenkomplexes werden die Details in einem eigenen Kapitel behandelt.[683]

2. Rechtliche Rahmenbedingungen

Skurrilerweise bildete die Rechtsordnung, obgleich sich das NS-Regime weitgehend der Rechtsstaatlichkeit entledigt hatte,[684] ein wichtiges Herrschaftselement. Schon Ernst Fraenkel hat dieses Phänomen mit dem Begriff „Doppelstaat" bezeichnet und damit zum Ausdruck gebracht, dass oftmals zwischen der normativen Ebene („Normenstaat") einerseits und der realpolitischen Ebene („Maßnahmenstaat") andererseits beträchtliche Divergenzen bestanden, und zwar regelmäßig zulasten der Bevölkerung oder zumindest von Teilen derselben.[685]

Beim Zusammenschluss der vormals souveränen Staaten des Deutsches Reich und Österreich stellte sich jeweils die Frage nach dem Verhältnis der in den beiden Staaten Österreich und Deutsches Reich gewachsenen Rechtsordnungen zueinander. Es ist mit Blick auf die großen Kodifikationsabsichten, die sowohl Rechtsgebiete wie das Strafrecht[686] als auch das Zivilrecht[687] betreffend gehegt wurden, davon auszugehen, dass die NationalsozialistInnen langfristig an eine möglichst homogene Rechtsordnung dachten. Bestrebungen um eine „Rechtsangleichung"[688] vor dem „Anschluss" – vor allem auch im Arbeitsrecht[689] – bestanden von österreichischer, aber auch von deutscher Seite her und die – wenn auch unvollständige[690] – „Rechtsvereinheitlichung"[691] danach wurde dadurch vereinfacht. Die Idee von einem dauerhaft heterogenen Rechtsraum war also keineswegs festgeschrieben; dieser Zustand war aber vor allem für das Jahr 1938 sowohl im Arbeitsrecht als auch bis zu einem

---

[681] Ebd, 69.

[682] *Streibel*, Robert, Bürokratie und Beletage. Ein Ringstraßenpalais zwischen „Arisierung" und spätem Recht (Wien 2015) 175–181.

[683] Kap II. C. 4. Arbeitseinsatzbehördliche Agenden der Zwangsarbeit.

[684] *Adam*, Uwe Dietrich, Judenpolitik im Dritten Reich (Düsseldorf 2003) 169.

[685] *Fraenkel*, Ernst, Der Doppelstaat. Recht und Justiz im „Dritten Reich" (Frankfurt am Main 1974). In diesem Sinne auch Arbeitsgemeinschaft österreichische Rechtsgeschichte, Rechts- und Verfassungsgeschichte, 298 f.

[686] *Loebenstein*, Herbert, Strafrecht und Strafpraxis im nationalsozialistischen Staat. In: *Davy*, U. / *Fuchs*, H. / *Hofmeister*, H. / *Marte*, J. / *Reiter*, I. (Hg), Nationalsozialismus und Recht. Rechtssetzung und Rechtswissenschaft in Österreich unter der Herrschaft des Nationalsozialismus (Wien 1990) 201–208, hier: 201.

[687] *Mayer-Maly*, Arbeitsrecht, 184; *Brauneder*, Verfassungsgeschichte, 249.

[688] *Bielefeldt*, Sven, Österreichisch-deutsche Rechtsbeziehungen II. Rechtsvereinheitlichung im Privatrecht 1938–1945 (Rechts- und sozialwissenschaftliche Reihe 13, Frankfurt am Main/Berlin/Bern/New York/Paris/Wien 1996) 11.

[689] *Festl-Wietek*, Wolfgang, Einzelne Rechtsgebiete. In: Wilhelm *Brauneder* (Hg), Österreichisch-deutsche Rechtsbeziehungen I. Rechtsangleichung 1850–1938 (Frankfurt am Main/Berlin/Bern/New York/Paris/Wien 1996) 199–266, hier: 232–247.

[690] *Mayer-Maly*, Arbeitsrecht, 184.

[691] Ebd. Zur administrativen Rolle des „Generalreferats Österreich" in diesem Prozess siehe Kap II. B. 1. Vom Bundesministerium für soziale Verwaltung zum „Generalbevollmächtigten für den Arbeitseinsatz".

gewissen Grad im Recht der Arbeitseinsatzverwaltung charakteristisch. Letzteres[692] wurde allerdings weitestgehend aus dem „Altreich" übernommen.

Nach der Okkupation Österreichs legte das „Gesetz über die Wiedervereinigung Österreichs mit dem Deutschen Reich"[693] (in der Forschungsliteratur auch „Anschlussgesetz"[694] genannt) vom 13. März 1938 fest, dass das bislang in Österreich geltende Recht weiterhin in Kraft bleiben sollte.[695] Diese Konzeption hatte zur Folge, dass innerhalb des Deutschen Reiches österreichisches Recht neben dem Recht des „Altreiches" parallel fortbestand. Es gab also zwei weitgehend selbständige Rechtsräume. Das österreichische Recht wurden dabei vor dem Hintergrund des Rechts des „Altreiches" in der zeitgenössischen Begrifflichkeit als „interlokales Recht"[696] bezeichnet.

Ähnlich war die Situation grundsätzlich beim Recht des Arbeitseinsatzes. Damit war zum Beispiel bis zur Übernahme des reichsdeutschen Sozialversicherungsrechts des AVAVG im Dezember 1938 durch die „Verordnung über die Einführung der Sozialversicherung im Lande Österreich"[697] das Recht der „Ostmark" (GSVG) weiterhin von den AÄ anzuwenden.[698] Zumindest bis dahin wurden Arbeitslosengelder nach altem österreichischem Recht ausbezahlt.[699]

Auch die Regeln der Produktiven Arbeitslosenfürsorge[700] wurden formal erst durch die ebenfalls zu diesem Zeitpunkt in Kraft gesetzte und ähnlich gelagerte Wertschaffende Arbeitslosenfürsorge abgelöst; beide Reglements dürften allerdings – zumindest im Licht der gesichteten Archivbestände – aufgrund des kriegswirtschaftlich bedingten Arbeitskräftebedarfs keine fundamentale volkswirtschaftliche Rolle mehr in der „Ostmark" gespielt haben. Im Übrigen wurden den Bediensteten der „Ostmark" auch im Dienstrecht Zugeständnisse eingeräumt. So war etwa gemäß der österreichischen Arbeitseinsatzverordnung[701] nach der umfassenden Übernahme des Arbeitseinsatzrechts das bisherige österreichische Recht für das Personal der Behörden der Arbeitseinsatzverwaltung weiterhin anzuwenden.

Nach Ansicht von Dr. Roland Freisler, dem Präsidenten des Volksgerichtshofes, lag dem „interlokalen Recht" im NS-Staat die Überlegung zugrunde, dass die Gründung des „Großdeutschen Reiches" Zeichen eines „Einander-Die-Hand-Reichens"[702] sein sollte. Der Zusammentritt des deutschen Volkes wäre also durchaus keine Okkupation oder gar Annexion. Nach außen hin manifestiere sich dieser innere Vorgang des „Einander-Die-Hand-Reichens" im Zugeständnis eines eigenen Rechts der „Ostmark", das auch im Bereich des Arbeitseinsatzes eingeräumt wurde.

Dieses Zugeständnis auf legislatorischer Ebene bezog sich aber lediglich auf die bestehende Rechtsordnung. Die Novellierungen auch des Arbeitseinsatzrechtes der „Ostmark" erfolgten durch staatliche Stellen des Reiches und nicht durch Organe der „Ostmark". Seit dem Gesetz zur Behebung der Not von Volk und Reich (kurz „Ermächtigungsgesetz"[703]) vom 24. März 1933[704] wurden Gesetze

---

[692] Im Überblick etwa bei *Siebert*, Wolfgang,, Das Recht der Arbeit. Systematische Zusammenstellung der wichtigsten arbeitsrechtlichen Vorschriften (Berlin/Leibzig/Wien ⁵1944) 62–84.

[693] RGBl I 1938 S 237; *Millauer*, Philipp, Strafrecht in Österreich in der Zeit des Nationalsozialismus, (jur Diss, Salzburg 2001) 43; *Lojowsky*, Michael, Zuständigkeit des Volksgerichtshofes in Österreich. In: *Form*, Wolfgang / *Neugebauer*, Wolfgang / *Schiller*, Theo (Hg), NS-Justiz und politische Verfolgung in Österreich 1938–1945. Analysen zu den Verfahren vor dem Volksgerichtshof und dem Oberlandesgericht Wien (München 2006) 15–27, hier: 15.

[694] *Neuhold / Hummer / Schreuer*, Völkerrecht, 567.

[695] *Brauneder*, Verfassungsgeschichte, 249.

[696] *Lojowsky*, Volksgerichtshof, 15.

[697] RGBl I 1938 S 1912.

[698] *Krempl*, Arbeitsmarktverwaltung, 36.

[699] *Danimann*, Arbeitsämter, 37; *Schmidt*, Arbeitsmarktverwaltung, 121.

[700] Dazu nüher im Kap I. C. 3. Produktive Arbeitslosenfürsorge.

[701] RGBl I 1938 S 591. Dazu näher gleich unten in diesem Kap.

[702] Zit nach *Millauer*, Strafrecht 43.

[703] *Staff*, Ilse, Justiz im Dritten Reich. Eine Dokumentation (Frankfurt am Main 1979) 41.

[704] RGBl I 1933 S 141.

im materiellen Sinn[705] in der Regel in Verordnungsform erlassen, wie auch im Fall des Rechtes des Arbeitseinsatzes.

Die „Verordnung über die Eingliederung der Landesarbeitsämter und Arbeitsämter in die Reichsanstalt für Arbeitsvermittlung und Arbeitslosenversicherung und über die Regelung des Arbeitseinsatzes im Lande Österreich"[706] des Beauftragten über den Vierjahresplan, Hermann Göring, vom 20. Mai 1938 (fortan Österreichische Arbeitseinsatzverordnung, ÖAEVO) übernahm eine Reihe von Vorschriften des „Altreiches" mit Wirkung zum 21. März 1938 in der „Ostmark". Diese Verordnung führte Gesetze und Verordnungen ein, welche in weiterer Folge den „ostmärkischen" Arbeitseinsatz maßgeblich prägten.[707] Die ÖAEVO hatte eine fundamentale Bedeutung für die „ostmärkische" Arbeitseinsatzverwaltung, da sie sowohl wichtiges organisatorisches, als auch materielles NS-Recht einführte. Einerseits dehnte sie den räumlichen Geltungsbereich des AVBLG vom 5. November 1935 auf die „Ostmark" aus und zentralisierte damit diese Agenden zugunsten der „Reichsanstalt für Arbeitsvermittlung und Arbeitslosenversicherung" (kurz „Reichsanstalt") und dem nachgeordneten Behördenapparat.[708] Andererseits führte sie das Arbeitsbuch ein.[709] Im Endergebnis erfolgte mit der ÖAEVO in wesentlichen Bereichen die systematische Anpassung des vom NS-Regime vorgefundenen österreichischen Arbeitsmarktreglements an die „altreichsdeutschen" Verhältnisse. Es wurden allerdings nicht sämtliche arbeitseinsatzrechtlichen Vorschriften aus dem „Altreich" en bloc in den „ostmärkischen" Rechtsbestand übergeleitet.[710]

Ähnlich wie in der früheren österreichischen Arbeitsmarktverwaltung kannte auch deren Pendant im Nationalsozialismus weder eine gesetzliche Definition des Arbeitseinsatzes noch seiner Grundsätze. Dass solche Festlegungen dennoch bestanden, belegt schon die NS-Literatur. Hinweise auf die zentralen Merkmale des Arbeitseinsatzes und damit dessen Begriffsbestandteile finden sich etwa bei Letsch. Dieser definiert den Arbeitseinsatz als die „Lenkung" der Arbeitskräfte unter den Gesichtspunkten (1.) der Beseitigung „der freien Entscheidung des Einzelnen" über die Verwendung seiner Arbeitskraft, (2.) des „planmäßig[en]" Vorgehens, (3.) der Lenkung entsprechend den „staatspolitischen Notwendigkeiten" und schließlich (4.) der Erfassung „aller Kräfte des Volkes",[711] also über den Kreis der ArbeitnehmerInnen hinaus – Letsch spricht in diesem Zusammenhang auch von der Erfassung selbständig Erwerbstätiger. Diese Begriffsdefinition kann als Ausgangsbasis für die Eingrenzung der NS-Arbeitseinsatz-Grundsätze herangezogen werden.[712] Doch über die Leitsätze, welche die Tätigkeit der Arbeitsämter bei der Arbeitsvermittlung und Berufsberatung konkret determinierten, gibt diese Programmatik wenig Auskunft.

---

[705] *Walter / Mayer / Kucsko-Stadlmayer,* Bundesverfassungsrecht, 225 ff.

[706] RGBl I 1938 S 591.

[707] Dies waren im Einzelnen das „Arbeitsbuchgesetz" (RGBl I 1935 S 311), das „Gesetzes über Arbeitsvermittlung, Berufsberatung und Lehrstellenvermittlung" (RGBl I 1935 S 1281), die „Verordnung über die Verteilung von Arbeitskräften" (RGBl I 1934 S 786) und die „Verordnung über Vermittlung, Anwerbung und Verpflichtung von Arbeitnehmern nach dem Ausland" (RGBl I 1935 S 903). Letztere verhinderte rigide einen Abfluss von Arbeitskräften ins Ausland; die „Verordnung über die Verteilung von Arbeitskräften" normierte, dass es ausschließlich dem Präsidenten der „Reichsanstalt", Friedrich Syrup, vorbehalten war, die Verteilung von Arbeitskräften zu regeln. Diese beiden VO schienen in der „ostmärkischen" Arbeitseinsatzverwaltung im Licht der archivarischen Quellen von untergeordneter Bedeutung gewesen zu sein.

[708] Zur Monopolstellung der „ostmärkischen" AÄ im NS siehe Kap II. B. 3. Das Umfeld der Arbeitseinsatzbehörden.

[709] Kap II. C. 1. Arbeitsbuch.

[710] Die „Verordnung über ausländische Arbeitnehmer" (RGBl I 1933 S 26) wurde in der „Ostmark" erst mit RGBl I 1941 S 44 (§ 1 iVm § 4 lit a) in Kraft gesetzt, bis dahin galt das Inlandarbeitsschutzgesetz aus 1925. Zum 1939 übergeleiteten „Pflichtjahr"-Regime aus Februar 1938 etwa siehe Kap II. C. 2. Aspekte des landwirtschaftlichen Arbeitseinsatzes: „Landhilfe", „Landjahr" und „Umsiedler".

[711] *Letsch* (sic!), Grundsätze des Arbeitseinsatzes und der Arbeitseinsatzpolitik. In: *Sommer,* Willi (Hg), Die Praxis des Arbeitsamtes. Eine Gemeinschaftsarbeit von Angehörigen der Reichsanstalt für Arbeitsvermittlung und Arbeitslosenversicherung (Berlin/Wien 1939) 35–38, hier: 35. Er verwendet diese vier Kriterien, um darauf aufbauend die Vorgaben der Arbeitseinsatzpolitik zu erläutern.

[712] Auch *Maier,* Arbeitseinsatz, 11, nimmt auf Letsch Bezug und beschreibt damit, was „die Umsetzung dieses Begriffes [des Arbeitseinsatzes] in der praktischen Behördenarbeit bedeutete", ohne allerdings konkrete Belege für diese „Umsetzung" anzuführen.

In manchen Materien, wie etwa in der Arbeitsplatzwechselverordnung,[713] wird auf die „allgemeinen Richtlinien des Arbeitseinsatzes" verwiesen, allerdings ohne diese Grundsätze aufzuschlüsseln. Die NS-Rechtswissenschaft erstellte dazu einen Fünf-Punkte-Katalog, über den „im wesentlichen"[714] Einigkeit bestand. Demnach waren die Vorgaben der „fünf Grundsätze" (1.) der „richtige [...] und sparsame [...] Einsatz aller verfügbaren Arbeitskräfte", (2.) die „Anwendung von Zwang" ohne jedoch auf eine „Zwangswirtschaft der deutschen Arbeitskraft" abzuzielen, (3.) der Arbeitseinsatz gesehen „in seiner Ganzheit und in seinem Zusammenhang mit den übrigen Gebieten des völkischen Lebens", (4.) „die Grenzen der Arbeitseinsatzmaßnahmen klar abzustecken und sorgfältig zu achten" und endlich (5.) „das Verantwortungsgefühl der [...] schaffenden Menschen zu pflegen".[715]

Wesentliche Elemente wie die Sachlichkeitskriterien in Punkt eins waren schon aus der früheren österreichischen Zeit bekannt. Insbesondere das Zwangskriterium des zweiten Punktes stellt hingegen ein beachtliches Bekenntnis zu autoritären Methoden dar, das in dieser Deutlichkeit ein Novum gegenüber dem überkommenen österreichischen Grundsätze-Katalog darstellen dürfte. Zu bedenken ist ferner, dass sich das Verhältnis der Kriterien zusehends veränderte, indem etwa das Zwangselement mit fortschreitendem Krieg in den Vordergrund rückte und Einzelwünsche von ArbeitnehmerInnenseite stark ins Hintertreffen gerieten.

Die allgemein schlechte Überlieferungslage zu den Berufsberatungsagenden schließlich kann durch einzelne Belege aus der bestehenden Forschungsliteratur ergänzt werden, die darauf hinweisen, dass gerade in der Zeit des NS-Regimes der gewünschte Berufsweg arbeitseinsatzbehördlich oftmals verwehrt wurde.[716] Es überrascht daher auch nicht, wenn besonders zulasten politisch exponierter Gruppen wie bei rassistisch Verfolgten eine willkürliche Handhabe der Ausbildungsvermittlung durch die Arbeitsämter festzustellen ist.[717] In diesen Fällen wurde von den VermittlerInnen und BerufsberaterInnen regelmäßig eine fundierte Ausbildung wie eine Lehre oder kaufmännische Ausbildung verwehrt.

---

[713] RGBl I 1939 S 1685.

[714] *Bulla*, Gustav Adolf, Die Beschränkung des Arbeitsplatzwechsels. Kommentar zur Verordnung über die Beschränkung des Arbeitsplatzwechsels vom 1. September 1939 nebst Durchführungs-Verordnungen und Ministerial-Erlassen (Berlin/Wien/Leipzig 1942) 296, mit weiteren Literaturnachweisen.

[715] Ebd, 298, erläutert die weniger verständlichen Punkte. Unter der „ganzheitlichen" Betrachtungsweise des dritten Punktes war gemeint, dass das AA im Sinne des örtlichen und branchenbezogenen Überblicks disponieren musste, welcher „oft dem einzelnen Betrieb und dem einzelnen Gefolgsmann nicht gegeben" war. Mit Bedachtnahme auf das „Verantwortungsgefühl" in Punkt fünf wurde darauf abgestellt, „zum Verständnis der Gesamtlage hinzuführen [...] [um] die Erziehung des einzelnen [sic!] zu recht verstandenem arbeitseinsatzmäßigem Verhalten in verantwortungsbewußter Erkenntnis" zu erreichen; zu diesem Zweck war der „berechtigte [...] Einzelwunsch mit den Belangen aus der Gesamtlage in Einklang zu bringen."

[716] *Trummer*, Ingrid / *Stollhof*, Alexander (Hg), „... Bei uns in der Lofag ...". Erinnerungen an die Floridsdorfer Lokomotivfabrik – Wiens größten Industriebetrieb (Wien 2005) 143.

[717] Für den Bereich der jüdischen „Mischlinge" etwa siehe *Meyer*, „Mischlinge", 207. Zu den jüdischen „Mischlingen" allgemein siehe Kap II. C. 4. a. Zwangsarbeit von Jüdinnen und Juden.

B. Organisation

1. Vom Bundesministerium für soziale Verwaltung zum „Generalbevollmächtigten für den Arbeitseinsatz"

Das BMsV[718] unter dem Nationalsozialisten Hugo Jury wurde in den ersten beiden Monaten nach dem „Anschluss" gegenüber der republikanischen Zeit geschäftsplanmäßig weitgehend unverändert weiter geführt.[719] Im Mai 1938 schied Jury aus diesem Amt aus, wurde Gauleiter von „Niederdonau" und bekleidete ab 1940 zusätzlich den Poste des dortigen Reichsstatthalters.

Im Mai 1938 erfolgte auch die Errichtung des Ministeriums für Wirtschaft und Arbeit (MinWA),[720] welches einen Teil der nationalsozialistischen „Österreichischen Landesregierung" bildete.[721] Die Quellen zur Erstellung des Geschäftsplans zeigen, dass diese Einrichtung geschaffen wurde, um die institutionellen Reste des BMsV als Vorgängerinstitution aufzufangen.[722] Die rigide Unterordnung zugunsten der „Reichsanstalt"[723] äußert sich in der subsidiären sachlichen Kompetenz der Abteilung III im MinWA für „Arbeitseinsatz, Arbeitsvermittlung und Arbeitslosenhilfe, soweit nicht die Reichsanstalt für Arbeitsvermittlung und Arbeitslosenversicherung zuständig"[724] war. Auch durften keine „Veränderungen in der Geschäftsverteilung [sic!] und in der Personalbesetzung ohne Zustimmung des RAM"[725] vorgenommen werden. Damit wurde in operativer Hinsicht der Vorrang der „Reichsanstalt", in administrativen Belangen jener des RAM festgelegt und die Kontrolle der Arbeitseinsatzagenden durch Zentralstellen des „Altreichs" gesichert. Zum „Minister für Wirtschaft und Arbeit" wurde Dr. Hans Fischböck bestellt.[726]

Aufgrund der überragenden Stellung der „Reichsanstalt" war es nicht verwunderlich, dass das MinWA nur peripher mit Arbeitseinsatz-Agenden befasst war und kaum eine Verbindung zu den Unterinstanzen bestand. Zu den wenigen Agenden zählten solche der Arbeitslosenfürsorge, welche als „interlokales Recht"[727] zunächst in seiner bisherigen Gestalt aus der Zeit der Republik fortbestand.[728] Angesichts des rüstungsbedingten Schwindens der Arbeitskräftereserven[729] und damit der Zahl der Arbeitslosen stand aber fest, dass das MinWA auch in dieser Hinsicht an Bedeutung verlor.[730] Auch gewisse personalbezogene Agenden wurden dem MinWA zugestanden. Darunter fielen

---

[718] Zum MinWA als institutionellem Rumpf des vormaligen BMsV siehe unten in diesem Kap.

[719] BArch/R 3901/1.770, Bd. 3, fol. 23, Geschäfts- und Personaleinteilung des Ministeriums für soziale Verwaltung (o.D.).

[720] BArch/R 3901/1.770, Bd. 1, fol. 190, Amtsvermerk des RAM/Abt. Ia/Ref. 6 (31. Mai 1938).

[721] ÖStA/AdR, BMsV/SP, Kart 376, GrZ 570.066/39, Durchführung der nichtgewerbsmäßigen Arbeitsvermittlung, Berufsberatung und Lehrstellenvermittlung und der gewerbsmäßigen Arbeitsvermittlung, darin: Schreiben des RAM an den Reichskommissar für die Wiedervereinigung Österreichs mit dem Deutschen Reich (Ministerium für Wirtschaft und Arbeit) und andere Dienststellen betreffs Durchführung der nichtgewerbsmäßigen Arbeitsvermittlung, Berufsberatung und Lehrstellenvermittlung und der gewerbsmäßigen Arbeitsvermittlung im Saarland, in der Ostmark im Reichsgau Sudetenland und im Memelland (21. Juli 1939) 1.

[722] BArch/R 3901/1.770, Bd. 1, fol. 173, Schreiben des RAM/Abt. Ia an die Herren Hauptabteilungsleiter betreffs Geschäftsplan des österreichischen Ministeriums für Wirtschaft und Arbeit (2. Juni 1938).

[723] Dazu gleich unten in diesem Kap.

[724] BArch/R 3901/1.770, Bd. 1, fol. 173, Schreiben des RAM/Abt. Ia an die Herren Hauptabteilungsleiter betreffs Geschäftsplan des österreichischen Ministeriums für Wirtschaft und Arbeit (2. Juni 1938) samt Geschäftsplan, fol. 183–186, hier: 185. Die Abteilung III hatte die Zuständigkeiten „Sozialversicherung, Arbeitseinsatz, Arbeitsbeschaffung, Arbeitslosenhilfe" (fol. 184).

[725] BArch/R 3901/1.770, Bd. 1, fol. 173, Schreiben des RAM/Abt. Ia an die Herren Hauptabteilungsleiter betreffs Geschäftsplan des österreichischen Ministeriums für Wirtschaft und Arbeit (2. Juni 1938).

[726] BArch/R 3901/1.770, Bd. 1, fol. 193, Amtsvermerk ohne nähere Angaben (31. Mai 1938).

[727] Kap II. A. 2. Rechtliche Rahmenbedingungen.

[728] BArch/R 3901/1.770, Bd. 1, fol. 349 r, Schreiben des Reichsarbeitsministers an den Reichsminister des Innern betreffs Wiedervereinigung Österreichs mit dem Deutschen Reich (23. Dezember 1938).

[729] Kap II. A. 1. Politische, wirtschaftliche und soziale Rahmenbedingungen.

[730] Außerdem stellte das RAM in Aussicht, dass nach „dem Inkrafttreten des Ostmarkgesetzes [RGBl I 1939 S 777] [...] diese Befugnisse" durch das RAM „zu übernehmen sein" werden (BArch/R 3901/1.770, Bd. 1, fol. 349 r, Schreiben des Reichsarbeitsministers an den Reichsminister des Innern betreffs Wiedervereinigung Österreichs mit dem Deutschen Reich, 23. Dezember 1938).

Genehmigungen von „Wiedergutmachungen" zum Schutz von Interessen geschädigter NS-Sympathisantinnen und die Mitwirkung an der Entfernung unliebsamer Bediensteter der Arbeitseinsatzbehörden.[731]

Als nach dem 13. März 1938 durch Vertreter des NS-Regimes sukzessive die „Besichtigung der politischen Verwaltung in den ehemals österreichischen Ländern"[732] vorgenommen wurde, ergab dies den Bericht, dass

> „die österreichische Verwaltung, was ja auch stets von allen Fachmännern aus dem Altreiche anerkannt wurde, in ihrer sachlichen, fast alle zusammengehörigen Verwaltungszweige zusammenfassenden Geschlossenheit eine direkt vorbildliche Institution darstellt, ein kostbares Erbgut der ehemals österreichischen Länder, das um jeden Preis erhalten bleiben muß."

Wenngleich bei dieser NS-Einschätzung vor allem von den Bezirksverwaltungsbehörden ausgegangen und die früheren österreichischen Arbeitsmarktbehörden in diesem Zusammenhang nicht dezidiert erwähnt wurden, so trifft diese positive Haltung wohl auch – wie die Übernahme der Unterinstanzen zeigt – auf den sozialpolitischen Verwaltungszweig zu. Für das MinWA als BMsV-Rumpfeinrichtung steht jedoch fest, dass es zugunsten der „Reichsanstalt" und des RAM als Zentralstellen des „Altreichs" letztendlich etwa Mitte 1940 weitestgehend demontiert wurde,[733] aber auch schon davor nur mehr eine sehr untergeordnete Rolle im Bereich des Arbeitseinsatzes spielte.

Nach einem Erlass des RMI vom 21. März 1938 über die Errichtung von „Generalreferaten Österreich" in sämtlichen Ressorts[734] wurde ein solches auch innerhalb des RAM[735] gegründet. Zum Generalreferenten wurde Dr. Dormann bestellt.[736] Der Zweck dieser Stelle erhellt sich aus den Korrespondenzen zum ressortinternen Vorschlag vom 27. September 1938, das „Generalreferat Österreich" wieder aufzuheben. „Nachdem […] im Wesentlichen die organisatorischen Maßnahmen abgeschlossen sind und das geltende Recht eingeführt ist, führt die Vorlage aller Schreiben […] nur zu Verzögerungen".[737] Das Ansuchen auf Auflösung wurde mit den Hinweisen abgelehnt, dass die Auflösung des „Generalreferats Österreich" vom RMI schlicht noch nicht angeordnet wurde und auch die Rechtsvereinheitlichung[738] innerhalb des RAM noch nicht als abgeschlossen bestätigt werden konnte.[739] Hauptaufgabe der Einrichtung war es damit, die mit dem „Anschluss" verbundenen organisatorischen und sonstigen rechtlichen Anpassungen zu koordinieren. Wann es schließlich zur Aufhebung des „Generalreferats" kam, geht aus den Quellen nicht hervor.

---

[731] Kap II. B. 4. Eliten/Personal.

[732] BArch/R 3901/1.770, Bd. 1, fol. 303, Schreiben des Reichsstatthalters in Österreich an den Reichsminister des Innern (8. September 1938).

[733] Der genaue Zeitpunkt der Auflösung steht nicht fest; allerdings ist noch im Mai 1940 anhand der Quellen etwa zur „Österreich-Medaille" (Kap II. B. 4. Eliten/Personal) mit Erwähnung des MinWA ersichtlich, dass vom endgültigen Übergang der Befugnisse des „Reichsstatthalters (Österreichische Landesregierung)" auf die „Reichsstatthalter" der „Reichsgaue" beziehungsweise auf die „Obersten Reichsbehörden" mit 1. April 1940 (Kap II. B. 4. Eliten/Personal) in diesem Bereich nicht ausgegangen werden kann.

[734] BArch/R 3901/1.770, Bd. 1, fol. 305, Schreiben des Generalreferats Österreich an den Herrn Ministerialdirektor Rettig (4. Oktober 1938). Der Erlass des RMI vom 21. März 1938 wird in dieser Quelle nicht näher zitiert.

[735] BArch/R 3901/1.770, Bd. 1, fol. 80, Erlass des Reichs- und Preußischen Arbeitsministers an diverse Hauptabteilungsleiter und Ministerialrat Dr. Dormann (Generalreferent für Österreich) betreffs Wiedervereinigung mit Österreich (14. April 1938). Der Tag der Errichtung wird in den überlieferten Quellen nicht erwähnt. Sofern im Folgenden nicht anders angegeben, beziehen sich die Angaben zum „Generalreferat Österreich" ausschließlich auf die Dienststelle im RAM.

[736] Vorname und weitere biografische Daten unbekannt.

[737] BArch/R 3901/1.770, Bd. 1, fol. 304, Schreiben des RAM/Hauptabteilung III an den Herrn Staatssekretär [o.N.] (27. September 1938).

[738] Dazu und zum Interlokalen Recht siehe Kap II. A. 2. Rechtliche Rahmenbedingungen.

[739] BArch/R 3901/1.770, Bd. 1, fol. 305, Schreiben des Generalreferats Österreich an den Herrn Ministerialdirektor Rettig (4. Oktober 1938). Dass es sich dabei um das Antwortschreiben handelt, geht daraus hervor, dass im Text mehrmals die Hauptabteilung III im Zusammenhang mit dem Ansuchen auf Auflösung des Generalreferats erwähnt wird.

Schon bald nach dem Regierungsantritt Hitlers wurden die NationalsozialistInnen im Deutschen Reich auf die „Reichsanstalt für Arbeitsvermittlung und Arbeitslosenversicherung"[740] (fortan „Reichsanstalt") aufmerksam. Die „Reichsanstalt" wurde im Jahr 1927 gegründet, sie war seither für Arbeitsvermittlung, Berufsberatung und Arbeitslosenversicherung zuständig. Sie wurde unter den NationalsozialistInnen zu einer zentralen Einrichtung der Beschäftigungspolitik im „Altreich", wie auch in der „Ostmark". Die „Reichsanstalt" war bis zu ihrer Auflösung Ende 1938 als eigenständige Körperschaft öffentlichen Rechtes formal eine vom RAM vor allem in Arbeitseinsatzfragen weitgehend unabhängige Institution.[741] Friedrich Syrup wurde 1927 zum Präsidenten der „Reichsanstalt" ernannt, der er bis zu deren Aufnahme ins Reichsarbeitsministerium[742] vorstand. Er schied aus der Arbeitseinsatzverwaltung aus Gesundheitsgründen 1941 aus.

Nach dem „Anschluss" wurden die Arbeitsmarktbehörden der Republik Österreich in den Behördenapparat des Deutschen Reichs eingegliedert. Zu diesem Zweck erfolgte in der „Ostmark", nämlich in Wien – ähnlich wie in Nürnberg[743] –, die Einrichtung der „Zweigstelle Österreich der Reichsanstalt für Arbeitsvermittlung und Arbeitslosenversicherung"[744] (kurz „Zweigstelle Österreich"), welche nach Maier[745] und Schmuhl[746] auf den 7. April 1938 anzusetzen[747] ist. Dieser frühe Zeitpunkt zeigt die Bedeutung, welche das Regime dem ostmärkischen Arbeitskräftepotential beimaß. Zweck der „Zweigstelle Österreich" war es, eine „fachliche Erleichterung der Aufgaben in der Lenkung des Arbeitseinsatzes […] in der „Ostmark""[748] zu erreichen. Es bestand damit für die „Ostmark" gegenüber dem „Altreich" die Besonderheit, dass es eine allein für die nachgeordneten Arbeitsmarktbehörden der „Ostmark" zuständige behördliche Stelle gab, eben die „Zweigstelle Österreich" der „Reichsanstalt".

Wenngleich keine im RGBl kundgemachten Rechtsgrundlagen für die Errichtung der „Zweigstelle Österreich" bekannt sind, steht doch fest, dass deren Bestehen von der Rechtsordnung vorausgesetzt wurde. Dies geht etwa daraus hervor, dass manche Vorschriften bislang dezidiert auf sie verwiesen.[749] Die im Zusammenhang mit der Eingliederung der österreichischen Arbeitsmarktbehörden ergangene ÖAEVO kam insofern nicht als unmittelbare Rechtsgrundlage für die Errichtung der „Zweigstelle Österreich" in Frage, als sie diese schlicht nicht erwähnten;[750] sie ordneten lediglich den gesamten Behördenapparat in der „Ostmark" der Oberbehörde des „Altreiches" unter.

Schon am 13. April 1938 – also einen Monat nach dem „Anschluss" – beorderte Friedrich Syrup Friedrich Gärtner „zur einheitlichen Lenkung der Arbeitsschlacht"[751] nach Wien. Der bisherige Präsident des Landesarbeitsamtes Westfalen[752] wurde vor allem deshalb in die „Ostmark" abbestellt, um der in weiterer Folge auszubauenden „Zweigstelle Österreich" der „Reichsanstalt" vorzustehen.[753]

---

[740] *Schmidt*, Arbeitsmarktverwaltung, 118, spricht fälschlicherweise von der „Reichsanstalt für Arbeitsvermittlung, Berufsberatung und Arbeitslosenversicherung".

[741] *Maier*, Arbeitseinsatz, 13.

[742] Gleich unten in diesem Kap.

[743] BArch/R 3901/20.263, Erlass des RAM an die LAÄ und die Herren Leiter der Zweigstellen in Wien und Nürnberg betreffs Entlassung von Angehörigen der Mangelberufe aus dem verstärkten Zollgrenzschutz (30. März 1940).

[744] *Maier*, Arbeitseinsatz, 40; *Schmuhl*, Arbeitsmarktpolitik, 228, FN 583. In der Forschungsliteratur ist auch die Bezeichnung „Außenstelle" zu finden (etwa bei *Schmidt*, Arbeitsmarktverwaltung, 121)

[745] *Maier*, Arbeitseinsatz, 40.

[746] *Schmuhl*, Arbeitsmarktpolitik, 228, FN 583.

[747] In welchen tatsächlichen Handlungen sich die Einrichtung manifestierte, geht aus den Literaturangaben nicht hervor.

[748] *Szilagi*, Arbeitseinsatz, 130.

[749] *Szilagi*, Arbeitseinsatz, 81 ff.

[750] *Szilagi*, Arbeitseinsatz, 30, 130; *Schmuhl*, Arbeitsmarktpolitik, 228, FN 583; *Danimann*, Arbeitsämter, 36, 39. Er setzt die rechtliche Errichtung auf den 30. Mai 1938 an, ohne dies zu belegen. Wahrscheinlich bezieht er sich fehlerhafterweise auf die oben erwähnte Einführungs-Anordnung im Deutschen Reichsanzeiger zit nach *Szilagi*, Arbeitseinsatz, 36.

[751] *Danimann*, Arbeitsämter, 36; *Schmidt*, Arbeitsmarktverwaltung, 121, 124. Er bezieht sich unter einer falschen Seitenangabe ausschließlich auf Danimann und macht wohl falsche Angaben zum Datum des Eintreffens von Gärnter (er gibt den 12. April an).

[752] *Schmidt*, Arbeitsmarktverwaltung, 40.

[753] *Danimann*, Arbeitsämter, 36; *Schmidt*, Arbeitsmarktverwaltung, 121, 124.

Zunächst waren die selbstverwaltete „Reichsanstalt", die als solche mit einem eigenen Haushalt ausgestattet war,[754] und das Reichsarbeitsministerium (RAM) weitgehend getrennte Einrichtungen. Im Dezember 1938 erfolgte die Aufnahme der „Reichsanstalt" ins RAM.[755] Dabei ging Friedrich Syrup als Verlierer hervor, indem er als Präsident der „Reichsanstalt" zugunsten von Reichsarbeitsminister Franz Seldte ausschied. Damit wurden die Arbeitsämter „positionell stark aufgewertet",[756] da sie nun dem umfassend zuständigen Reichsministerium (RM) unterstanden. Durch diese Vorgänge hatte „die „Reichsanstalt" in ihrer 1927 geschaffenen Form […] nach elfjähriger Existenz aufgehört zu bestehen"[757].

Die Eingliederung der Aufgaben der „Reichsanstalt" in den Zuständigkeitsbereich des Reichsarbeitsministeriums – die damit unmittelbar in den Zuständigkeitsbereich der Reichsregierung fielen – erfolgte per „Führererlass"[758] vom 21. Dezember 1938.[759] Die „Reichsanstalt" wurde als Hauptabteilung V ins nach wie vor von Franz Seldte geführte Reichsarbeitsministerium integriert. Der bisherige Präsident der „Reichsanstalt", Friedrich Syrup, wurde als Staatssekretär[760] zum Leiter dieser Hauptabteilung und Mitglied des Ministerrats ernannt; die Stellung als Leiter der „Geschäftsgruppe Arbeitseinsatz"[761] des Vierjahresplanes behielt er bei. Er konnte damit zunächst eine dominante Stellung im behördlichen Apparat des Arbeitseinsatzes behaupten. Dies allerdings zu dem Preis, dass die vormalige „Reichsanstalt" ihre Eigenschaft als Selbstverwaltungskörperschaft und letztlich an Autonomie verlor. Die „Zweigstelle Österreich der Reichsanstalt" wurde damit zur „Zweigstelle des Reichsarbeitsministeriums"[762] (Hohenstaufengasse 2,[763] erster Wiener Gemeindebezirk), womit die besondere Behördenstruktur in der „Ostmark" also zunächst beibehalten wurde. Die Fäden der nachgeordneten Behörden – der Landesarbeitsämter und Arbeitsämter – liefen also weiterhin nicht direkt in Berlin sondern in der „Zweigstelle Österreich" zusammen, die freilich formal Teil des Berliner RAM war.

Etwa zu Sommerbeginn 1940 – wohl im Juni[764] – wurde die Behördenstruktur der ostmärkischen Arbeitseinsatzverwaltung dahingehend geändert, dass die „Zweigstelle Österreich" des Reichsarbeitsministeriums aufgelöst wurde. Ihre Funktionen gingen auf die Hauptstelle in Berlin über. Die höchsten Instanzen auf „ostmärkischem" Boden waren fortan die vier Landesarbeitsämter in Graz,[765] Innsbruck,[766] Linz,[767] und Wien.[768] Damit schied Friedrich Gärtner, der als „in die österreichische Arbeitsverwaltung eingeschleuste[r] reichsdeutsche[r] Bedienstete[r]" zwei Jahre lang dort „maßgebenden Einfluss"[769] ausgeübt hatte, als Präsident der „Zweigstelle Österreich" der Reichsanstalt

[754]   *Herrmann*, Volker, .Vom Arbeitsmarkt zum Arbeitseinsatz. Zur Geschichte der Reichsanstalt für Arbeitsvermittlung und Arbeitslosenversicherung 1929 bis 1939 (Frankfurt am Main/Berlin/Bern/New York/Paris/Wien 1993) 7; *Schmuhl*, Arbeitsmarktpolitik, 223 f.

[755]   *Schmidt*, Arbeitsmarktverwaltung, 126.

[756]   Ebd.

[757]   *Herrmann*, Reichsanstalt, 159.

[758]   RGBl I 1938 S 1892.

[759]   *Herrmann*, Reichsanstalt, 159; *Maier*, Arbeitseinsatz, 13; *Kahrs*, Horst, Die ordnende Hand der Arbeitsämter. Zur deutschen Arbeitsverwaltung 1933–1939. In: *Aly*, Götz / *Hamann*, Mathias / *Heim*, Susanne / *Meyer*, Ahlrich (Hg), Arbeitsmarkt und Sonderlaß. Menschenverwertung, Rassenpolitik und Arbeitsamt (Beiträge zur nationalsozialistischen Gesundheits- und Sozialpolitik 8, Berlin 1990) 9–61, hier: 26.

[760]   *Schmuhl*, Arbeitsmarktpolitik, 223.

[761]   *Maier*, Arbeitseinsatz, 13.

[762]   *Gruner*, Zwangsarbeit, 166.

[763]   ÖStA/AdR, BMsV/SP, Kart 372, 551.159/1939, Einlagebogen zu Zl.IV/1-565.048/39.

[764]   *Gruner*, Zwangsarbeit, 165 f.

[765]   O.A., Handbuch Reichsgau Wien. 65./66. amtlich redigierter Jahrgang (Wien 1944) 362.

[766]   Ebd.

[767]   Ebd.

[768]   Ebd.

[769]   *Danimann*, Arbeitsämter, 36.

aus. Gärtner ist zu den „herausragenden Protagonisten der Verfolgung [der Jüdinnen und Juden] in Österreich"[770] zu zählen.

Ende 1941 musste auch Friedrich Syrup seine Aufgaben als Leiter der Hauptabteilung V im RAM aus gesundheitlichen Gründen[771] abgeben. Sein Nachfolger wurde zwischenzeitlich Dr. Werner Mansfeld, der jedoch als endgültiger Kandidat den Anforderungen dieser Position hinsichtlich parteipolitischer Akzeptanz und Durchsetzungsvermögen nicht genügte.[772] Man suchte eine Persönlichkeit, die es zustande brachte, gegenüber der Partei, der Wirtschaft und den übrigen Ministerien insbesondere das umstrittene Problem des verstärkten AusländerInneneinsatzes[773] durchzusetzen.

Am 21. März 1942 berief Hitler per „Führererlass"[774] Friedrich Sauckel zum „Generalbevollmächtigten für den Arbeitseinsatz" (GBA, Abs 2 leg cit).[775] Der „Generalbevollmächtigte für den Arbeitseinsatz" wurde dem Beauftragten für den Vierjahresplan, Göring, unterstellt[776] und rangmäßig[777] direkt Rüstungsminister Albert Speer gleichgestellt. Gleichzeitig mit der personellen Veränderung wurden die Abteilungen III (Lohn) und V (Arbeitseinsatz) aus dem Reichsarbeitsministerium herausgenommen und Sauckel unterstellt.[778]

In seiner „Anordnung"[779] zur Ausführung des Führererlasses vom 27. März 1942 bestimmte Göring den GBA zum Organ des Vierjahresplanes und löste die bisherigen „Geschäftsgruppen Arbeitseinsatz" im RAM auf.[780] In selbiger Anordnung wurden dem GBA in seinem Wirkungskreis umfassende Weisungsrechte eingeräumt, soweit diese dem Beauftragten für den Vierjahresplan zustanden. Seinen Weisungen waren folgende Stellen unterworfen:[781] die „Obersten Reichsbehörden", deren „nachgeordnete Dienststellen", die „Dienststellen der Partei" sowie ihre „Gliederungen" und „angeschlossenen Verbände", der „Reichsprotektor" des „Reichsprotektorates Böhmen und Mähren", der „Generalgouverneur" des „Generalgouvernements" und schließlich sämtliche „Militärbefehlshaber" sowie „Chefs der Zivilverwaltungen".

Zentrale Drehscheibe für den Arbeitseinsatz war damit fortan der GBA, dessen Amt bis Kriegsende von Sauckel bekleidet wurde. Mit der Schaffung dieses neuen Amtes wurde die Frage verneint, ob auf Regierungsebene für die Zwangsbewirtschaftung auf die bestehende Einrichtungsstruktur zurückgegriffen werden konnte.[782] Das Reichsarbeitsministerium wurde dadurch kurze Zeit nach der Stärkung durch die Integration der „Reichsanstalt" insofern wieder stark abgewertet, als damit die Leitung der gesamten Arbeitseinsatzverwaltung und damit eine der wichtigsten Grundlagen für die Kriegswirtschaft im Deutschen Reich vom Arbeitsminister auf den GBA überging.[783]

---

[770]   *Gruner*, Zwangsarbeit, 300.
[771]   *Engel / Radzyner*, Sklavenarbeit, 43.
[772]   *Schmuhl*, Arbeitsmarktpolitik, 310; *Maier*, Arbeitseinsatz, 13.
[773]   *Schmuhl*, Arbeitsmarktpolitik, 304 ff.
[774]   RGBl I 1942 S 179.
[775]   *Maier*, Arbeitseinsatz, 13.
[776]   Lex cit; *Schmuhl*, Arbeitsmarktpolitik, 313.
[777]   *Maier*, Arbeitseinsatz, 14.
[778]   Abs 3 leg cit.
[779]   RGBl I 1942 S 180.
[780]   Z 1 leg cit.
[781]   Z 4 leg cit.
[782]   *Schmuhl*, Arbeitsmarktpolitik, 308 ff.
[783]   Ebd, 313.

2. Unterinstanzen

Einen gravierenden Umbruch in der Grundstruktur der sich ausprägenden nationalsozialistischen Arbeitseinsatzbehörden in der „Ostmark" stellte die völlige Demontage des Paritätsgrundsatzes – ein Herzstück der ursprünglichen demokratischen Arbeitsmarktverwaltung – im Sinne des „Führerprinzips" dar. Wenngleich die Quellen dazu spärlich sind, ist davon auszugehen, dass an die Beschneidung der letzten Reste demokratischer Natur, die nicht bereits durch das austrofaschistische Regime entfernt wurden, umgehend nach dem „Anschluss" herangegangen wurde. Man ging dabei so vor, dass die Verwaltungs-[784] (LAA-Ebene) und Vermittlungsausschüsse (AA-Ebene) gezielt im nationalsozialistischen Sinne umbesetzt oder gleich abgeschafft wurden. In späteren Quellen sind keine Hinweise mehr auf das Bestehen von solchen Gremien zu finden. Anzunehmen ist, dass sie im Laufe eines Jahres nach dem Einmarsch der Deutschen Truppen in Österreich sukzessive abgeschafft wurden.[785]

Für die AA-Ebene ist ein Erlass-Entwurf[786] des BMsV überliefert, welcher die Wiederaufnahme der durch die Vorgänge des „Anschlusses" unterbrochenen Revisionstätigkeit der Oberinstanz gegenüber den Arbeitsämtern anordnete. Im BMsV-Erlass-Entwurf war die Rede davon, dass bei „jeder Revisionsgruppe, die vorläufig aus je zwei Beamten der Abteilung 7 zu bestehen hat, [...] stets ein Parteigenosse mit der Leitung zu betrauen" wäre. Nach Z 4 des BMsV-Erlass-Entwurfs wäre insbesondere darauf ein Augenmerk zu legen, dass „die Vermittlung bei den Arbeitsämtern in absehbarer Zeit, allenfalls durch die Heranziehung der neuaufgenommenen Beamten, ausnahmslos in die Hände von Parteigenossen zu liegen [...] [kam], um die restlose Durchführung der auf dem Gebiet der Arbeitsvermittlung getroffenen Maßnahmen im nationalsozialistischen Geiste" zu gewährleisten. Zwar wurde in diesem Zusammenhang nicht dezidiert auf die Vermittlungsausschüsse Bedacht genommen; dass diese aber – und damit das Paritätsprinzip auf unterster Verwaltungsebene – von den angesprochenen „Maßnahmen" nicht unberührt blieben, kann angenommen werden. Z 5 des BMsV-Erlass-Entwurfs stellte schließlich den Draht zu den Arbeitseinsatzbehörden des „Altreiches" her, indem festgelegt wurde, dass im Zuge der Revisionen „das Einvernehmen mit den bei den Arbeitsämtern eingeteilten Beamten der Reichsanstalt für Arbeitsvermittlung und Arbeitslosenversicherung herzustellen" wäre.

Vom Paritätsgrundsatz abgesehen fand das NS-Regime in der Behördenstruktur der mittleren und untersten Instanzen, die im Laufe der Vorjahre ausgestaltet worden war, eine Basis vor, deren organisatorische Grundzüge den nationalsozialistischen Plänen zur Errichtung des Machtapparats nach dem „Anschluss" durchaus gelegen kamen. Insbesondere der zentralstaatliche Charakter der nachgeordneten Verwaltungsbehörden als solche der unmittelbaren Bundesverwaltung unter direkter ministerieller Leitung fand Gefallen. Denn im Gegensatz dazu waren zwar auch die Arbeits- und Landesarbeitsämter des „Altreiches" zentralstaatlich geprägt, hatten aber zu dieser Zeit noch die

---

[784] Etwa ÖStA/AdR, BMsV/SP, Kart 551, I, Allgemein 1934–1938, GZ 45.649/38, Schreiben des Bundes der österreichischen Industriellen, Landesverband Niederösterreich, an das BMsV betreffs Verwaltungsausschuss beim LAA St. Pölten – Mitgliederwechsel (16. Mai 1938). Aus der Korrespondenz geht hervor, dass der Industriellenbund die Besetzung eines frei werdenden Postens im Verwaltungsausschuss durch das NSDAP-Mitgliedes Otto Heizmann vorschlug. Ähnlich auch ÖStA/AdR, BMsV/SP, Kart 551, I, Allgemein 1934–1938, GZ 29.419/38, Verwaltungsausschuss beim L.A.A. Linz; Wiedereinsetzung (5. Mai 1938). Demnach stellte Stefan Berghammer, Kommissarischer Leiter des LAA Linz, am 26. März 1938 beim BMsV den Antrag, „die Verwaltungskommission beim LAA Linz wiederherzustellen", der jedoch am 5. Mai 1938 mit dem Hinweise negativ beschieden wurde, dass „vorläufig die Wiedereinsetzung eines neuen Verwaltungsausschusses gemäß § 313, GSVG 1938, [sic!] nicht in Erwägung gezogen werden" könnte.

[785] Zur Konsolidierung der nationalsozialistisch geprägten, „ostmärkischen" LAÄ innerhalb eines Jahres nach dem Einmarsch der Wehrmacht siehe weiter unten in diesem Kap.

[786] ÖStA/AdR, BMsV/SP, Kart 621, GZ 38.335/38, Erlass-Entwurf des BMsV betreffs Revision der Arbeitsämter im Lande Oesterreich – Richtlinien für deren Vornahme (9. April 1938). Zur Errichtung des MinWA als nationalsozialistischer, institutioneller Rumpf des früheren BMsV siehe Kap II. B. 1. Vom Bundesministerium für soziale Verwaltung zum „Generalbevollmächtigten für den Arbeitseinsatz".

Stellung als „Organe einer Körperschaft des öffentlichen Rechts",[787] in deren Behördenapparat die ehemaligen österreichischen Dienststellen integriert wurden.

Diese Integration der „ostmärkischen" Arbeitseinsatzbehörden in den NS-Verwaltungsapparat war juristisch so konstruiert, dass der Reichsstatthalter „in der Stufe des Reichsgaues unter der Dienstaufsicht des Reichsministers des Innern [RMdI] nach den fachlichen Weisungen der Reichsminister innerhalb ihres Geschäftsbereiches die staatliche Verwaltung"[788] führte. Die Behörden der „Reichssonderverwaltung" auf „Reichsgau"-Ebene – in diesem Fall also die LAÄ unter der Leitung ihrer jeweiligen Präsidenten – wurden „dem Reichsstatthalter angegliedert",[789] womit die LAÄ sachlich dem RAM und dessen „Zweigstelle" unterstanden.[790] Für den Fall, dass Behörden der Mittelinstanz für das Gebiet von mehr als einem „Reichsgau" zuständig sein sollten, war die Regelung der örtlichen Zuständigkeit des jeweiligen Reichsstatthalters einer Festlegung durch den „Führer und Reichskanzler" vorbehalten.[791]

RAM Franz Seldte gab hinsichtlich dieser rechtlichen Struktur Ende April 1939 zu bedenken, dass eine

„Voraussetzung für die Angliederung das Vorhandensein von Mittelbehörden der anzugliedernden Reichssonderverwaltungen [...] [war]. Für die Reichssozialverwaltung fehlt[e] es an dieser Voraussetzung. Der Angliederung hätte also die Schaffung der Behörden [...] vorausgehen müssen."[792]

Nach dieser Auffassung wäre „lediglich eine Zweigstelle des Reichsarbeitsministeriums in Wien eingerichtet. [...] Landesarbeitsämter [...] [bestanden] in der Ostmark überhaupt noch nicht."[793] Die Zweigstelle war dabei nicht auf der Ebene der „Reichsgaue" angesiedelt, sondern deckte eben das gesamte Gebiet der „Ostmark" ab.

Da also die endgültige rechtliche Verzahnung der faktisch immer bestehenden Arbeitseinsatzbehörden auf dem Gebiet der „Ostmark" mit den Stellen des RAM erst relativ spät mit dem „Ostmarkgesetz" erfolgte, agierten diese lange Zeit im rechtsfreien Raum. Deutlich wird dies, wenn man etwa bedenkt, dass die Errichtung der „Zweigstelle" weniger als einen Monat nach dem Einmarsch der Wehrmacht in Österreich stattfand und die Tätigkeit der „ostmärkischen" Arbeitsämter unter Berliner beziehungsweise Wiener NS-Leitung schon bald nach der Okkupation einsetzte.[794] Eindeutige Hinweise auf die tatsächliche Einbindung der aus dem souveränen Österreich übernommenen Arbeitsmarktbehörden sowohl in den Mittel-, als auch in den Unterinstanzen sind vor allem frühe „Gleichschaltungs"-Bemühungen.[795] Die juristische Einschätzung Seldtes stand mithin in eklatantem Widerspruch zu den realpolitischen Gegebenheiten.

---

[787] BArch/R, 3901/1.770, fol. 79–81, GZ 4.000/38, Amtsvermerk des RAM über die Besprechung im Reichs- und Preußischen Arbeitsministerium am 17. Mai 1938 über Organisationsfragen in Österreich (30. Mai 1938) 3. Zur Auflösung der „Reichsanstalt" Ende 1938 siehe Kap II. B. 1. Vom Bundesministerium für soziale Verwaltung zum „Generalbevollmächtigten für den Arbeitseinsatz".

[788] § 4 Abs 1 „Ostmarkgesetz" (RGBl I 1939 S 777).

[789] § 4 Abs 2 leg cit.

[790] Zur Auflösung der „Reichsanstalt" im Dezember 1938 siehe Kap II. B. 1. Vom Bundesministerium für soziale Verwaltung zum „Generalbevollmächtigten für den Arbeitseinsatz".

[791] § 4 Abs 3 Ostmarkgesetz iVm dem „Erlass des Führers und Reichskanzlers zu § 4 des Ostmarkgesetzes. Vom 14. April 1939" (RGBl I 1939 S 783). Zur tatsächlichen Zahl der Landesarbeitsämter siehe unten in diesem Kap.

[792] BArch/R, 3901/1.770, fol. 31–33 r, GZ 4.790/39, Schreiben des RAM an den Reichsminister und Chef der Reichskanzlei und den RMI betreffs Aufbau der Verwaltung in der Ostmark (27. April 1939) 1–6, hier: 1.

[793] Ebd, 2.

[794] Zu den frühen Dienstverpflichtungen ins „Altreich" siehe etwa Kap II. C. a. Dienstpflicht und Notdienst.

[795] Zur frühen Demontage des Paritätsprinzips innerhalb der LAÄ und AÄ durch das NS-Regime siehe weiter oben in diesem Kap, außerdem zur Belohnung der überwiegend aus dem „Altreich" in die „ostmärkischen" Arbeitseinsatzbehörden versetzten Bediensteten in Führungspositionen mit der „Österreichmedaille" im Kap II. B. 4. Eliten/Personal.

Die Verteilung der Mittelinstanzen auf dem Gebiet der „Ostmark" betreffend ist der frühe Wunsch Josef Bürckels überliefert, „3–4 Landesarbeitsämter"[796] unter der Leitung der „Zweigstelle" zu errichten. In diesem Sinne wurde die Zahl von 11 Landesarbeitsämtern[797] im Laufe des ersten Jahres nach dem „Anschluss" auf vier reduziert.[798] Fortan bestanden bis Mitte 1943 die LAÄ „Oberdonau", „Steiermark-Kärnten", „Tirol-Salzburg" (auch LAA „Alpenland"[799] genannt), und „Wien-Niederdonau" mit jeweiligem Sitz in Graz (Adolf-Hitler-Platz 14, heute Hauptplatz), Innsbruck (Haydnplatz 4), Linz (Pöstlingbergstraße 30) und Wien (Hohenstaufengasse 2, erster Wiener Gemeindebezirk).[800]

Grafik 9: Die „ostmärkischen" Landesarbeitsämter nach dem „Anschluss" 1938[801]

– LAA „Oberdonau" (Sitz in Linz)
– LAA „Steiermark-Kärnten" (Graz)
– LAA „Tirol-Salzburg" (Salzburg)
– LAA „Wien-Niederdonau" (Wien)

Mit dieser Reduktion der LAÄ waren Verschmelzungen der örtlichen Zuständigkeiten verbunden.[802] Darüber hinaus waren für die Abgrenzung der neuen großen LAA-Sprengel grundsätzlich die früheren Bundesländergrenzen maßgeblich, wobei auch hier Verschiebungen vorgenommen wurden. Die Eingemeindungswelle[803] anlässlich der Schaffung des nationalsozialistischen „Groß-Wien" hatte im Bereich der Arbeitseinsatzverwaltung die Konsequenz, dass infolge des vergrößerten räumlichen Zuständigkeitsbereiches eine Reihe von Nebenstellen des AA Wien errichtet wurden, und zwar in Liesing, Mödling, Schwechat, Lang-Enzersdorf, Groß-Enzersdorf und Klosterneuburg.[804] In Wien wurden überdies die vormals selbständigen Fach-AÄ formal aufgelöst. Das Organisationsgefüge der untersten Instanz in Wien dürfte allerdings nicht auf eine völlig neue Basis gestellt worden sein. Die bestehenden Strukturen – wie Agenden, Räumlichkeiten und so weiter – wurden großteils übernommen und der Leitung des Arbeitsamtes Wien unterstellt;[805] daneben gab es neue Einrichtungen – etwa im Rahmen der Zwangsarbeit von Jüdinnen und Juden –,[806] die ebenfalls organisatorisch Teile des AA Wien waren.

---

[796] BArch/R, 3901/1.770, fol. 79–81, GZ 4.000/38, Amtsvermerk des RAM über die Besprechung im Reichs- und Preußischen Arbeitsministerium am 17. Mai 1938 über Organisationsfragen in Österreich (30. Mai 1938) 3.

[797] Ebd.

[798] § 4 Abs 3 Ostmarkgesetz iVm dem „Erlass des Führers [...] Vom 14. April 1939" (RGBl I 1939 S 783). Zur tatsächlichen Zahl der Landesarbeitsämter siehe gleich unten in diesem Kap.

[799] Etwa BArch/R, 3901/20.146, fol. 105–106 r, GZ 1.040/2.700/750/41, Schreiben des Präsidenten des Landesarbeitsamtes Steiermark-Kärnten an den Reichsarbeitsminister betreffs Aufbau der Arbeitsverwaltung in der Südsteiermark (8. April 1941) 1–4, hier: 1.

[800] O.A., Amtskalender für den Reichsgau Niederdonau. Achter Teil des Buches. Oberste Reichsbehörden (Dresden 1942) 30.

[801] Ebd.

[802] Im Folgenden sollen die wichtigsten Änderungen dargestellt werden, die für die „ostmärkischen" Arbeitseinsatzbehörden von Bedeutung waren und auf Grund der Überlieferungslage nachvollziehbar sind. Zur von den Nationalsozialisten neu gezeichneten Landkarte des ehemaligen Österreich siehe Kap II. A. 1. Politische, wirtschaftliche und soziale Rahmenbedingungen.

[803] GBlÖ 443/1938.

[804] BArch/R, 2.301/4.891, fol. 59 r, GZ 3.440/42, Bericht über die Prüfung beim Arbeitsamt Wien in der Zeit vom 25. Januar 1943 bis 30. Januar 1943 durch Amtrat Karbig vom Rechnungshof des Deutschen Reiches in Potsdam.

[805] BArch/R, 2.301/4.891, fol. 54–60, GZ 3.440/42, Bericht über die Prüfung beim Arbeitsamt Wien in der Zeit vom 25. Januar 1943 bis 30. Januar 1943 durch Amtrat Karbig vom Rechnungshof des Deutschen Reiches in Potsdam samt Struktur-Bericht und Lageplan der Dienststellen des Arbeitsamtes Wien, hier: fol 60. Indizien für eine organisatorische Kontinuität sind etwa die Adressangaben des Lageplans, demzufolge der „Vermittlungsabschnitt für [...] grafische Berufe" (Obere Amtshausgasse 1–3, 5. Wiener Gemeindebezirk) und jener „für Forst-[...]berufe" (Obere Amtshausgasse 5) in denselben Gebäuden untergebracht waren, wie 1937 (Amtskalender 1937, 868 f).

[806] Zu den besonderen Einrichtungen für Jüdinnen und Juden des AA Wien siehe Kap II. C. 4. a. Zwangsarbeit von Jüdinnen und Juden.

Die Landesarbeitsämter Vorarlberg[807] und Burgenland[808] wurden aufgelöst und die zugehörigen Sprengel den LAÄ „Tirol-Vorarlberg" beziehungsweise „Wien-Niederdonau" und „Steiermark-Kärnten" zugewiesen. Auch einige AA-Sprengel wurden einer Neugliederung unterworfen. So wurde das AA Liezen infolge der Angliederung Osttirols an Kärnten dem LAA „Steiermark-Kärnten" unterstellt.[809] Für das Ausseerland wurde eine Nebenstelle innerhalb des Wirkungsbereichs des AA Gmunden errichtet.[810]

Inwiefern es in Südböhmen und -mähren zu organisatorischen Veränderungen gekommen ist, konnte nicht nachgewiesen werden. Jedenfalls betraf eine relativ große Ausweitung der Staatsgrenzen Oberkrain[811] sowie die Untersteiermark,[812] die im April 1941 zulasten weiter Teile Nord-Jugoslawiens dem Deutschen Reich angegliedert wurde. Die arbeitseinsatzmäßige Kolonisierung der Untersteiermark wurde dem Präsidenten des LAA „Steiermark-Kärnten", Dr. Walter Opitz,[813] aufgetragen; zuständiger Berichterstatter war dort RegR Dr. Wenninger,[814] der „am 7. 4. [19]41 seine Tätigkeit auf[nahm]".[815]

Der ursprüngliche Plan, die örtlichen Arbeitseinsatzstellen erst „2–3 Wochen nach der Übernahme der Bezirkshauptmannschaften"[816] zu etablieren und damit einen gewissen zeitlichen Abstand zur Sicherung des Gebietes durch Truppen des Deutschen Reiches einzuhalten, wurde fallengelassen. Die örtlichen Arbeitseinsatzstellen sollten gleichzeitig mit den Bezirkshauptmannschaften errichtet werden, wobei fünf Dienststellen geplant waren, und zwar in Cilli, Marburg, Pettau, Rann und Luttenberg,[817] von denen zumindest die ersten vier auch tatsächlich eingerichtet wurden.[818] Zur Leitung der fünf Dienststellen wurden durchwegs Vertreter „ostmärkischer" Arbeitseinsatzbehörden ausgewählt,[819] die bei ihrer Tätigkeit von 25 weiteren Bediensteten unterstützt werden sollten. Eine der ersten Aufgaben der örtlichen Arbeitseinsatzdienststellen war es, nach den „rassepolitischen Säuberungen" die Zahl der Arbeitskräfte festzustellen; zu diesem Zweck gab man Unterstützungsanträge aus, deren Unterstützungssätze über den bisherigen lagen, „um ein klares Bild über die Arbeitslosen

---

807 ÖStA/AdR, BMsV/SP, Kart 3, GZ 51.150/45, VO betreffend die Errichtung eines LAA Vorarlberg und eines für das Burgenland, darin: Schreiben des Amtes des Vorarlberger Landesausschusses an die Provisorische Staatsregierung betreffs Behörden-Überleitungsgesetz (5. Oktober 1945).

808 ÖStA/AdR, BMsV/SP, Kart 3, GZ 51.150/45, VO betreffend die Errichtung eines LAA Vorarlberg und eines für das Burgenland (31. Oktober 1945).

809 O.A., Amtskalender für den Reichsgau Niederdonau. Achter Teil des Buches. Oberste Reichsbehörden (Dresden 1942) 30. In diesem Sinne auch ÖStA/AdR, BMsV/SP, Kart 180, GZ 7.889/48, Erlass des BMsV an die LAÄ Ktn und Tir betreffs Rückgliederung Osttirols an das Bundesland Tirol; Überleitung des Arbeitsamtes Lienz in den Verband des Landesarbeitsamtes Tirol (8. Dezember 1947).

810 ÖStA/AdR, BMsV/SP, Kart 180, GZ 63.566/48, Erlass des BMsV an das LAA Stmk betreffs Gerichtsbezirk Aussee; Rückgliederung an das Land Steiermark (5. Juli 1948).

811 Das AA Krainburg scheint als Teil des „ostmärkischen" Apparates der Arbeitseinsatzbehörden auf (BArch/R, 3/3.043, Anlage zu Nr. 68/44, S-Buch der Rüstungsinspektion XVIII, „Salzburg", 1944, fol. 6).

812 Das Gebiet der Untersteiermark umfasste in etwa 8.000 km² und 550.000 EinwohnerInnen (BArch/R, 3901/20.146, fol. 104–104 r, GZ 1.040/2.700/765/41, Schreiben des Präsidenten des Landesarbeitsamtes Steiermark-Kärnten an den Reichsarbeitsminister betreffs Aufbau der Arbeitsverwaltung in der Südsteiermark (10. April 1941) 1–2, hier: 1). Zur Eingliederung der Gebiete Nordjugoslawiens zugunsten der „Ostmark" siehe die topografische Karte „Die ‚ostmärkischen Gauarbeitsämter' des Wehrkreises VIII („Salzburg", 1944)".

813 Umfassende biografische Daten zu Opitz konnten nicht nachgewiesen werden. Zu dessen durchaus Vorhandener Bereitschaft, in Einzelfällen gegen Bedienstete der Arbeitseinsatzbehörden einzutreten, die als nicht eindeutig loyal eingeschätzt wurden, siehe Thaler, Eliten, Kap IV. C. 5. Widerstände gegen die NS-Dominanz seitens der AMV-Beschäftigen.

814 Biografische Daten unbekannt.

815 BArch/R, 3901/20.146, fol. 105–106 r, GZ 1.040/2.700/750/41, Schreiben des Präsidenten des Landesarbeitsamtes Steiermark-Kärnten an den Reichsarbeitsminister betreffs Aufbau der Arbeitsverwaltung in der Südsteiermark (8. April 1941) 1–4, hier: 1.

816 Ebd, 2.

817 Ebd, 1.

818 BArch/R, 3/3.043, Anlage zu Nr. 68/44, S-Buch der Rüstungsinspektion XVIII („Salzburg") (1944), fol. 6. Die kartografische Darstellung gibt einen Überblick über die Arbeitseinsatzbehörden des gegenständlichen wehrwirtschaftlichen Sprengels. Zu den Wehrwirtschaftsbehörden allgemein und deren Zusammenarbeit mit den Arbeitseinsatzbehörden siehe Kap II. B. 3. Das Umfeld der Arbeitseinsatzbehörden.

819 BArch/R, 3901/20.146, fol. 105–106 r, 1. Vorgesehen waren für Cilli: Angestellter Ernst Tanzer (bisher stellvertretender Amtsleiter AA Villach), Marburg: RegAss Dr. Schorz (bisher stellvertretender Amtsleiter AA Graz); Pettau: Dr. Steiner (bisher LAA „Wien-Niederdonau"), Rann: ein noch unbestimmter Bediensteter des AA „Alpenland". Für Luttenberg war Walter Petsch (bisher AA Graz) vorgesehen (BArch/R, 3901/20.146, fol. 104–104 r, GZ 1.040/2.700/765/41, Schreiben des Präsidenten des Landesarbeitsamtes Steiermark-Kärnten an den Reichsarbeitsminister betreffs Aufbau der Arbeitsverwaltung in der Südsteiermark (10. April 1941) 1–2, hier: 1).

zu haben".[820] Die fein austarierten Unterstützungshöhen sollten also einen ausreichenden Ansporn schaffen, um möglichst alle erwünschten potentiellen Arbeitskräfte in die Fänge der Arbeitseinsatzbehörden zu locken. Im Übrigen sollte die Unterstützungsgewährung „nach möglichst einfachen Vorschriften erfolgen". Anschließend wurden Arbeitsbücher ausgeben und die Eintragung in die Arbeitsbuchkartei vorgenommen.[821]

Weitere arbeitseinsatzbezirkliche Änderungen – kleineren Ausmaßes – betrafen den Westen der „Ostmark". Die durch Gebirgszüge der Allgäuer Alpen vom übrigen Staatsgebiet abgeschiedenen Ortschaften Mittelberg, Riezlern und Hirschegg (Kleinwalsertal) wurden – wie auch das Tiroler Jungholz – nach der Okkupation Österreichs Bayern angegliedert. In arbeitseinsatzmäßiger Hinsicht wurde das Kleine Walsertal zulasten des AA Bregenz in den Zuständigkeitsbereich des AA Kempten im Allgäu übertragen.[822]

Die Schaffung der Einrichtung des GBA im März 1942 beließ zunächst die beiden Unterinstanzen des Arbeitseinsatzes unberührt. Hier wurde ein Umbau erst gut ein Jahr später vorgenommen, als zwischen Sommer[823] und September[824] 1943 reichsweit die Landesarbeitsämter an die mittlerweile mit der Errichtung der Reichsgaue erfolgte Umstrukturierung der Reichsverwaltung angepasst wurden. Sauckel ließ zu diesem Zweck anstelle der bisherigen 26 Landesarbeitsämter[825] 40 Gauarbeitsämter (GAÄ) im Deutschen Reich errichten und lehnte damit die Gliederung des Verwaltungsapparates im Bereich des Arbeitseinsatzes an das regionale Organisationsprinzip der NSDAP und der Reichsverteidigung an.

Welche Tragweite diese Umstrukturierung für die Mittelinstanzen und deren Verteilung in der „Ostmark" mit sich brachte, kann weder aus der Literatur,[826] noch aus den wenigen dazu überlieferten Quellen restlos erschlossen werden.[827] Fest steht mithin, dass die Zahl der Dienststellen auf der „ostmärkischen" Mittelebene von bisher vier Landesarbeitsämtern auf sieben Gauarbeitsämter erhöht wurde.[828] Im Hinblick auf die sachliche Zuständigkeit in den Agenden Arbeitsvermittlung und Berufsberatung dürften jedenfalls keine großen Umbrüche erfolgt sein.[829] Auch in der untersten Instanz (AA-Ebene) brachten die Umstrukturierungen im Zuge der Errichtung der GAÄ wohl keine gravierende Zäsur.

---

[820] BArch/R, 3901/20.146, fol. 105–106 r, 3.

[821] Ebd, 3 f. Zur Rolle der Arbeitseinsatzbehörden im Bereich der Arbeitsbuchpflicht bei den Volksdeutschen siehe Kap II. C. 1. Arbeitsbuch.

[822] ÖStA/AdR, BMsV/SP, Kart 214, GrunZ 56.115/49, Außenstelle Kleinwalsertal (LAA. Vorarlberg), darin: Schreiben des LAA Vbg an das BMsV betreffs Erhaltung der Nebenstelle des AA Bregenz; hier: Einstellung des Karl Helm (7. Mai 1948) 3. Die Vorgänge im Kleinen Walsertal spielen für die Entwicklung in der Zweiten Republik eine Rolle (Kap III. B. 2. Unterinstanzen).

[823] *Maier*, Arbeitseinsatz, 15.

[824] *Vergin*, Arbeitseinsatzverwaltung, 131.

[825] *Maier*, Arbeitseinsatz, 15, spricht von bisher „etwa 20 Landesarbeitsämter[n]".

[826] *Freund / Perz*, Zahlenentwicklung, 20; *Maier*, Arbeitseinsatz, 15; *Vergin*, Arbeitseinsatzverwaltung, 131–135, 562 f; *Siebert*, arbeitsrechtliche Vorschriften, 59–62 (Tabelle).

[827] BArch/R, 3/3.043, Anlage zu Nr. 68/44, S-Buch der Rüstungsinspektion XVIII („Salzburg") (1944), fol. 6. Die kartografische Darstellung gibt einen Überblick über die Arbeitseinsatzbehörden des gegenständlichen wehrwirtschaftlichen Sprengels und verzeichnet jedenfalls alleine im Gebiet der Rüstungsinspektion XVIII („Salzburg") vier GAÄ mit Sitz in Graz, Innsbruck, Klagenfurt und Salzburg. Zu den Wehrwirtschaftsbehörden allgemein und deren Zusammenarbeit mit den Arbeitseinsatzbehörden siehe Kap II. B. 3. Das Umfeld der Arbeitseinsatzbehörden.

[828] *Siebert*, arbeitsrechtliche Vorschriften, 59–62, zitiert „Aus dem Erlaß des Generalbevollmächtigten für den Arbeitseinsatz betr[effend] Verordnung über die Gauarbeitsämter. Vom 27. Juli 1943" (RABl 1943 I S 394) eine darin enthaltene tabellarische Zusammenstellung von 40 Gauarbeitsämtern, wobei eindeutig sieben auf die „Ostmark" entfielen.

[829] Zu den umfassenden Agenden der GAA-Leiter als „Reichstreuhänder der Arbeit" etwa in den Bereichen Mindestlöhne und Arbeitszeit nach dem „Gesetz zur Ordnung der nationalen Arbeit" (RGBl I 1934 S 45, AOG, in der „Ostmarkt" in Kraft seit der „Zweiten Durchführungsverordnung über die Einführung sozialrechtlicher Vorschriften im Lande Österreich", RGBl I 1938 S 851) siehe vor allem *Vergin*, Arbeitseinsatzverwaltung, 145–151. In diesem Sinne auch *Maier*, Arbeitseinsatz, 15.

Grafik 10: Die „ostmärkischen" Gauarbeitsämter (ab Mitte 1943)[830]

– GAA Kärnten (Sitz in Klagenfurt)
– GAA „Niederdonau" (Wien)
– GAA „Oberdonau" (Linz)
– GAA Salzburg (Salzburg)
– GAA Steiermark (Graz)
– GAA Tirol-Vorarlberg (Innsbruck)
– GAA Wien (Wien)

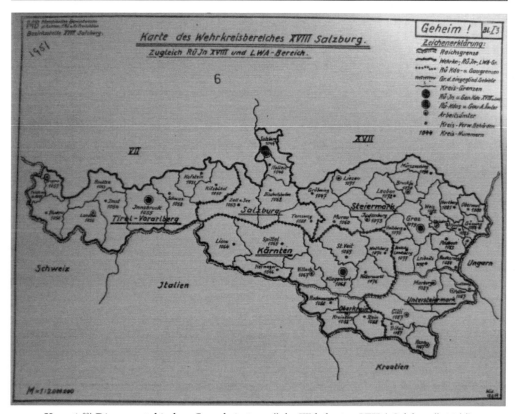

Karte 1:[831] Die „ostmärkischen Gauarbeitsämter" des Wehrkreises VIII („Salzburg", 1944)

3. Das Umfeld der Arbeitseinsatzbehörden

Als erste legislatorische Maßnahme im Bereich der staatlich organisierten Arbeitskräfteverwendung wurde der Reichsarbeitsdienst[832] (RAD) aus dem „Altreich" übernommen. Die systematische und umfassende Übernahme von Rechtsvorschriften sollte erst einen Monat später mit der öster-

---

830 *Siebert*, arbeitsrechtliche Vorschriften, 59–62.
831 BArch/R, 3/3.043, Anlage zu Nr. 68/44, S-Buch der Rüstungsinspektion XVIII („Salzburg") (1944), fol. 6.
832 RGBl I 1935 S 769. Zum RAD im Überblick siehe etwa *Vergin*, Arbeitseinsatzverwaltung, 81f.

reichischen Arbeitseinsatzverordnung[833] erfolgen. Der RAD ist zwar – nicht zuletzt aufgrund seiner von den Arbeitseinsatzbehörden unabhängigen Organisationsstruktur – nicht zur Arbeitseinsatzverwaltung im engeren Sinn zu zählen; doch soll er hier wegen seiner weitrechenden Bedeutung für den Einsatz von Arbeitskräften für zivile Aufgaben im Inland skizziert werden.

Die „Verordnung über die Einführung des Reichsarbeitsdienstes im Lande Österreich"[834] vom 19. April 1938 setzte das „Reichsarbeitsdienstgesetz"[835] vom 26. Juni 1935 samt seiner Novellen und Durchführungsbestimmungen in Kraft. Mit der Einführung des RAD waren männliche Angehörige der „Ostmark" vor dem Wehrdienst ein halbes Jahr lang zur zivilen Arbeit einzuberufen.[836] Die Verordnung sollte allerdings erst mit 1. Oktober 1938 in Kraft treten. Diese Zeit war wohl vonnöten, um den Apparat des RAD in der „Ostmark" zu organisieren.

Das RADG verpflichtete die männlichen Deutschen im Alter zwischen 18 und 25 Jahren vor dem Wehrdienst ein halbes Jahr lang zur Ableistung nicht militärischer Arbeitsleistungen. Jüdinnen und Juden war der Eintritt in den Reichsarbeitsdienst verboten.[837] Erst nach Kriegsbeginn wurde am 4. September 1939 per Verordnung[838] der verpflichtende Reichsarbeitsdienst für Frauen im gesamten Deutschen Reich und damit auch in der „Ostmark" eingeführt. Davor gabt es den „Reichsarbeitsdienst für die weibliche Jugend"[839] nur auf freiwilliger Basis und in sehr kleinem Ausmaß.

Die Monopolstellung[840] der Arbeitsmarktbehörden im Bereich der Stellenvermittlung wurde kurz nach der Etablierung der NS-Herrschaft mit dem AVBLG[841] vom November 1935 („Monopolgesetz"[842]) zugunsten der „Reichsanstalt" vehement gestärkt. Nachdem diese schon im Juni durch die ausschließliche Befugnis zur Vermittlung ins Ausland aufgewertet worden war, kam man innerhalb der „Reichsanstalt" zum Schluss, dass „die Mitwirkung so vieler Stellen außerhalb der Reichsanstalt an der Durchführung der Arbeitsvermittlung [...] der planmäßigen Gestaltung des Arbeitseinsatzes nicht immer zuträglich"[843] wäre. Insofern war die gesetzliche Fundierung auch des Inlandsvermittlungsmonopols lediglich ein logischer Schritt im Übergang von der Friedens- zur Kriegswirtschaft.

Schon kurz nach dem Inkrafttreten des Gesetzes im Deutschen Reich wurden dort die ersten Anträge auf „Auftrags"-Vermittlung gem § 1 AVBLG gestellt, wobei von 506 zwischen 1. April 1936 und 31. März 1937 gestellten Anträgen insgesamt 296 abgewiesen wurden.[844] Es verwundert daher nicht, wenn zur Zeit des „Anschlusses" die tatsächliche Durchsetzung des Vermittlungsmonopols im „Altreich" aus der Perspektive der Vermittlungsbüros bereits sehr weit gediehen war.

Demgegenüber war aus ArbeitnehmerInnenperspektive die Umsetzung des Monopolgedankens im Deutschen Reich grundsätzlich nicht so weitreichend, dass jegliche Fluktuation unselbständig Beschäftigter ausschließlich durch die Arbeitsämter erfolgte. Zwar gingen die Mechanismen der Ar-

---

[833] RGBl I 1938 S 591.
[834] RGBl I 1938 S 400.
[835] RGBl I 1935 S 769.
[836] *Schmidt*, Arbeitsmarktverwaltung, 122.
[837] § 7 Abs 1 RADG idFv 19. März 1937 (RGBl I 1937 S 325).
[838] RGBl I 1939 S 1693; *Schmidt*, Arbeitsmarktverwaltung, 129. Zum „Pflichtjahr" für junge Frauen siehe Kap II. C. 2. Aspekte des landwirtschaftlichen Arbeitseinsatzes: „Landhilfe", „Landjahr" und „Umsiedler".
[839] § 9 Reichsarbeitsdienstgesetz.
[840] Dazu schon grundsätzlich bei *Danimann*, Arbeitsämter, 40.
[841] RGBl I 1935 S 1281.
[842] *Schmuhl*, Arbeitsmarktpolitik, 247.
[843] Zit nach *Schmuhl*, Arbeitsmarktpolitik, 247, „7. Bericht der Reichsanstalt ... für die Zeit vom 01. 04. 1934 bis zum 31. 02. 1935".
[844] *Schmuhl*, Arbeitsmarktpolitik, 248. Es ist nach den Angaben des Autors nicht ganz klar, ob er sich bei diesen Zahlen lediglich auf die „nichtgewerbsmäßige Arbeitsvermittlung" (§ 1 Abs 2 AVBLG) bezieht, oder darin auch jene der „gewerbsmäßigen" enthalten sind. Außer Zweifel steht aber seiner Ansicht nach, dass eine Vielzahl von vormaligen Vermittlungsbüros auf Anträge verzichteten und die Vermittlungstätigkeit einstellten sowie dass das Monopol im Deutschen Reich von Beginn an „restriktive gehandhabt" wurde.

beitsplatzwechselverordnung „Verordnung über die Beschränkung des Arbeitsplatzwechsels"[845] in diese Richtung; besonders im Bereich der „Umsiedler" war die selbständige Arbeitssuche gem Z 8 des Erlasses[846] des Landesarbeitsamtes Steiermark-Kärnten weitestgehend ausgeschlossen. Abgesehen von solchen Sonderfällen und vom fortgeschrittenen Kriegsstadium konnten beziehungsweise durften sich die „Reichsbürger" aber ihren Arbeitsplatz selbst suchen, wenn auch ihre Wahl an eine Mitwirkung der Arbeitsämter gem der APlWVO gebunden war.

Die Forcierung der arbeitseinsatzbehördlichen Monopolstellung ermöglichte eine gezielte Arbeitsvermittlungspolitik im Sinne des Regimes, wodurch dieses besonders in der Phase hoher Arbeitslosigkeit – und damit laut Szilagi auch in der „Ostmark" die erste Zeit nach dem „Anschluss" – ein effektives Mittel in der Hand hatte, linientreue Arbeitskräfte bei der Stange zu halten. Nach NS-Jargon traf „[d]as ganze Volk" eine besondere, rechtlich nicht grundlegend (G, VO) determinierte „Ehrenpflicht [...], verdiente Kämpfer der Bewegung [...] bevorzugt wieder in Brot und Arbeit zu bringen".[847] Unter den verdienten Kämpfern waren jene „Partei- und Volksgenossen" zu verstehen, die „durch ihren persönlichen Einsatz und ihre Opfer die Voraussetzungen dafür geschaffen haben, dass Österreich vor dem restlosen Zusammenbruch bewahrt und ins Reich heimgeführt werden konnte"[848]. Zwischen dem „Reichskommissar für die Wiedervereinigung",[849] Josef Bürckel, und dem Präsidenten der „Zweigstelle Österreich" der „Reichsanstalt", Friedrich Gärtner, wurden „besondere Richtlinien"[850] zur Eingrenzung des Kreises dieser „verdienten Kämpfer" vereinbart. Demnach stellten die Kreisleiter der Nationalsozialistischen Deutschen Arbeiterpartei (NSDAP) fest, wer als solcher von den Arbeitsämtern bevorzugt in Vermittlung zu bringen war.

Als das Regime in der „Ostmark" einen relativ liberalen Markt privatwirtschaftlich agierender Vermittlungsstellen vorfand, stellte sich die Frage nach dem Umgang mit dieser Situation, die das Regime mit der Einführung des AVBLG durch die ÖAEVO[851] beantwortete. Die formale Einführung des Monopols auch in der „Ostmark" bedeutete aber nicht, dass man das Monopol auch sofort so rigide wie im „Altreich" tatsächlich durchsetzte. Vielmehr legte die ÖAEVO fest, dass die in der „Ostmark" bestehenden außerbehördlichen Stellen ohne Genehmigung der „Reichsanstalt" für Arbeitsvermittlung und Arbeitslosenversicherung weiterhin tätig sein durften. Diese Bestimmungen standen in deutlichem Widerspruch zur AVBLG, wonach ein solches Tätigwerden nur mehr nach ausdrücklicher Genehmigung seitens der „Reichsanstalt" beziehungsweise des RAM zulässig war. Die Bestimmungen der ÖAEVO waren Ausdruck des „interlokalen Rechts".[852]

Zugeständnisse wie jene der ÖAEVO, nichtstaatliche Stellenvermittlung „bis auf weiteres"[853] – also unbefristet und genehmigungsfrei – zuzulassen, wurden auch im Memelland, im Saarland und im Sudetenland gemacht. Ausschlaggebender Grund für diese anfänglich relativ liberale Regelung

---

[845] RGBl I 1939 S 1685. Dazu ausführlich im Kap II. C. 3. b. Arbeitsplatzwechselverordnung.

[846] BArch/R, 59/211, fol. 43, GZ 5.470/25/40, Erlass des Landesarbeitsamtes Steiermark-Kärnten an die Arbeitsämter in der Steiermark betreffs Arbeitseinsatz von volksdeutschen Umsiedlern aus dem Buchenland (Bukowina). Hier: Einsatz während des Lageraufenthalts (20. November 1940). Zur Rolle der Arbeitsämter im Zusammenhang mit der APlWVO siehe Kap II. C. 3. b. „Arbeitsplatzwechselverordnung".

[847] *Szilagi*, Arbeitseinsatz, 123.

[848] Ebd.

[849] Ebd.

[850] Ebd.

[851] RGBl I 1938 S 591. Dazu näher in Kap II. A. 2. Rechtliche Rahmenbedingungen.

[852] Zum „interlokalen Recht" siehe ebenfalls Kap II. A. 2. Rechtliche Rahmenbedingungen.

[853] ÖStA/AdR, BMsV/SP, Kart 376, GrZ 570.066/39, Durchführung der nichtgewerbsmäßigen Arbeitsvermittlung, Berufsberatung und Lehrstellenvermittlung und der gewerbsmäßigen Arbeitsvermittlung, darin: Schreiben des RAM an den Reichskommissar für die Wiedervereinigung Österreichs mit dem Deutschen Reich (Ministerium für Wirtschaft und Arbeit) und andere Dienststellen betreffs Durchführung der nichtgewerbsmäßigen Arbeitsvermittlung, Berufsberatung und Lehrstellenvermittlung und der gewerbsmäßigen Arbeitsvermittlung im Saarland, in der Ostmark, im Reichsgau Sudetenland und im Memelland (21. Juli 1939) [im folgenden kurz RAM-Bemerkungen zur AVBLGVO,] 2.

war das Bestreben nach einer Entlastung der Arbeitseinsatzbehörden insofern, als „in der ersten Anlaufszeit die Mithilfe von außerhalb der öffentlichen Arbeitsvermittlung bestehenden und als zuverlässig befundenen Vermittlungseinrichtungen nicht zu entbehren war".[854]

Nach dem Abschluss der Überführung der ehemaligen österreichischen Arbeitsmarktbehörden in den reichsdeutschen Arbeitseinsatzverwaltungsapparat[855] wurden auch die nichtstaatlichen „ostmärkischen" Vermittlungsstellen vom Regime als Hindernis empfunden und wurden – etwa mit Blick auf die rüstungsbedingt sinkenden Arbeitslosenraten – überdies auch weitgehend entbehrlich.[856] Im Juli 1939 wurden damit den gewerbsmäßigen ArbeitsvermittlerInnen in der „Ostmark" die Möglichkeiten zum Lebenserwerb „fast überall genommen".[857] Am Ende dieses Weg-Abschnitts zum Vermittlungsmonopol in der „Ostmark" stand eine Verordnung[858] (im Folgenden AVBLGVO), mit welcher man die eher großzügige Übergangsregelung der ÖAEVO deutlich einschränkte. Diese VO, gezeichnet von Friedrich Syrup, trat am 15. September 1939 in Kraft.[859] Die AVBLGVO setzte mit Wirkung zum 1. Jänner 1940 den gemäß ÖAEVO bestehenden nichtgewerbsmäßigen Arbeitsvermittlungsbüros eine Frist bis zum 31. März 1940, nach deren Verstreichen die Befugnis erlosch – sofern nicht eine Erlaubnis beim RAM eingeholt wurde.[860] Gewerbliche Büros wurden fristlos mit Anfang 1940 verboten, soweit sie nicht durch den RAM zugelassen waren.[861] Darunter fielen die Bereiche Artistenvermittlung, Konzertvermittlung und Bühnenvermittlung.[862]

Ein umfassender Quellenbestand über die Anwendung der AVBLGVO liegt nicht vor, doch lassen die überlieferten Archivalien einige Rückschlüsse zu, die sich freilich als Hypothesen im Gesamtbild verstehen müssen. Über die Anzahl und das Alter der in den „angeschlossenen Gebieten" gewerbsmäßig tätigen VermittlerInnen wurden im Zuge der Ausarbeitung der VO eingehende Erhebungen geführt.[863] Wie der überlieferten Statistik[864] zu entnehmen ist, standen 239 „ostmärkischen" VermittlerInnen 37 in den übrigen drei Gebieten (Saar, Sudeten- und Memelland) gegenüber, womit klar war, dass der überwiegende Teil der Zielgruppe auf die „Ostmark" entfiel.

In Relation zum „Altreich"[865] (506 Anträge) lässt die Zahl der in der „Ostmark" bestehenden gewerblich tätigen VermittlerInnen auf ein auf den ersten Blick verhältnismäßig großes zu erwartendes Antragsvolumen schließen. Diese Annahme relativiert sich aber im Hinblick darauf, dass wohl ähnlich wie seinerzeit im „Altreich" ein gewisser Teil der potenziellen AntragstellerInnen auf eine neuerliche Erlaubnis verzichtete. Außerdem verrät die Altersstruktur, dass man damit rechnete, einen Großteil der bisherigen VermittlerInnen „überwiegend anderweitig"[866] unterzubringen – mit

854 ÖStA/AdR, BMsV/SP, Kart 376, GrZ 570.066/39, Durchführung der nichtgewerbsmäßigen Arbeitsvermittlung […], darin: RAM-Bemerkungen zur AVBLGVO, 2.
855 Dazu näher in den Kap II. B. 1. Vom Bundesministerium für soziale Verwaltung zum „Generalbevollmächtigten für den Arbeitseinsatz" und Kap II. B. 2. Unterinstanzen.
856 ÖStA/AdR, BMsV/SP, Kart 376, GrZ 570.066/39, Durchführung der nichtgewerbsmäßigen Arbeitsvermittlung […], darin: RAM-Bemerkungen zur AVBLGVO, 2 f.
857 Ebd, 3.
858 "Verordnung zur Durchführung des Gesetzes über Arbeitsvermittlung, Berufsberatung und Lehrstellenvermittlung im Saarland, in der Ostmark, im Reichsgau Sudetenland und im Memelland. Vom 14. September 1939." (RGBl I 1939 S 1769).
859 § 12 leg cit.
860 § 2 leg cit.
861 § 3 leg cit.
862 ÖStA/AdR, BMsV/SP, Kart 376, GrZ 570.066/39, Durchführung der nichtgewerbsmäßigen Arbeitsvermittlung […], darin: RAM-Bemerkungen zur § 3 AVBLGVO, 4.
863 ÖStA/AdR, BMsV/SP, Kart 376, GrZ 570.066/39, Amtsvermerk des Ministeriums für Wirtschaft und Arbeit betreffs Durchführung der nichtgewerbsmäßigen Arbeitsvermittlung, Berufsberatung und Lehrstellenvermittlung und der gewerbsmäßigen Arbeitsvermittlung (4. August 1939).
864 ÖStA/AdR, BMsV/SP, Kart 376, GrZ 570.066/39, Durchführung der nichtgewerbsmäßigen Arbeitsvermittlung […] (4. August 1939), darin: Übersicht über die gewerbsmäßigen Arbeitsvermittler, die für die Gewährung einer Beihilfe in Frage kommen können (o.D.).
865 Zum diesbezüglichen Forschungsstand siehe weiter oben in diesem Kap.
866 ÖStA/AdR, BMsV/SP, Kart 376, GrZ 570.066/39, Durchführung der nichtgewerbsmäßigen Arbeitsvermittlung […] (4. August 1939), darin: Übersicht über die gewerbsmäßigen Arbeitsvermittler, die für die Gewährung einer Beihilfe in Frage kommen können (o.D.).

anderen Worten, sie durch Zuweisung an andere Arbeitsplätze – allenfalls mittels Dienstpflicht – in den Arbeitseinsatzprozess einzugliedern. 129 der erfassten Fälle waren unter 60 Jahre alt und kamen damit grundsätzlich für einen anderweitigen Einsatz in Frage. Bei den 40- bis 50-Jährigen rechnete man damit, dass ihnen durch die Gewährung einer vorübergehenden Beihilfe dazu verholfen werden konnte, „sich auf eine andere Erwerbstätigkeit umzustellen."[867]

Zweieinhalb Jahre nach Beseitigung des NS-Regimes bestanden unter behördlichem Hinweis auf die weiterhin geltende NS-Rechtslage[868] nur „10 erwerbsmäßige Arbeitsvermittlungsstellen privater Personen für Musiker, Artisten und Bühnenangehörige".[869] Dies lässt erahnen, wie restlos die Beseitigung dieses Geschäftszweiges davor betrieben worden war.

Insgesamt sind die Bestrebungen des Regimes um eine Ausgestaltung des Vermittlungsmonopols als Hinweis auf Konsolidierung der organisatorischen Adaptionen im Bereich der staatlichen Arbeitsvermittlung zu werten.[870] Mit der vorsichtigen Einführung des Reichsrechts wurde auf die sozialen Verhältnisse der bisherigen „politisch und charakterlich" erwünschten VermittlerInnen, für die das MinWA eine „schwere wirtschaftliche Bedrängnis"[871] ortete, Rücksicht genommen und so ein populistisch geprägter Rahmen geschaffen, der geeignet war, dem Regime propagandistisch einen Vorteil zu ermöglichen. Letztendlich rang sich das Regime eher zögerlich zu einer legistischen Regelung des Monopols in der „Ostmark" durch, welches erst nach Kriegsausbruch und teilweise unter Fristsetzung eingeführt wurde. Die letzten Möglichkeiten nichtstaatlicher Vermittlungstätigkeit wurden im Laufe der Vierzigerjahre durch den Verschleiß der letzten Reste des Arbeitskräftepotentials für die Kriegsmaschinerie nahezu aufgerieben.

Ein immanentes volkswirtschaftliches Problem des Arbeitseinsatzes während des Kriegs lag im drastischen Schwinden des Arbeitskräftereservoirs. Eine Möglichkeit, zugunsten der Rüstung[872] „den Ausfall an Arbeitskräften, der durch die Rekrutierung von Soldaten verursacht wurde, zu kompensieren",[873] sah man in der Umschichtung von Betriebspersonal, wobei mit Fortschreiten des Kriegs eine intensive Verzahnung der Arbeitsmarktbehörden mit den Wehrwirtschaftsbehörden stattfand. Die Ergebnisse der von diesen Stellen erreichten Freisetzung von Personal sind teilweise bekannt. Im Deutschen Reich ging in den ersten beiden Kriegsmonaten die Zahl der Beschäftigten im Handwerk durch Betriebsstilllegungen[874] um knapp eine Million (zirka 20 Prozent) zurück, im Handel um 425.000 (zirka 15 Prozent); in der Konsumgüterindustrie wurden lediglich 13.800 ArbeitnehmerInnen abgebaut, da hier ein Großteil des Personalaufwands durch die Nachfrage der Wehrmacht gebunden war.[875] Bislang wenig erforscht sind jedoch die konkrete Rolle der Arbeitsein-

---

[867] Ebd.
[868] ÖStA/AdR, BMsV/SP, Kart 160, GZ 148.367/47, XXXI. Internationale Arbeitskonferenz. Zehnjahresbericht über die Durchführung des Übereinkommens Nr. 34 über Büros für entgeltliche Arbeitsvermittlung (15. Dezember 1947), darin: Stellungnahme [des BMsV] zum Entwurf eines Zehnjahresberichts des I.A.A. über die Durchführung des Übereinkommens über die erwerbsmäßige Arbeitsvermittlung (o.D.), 1.
[869] Ebd, 3.
[870] ÖStA/AdR, BMsV/SP, Kart 376, GrZ 570.066/39, Durchführung der nichtgewerbsmäßigen Arbeitsvermittlung, Berufsberatung und Lehrstellenvermittlung und der gewerbsmäßigen Arbeitsvermittlung, darin: Schreiben des RAM an den Reichskommissar für die Wiedervereinigung Österreichs mit dem Deutschen Reich (Ministerium für Wirtschaft und Arbeit) und andere Dienststellen betreffs Durchführung der nichtgewerbsmäßigen Arbeitsvermittlung, Berufsberatung und Lehrstellenvermittlung und der gewerbsmäßigen Arbeitsvermittlung im Saarland, in der Ostmark, im Reichsgau Sudetenland und im Memelland (21. Juli 1939), 1.
[871] ÖStA/AdR, BMsV/SP, Kart 376, GrZ 570.066/39, Amtsvermerk des Ministeriums für Wirtschaft und Arbeit betreffs Durchführung der nichtgewerbsmäßigen Arbeitsvermittlung, Berufsberatung und Lehrstellenvermittlung und der gewerbsmäßigen Arbeitsvermittlung (4. August 1939). In diesem Sinne auch die RAM-Bemerkungen zu § 2 AVBLGVO, 3.
[872] Zur Struktur der Kriegswirtschaft und deren Unterteilung in die Rüstungs- und zivilen Sektor siehe Kap II. A. 1. Politische, wirtschaftliche und soziale Rahmenbedingungen, zur kritischen zeitgenössischen Einschätzung dieser Bipolarität weiter unten in diesem Kap.
[873] *Schmuhl*, Arbeitsmarktpolitik, 290, mit weiteren Literaturnachweisen.
[874] Zur Rolle der Arbeitseinsatzbehörden bei den Betriebsstilllegungen gleich unten in diesem Kap.
[875] *Schmuhl*, Arbeitsmarktpolitik, 293; *Overy*, Blitzkriegswirtschaft, 423.

satzbehörden und das institutionelle Setting in diesem Prozess sowie Aspekte, welche nachfolgend am Beispiel der „Ostmark" hier nachvollzogen werden sollen.

Auf dem Gebiet der „Ostmark" bestanden entsprechend der Einteilung ihres Gebietes in die Sprengel der Rüstungsinspektionen XVII („Wien") und XVIII („Salzburg") diesen nachgeordnete Rüstungskommandos (RüKdo).[876] Die den Rüstungsinspektionen zugeordneten Gebiete umfassten mehrere Reichsgaue, während sich die Sprengel der Rüstungskommandos im Wesentlichen mit der „Gaueinteilung" deckten. Wehrwirtschaftsbehörden wurden im Deutschen Reich schon in den 30er Jahren eingerichtet, um das volkswirtschaftliche Potential für Rüstungszwecke auszureizen und in die gewünschten Bahnen zu lenken. Die Wehrwirtschaftsbehörden unterstanden dem Oberkommando der Wehrmacht (OKW).

Am 16. Mai 1940 erging durch den RAM ein Erlass,[877] welcher die Errichtung von „Auskämmkommissionen" im Deutschen Reich regelte.[878] Im Sprengel des Rüstungskommandos Graz – Rüstungsinspektion XVIII („Salzburg") – fand am 21. Juni 1940 eine Besprechung der involvierten Stellen anlässlich der Bildung von „Auskämmkommissionen" mit maßgeblicher Beteiligung der Arbeitseinsatzbehörden statt. Die „Auskämmkommissionen" hatten „angesichts der schwierigen Lage des Arbeitseinsatzes"[879] die Aufgabe, die weniger kriegswichtigen Betriebe auf Arbeitskräftepotential zugunsten von vorrangigen Rüstungsbetrieben zu überprüfen („Durchkämmung"/„Auskämmung").

Diese „Auskämmungen" gingen dabei so vonstatten, dass die „Auskämmkommissionen" unter mehr oder weniger starker Beteiligung der Arbeitseinsatzbehörden nach einem Lokalaugenschein bei nachrangigen Betrieben – insbesondere des zivilen Sektors – konkrete (Vor-)Entscheidungen über den Verbleib beziehungsweise die Umverteilung von Arbeitskräften mittels Unabkömmlichstellung[880] (Uk-Stellung) und vom zuständigen AA anzuordnender Dienstpflicht[881] trafen. „Um die zu dezimierenden Betriebe […] nicht ganz stillzulegen, […] [wurden] die Arbeitskräfte nicht willkürlich herausgezogen, sondern von hierzu bestimmten Auskämmkommissionen […] ausgewählt. Diese Kommissionen besichtigten die einzelnen Betriebe, um sich mit den Arbeitsvorgängen vertraut zu machen und bestimm[t]en aufgrund der hierbei gemachten Beobachtungen, wie viele Arbeiter abgezogen werden"[882] konnten.

Der Einfluss der Arbeitseinsatzbehörden bei diesen Vorgängen war in Abhängigkeit von der Betriebsgröße des jeweils nachrangigen Betriebes gestaffelt. Die „Auskämmung" war „bei Betrieben bis zu 50 Arbeitern durch die zuständigen Arbeitsämter, bei Betrieben mit 50–200 Arbeitern durch eine Kommission, bestehend aus den zuständigen Arbeitsämtern und einem von der RüIn dazu kommandierten Offizier, und bei Betrieben über 200 Arbeitern vom L.A.A., dem Kdr. des RüKdo bzw.

[876] www.argus.bundesarchiv.de/Bestaendeuebersicht/index.htm?kid=D69ACDA066404009A808FAB33D8ACDBD (abger am 27. Juni 2014) mit weiteren Literaturnachweisen. Die nachgeordneten Wehrwirtschaftsstellen wurden 1939 in Rüstungskommandos umbenannt, die übergeordneten Rüstungsinspektionen in Wehrwirtschaftsinspektionen. Zur Gebietseinteilung auf der mittleren Ebene (Rüstungsinspektionen beziehungsweise Wehrwirtschaftsinspektionen) siehe Kap II. A. 1. Politische, wirschaftliche und soziale Rahmenbedingungen.

[877] GZ 5.552/481.

[878] BArch/M, RW 20–18/24, Kriegstagebuch, Anlage zu Nr. 20.149/40, Geschichte der Rüstungsinspektion XVIII („Salzburg") (Berichtszeitraum 1. August 1939 bis 30. September 1940), GZ 20.149/40 g, Abschnitt Arbeitseinsatzlage, 7.

[879] BArch/M, RW 21–24/4, Kriegstagebuch des Rüstungskommandos Graz (Eintrag vom 24. Juni 1940), 492. Zur quellenkritischen Einordnung auch der überlieferten Kriegstagebücher (der Wehrkreise XVII und XVIII), die von den dort zuständigen Wehrwirtschaftsbehörden geführt wurden und die organisationsrechtliche Einbettung der Arbeitseinsatzbehörden dokumentieren, siehe Kap Einleitung.

[880] Grundsätzlich zur arbeitseinsatzbehördlichen Rolle bei der Unabkömmlichstellung siehe *Schmuhl*, Arbeitsmarktpolitik, 338; *Kroener*, Bernhard R., Der Kampf um den „Sparstoff Mensch". Forschungskontroverse über die Mobilisierung der deutschen Kriegswirtschaft 1939–1942. In: *Michalka*, Wolfgang (Hg), Der Zweite Weltkrieg. Analysen, Grundzüge, Forschungsbilanz (Serie Piper 811, München/Zürich ²1990) 402–417, hier: 409.

[881] Zur Rolle der „Auskämmkommissionen" dabei und bei der Uk-Stellung siehe unten in diesem Kap, zur Dienstpflicht allgemein Kap II. C. 3. a. Dienstpflicht und Notdienst.

[882] BArch/M, RW 21–63/2, Kriegstagebuch des Rüstungskommandos Wien (Berichtszeitraum 1. Juli bis 30. September 1940) o.S.

seinem Beauftragten und einem Vertreter der Gewerbebehörden"[883] vorzunehmen. Bezüglich der Böhler AG und der Betriebe des Alpine-Komplexes war eine „Auskämmung" durch eine „Reichskommission" vorgesehen. Die „Auskämmungen" im Sprengel des Rüstungskommandos Graz begannen am 24. Juni 1940; in engmaschigem Turnus waren Erfahrungsbesprechungen – die erste für Sonntag, den 29. Juni 1940 – anberaumt.[884]

Gewiss waren für die „Auskämmungen" genauere Vorgaben in einem nicht näher bekannten, verwaltungsbehördlich determinierten, materiellrechtlichen Normengerüst gegeben, das wohl maßgeblich von den militärischen Dienststellen gestaltet wurde und für die Arbeitseinsatzbehörden Verbindlichkeit besaß. Dessen ungeachtet ist aber anzunehmen, dass bei kleineren Betrieben die Gestaltungsmacht der Arbeitseinsatzbehörden insofern am größten war, als sie bei ihrer Entscheidungsfindung über das Ergebnis der „Auskämmung" völlig (Betriebe mit unter 50 Arbeitern) beziehungsweise relativ autonom (größere Betriebe) gegenüber Auffassungen anderer Stellen (Wehrwirtschaftsbehörden, Gewerbebehörden) agieren konnten.

Lückenlose Statistiken über die Ergebnisse der „Auskämmungen" sind nicht bekannt, doch enthüllen die überlieferten Quellen, dass und mit welchen Mitteln die „Auskämmkommissionen" eklatant in die Personalstände der Betriebe eingriffen. Im Wehrkreis XVIII etwa wurden bis September 1940 insgesamt 657 Betriebe „ausgekämmt" und 1.898 Arbeitskräfte umverteilt, „d.h. pro Betrieb rund 3 Mann".[885] Innerhalb der Rüstungsinspektion XVII („Wien") wurden laut dem Monatsbericht zum Juli 1940 „149 Betriebe, die nicht von der Wehrmacht betreut wurden, ausgekämmt und 97 Metallfacharbeiter als entbehrlich festgestellt und für Rüstungsbetriebe verpflichtet."[886] Die Eintragung liefert damit den Nachweis über die Rolle der Dienstpflicht und Uk-Stellungen als Kernmaßnahmen. Außerdem zeigt sie, dass sowohl der Rüstungs-, als auch der zivile Sektor dem Zugriff unterstanden.

Ein Jahr nach der Bildung von „Auskämmkommissionen" erfolgte durch die Verfügung vom 18. Februar 1941 die flächendeckende Errichtung von „Prüfungskommissionen" (auch „Göringkommissionen" genannt), deren Tätigkeit ebenfalls von maßgeblicher Beteiligung der Arbeitseinsatzbehörden getragen war. Die „Prüfungskommissionen" hatten die Aufgabe, „die erforderlichen Massnahmen zur Deckung des Bedarfs an Arbeitskräften für die Engpassfertigung [in der Rüstungsindustrie] festzulegen."[887] Die Kompetenzen waren gegenüber den „Auskämmkommissionen" insofern erweitert, als etwa mit Betriebsstilllegungen[888] auch weiter reichende Maßnahmen als schlichte Personalumverteilungen durch „Dienstverpflichtungen" beschlossen werden konnten.

Im Hinblick auf Gremien wie die „Auskämm-" und „Prüfungskommissionen" wird in Anlehnung an zeitgenössische Beschwerden von Teilnehmern in diesem Prozess[889] in der Literatur sicher-

---

[883] BArch/M, RW 21–24/4, Kriegstagebuch des Rüstungskommandos Graz (Eintrag vom 24. Juni 1940), 492.

[884] Ebd, 493.

[885] BArch/M, RW 20–18/24, Kriegstagebuch, Anlage zu Nr. 20.149/40, Geschichte der Rüstungsinspektion XVIII („Salzburg") (Berichtszeitraum 1. August 1939 bis 30. September 1940), GZ 20.149/40 g, Abschnitt Arbeitseinsatzlage, 7. Die großen statistischen Unterschiede in der Aufschlüsselung der beiden Rüstungskommandos Graz (607 „ausgekämmte" Betriebe, 1.613 umverteilte Arbeitskräfte) und Innsbruck (50 „ausgekämmte" Betriebe, 285 umverteilte Arbeitskräfte) sind vor allem auf die große Bedeutung des steirischen Industriesektors zurückzuführen.

[886] BArch/M, RW 20–17/2, Kriegstagebuch, Eintragung der Rüstungsinspektion XVII („Wien") zum Berichtsmonat Juli (4. Juli 1940) fol. 100.

[887] BArch/M, RW 20–17/14, Kriegstagebuch, Lagebericht der Rüstungsinspektion XVII („Wien") zum Berichtsmonat März (12. April 1941) 16–18, hier: 17 f.

[888] BArch/M, RW 21–24/12, Anlage 6 zum Kriegstagebuch des Rüstungskommandos Graz, Lagebericht zum Berichtsmonat Februar 1942, 5 f. Grundsätzlich zur arbeitseinsatzbehördlichen Rolle beim Modell der „Betriebsstilllegung" siehe Schmuhl, Arbeitsmarktpolitik, 338.

[889] Schmuhl, Arbeitsmarktpolitik, 309, etwa erwähnt in diesem Zusammenhang eine Stellungnahme der Rüstungsinspektion XIII („Nürnberg") vom Jänner 1942, in der die Mehrzahl von Zentralstellen – wie des OKW und des RAM – mit jeweils divergierenden Zielen kritisiert wurde.

lich zurecht von einem undurchsichtigen Geflecht sachlicher Zuständigkeiten („Wirrwarr"[890] von Zuständigkeiten) gesprochen. Arbeitskraftbezogene Verteilungsprobleme – meist zulasten des zivilen Sektors – „wären durchaus zu vermeiden gewesen, wenn es eine einzige und zentrale Autorität für die Verteilung der Arbeitskräfte gegeben hätte, aber in der Praxis waren an der Arbeitspolitik mehrere Stellen beteiligt, von denen es keine fertigbrachte, ihre eigene Linie den anderen oder gar dem Militär gegenüber aufzunötigen."[891] Dass Probleme der konkurrierenden Arbeitskräfteversorgung bestanden, war eine Tatsache. Allerdings darf dabei nicht übersehen werden, dass zumindest in der „Ostmark" im Ergebnis offenbar das Ziel, nämlich die bestmögliche Versorgung der Rüstung mit einer relativ großen Zahl von Arbeitskräften, meistens erreicht wurde.

Dass es sich bei diesen Personalverfrachtungen durch die Wehrwirtschafts-, Wirtschafts- und Arbeitseinsatzbehörden vor allem in den frühen Kriegsjahren bis Ende 1942 vorwiegend um „reichsdeutsche" StaatsbürgerInnen handelte und in dieser Phase der Einsatz von ZwangsarbeiterInnen weniger im Vordergrund standen, geht aus den Quellen nicht ausdrücklich hervor. Der Fokus auf FacharbeiterInnen in der Anfangszeit zeigt sich jedoch in dem Umstand, dass besonders „Dienstverpflichtungen" und Uk-Stellungen die Mittel der Wahl darstellten, und diese wurden oftmals auch ausdrücklich betont.[892] Unter diesem Stern standen besonders auch die Anordnungen der „Prüfungskommissionen" über quotenmäßige Abgabeverpflichtungen von Betrieben mit einem relativ hohen FacharbeiterInnenanteil. Die Prüfungskommission der Rüstungsinspektion „Wien" verfügte im Mai 1942 eine fünf-prozentige Abgabe zur Umverteilung zulasten solcher Betriebe.[893]

Stark verallgemeinernd zeigt sich schließlich, dass im Hinblick auf die Rolle der NS-Arbeitseinsatzbehörden im administrativen Rahmen von Gremientätigkeit gegenüber den übrigen Epochen des Betrachtungszeitraums ein diametral entgegengesetztes Bild festzustellen ist. Während in der übrigen Zeit die Arbeitsmarktbehörden den institutionellen Raum für die Bildung von Gremien – etwa im Rahmen des Paritätsprinzips – schufen, waren die Arbeitseinsatzbehörden in der NS-Zeit selbst jeweils Teile von Gremien. Diese sehr allgemeine Aussage trifft (idealtypischerweise eben mit Blick auf das Paritätsprinzip) sowohl im Vergleich mit der Monarchie[894] als auch mit der Ersten Republik[895] sowie mit der Zweiten Republik[896] – in begrenztem Ausmaß aber auch im Verhältnis zum Austrofaschismus[897] – zu und veranschaulicht, wie sehr die Arbeitseinsatzbehörden – wohl nicht nur in der „Ostmark" – in den Dienst der NS-Kriegswirtschaft gestellt wurden.

4. Eliten/Personal

Die Akteure der „ostmärkischen" Arbeitseinsatzverwaltung an der Verwaltungsspitze, wie der nationalsozialistische BMsV, Hugo Jury, sein Nachfolger, „Minister für Wirtschaft und Arbeit" Dr. Hans Fischböck und Friedrich Gärtner als Leiter der „Zweigstelle" der „Reichsanstalt" beziehungs-

---

[890] *Overy*, Blitzkriegswirtschaft, 423.
[891] Ebd.
[892] BArch/M, RW 21–24/12, Anlage 6 zum Kriegstagebuch des Rüstungskommandos Graz, Lagebericht zum Berichtsmonat Februar 1942, 6; BArch/M, RW 20–18/24, Kriegstagebuch, Anlage zu Nr. 20.149/40, Geschichte der Rüstungsinspektion XVIII („Salzburg") (Berichtszeitraum 1. August 1939 bis 30. September 1940), GZ 20.149/40 g, Abschnitt Arbeitseinsatzlage, 7.
[893] BArch/M, RW 20–17/11, Kriegstagebuch, Geschichte der Rüstungsinspektion XVII („Wien") (Berichtszeitraum 1. Jänner bis 31. Mai 1942) fol. 20 f. Wie hoch der Anteil für die Abgabepflicht wein musste, wird nicht angegeben. Jedenfalls standen einem Bedarf von 38.846 Arbeitskräften insgesamt ein solcher von über 8.700 FacharbeiterInnen (also knapp ein Viertel) gegenüber, wobei eine künftige überverhältnismäßige ZwangsarbeiterInnenzuteilung „für manche Betriebe lediglich eine Belastung" darstellte (fol. 22).
[894] Zu den Anfängen des Paritätsprinzips gem AVVO siehe Kap I. A. 3. Rechtliche Ausgangslage und Rahmenbedingungen.
[895] Kap I. B. 2. Unterinstanzen.
[896] Kap III. B. 2. Unterinstanzen.
[897] Kap I. B. 2. Unterinstanzen.

weise des RAM wurden bereits an anderer Stelle in dieser Arbeit erwähnt.[898] Im „Altreich" zogen zunächst vor allem Friedrich Syrup als Leiter der Hauptstelle der „Reichsanstalt" bis Dezember 1940 und dann bis Sommer 1942 als Leiter der Arbeitseinsatzagenden im RAM, das von Franz Seldte geführt wurde, und ab 1942 Friedrich Sauckel als GBA die Fäden. Hermann Göring war als Beauftragter für den Vierjahresplan formal in sämtlichen Arbeitseinsatzfragen weisungsbefugt. Während in dieser Studie keine Nachweise erbracht werden können, inwiefern vom NS-Regime verfolgte Gruppen von Behördenbediensteten, wie Jüdinnen und Juden gemäß der „Verordnung zur Neuordnung des österreichischen Berufsbeamtentums" (RGBl I 1938, S. 607) ihre Dienstposten einbüßten, soll nachfolgend auf Instrumente eingegangen werden, welche geschaffen wurden, um die loyalen Bediensteten auf den unteren Behördenebenen bei der Stange zu halten.

Der Stand der während der NS-Herrschaft innerbehördlich Beschäftigten stieg von etwa 1.000 Beschäftigten im Austrofaschismus auf zirka 4.000.[899] Auf den Führungsebenen innerhalb der „ostmärkischen" Arbeitseinsatzbehörden wurde nach dem „Anschluss" systematisch ein ideologischer Gleichschaltungsprozess unter gezielter Heranziehung von Bediensteten aus dem „Altreich" vollzogen, dem sich anhand der folgenden Thematik angenähert werden soll.

Anlässlich der Etablierung des NS-Regimes in Österreich wurde eine Medaille – in der Forschungsliteratur kurz „Österreich-Medaille"[900] genannt – gestiftet, die auch im Akteursumfeld der Arbeitseinsatzbehörden der „Ostmark" eine Rolle spielte. Am 1. Mai 1938 erließ Hitler in diesem Zusammenhang eine nur aus zwei Sätzen bestehende VO[901] „über die Stiftung der Medaille zur Erinnerung an den 13. März 1938". Nach der VO brachte Hitler durch die Verleihung der Medaille „Anerkennung und […] Dank […] für Verdienste um die Wiedervereinigung Österreichs mit dem Deutschen Reich" zum Ausdruck. Die „Satzung der Medaille […]"[902] ermächtigte den RMI – und für den Fall der Verleihung an „Angehörige der Wehrmacht" den Chef des OKW – zur Aufstellung von Vorschlägen auf Verleihung der Medaille.[903] Sie enthielt eine weitere, oberflächlich gefasste Eingrenzung des begünstigten Personenkreises auf solche Auszuzeichnende, die „sich um die Wiedervereinigung Österreichs mit dem Deutschen Reich besondere Verdienste erworben haben".[904] In ähnlicher Weise wurde später anlässlich der Eingliederung des Sudetenlandes in das Deutsche Reich gemäß dem Münchner Abkommen eine Medaille „zur Erinnerung an den 1. Oktober 1938"[905] gestiftet.

Die eigentliche Definition der Gruppe der MedaillenempfängerInnen und die Tatbestandsmerkmale regelte in Durchführung von Art 3 und 6 der Satzung[906] der Erlass vom 24. Mai 1938[907] des „Reichs- und Preußischen Ministers des Innern", Wilhelm Frick. Demnach war die Verleihungspraxis streng zu handhaben, um den Kreis der MedaillenträgerInnen „möglichst eng zu halten".[908] Dies galt besonders für solche AspirantInnen, deren „Verdienste" nicht „innerhalb des Landes Österreich

---

[898] Kap II. B. 1. Vom Bundesministerium für soziale Verwaltung zum „Generalbevollmächtigten für den Arbeitseinsatz".

[899] *Schmidt*, Arbeitsmarktverwaltung, 145. Der jeweilige Anteil der Vertragsbediensteten beziehungsweise der BeamtInnen ist nicht bekannt.

[900] *Ottinger*, Johannes, Orden und Ehrenzeichen in der Bundesrepublik Deutschland (Herford ²1977) 148.

[901] RGBl I 1938 S 431.

[902] Ebenfalls im RGBl I 1938 S 431.

[903] Art 3 leg cit.

[904] Art 3 leg cit.

[905] RGBl I 1938 S 1527.

[906] RGBl I 1938 S 431.

[907] BArch/R 3901/20.574, fol. 8 f, Erlass des Reichs- und Preußischen Ministers des Innern (GZ I c 192/38, 4742a) an die übrigen Reichsminister und andere Stellen betreffs Medaille zur Erinnerung an den 13. März 1938 (24. Mai 1938). Der Erlass wurde von Staatssekretär Hans Pfundtner „in Vertretung " des Reichsinnenministers gezeichnet.

[908] BArch/R 3901/20.574, fol. 8 f, GZ I c 192/38, 4742a, Z II des Erlasses.

geleistet"[909] wurden; für eine „Mitarbeit" außerhalb der „Ostmark" (also vor allem im „Altreich") mussten „Verdienste ganz besonderer"[910] Art vorliegen.

Grundsätzlich konnte die Medaille auch an Frauen verliehen werden, weder die Kundmachungen im RGBl noch der Erlass gehen aber darauf ein. Erst als sich im Rahmen des Vorschlagsprozesses zur Ermittlung der künftigen MedaillenträgerInnen die Frage nach der Möglichkeit der Verleihung der Medaille an Frauen stellte, erging durch den „Staatsminister und Chef der Präsidialkanzlei des Führers und Reichskanzlers", Otto Meissner, der Erlass[911] vom 10. November 1938, um die Rechtsunsicherheit in dieser Frage zu beseitigen. Dieser Erlass legte fest, dass die Verleihung der Medaille auf diejenigen Ausnahmefälle beschränkt bleiben sollte, in denen sich die in Frage kommenden Frauen „um die Heimkehr Österreichs [...] in das Reich ganz besonders eingesetzt und gelitten haben (Verhaftung usw.). Von Vorschlägen auf Verleihung der Medaillen an weibliche Bürokräfte im Altreich" – die offenbar den Anstoß zum Erlass gaben – war „daher abzusehen". Die sachliche Zuständigkeit Meissners ergab sich wie im Fall des RMI aus Art 3 der Satzung.[912]

Zumindest 137 Medaillen dürften schließlich auf Vorschlag des RAM verliehen worden sein.[913] Angaben aus Sammlerkreisen zufolge wurde die Medaille allgemein bis 13. Dezember 1940 verliehen; bis zu diesem Stichtag wurden insgesamt knapp 320.000 Medaillen vergeben.[914]

Den Vorgaben des RMI-Erlasses[915] gemäß lassen sich die Ausgezeichneten aus dem Umfeld der Arbeitseinsatzverwaltung regional in 2 Gruppen untergliedern,[916] nämlich Regimetreue, die sich vom Deutschen Reich aus im Sinne des „Anschlusses" betätigten (etwa 20 Personen), und solche, die von Österreich beziehungsweise der Ostmark aus agierten (etwa 120 Personen). Aus den Archivalien geht insbesondere hervor, dass die in die „Ostmark" berufenen Bediensteten aus dem „Altreich" systematisch auf das okkupierte Gebiet verteilt wurden.[917] Von dieser Anknüpfung an den Handlungsort sind die Fragen nach Geburtsort und Staatsangehörigkeit zu unterscheiden. Aus den Verzeichnissen über die Verleihung der Medaille erhellt sich, dass die überwiegende Mehrzahl der Ausgezeichneten „altreichsdeutsche" Akteure der Arbeitseinsatzverwaltung waren. Diese „altreichsdeutschen" Medaillenträger, allen voran Friedrich Gärtner,[918] nahmen nach dem „Anschluss" innerhalb der Arbeitseinsatzbehörden verteilt über das Gebiet der gesamten „Ostmark" Schlüsselpositionen ein. Die jeweiligen Amtspositionen der Ausgezeichneten nach deren Versetzung in die „Ostmark" gehen aus den vorliegenden Unterlagen nicht hervor. Doch die Angaben über die Wohnorte der Medaillenträger in Verbindung mit der jeweiligen „Amts- oder Dienstbezeichnung" (Amtstiteln) lassen den Rückschluss zu, dass diese Bediensteten Amtsstellen innehatten, die auf sämtliche „ostmärkischen Reichsgaue" verteilt waren.[919] Dieses Bild der systematischen „Gleichschaltung" der „ostmärkischen"

---

[909] Lex cit.

[910] Lex cit.

[911] BArch/R 3901/20.574, fol. 128, GZ RP O.6635/38, Erlass des Staatsministers und Chefs der Präsidialkanzlei des Führers und Reichskanzlers betreffs Verleihung der Medaillen zur Erinnerung an den 13. März 1938 und 1. Oktober 1938 (10. November 1938). Meißner, der auch als Zeichner des Erlasses auftrat, berief sich im ersten Satz auf eine nicht näher zitierte „Anordnung des Führers und Reichskanzlers".

[912] RGBl I 1938 S 431.

[913] BArch/R 3901/20.574, fol. 166, Schreiben des RMI an den RAM betreffs Medaille zur Erinnerung an den 13. März 1938 (7. März 1939). Daraus ist zu entnehmen, dass dem Schreiben „137 Medaillen nebst Besitzzeugnissen [...] beigefügt" waren. Diese waren durch den RAM mit dem Verleihungsdatum 17. Februar 1939 zu ergänzen.

[914] www.wehrmacht-awards.com/service_awards/occupation_medals.htm (abger am 12. Juni 2014). Bei dieser Webseite handelt es sich nicht um eine wissenschaftliche Plattform. Mangels anderer Angaben in der bestehenden Forschungsliteratur beziehungsweise in den Quellen sind diese Angaben dennoch interessant; sie können jedoch nur als grobe Richtschnur dienen.

[915] BArch/R 3901/20.574, fol. 8 f, GZ I c 192/38, 4742a.

[916] BArch/R 3901/20.574, fol. 150, Kommentar zur Gliederung der Vorschlagsliste des RAM (o.D.) fol. 140 ff und 178ff.

[917] Siehe Abbildung unten, letzte Spalte mit den Angaben zum jeweiligen Wohnort „in Österreich".

[918] BArch/R 3901/20.574, fol. 8f, GZ I c 192/38, 4742a.

[919] BArch/R 3901/20.574, fol. 178 ff, Verzeichnis von Personen, die für die Verleihung der Medaille zur Erinnerung an den 13. März 1938 vorgeschlagen werden (o.D.).

Arbeitseinsatzbehörden fügt sich zahlenmäßig in die skizzenhaften Beschreibungen, welche in der bereits bestehenden Forschungsliteratur zur Berufung von Akteuren aus dem Deutschen Reich in die Ostmark gemacht wurden.[920]

Gewiss ist, dass die Medaille vorwiegend an „Altreichsdeutsche" vergeben wurde. In den überlieferten Unterlagen finden sich aber vereinzelt auch Hinweise auf spezifisch österreichische Elemente im Zusammenhang mit der Verleihung der Medaille. Der einzige Fall, in dem die Medaille nachweislich an einen Österreicher erging, der auf dem Gebiet der Republik geboren wurde und zur Zeit des „Anschlusses" wahrscheinlich in den Diensten der dortigen Arbeitsmarktbehörden stand, war jener von Hans Rieck.[921] Dieser war gebürtiger Senftenberger (NÖ), nach dem „Anschluss" wohnhaft in Liesing und Abteilungsleiter in der Vermittlungsabteilung eines „ostmärkischen" Arbeitsamtes. Rieck war NSDAP- und SA-Mitglied.

Neben Handlungsort und Staatsangehörigkeit lässt sich schließlich eine dritte Ebene unterscheiden, und zwar jene der Zugehörigkeit zum Apparat der Arbeitseinsatzbehörden. Im Zentrum standen Ausgezeichnete der öffentlichen Verwaltung, darunter insbesondere auch eine Auswahl von Bediensteten der Arbeitseinsatzbehörden. Daneben scheinen aber auch Vertreter der Privatwirtschaft und sonstiger Stellen im Auszeichnungsprozedere auf. Die beiden zunächst vorgeschlagenen, schließlich aber nicht ausgezeichneten österreichischen Hilfsarbeiter Balej und Siegel fielen in diese Kategorie.[922]

Die Medaille wurde ausschließlich an Männer vergeben. Im Auswahlverfahren wird mit Rosa Eichner nur eine einzige Frau genannt. Anlässlich ihrer Aufnahme in die Vorschlagsliste gab der RAM im November 1938 die Weisung, „das Erforderliche zu veranlassen".[923] Ihr Name kommt letztendlich nicht mehr unter jenen der Medaillenträger vor.

Bilanzierend ist festzuhalten, dass die überwiegende Zahl der Ausgezeichneten zuvor aus dem „Altreich" rekrutiert worden war, um in Schlüsselpositionen dem „ostmärkischen" Apparat der Arbeitseinsatzverwaltung einen neuen „preußischen" Stempel aufzudrücken. Von diesen Akteuren dürfte der Großteil schon vor dem „Anschluss" im Rahmen der Arbeitseinsatzverwaltung tätig gewesen sein und damit das Gros der diesbezüglichen „Gleichschaltungs"-Maßnahmen ausgemacht haben. Wenngleich die Medaille letztendlich nur an eine verhältnismäßig kleine Zahl von Personen mit österreichischen Wurzeln verliehen wurde, konnten aber doch auch einige solcher Akteure festgestellt werden, die im Zuge des Verleihungsverfahrens eine Rolle spielten.

[920] *Schmuhl*, Arbeitsmarktpolitik, 228, FN 583, erwähnt, dass „zur Reorganisation […] etwa hundert Fachkräfte aus dem ‚Altreich' nach Österreich abkommandiert" wurden. Ähnlich *Schreiber*, Horst, Wirtschafts- und Sozialgeschichte der Nazizeit in Tirol (Geschichte & Ökonomie 3, Innsbruck 1994) 214. Er spricht von „über 100 Reichsdeutsche[n] Beamte[n]". Näher Angaben machen die Autoren nicht.

[921] BArch/R 3901/20.574, Verzeichnis über die Beamten usw., denen vom Führer und Reichskanzler aus Anlaß der Wiedervereinigung Österreichs mit dem Deutschen Reich die Medaille zur Erinnerung an den 13. März 1938 verliehen worden ist (o.D.) fol. 169 ff, hier: fol. 171. Rieck fiel unter Z II des RMI-Erlasses (BArch/R 3901/20.574, fol. 8 f, GZ I c 192/38, 4742a), weshalb für seine Auszeichnung keine Begründung angeführt war. Dass er schon vor dem Zusammenbruch der Republik in den österreichischen Arbeitsmarktbehörden tätig war, geht demnach aus den Quellen nicht hervor, kann aber angenommen werden.

[922] BArch/R 3901/20.574, Verzeichnis über die Beamten usw., denen vom Führer und Reichskanzler aus Anlaß der Wiedervereinigung Österreichs mit dem Deutschen Reich die Medaille zur Erinnerung an den 13. März 1938 verliehen worden ist (o.D.) fol. 169 ff, hier: fol. 169 r.

[923] BArch/R 3901/20.574, Schreiben des RAM an den Präsidenten der Reichsanstalt für Arbeitsvermittlung und Arbeitslosenversicherung betreffs Medaille zur Erinnerung an den 13. 3. 1938 (21. November 1938) fol. 69.

Lfd. Nr.	Name	Vorname	Amts- und Dienstbezeichnung	Dienstort	Geburtstag	Staats- angehörig- keit	Angehörig- keit zu Parteien u. einer Glide- rung	Wohnort und Wohnung im Altreich	Wohnort und Wohnung in Österreich
1.	Wolfes	Friedrich	Regierungsrat	Gütersloh, Westfalen	20./I. 1887	D.R.	N.S.D.A.P.	Berlin-Lichterfelde Lorenzstr. 17	Wien VII. Karl-Eberl-Gasse
2.	Dr. Büttner	Wilhelm	Regierungsrat	Jerschendorf, Bez. Breslau	17./X. 1901	D.R.	N.S.D.A.P. S.A.	Ratibor O/S Troppauerstr. 27	Linz Fillweberstr.
3.	Dr. Csilagi	Alexander	Arbeitsamtsdirektor	München	6./6. 1902	D.R.	N.S.D.A.P. S.A.	Hannover Altenbeckenerd. 29	Graz, Quellgg.
4.	Heckenberger	Georg	Regierungsrat	Nürnberg	11./5. 1892	D.R.	N.S.D.A.P.	München, Nussbrauner str. 25	Innsbruck Konradstr.
5.	Kohlhaase Dr. Werner	Regierungsrat	Mackenrode	4./12. 1899	D.R.	N.S.D.A.P. ohne Nr.	Arnstadt Hindenburgstr. 5a	Klagenfurt Villacherstr.
6.	Dr. Schröers	Fritz	Regierungsrat	Mayen	16./I. 1899	D.R.	N.S.D.A.P.	Bonn, Luisenstr. 54	Gmünd, N-Donau
7.	Dr. Dehoff	Bruno	Stellvertretend. Leiter des Ar- beitsamts Karlsruhe	Freiburg in Baden	21./12. 1901	D.R.	N.S.D.A.P. S.A.	Karlsruhe in Baden Mozartstr. 13	Bregenz Kirchholzstr.
8.	Költje	Otto	Amtsleiter R.d.V.f.d.b. Gerichtsassessor	Holzminden	1./5. 1902	D.R.	N.S.D.A.P.	Tilsit S.A.Strd. 61	St. Pölten Wienerstr. 52
9.	Dr. Schrader	Karl	Regierungsrat		23./X. 1903	D.R.	N.S.D.A.P.	Hanau a/Main Beethovenpl. 11	Bad Fischau
10.	Dr. Hennemann	Karl	Regierungsrat	Ulm	30./X. 1894	D.R.	N.S.D.A.P.	Isar-Oberstein	Burgenland
11.	Dr. Kehl	Wilhelm	Regierungsrat	Frankfurt am Main	25./6. 1902	D.R.	N.S.D.A.P.	Wiesbaden, Lanzstr. Nr. 19	Salzburg Prinz Josefstr. 27.

Abbildung 5:[924] **Auszug aus dem „Verzeichnis der Personen, die für die Verleihung der Medaille zur Erinnerung an den 13. März 1938 vorgeschlagen werden" (1938)**

Mit der Verleihung der „Österreich-Medaille" wurde eine ideelle Wertschätzung für „Anschluss"-Bemühungen bezweckt; direkte ökonomische Vorteile waren mit dieser Auszeichnung nicht verbunden. Anders war der Fall bei den Entschädigungen gem dem Erlass[925] Hitlers vom 10. April 1938 gelagert, die ebenfalls im Umfeld der Arbeitseinsatzbehörden relevant waren. Demnach war jenen öffentlich Bediensteten, denen in den angeführten Fällen „im Lande Österreich seit dem 30. Januar 1933 […] Rechtsansprüche entzogen worden sind, auf Antrag von ihren Dienstherren Wiedergutmachung"[926] zu leisten. Voraussetzung dafür war ein Schaden, der „im Kampf für die nationalsozialistische Erhebung Österreichs" entweder durch strafgerichtliche Verurteilung,[927] Dienststrafe[928] oder Verwaltungsverfügung[929] erwachsen war. Mit diesem Stichtag, der offenbar an die Bestellung Hitlers zum „Reichskanzler" anknüpft, war dieses „Wiedergutmachungs"-Regime zeitlich relativ weit gefasst, da in Österreich die NSDAP und die Betätigung in ihrem Sinne erst mit 20. Juni 1933[930] verboten wurde. „Wiedergutmachung" war auch an Hinterbliebene von NS-Agitatoren zu

---

924 BArch/R 3901/20.574, fol. 180.
925 „Erlass des Führers und Reichskanzlers über die Wiedergutmachung der im Kampf für die nationalsozialistische Erhebung Österreichs erlittenen Dienststrafen und sonstigen Maßnahmen" (RGBl I 1938 S 375). Zu unterscheiden ist diese sogenannte „Wiedergutmachung" im NS von der „Wiedergutmachung" nach der Beseitigung des NS-Regimes, dazu näher im Kap III. C. 6. Das Wiedereinstellungsgesetz samt seinen Novellen.
926 § 1 Abs 1 leg cit.
927 § 1 Abs 1 lit a leg cit.
928 Lit b.
929 Lit c.
930 „Verordnung der Bundesregierung vom 19. Juni 1933, womit der Nationalsozialistischen Deutschen Arbeiterpartei (Hitlerbewegung) und dem Steirischen Heimatschutz (Führung Kammerhofer) jede Betätigung in Österreich verboten wird" (BGBl 240/1933), kundgemacht am 20. Juni 1933. Gemäß § 4 leg cit trat diese VO „sofort in Kraft".

leisten.[931] Im dem Falle, dass sich gemaßregelte Bedienstete „der Wiedergutmachung [als] unwürdig erwiesen", konnten diese den Anspruch verlieren.[932]

Wenngleich die exakte Zahl der „Wiedergutmachungs"-Fälle innerhalb der Bediensteten der Arbeitseinsatzbehörden nicht feststeht, ist doch evident, dass es zu Auszahlungen gemäß dem zugrundeliegenden Hitler-Erlass kam. Die „Aufstellung über die […] [vom Ministerium für Wirtschaft und Arbeit] bewilligten und […] [vom RAM] zur Auszahlung gebrachten Wiedergutmachungen"[933] vom 10. Mai 1940 enthält 22 Namen. Schon im Juni 1939 lagen dem MinWA 38 Ansuchen vor, von denen 28 Aussicht auf Erfolg beschieden wurde.[934] Daher ist davon auszugehen, dass in der gesamten Ostmark insgesamt knapp 30 solcher „Wiedergutmachungs"-Fälle positiv erledigt wurden. Die bescheidmäßig zugesprochenen „Wiedergutmachungs"-Beträge rangieren zwischen 2.695 RM (Roman Zweck) und 239 RM (Rudolf Handler).[935] Unter den „Wiedergutmachungs"-EmpfängerInnen findet sich auch Eugen Elsensohn, der 1933 wegen NS-Betätigung inhaftiert und ab 13. März 1938 wieder in Dienst gestellt wurde; im Mai 1938 war Elsensohn Leiter des LAA Bregenz und verdiente monatlich 285,33 RM brutto.[936] Margarethe Riedmüller war die einzige Frau, welcher nachweislich „Wiedergutmachung" geleistet wurde; sie erhielt 249 RM.[937]

Das Gesamtbild der „Wiedergutmachungs"-Thematik erweckt den Eindruck, dass diese aus der Sicht des NS-Regimes nicht erste Priorität hatte. Insbesondere die verhältnismäßig späten Zahlungen sind als Hinweis darauf zu werten, dass das RAM als zentrale Arbeitseinsatz-Drehscheibe seine Vormacht gegenüber dem MinWA ausgespielt haben könnte. Obwohl der „Wiedergutmachungs"-Erlass[938] noch vor der „Österreich-Medaille"-Verordnung[939] durch den „Führer und Reichskanzler"[940]erging, wurden die Zahlungen erst zirka ein Jahr nach der Verleihung der Medaillen (Februar 1939) getätigt (erste Jahreshälfte 1940). Das MinWA schien dabei gewissermaßen als eine Art Interessensvertreter für die im Austrofaschismus geschädigten österreichischen NS-SympathisantInnen aufzutreten und setzte beim RAM letztendlich erst nach mehrmaligem Nachhaken deren Forderungen erfolgreich durch.

An dieser Stelle scheint noch einmal ein kurzer vergleichender Blick auf die „Österreich-Medaille" angebracht, zu der einige Parallelen bestanden.[941] In beiden Fällen ging es um die Würdigung einer erwiesenen Regime-Treue in der Zeit vor beziehungsweise während des Umbruchs. Nach Anordnung Hitlers wurde jeweils eine En-bloc-Belohnung von SympathisantInnen nach einem behörden-

931 § 2 leg cit.
932 § 3.
933 ÖStA/AdR, BMsV/SP, Kart 375, GrZ 558.437/39, Schreiben des Ministeriums für Wirtschaft und Arbeit an die Zweigstelle des RAM betreffs Wiedergutmachungen an Bedienstete der LAÄ und AÄ (10. Mai 1940). Das Schreiben nimmt Bezug auf eine Korrespondenz der Zweigstelle vom 17. November 1939 und verweist bezüglich der späten Antwort auf die vorherige Behandlung der anhängigen „Wiedergutmachungs"-Anträge.
934 ÖStA/AdR, BMsV/SP, Kart 375, GrZ 558.437/39, Wiedergutmachungen an Bedienstete der LAÄ und AÄ, darin: GZ 566.185/39, Amtsvermerk des Ministeriums für Wirtschaft und Arbeit betreffs Bereitstellung eines Kredits für die Wiedergutmachungen an die Bediensteten der LAAe und AAe Oesterreichs (22. Juni 1939). Die Namen der beiliegenden Liste stimmen großteils mit jener oben zitierten der 22 Namen überein.
935 ÖStA/AdR, BMsV/SP, Kart 375, GrZ 558.437/39, Schreiben des Ministeriums für Wirtschaft und Arbeit an die Zweigstelle des RAM betreffs Wiedergutmachungen an Bedienstete der LAÄ und AÄ (10. Mai 1940) samt Liste mit 22 genehmigten Wiedergutmachungen. Die Funktion der „Wiedergutmachungs"-Empfänger innerhalb der Arbeitseinsatzbehörden während des Austrofaschismus geht aus den Quellen nicht hervor.
936 ÖStA/AdR, BMsV/SP, Kart 421, GZ 49.545/39, Schreiben des Ministeriums für Wirtschaft und Arbeit an die Zweigstelle des RAM betreffs Verzeichnisses des gesamten Personals der Landesarbeitsämter und Arbeitsämter (27. Mai 1938) samt Verzeichnis.
937 ÖStA/AdR, BMsV/SP, Kart 375, GrZ 558.437/39, Schreiben des Ministeriums für Wirtschaft und Arbeit an die Zweigstelle des RAM betreffs Wiedergutmachungen an Bedienstete der LAÄ und AÄ (10. Mai 1940) samt Liste mit 22 genehmigten Wiedergutmachungen.
938 RGBl I 1938 S 375.
939 RGBl I 1938 S 431.
940 RGBl I 1935 S 751.
941 Es ist allerdings für beide Bereiche zu betonen, dass eine endgültige Einordnung mangels umfassender Forschungen nicht möglich ist.

internen Auswahlverfahren vorgenommen. In beiden Fällen spielten Frauen erwartungsgemäß eine kaum ins Gewicht fallende Rolle.

Außer diesen Ähnlichkeiten gab es aber auch deutliche Unterschiede. Abgesehen von den bereits erwähnten Umständen der verhältnismäßig späten Umsetzung der „Wiedergutmachung" und des Moments monetäre versus ideeller Vergütung, waren die Zielgruppen nicht ident. Während die Medaille auf „Altreichsdeutsche" abzielte, forcierte die „Wiedergutmachung" eine Entschädigung österreichischer Akteure. Schließlich lag ein bedeutender Unterschied in der Initiative im jeweiligen Auswahlverfahren. Das RAM suchte – was in der Natur der Sache lag – von sich aus nach verdienten Medaillenträgern; demgegenüber mussten sich die AnwärterInnen auf „Wiedergutmachung" selbst um ihren Anteil kümmern. Im Ergebnis fand man nach einer peniblen Auswahl eine Zahl von gut 100 Medaillenträgern, der knappe 30 „Wiedergutmachungs"-EmpfängerInnen gegenüber standen, deren Forderungen angemeldet und für gebührlich befunden wurden.

Sowohl für den Bereich der ideologischen Gleichschaltung der „ostmärkischen" Verwaltung im Allgemeinen, als auch des dortigen arbeitseinsatzbehördlichen Personals im Besonderen, besteht dringender Forschungsbedarf. Grundsätzlich ist festzuhalten, dass das Regime, wie dargestellt, systematisch Vorkehrungen traf, um aus den vormaligen österreichischen Arbeitsmarktbehörden auch in personeller Hinsicht – vor allem im Hinblick auf die Führungsriege – NS-Arbeitseinsatzbehörden zu machen. Allerdings darf dabei nicht übersehen werden, dass der überwiegende Großteil der NS-Bediensteten innerhalb der „ostmärkischen" Arbeitseinsatzbehörden nicht aus dem „Altreich" gestammt haben dürfte, sondern aus ehemaligen ÖsterreicherInnen bestand.

C. Arbeitseinsatz-Gestaltung

1. Arbeitsbuch

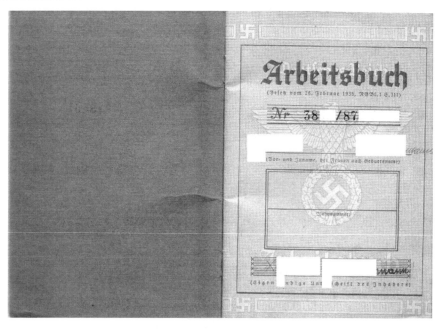

Abbildung 6:[942] **NS-Arbeitsbuch einer Arbeitnehmerin**

942   Privatarchiv Mathias Krempl.

Im Prozess der Anpassung des ehemaligen österreichischen Rechtes des Arbeitseinsatzes an die deutsche Rechtslage war die Einführung des nationalsozialistischen Arbeitsbuchs ein Schritt von zentraler Bedeutung. Es wurde als Mittel totalitärer Kontrolle der Arbeitskräfte – insbesondere der ZwangsarbeiterInnen – verwendet und spielte auch in der „Ostmark" eine bedeutende Rolle.[943]

Das Arbeitsbuch wurde im „Altreich" durch das „Gesetz über die Einführung eines Arbeitsbuches vom 26. Februar 1935"[944] (fortan „Arbeitsbuchgesetz") geschaffen. Hauptzweck des Arbeitsbuchs war die Erfassung der Arbeitskräfte zur späteren Verteilung am Arbeitsmarkt.[945] Aus Sicht der Arbeitseinsatzbehörden hatte das Arbeitsbuch gegenüber den alten Vermittlungskarteien der Arbeitsämter den Vorzug, dass nicht nur Arbeitsuchende und damit bei den Arbeitsämtern als arbeitslos Vorgemerkte erfasst waren. Vielmehr stand eine allgemeine Evidenz sämtlicher Arbeitskräfte im Vordergrund.[946] Die Arbeitsbuchpflicht galt für weite Bereiche der Wirtschaft im „Altreich" seit 1. September 1936.[947] Während die Erste Durchführungsverordnung[948] nur allgemeine Ergänzungen zum Arbeitsbuchgesetz wie den persönlichen Anwendungsbereich – Arbeiter und Angestellte gem § 1 Abs 1 leg cit –, Verfahrensvorschriften und Strafbestimmungen enthielt, erfolgte mit den späteren Durchführungsverordnungen sukzessive die Umsetzung in die Praxis. Die Ausstellung von Arbeitsbüchern war zunächst auf industrielle Branchen wie die Metallverarbeitung und den Maschinenbau beschränkt,[949] wurde aber schrittweise – etwa auf die Landwirtschaft gem Abschnitt I Z 1 Vierte Durchführungsverordnung[950] – ausgedehnt. Arbeitskräfte aus der ersten Gruppe durften ab 1. März 1936, aus der zweiten ab 1. Juli 1936 (jeweils Abschnitt I Zweite und Vierte Durchführungsverordnung), nur mehr beschäftigt werden, wenn sie im Besitz eines Arbeitsbuchs waren.

In der „Ostmark" wurde das Arbeitsbuchgesetz bald nach dem „Anschluss", und zwar mit Wirkung zum 21. März 1938, eingeführt. Die zum Arbeitsbuchgesetz ergangenen Durchführungsverordnungen wurden zum Teil ebenfalls in der „Ostmark" übernommen.[951]

Das Arbeitsbuch wurde vom Arbeitsamt ausgestellt.[952] Die Rohfassung enthielt die Personalien der Arbeitnehmerin beziehungsweise des Arbeitnehmers sowie deren beziehungsweise dessen Berufsbild. Jede unselbständige Tätigkeit auf vertraglicher Grundlage[953] musste fortan der Arbeitgeberin beziehungsweise dem Arbeitgeber zur Eintragung vorgelegt werden.[954] Nach Aufnahme der unselbständigen Tätigkeit war das Arbeitsbuch der Arbeitgeberin beziehungsweise dem Arbeitgeber zur Verwahrung auszuhändigen. Ergänzend zum Arbeitsbuch selbst führten die Arbeitsämter Karteien

---

[943] Zur Tragweite bei der Zwangsarbeit siehe Kap II. C. 4. a. Zwangsarbeit von Jüdinnen und Juden und Kap II. C. 4. b. Sinti und Roma, in der Landwirtschaft bei den „Umsiedlern" unten in diesem Kap und grundlegend im Rahmen des „Pflichtjahres" im Kap II. C. 2. Aspekte des landwirtschaftlichen Arbeitseinsatzes: „Landhilfe", „Landjahr" und „Umsiedler".

[944] RGBl I 1935 S 311.

[945] *Aly*, Götz / *Roth*, Karl Heinz, Die restlose Erfassung. Volkszählung, Identifizieren, Aussondern im Nationalsozialismus (Die Zeit des Nationalsozialismus, Frankfurt am Main ²2005) 55; grundsätzlich zum Arbeitsbuch bei *Reidegeld*, Eckart, Staatliche Sozialpolitik in Deutschland: Band II: Sozialpolitik in Demokratie und Diktatur 1919–1945 (Wiesbaden 2006) 425.

[946] *Kühne-Erfurt* (sic!), Das Arbeitsbuch und seine Bedeutung für den Arbeitseinsatz. In: *Sommer*, Willi (Hg), Die Praxis des Arbeitsamtes. Eine Gemeinschaftsarbeit von Angehörigen der Reichsanstalt für Arbeitsvermittlung und Arbeitslosenversicherung (Berlin/Wien 1939) 45–56, hier: 45.

[947] Abschnitt I Fünfte Durchführungsverordnung (RGBl I 1936 S 632). *Kahrs*, Arbeitsämter, 23 und *Schmuhl*, Arbeitsmarktpolitik, 244, beziehen sich bei ihren Feststellungen über dieses Datum auf diese Verordnung.

[948] RGBl I 1935 S 602.

[949] Abschnitt I Z 1 und 5 Zweite Durchführungsverordnung (RGBl I 1936 S 24). Insofern sind die Angaben von *Schmuhl*, Arbeitsmarktpolitik, 244, über „die Einführung des Arbeitsbuches im Februar 1935" (344 f, aus diesem Jahr datiert ja lediglich das „Arbeitsbuchgesetz", welches selbst ja erst am 1. April 1935 in Kraft trat, § 6 leg cit) und die Feststellung, dass ab „1. September [...] die Arbeitsbuchpflicht" (345) galt, unpräzise.

[950] RGBl I 1936 S 485.

[951] § 2 Abs 1 Z 1 ÖAEVO vom 20. Mai 1938.

[952] *Danimann*, Arbeitsämter, 38 f.

[953] Reichsanstalt für Arbeitsvermittlung und Arbeitslosenversicherung / Zweigstelle Österreich, Anweisung zur Einführung des Arbeitsbuches im Lande Österreich (nur für den Dienstgebrauch) (Wien 1938) 6. Demgemäß waren insbesondere auch leitende Angestellte und Vertragsbedienstete erfasst.

[954] § 5 Erste Durchführungsverordnung zum Arbeitsbuchgesetz (RGBl I 1935 S 602).

mit den Angaben der Arbeitsbücher.[955] Zur Erfassung der Arbeitskräfte hatten die Betriebe den Arbeitsämtern Listen über die MitarbeiterInnen zu übermitteln. In der Folge war für jeden einzelnen Beschäftigten ein Arbeitsbuch anzulegen.

Der unbefugte Gebrauch eines fremden Arbeitsbuchs wurde mit Gefängnisstrafe bis zu einem Jahr belegt.[956] Die Arbeitnehmerin beziehungsweise der Arbeitnehmer war einer Reihe von weiteren Straftatbeständen wie unbefugte Überlassung zum Gebrauch (AN) oder „unrichtige Eintragung" (AG) ausgesetzt. Als weiteres Druckmittel wurde ab Kriegsbeginn der Erwerb von Lebensmittelkarten an das Arbeitsbuch geknüpft.[957]

Bemerkenswert sind die verhältnismäßig späte Umsetzung des Arbeitsbuchrechts in der „Ostmark" und die noch spätere endgültige Abschaffung der Ausweiskarten alten österreichischen Rechts. Mit der Ausstellung der ersten Arbeitsbücher wurde frühestens in der zweiten Dezemberhälfte 1938 begonnen.[958] Gleichzeitig blieben zumindest teilweise die Ausweiskarten[959] als Erscheinungsformen des „interlokalen Rechts"[960] – das die Weitergeltung des bisherigen österreichischen Rechts nach dem „Anschluss" vorsah – weiter im Umlauf. Der sachliche Anwendungsbereich der Ausweiskarten war auf gewerbliche HilfsarbeiterInnen beschränkt, während das Arbeitsbuch einen viel weiteren Anwendungsbereich hatte; dennoch unternahm man über neun Monate lang nicht den Schritt, die alten österreichischen Dokumente durch das nationalsozialistische Arbeitsbuch zu ersetzen.

Die Verzögerungen bei der Einführung des Arbeitsbuchs in der „Ostmark" sind gewiss zu einem Gutteil auch darauf zurückzuführen, dass man im Ausstellungsverfahren einen relativ großen Aufwand betrieb. Darauf deutet laut einem Erlass des Landrates Schärding schon das zu erwartende Ausmaß von zirka 2,4 Millionen Arbeitsbüchern in der „Ostmark" hin, im Rahmen deren Ausgabe „die Personaldaten im Arbeitsbuchantrag (Schreibweise des Namens, Geburtsdaten, insbesondere Staatsangehörigkeit) sorgfältig zu überprüfen"[961] waren. Man beschränkte sich also nicht auf eine schlichte Erfassung der Arbeitskräfte, sondern nutzte die Ausgabe der Arbeitsbücher dazu, eine möglichst penible Katalogisierung unter Beteiligung mehrerer Behörden vorzunehmen.

Die Anträge waren in der Regel durch den Arbeitgeber beziehungsweise die Arbeitgeberin aufzunehmen und gesammelt den Meldestellen bei den Gemeindeämtern zu übergeben. Diese Anträge waren im Kreis Schärding anschließend um die ortspolizeiliche Meldebescheinigung[962] – in diesem Fall des Bürgermeisters – zu ergänzen. Man rechnete damit, dass der Zeitrahmen von der Antragstellung bis zur Ausstellung durch die Arbeitsämter etwa 200 Arbeitstage betrug. Gegebenenfalls war eine vorübergehende Personalvermehrung vorzunehmen. Die Angabe der Versorgung der Landwirtschaft als Motiv[963] für die Einführung des Arbeitsbuchs ist weniger als solches zu betrachten.

---

[955] *Maier*, Arbeitseinsatz, 181.

[956] § 16 Z 1 leg cit.

[957] *Danimann*, Arbeitsämter, 38; *Schreiber*, Nazizeit, 215.

[958] ÖStA/AdR, BMsV/SP, Kart 372, 551.159/1939, Anordnung des Präsidenten der Reichsanstalt für Arbeitsvermittlung und Arbeitslosenversicherung zur Einführung des Arbeitsbuches im Lande Österreich vom 14. Dezember 1938.

[959] Kap I. C. 1. Das Arbeitsbuch und andere Hilfsmittel.

[960] Kap II. A. 2. Rechtliche Rahmenbedingungen.

[961] OÖLA/BHSchaerding, Schachtel 137, 1939, XIV Versicherungswesen, Ausstellung der Arbeitsbücher, vorbereitende Maßnahmen, GZ 11/14/39, Erlass des Landrats Schärding am Inn an die Gemeindeämter betreffs Ausstellung der Arbeitsbücher, vorbereitende Maßnahmen (12. Jänner 1939). Mit dem Erlass wurden die angeordneten Maßnahmen noch nicht in Wirksamkeit gesetzt; vielmehr diente der Erlass zur Vorbereitung, da „in allernächster Zeit eine Anordnung des Herren Reichsarbeitsministers zu erwarten [war], welche die Inangriffnahme der Einführung des Arbeitsbuches im Lande Österreich" vorschreiben sollte.

[962] § 2 Abs 1 Erste Durchführungsverordnung (RGBl I 1935 S 602).

[963] OÖLA/BHSchaerding, Schachtel 137, 1939, XIV Versicherungswesen, Ausstellung der Arbeitsbücher, vorbereitende Maßnahmen, GZ 11/14/39, Erlass des Landrats Schärding am Inn an die Gemeindeämter betreffs Ausstellung der Arbeitsbücher, vorbereitende Maßnahmen (12. Jänner 1939). In diesem Sinne auch OÖLA/BH Freistadt, Schachtel 490, 157 Ausstellung der Arbeitsbücher, Vorbereitende Maßnahmen, GZ 29/38, Erlass des Staatssekretärs für das Sicherheitswesen und Höhere SS und Polizeiführer an den Polizeipräsidenten in Wien, Graz und Linz und an die Polizeidirektoren in Innsbruck, Klagenfurt, Salzburg, St. Pölten und Wr. Neustadt (10. Dezember 1938) 2.

Vielmehr ist in dem Hinweis auf den Landwirtschaftssektor ein „Wink mit dem Zaunpfahl" zu verstehen, der sich wohl gezielt an die Gemeinden richtete und auf eine reibungslose Kooperation hinsteuerte.

Während also im Kreis Schärding Mitte Jänner 1939 die Ausgabe der Arbeitsbücher noch nicht anlief, machte man in Graz schon die ersten Erfahrungen im Ausstellungsverfahren. Auch hier verlief das Prozedere ähnlich und der damit verbundene Verwaltungsaufwand war ein Thema ersten Ranges. Das Arbeitsamt Graz ließ Anfang Dezember 1938 dem Polizeipräsidium täglich 70 Arbeitsbuchanträge zur Bestätigung zugehen.[964] Unter dem Hinweis auf den Personalmangel sah man sich außer Stande, das geforderte Ausmaß von 500 Erledigungen täglich zu bewältigen, um dem geforderten Abschluss der Arbeitsbuch-Ausgabe „im Laufe von ¾ Jahren"[965] zu entsprechen.

Die aus Sicht des Regimes schleppende Einführung des Arbeitsbuchs in der „Ostmark" erinnert an ähnliche Verhältnisse im „Altreich" einige Jahre zuvor, wie ein kurzer Blick zurück auf die dortigen Verhältnisse verrät.[966] Die Zeitspanne von knapp eineinhalb Jahren zwischen dem Inkrafttreten des Arbeitsbuchgesetzes 1935 und der tatsächlichen Einführung in den vorgesehenen Branchen, bis man dort schließlich im September 1936 über ein flächendeckendes Arbeitsbuch-System verfügte, erklärt sich nicht schon allein angesichts der großen Zahl von 21,6 Millionen[967] ausgegebenen Arbeitsbüchern. In der Literatur gibt es Hinweise auf „erhebliche Widerstände gegen diese Form der Kontrolle",[968] die es zu überwinden galt. Dass schon im „Altreich" zuerst diverse Industriezweige bedient wurden (Zweite Durchführungsverordnung) und die Landwirtschaft erst mit der vierten Durchführungsverordnung erreicht wurde beweist im Übrigen, wie wenig ernst es dem Regime mit der vorrangigen Versorgung der Landwirtschaft mit Arbeitskräften war.

Die Initiative des Reichskriegsministeriums im Anfangsstadium der Arbeitsbuchpläne in den Dreißigerjahren weist insofern auf den Zusammenhang des Arbeitsbuchs mit dem Kriegszustand hin, als im Arbeitsbuch schon in dieser Phase ein Instrument für „Planungen zum Arbeitseinsatz im Mobilmachungsfall"[969] gesehen wurde. In fortgeschrittenen Kriegsphasen schlug sich dieser Ansatz in einer möglichst peniblen Führung der Arbeitsbuchkartei zu Buche. Eine Herausforderung in diesem Zusammenhang war, infolge der laufenden Todesfälle von potentiellen Arbeitskräften vor allem unter den Soldaten die Datensätze der Arbeitsämter möglichst auf dem Letztstand zu halten. Es wurde daher auf die Vorgabe hingewiesen, dass die Standesbeamten Sterbefälle von möglichen Arbeitskräften, unter besonderem Hinweis auf die Gefallenen und im Allgemeinen auf „Personen im [als erwerbsfähig angesehenen] Alter von 14–80 Jahren",[970] umgehend den Arbeitsämtern melden mussten.

Im fortgeschrittenen Kriegsstadium erschien dem Regime das Arbeitsbuch als Mittel zur Verwaltung der Arbeitskräfte als unzureichend. Zur systematischen Erfassung arbeitseinsatzbehördlich ungenutzter Arbeitskraftreserven erließ am 27. Jänner 1943 der GBA, Sauckel, eine Verordnung

[964] OÖLA/BHFreistadt, Schachtel 490, 157 Ausstellung der Arbeitsbücher, Vorbereitende Maßnahmen, GZ 29/38, Erlass des Staatssekretärs für das Sicherheitswesen und Höhere SS und Polizeiführer an die Polizeipräsidenten in Wien, Graz und Linz und an die Polizeidirektoren in Innsbruck, Klagenfurt, Salzburg, St. Pölten und Wr. Neustadt (10. Dezember 1938), 2.

[965] Ebd.

[966] Allgemein dazu schon zu Beginn in diesem Kap.

[967] *Kahrs*, Arbeitsämter, 23.

[968] *Schmuhl*, Arbeitsmarktpolitik, 244. Worin diese bestanden, wird nicht ausgeführt.

[969] Ebd.

[970] OÖLA/BHSchaerding, Schachtel 141, 1942, L Standeswesen, 0401 Mitteilung über Sterbefälle an das zuständige Arbeitsamt, GZ IIa/5.600, Schreiben des Arbeitsamtes Braunau am Inn an den Landrat des Kreises Schärding betreffs Mitteilung über Sterbefälle; hier: § 306 der Dienstanweisung für Standesbeamte (26. November 1942) samt beiliegendem Entwurf eines Rundschreibens der Arbeitsämter an die Standesbeamten.

über die Meldepflicht[971] für alle Männer im Alter zwischen 16 und 65 Jahren beziehungsweise für alle Frauen zwischen 17 und 50 Jahren. Diese sollten die seit dem Feldzug gegen die Sowjetunion noch größer klaffenden Lücken am Arbeitsmarkt durch Meldung beim Arbeitsamt füllen.[972] In Ergänzung mit der Dienstpflicht verschaffte sich das Regime damit die Grundlage für eine stärkere Heranziehung der „Reichsbürger".

Die Meldepflicht wurde allerdings zwei Mal abgemildert. Zum einen wurde die Altersgrenze auf die Gruppe der 17 bis 45-Jährigen eingegrenzt und zum anderen wurden einige Ausnahmen eingeführt.[973] Zwar sollte die Meldepflicht vor allem auch auf den verstärkten Einsatz der Frauen abzielen – darauf deutet insbesondere die Tatsache hin, dass der Meldepflicht-VO etwa 3 Millionen Frauen und nur etwa 0,5 Millionen Männer unterlagen[974] – doch entschärfte das Regime – nach Intervention Hitlers[975] – seine geplanten weitreichenden Eingriffe zugunsten von Frauen, sodass werdende Mütter, Frauen mit einem noch nicht schulpflichtigen Kind oder mit zwei Kindern unter 14 Jahren, im Gesundheitswesen oder in der Landwirtschaft Beschäftigte sowie jene, die pro Woche länger als 48 Stunden arbeiteten, von der Meldepflicht ausgenommen waren.[976] Die Bedeutung der letztgenannten Gruppe darf jedoch nicht überbewertet werden, da es auch im Jahr 1944 zu einer Ausdehnung der durchschnittlichen Arbeitszeit über die 50-Stunden-Grenze nicht kam.[977]

In Einzelfällen war es möglich, sich durch die Aufnahme einer Scheinbeschäftigung, Anstellung bei der NSDAP oder Beibringung eines ärztlichen Attests der Meldepflicht zu entziehen.[978] Letztlich dürfte das Gesamtergebnis der Meldepflicht oftmals nicht den Erwartungen des Regimes entsprochen haben.[979] Die erste Meldepflichtaktion war bis Ende Juni 1943 abgeschlossen,[980] weitere Meldepflicht-Maßnahmen erfolgten aber bis Kriegsende.[981]

Insgesamt stellt die flächendeckende Erfassung der Arbeitskräfte über den Kreis der Arbeitslosen hinaus mittels des Arbeitsbuchs – und erst recht der Meldepflicht – einen maßgeblichen Unterschied zu den Verwaltungsmitteln der österreichischen Arbeitsmarktbehörden in der Zwischenkriegszeit dar.[982] Mit der Meldepflicht sollte besonders der Zugriff auf bislang arbeitseinsatzmäßig ungenutzte Arbeitskraftreserven gewährleistet werden. Die Tragweite des Arbeitsbuchs im Rahmen der Zwangsarbeit, die weitreichende Exposition der übrigen ArbeitnehmerInnen gegenüber strafrechtlicher Hoheitsgewalt sowie die Verknüpfung mit derart elementaren Bedürfnissen wie der Lebensmittelbeschaffung[983] machten das Arbeitsbuch regelrecht zu einem „Sklavenpass",[984] wie es in der Forschungsliteratur bereits treffend bezeichnet wird.

---

[971] RGBl I 1943 I S 67.

[972] *Schmuhl*, Arbeitsmarktpolitik, 338 ff.

[973] Ebd, 339.

[974] *Petzina*, Dietmar, Die Mobilisierung deutscher Arbeitskräfte vor und während des Zweiten Weltkrieges. In: VfZ 18 (1970) 443–455, hier: 454. Zum kontroversiellen Forschungsstand bezüglich der NS-Bestrebungen um eine verstärkte Frauenarbeit besonders im Zusammenhang mit der Dienstpflicht siehe Kap II. C. 3. a. Dienstpflicht und Notdienst.

[975] Ebd, 454.

[976] *Schmuhl*, Arbeitsmarktpolitik, 339.

[977] *Petzina*, Mobilisierung, 453 f.

[978] *Schmuhl*, Arbeitsmarktpolitik, 339.

[979] *Petzina*, Mobilisierung, 453 f.

[980] *Schmuhl*, Arbeitsmarktpolitik, 339.

[981] *Petzina*, Mobilisierung, 454.

[982] Die Zahl der von den Maßnahmen des Arbeitsbuchs und der Meldepflicht konkret betroffenen Arbeitskräfte steht nach derzeitigem Forschungsstand nicht fest.

[983] *Walser*, Harald, „Arbeit für den Endsieg". Arbeitsalltag im „Nationalen Sozialismus". In: *Pichler*, Meinrad / *Walser*, Harald, Die Wacht am Rhein. Alltag in Vorarlberg während der NS-Zeit (Studien zur Geschichte und Gesellschaft Vorarlbergs 2, Bregenz 1988) 73–108, hier: 79.

[984] *Danimann*, Arbeitsämter, 38.

2. Aspekte des landwirtschaftlichen Arbeitseinsatzes: „Landhilfe", „Landjahr" und „Umsiedler"

Die „Landhilfe"[985] war ein Instrument des „Altreiches", um der Landflucht[986] entgegen zu treten und damit die Ernährungssituation flächendeckend und systematisch zu verbessern. Letztendlich ging es darum, kriegsorientierte Autarkie herzustellen. Neben der Förderung von Arbeitsplätzen selbst wurde die Schaffung von Unterkünften forciert, um einem Kernproblem des LandarbeiterInnenberufes entgegenzusteuern. Die „Landhilfe" wurde im „Altreich" im März 1933 im Erlassweg durch die „Reichsanstalt" geschaffen.[987]

Ein wichtiger Punkt bei der „Landhilfe" war die nachhaltige Kompensation der Lücken, die durch die abwandernde eingesessene Bauernschaft entstand. Es stand dabei keineswegs lediglich die mangelnde Arbeitskraft im Zentrum. Vielmehr kamen auch rassische Überlegungen zum Tragen. So wurde ausnahmslos die Einstellung solcher lediger LandhelferInnen gefördert, welche die deutsche Staatsbürgerschaft hatten.[988] In diesem Zusammenhang ist bedeutsam, dass der besondere erzieherische Zweck der „Landhilfe" betont wurde. Zur „Schaffung eines zufriedenen und stolzen Landarbeiterstandes" wurden „die Hoheitsträger der Partei, der Gemeindeleiter, der Lehrer und sonstigen öffentlichen Bediensteten" angehalten, „durch dauernde persönliche Einflussnahme auf die Volksgenossen auf dem Lande erzieherisch einzuwirken".[989] Generell galt nach Ansicht des Präsidenten der „Zweigstelle Österreich" der „Reichsanstalt", dass der Einsatz jüdischer Arbeitskräfte in der Landwirtschaft bei den Anbau- und Erntearbeiten auch deshalb nicht in Frage käme, weil der bäuerlichen Bevölkerung die Aufnahme jüdischer ArbeiterInnen in die Hausgemeinschaft nicht zugemutet werden könnte.[990]

Zuständige Behörde für die „Landhilfe" war das Arbeitsamt. Es prüfte die Voraussetzungen, wie insbesondere die Eignung des einzustellenden Personals im Hinblick auf dessen Gesundheit und „andere Gründe für eine Arbeit in der Landwirtschaft"[991] sowie des Betriebes. Das Arbeitsamt entschied mit Bescheid.

Aufgrund entsprechender „Landhilfe"-Förderung und ähnlichen Maßnahmen wurden im „Altreich" 19.000 landwirtschaftliche Arbeitsplätze geschaffen, wobei alleine 35 Prozent auf LandarbeiterInnen entfielen.[992] Die „Landhilfe" lief dort in der Form der „Einzellandhilfe", wie man sie nach dem „Anschluss" auch in der „Ostmark" in Erwägung zog, im Jahr 1936 aus.[993]

Nach dem „Anschluss" legten es die Erfolge in der „Landhilfe" nahe, diese Förderung nun auch in der „Ostmark" einzuführen, was Anfang Juni 1938 im Zuständigkeitsbereich der „Reichsanstalt" für Arbeitsvermittlung und Arbeitslosenversicherung auch geschah.[994] Gefördert wurden land- und

---

[985] *Humann*, Detlev, „Arbeitsschlacht": Arbeitsbeschaffung und Propaganda in der NS-Zeit 1933–1939 (Göttingen 2011) 481–592; *Rottenecker*, Heribert, 1939–1945. Vom freien Arbeitsmarkt zum Arbeitseinsatz – Ende der Reichsanstalt. In: *Rottenecker*, Heribert / *Schneider*, Jürgen (Hg), Geschichte der Arbeitsverwaltung in Deutschland (Stuttgart/Berlin/ Köln 1996) 113–124, hier: 116; *Szilagi*, Arbeitseinsatz, 108–114.

[986] *Hornung*, Ela / *Langthaler*, Ernst / *Schweitzer*, Sabine, Zwangsarbeit in der Landwirtschaft in Niederösterreich und dem nördlichen Burgenland (Veröffentlichungen der Österreichischen Historikerkommission. Vermögensentzug während der NS-Zeit sowie Rückstellungen und Entschädigungen seit 1945 in Österreich 26/3, Wien/München 2004) 108.

[987] *Humann*, „Arbeitsschlacht", 486.

[988] *Szilagi*, Arbeitseinsatz, 110.

[989] Ebd, 106 f.

[990] *Gruner*, Zwangsarbeit, 77 f.

[991] *Szilagi*, Arbeitseinsatz, 112.

[992] Ebd, 105.

[993] *Humann*, „Arbeitsschlacht", 505–509. Bei dieser Form waren – im Unterschied zur danach im „Altreich" forcierten „Gruppenlandhilfe" – die „Landhelfer" einzeln beim einstellenden landwirtschaftlichen Betrieb untergebracht. Bezüglich des Endes der „Einzellandhilfe" spielten auch Faktoren wie aufgabenbezogene Überschneidungen mit dem 1935 eingeführten RAD sowie dem HJ-„Landdienst" eine Rolle.

[994] *Szilagi*, Arbeitseinsatz, 108 ff.

forstwirtschaftliche Betriebe in der Größenordnung von bis zu 50 ha, die gegenüber dem Vorjahr zumindest eine Person im Alter zwischen 14 und 25 Jahren zusätzlich einstellten. Die einzustellende Person musste über die rassischen Voraussetzungen hinaus die Bedingung erfüllen, nicht mit landwirtschaftlicher Tätigkeit vertraut zu sein, um so möglichst viel zusätzliches landwirtschaftliches Personal auszubilden und bei nicht mit landwirtschaftlicher Tätigkeit vertrauten jungen Arbeitskräften den gewünschten „Erziehungserfolg" herbeizuführen. Das Arbeitsamt gewährte bei Vorliegen der Voraussetzungen eine Beihilfe im Ausmaß von bis zu 80 Prozent des Lohnes. Bei Erntehelferinnen (sic!) durfte die Förderung monatlich zehn Reichsmark (RM), bei Erntehelfern 15 RM nicht überschreiten. Die LandhelferInnen waren „in die Haus- und Familiengemeinschaft aufzunehmen".[995]

Zur Umsetzung dieser Maßnahme können weder aufgrund der bestehenden Forschungsliteratur noch anhand der recherchierten Archivalien Nachweise erbracht werden. Allerdings lässt der Umstand ihrer Einführung ab Juni 1938 auch in der „Ostmark" vorsichtige Rückschlüsse auf die Bedeutung dieses arbeitseinsatzpolitischen Mittels zu – vor allem, da die Einführung der gegenständlichen Erlässe in beträchtlichem zeitlichen Abstand zum Auslaufen im „Altreich" und damit sehr gezielt erfolgten.

Nach dem Ende der freiwilligen „Einzellandhilfe" (1936) im Deutschen Reich und der Einführung des für junge männliche Arbeitskräfte verpflichtenden RAD[996] wurde dort im Februar 1938 das „Pflichtjahr"[997] für junge weibliche Arbeitskräfte eingeführt; in der „Ostmark" erfolgte die Einführung 1939.[998] Maßgeblich war insbesondere die Bestimmung, wonach

„[l]edige weibliche Arbeitskräfte unter 25 Jahren [...] von privaten und öffentlichen Betrieben und Verwaltungen als Arbeiterinnen oder Angestellte nur eingestellt werden [durften], wenn sie eine mindestens einjährige Tätigkeit in der Land- oder Hauswirtschaft durch das Arbeitsbuch nachweisen"[999]

konnten. Die Bestimmung, wonach „[v]om Lande stammende Arbeitsuchende [...] die Tätigkeit auf dem Lande abgeleistet haben"[1000] mussten, betont die Landwirtschaft als primär nutznießende Branche. Die Vollziehung lag hier ebenfalls im Zuständigkeitsbereich der Arbeitseinsatzbehörden, wobei sich auch in diesem Zusammenhang das Arbeitsbuch[1001] als wirksames Zwangsmittel darstellte. Auch zur Anwendungspraxis des „Pflichtjahres" in der „Ostmark" gibt es kaum eine größere Nachweisdichte als zur „Landhilfe",[1002] doch ist auch hier eine entsprechende Praxisrelevanz anzunehmen.

Maßnahmen wie jene der „Landhilfe" und des „Pflichtjahres" verfolgten mithin mehrere Zwecke, insbesondere die Bedienung der Landwirtschaft mit Arbeitskräften und damit zugleich die Ernäh-

---

[995] Ebd, 111.
[996] Dazu näher im Kap II. B. 3. Das Umfeld der Arbeitseinsatzbehörden.
[997] „Anordnung zur Durchführung des Vierjahresplanes über den verstärkten Einsatz von weiblichen Arbeitskräften in der Land- und Hauswirtschaft" („Deutscher Reichsanzeiger" 43/1938, zit nach GBlÖ 530/1939); „Anordnung zur Durchführung der Anordnung über den verstärkten Einsatz von weiblichen Arbeitskräften in der Land- und Hauswirtschaft" („Deutscher Reichsanzeiger" 305/1938, zit nach GBlÖ 568/1939). Dazu *Humann*, „Arbeitsschlacht", 513–516, und *Siebert*, arbeitsrechtliche Vorschriften, 166, der aber falsche Fundstellen (RGBl I 1938 S 46 und RGBl I 1939 S 48) angibt.
[998] „Kundmachung des Reichsstatthalters in Österreich, wodurch die Anordnung über den verstärkten Einsatz von weiblichen Arbeitskräften in der Land- und Hauswirtschaft im Lande Österreich und in den sudetendeutschen Gebieten vom 28. Februar 1939 bekanntgemacht wird" (GBlÖ 530/1939); „Kundmachung des Reichskommissars für die Wiedervereinigung Österreichs mit dem Deutschen Reich, wodurch die Anordnung zur Durchführung der Anordnung über den verstärkten Einsatz von weiblichen Arbeitskräften in der Land- und Hauswirtschaft im Lande Österreich und in den sudetendeutschen Gebieten vom 30. März 1939 bekanntgemacht wird" (GBlÖ 568/1939).
[999] Z 1 „Anordnung [...]" („Deutscher Reichsanzeiger" 43/1938, zit nach GBlÖ 530/1939).
[1000] Z 2 S 2 leg cit.
[1001] Zum Arbeitsbuch allgemein siehe Kap II. C. 1. Arbeitsbuch.
[1002] *Humann*, „Arbeitsschlacht", 515 f, stellt lediglich fest, dass ab „1938 [...] auch Jungen und Mädchen aus dem annektierten Österreich und dem Sudetenland [zum Landjahr] einberufen werden" konnten.

rungssicherung sowie Arbeitsplatzbeschaffung. Entlang der rassistischen Komponente wurden aber auch ganz klar „erzieherisch"-ideologische Zwecke beabsichtigt.

Ein weiterer Bereich innerhalb der Landwirtschaft, in dem ideologische Motive dominierten, war der „Umsiedler-Einsatz", welcher durch den Erlass des Landesarbeitsamtes Steiermark-Kärnten zum Arbeitseinsatz volksdeutscher „Umsiedler" aus dem Spätherbst 1940 geregelt wurde. In diesem wurde genau ausführt, welche der „folgenden Besonderheiten" das „auch sonst übliche [...] Verfahren"[1003] ergänzten.

Die „Umsiedler" waren gem lit a des LAA-Erlasses „nur auf solche Arbeitsplätze anzusetzen, bei denen ein weiteres Verbleiben im Lager, d[as] h[eißt] tägliche Rückkehr in das Lager, gewährleistet" war. Damit wurde dem Bestreben Rechnung getragen, die „im Vordergrund der gesamten Umsiedlungsbetreuung [...] [stehende,] gemeinsam zu erlebende weltanschauliche und politische Ausrichtung" zu forcieren. Umgekehrt war darauf zu achten, dass die Wahl des Arbeitsplatzes selbst mit der „im Lager stattfindenden weltanschaulichen Ausrichtung" verträglich war.

Während also einerseits massiv auf eine – gemessen an ursprünglichen Idealen der ausgehenden Monarchie und Ersten Republik – sachfremde Behandlung der verschiedenen Arbeitskräfte abgestellt und damit regimespezifische politische Ziele verfolgt wurden, gab es andererseits auch eine Reihe von relativ wertneutralen Vorgaben. Diese traten besonders in den Abschnitten zur ausbildungsspezifischen Verwendung zu Tage. Die Fokussierung auf grundsätzlich vom politischen Regime unabhängige Maßgaben ist auf eine kriegsbedingt gesteigerte Output-Orientierung zurückzuführen. Allerdings fanden auch in diese Abschnitte stark politisch konnotierte Elemente Eingang. Bezüglich des Arbeitseinsatzes von „ledige[n] weibliche[n] Umsiedlerinnen in land- und hauswirtschaftlichen Stellen" war bei der Auswahl des Arbeitsplatzes durch das arbeitseinsatzbehördliche Vermittlungspersonal auf die „nationalsozialistische Haltung der Familie" Bedacht zu nehmen, gegebenenfalls unter Konsultierung der „Kreisbäuerinnen [...] [und] Kreisabteilungsleiterinnen des Deutschen Frauenwerkes".[1004]

Besonderes Augenmerk verdient schließlich der LAA-Erlass[1005] deshalb, weil er seltene Hinweise auf praxisbezogene Berufsberatungsaspekte enthielt. Der LAA-Erlass ordnete das Vorgehen in einer zweistufigen Abfolge an, beginnend mit einer „Aufklärungs"-Phase.[1006] Bei diesem Schritt stand die Kooperation der Arbeitsämter mit anderen Stellen im Vordergrund, um so möglichst umfassend auf diese Berufseinsteiger im Sinne des Regimes einwirken zu können. Zur Feststellung der besonderen Eignung waren Vorbesprechungen zwischen dem AA-Personal und dem Lagerführer vorgesehen. Außerdem standen Heimabende unter Beteiligung der arbeitsamtlichen BerufsberaterInnen und der jeweils zuständigen Hitlerjugend-Führung (HJ-Führung) auf dem Programm, um Mangelberufe schmackhaft zu machen.[1007] Anknüpfend an die Feststellung der ländlichen Prägung – der Erlass verwies dezidiert auf die Waldkarpaten als Herkunftsregion dieser „Umsiedler" – bestand die Weisung an die AÄ, bei den in dieser Phase stattfindenden „Besprechungen die Berufe des Landarbeiterlehr-

---

[1003] BArch/R, 59/211, fol. 43, GZ 5.470/25/40, Erlass des Landesarbeitsamtes Steiermark-Kärnten an die Arbeitsämter in der Steiermark betreffs Arbeitseinsatz von volksdeutschen Umsiedlern aus dem Buchenland (Bukowina). Hier: Einsatz während des Lageraufenthalts (20. November 1940) Abschnitt III Z 5. Der Ausdruck des „sonst üblichen Verfahrens" ist in diesem Zusammenhang nicht auf den eigentlichen Verfahrensbegriff beschränkt, sondern in einem weiteren Wortsinne zu verstehen, wie die angeführten Bestimmungen zeigen. Vielmehr geht es in dem Erlass auch um materiellrechtliche Vorgaben, wie die vorrangige Vermittlung von landwirtschaftlich ausgebildeten Arbeitskräften in ihre Branche gem lit e. Zu den Besonderheiten betreffend das Arbeitsbuch siehe Kap II. C. 1. Arbeitsbuch, zu jenen in Bezug auf die Arbeitsplatzwechselverordnung Kap II. C. 3. b. „Arbeitsplatzwechselverordnung".

[1004] Lit f.

[1005] BArch/R, 59/211, fol. 43, GZ 5.470/25/40, Erlass des Landesarbeitsamtes Steiermark-Kärnten an die Arbeitsämter in der Steiermark betreffs Arbeitseinsatz von volksdeutschen Umsiedlern aus dem Buchenland (Bukowina). Hier: Einsatz während des Lageraufenthalts (20. November 1940) Abschnitt III Z 5.

[1006] Lit g aE leg cit sprach von „aufklärender Tätigkeit".

[1007] Lit g leg cit sprach von „über die Mangelberufe unterrichte[n]".

lings und des Waldarbeiterlehrlings sowie die landwirtschaftliche Lehre besonders herauszustellen". Für einen gezielten Zugriff wurde die gesonderte Erfassung über die Arbeitsbuchkartei hinaus in der „Schülerkarte für Schulentlassene" beziehungsweise in der Karte für „ältere Ratsuchende" angeordnet.

Es zeigt sich mithin, dass diese „Aufklärungs"-Phase auf eine facettenreiche Weise äußerst manipulativ geprägt und deutlich vom Charakter einer gezielten Polung oder Trimmung getragen war; den Leitgedanken einer „Aufklärung" im Sinne von Informationsbeschaffung sucht man hier vergeblich. Aufbauend darauf folgte die – nicht näher beschriebene – „Einzelberatung [...] in der üblichen Weise".[1008] Gegebenenfalls war hier die Durchführung einer Eignungsprüfung vorzunehmen.

Von den drei Kerntätigkeitsbereichen Arbeitslosenversicherung, Berufsberatung und Arbeitsvermittlung stellten besonders die beiden letztgenannten den Eingang für eine massive politische Befrachtung des Amtshandelns dar. Demgegenüber bot die Versicherungssparte auf Grund ihrer starken legistischen Ausdifferenziertheit eine relativ kleine Angriffsfläche für eine politische Instrumentalisierung auf der Vollzugsebene. Sowohl anhand der „Landhilfe", als auch des LAA-Erlasses zu den „Umsiedlern" lässt sich gut nachvollziehen, welch weitreichende Folgen diese Schwäche in den Kompetenzbereichen sowohl der Vermittlungtätigkeit als auch der Berufsberatung haben konnte. Gewiss waren gerade diese beiden Sparten innerhalb der arbeitsmarktbehördlichen Tätigkeit bereits in der Zeit des Austrofaschismus stark politisch aufgeladen. Dennoch ist davon auszugehen, dass sich diese Entfremdung vom ursprünglichen Modell der Frühzeit österreichischer Arbeitsmarktverwaltung im Nationalsozialismus noch ein bedeutendes Stück weiter verschärfte. Als Maßstab für diese gesteigerte Politisierung dienten sowohl dogmatische Kriterien, die sich in einer extremen gesellschaftlichen Polarisierung (Stichwort „Zwangsbeschäftigung vs. Zwangsarbeit"[1009]) niederschlugen, wie auch politisch-wirtschaftliche Aspekte, verkörpert durch eine weitaus aggressivere rüstungsbedingte Ausreizung der Vermittlungtätigkeit.

3. Zwangsbeschäftigung

Als Vorbemerkung zu diesem Abschnitt sei erwähnt, dass hier – im Unterschied zur Zwangsarbeit – juristisch sehr fein ausdifferenzierte Konstruktionen vorlagen, wie vor allem der Blick auf die jeweilige Dogmatik enthüllt. Diese normativen Modelle gewähren Einsicht in die Argumentationsstränge, mit denen das NS-System gegenüber den „Reichsbürgern" auftrat. Darüber hinaus interessiert dieser Bereich insbesondere auch deshalb, weil man seine Instrumente zunächst in die Anfangsjahre der Zweiten Republik hinein übernahm und erst sukzessive wieder im Sinne einer demokratischen Staatsordnung abbaute; abgesehen davon ist dieser Themenbereich weitgehend Forschungsneuland.

a. Dienstpflicht und Notdienst

Dieses Kapitel behandelt vor allem die Einordnung des Anwendungsbereichs der Dienstpflicht anhand augenfälliger Problemfelder im Licht jener Quellen, welche das Verwaltungshandeln belegen. Auf die vorab behandelten Fragestellungen der juristischen Konstruktion folgt die Darstellung der Praxis. In Anlehnung an die Diktion der normativen Grundlagen[1010] wird im Folgenden

---

[1008] Lit g aE leg cit.
[1009] Dazu näher im Kap II. A. 1. Politische, wirtschaftliche und soziale Rahmenbedingungen.
[1010] Etwa § 3 „Verordnung zur Sicherstellung des Kräftebedarfs für Aufgaben von besonderer staatspolitischer Bedeutung" (RGBl I 1938 S 652).

die Formulierung „Dienstpflicht" eingehalten, worunter die NS-Ausprägung der Arbeitspflicht zu verstehen ist. Die Dienstpflicht ist von anderen Formen der Verpflichtung zur Arbeitsleistung zu unterscheiden.[1011]

Die „Verordnung zur Sicherstellung des Kräftebedarfs für Aufgaben von besonderer staatspolitischer Bedeutung"[1012] vom 22. Juni 1938 (fortan Dienstpflichtverordnung 1938) führte erstmals die Dienstpflicht im gesamten Deutschen Reich ein.[1013] Ausschlaggebend dafür waren die forcierte Rüstungsproduktion und der Westwallbau.[1014] Die Dienstpflicht und die damit verwandten Regelungen wurden in weiterer Folge zu einem zentralen Instrumentarium der Arbeitseinsatzbehörden.

Wesentliche Befugnis war die Ermächtigung Friedrich Syrups als Präsidenten der „Reichsanstalt" und der nachgeordneten Instanzen (AÄ[1015]), Bewohner des Reichsgebietes aufgrund der Dienstpflichtverordnung 1938 zu Dienstleistungen oder bestimmten Berufsausbildungen zu verpflichten.[1016] Weitere dogmatische Eckpfeiler der ersten NS-Dienstpflichtregelungen waren die Einschränkung des persönlichen Anwendungsbereichs auf Angehörige des Deutschen Reiches, die zeitliche Begrenzung[1017] sowie zugleich die grundsätzlich branchenmäßige Unbeschränktheit der NS-Dienstpflicht.[1018] Weitere Einschränkungen zum Schutz der Verpflichteten enthielt die von Syrup nach § 4 Dienstpflichtverordnung 1938 erlassene Durchführungsanordnung[1019] vom 29. Juni 1938. Es sollten „in erster Linie […] ledige Personen verpflichtet werden"[1020] und die Verpflichteten sollten gemessen an ihrer bisherigen Beschäftigung „wirtschaftlich nicht schlechter gestellt werden".[1021] „Die Arbeitskraft des Verpflichteten soll[te] entsprechend seiner Kenntnisse und Fähigkeiten"[1022] eingesetzt werden. Eine zentrale Rolle wurde auch den BetriebsinhaberInnen zugesprochen, denen ausdrücklich die Meldung unbesetzbarer Arbeitsstellen an die Arbeitseinsatzbehörden eingeräumt wurde.[1023]

Die „Verordnung zur Sicherstellung des Kräftebedarfs für Aufgaben von besonderer staatspolitischer Bedeutung"[1024] vom 13. Februar 1939 (fortan Dienstpflichtverordnung 1939) samt Durchführungsanordnung[1025] novellierten die Rechtsgrundlagen der Dienstpflicht[1026] des Dritten Reiches. Bedeutende Unterschiede gegenüber der Rechtslage nach der Dienstpflichtverordnung 1938 waren die grundsätzliche Möglichkeit, auch auf AusländerInnen zuzugreifen,[1027] die zeitlich unbegrenzte Verpflichtung sowie die „Beschränkung des Arbeitsplatzwechsels"[1028, 1029]

[1011] Zur Arbeitspflicht in der Zweiten Republik siehe Kap III. C. 1. Arbeitspflicht, zum Begriff der Zwangsarbeit siehe Kap II. A. 1. Politische, wirtschaftliche und soziale Rahmenbedingungen, zur Rolle der Arbeitseinsatzbehörden im Rahmen der Zwangsarbeit siehe Kap II. C. 4. Arbeitseinsatzbehördliche Agenden der Zwangsarbeit.

[1012] RGBl I 1938 S 652.

[1013] Dazu grundlegend bei *Schmuhl*, Arbeitsmarktpolitik, 250 f; *Reidegeld*, Sozialpolitik, 425 f; *Vergin*, Arbeitseinsatzverwaltung, 81–85; *Danimann*, Arbeitsämter, 45. Die wichtigsten Rechtsgrundlagen werden in der zeitgenössischen Zusammnestellung von *Siebert*, arbeitsrechtliche Vorschriften, 74–79, im Wortlaut dargestellt.

[1014] *Maier*, Arbeitseinsatz, 22; *Reidegeld*, Sozialpolitik, 425.

[1015] § 3 Dienstpflichtverordnung 1938.

[1016] § 1 leg cit.

[1017] *Danimann*, Arbeitsämter, 45.

[1018] § 1 Dienstpflichtverordnung 1938.

[1019] Zit nach *Szilagi*, Arbeitseinsatz, 81 ff.

[1020] § 3 Abs 1 leg cit.

[1021] Abs 2 leg cit.

[1022] Abs 3 leg cit.

[1023] § 1 leg cit.

[1024] RGBl I 1939 S 206.

[1025] RGBl I 1939 S 403. Die VO stimmt im Wortlaut in wesentlichen Teilen mit jenem der Durchführungsanordnung aus 1938 (*Szilagi*, Arbeitseinsatz, 81 ff) überein.

[1026] *Schmidt*, Arbeitsmarktverwaltung, 128.

[1027] § 1 Abs 2 Dienstpflichtverordnung 1939.

[1028] Siehe dazu näher Kap II. C. 3. b. „Arbeitsplatzwechselverordnung".

[1029] In diesem Sinne auch *Bulla*, Arbeitsplatzwechsel, 17.

Eine Art Sonderform der Dienstpflicht normierten die Notdienstverordnung[1030] vom 15. Oktober 1938 des Beauftragten für den Vierjahresplan, Hermann Göring.[1031] Nach den allgemeinen Regeln der Dienstpflicht konnten die Arbeitskräfte vor allem in der Privatwirtschaft eingesetzt werden. Der Notdienst hingegen forcierte den Einsatz „zur Erfüllung hoheitlicher Aufgaben". Für Zwecke des Notdienstes konnten die Behörden Arbeitskräfte für die Erfüllung ihrer Aufgabenbereiche anfordern.[1032] Die Notdienstverordnung trat am 1. November 1938 in Kraft[1033] und zählte selbst sogenannte sonstige „Dienste" auf, die „in jedem Fall den Notdienstleistungen [vorzugehen]"[1034] hatten. Diese waren solche „aufgrund des Wehrgesetzes, im Reichsarbeitsdienst, im Zollgrenzschutz, in der Polizei, der Schutzstaffel-(SS-)Verfügungstruppe, der Totenkopfverbände sowie im Luftschutzwarndienst und im Luftschutzsicherheits- und Hilfsdienst".

Es bestanden zwei Varianten des Notdienstes, nämlich der kurzfristige Notdienst und der langfristige; bei letzterem war eine Mitwirkung der Arbeitseinsatzbehörden im Verpflichtungsverfahren vorgesehen. Die kurzfristige Variante lag vor, wenn die Verwendungsdauer nicht länger als drei Tage dauerte. Darüber hinaus konnte der Notdienst auch dann als kurzfristig gelten, wenn er „(ohne Unterbrechung) die 3 Tages-Grenze unerheblich – also nur um wenige Tage – […] [überschritt] und nicht hauptberuflich"[1035] erfolgte. Im Gegensatz zum kurzfristigen Notdienst wurde beim langfristigen ein Beschäftigungsverhältnis begründet.[1036]

Für den Westwallbau sprachen die Arbeitsämter des Deutschen Reichs von Juli bis September 1938 insgesamt über 300.000 Dienstverpflichtungen aus. Bis zum Sommer 1940 stieg die Zahl der im gesamten Reichsgebiet aufgrund der Dienstpflichtverordnungen Verpflichteten auf zirka 1,75 Millionen.[1037] Davon entfielen 250.000 auf Frauen. Die meisten Verpflichtungen waren auf sechs Monate begrenzt und viele Männer wurden in weiterer Folge zur Wehrmacht einberufen. Dies hatte einen Rückgang auf nur noch zirka 350.000 Verpflichtete[1038] zur Folge.

„Etwa 100.000 Arbeitskräfte [aus der Ostmark], vorwiegend Landarbeiter und industrielle Facharbeiter, wurden [insgesamt] […] zur Arbeit in Deutschland verpflichtet".[1039] Durch die Abberufung von Arbeitskräften ins „Altreich" entstand ein Abgang, der bis zum Kriegsende nicht mehr wettzumachen[1040] war. Dieser grundsätzlichen Feststellung liegt eine Erkenntnis zugrunde, die ganz wesentlich für die Einordnung der Dienstpflicht in der „Ostmark" ist.

Infolge des Umstandes, dass in der „Ostmark" die gesamten Rüstungsvorarbeiten zur Zeit des „Anschlusses" gegenüber dem „Altreich" noch erheblich im Rückstand waren und die Unternehmen daher ihre zusätzlichen Personalbedarfsanforderungen noch nicht bei den Arbeitseinsatzbehörden

---

[1030] „Dritte Verordnung zur Sicherstellung des Kräftebedarfs für Aufgaben von besonderer staatspolitischer Bedeutung (Notdienstverordnung)" (RGBl I 1938 S 1441); *Reidegeld*, Sozialpolitik, 426; *Siebert*, arbeitsrechtliche Vorschriften, 80–82.

[1031] RGBl I 1939, 1775, 2018, 2049 und 2301. Die Durchführungsverordnungen enthielten größtenteils Regelungen abseits der Arbeitseinsatzagenden, wie etwa Lohn- und sozialversicherungsrechtliche Bestimmungen.

[1032] § 2 leg. cit.

[1033] § 8 leg cit

[1034] § 1 Abs 3 leg cit.

[1035] OÖLA/BhSteyr-Land, Schachtel 482, 1943, M u. RV Militär Wehrmacht, lfd. Nr. 44, Kurzfristiger Notdienst bei größeren Luftangriffen, RdErl. d. RMdI. (5. August 1943). Anwendungsbereiche dieser Form des kurzfristigen Notdienstes waren demnach „überörtliche Einsätze nach größeren Luftangriffen, insbesondere von Kräften des Deutschen Roten Kreuzes und der Technischen Nothilfe" – einer Organisation, die im Luftschutz tätig war.

[1036] § 3 Abs 2 letzter Halbsatz leg cit.

[1037] *Reidegeld*, Sozialpolitik, 426; *Maier*, Arbeitseinsatz, 22.

[1038] *Maier*, Arbeitseinsatz, 22. *Schmuhl*, Arbeitsmarktpolitik, 250 f, erwähnt in seinem einschlägigen Kapitel keine quantitativen Daten zur Anwendung der Dienstpflicht im „Altreich".

[1039] *Herbert*, Ulrich, Geschichte der Ausländerpolitik in Deutschland. Saisonarbeiter, Zwangsarbeiter, Gastarbeiter, Flüchtlinge (München 2001) 125. Herbert erwähnt als Rechtsgrundlage „entsprechende Verordnungen" und meint damit wohl die gleich oben in diesem Kap dargestellten Rechtsgrundlagen.

[1040] *Gruner*, Zwangsarbeit, 167.

deponieren konnten, entwickelte sich schlicht die Ansicht, dass hier erhebliche Personalressourcen schlummerten. „Dies führte zur Erteilung von zahlreichen Dienstverpflichtungsaufträgen an die Arbeitsämter der Ostmark [...] und zur Abziehung vieler Fach- und noch mehr Hilfs-Arbeitskräfte – auch aus W[ehrwirtschafts]-Betrieben."[1041] Auf Anweisung des RAM hatte dessen „Zweigstelle Österreich" Anfang 1940 „rund 1.600 Dienstverpflichtungen von Facharbeitern nach dem Altreich durchzuführen".[1042] Dies offenbart, dass die Verwaltungsspitze nicht nur über die Vorgänge Bescheid wusste, sondern bewusst in diesem Sinne intervenierte. Nach dem Einsetzen der Kriegsaufträge kam man – freilich verspätet – zur Einsicht, dass das Regime bei der Bedarfsdeckung, wenn überhaupt, unter Zugrundelegung einer zu kurzfristigen Kalkulation beziehungsweise einer Fehleinschätzung vorging.[1043]

Während es bis zum Jahr 1941 möglich gewesen war, „auf offene oder versteckte Reserven [...] zurückzugreifen, so entstand nunmehr die [...] Aufgabe, nicht durch zusätzliche, sondern mit gegebenen Mitteln entstandene Lücken aufzufüllen, [...] wie die Engpässe in der Arbeitseinsatzlage"[1044] zeigten. Es ist insofern kein Zufall, wenn in der Gegenüberstellung der „be- und entlastenden Faktoren" im Arbeitseinsatz aus rüstungswirtschaftlicher Perspektive die Rüstungsinspektion XVII („Wien") bezüglich dieser Zeit die früher erfolgten Dienstverpflichtungen „ostmärkischer" Arbeitskräfte ins „Altreich" als vorrangigen „belastenden" Punkt einordnete.[1045] Das in Relation zum „Altreich" hohe Arbeitskräftepotential führte zu einer starken Abziehung von „ostmärkischen" Arbeitskräften eben dorthin. Die Dienstverpflichtungen von FacharbeiterInnen ins „Altreich" wurden aufgrund der für den Reichsausgleich verhältnismäßig hohen Gestellungsziffern bis zum Sommer 1941 vorgenommen.

Ende 1941 befanden sich der Rüstungsinspektion XVII („Wien") zufolge insgesamt noch etwa 40.000 Arbeitskräfte im „Altreich", wodurch neben der Fertigung in der „Ostmark" auch der Wohnungsmarkt im „Altreich" blockiert wurde. Ähnlich weitreichend schätzte die Rüstungsinspektion XVIII („Salzburg") unter ausdrücklicher Anordnung des RAM die Problematik der Verpflichtungen ins „Altreich" ein.[1046] Damit stand fest, dass ein die gesamte „Ostmark" betreffender hausgemachter Engpass an Personalressourcen vor allem im Bereich der FacharbeiterInnen vorlag. Resümierend wurde die Absehbarkeit des Dilemmas der „Abwanderung gerade der tüchtigsten Facharbeiter [...] auf legalem Wege (Arbeitsämter)"[1047] mittels Dienstverpflichtung verbunden mit den Personaldefiziten als Spätfolgen konstatiert. Beachtlich dabei ist, dass die Vorgehensweise durch die Wehrwirtschaftsbehörden als „legaler Weg" bezeichnet wurde, worin die Kritik daran bereits aus der damaligen Perspektive unausgesprochen im Raum stand, dass sie eigentlich niemals „Gesetz" hätte werden dürfen. Insgesamt entstand durch die Verpflichtung vor allem von FacharbeiterInnen ins „Altreich" ein Loch am „ostmärkischen" Arbeitsmarkt, das durch „Maßnahmen [...] [wie] Uk-Stellung, [...]

[1041] BArch/M, RW 21–63/2, Kriegstagebuch des Rüstungskommandos Wien (Berichtszeitraum 1. Juli bis 30. September 1940) o.S. Zur Kooperation der Arbeitseinsatz- mit den Wehrwirtschaftsbehörden siehe Kap II. B. 3. Das Umfeld der Arbeitseinsatzbehörden.

[1042] BArch/M, RW 20–17/2, Kriegstagebuch, Eintragung der Rüstungsinspektion XVII („Wien") zum Berichtsmonat Juli (4. Juli 1940) fol. 100.

[1043] In diesem Sinne BArch/M, RW 21–63/2, Kriegstagebuch des Rüstungskommandos Wien (Berichtszeitraum 1. Juli bis 30. September 1940) o.S.

[1044] BArch/M, RW 20–17/10, Kriegstagebuch, Anlage zu Nr. 16.241/42, Geschichte der Rüstungsinspektion XVII („Wien") (Berichtszeitraum 1. Oktober 1940 bis 31. Dezember 1941), Abschnitt Einleitung, fol. 8–10, hier: fol. 8.

[1045] BArch/M, RW 20–17/10, Kriegstagebuch, Anlage zu Nr. 16.241/42, Geschichte der Rüstungsinspektion XVII („Wien") (Berichtszeitraum 1. Oktober 1940 bis 31. Dezember 1941), Abschnitt Arbeitseinsatzlage, fol. 31–42, hier: fol. 31. Nachrangige Belastungsfaktoren waren die Errichtung neuer Werke in der „Ostmark" (fol. 32) und fortlaufende Einberufungen (fol. 32).

[1046] BArch/M, RW 20–18/24, Kriegstagebuch, Anlage zu Nr. 20.149/40 g, Geschichte der Rüstungsinspektion XVIII („Salzburg") (Berichtszeitraum 1. August 1939 bis 30. September 1940), Abschnitt Arbeitseinsatzlage, 1–11, hier: 1.

[1047] BArch/M, RW 20–18/24, Kriegstagebuch, Anlage zu Nr. 20.149/40 g, Geschichte der Rüstungsinspektion XVIII („Salzburg") (Berichtszeitraum 1. August 1939 bis 30. September 1940), Abschnitt Vorbemerkung, 1–4, hier: 1.

Umschulungen, Fraueneinsatz"[1048] und Heranziehung von ZwangsarbeiterInnen im Weiteren nicht mehr gestopft werden konnte.

Der Abzug von Fachpersonal ins „Altreich" hatte zur Folge, dass ab 1941 auch innerhalb der „Ostmark" der Bedarf großteils nur mehr durch Dienstverpflichtungen gedeckt werden konnte und zwar umso mehr, als das Leistungsoutput von ZwangsarbeiterInnen naturgemäß als unbefriedigend galt. Nachweise in diese Richtung sind aus beiden „ostmärkischen" Wehrkreisen überliefert und können damit für dieses gesamte Teilgebiet des Deutschen Reichs angenommen werden. Schon in der ersten Hälfte des Jahres 1940 stellte das Rüstungskommando Wien fest, dass FacharbeiterInnen nur mehr im Wege der Dienstpflicht greifbar wären.[1049]

Es steht außer Zweifel, dass die Dienstpflicht ein zentrales Instrumentarium der Arbeitseinsatzbehörden in der „Ostmark" darstellte. Dies trifft gewiss nicht nur auf die Anfangszeit nach dem „Anschluss" zu, als mithilfe der Dienstverpflichtungen von „ostmärkischen" Arbeitskräften das neu erworbene Arbeitskräftepotential für Bedarfsdeckungen im „Altreich" herangezogen wurde, sondern auch danach. In Relation zu anderen Maßnahmen wie der massenhaften Versklavung gegen Kriegsende dürfte allerdings die Anwendung der Dienstpflicht statistisch an Bedeutung abgenommen haben.[1050] Seltene quantifizierende Ausweise über die Zahlen herangezogener Dienstverpflichteter lassen vorsichtige Schlüsse in diese Richtung zu. So meldete etwa das AA Braunau am Inn für den Berichtsmonat Juni 1942 lediglich 37 männliche und drei weibliche Dienstverpflichtungen gegenüber 1.063 männlichen und 631 weiblichen „Vermittlungen" sowie 133 Kriegsgefangenen-Einsätzen.[1051]

Mangels umfassender quantitativer Nachweise zur Einordnung der Dienstpflichtpraxis scheint eine Annäherung anhand von Einzelfällen sinnvoll, die vor allem in wehrwirtschaftlich als wichtig eingestuften Bereichen durchaus von großer Bedeutung waren. Ein solcher Fall war etwa jener des Bauxitbergbaus in Unterlaussa. Dort fehlten seit der – zugunsten der Firma Böhler in Kapfenberg – für zwei Monate begrenzten Dienstverpflichtung von 23 Magnesitbergleuten im Dezember 1943 die nötigen Hauer.[1052] Abhilfe sollte erst die Stilllegung des Bergbaubetriebes der Gewerkschaft Badhausberg bei Böckstein (Salzburg) schaffen – mit dem Ergebnis, von dort die erforderlichen Bergleute wiederum mittels Dienstverpflichtung zu mobilisieren. Dass durch die Überschreitung der arbeitseinsatzbehördlich auferlegten Rückgabefrist um vier Monate die „ausreichende Versorgung der Hüttenindustrie mit Magnesit [...] gefährdet"[1053] war, ist ein Detail am Rande.

Prägnant an diesem Fall aus der Zeit des bereits weit vorangeschrittenen Kriegs ist die Feststellung, dass im Tauziehen um einige zig Facharbeiter die Dienstpflicht als selbstverständliches Verschacherungsinstrument gehandhabt wurde. Evident ist im Übrigen die Bedeutung der Dienstpflicht im Bereich der „Auskämm- und Prüfungskommissionen".[1054] Im Maßnahmenkatalog dieser Gremien,

[1048] BArch/M, RW 20–18/24, Kriegstagebuch, Anlage zu Nr. 20.149/40 g, Geschichte der Rüstungsinspektion XVIII („Salzburg") (Berichtszeitraum 1. August 1939 bis 30. September 1940), Abschnitt Arbeitseinsatzlage, 1–11, hier: 1.

[1049] BArch/M, RW 21–63/2, Kriegstagebuch des Rüstungskommandos Wien (Berichtszeitraum 1. April bis 30. Juni 1940) o.S.

[1050] Zur zahlenmäßig stark steigenden Bedeutung der ZwangsarbeiterInnen in der „Ostmark" siehe Kap II. C. 4. Arbeitseinsatzbehördliche Agenden der Zwangsarbeit am Anfang.

[1051] OÖLA/BHRied, Schachtel 345, 28 Arbeitsamt, Arbeitseinsatz – Monatsberichte, Textbericht über die Arbeitseinsatzlage im Monat Juni 1942 des AA Braunau am Inn (1. Juli 1942) 1 f.

[1052] BArch R 3101/30.549, fol. 198, GZ 5.203/5/20/44, Erlass des Generalbevollmächtigten für den Arbeitseinsatz an den Präsidenten des Gauarbeitsamtes Oberdonau betreffs Arbeitskräfte für den Bauxit-Bergbau, Unterlaussa/Oberdonau (26. Mai 1944).

[1053] Zitat eines Schreibens des Reichswirtschaftsministers an den Reichsminister für Rüstung und Kriegsproduktion vom 17. Juni 1944 (BArch R 3101/3.0549, Schreiben des GBA an den Präsidenten des GAA Oberdonau betreffs Arbeitskräfte für den Bauxit-Bergbau Unterlaussa, 12. Juli 1944).

[1054] Zur Rolle der Arbeitseinsatzbehörden im Rahmen der „Auskämm- und Prüfungskommssionen" siehe Kap II. B. 3. Das Umfeld der Arbeitseinsatzbehörden.

innerhalb der die Arbeitseinsatzbehörden mit den Wehrwirtschaftsbehörden kooperierten, zählte sie zum Mittel erster Wahl.

Mit der Hereinnahme von Frauen im Wege der Dienstpflicht wurde den Arbeitseinsatzbehörden neben der „Frei- und Nutzbarmachung von Arbeitskräften aus weniger wichtigen Industrien und Verwaltungen [und der] verstärkte[n] Heranziehung von Kriegsgefangenen [und] zivilen Arbeitskräften"[1055] ein weiteres Instrumentarium geboten, ihren vom Regime zugewiesenen Aufgaben in der Kriegswirtschaft nachzukommen. Den Quellen zufolge ist anzunehmen, dass diese Entwicklung nach einer ersten Verpflichtungswelle ins „Altreich" ab dem „Anschluss" in der „Ostmark" in etwa gleichzeitig mit der reichsweiten Errichtung der „Auskämm- und Prüfungskommissionen" 1940/41 und der massiven Heranziehung von ZwangsarbeiterInnen ab 1941/42 einsetzte.

„Gewöhnlich wird gesagt, daß es die deutsche Wirtschaft in [...] [den Kriegsjahren] nicht fertigbrachte, die großen Reserven noch ungenützter weiblicher Arbeitskraft zu erschließen, und zwar im Gegensatz zur umfassenden Mobilisierung der Frauen in Großbritannien, den Vereinigten Staaten und der Sowjetunion. [...] Als Basis dient die Feststellung, daß die absolute Zahl der beschäftigten Frauen während des Krieges kaum gestiegen, in den frühen Stadien sogar leicht zurückgegangen ist."[1056]

Diese Argumentation berücksichtigt aber nach Overy nicht, dass man im Deutschen Reich schon im Laufe der Dreißigerjahre, also schon vor der Einführung der Dienstpflicht, dazu überging, eine ungewöhnlich hohe Zahl weiblicher Beschäftigter auch besonders in der Industrie einzuführen.[1057] Gewiss mochte die – vor allem im Gegensatz zur Ausbeutung der ZwangsarbeiterInnen – vorsichtige Haltung gegenüber der Frauenbeschäftigung sowohl mit grundsätzlichen Überlegungen zur Frauenberufstätigkeit als auch mit den allgemeinen Nachkriegsüberlegungen zum Arbeitseinsatz im Rahmen einer umfassenden Sozialreform[1058] übereingestimmt haben. Die von Overy angesprochene Entwicklung ist jedoch – neben anderem wie den ideologischen Erwägungen bei der historiografischen Auslotung der Grenzen für die Ausweitung der weiblichen Beschäftigtenzahlen und bei der Einordnung der Dienstpflicht zulasten weiblicher Arbeitskräfte während des Kriegs – mit zu berücksichtigen.

Mit Blick auf die hohe österreichische Arbeitslosenrate zur Zeit des „Anschlusses" stellt sich berechtigterweise die Frage nach dem besonderen Umgang mit diesen Bedingungen in der „Ostmark".[1059] In diesem Zusammenhang ist im Weiteren zu bedenken, dass auch innerhalb der „Ostmark" von unterschiedlichen Bedingungen für den Umgang mit der weiblichen Dienstpflicht auszugehen ist, die auf regionale Gegebenheiten wie etwa die spezifische Wirtschaftsstruktur zurückzuführen waren. So

---

[1055] BArch/M, RW 20–17/11, Kriegstagebuch, Anlage zu Nr. 325/43 g, Geschichte der Rüstungsinspektion XVII („Wien") (Berichtszeitraum 1. Jänner bis 1. Mai 1942), Abschnitt Arbeitseinsatzlage, 1–2, hier: 1. Zur Rolle der Arbeitseinsatzbehörden bei der Heranziehung der ZwangsarbeiterInnen und der diesbezüglichen Periodisierung nach *Freund*, NS-Arbeitskräftepolitik, 8 ff, siehe Kap II. C. 4. Arbeitseinsatzbehördliche Agenden der Zwangsarbeit, zur Errichtung der „Auskämmkommissionen" siehe Kap II. B. 3. Das Umfeld der Arbeitseinsatzbehörden. Zur primären Perspektive auf weibliche Arbeitskräfte im Rahmen der Meldepflicht siehe Kap II. C. 1. Arbeitsbuch.

[1056] *Overy*, Richard J., „Blitzkriegswirtschaft"? Finanzpolitik, Lebensstandard und Arbeitseinsatz in Deutschland 1939–1942. In: VfZ 3/36 (1988) 379–435, hier: 425.

[1057] Ebd. Zu beachten ist dabei der Anteil der Frauen an der Zahl der einheimischen Beschäftigten aller Branchen im Deutschen Reich (Mai 1940: 41,4 %, Mai 1944: 51,6 %) im Vergleich mit westlichen Mächten (Juni 1940, Großbritannien: 29,8 %, USA: 25,8 %; Juni 1944, Großbritannien: 37,9 %, USA: 35,7 %, *Overy*, „Blitzkriegswirtschaft", 426, Tabelle, mit etlichen Literaturnachweisen). In diesem Sinne auch *Spoerer*, Mark, Zwangsarbeit unter dem Hakenkreuz. Ausländische Zivilarbeiter, Kriegsgefangene und Häftlinge im Deutschen Reich und im besetzten Europa 1939 – 1945 (Stuttgart/München 2001) 31 f.

[1058] *Rilke*, Alice, Frauenberufstätigkeit. In: Nationalsozialistische Monatshefte. Zentrale politische und kulturelle Zeitschrift der NSDAP 13 (1942) 123–132, hier: 132.

[1059] Mangels umfassender quantitativer Nachweise können daraus abzuleitende Rückschlüsse wie eine relativ restriktive Handhabe der Dienstverpflichtungspraxis zulasten von Frauen in der „Ostmark" lediglich als Hypothesen aufgestellt werden.

wurde aus dem Bereich des Rüstungskommandos Innsbruck berichtet, dass die Vorarlberger Textil-industrie mit ihren traditionell hohen Frauenquoten und der damit einhergehenden Vertrautheit mit maschineller Arbeit dafür verantwortlich zeichnete, dass „der Fraueneinsatz ein besserer"[1060] wäre als in anderen Regionen. Ähnlich erfolgreich war deshalb auch die Ausbeute einer LAA-Kommission, welche im Mai 1941 der Innsbrucker Spinnfabrik Heerburger und Rohmberg einen Besuch abstat-tete.[1061] Die im Vorfeld der Besichtigung geäußerte Zusage des „Betriebsführers", 25 Arbeiterinnen abzutreten, wurde von der Kommission prompt beim Wort genommen und mündete in die Dienst-verpflichtung in diesem Ausmaß zugunsten der Fabriken von Messerschmitt und Heinkel.

Ein relativ hoher Anteil weiblicher Berufstätiger im „Altreich" war sicherlich nicht allein aus-schlaggebend für die widerwillige Rezeption der Dienstverpflichtungen bei den betroffenen Frauen; diesem Umstand ist aber wohl ein gewisser Anteil daran beizumessen. Vereinzelte Hinweise auf eine oftmals widerwillige Haltung weiblicher Arbeitskräfte in Bezug auf deren „Dienstverpflichtung" sind auch für die „Ostmark" überliefert. Nachdem man neben den ZwangsarbeiterInnen in den „dienst-verpflichteten" Frauen einen möglichen „Ersatz für verlorengehende Arbeitskräfte"[1062] erblickte, musste man jedenfalls in Teilen der „Ostmark" feststellen, dass gerade die Dienstverpflichtungen von jenen Frauen, deren Männer im Felde standen, „sehr unpopulär" waren. „Die Frauen […] [konnten] es nicht verstehen, dass sie aufgrund der gleichen Rechte auch die gleichen Pflichten wie die Männer dem Vaterland gegenüber"[1063] hätten. Dieses Argument für die Verpflichtung lässt auch erahnen, wie wenig während des Krieges ideologische Erwägungen in Bezug auf das Sinnbild der „Hausfrau" für das Regime eine Rolle spielten.

Es mag als erwiesen gelten, dass im Sinne Overys das Regime allgemein nicht zögerlich im Um-gang mit der Beschäftigung von weiblichen Arbeitskräften vorging. Die bestehenden Nachweise deuten aber in die Richtung einer eher zurückhaltenden Instrumentalisierung der Dienstpflicht für die Zwecke der Arbeitsleistungssteigerung. So forcierte ein Erlass Hermann Görings, im Vorfeld der Dienstverpflichtungen verstärkt jene weiblichen Arbeitskräfte zu erreichen, die „erst nach Kriegsbe-ginn ihre Arbeitsstätten verlassen haben".[1064] Dieser Anlauf erzielte aber offenbar bei weitem nicht den erhofften Erfolg; das größte Hindernis bei dieser Maßnahme bestand in der Tatsache, dass sich die „infrage kommenden Frauen […] in vielen Fällen nur zu einer Halbtagsarbeit bereit"[1065] erklär-ten. So versuchte man in einem ersten Schritt, weibliche Arbeitskraftreserven zunächst abseits der Dienstpflicht zu gewinnen. Erst in einem zweiten Schritt setzte man das Mittel der Dienstpflicht ein – dies allerdings auch nur unter Vorbehalt. Denn statt auf einen größeren Kreis weiblicher Ar-beitskräfte zu greifen, entschloss man sich – hier unter federführender Rolle des Landesarbeitsamtes Innsbruck – zu der Heranziehung von bereits Beschäftigten im Zuge der „Auskämmung".[1066]

Eine demgegenüber relativ drastische Verschärfung der weiblichen Dienstpflicht schlug das LAA „Wien-Niederdonau" um die Jahreswende 1941/42 vor, indem es seine Ansicht dahingehend äu-

---

[1060] BArch/M, RW 20–18/24, Kriegstagebuch, Anlage zu Nr. 20.149/40, Geschichte der Rüstungsinspektion XVIII („Salzburg") (Berichtszeit-raum 1. August 1939 bis 30. September 1940), GZ 20.149/40 g, Abschnitt Arbeitseinsatzlage, 1–11, hier: 9.

[1061] BArch/M, RW 21–28/5, Kriegstagebuch, Eintragung des Rüstungskommandos Innsbruck zum Berichtsmonat Mai (20. Mai 1941), 30. Zur Rolle der Arbeitseinsatzbehörden im Rahmen der „Auskämmungen" siehe Kap II. B. 3. Das Umfeld der Arbeitseinsatzbehörden.

[1062] BArch/M, RW 20–18/25, Kriegstagebuch, Anlage zu Nr. 7.208/42, Geschichte der Wehrwirtschaftsinspektion XVIII („Salzburg") (Be-richtszeitraum 1. Jänner 1942 bis 31. Mai 1942), Abschnitt Allgemeines, 2.

[1063] BArch/M, RW 20–18/25, Kriegstagebuch, Anlage zu Nr. 7.208/42, Geschichte der Wehrwirtschaftsinspektion XVIII („Salzburg") (Be-richtszeitraum 1. Jänner 1942 bis 31. Mai 1942), Abschnitt Allgemeines, 2.

[1064] BArch/M, RW 21–28/6, Kriegstagebuch des Rüstungskommandos Innsbruck, Zehn-Tages-Bericht (Berichtszeitpunkt 31. Juli 1941) 49. Der in diesem Zusammenhang mehrmals erwähnte Erlass ist leider weder dem Inhalt noch seiner GZ nach zitiert.

[1065] BArch/M, RW 21–28/6, Kriegstagebuch des Rüstungskommandos Innsbruck, Anlage 9, Amtsvermerk des Rüstungskommandos Inns-bruckbetreffs Besprechung über Arbeitseinsatzfragen beim Landesarbeitsamt Innsbruck am 8. August 1941 (13. August 1941) Ziffer 1, „Rückführung von Frauen in den Arbeitsprozess, die nach Kriegsbeginn ihren Arbeitsplatz verlassen haben".

[1066] Ebd. Zur Rolle der Arbeitseinsatzbehörden im Rahmen der „Auskämmungen" siehe Kap II. B. 3. Das Umfeld der Arbeitseinsatzbehörden.

ßerte, dass „nur eine allgemeine Dienstverpflichtung der Frauen bis 40 Jahren Erleichterung"[1067] für den Arbeitseinsatz brächte. Als Argument führte das LAA an, dass den AÄ „von Woche zu Woche weniger umsatzfähige Kräfte" zur Verfügung ständen und Instrumente im Umfeld der Arbeitseinsatzbehörden wie etwa der RAD für die weibliche Jugend für die kriegswichtigen Branchen „belanglos" anzusehen und verzichtbar wären. Der Vorstoß verlief jedoch im Sand.

Ein außergewöhnlicher Anwendungsfall der Notdienstverordnung betraf die Aufseher im Konzentrationslager Mauthausen Franz Gruber[1068] (geb. 1895) und Friedrich Neumayr (geb. 1895), beide eigentlich Bedienstete der Stadtgemeinde Steyr, sowie Karl Schreiner (geb. 1888), vor seiner Aufseherzeit Bediensteter des Finanzamtes Steyr.[1069] Diese drei „Gefolgschaftsmitglieder des öffentlichen Dienstes"[1070] waren ursprünglich von den Arbeitsämtern nach der Dienstpflichtverordnung 1939 verpflichtet und für die Wachmannschaft herangezogen worden. Als sich die Herangezogenen „in besoldungsrechtlicher Hinsicht einer Benachteiligung gegenüber den zum Wehrdienst Eingezogenen"[1071] ausgesetzt sahen, zog der Reichsstatthalters in „Oberdonau" am 15. September 1944 eine Umwandlung der Dienstverpflichtungen in Notdienste in Betracht. Über die Verhältnisse informiert, wies das Gauarbeitsamt „Oberdonau" (GAA „Oberdonau") die AÄ an, die Dienstpflichtbescheide einzuziehen und die betreffenden Gefolgschaftsmitglieder „den für die Durchführung der Notdienstverpflichtungen zuständigen Behörden (staatliche Polizeiverwalter, Landräte, Oberbürgermeister) zur Durchführung der langfristigen Notdienstverpflichtung zu melden."[1072] Das AA Linz übermittelte am 25. September 1944 dem Landrat des Kreises Steyr die entsprechenden dienstpflichtmäßigen Entpflichtungsbescheide zur Aushändigung an die Dienstverpflichteten und bekundete zugleich sein Wohlwollen bezüglich der getroffenen Konstruktion unter besonderem Hinweis auf die rückwirkende Verpflichtung im Notdienstwege.[1073] Zugleich bat es um eine einheitliche Behandlung sämtlicher für den Bewachungsdienst der SS dienstverpflichteten Personen. Die Notdienstverpflichtung Franz Grubers durch den Landrat des Kreises Steyr erfolgte mit 29. September 1944.[1074]

[1067] BArch/M, RW 20–17/15, Kriegstagebuch des Rüstungsinspektion XVII („Wien"), Lagebericht (Berichtszeitraum Jänner 1942) fol. 117. Dass es sich um das LAA „Wien-Niederdonau" handelte wird im Bericht nicht ausdrücklich erwähnt (die Rede ist von der „Arbeitseinsatzbehörde" im Wehrkreis XVII, darunter würde auch das LAA „Oberdonau" fallen), kann aber aus dem Zusammenhang geschlossen werden.

[1068] Unterscheide den gleichnamigen Häftling (geb. 1888), der im KZ Mauthausen inhaftiert war (web.archive.org/web/20120719005615/ http://www.landtag-noe.at/service/politik/landtag/Abgeordnete/Abgeordnete2.pdf, abger am 4. Juni 2015).

[1069] OÖLA/BhSteyr-Land, Schachtel 482, 1944, M u. RV Militär Wehrmacht, GZ IIa m 5552-B Ri/RK, Schreiben des AA Linz an den Polizeipräsidenten bzw. den Landrat des Kreises Steyr betreffs Dienstpflichtung von Kräften für die Wachmannschaft der SS (25. September 1944).

[1070] OÖLA/BhSteyr-Land, Schachtel 482, 1944, M u. RV Militär Wehrmacht, Schreiben des Reichsstatthalters in Oberdonau an die Landräte und andere Stellen im Reichsgau Oberdonau betreffs Notdienstverpflichtung von Gefolgschaftsmitgliedern des öffentlichen Dienstes für Wachdienste (15. September 1944).

[1071] Ebd.

[1072] Ebd.

[1073] OÖLA/BhSteyr-Land, Schachtel 482, 1944, M u. RV Militär Wehrmacht, GZ IIa m 5552-B Ri/RK, Schreiben des AA Linz an den Polizeipräsidenten bzw. den Landrat des Kreises Steyr betreffs Dienstpflichtung von Kräften für die Wachmannschaft der SS (25. September 1944).

[1074] OÖLA/BhSteyr-Land, Schachtel 482, 1944, M u. RV Militär Wehrmacht, Bescheid des Landrates Steyr an Franz Gruber, Heranziehung zum langfristigen Notdienst im KZ.-Lager Mauthausen als Wachmann (29. September 1944). Die Notdienstverpflichtungsbescheide bezüglich der beiden anderen Betroffenen sind nicht im Aktenkonvolut enthalten; auf deren positive Erledigung wird allerdings hingewiesen (OÖLA/BhSteyr-Land, Schachtel 482, 1944, M u. RV Militär Wehrmacht, Schreiben des Landrates Steyr an das AA Linz betreffs Dienstpflichtung von Kräften für die Wachmannschaft der SS, KL. Mauthausen, 28. September 1944). Der Landrat erklärte sich deshalb lediglich für die Notdienstverpflichtung von Franz Gruber, nicht aber für die beiden anderen örtlich zuständig, da nur ersterer dem Landkreis Steyr, die beiden letzteren aber dem Zuständigkeitsbereich des Stadtkreises angehörten (OÖLA/BhSteyr-Land, Schachtel 482, 1944, M u. RV Militär Wehrmacht, GZ IIa m 5552-B Ri/RK, Schreiben des AA Linz an den Polizeipräsidenten bzw. den Landrat des Kreises Steyr betreffs Dienstpflichtung von Kräften für die Wachmannschaft der SS, 25. September 1944). Zu den diesbezüglichen Zuständigkeitsregeln gem der „Bekanntmachung der Behörden [...]" (RGBl I 1939 S 1204) iVm § 2 Notdienstverordnung siehe weiter oben in diesem Kap.

Diese beispiellosen Nachweise im Umfeld des Konzentrationslagers Mauthausen belegen ein reibungsloses Ineinandergreifen arbeitseinsatzbehördlicher und sonstiger beteiligter Zuständigkeiten. Das Changieren zwischen den diversen Dienstpflicht-Varianten wurde hier unter maßgeblicher Beteiligung der Arbeitseinsatzbehörden dazu instrumentalisiert, regimewichtige Kräfte möglichst entgegenkommend zu behandeln und so den Betrieb des KZ Mauthausen zu bedienen.

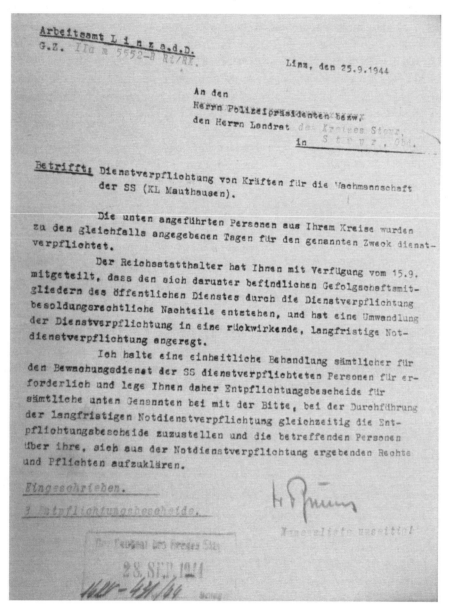

Abbildung 7:[1075] **Schreiben des AA Linz an den Landrat des Kreises Steyr bezüglich Dienstverpflichtung von Kräften für die Wachmannschaft der SS (September 1944)**

[1075] OÖLA/BhSteyr-Land, Schachtel 482, 1944, M u. RV Militär Wehrmacht, GZ IIa m 5552-B Ri/RK, Schreiben des AA Linz an den Polizeipräsidenten bzw. den Landrat des Kreises Steyr betreffs Dienstverpflichtung von Kräften für die Wachmannschaft der SS (25. September 1944).

Methoden wie jene der „Dienstpflicht" und des „Notdienstes" boten eine Handhabe dafür, den Arbeitskräften eine Zuweisung zum jeweiligen Arbeitsplatz von außen heranzutragen. Das Nazi-Regime setzte damit einen Schritt, wie ihn das Dollfuß/Schuschnigg-Regime nicht gewagt hatte. Vor allem der persönliche Entscheidungshorizont der Arbeitskräfte spielte bei der NS-Dienstpflicht nur eine sehr untergeordnete Rolle – indem etwa auf die Ausbildung Bedacht genommen werden „soll[te]". Die ArbeitgeberInnenseite konnte immerhin durch Bedarfs-Anzeige eine Verpflichtung erwirken; vom normativen Standpunkt aus betrachtet waren aber die Arbeitskräfte als Arbeitseinsatzobjekte stark exponiert, wenn auch zugleich durch den Bestand von Rechtsnormen im Unterschied zu den ZwangsarbeiterInnen gewissermaßen geschützt.[1076]

Im Fokus des Dienstpflicht-Regimes stand eine besonders von kriegswirtschaftlicher Seite aktiv betriebene Bedarfsdeckung über die Arbeitseinsatzbehörden; im Fall des „Notdienstes" wurde die Arbeitskräfterekrutierung von diversen NS-Dienststellen betrieben, wobei die Einsatzbandbreite bis zur Heranziehung von SchülerInnen für die Marine und für die Bedienung der KZ-Aufsicht reichte. Demgegenüber setzte das im Folgenden zu behandelnde Arbeitsplatzwechsel-Regime primär bei der Initiative der Arbeitsvertragsparteien an, deren arbeitsrechtliche Privatautonomie einer arbeitseinsatzbehördlichen Kanalisierung unterworfen wurde.

b. Arbeitsplatzwechselverordnung

Erste Ansätze zu Elementen der späteren „Beschränkung des Arbeitsplatzwechsels" durch das NS-Regime gehen bereits auf die Zeit kurz nach Adolf Hitlers Bestellung zum „Reichskanzler" und die einsetzende rüstungsbedingte Beschäftigungspolitik zurück. In dieser Phase stellte das Regime bald fest, dass aufgrund der Landflucht[1077] nur „der Rückgang der Arbeitslosigkeit in den kleinen Gemeinden sehr groß"[1078] war und außerdem der Rückgang der Arbeitslosigkeit vor allem den jungen Arbeitskräften im Alter zwischen 18 und 25 Jahren zugutekam. Das „Gesetz zur Regelung des Arbeitseinsatzes"[1079] vom 15. Mai 1934 ermächtigte daher den Präsidenten der „Reichsanstalt", für Bezirke mit hoher Arbeitslosigkeit die Einstellung von Arbeitskräften an die arbeitsamtliche Zustimmung zu knüpfen.[1080] Dieser frühen Beschränkung des freien Kontrahierens zugunsten arbeitsamtlicher Kontrollmacht wird bereits in der zeitgenössischen Literatur Vorbildwirkung für die Ausgestaltung ähnlicher Instrumente beigemessen.

Die „Beschränkung des Arbeitsplatzwechsels" wurde so ausgestaltet, dass neben der Einstellung einer Arbeitnehmerin beziehungsweise eines Arbeitnehmers – also wie schon früher[1081] bei einem

---

[1076] Besonders mit Blick auf die Zwangsarbeit ist der Einschätzung von *Reidegeld*, Sozialpolitik, 425, zu widersprechen, der im Zusammenhang mit der Einführung der Dienstpflicht im Juni 1938 von einer „tiefgreifenden Versklavung und Entrechtung der nach wie vor demagogisch umworbenen ‚nationalen Arbeit'" spricht.

[1077] Dazu schon näher in Kap II. C. 2. Aspekte des landwirtschaftlichen Arbeitseinsatzes: „Landhilfe", „Landjahr" und „Umsiedler". Die zentralen Erkenntnisse zum Thema finden sich erst veröffentlicht auch bei *Krempl*, Mathias, Macht und Ohnmacht des Arbeitsamtes? Die Reglementierung des „Arbeitsplatzwechsels" im Nationalsozialismus und deren umstrittene Rolle in der österreichischen Nachkriegszeit. In: BRGÖ 1/2015 (im Druck).

[1078] *Bulla*, Arbeitsplatzwechsel, 8 f. Die Heranziehung dieser zeitgenössischen Studie als Erkenntnisquelle ist auf Grund ihrer Regimekonformität naturgemäß einer besonders sorgfältigen quellenkritischen Handhabe zu unterwerfen; Statements wie jenes vom „Ausbruch des von den Feindmächten vom Zaun gebrochenen Krieges am 1. September 1939", 12, lassen keinen Zweifel an dieser Ausgangslage zu. Unter Berücksichtigung dieses Umstandes ist das Buch jedoch als wichtige Forschungsgrundlage für das gegenständliche Thema einzuschätzen. Dieser Verordnungskommentar ist mit seinem knapp 430 Seiten zählenden Textteil sehr umfangreich und enthält viele Literaturverweise zu einzelnen Fragestellungen. Es wird darin auch umfassend auf verwandte Materien wie das Arbeits- und allgemeine Verwaltungsrecht eingegangen und einzelne Passagen sind mitunter redundant; es wurden daher für die vorliegende Studie vor allem die zentralen Positionierungen herausgegriffen.

[1079] RGBl I 1934 S 381.

[1080] § 1 iVm § 5 leg cit; *Bulla*, Arbeitsplatzwechsel, 14.

[1081] RGBl I 1934 S 381. Dass die hier vorgesehene Regelung auf „Bezirke mit hoher Arbeitslosigkeit" (§ 1) beschränkt und an die arbeitseinsatzbehördliche Bestimmung des örtlichen Anwendungsbereiches geknüpft war, ändert nichts am Grundgedanken.

Abschluss eines Arbeitsvertrags – auch die Wirksamkeit der einseitigen Auflösung des Arbeitsverhältnisses an die Genehmigung des Arbeitsamtes gebunden wurde.[1082] Das Wesen der „Beschränkung des Arbeitsplatzwechsels" lag also in der Abschaffung der freien Vertragsauflösung beziehungsweise des freien Vertragsabschlusses ohne behördliche Genehmigung; es handelte sich insofern um eine Art Auflösungs- und Kontrahierungsschranke.[1083] In diesem Zusammenhang ist damit nicht restlos jener NS-Lesart zu folgen, wonach „[a]uch in Kriegszeiten [...] eine noch so umfängliche Geltung der Beschränkung nicht das Verbot eines Arbeitsplatzwechsels" bedeutete. Dies gilt besonders auch vor dem unzweideutigen Hintergrund der Positivierung behördenwillkürlicher Verfahrensweisen.[1084]

Wenngleich zwar auch nach Abschluss der Ausgestaltung der Auflösungs- und Kontrahierungsschranken grundsätzlich ein selbständiges Arbeitsuchen noch zulässig war, wurde mit der sukzessiven Zementierung der arbeitsamtlichen Positionierung einer arbeitseinsatzbehördlichen Monopolstellung vehement Vorschub geleistet.[1085]

Im gesamten Deutschen Reich und damit auch in der „Ostmark" wurde die Auflösungs- und Kontrahierungsschranke mit der Dienstpflichtverordnung 1939[1086] samt Durchführungsanordnung[1087] vom 10. März 1939 (fortan Arbeitsplatzwechselanordnung) eingeführt. Die Arbeitsplatzwechselanordnung zählte taxativ jene Branchen auf, in welchen die Auflösungs- und Kontrahierungsschranke Anwendung fand. Diese Branchen waren die Land- und Forstwirtschaft, der Bergbau außer dem Steinkohlenbergbau, die chemische Industrie, die Baustoffherstellung sowie die Metallindustrie – also die kriegswichtigsten Wirtschaftszweige. Für den Steinkohlenbergbau trat die Arbeitsplatzwechselanordnung am 12. Juli 1939 in Kraft.[1088] Die Abgrenzung dieser Wirtschaftsgebiete ergab sich aus der Anlage 1.[1089] Als Betriebe galten nicht nur private und öffentliche Unternehmen sondern auch „Verwaltungen aller Art".[1090] Da auf „Arbeitsverhältnisse" abgestellt wurde,[1091] waren damit auch Verwaltungsbedienstete erfasst.

Mit Kriegsbeginn regelte die „Verordnung über die Beschränkung des Arbeitsplatzwechsels"[1092] vom 1. September 1939 (fortan Arbeitsplatzwechselverordnung, APlWVO) den Arbeitsplatzwechsel[1093] neu. Anstelle der Aufzählung von Branchen, die von der Auflösungs- und Kontrahierungsschranke erfasst waren, galt diese Vorschrift nun gemäß der Generalklausel nach § 1 Arbeitsplatzwechselverordnung. Darin ist eine bedeutende inhaltliche Ausweitung zu sehen. Demnach war grundsätzlich bei jedem Abschluss eines Arbeitsvertrags und bei jeder einseitigen Auflösung des

---

[1082] In diesem Sinne auch *Bulla*, Arbeitsplatzwechsel, 17: „Die bisher nur gegebene Möglichkeit, Arbeitskräfte durch Einstellungsbeschränkungen, soweit notwendig, mittelbar an ihren alten Arbeitsplatz zu binden, oder, wenn dieses nicht möglich oder nicht notwendig [...] [war], sie in Betriebe mitwichtigen Aufgaben zu lenken, wurde gegenüber dem ganzen früheren Arbeitseinsatzrecht dadurch erweitert, daß auch die Lösung von Arbeitsverhältnissen von der Zustimmung des Arbeitsamts abhängig gemacht wurde".

[1083] Im Übrigen ist im zeitgenössischen Diskurs sehr wohl die Rede vom „Verbot der Einstellung" (*Bulla*, Arbeitsplatzwechsel, 397) beziehungsweise vom „Verbot der Lösung" des Arbeitsverhältnisses (*Bulla*, Arbeitsplatzwechsel, 400), und zwar im Zusammenhang mit der strafrechtlichen der Materie. Diese Terminologie scheint aber vor allem deshalb nicht angebracht, weil sich ja das Regime letztendlich nicht dazu durchrang, ein strenges Vermittlungsmonopol in dem Sinne einzuführen, dass die Arbeitseinsatzbehörden über die Zulässigkeit der Besetzung beziehungsweise Freimachung eines jeden Arbeitsplatzes im Einzelfall zur Entscheidung berufen waren. Zum Vermittlungsmonopol allgemein siehe Kap II. B. 3. Das Umfeld der Arbeitseinsatzbehörden.

[1084] Zu den verfahrensrechtlichen Ausgestaltungen siehe gleich unten in diesem Kap.

[1085] Zur Monopolstellung der Arbeitseinsatzbehörden vor allem im Zusammenhang mit dem Verbot außerbehördlicher Arbeitsvermittlung siehe Kap II. B. 3. Das Umfeld der Arbeitseinsatzbehörden.

[1086] RGBl I 1939 S 206; Kap II. C. 3. a. Dienstpflicht und Notdienst.

[1087] RGBl I 1939 S 444.

[1088] RGBl I 1939 S 1216.

[1089] § 3 Abs 1 Arbeitsplatzwechselanordnung.

[1090] § 2 leg cit.

[1091] § 1 leg cit.

[1092] RGBl I 1939 S 1685.

[1093] *Schmidt*, Arbeitsmarktverwaltung, 129.

Arbeitsverhältnisses (vor allem einseitige Kündigung sowie Entlassung, letztere sowohl bei unbefristeten als auch befristeten Arbeitsverhältnissen[1094]) die arbeitsamtliche Zustimmung nötig.[1095]

Auf Grund des seit der APlWVO umfassenden sachlichen Anwendungsbereiches der „Beschränkung des Arbeitsplatzwechsels" bestanden nunmehr lediglich wenige Ausnahmen. So waren zum Beispiel von Beginn an landwirtschaftliche Betriebe von der Einstellungszustimmung ausgenommen,[1096] da hier wegen des ständigen Arbeitskräftemangels eine behördliche Bedarfsprüfung entbehrlich war. Allerdings wurden zur APlWVO bis zum 23. Februar 1943[1097] weitere Durchführungsverordnungen erlassen, die vor allem den persönlichen Anwendungsbereich spezifizierten. Durch die Erste Durchführungsverordnung,[1098] die ebenso wie die APlWVO am 7. September 1939 in Kraft trat, wurden im Weiteren Bergarbeiter[1099] von Anfang an ebenfalls ausgenommen. Darüber hinaus entband die 5. Durchführungsverordnung 1942 sowohl die Begründung als auch die Auflösung der Arbeitsverhältnisse von „Beschäftigten der Nationalsozialistischen Deutschen Arbeiterpartei" von der Voraussetzung der Zustimmung des Arbeitsamtes.[1100]

AusländerInnen[1101] unterlagen gänzlich der APlWVO, ebenso wie grundsätzlich das Haushaltspersonal[1102] – dieses jedoch nur, sofern nicht ein Kind im Alter bis zum 14. Lebensjahr vorhanden[1103] oder bei Vorhandensein eines Kindes in diesem Alter schon Personal eingestellt war.[1104] Letzteres Zugeständnis begünstigte Haushalte mit Kindern durch die Ausnahme von der Kontrahierungsschranke.

§ 11 APlWVO enthielt die strafrechtliche Komponente, indem allgemein das „Zuwiderhandeln" wahlweise mit Gefängnis- und/oder Geldstrafe pönalisiert wurde. Die drei zentralen Straftatbestände waren die Unterlassung der arbeitseinsatzbehördlichen Einbindung in die Aufnahme beziehungsweise den Abbau einer Arbeitskraft und die Missachtung der Meldepflicht.[1105] Die Strafrahmen[1106] betrugen gemäß der allgemeinen Regelung einen Tag bis fünf Jahre Gefängnisstrafe[1107] beziehungsweise drei bis 10.000 RM.[1108] Eine zentrale Rolle bei der tatsächlichen Durchführung der Strafverfolgung nahm schließlich das Arbeitsbuch ein. Denn das zuständige Arbeitsamt erlangte im Regelfall gem § 17 der „Verordnung über das Arbeitsbuch"[1109] von den Arbeitseinstellungen, „die ohne seine Z[ustimmung] erfolgt sind, praktisch über die Anzeigen [sic!] der Krankenkassen zum Arbeitsbuch Kenntnis".[1110]

Das Verwaltungsverfahren vor den Arbeitsämtern wurde mittels Antrag eingeleitet, der im Fall der Einstellung vom „Betriebsführer" und bei der Auflösung vom initiierenden Vertragsteil einzu-

---

[1094] *Bulla*, Arbeitsplatzwechsel, 84–97.

[1095] Zum arbeitsamtlichen Zustimmungserfordernis allgemein bei *Reidegeld*, Sozialpolitik, 428, mit der Feststellung, dass die „Auflösung von Arbeitsverträgen ohne Zustimmung des Arbeitsamtes [...] bis auf gewisse Ausnahmen untersagt" wurde.

[1096] § 4 Abs 2 APlWVO.

[1097] RGBl I 1943 S 114.

[1098] RGBl I 1939 S 1690.

[1099] § 2 Abs 1.

[1100] § 1 Fünfte Durchführungsverordnung der Arbeitsplatzwechselverordnung vom 10. April 1942 (RGBl I 1942 S 172).

[1101] *Bulla*, Arbeitsplatzwechsel 56.

[1102] Für die Auflösungsschranke *Bulla*, Arbeitsplatzwechsel 77, für die Einstellungsschranke ebd 250f.

[1103] § 2 Abs 1 lit b Erste Durchführungsverordnung (RGBl I 1939 S 1690).

[1104] Lex cit idF Dritte Durchführungsverordnung (RGBl I 1941 S 381).

[1105] *Bulla*, Arbeitsplatzwechsel, 397–401.

[1106] Ebd, 406 f.

[1107] § 16 Strafgesetzbuch (StGB, RGBl 1871 S 127).

[1108] § 27 StGB (RGBl 1871 S 127 idF RGBl I 1924 S 44).

[1109] RGBl I 1939 S 824. Demzufolge hatte die Arbeitgeberin bzw. der Arbeitgeber die „Anzeige von Eintragungen im Arbeitsbuch [...] zusammen mit den An- und Abmeldungen [...] an die Krankenkassen zu richten".

[1110] *Bulla*, Arbeitsplatzwechsel, 397. Den Anzeigen der ArbeitgeberInnen an die Krankenkassen folgten demnach Anzeigen letzterer an die Arbeitsämter, um diesen ein möglichst lückenloses Bild über die Verteilung der Arbeitskräfte zu liefern.

bringen war.[1111] Bei der Einstellung war das Betriebsarbeitsamt,[1112] bei der Auflösung das Arbeits-stättenarbeitsamt zuständig.[1113] Bei der Entscheidungsfindung hatten sich die Arbeitsämter in erster Linie von „staatspolitische[n] und soziale[n] Gesichtspunkte[n]" leiten zu lassen,[1114] denen „Vor-rang vor allen anderen Überlegungen eingeräumt wurde."[1115] Unter Verweis auf die Parallelen zur Dienstpflicht wurden jene „Anforderungen an die Arbeitseinsatzverwaltung [verstanden], die die Sicherstellung des Kräftebedarfs für die großen – vom Führer – gestellten Aufgaben verlang[t]en und erwarte[te]n." Erst in zweiter Linie kamen die „allgemeinen Richtlinien des Arbeitseinsatzes"[1116] und die „berufliche […] Entwicklung"[1117] in Betracht. Die arbeitsamtliche Zustimmung erfolgte in Bescheidform,[1118] wogegen keine Rechtsmittel zulässig waren; es wurde dabei lediglich auf die Dienstaufsichtsbeschwerde verwiesen.[1119] Vor diesen formellrechtlichen Hintergründen wurden ins-gesamt Zugeständnisse wie die Zulässigkeit der freien einvernehmlichen Auflösung von Arbeits-verträgen aufgeweicht.

Als Zwischenbilanz kann an dieser Stelle festgehalten werden, dass das Regime auch im gegen-ständlichen Bereich keine Skrupel hatte, diktatorische Fundamente tief in der Rechtsordnung zu verankern. In diesem Zusammenhang ist es übrigens einigermaßen überraschend, wie offen man diese Tatsache nach außen trug; dass Literatur wie jene von Bulla gewiss nicht den größten Teil der Gesellschaft erreichte, ändert nichts an dieser Bereitschaft, dieses Bild autoritärer Prägung sehr offen zu transportieren.

Der Umstand, dass trotz des weiten sachlichen Anwendungsbereiches der „Beschränkung des Ar-beitsplatzwechsels" kaum gesichtete archivarische Nachweise mit „Ostmark"-Bezug gefunden werden konnten, muss bisweilen durch Rückgriff auf bereits bestehende Forschungsergebnisse wettgemacht werden, etwa im Fall von Inge Marbacher. Sie war eine der aufgrund der Dienstpflichtverordnung 1939 zugewiesenen Arbeitskräfte, die im Herbst 1939 vom Arbeitsamt Innsbruck als Mitarbeite-rin im Rüstungsunternehmen Hänigger in Hannover verpflichtet wurde.[1120] Aus gesundheitlichen Gründen wurde sie bald ordnungsgemäß entlassen und kehrte nach Tirol mit der Aussicht auf eine Anstellung als Billeteurin beim Tiroler Landestheater zurück. Für diese Anstellung verweigerte der Leiter des Arbeitsamtes Innsbruck, Laber, allerdings seine Zustimmung, die nach der Arbeitsplatz-wechselverordnung notwendig war. Erst nach Intervention der Deutschen Arbeitsfront (DAF) sagte Laber einer nochmaligen Überprüfung des Falles Marbacher zu. Aus solchen Sachverhalten kann lediglich die sehr allgemeine Schlussfolgerung gezogen werden, dass die Arbeitseinsatzbehörden unter den ZwangsarbeiterInnen wohl gefürchtete Einrichtungen und Fälle wie dieser jedenfalls geeignet waren, für ein schlechtes Image[1121] der Arbeitsämter unter den ReichsbürgerInnen zu sorgen.

In einem engen Zusammenhang mit der APlWVO stand der arbeitseinsatzmäßige Umgang mit den „volksdeutschen Umsiedlern" aus dem Buchenland (Bukowina). Der diesbezügliche Erlass[1122]

[1111] § 8 Abs 1 und 2 APlWVO.
[1112] Zuständig für die Erteilung der Zustimmung zur Einstellung war jenes AA, „in dessen Bezirk der Betrieb (Haushaltung) liegt, der die Einstellung beabsichtigt" (§ 7 Abs 1 lit b leg cit).
[1113] § 7 Abs 1 lit c leg cit.
[1114] § 6 Abs 1 lit a leg cit.
[1115] *Bulla*, Arbeitsplatzwechsel, 292. Die folgenden Zitate in diesem Absatz stammen von ebenda, sofern nicht anders angegeben.
[1116] § 6 Abs 1 lit b leg cit. Siehe dazu näher im ersten Teil des Kap II. A. 2. Rechtliche Rahmenbedingungen.
[1117] lit c.
[1118] *Bulla*, Arbeitsplatzwechsel, 367–377.
[1119] *Bulla*, Arbeitsplatzwechsel, 378 f. In diesem Sinne auch 177–181.
[1120] *Schreiber*, Nazizeit, 223 f.
[1121] Ebd, 224.
[1122] BArch/R, 59/211, fol. 43, GZ 5.470/25/40, Erlass des Landesarbeitsamtes Steiermark-Kärnten an die Arbeitsämter in der Steiermark betreffs Arbeitseinsatz von volksdeutschen Umsiedlern aus dem Buchenland (Bukowina). Hier: Einsatz während des Lageraufenthalts (20.

des Landesarbeitsamtes Steiermark-Kärnten an die Arbeitsämter deutete in dessen Vorbemerkung die Rolle dieser Gruppe im Hinblick auf das Arbeitskräftepotential an, welches zu dieser Zeit – ein Jahr nach Kriegsbeginn – bereits heiß umkämpft[1123] war. Zwischen 17. November und Mitte Dezember 1940 sollten 25.000 „Volksdeutsche" aus dem Südbuchenland in die Steiermark „einreisen" (Vorbemerkung leg cit), die hier zunächst „bis zur Festlegung ihres endgültigen Siedlungsgebietes auf etwa zehn Monate in Lagern untergebracht werden" sollten.

Verschärfend gegenüber den allgemeinen Vorgaben der APlWVO legte Z 8 des LAA-Erlasses fest, dass der Arbeitseinsatz der „Umsiedler [...] nur durch die zuständige Vermittlungsstelle des Arbeitsamtes – in Verbindung mit dem Lagerführer – erfolgen" durfte. Demnach war nicht nur jeder Arbeitsplatzwechsel, sondern darüber hinaus auch „[j]edes selbständige Arbeitsuchen der Umsiedler [...] laut Weisung des Reichsführers SS zu verhindern." In diesem Sinne wurde auch die Monopolstellung der steiermärkischen Arbeitsämter zulasten der „Umsiedler" drastisch verschärft.[1124] Damit machte sich das Regime offenbar die Fremdheit dieser Arbeitskräfte, die mit der Abschottung durch Unterbringung in eigenen Lagern gezielt aufrechterhalten wurde, zunutze und unterwarf sie letztendlich einer Schlechterstellung gegenüber den übrigen „Reichsbürgern".

Bilanzierend lässt sich festhalten, dass mit dem Arbeitsplatzwechsel-Reglement ähnlich wie bei der Dienstpflicht versucht wurde, den Zugriff vor allem auf „Reichsbürger" zu forcieren. Maßgebliche Gemeinsamkeit war auch dabei das Bestreben des Regimes, dieses Vorgehen – wieder im Unterschied zur Zwangsarbeit – rechtlich zu fundieren. Im Unterschied zum Dienstpflicht-Regime, das eine aktive arbeitseinsatzbehördlich betriebene Inpflichtnahme im Blick hatte, stand hier allerdings die Initiative der Arbeitsvertragsparteien im Fokus, um die arbeitsrechtliche Privatautonomie einer überprüfenden arbeitseinsatzbehördlichen Kontrolle zu unterwerfen.

4. Arbeitseinsatzbehördliche Agenden der Zwangsarbeit

Innerhalb der „Ostmark" bildeten die wichtigsten Gruppen von ZwangsarbeiterInnen auf dem Gebiet des ehemaligen Österreich wohnhafte Jüdinnen und Juden beziehungsweise Roma und Sinti, zivile ausländische ZwangsarbeiterInnen, Kriegsgefangene, In- und AusländerInnen in Arbeitserziehungslagern, Justizhäftlinge, ungarische Jüdinnen und Juden im Osten der „Ostmark" ab 1944 und KZ-Häftlinge.[1125] Während für die zahlenmäßig bedeutsamsten Gruppen der zivilen ausländischen Zwangsarbeitskräfte und Kriegsgefangenen sowie für die rassistisch Verfolgten mehrere Nachweise über die Rolle der ostmärkischen Arbeitseinsatzbehörden überliefert sind, konnten weder Literaturhinweise[1126] noch Quellen[1127] gefunden werden, die einen Zugriff der Arbeitsämter insbesondere auf KZ-Häftlinge belegen.

November 1940). Zur „Umsiedler"-Thematik siehe schon Kap II. C. 2. Aspekte des landwirtschaftlichen Arbeitseinsatzes: „Landhilfe", „Landjahr" und „Umsiedler".

[1123] Zur Rolle der Arbeitsämter im Verteilungsprozess der Arbeitskräfte allgemein zu dieser Zeit etwa in Zusammenarbeit mit den Wehrwirtschaftsbehörden siehe Kap II. B. 3. Das Umfeld der Arbeitseinsatzbehörden

[1124] Zur Monopolstellung der Arbeitseinsatzbehörden allgemein siehe Kap II. B. 3. Das Umfeld der Arbeitseinsatzbehörden.

[1125] *Freund*, NS-Arbeitskräftepolitik, 10–15. Die zivilen ausländischen ZwangsarbeiterInnen werden dort nicht als eigene Gruppe erwähnt, sind aber eine logische Ergänzung.

[1126] *John*, Zwangsarbeit, 86, etwa spricht von einer Sonderstellung der KZ-InsassInnen bei der Betrachtung des nationalsozialistischen Arbeitseinsatzes insofern, als sie grundsätzlich nicht in den von den Arbeitseinsatzbehörden geführten Arbeitsmarktstatistiken aufscheinen.

[1127] Einer der seltenen archivarischen Hinweise auf KZ-InsassInnen innerhalb der eingesehenen Bestände ist BArch/M, RW 21–46/14, Kriegstagebuch des Rüstungskommandos Mödling (Eintrag vom 25. August 1942) 36, samt Anlage 22, Rundschreiben des Rüstungskommandos Mödling des Reichsministers für Rüstung und Kriegsproduktion betreffs Einsatz von KZ-Häftlingen und Kriegsgefangenen (25. August 1944). Darin wird schlicht auf die Anordnung der Trennung der KZ-Häftlinge von den Kriegsgefangenen hingewiesen. Es sind keine Hinweise auf arbeitseinsatzbehördliche Berührungspunkte gegeben.

Die Arbeitseinsatzpolitik im Bereich der NS-Zwangsarbeit kann grob in drei Perioden unterteilt werden.[1128] Jede Periode war dabei gekennzeichnet durch die volkswirtschaftliche Bedeutung von bestimmten Gruppen von ZwangsarbeiterInnen, vor allem gemessen an ihrer jeweiligen zahlenmäßigen Stärke. Die erste Periode[1129] begann mit dem „Anschluss" Österreichs im März 1938 und reicht bis zum Kriegsbeginn im September 1939. Nach dem „Anschluss" wurde die österreichische Arbeitslosigkeit rasch vom rüstungsbedingten Arbeitskräftebedarf im Deutschen Reich ausgeglichen. In dieser Zeit führte man die Zwangsarbeit von Jüdinnen und Juden sowie Roma und Sinti ein. Damit waren zu allererst jene gesellschaftlichen Randgruppen innerhalb des Dritten Reiches betroffen, die nicht ins nationalsozialistische Weltbild passten.

Die zweite Periode,[1130] vom Kriegsbeginn im September 1939 bis zum Scheitern des Blitzkrieges im Winter 1941/42, war vom Aufkommen des AusländerInnen- und Kriegsgefangeneneinsatzes geprägt. Die dritte Periode[1131] dauerte vom Winter 1941/42 bis 1945. In dieser Zeit wurde die Praxis der beiden vorangegangenen Perioden gesteigert. Besonders deutlich wird diese Steigerung in der enormen Erhöhung der Zahlen ausländischer Zwangsarbeiter sowie der ungarischen Jüdinnen und Juden. „Ostmark"-weit betrug im Mai 1942 die Zahl der zivilen ausländischen Arbeitskräfte absolut 249.112,[1132] im November 1943 512.918 und im September 1944 566.996; damit lag der Anteil im November 1943 bei 23,1 Prozent der Beschäftigten insgesamt (also inklusive InländerInnen) und im September 1944 bei 25,3 Prozent.[1133] Die Anteile der zivilen ausländischen Arbeitskräfte und der Kriegsgefangenen[1134] machten 1944 zusammen zirka ein Drittel des aktiven Arbeitskräftepotentials in der „Ostmark" aus.

Dass einerseits die Versklavung auch in der „Ostmark" fixer Bestandteil des wirtschaftspolitischen Systems war und gerade in den späteren Kriegsjahren ein unerhörtes Ausmaß annahm, während andererseits die Verwaltung der ZwangsarbeiterInnen unter federführender Beteiligung staatlicher Stellen – namentlich der Arbeitseinsatzbehörden – erfolgte, spricht dafür, einen näheren Blick auf die zugrundeliegenden Entscheidungsmechanismen und Behördenstrukturen zu richten. Die „ostmärkischen" Arbeitseinsatzbehörden spielten besonders auch in der Errichtung und Verwaltung von ZwangsarbeiterInnenlagern auf „ostmärkischem" Boden eine bedeutende Rolle.[1135]

a. Zwangsarbeit von Jüdinnen und Juden

Als eine der ersten großen Gruppen arbeitseinsatzbehördlich verwalteter ZwangsarbeiterInnen soll an dieser Stelle auf die Heranziehung jüdischer Arbeitskräfte eingegangen werden, wobei es zunächst die verfolgungsspezifischen Rahmenbedingungen darzustellen gilt. Im März 1938 umfasste die jüdische Bevölkerungsgruppe in der „Ostmark" 206.000 Mitglieder und betrug damit drei Prozent der Gesamtbevölkerung.[1136] Davon waren 181.000 Jüdinnen und Juden Angehörige

---

[1128] *Freund*, NS-Arbeitskräftepolitik, 8 ff.
[1129] Ebd.
[1130] Ebd.
[1131] Ebd.
[1132] *Freund / Perz*, Zahlenentwicklung, 113.
[1133] Ebd, 217; *John*, Zwangsarbeit, 64.
[1134] Weiter unten in diesem Kap.
[1135] Dazu grundlegend *Krempl*, Arbeitsmarktverwaltung, in den einschlägigen Kapiteln mit weiteren Nachweisen zu Lagern wie Strasshof (jüdische ZwangsarbeiterInnen und zivile ausländische ZwangsarbeiterInnen), Gänserndorf (jüdische ZwangsarbeiterInnen) oder Maxglan (Sinti und Roma).
[1136] O.A., Demografie der österreichischen Juden 1938–1945. Projekt Schwerpunkt Holocaust Dokumentation. In: DÖW, de.doew.braintrust.at/m17sm150.html (abger am 14. März 2012); Jonny Moser, Demografie der jüdischen Bevölkerung Österreichs 1938–1945 (Schriftenreihe des Dokumentationsarchives des österreichischen Widerstandes 5, Wien 1999) 16 ff, 20.

der Israelitischen Kultusgemeinde[1137] (IKG), die nach dem „Anschluss" unter der Aufsicht der „Schutzstaffel"[1138] (SS) stand. Nach Gruner lebten Anfang 1938 in Österreich etwa 186.000 Mitglieder in jüdischen Gemeinden.[1139] Davon waren etwa 90 Prozent, also knapp 170.000 allein in Wien wohnhaft. Nach den Gesichtspunkten der Nürnberger Rassengesetze[1140] war die Zahl um einige Tausend höher anzusetzen.[1141] Der überwiegende Teil der unselbständig beschäftigten Jüdinnen und Juden war in Angestelltenverhältnissen tätig.[1142] Ein Jahr nach dem „Anschluss" 1938 brachte es die nationalsozialistische Vertreibungspolitik „zustande", die Zahl der Jüdinnen und Juden in der „Ostmark" zu halbieren; ab Sommerbeginn 1939 waren mehr als 1.000 jüdische ZwangsarbeiterInnen aus der „Ostmark" beschäftigt,[1143] wobei der mit Abstand größte Teil davon zum Zwangseinsatz ins „Altreich" verschleppt wurde.[1144]

Die genaue Zahl der jüdischen Arbeitskräfte in der „Ostmark" vor der endgültigen Deportation der Jüdinnen und Juden ab Herbst 1941 aus der „Ostmark" in die Vernichtungslager des besetzten Polens steht nicht fest.[1145] Im Sommer 1941 lebten noch etwa 44.000 Jüdinnen und Juden in der „Ostmark". In dieser Zahl waren aber relativ wenige Arbeitskräfte enthalten; der Anteil der Jüngeren und der Männer war bereits stark dezimiert. 63 Prozent waren Frauen, „in dem für den Zwangseinsatz üblichen Alter von 14 bis 60 Jahren – abzüglich Kranker und Behinderter – standen 7.475 Männer und 12.080 Frauen",[1146] 8.295 Männer waren über 60 Jahre alt. Anfang Oktober 1941 waren 630 Jüdinnen und Juden auf 15 Arbeitslager verteilt.[1147]

Im Laufe der zweiten Kriegshälfte reduzierten die Deportationen in die Vernichtungslager die Zahl der Jüdinnen und Juden in Wien weiter von gut 30.000 im Februar 1942 auf knapp 8.000 im Jänner 1943. Dementsprechend sank die Zahl der jüdischen ZwangsarbeiterInnen von zirka 7.000 auf etwa 1.100 im selben Zeitraum.[1148] Charakteristisch für diesen Zeitraum ist, dass der Zugriff auf die Verbleibenden zusehends durch den Sicherheitsdienst und die „Geheime Staatspolizei" (Gestapo) – also vorbei an den Arbeitseinsatzbehörden – erfolgte.[1149] Dies machen die von der Gestapo geleiteten Schneeräum-[1150] und Holzsammelaktionen[1151] deutlich, in deren Rahmen die Gestapo über die IKG ohne Mitwirkung des Arbeitsamtes Wien viele hundert Jüdinnen und Juden rekrutierte. Allerdings blieb die Arbeitseinsatzverwaltung weiterhin ein bestimmender Faktor, besonders den verstärkten Einsatz in der (Metall-, Textil- und chemischen) Industrie[1152] betreffend. Auch der Einsatz vieler jüdischer Frauen als „Maurerweiber",[1153] die nach den Bombardements die

---

[1137] O.A., Demografie der österreichischen Juden 1938–1945; *Moser*, Jonny, Demografie der jüdischen Bevölkerung Österreichs 1938–1945 (Schriftenreihe des Dokumentationsarchives des österreichischen Widerstandes 5, Wien 1999) 16 ff, 20.

[1138] *Gruner*, Zwangsarbeit, 32 f; *Freund*, Florian / *Safrian*, Hans, Die Verfolgung der österreichischen Juden 1938–1945. Vertreibung und Deportation. In: *Tálos*, Emmerich (Hg), NS-Herrschaft in Österreich. Ein Handbuch (Wien 2001) 767–794, hier: 769 f.

[1139] Ebd, 13, (FN 14). Weiters *Maier*, Arbeitseinsatz, 42.

[1140] Weiter unten in diesem Kap.

[1141] Ebd; o.A., Demografie. Projekt Schwerpunkt Holocaust Dokumentation.

[1142] *Schmuhl*, Arbeitsmarktpolitik, 335; *Gruner*, Zwangsarbeit, 81. Zahlenangaben können nach dem aktuellen Forschungsstand nicht gemacht werden.

[1143] *Gruner*, Zwangsarbeit, 315 (Tabelle). Er spricht in dem Zusammenhang von „Glaubensjuden", ohne allerdings darzulegen, welche Definition er dafür genau zugrunde legt. Nach NS-Diktion waren dies Personen, die von vier jüdischen Großeltern abstammten und Mitglieder der Israelitischen Kultusgemeinde waren (o.A., Demografie der österreichischen Juden 1938–1945. In: DÖW, www.doew.at/projekte/holocaust/shoah/demo.html, abger am 14. März 2012). Zum Begriff der „Mischlinge" siehe ganz unten in diesem Kap.

[1144] *Gruner*, Zwangsarbeit, 81.

[1145] *Maier*, Arbeitseinsatz, 115.

[1146] *Gruner*, Zwangsarbeit, 224.

[1147] *Maier*, Arbeitseinsatz, 115.

[1148] *Gruner*, Zwangsarbeit, 315 f (Tabelle).

[1149] Ebd, 271.

[1150] Ebd, 257 ff.

[1151] Ebd, 260 ff.

[1152] Ebd, 271 f, 275 f.

[1153] Ebd, 275.

Trümmer wegzuräumen hatten, wurde vom Arbeitsamt vorangetrieben. „Die meisten Juden hatte das Arbeitsamt [...] zu ausgesucht schweren und schmutzigen Arbeiten eingeteilt."[1154]

Zwischen 1938 und 1945 wurden insgesamt etwa 20.000 „ostmärkische" Jüdinnen und Juden zwangsverpflichtet.[1155] Dazu kamen im letzten Kriegsjahr jene jüdischen ZwangsarbeiterInnen, die vom NS-Regime aus Ungarn geholt wurden. Vor der Okkupation Ungarns durch das Deutsche Reich im März 1944 lebten dort nach der Diktion der Nürnberger Rassengesetze fast 800.000 Jüdinnen und Juden,[1156] die für den Einsatz als potentielle Arbeitskräfte in der nahe gelegenen „Ostmark" in Frage kamen. Mehr als 430.000 davon wurden zwischen 14. Mai und 9. Juli 1944 nach Auschwitz deportiert; etwa drei Viertel davon wurden dort unmittelbar nach ihrer Ankunft mit Gas erstickt.[1157] Viele Tausend sollten jedoch auf Umwegen der Arbeitseinsatzverwaltung in der „Ostmark" zugutekommen.

Am 30. Juni 1944 sagte der Chef des RSHA, Ernst Kaltenbrunner, dem Bürgermeister von Wien, Hanns Blaschke, die Zuteilung von zirka 12.000 ungarischen Jüdinnen und Juden zu, von denen etwa 30 Prozent arbeitsfähig waren.[1158] Dies unter dem Vorbehalt des jederzeitigen Widerrufes und zu den Bedingungen, dass ein „geschlossener Arbeitseinsatz" und eine bewachte Unterbringung in Lagern erfolgten. Im Unterschied zu den Jüdinnen und Juden der „Ostmark" galten jene aus Ungarn als Häftlinge.[1159] Sie unterstanden der alleinigen Verfügungsgewalt der Gestapo und wurden der Arbeitseinsatzverwaltung nur auf jederzeitigen Widerruf überlassen.

Am 27. Juni 1944 ordnete Gauleiter Alfred Proksch, Treuhänder der Arbeit und Präsident des Gauarbeitsamtes Wien, folgende Vorgehensweise beim Arbeitseinsatz der ungarischen Jüdinnen und Juden an.[1160] Die Arbeitskräfte durften demnach nur in Gruppen arbeiten, als Arbeitslohn sollten sie lediglich Quartier und Versorgung erhalten. Der übrige Lohn, über den die Schutzstaffel verfügte, war dem Konto des Wiener Judenrates gutzuschreiben.[1161] Kinder wurden ab ihrem zwölften Lebensjahr zu Zwangsarbeiten herangezogen.[1162] Ähnlich wie an den früher in Strasshof durchgeschleusten OstarbeiterInnen nahm nun das Gauarbeitsamt Wien im Kreis der ungarischen Jüdinnen und Juden „Hygienemaßnahmen" vor.[1163]

Noch in der Phase des Kriegsendes, im Oktober und November 1944, sollten die in Ungarn verbliebenen Jüdinnen und Juden für Schanzarbeiten an den Grenzstellungen in die „Ostmark" geholt werden. Dafür wurden über 35.000 BudapesterInnen,[1164] überwiegend Frauen, zum Fußmarsch in die „Ostmark" gezwungen, um in „Niederdonau" eingesetzt zu werden.[1165] Sofern sie den Marsch überlebten, waren viele in gesundheitlich so schlechtem Zustand, dass deren Einsatz großteils nicht

[1154] Ebd, 276.

[1155] Ebd, 15; Dornik, Wolfram, Rezension von: Wolf Gruner, Zwangsarbeit und Verfolgung. Österreichische Juden im NS-Staat 1938–1945 (Nationalsozialismus und seine Folgen 1, Innsbruck/Wien/München 2000). In: Friedrich-Ebert-Stiftung, September 2001, library.fes.de/fulltext/afs/htmrez/80239.htm (abger am 16. Jänner 2015).

[1156] Lappin-Eppel, Eleonore, Sonderlager für ungarisch-jüdische Zwangsarbeiter. In: Benz, Wolfgang / Distl, Barbara (Hg), Der Ort des Terrors. Geschichte der nationalsozialistischen Konzentrationslager, Bd 9, Arbeitserziehungslager, Ghettos, Jugendschutzlager, Polizeihaftlager, Sonderlager, Zigeunerlager, Zwangsarbeiterlager (München 2009) 218–247, hier: 218.

[1157] Ebd, 220.

[1158] Maier, Arbeitseinsatz, 190.

[1159] Gruner, Zwangsarbeit, 281.

[1160] Szita, Szabolcs, Verschleppt, verhungert, vernichtet. Die Deportation von ungarischen Juden auf das Gebiet des annektierten Österreich 1944–1945 (Wien 1999) 76.

[1161] Ebd, 76.

[1162] Ebd, 87.

[1163] Lappin-Eppel, Eleonore, Ungarisch-jüdische Zwangsarbeiter und Zwangsarbeiterinnen in Österreich 1944/45. Arbeitseinsatz – Todesmärsche – Folgen (Forschung und Wissenschaft 3, Wien/Berlin 2010) 67. Zur Behandlung mit dem Entlausungsmittel und weiteren Details siehe Krempl, Arbeitsmarktverwaltung, 65 f, mit weiteren Nachweisen.

[1164] Lappin-Eppel, Sonderlager, 229 f.

[1165] Maier, Arbeitseinsatz, 193.

möglich war. Der Einfluss auf diese SchanzarbeiterInnen sowie auf die in den „Erholungslagern"[1166] Lichtenwörth und Felixdorf untergebrachten – ohnehin aufgrund von Überanstrengung und Nahrungsentzug oftmals halb toten – Jüdinnen und Juden blieb den Arbeitseinsatzbehörden zur Gänze verwehrt.

Datum (ohne „Umschulungs"-Lager)	Bevölkerung	Arbeitseinsatz
1938		
Mitte März	165.000	
Mitte Oktober		200
Ende Dezember	117.500	
1939		
Ende Jänner		150
Anfang März	97.509	mind. 790
Mitte Mai		mind. 1.100
Juli		ca. 1.300
Mitte September	66.380	
1940		
Anfang Juni	49.496	(3.000-4.000)
1941		
Anfang Jänner	51.134	
Mitte Februar		8.000
Ende Juni	44.000	
August		6.000
Anfang November	38.238	
1942		
Anfang Februar	31.799	7.070
Anfang Juni	28.118	5.020
Ende Dezember	7.989	1.126

Tabelle 2:[1167] **Zahl der „Glaubensjuden" und Anteil der ZwangsarbeiterInnen außerhalb der Konzentrationslager in der „Ostmark" (1938–1942)**

Innerhalb dieser Rahmenbedingungen befand sich das Feld der „ostmärkischen" arbeitseinsatzbehördlichen Verwaltung jüdischer Arbeitskräfte. Zur Koordination der Maßnahmen gegen Jüdinnen und Juden richteten einige Reichsministerien besondere organisatorische Einheiten, sogenannte „Judenreferate",[1168] ein. Dies geschah etwa im Innenressort, im Wirtschaftsministerium oder dem Justizministerium. Für das Reichsarbeitsministerium ist ein entsprechendes Referat ab 1942 festzustellen, doch wird ein solches von Maier schon zu einem früheren Zeitpunkt vermutet.[1169]

[1166] *Lappin-Eppel*, Sonderlager, 237.
[1167] *Gruner*, Zwangsarbeit, 315.
[1168] *Maier*, Arbeitseinsatz, 15.
[1169] Ebd.

Was die Organisation des Arbeitseinsatzes der jüdischen Arbeitskräfte anging, bestand eine enge Kooperation zwischen den Arbeitseinsatzbehörden und anderen staatlichen beziehungsweise nichtstaatlichen Stellen.[1170] Auf Reichsebene arbeitete das Reichsarbeitsministerium mit anderen Ministerien, der Wehrmacht und dem Reichssicherheitshauptamt (RSHA) zusammen.

Auf mittlerer Ebene kooperierten die Landesarbeitsämter mit den Reichsstatthaltern, den Regierungspräsidenten und den „Staatspolizei"- (Stapo-) Leitstellen; auf der unteren Ebene sprachen sich die Arbeitsämter mit den Landräten und Kommunalverwaltungen, den Ortsgruppen der NSDAP, den Rüstungsinspektionen, den Wirtschaftskammern und Betrieben ab.[1171] Eine zentrale Rolle spielte auch die Zusammenarbeit der Arbeitseinsatzbehörden mit den unter Gestapo-Aufsicht stehenden Zwangsvereinigungen IKG und Ältestenrat, der Nachfolgeorganisation der IKG nach dem Abschluss der Deportationen aus der „Ostmark".

Im Rahmen des Arbeitsamts Wien wurde eine besondere Stelle für den Einsatz der jüdischen Arbeitskräfte geschaffen.[1172] In der Stolberggasse 42, im fünften Wiener Gemeindebezirk, wurde die „Kontrollstelle für jüdische Arbeitslose"[1173] in einem Zinshaus eingerichtet. Nach Maier ist die Einrichtung der Kontrollstelle auf Anfang des Jahres 1939 anzusetzen.[1174] Diese Errichtung rief seitens der Anrainer Proteste hervor. Bezug nehmend auf die Beschwerden richtete sich der Leiter des Arbeitsamtes Wien, Dr. Karl Neuber, an den Bezirksvorsteher, um diesem die Lage der Behörde darzulegen.[1175] Es wäre den nichtjüdischen Arbeitskräften nicht zumutbar gewesen, zusammen mit jüdischen Arbeitskräften abgefertigt zu werden; andere angebotene Räumlichkeiten hätten nicht zur Verfügung gestanden. Es hätte zwar die Möglichkeit gegeben, eine Liegenschaft der jüdischen Kultusgemeinde zu mieten; doch einer Reichsbehörde hätte dies nicht zugemutet werden können, solange sie anderweitig Abhilfe schaffen konnte. Ein ergänzendes Schreiben erging an den Reichskommissar, in dem Neuber die Umsiedlung der Kontrollstelle in ein Haus in Aussicht stellte, in dem keine privaten Parteien wohnten. Im Jahr 1940 wurde dann das „Arbeitsamt für Juden"[1176] in der Hermanngasse 22, im siebten Wiener Gemeindebezirk, errichtet.

Zur inhaltlichen Steuerung des antisemitischen Arbeitseinsatzes gab am 20. Dezember 1938 – kurz nach dem Novemberpogrom und einen Tag vor der Auflösung[1177] der „Reichsanstalt" – deren Präsident, Friedrich Syrup, jenen Erlass heraus, der in den folgenden drei Jahren den Arbeitseinsatz der Jüdinnen und Juden offiziell anordnete und grundlegend regelte.[1178] Der Erlass nannte im Briefkopf ausdrücklich auch die „Zweigstelle Österreich" und hatte folgenden Inhalt:

„[...] Es ist anzustreben, alle arbeitslosen und einsatzfähigen Juden beschleunigt zu beschäftigen und damit nach Möglichkeit die Freistellung deutscher Arbeitskräfte für vordringliche, staatspolitisch wichtige Vorhaben zu verbinden. Der Einsatz erfolgt in Betrieben, Betriebsabteilungen, bei Bauten, Meliorationen usw., abgesondert von der Gefolgschaft. Ich ersuche Sie daher, unverzüglich bei den öffentlichen und privaten Unternehmern Ihres Bezirks auf die Bereitstellung solcher Arbeiten hinzuwirken.

Es ist sichergestellt, daß dem Unternehmer oder seinem Betrieb aus der Tatsache, daß er Juden beschäftigt, keinerlei Nachteile erwachsen. Als Juden im Sinne dieses Erlasses sind Juden deutscher

---

[1170] *Schmuhl*, Arbeitsmarktpolitik, 321.

[1171] Ebd.

[1172] Die Vermittlungsstatistik der folgenden Einrichtungen ist nach derzeitigem Forschungsstand unbekannt.

[1173] *Maier*, Arbeitseinsatz, 16.

[1174] Ebd.

[1175] Ebd.

[1176] *Gruner*, Zwangsarbeit, 149; *Lütgenau / Schröck*, Teerag-Asdag AG, 84.

[1177] Kap II. B. 1. Vom Bundesministerium für soziale Verwaltung zum „Generalbevollmächtigten für den Arbeitseinsatz".

[1178] *Maier*, Arbeitseinsatz, 29.

Staatsangehörigkeit und staatenlose Juden (§ 5 der Ersten Verordnung zum Reichsbürgergesetz vom 14. November 1935 – Reichsgesetzbl. I S. 1333) anzusehen, die für einen Arbeitseinsatz geeignet sind. [...]

Über die von Ihnen durchgeführten Maßnahmen und die dabei gemachten Erfahrungen bitte ich mir laufend zum 15. jeden Monats – erstmalig zum 15. Januar 1939 – zu berichten."[1179]

Ein zentraler Beweggrund für den verstärkten Zwangseinsatz von Jüdinnen und Juden war die Freisetzung nichtjüdischer Arbeitskräfte für andere Aufgaben[1180] etwa in der Verwaltung, mit denen aus der rassistischen Sicht des Regimes Jüdinnen und Juden nicht betraut werden sollten. Außerdem erhöhte man durch die Beschäftigung unter besonders schlechten Bedingungen den Druck zur Auswanderung.[1181]

Der Hinweis darauf, dass Syrup sich bemüht zeigte, den einstellenden UnternehmerInnen gegenüber Nachteile durch die Beschäftigung jüdischer Arbeitskräfte auszuschließen, war eine Reaktion auf die Weigerung vieler ArbeitgeberInnen zu dieser Zeit, jüdische Arbeitskräfte zu beschäftigen.[1182] Der vermehrte Arbeitseinsatz der jüdischen Bevölkerung vor allem ab diesem Erlass[1183] rief die Forderung nach einer weitergehenden Ausarbeitung der normativen Grundlagen für den Arbeitseinsatz von Jüdinnen und Juden auf den Plan. Die endgültige Fassung des Sonderrechtes im Hinblick auf den Arbeitseinsatz erfolgte aber erst am 3. Oktober 1941 mit der „Verordnung über die Beschäftigung von Juden"[1184] des Vertreters des Beauftragten für den Vierjahresplan, Staatssekretär Dr. Paul Körner. Man bediente sich derselben Gesetzestechnik wie bei der Übernahme von Rechtsvorschriften aus dem „Altreich". Aufgrund der sehr allgemein gehaltenen Verordnung erging die Durchführungsverordnung[1185] vom 31. Oktober 1941. Der zweite Abschnitt[1186] enthielt die Kernbestimmungen über den Arbeitseinsatz. Jüdinnen und Juden waren demnach verpflichtet, die von den Arbeitsämtern zugewiesenen Beschäftigungen anzunehmen.[1187] Die Arbeitsplatzwechselverordnung[1188] vom 1. September 1939 war sinngemäß anzuwenden. Diese Bestimmung stellte aber insofern keine Neuerung dar, als jüdische Beschäftigte schon davor gegenüber den nichtjüdischen schlechter gestellt waren, und diente wohl vorwiegend der Rechtssicherheit zugunsten solcher ArbeitgeberInnen, die Jüdinnen und Juden beschäftigten.

Die jüdische Bevölkerungsgruppe durfte vorbehaltlich anderweitiger Anordnung durch das zuständige Arbeitsamt nur gruppenweise[1189] und getrennt von „der übrigen Gefolgschaft" – also vor allem getrennt von den „arischen" Arbeitskräften – zur Arbeit eingesetzt werden („geschlossener Arbeitseinsatz"). Beim Arbeitseinsatz außerhalb des Heimatortes waren Jüdinnen und Juden „in gesonderten Unterkünften unterzubringen".[1190] Schließlich verbot § 13 leg cit die Beschäftigung oder Vermittlung als Lehrling oder Anlernling. Damit wurde gewährleistet, dass Jüdinnen und Juden

---

[1179] Ebd, 29 ff. S 28 f enthalten eine Lichtbildreprodutkion jener Ausfertigung, die an das Landesarbeitsamt Karlsruhe erging.

[1180] Ebd, 23.

[1181] *Küppers*, Hans, Die vorläufige arbeitsrechtliche Behandlung der Juden. In: RABl V 6 (1941) 106–110, hier: 107 f; *Maier*, Arbeitseinsatz, 23.

[1182] *Maier*, Arbeitseinsatz, 119.

[1183] Ebd.

[1184] RGBl I 1941 S 675.

[1185] RGBl I 1941 S 681.

[1186] §§ 11 bis 13 leg cit Durchführungsverordnung (RGBl I 1941 S 681).

[1187] *Küppers*, Hans, Erläuterungen. In: *Syrup*, Friedrich (Hg), Arbeitsgesetzgebung. Kommentar zu den Gesetzen u. Bestimmungen über Ordnung u. Regelung der Arbeit und des Arbeitseinsatzes im Kriege (München/Berlin 1943) II Juden S 3–18, hier: II Juden S 16 [sic! Das Buch verfügt über keine durchgängigen herkömmlichen Seitenangaben]; *Küppers*, Hans, Das Beschäftigungsverhältnis der Juden. In: RABl V 32 (1941) 569–574, hier: 569 ff; *Maier*, Arbeitseinsatz, 128.

[1188] RGBl I 1939 S 1685; Kap II. C. 3. b. „Arbeitsplatzwechselverordnung".

[1189] § 12 Abs 1 leg cit.

[1190] Abs 2 leg cit.

nur Positionen erlangen konnten, bei denen ein etwaiger späterer Wegfall der jüdischen Arbeitskraft den jeweiligen Betrieben möglichst wenig schade; jüdische Arbeitskräfte sollten leicht ersetzbar sein. Eine entsprechende Äußerung Görings in diese Richtung ist für den 31. Juli 1941 in unmittelbarem Zusammenhang mit den Planungen der systematischen Vernichtung von Jüdinnen und Juden belegt;[1191] insofern verwundert es nicht, dass Überlegungen zur Frage nach dem Wegfall der jüdischen Arbeitskräfte auch in die Durchführungsverordnung Eingang fanden. Außerdem enthielt die Durchführungsverordnung Bestimmungen über „Mischehen“.[1192]

Für „Mischlinge“ und „Mischehen“ galten generell besondere arbeitseinsatzrechtliche Regelungen. Die „Verordnung über die Einführung der Nürnberger Rassengesetze“[1193] vom 20. Mai 1938 setzte das „Reichsbürgergesetz“[1194] vom 15. September 1935 und teilweise die dazu ergangene „Erste Verordnung zum Reichsbürgergesetz“[1195] vom 14. November 1935 in der „Ostmark“ in Geltung.[1196] Übernommen wurden damit auch die Bestimmungen über die jüdischen „Mischlinge“[1197] und deren Abgrenzung von „Volljuden“. Das diskriminierende Sonderrecht spielte hinsichtlich des Arbeitseinsatzes sowohl im Bereich der „Mischlinge“ als auch der „Mischehen“ eine Rolle.

Ohne Berücksichtigung des individuellen Glaubensbekenntnisses galt als „Volljude“, wer von drei oder vier „der Rasse nach volljüdischen Großeltern abstammte“,[1198] wobei die Religionszugehörigkeit der Großeltern für das Tatbestandsmerkmal „volljüdisch“ ausschlaggebend war.[1199] Jüdischer „Mischling“ war ein Abkömmling von weniger als drei jüdischen Großeltern. Stammte der „Mischling“ von zwei jüdischen Großeltern ab („Halbjude“/„Mischling ersten Grades“), so waren zusätzliche Kriterien wie Religionsbekenntnis oder „jüdische Rasse“ des Gatten grundlegend.[1200] Lag eines dieser zusätzlichen Kriterien vor, so war der Tatbestand des „Geltungsjuden“[1201] erfüllt. Der oder die Betreffende war also Jüdin beziehungsweise Jude und unterlag den diskriminierenden Bestimmungen. Nach der Volkszählung vom 17. Mai 1939 lebten im Deutschen Reich zirka 105.000 „Mischlinge“ (zirka 64.000 „Halbjuden“/„Mischlinge ersten Grades“ und 41.000 „Vierteljuden“/ „Mischlinge zweiten Grades“) sowie 7.000 „Geltungsjuden“ von insgesamt etwa 500.000 „Glaubensjuden“ beziehungsweise 330.000 „Juden“ nach NS-Definition.[1202]

Jüdische „Mischlinge“ wurden juristisch geschützt – dies insofern, als sie gem § 2 Abs 1 leg cit nicht als Jüdinnen und Juden galten und damit die diskriminierenden Bestimmungen der Nürnberger Gesetze und die auf dieser Grundlage ergangenen Verordnungen nicht anwendbar waren. Dieser Schutz der „Mischlinge“ war auch ausdrücklich bei deren Arbeitseinsatz zu beachten, wie ein entsprechender „Erlass“[1203] des Reichsarbeitsministeriums vom 2. September 1938 belegt. Auch andere Stellen wie der Reichsinnenminister, Wilhelm Frick, oder der Stellvertreter des Führers, Rudolf Heß, pochten in der Anordnung Nr. 140/38 auf die Einhaltung der gesetzlichen Schranken und verlangten damit den Schutz der „Mischlinge“.[1204]

[1191] *Maier*, Arbeitseinsatz, 142.
[1192] Weiter unten in diesem Kap.
[1193] RGBl I 1938 S 594.
[1194] RGBl I 1935 S 1146.
[1195] RGBl I 1935 S 1333.
[1196] § 1 Z 2 „Erste Verordnung zum Reichsbürgergesetz“.
[1197] § 2 Abs 2 und § 5 leg cit.
[1198] § 5 „Erste Verordnung zum Reichsbürgergesetz“.
[1199] § 2 Abs 2 Satz 2 leg cit.
[1200] § 5 Abs 2 leg cit.
[1201] *Maier*, Arbeitseinsatz, 204.
[1202] *Meyer*, Beate, „Jüdische Mischlinge“. Rassenpolitik und Verfolgungserfahrung 1933–1945 (Studien zur jüdischen Geschichte 6, Hamburg ²2002, 162.
[1203] *Maier*, 206. Maier zitiert die genaue Kundmachung des Erlasses selbst nicht, sondern gibt nur die Signatur des Archivs an.
[1204] Ebd.

Bemerkenswert ist, dass Verstöße gegen diese vonseiten höchster politischer Ebene vorgegebene Linie quer durch alle Instanzen des Arbeitseinsatzes im Gebiet des gesamten Deutschen Reichs begangen wurden. Ein Beleg für entsprechende unerwünschte Diskriminierungen – letztlich auch durch die dritte Instanz in der „Ostmark" – ist ein förmliches Schreiben von Reichskommissar Bürckel an Präsident Gärtner.[1205] Er übermittelte diesem am 20. September 1938 die Anordnung Nr. 140/38 von Heß mit dem Hinweis, dass beim Reichskommissariat immer wieder Eingaben eingingen, nach denen die Arbeitsämter die Vermittlung von „Mischlingen" ablehnten. Er forderte daher klare Weisungserteilung an die Unterinstanzen zur Einhaltung des Schutzes. In dieser Aufforderung ist ein Hinweis auf die relativ großen Möglichkeiten selbstständiger Agitationen der Unterinstanzen und damit zugleich auf Erscheinungsformen im Sinne des „Doppelstaates"[1206] zu sehen.

Beate Meyer dokumentiert umfassend den ansteigenden Verfolgungsdruck, der auf jenen Arbeitskräften lastete, die als „Mischlinge" eingestuft wurden. Nachdem zunächst die

„Betätigung der ‚Mischlinge' als Unternehmer oder Arbeitnehmer vor der Öffentlichkeit als gesichert dargestellt wurde, begannen die Gestapostellen in Zusammenarbeit mit der Wehrmacht und den Arbeitsämtern, alle Arbeitskräfte in ‚geschützten' und der Geheimhaltung unterworfenen Betrieben zu überprüfen. Für ‚wichtige Stellen' sollten u[nter] a[nderem] keine ‚Mischlinge' eingestellt werden [...]. Die Regelung ließ sich allerdings angesichts des Arbeitskräftemangels während des Krieges schon 1942 nicht mehr durchhalten [sic!]".[1207]

Für Hamburg steht fest, dass ab 1944 „Mischlinge" aufgrund der Dienstpflichtverordnung[1208] als ZwangsarbeiterInnen[1209] zu Bauarbeiten verpflichtet wurden. Bei diesen Fällen lagen sämtliche Merkmale der Zwangsarbeit vor. Es ist im Übrigen davon auszugehen, dass vergleichbare Fälle der Dienstverpflichtung von „Mischlingen" auch in der „Ostmark" vorlagen.

Ein ähnlich paradoxes Wertungssystem wie bei den „Mischlingen" wurde für „Mischehen" entwickelt („Gesetz zum Schutze des deutschen Blutes und der deutschen Ehre"[1210]). Auch für Jüdinnen und Juden in „privilegierten Mischehen" galten gewisse Begünstigungen. „Volljuden" genossen quasi-rechtlichen – weil gesetzlich nicht ausdrücklich normierten – Schutz, sofern sie in „privilegierter Mischehe" lebten; wenn also entweder in einer kinderlosen Ehe nur die Gattin Jüdin, ihr Mann aber „Arier" war oder die gemeinsamen Kinder nicht im jüdischen Glauben erzogen wurden.[1211] Im letzteren Fall konnte also auch der Gatte Jude sein und dennoch den Schutz genießen.

Auf der einen Seite enthielt die Durchführungsverordnung[1212] eine Aufzählung der nicht anzuwendenden Paragrafen. So waren die in „privilegierter Mischehe" lebenden jüdischen Ehegatten unabhängig vom Geschlecht – also nicht wie sonst bei der „privilegierten Mischehe" nur die jüdische Gattin – sowie die jüdische Ehefrau in kinderloser „Mischehe" bei aufrechter Ehe von gewissen Diskriminierungen ausgenommen und mussten etwa nicht in Gruppen beschäftigt werden.[1213] Auf der anderen Seite waren Bestimmungen wie die Pflicht, die vom Arbeitsamt vermittelte Beschäftigung anzunehmen,[1214] für Jüdinnen und Juden in „Mischehe" unbeschränkt anwendbar.

[1205] Ebd, 208.
[1206] Dazu näher im Kap II. A. 2. Rechtliche Rahmenbedingungen.
[1207] *Meyer*, „Jüdische Mischlinge", 206 f.
[1208] Zur „Dienstpflicht" siehe näher im Kap II. C. 3. a. Dienstpflicht und Notdienst.
[1209] *Meyer*, „Jüdische Mischlinge", 238–247. Zur grundsätzlichen Unterscheidung zwischen „Zwangsbeschäftigung" (etwa in Form der „Dienstpflicht" bei „Ariern") und „Zwangsarbeit" siehe Kap II. A. 2. Rechtliche Rahmenbedingungen.
[1210] RGBl I 935 S 1146.
[1211] *Maier*, Arbeitseinsatz, 204.
[1212] RGBl I 1941 S 681.
[1213] § 12 leg cit.
[1214] § 11 Abs 1.

Die Begünstigung von Jüdinnen und Juden in „privilegierten Mischehen" hatte folgende Hintergründe. Es sollte einerseits sichergestellt werden, dass der Unterhalt von arischen Kindern oder des arischen Ehegatten nicht gefährdet war. Deshalb wurden „gewisse Erleichterungen"[1215] gewährt. Dass eben nur gewisse Erleichterungen und nicht sämtliche Rechte der Arier gewährt wurden, zeigt die ambivalente Linie des Regimes im Umgang mit den „Mischehen". Andererseits wurde davon ausgegangen, dass die Ausnahme vom gruppenweisen Arbeitseinsatz in aller Regel nicht in die Praxis umgesetzt wurde. Das heißt, Jüdinnen und Juden, die in de jure „privilegierter Mischehe" lebten, wurden regelmäßig ausschließlich in Gruppen nach § 12 leg cit eingesetzt; lediglich in besonderen Härtefällen wurde auf Antrag eine Ausnahme von dieser rechtswidrigen Praxis gewährt.[1216]

Besondere Brisanz hatte das Arbeitsbuch beim Arbeitseinsatz jüdischer Arbeitskräfte. Einerseits war es ein wichtiges Instrument für die Zwangsbeschäftigung. Das zuständige Arbeitsamt konnte mittels der Kartei arbeitslose oder in bestimmten Berufen tätige – also gezielt – Jüdinnen und Juden feststellen und in Arbeitslager internieren beziehungsweise die Daten anderer Stellen wie der Gestapo mitteilen.[1217] In der Zeit der Deportationen (von Oktober 1939[1218] bis Jänner 1943[1219]) bedeutete die Amtskenntnis einer Beschäftigung ohne Arbeitsbuch durch eine arbeitsamtliche Kontrolle meist den Abtransport. Wohl nur in wenigen Fällen konnte eine Beschäftigung in kriegswichtigen Branchen mit Arbeitsbuch vorerst auch einen gewissen Schutz vor der Deportation bedeuten.[1220]

Insgesamt zeigt sich, dass die „ostmärkischen" Arbeitseinsatzbehörden massiv in die antijüdische Arbeitsmarktpolitik eingebunden waren, zugleich aber die Normendichte des Sonderarbeitseinsatzrechts zur Verwendung jüdischer Arbeitskräfte sehr gering war und damit der behördliche Zugriff weitestgehend ungeregelt blieb. Diese Diskrepanz dürfte vorwiegend auf die weitreichende Stellung jüdischer Arbeitskräfte als ZwangsarbeiterInnen zurückzuführen gewesen sein. Nachdem unmittelbar vor der Auflösung der „Reichsanstalt" durch Syrup der Erlass vom 20. Dezember 1938 ergangen ist, erfolgte die endgültige Fassung des Sonderrechtes erst am 3. Oktober 1941 – lange nach Beginn der jüdischen Zwangsarbeit und kurz vor dem Abschluss der Deportationen. Sie legte vor allem den „geschlossenen Arbeitseinsatz" als diskriminierende Form der Verwendung fest. Zur koordinierten arbeitseinsatzbehördlichen Diskriminierung der Jüdinnen und Juden wurden besondere organisatorische Einrichtungen auf verschiedenen Verwaltungsebenen geschaffen.

b. Zwangsarbeit von Sinti und Roma

Der Großteil der Roma und Sinti lebte vor dem „Anschluss" im Burgenland. Dies trifft etwa 1927 auf 7.164 Roma und Sinti zu, wogegen Schätzungen über die Zahl im übrigen Österreich zwischen 1.600 und 3.000 rangierten.[1221] Die meist sehr genauen Angaben stammen aus Zäh-

---

[1215] *Küppers*, Erläuterungen, II Juden, 17.
[1216] Ebd.
[1217] *Maier*, Arbeitseinsatz, 181.
[1218] *Gruner*, Zwangsarbeit, 141 f.
[1219] Ebd, 259–264, 270, 315 f (Tabelle).
[1220] *Maier*, Arbeitseinsatz, 181.
[1221] *Freund*, Florian / *Baumgartner*, Gerhard / *Greifender*, Harald, Vermögensentzug, Restitution und Entschädigung der Roma und Sinti (Veröffentlichungen der Österreichischen Historikerkommission. Vermögensentzug während der NS-Zeit sowie Rückstellungen und Entschädigungen seit 1945 in Österreich 23/2, Wien/München 2004) 26 f. Es wird auf Erhebungen der Gendarmerie basierende Tabelle angeführt, 27–31, aus der die Verteilung der einzelnen Personen auf die Bezirke und Ortschaften im Burgenland zwischen 1923 und 1936 hervorgeht.

lungen der Gendarmerie.[1222] 1938 waren es vor dem „Anschluss" etwa 8.000.[1223] Ab Frühsommer 1939 – die Kriegsvorbereitungen waren längst angelaufen und infolgedessen mangelte es immer mehr an Arbeitskräften – setzten „die größeren Gruppenverfolgungen"[1224] ein, oftmals gefolgt von „Arisierungen".[1225] Für die Gruppe der Roma und Sinti bedeutete dies, dass sie lagerweise zusammengefasst und zu Zwangsarbeit verpflichtet wurden. Drei bekannte Lager in der „Ostmark" waren am Bruckhaufen im 21. Wiener Gemeindebezirk, das Lager Maxglan in Salzburg und jenes in Hopfgarten in Tirol. Erst 1940 kam es zur Errichtung des zentralen Massenlagers in Lackenbach in „Niederdonau". Ganz ähnlich wie auch bei der Umsetzung der Zwangsarbeit der Jüdinnen und Juden bewegte sich die Arbeitseinsatzverwaltung vor allem in der Zeit von März 1938 bis März 1942 im rechtsfreien Raum.[1226]

Die „Anordnung über die Beschäftigung von Zigeunern"[1227] vom 13. März 1942 setzte die für Jüdinnen und Juden erlassenen Vorschriften auch für Roma und Sinti in Kraft.[1228] Damit waren die etwa fünf Monate zuvor ergangene Verordnung[1229] und die entsprechende Durchführungsverordnung[1230] sinngemäß anzuwenden, wodurch die arbeitseinsatzrechtlichen Diskriminierungen auch beim Einsatz der Roma und Sinti griffen. Die Anordnung legte für „Mischlinge" fest, dass auf diese die beiden Verordnungen über den Arbeitseinsatz der Jüdinnen und Juden mit der Maßgabe anzuwenden waren, dass das Reichskriminalpolizeiamt die Identifikation als Roma und Sinti im Einzelfall vornahm. Ein Erlass des Reichsarbeitsministeriums vom 25. März 1942 bestimmte, dass im Arbeitsbuch von Roma und Sinti ein entsprechender Vermerk anzubringen wäre.[1231] Einen Monat später wurde diese Weisung dahingehend abgeändert, dass der Vermerk lediglich in der Arbeitsbuchkartei der Behörde aufzuscheinen hatte.

Letztendlich teilten die Roma und Sinti das Schicksal der Vernichtung mit den Jüdinnen und Juden. Am 29. Jänner 1943 erging der „Auschwitzerlass",[1232] welcher die Deportation der restlichen Roma und Sinti anordnete. Insgesamt wurden etwa 2.760 Roma und Sinti[1233] aus der „Ostmark" nach Auschwitz deportiert, der größte Teil wurde dort ermordet.

c. Zwangsarbeit von Kriegsgefangenen

Der zwangsweise Einsatz von Kriegsgefangenen in Rüstungsbetrieben spätestens seit dem Kriegsbeginn 1939 ist ganz klar als völkerrechtswidrig einzustufen. Dieser Eingriff ist vor allem im Hinblick auf die teils lange Heranziehung von Kriegsgefangenen als Arbeitskräfte streng von jenem der

---

[1222] *Freund / Baumgartner / Greifeneder*, Vermögensentzug, 26 f; *Steinmetz*, Selma, Österreichs Zigeuner im NS-Staat (Monographien zur Zeitgeschichte, Wien/Frankfurt/Zürich 1966) 7, 49. Es wird im Anhang I, 49, eine auf Erhebungen der Gendarmerie aus dem Jahr 1933 basierende Liste angeführt, aus der die Verteilung der einzelnen Personen auf die Ortschaften im Burgenland hervorgeht.

[1223] *Zimmermann*, „Zigeunerfrage", 101.

[1224] *Steinmetz*, Zigeuner, 14.

[1225] *Baumgartner*, Gerhard, Auf den Spuren der „verschwundenen" Roma-Siedlungen des Burgenlandes. In: *Härle*, Andrea / *Kogoj*, Cornelia / *Schwarz*, Werner Michael / *Weese*, Michael / *Winkler*, Susanne (Hg), Romane Thana. Orte Der Roma Und Sinti (Wien 2015) 66–75. Baumgartner stellt heraus, dass manche dieser Eigentumsverletzungen nach dem NS nicht entschädigt worden sind (74).

[1226] Zum Zwangsarbeitsbegriff siehe am Ende des Kap II. A. 1. Politische, wirtschaftliche und soziale Rahmenbedingungen.

[1227] RGBl I 1942 S 138.

[1228] *Küppers*, Hans, Die Beschäftigung von Zigeunern. In: RABl V 9 (1942) 176–178, hier: 176 ff; *Maier*, Arbeitseinsatz, 198.

[1229] RGBl I 1941 S 675.

[1230] RGBl I 1941 S 681.

[1231] *Schmuhl*, Arbeitsmarktpolitik, 337; *Maier*, Arbeitseinsatz, 200.

[1232] *Rieger*, Barbara, „Zigeunerleben" in Salzburg 1930–1943. Die regionale Zigeunerverfolgung als Vorstufe zur planmäßigen Vernichtung in Auschwitz (Dipl, Wien 1990) 87.

[1233] *Thurner*, „Ortsfremde", 542; *Rieger*, „Zigeunerleben", 87.

ZivilistInnen zu unterscheiden. Insbesondere die Haager Landkriegsordnung[1234] von 1907 mitsamt den einschlägigen Regelungen[1235] war auch für das Deutsche Reich als Vertragsstaat verbindlich.[1236]

Das Deutsche Reich unterzeichnete die Zweite Genfer Konvention[1237] von 1929 (im Folgenden kurz GK II), welche die Heranziehung von Kriegsgefangenen zur Arbeitsleistung einem noch stärker ausdifferenzierten Reglement unterwarf.[1238] Die GK II wurde durch das Deutsche Reich am 21. August 1934 ratifiziert.[1239] Gemäß GK II durften die kriegführenden Parteien des Abkommens grundsätzlich Kriegsgefangene zu unfreiwilligen Arbeitsleistungen heranziehen. Allerdings unterlag diese Befugnis weitreichenden Restriktionen. Die Verwendbarkeit bezog sich nur auf Mannschaften, also gewöhnliche Soldaten, während Offiziere von unfreiwilligen Arbeitsleistungen ausgenommen waren; Unteroffiziere durften nur zu Aufsichtsdiensten herangezogen werden. Die Mannschaften durften nicht zu Arbeitsleistungen in Rüstungsbetrieben eingesetzt werden. Insofern der Einsatz von Kriegsgefangenen nach Maßgabe dieser Beschränkungen erlaubt war, stellte deren Einsatz einen Sonderfall von Zwangsarbeit dar[1240] und war klar von der Heranziehung der zivilen ausländischen ZwangsarbeiterInnen abzugrenzen.

Verstöße gegen die Bestimmungen über die Kriegsgefangenen erfolgten in der „Ostmark" erwiesenermaßen etwa im Fall der Reichswerke AG „Hermann Göring".[1241] Im Fall der Kriegsgefangenen aus der Sowjetunion wurde dies mit dem Argument erlangt, dass die Sowjetunion die Abkommen nicht unterzeichnet hätte.[1242]

Betrieb	Zeitpunkt	Beschäftigte	Zivile Ausländer	Kriegsgef.	Ausl. u. Kgf. (%)
EWOD	6/1944	12.652	5.387	2.938	65,7 %
Hütte Lin*	8/1944	4.897	2.077	300	48,5 %
EWOD	8/1944	12.740	6.640	1.762	65,9 %
Stahlbau**	8/1944	765	210	341	71,8 %
Stickstoffw. HGW-Alpine***	8/1944	1.984	989	256	62,8 %
Linz, gesamt	10/1944	25.153	12.524	4.242	66,7 %
Hütte Linz***	10/1944	6.360	3.037	941	62,5 %
EWOD***	11/1944	12.867	6.856	2.165	70,1 %

* Die Zahl der Kriegsgefangenen ist nach Vermutung von John zu niedrig.

** Bei der Zahl der Kriegsgefangenen wurden KZ-InsassInnen einbezogen.

*** Jeweils per Monatsende.

Tabelle 3:[1243] **Beschäftigte in Linzer großindustriellen Betrieben (1944)**

[1234] „Übereinkommen vom 18. Oktober 1907, betreffend die Gesetze und Gebräuche des Landkriegs", „Anlage zum Übereinkommen. Ordnung der Gesetze und Gebräuche des Landkriegs" (öRGBl 180/1913).

[1235] Art 4 bis 6 HLKO.

[1236] *Neuhold / Hummer / Schreuer*, Völkerrecht, 578 f.

[1237] „Abkommen über die Behandlung der Kriegsgefangenen. Vom 27. Juli 1929" (BGBl 166/1936). In diesem Sinne auch *John*, Zwangsarbeit, 84.

[1238] Art 27 bis 34 leg cit.

[1239] *Schlögel*, Anton, Genfer Abkommen zum Schutz der Kriegsopfer vom 12.8.1949. In: *Schlochauer*, Hans-Jürgen / *Krüger*, Herbert / *Mosler*, Hermann / *Scheuner*, Ulrich (Hg), Wörterbuch des Völkerrechts. Begründet von Karl Strupp, Bd. 1, Aachener Kongreß – Hussar-Fall (Berlin ²1960) 644–651, hier: 647.

[1240] *Freund / Perz*, Zahlenentwicklung, 16 f.

[1241] *John*, Zwangsarbeit, 84.

[1242] *Ganglmair*, Siegwald, Fremdarbeiter und Kriegsgefangene. In: *DÖW* (Hg), Widerstand und Verfolgung in Oberösterreich 1934–1945. Eine Dokumentation (Wien 1982) 410–413, hier: 410.

[1243] *John*, Zwangsarbeit, 69.

Von der völkerrechtlichen Ebene grundsätzlich zu unterscheiden ist die innerstaatliche Stufe, auf der man sich kaum um diese Reglements kümmerte. Umso paradoxer erscheint daher der „Aufruf des Gen[eral]bevollmächtigten für den Arbeitseinsatz an alle franz[ösischen] K[riegs]g[e]f[angenen]",[1244] in dem diese aufgefordert wurden, „ihre volle Arbeitskraft dem Reich zur Verfügung zu stellen, da ihr Schicksal vom Sieg der deutschen Waffen" abhinge. Zugleich wurde den UnternehmerInnen bekanntgegeben, dass nach einer Entscheidung des OKW eine „Arbeitsverweigerung von K[riegs] g[e]f[angenen] auch bei Berufung auf Art 31 des K[riegs]g[e]f[angenen]-Abkommens von 1929 als Meuterei und Aufruhr anzusehen" war. Unter diesen Bedingungen verwundert es nicht, dass auch die Arbeitsämter in den Erlässen der übergeordneten Instanzen gleichsam einen Freibrief dafür erhielten, die Kriegsgefangenen einer umfassenden Heranziehung zur Zwangsarbeit unter völliger Missachtung der multilateralen völkerrechtlichen Verträge zu unterwerfen.

Der Mechanismus des Zugriffs der Arbeitsämter auf die Kontingente der Kriegsgefangenen war juristisch eher banal konstruiert.[1245] Von den Wirtschaftsbehörden beziehungsweise einzelnen Unternehmen wurden im Regelfall die jeweiligen Bedarfszahlen den Arbeitsämtern gemeldet, die wiederum Kontingente per Erlass von den Oberinstanzen zugesprochen bekamen. Als Schnittstelle bei den Arbeitsämtern fungierte Militärpersonal, so etwa beim Arbeitsamt St. Veit an der Glan, wo Leutnant „Wedel […] der Referent für Kriegsgefangene"[1246] war.

d. Zwangsarbeit von zivilen AusländerInnen

Die Haager Landkriegsordnung[1247] von 1907 sah zwar vor, dass „Dienstleistungen" von der Zivilbevölkerung des besetzten Gebietes verlangt werden konnten, allerdings nur zur Befriedigung der vor Ort stationierten „Besatzungsarmee" und dies ausschließlich im Heimatgebiet.[1248] Eine Verschleppung der Zivilbevölkerung der besetzten Gebiete ins Ausland, wie in diesem Fall in die „Ostmark", und deren Zwangsarbeit im Mutterland der Besatzungsmacht war damit für die Vertragsparteien in sämtlichen Branchen ebenso völkerrechtswidrig, wie etwa die Heranziehung von Kriegsgefangenen in die Rüstungsindustrie.

Der Mechanismus des Zugriffs der Arbeitsämter auf die Kontingente der zivilen ausländischen ZwangsarbeiterInnen war mit den Anforderungen durch die UnternehmerInnen und Zuteilung seitens der arbeitseinsatzbehördlichen Oberinstanzen nach kriegswirtschaftlicher Maßgabe ähnlich ausgestaltet wie bei den Kriegsgefangenen.[1249] So stellte etwa zu Beginn 1943 der GBA per Erlass dem LAA Steiermark-Kärnten 2.000 zivile

„Franzosen und 1.000 Protektoratsangehörige zur Verfügung. Von diesen Arbeitskräften trafen im Jänner tatsächlich ein: ca. 1.200 aus Frankreich und ca. 250 aus dem Protektorat [Böhmen und Mähren], darüber hinaus noch ca. 250 aus dem Generalgouvernement und ca. 300 aus dem übrigen Europa. Zusammen sind […] ca. 2.000 Ausländer"[1250]

nach dieser Rekrutierung illegal durch die Arbeitseinsatzbehörden für Zwangsarbeit „eingesetzt" worden.

[1244] BArch/M, RW 21–28/9, Kriegstagebuch des Rüstungskommandos Innsbruck (Eintrag vom 5. Juni 1942) 36.
[1245] Besonders die Nachweise zu den zivilen ZwangsarbeiterInnen (Kap II. C. 4. d. Zwangsarbeit von zivilen AusländerInnen) lassen Rückschlüsse auf die arbeitseinsatzbehördlichen Zugriffe auf Kriegsgefangene zu.
[1246] BArch/M, RW 21–24/4, Kriegstagebuch des Rüstungskommandos Graz (Eintrag vom 18. Juni 1940) 478.
[1247] öRGBl 180/1913. Zu deren Verbindlichkeit für das Deutsche Reich siehe Kap II. C. 4. c. Zwangsarbeit von Kriegsgefangenen.
[1248] Art 52 HLKO; *Neuhold / Hummer / Schreuer*, Völkerrecht, 558.
[1249] Dazu näher in Kap II. C. 4. c. Zwangsarbeit von Kriegsgefangenen.
[1250] BArch/M, RW 21–24/16, Kriegstagebuch des Rüstungskommandos Innsbruck, Schreiben des Rüstungskommandos Graz des Reichsministers für Bewaffnung und Munition an die Rüstungsinspektion XVIII („Salzburg") des Reichsministers für Bewaffnung und Munition betreffs Arbeitseinsatzbericht für Januar 1943 (6. Februar 1943) 2.

Über diese Abläufe stringent hierarchiegebundener Kontingentzuschreibungen hinaus bestehen Hinweise zumindest auf Ansätze einer weitgehend autonomen Beschaffung von zivilen ausländischen ZwangsarbeiterInnen durch „ostmärkische" Arbeitseinsatzbehörden. Zur Rekrutierung ziviler polnischer ZwangsarbeiterInnen war beim Landesarbeitsamt Steiermark-Kärnten eine „Anwerbekommission" eingerichtet, der „das Gebiet bei Krakau zugewiesen"[1251] war. Es waren vier Vorgehensweisen der verschiedenen Organe – vor allem der Arbeitseinsatzbehörden, SS, Wehrmacht und Organisation Todt – zu unterscheiden, die sich teilweise überschnitten.[1252] Zunächst versuchte man, die Arbeitskräfte tatsächlich auf freiwilliger Basis durch Versprechungen zu gewinnen. Zusätzlich erhöhte man den Druck durch die Verschlechterung der Existenzbedingungen. Sehr bald erfolgte die Einführung der Arbeitspflicht in den besetzten Gebieten. Schließlich gipfelte der Abzug von zivilen ZwangsarbeiterInnen in der Verschleppung („Auskämmaktionen"[1253]).

Weder die Zusammensetzung der steiermärkischen Kommission ist bekannt noch der konkrete Auftrag des LAA; auch Hinweise auf spätere „Erfolge" des LAA Steiermark-Kärnten oder anderer ostmärkischer Mittelinstanzen sind nicht überliefert. Fest steht aber, dass bei diesem LAA die Absicht bestand, sich ZwangsarbeiterInnen aus dem besetzten Polen (Generalgouvernement) zu holen; zu diesem Zweck befand sich die Anwerbekommission zweimal „an Ort und Stelle, [...] ist aber scheinbar ohne Erfolg wieder zurückgekehrt."[1254] Ob und in welchem Ausmaß tatsächlich zivile ZwangsarbeiterInnen rekrutiert wurden, lässt sich anhand der Quellenlage nicht feststellen. Die Absicht in diese Richtung wurde aber jedenfalls durch die Einrichtung einer speziellen organisatorischen Subeinheit beim LAA bekräftigt und hätte sicherlich zu einem größeren Schaden auf ZwangsarbeiterInnenseite geführt, wenn nicht die katastrophalen sanitären Verhältnisse den Coup vereitelt hätten. Grund für den Abbruch der Anwerbeaktivitäten war der Ausbruch von „Epidemien in den Lagern".[1255]

```
         An ausländischen Arbeitskräften sind in größeren Partien
      nur polnische Arbeitskräfte für die Landwirtschaft hereingekom-
      men und es werden solche auch noch weiter erwartet, da der Be-
      darf der Landwirtschaft ein besonders großer ist. Eine Anwerbe-
      kommission des LAA Südmark in ehemals russischen Gebieten war
      nicht vorgesehen und wird auch nicht aufgestellt. Es war nur eine

                                - 2 -

              - 2 -

      Kommission für das Gebiet um Krakau vorgesehen, die zweimal an
      Ort und Stelle war, aber scheinbar ohne Erfolg wieder zurückgekehrt
      ist. Das LAA hofft aber doch, durch RAM auch mit Zuweisungen zivi-
      ler Russen aus den anderen Kommissions-Gebieten bedacht zu werden.
```

Abbildung 8:[1256] **Eintrag im Kriegstagebuch des Rüstungskommandos Graz über die landesarbeitsamtliche „Anwerbekommission" bei Krakau (Februar 1942)**

[1251] BArch/M, RW 21–24/12, Anlage 4 zum Kriegstagebuch des Rüstungskommandos Graz, Lagebericht (Berichtszeitraum Jänner 1942), fol. 1 f. Auch *Freund*, NS-Arbeitskräftepolitik, 209, thematisiert kurz diese „Anwerbekommission", indem er sich auf diesen Bericht stützt.

[1252] *Vergin*, Arbeitseinsatzverwaltung, 220 f.

[1253] Von dieser Form der „Auskämmung" ist jene der heimischen Betriebe durch die „Auskämmkommissionen" ebenfalls unter Beteiligung der Arbeitseinsatzbehörden zu unterscheiden, näher dazu Kap II. B. 3. Das Umfeld der Arbeitseinsatzbehörden.

[1254] BArch/M, RW 21–24/12, Anlage 6 zum Kriegstagebuch des Rüstungskommandos Graz, Lagebericht (Berichtszeitraum Februar 1942), fol. 1 f. *Freund*, NS-Arbeitskräftepolitik, 209, geht jedenfalls davon aus, dass tatsächlich Rekrutierungen stattfanden, ohne sich allerdings auf den gegenständlichen Lagebericht zu berufen.

[1255] BArch/M, RW 21–24/12, Anlage 4 zum Kriegstagebuch des Rüstungskommandos Graz, Lagebericht (Berichtszeitraum Jänner 1942), fol. 1.

[1256] BArch/M, RW 21–24/12, Anlage 6 zum Kriegstagebuch des Rüstungskommandos Graz, Lagebericht (Berichtszeitraum Februar 1942), fol. 1 f.

Als „Anerkennung für besonders gute Arbeitsleistung"[1257] wurden durch die Lagerleitungen in Kriegsgefangenenlagern bisweilen Filmvorstellungen für ZwangsarbeiterInnen anberaumt. Der Anreizgedanke führte zur Idee der Errichtung von Bordellen für männliche Zwangsarbeiter, worin sich die sexuelle Dimension der Zwangsarbeit im Umfeld und unter Beteiligung der „ostmärkischen" Arbeitseinsatzbehörden manifestierte. Anstoß für die Errichtung solcher Bordelle gaben die Überlegung des „Sicherheitsdienst des Reichsführers SS" (SD) in Richtung einer gesteigerten Arbeitsmotivation für die als arbeitsunwillig eingestuften tschechischen Zwangsarbeiter.[1258] Ein Bordell für männliche, vorwiegend slawische Arbeitskräfte der Reichswerke AG „Hermann Göring" in Linz – das „Tschechenhaus"[1259] – wurde im Winter 1940/41 eingerichtet.

Dass „beispielsweise aus Linz (Reichswerke Hermann Göring) die Anregung"[1260] für solche Anreize kam, belegt die Vorreiterrolle der „ostmärkischen" Industrie in diesem Bereich. Inwieweit in dieser Frühphase auch die Arbeitseinsatzbehörden involviert waren, ist nicht bekannt. Doch belegen spätere Nachweise, dass man sich gezielt auch der „ostmärkischen" Arbeitseinsatzbehörden bediente, um aufbauend auf diese frühen Linzer Erfahrungen ein flächendeckendes Zwangsarbeiter-Bordellnetz zu etablieren. Im September 1941 erging durch den Reichsarbeitsminister ein Erlass, der die Landesarbeits- und Arbeitsämter des „Altreiches" wie auch der „Ostmark" in die Pflicht nahm, in umfassenden Informationskampagnen an die einzelnen UnternehmerInnen heranzutreten. Das Regime erachtete es mittlerweile „[g]rundsätzlich […] [als] Aufgabe der freien Wirtschaft, neben den Wohnbaracken für ihre fremdvölkischen Arbeiter auch Bordelle einzurichten."[1261] Für welche Betriebe Bordelle zu errichten und in welcher Weise sie zu besetzen beziehungsweise zu führen waren, hatte gemäß dem RAM-Erlass die Kriminalpolizei zu entscheiden, wobei die Betriebsgröße und die jeweilige Anzahl „fremdländischer" Arbeitskräfte determinierende Faktoren darstellten. Im Vorfeld dieser polizeibehördlichen Festlegung wurden auf „Reichsgau"-Ebene Besprechungen von Vertretern diverser Stellen abgehalten, in der die Vorentscheidungen gefällt wurden. In diesem Rahmen waren die Gauobmänner der DAF, die Präsidenten der Landesarbeitsämter, die Präsidenten der Industrie- und Handelskammern, die Chefs der Kriminalpolizeileitstellen und die Kommunaldezernenten der Mittelinstanz der Allgemeinen Verwaltung vertreten.

Zugleich wurden die nachgeordneten Arbeitseinsatzbehörden in dem RAM-Erlass schließlich angewiesen, „alle Betriebe, die eine größere Anzahl von fremdvölkischen Arbeitern beschäftigen, in geeigneter Weise nachdrücklich auf diese Verpflichtung hinzuweisen".[1262] Die Arbeitseinsatzbehörden waren damit bei diesen Vorgängen einerseits sowohl in der Oberinstanz (Konzeptphase) als auch in der Mittelinstanz (Betriebsauswahl) ein disponierender Faktor. Andererseits dienten sie in der Unterinstanz (Umsetzungsphase) als Schnittstelle zwischen den parteipolitischen beziehungsweise staatlichen Konzeptionen und der Umsetzung in der Privatwirtschaft.

In der letzten Kriegsphase erreichte die Schikane der ZwangsarbeiterInnen unter arbeitseinsatzbehördlicher Beteiligung drastische Auswüchse, die in einzelnen Fällen bis hin zu Mordaktionen

---

[1257] OÖLA/BhSteyr-Land, Schachtel 482, 1943, M u. RV Militär Wehrmacht, lfd. Nr. 17, Schreiben der Landesschützenkompanie an den Landrat im Kreis Steyr betreffs Filmvorführungen vor Kriegsgefangenen (21. März 1941).

[1258] Bericht zur innenpolitischen Lage Nr. 17 vom 17. November 1939. In: *Boberach*, Heinz (Hg), Meldungen aus dem Reich 1938–1945. Die geheimen Lageberichte des Sicherheitsdienstes der SS, Bd 3, Berichte zur innenpolitischen Lage Nr. 15 vom 13. November 1939 – Nr. 25 vom 6. Dezember 1939. Meldungen aus dem Reich Nr. 26 vom 8. Dezember 1939 – Nr. 65 vom 13. März 1940 (Herrsching 1984) 465–475, hier: 475.

[1259] *John*, Zwangsarbeit, 87, 90 f.

[1260] Bericht zur innenpolitischen Lage Nr. 17, 475.

[1261] OÖLA/Zwangsarbeiter, MF 421, 1941, Abteilung Ia/G, Zahl 5132, Erlass des Reichsarbeitsministers an die Präsidenten der Landesarbeitsämter betreffs Schaffung von Bordellen für fremdvölkische Arbeiter (17. September 1941) 1.

[1262] OÖLA/Zwangsarbeiter, MF 421, 1941, Abteilung Ia/G, Zahl 5132, Erlass des Reichsarbeitsministers an die Präsidenten der Landesarbeitsämter betreffs Schaffung von Bordellen für fremdvölkische Arbeiter (17. September 1941) 1.

führten.[1263] Massive Eingriffe in die körperliche und sexuelle Integrität ausländischer Zwangsarbeiterinnen erfolgten mit den Abtreibungen, die nach Maßgabe der arbeitsamtlichen Anordnung von den Arbeitsämtern verantwortet wurden. Nachdem man die Erfahrung gemacht hatte, dass die auf Kosten des jeweiligen Arbeitsamtes zur Entbindung in die Heimat gereisten ZwangsarbeiterInnen nicht mehr in das Einsatzgebiet zurückgekehrt waren,[1264] genehmigte Reichsgesundheitsführer Leonardo Conti am 11. März 1943 die Abtreibungen für „Ostarbeiterinnen", am 22. Juni für Polinnen.[1265]

Die erste Fassung der Verfahrensbestimmungen des Reichsgesundheitsführers sah noch den Wunsch der Schwangeren als maßgebend für die Vornahme der Abtreibungen vor. Der Antrag auf die jeweilige Abtreibung war den Gutachterstellen der Ärztekammer zur Genehmigung vorzulegen. In „Oberdonau" wurden diese Ämter von den beiden Ärzten Ludwig Müller und Hermann Mossböck bekleidet. Eine spätere Fassung der Verfahrensvorschriften sah neben der Möglichkeit von ÄrztInnen und ArbeitgeberInnen, Anträge auf Schwangerschaftsabbruch zu stellen, ausdrücklich vor, dass auch die zuständigen Arbeitsämter Abtreibungen vornehmen lassen konnten.[1266] Wie viele Abtreibungen auf Antrag der Arbeitsämter tatsächlich vorgenommen wurden, steht nicht fest. Der Höhepunkt in „Oberdonau" wurde 1944 erreicht, als eine in Relation zu den Vergleichsjahren davor und danach bei weitem nicht erreichte Zahl von 686 Abtreibungen in den Grundbüchern der Landesfrauenklinik und des Allgemeinen Krankenhauses verzeichnet wurde.[1267]

Schließlich bestehen Hinweise darauf, dass das Arbeitsbuch – in vereinfachter Form[1268] – im Laufe des Krieges auch für zivile ausländische ZwangsarbeiterInnen ausgestellt wurde.[1269] „Ostmark"-spezifische Ausprägungen dieser Adaption konnten in den Quellen nicht festgestellt werden.

[1263] Zur Ermordung etwa des russischen Zwangsarbeiters Tychon Akulschyn unter Beteiligung des Arbeitsamtsleiters von Murau, Hofmann, siehe *Koroschitz*, Werner / *Vonbank-Schedler*, Uli, Kein schöner Land. NS-Opfer in Murau (Murau 2012) 66 f.

[1264] *Hauch*, Gabriella, Zwangsarbeiterinnen und ihre Kinder: Zum Geschlecht der Zwangsarbeit. In: *Rathkolb*, Oliver (Hg), NS-Zwangsarbeit. Der Standort Linz der Reichswerke Hermann Göring AG Berlin, 1938 – 1945, Bd 1, Zwangsarbeit – Sklavenarbeit: Politik-, sozial- und wirtschaftshistorische Studien (Wien/Köln/Weimar 2001) 355–448, hier: 413–415. Diese Thematik konnte leider nicht um neue Forschungsergebnisse ergänzt werden.

[1265] *Herbert*, Ulrich, Fremdarbeiter. Politik und Praxis des „Ausländer-Einsatzes" in der Kriegswirtschaft des Dritten Reiches (Berlin 21986) 248 f; *Schmuhl*, Arbeitsmarktpolitik, 318.

[1266] *Hauch*, Zwangsarbeiterinnen, 423.

[1267] Ebd, 430.

[1268] *Schmuhl*, Arbeitsmarktpolitik, 244.

[1269] *Vergin*, Arbeitseinsatzverwaltung, 92.

Teil III: Zweite Republik

In dieser Phase kommen überproportional viele Entnazifizierungsthemen zum Tragen, da es hier Ergänzungen zur bereits umfangreich bestehenden Literatur zu machen gilt. Das Thema der Entnazifizierung ist schwerpunktmäßig auf drei Kapitel aufgeteilt; zunächst werden die Auswirkungen der Entnazifizierung innerhalb der Arbeitsmarktbehörden dargestellt, dann folgen die Anfänge der Entnazifizierungsmaßnahmen gemäß der ursprünglichen Fassung des WSG und schließlich die wichtigsten Änderungen nach dem NSG. Im Kapitel zur Arbeitsmarktgestaltung wird in einem Exkurs auf die Rolle der deutschen Arbeitsmarktbehörden eingegangen, da hier im Vergleich zu Österreich bedeutende Unterschiede bestanden und diese die Besonderheit der Ansätze in Österreich verdeutlichen.

A. Rahmenbedingungen

1. Politische, wirtschaftliche und soziale Rahmenbedingungen

Nach der Zerschlagung des NS-regimes stellte sich bald heraus, dass die Staats- und Landesgrenzen wieder weitgehend an die Verhältnisse der Zwischenkriegszeit angepasst werden sollten, wenn auch einzelne Fragen wie jugoslawische Gebietsansprüche zulasten Kärntens erst 1949 geklärt werden konnten.[1270] Die Besatzungsmächte hinterließen ihren topografischen „Fußabdruck" in Form der alliierten Zonen, deren Abgrenzung sich nicht immer mit den Landesgrenzen deckte, wie vor allem die Fälle Osttirols und des Mühlviertels zeigen. Diese territorialen Fragen standen in einem unmittelbaren Zusammenhang mit den Arbeitsmarktbehörden auf allen Ebenen.[1271] Im Hinblick auf den räumlichen arbeitsmarktbehördlichen Zuständigkeitsbereich war eine bedeutende Änderung die arbeitsmarktbehördliche Rückgliederung der jugoslawischen Gebiete im Jahr 1945.

In Österreich zeichnete sich – im Unterschied zu Deutschland beziehungsweise den Gebieten des ehemaligen „Altreiches" – bald die Tendenz hin zu einer Handlungsfähigkeit des Staates durch eigene Behörden ab, wie dies vonseiten Österreichs schon in der Unabhängigkeitserklärung[1272] angekündigt wurde. In den ersten Monaten nach Kriegsende war diese Entwicklung allerdings noch besonders stark durch die Besatzung und die damit einhergehende Aufteilung des Staatsgebietes gemäß dem Zonenabkommen[1273] geprägt. Neben dem in den beiden Kontrollabkommen verankerten legislativen Einfluss der Besatzer,[1274] welcher sich besonders im „Nationalsozialistengesetz"[1275] (NSG) aber auch in anderen Belangen widerspiegelte, konnten diese während der gesamten Besatzungszeit die Regierungsgeschäfte im Einzelfall direkt mitgestalten, indem der Alliierte Rat Weisungen an die Staatsregierung erteilen konnte.[1276] Dementsprechend wurde im Rahmen der Ministerrats-Verhandlungen anlässlich der Beschlussfassung des NSG festgehalten, dass der Alliierte Rat wohl „Weisungen laut Kontrollabkommen an die Regierung, nicht aber an das Parlament erteilen"[1277] durfte. Deutlich kam der Einschnitt in die Souveränität auch darin zum Ausdruck, dass das Kabinett Karl Renner (Sozialistische Partei Österreichs, SPÖ) und damit logischerweise auch das Staatsamt für soziale Verwaltung – also die oberste Instanz der Arbeitsmarktbehörden – zunächst nur in der Sowjetischen Besatzungszone (SBZ) anerkannt wurden.[1278] In dieser interalliierten Differenz begannen sich spätere Konflikte des Kalten Kriegs abzuzeichnen, welcher in der Berlinkrise 1948 in ersten, größeren militärischen Spannungen auf europäischem Boden gipfelte.[1279]

Am 19. Oktober 1945,[1280] nach den beiden Länderkonferenzen und im Vorfeld der Nationalratswahl vom 25. November 1945,[1281] wurde die Staatsregierung von den übrigen Besatzungsmächten anerkannt und damit eine zentrale Lenkung der Landesarbeitsämter und Arbeitsämter ermöglicht.

[1270] *Rauchensteiner*, Besatzung, 24 f.

[1271] Kap III. B. Organisation.

[1272] StGBl 1/1945.

[1273] *Rauchensteiner*, Besatzung, 25.

[1274] *Neuhold / Hummer / Schreuer*, Völkerrecht, 572 f; *Walter / Mayer / Kucsko-Stadlmayer*, Bundesverfassungsrecht, 42. Der Wortlaut der beiden Kontrollabkommen findet sich unter www.uibk.ac.at/zeitgeschichte/zis/library/eisterer.html (abger am 19. Februar 2014).

[1275] BGBl 25/1947. Kap III. C. 5. Das Nationalsozialistengesetz: Die Schlussphase der Arbeitsmarktbehörden als Subjekte der Entnazifizierung und die Novelle Arbeitspflicht.

[1276] Art 1 lit a 2. Kontrollabkommen.

[1277] Protokolle Figl I, Bd 4, 172.

[1278] *Vocelka*, Geschichte, 317; *Rauchensteiner*, Besatzung, 20.

[1279] *Judt*, Tony, Geschichte Europas (Frankfurt am Main 2009) 174.

[1280] *Walter / Mayer / Kucsko-Stadlmayer*, Bundesverfassungsrecht, 36; *Brauneder*, Verfassungsgeschichte, 259.

[1281] *Vocelka*, Geschichte, 319.

Mit dem Inkrafttreten des Staatsvertrags[1282] – unterzeichnet am 15. Mai 1955 von den fünf Außenministern John Foster Dulles (USA), Leopold Figl, Harold Mcmillan, Antoine Pinay und Wjatscheslaw Molotow – am 27. Juli 1955 wurde die Souveränität in allen Bereichen der Gewaltenteilung der Republik Österreich wiederhergestellt.[1283]

Legislative und Exekutive im Bereich der Arbeitsmarktverwaltung überschnitten einander einen Großteil des Jahres 1945 hindurch und waren in der Provisorischen Staatsregierung beziehungsweise dem StAsV vereint. Die Trennung dieser beiden Staatsfunktionen war aber seit dem vollständigen Wiederinkrafttreten des B-VG[1284] idFv 1929 und dem gleichzeitigen Außerkrafttreten der Vorläufigen Verfassung[1285] ab dem Tag des Zusammentritts des neugewählten Nationalrats am 19. Dezember 1945 wieder gewahrt.[1286] Von da an dienten das BMsV[1287] beziehungsweise der Nationalrat (NR) und dessen AsV – zumindest formaljuristisch – als zentrale österreichische sozialpolitische Drehscheiben. Am 14. Mai 1946 erfolgte in der Zweiten Republik schließlich das allererste Erkenntnis durch den VwGH[1288] und am 14. Juni 1946 fällte der VfGH sein erstes Urteil. Ab dieser Zeit ergänzte damit die wieder errichtete Gerichtsbarkeit des öffentlichen Rechts das staatliche Handeln, womit alle drei Ebenen der Gewaltentrennung wieder handlungsfähig waren.

Zu jenen Phänomenen, um die man beim Versuch einer Analyse der Arbeitsmarktverwaltung der Zweiten Republik nicht umhin kommt, zählt die Sozialpartnerschaft. Das macht besonders der Blick auf die Spruchkörper deutlich, die bei den Arbeitsmarktbehörden – in manchen Angelegenheiten auch in der obersten Instanz[1289] – eingerichtet wurden.[1290]

Das zwischen 1938 und 1945 in die Hände deutscher Institutionen übergegangene private Kapital stand in Österreich als „Deutsches Eigentum" gemäß den Beschlüssen der Potsdamer Konferenz den Besatzern zu; um den Abfluss dieser Vermögenswerte verhindern und zugleich den Wiederaufbau gezielt vorantreiben zu können, verwirklichte das Parlament 1946 mit der Verstaatlichung weiter Teile der Wirtschaft – insbesondere im Industrie-, Bergbau- und Bankensektor[1291] – ein weitgehend korporatistisches Wirtschaftsmodell, dessen Grundkonsens eine Basis für die nun aufblühende Sozialpartnerschaft wurde.[1292]

Um in weiterer Folge der Nachkriegsinflation entgegenzutreten, verhandelten vier zentrale Teilnehmer am sozialpartnerschaftlichen Dialog – ÖGB, Arbeiterkammer, Bundeswirtschaftskammer und Industriellenvereinigung – im Rahmen der „Wirtschaftskommission" die Lohn- und Preisabkommen (1947–1951).[1293] Zur Kontrolle der Preisentwicklung entstand 1957 die „Paritätische

---

[1282] BGBl 152/1955.

[1283] *Neuhold / Hummer / Schreuer*, Völkerrecht, 576 f.

[1284] BGBl 1/1920.

[1285] StGBl 5/1945.

[1286] *Walter / Mayer / Kucsko-Stadlmayer*, Bundesverfassungsrecht, 38. Demzufolge ist dieser Stichtag nicht ganz unumstritten, da in A 4 Abs 2 V-ÜG (StGBl 4/1945) das Außerkrafttreten der Vorläufigen Verfassung „sechs Monate nach dem Zusammentritt der ersten [...] gewählten Volksvertretung" normiert war.

[1287] Kap III. B. 1. Vom Staatsamt für soziale Verwaltung zum Bundesministerium für soziale Verwaltung.

[1288] *Olechowski*, Verwaltungsgerichtsbarkeit, 251.

[1289] Zum WSG siehe Kap III. C. 3. Das Wirtschaftssäuberungsgesetz aus dem Jahr 1945: Die Anfänge der Arbeitsmarktbehörden als Subjekte der Entnazifizierung und Kap III. C. 5. Das Nationalsozialistengesetz: Die Schlussphase der Arbeitsmarktbehörden als Subjekte der Entnazifizierung und die Novelle Arbeitspflicht, zum JugEG Kap III. C. 7. Die Rolle der Arbeitsmarktbehörden im Rahmen des Arbeitsplatzmanagements zugunsten benachteiligter Berufsgruppen: „Kriegsinvalide", junge Arbeitskräfte und Bauarbeiter.

[1290] Zum Paritätsprinzip allgemein siehe vor allem das Kap III. B. Organisation.

[1291] „Verstaatlichungsgesetz" (BGBl 168/1946). Betroffen waren etwa die drei großen österreichischen Banken Österreichisches Creditinstitut, Länderbank und Creditanstalt-Bankverein.

[1292] Grundlegend zur Sozialpartnerschaft bei *Tálos*, Sozialpartnerschaft; in Grundzügen etwa bei *Bruckmüller*, Sozialgeschichte, 436–438.

[1293] *Tálos*, Emmerich, Sozialpartnerschaft. Ein zentraler politischer Gestaltungsfaktor in der Zweiten Republik (Wien 2008) 16 f. *Tálos*, Emmerich, Sozialpartnerschaft. Kooperation – Konzertierung – politische Regulierung. In: *Dachs*, Herbert / *Gerlich*, Peter / *Gottweis*, Herbert (Hg), Handbuch des politischen Systems Österreichs. Zweite Republik (Wien 31997) 432–451, hier: 433, sieht in den Lohn- und Preisabsprachen „merkbare Ansätze" für sozialpartnerschaftliche Interessenabstimmung.

Kommission", welcher vier Regierungsmitglieder sowie vier Delegierte der Interessenvertretungen angehörten.

Die Sozialpartnerschaft erlebte ihre „große Zeit' [...] zwischen etwa 1961 und 1975 [...] [und] erwies sich [...] für die jeweiligen Regierungen und für das Parlament als entlastend, da zentrale Konfliktfelder schon im Vorfeld des Parlamentes wenn schon nicht bereinigt, so doch entschärft werden konnten."[1294] Dass der Betrachtungszeitraum dieser Studie schon vorher endet, steht nicht im Widerspruch dazu, dass ganz ähnliche Mechanismen auch im organisatorischen Kernbereich der Arbeitsmarktverwaltung zu verorten waren. Dies verwundert insbesondere deshalb nicht, weil Kerngebiete sozialpartnerschaftlicher Entscheidungsprozesse wie das Arbeits- und Sozialrecht[1295] oftmals im unmittelbaren sachlichen Nahbereich arbeitsmarktbehördlicher Zuständigkeiten lagen.[1296]

Nach dem Ende des Zweiten Weltkriegs und der NS-Herrschaft herrschte im besetzten Österreich generell ein Mangel an Arbeitskräften. Der größte Teil der jüdischen Arbeitskräfte war ermordet und vertrieben worden und mehr als die Hälfte der Soldaten, die in der „Ostmark" für die Wehrmacht rekrutiert worden waren, befanden sich in Kriegsgefangenschaft, waren vermisst oder gefallen.[1297]

Die erste statistische Aufnahme des Arbeitsmarktes erfolgte im Jänner 1946. Zu dieser Zeit standen rund 1,5 Millionen Beschäftigten bundesweit 84.069 bei den Arbeitsämtern arbeitslos Gemeldete und 121.825 offene Stellen gegenüber.[1298] Der Arbeitskräftemangel hielt auch ein Jahr später bei zirka 1,8 Millionen Beschäftigten, 49.000 offenen Stellen und 68.000 Arbeitslosen noch deutlich an.[1299] Die Arbeitslosenrate stieg von 1,7 Prozent im Jahr 1947 auf die Höchstmarke von 8,7 Prozent (1953) und begann sich von da an „als Folge des Konjunkturaufschwunges"[1300] kontinuierlich abzusenken; ab 1961 wurde regelmäßig die 3-Prozent-Marke unterschritten.[1301] Von den Fünfzigerjahren an – im Gefolge des European Recovery Program[1302] (ERP, 1948–1952) – konnte „endlich das Spiel von Angebot und Nachfrage auf dem Arbeitsmarkt ungehindert vor sich gehen".[1303] Vollbeschäftigung und eine nachhaltige Erholung auf dem Arbeitsmarkt setzte damit erst zu Beginn der Sechzigerjahre ein.[1304]

[1294] *Bruckmüller*, Sozialgeschichte, 437.

[1295] Ebd.

[1296] In diesem Sinne auch *Vocelka*, Geschichte, 323, der unter anderem die niedrige Arbeitslosenrate von 2,9 Prozent Mitte der 1960er Jahre überwiegend auf die Konsensmechanismen der Sozialpartnerschaft zurückführte.

[1297] *Schmidt*, Arbeitsmarktverwaltung, 135. Zum Umgang mit anderen ZwangsarbeiterInnengruppen als Jüdinnen und Juden siehe gleich unten in diesem Kap.

[1298] Bundespressedienst (Hg), Österreichisches Jahrbuch 1945–1946. Nach amtlichen Quellen. Achtzehnte Folge (Wien 1947) 291. *Schmidt*, Arbeitsmarktverwaltung, 135, spricht von 130.000 offenen Stellen und 80.300 Arbeitslosen zur selben Zeit. Ein guter – tabellarischer – Überblick über die gesamten statistischen Daten des Arbeitsmarktes in diesem Abschnitt des Betrachtungszeitraums findet sich in Wirtschafts- und sozialstatistisches Handbuch 1945–1969, 175–298.

[1299] Bundespressedienst, Jahrbuch 1945–1946, 291. Nach *Schmidt*, Arbeitsmarktverwaltung, 135, war die Tendenz des Arbeitskräftedefizits stark steigend. Er verzeichnet für Juli 1947 gegenüber 119.800 offenen Stellen nur mehr 25.200 Arbeitslose.

[1300] O.A., Jahresbericht des Landesarbeitsamtes Niederösterreich für das Jahr 1954 (o.J.) 1.

[1301] Wirtschafts- und sozialstatistisches Handbuch 1945–1969, 276.

[1302] *Judt*, Geschichte, 112–123.

[1303] *Schmidt*, Arbeitsmarktverwaltung, 141.

[1304] Ebd; *Reiter-Zatloukal*, Ilse, Normative Rahmenbedingungen italienischer Migration nach Wien. Von der frühen Neuzeit bis zum österreichischen EU-Beitritt. In: *Ehmer*, Josef / *Ille*, Karl (Hg), Italienische Anteile am multikulturellen Wien (Querschnitte 27, Innsbruck/Wien/Berlin 2009) 36–69, hier: 60.

Jahres-durchschnitt Monatsende	Wien									Österreich								
	Arbeiter			Angestellte			Insgesamt			Arbeiter			Angestellte			Insgesamt		
	M	F	Z	M	F	Z	M	F	Z	M	F	Z	M	F	Z	M	F	Z
1937																		18·6
1946										3·8						5·0		4·1
1947										1·4			2·6					1·7
1948	2·9	2·6	2·8	3·0	1·4	2·4	2·9	2·1	2·6	2·2	2·2	2·2	2·6	2·0	2·4	2·3	2·2	2·3
1949	3·9	6·6	6·2	3·3	3·0	3·2	3·8	5·4	5·1	5·3	4·9	5·2	2·9	3·6	3·1	4·7	4·6	4·6
1950	7·6	10·8	8·9	3·0	4·4	3·5	5·7	8·5	6·5	6·9	7·7	7·2	2·6	4·5	3·2	5·7	6·8	6·0
1951	6·6	11·2	8·7	2·8	4·8	3·5	5·2	8·9	6·6	6·0	7·8	6·6	2·1	4·5	2·9	4·9	6·5	5·5
1952	8·9	15·2	11·5	2·8	5·4	3·7	6·4	11·6	8·5	8·8	10·8	9·5	2·3	4·8	2·9	6·5	9·0	7·5
1953	9·9	16·4	12·7	3·1	6·0	4·2	7·0	12·6	9·3	10·8	11·7	11·1	2·3	5·2	3·3	8·2	9·7	8·7
1954	7·7	14·9	10·8	2·6	3·5	2·9	5·5	11·5	8·0	8·9	11·4	9·7	1·9	5·0	3·0	6·7	9·4	7·7
1955	4·8	11·1	7·6	2·0	4·5	2·9	3·6	8·6	5·7	5·7	9·3	7·0	1·4	4·9	2·3	4·4	7·6	5·5
1956	4·3	9·2	6·6	1·7	3·8	2·5	3·2	7·1	4·9	5·8	8·7	6·8	1·2	3·5	2·0	4·4	7·0	5·3
1957	4·1	8·2	5·9	1·4	3·2	2·1	2·9	6·2	4·3	5·4	8·2	6·4	1·0	3·1	1·8	4·0	6·5	4·9
1958	3·9	5·7	6·1	1·3	3·1	2·0	2·7	6·4	4·3	5·8	9·4	7·1	1·0	3·1	1·8	4·2	7·2	5·3
1959	3·3	7·2	5·0	1·3	2·9	1·9	2·3	5·4	3·7	5·2	8·6	6·4	0·9	3·0	1·7	3·7	6·6	4·8
1960	2·0	4·8	3·3	0·9	2·4	1·5	1·8	3·8	2·5	3·8	6·0	4·9	0·6	2·4	1·2	2·7	5·4	3·7
1961	1·6	3·3	2·4	0·7	1·7	1·1	1·3	2·6	1·8	3·0	5·4	3·9	0·5	1·9	1·0	2·1	4·1	2·9
1962¹)	1·4	2·9	2·0	0·5	1·3	0·9	1·0	2·3	1·5	2·9	5·1	3·7	0·4	1·8	1·0	2·0	3·9	2·7
1963	1·5	3·3	2·3	0·5	1·6	1·0	1·0	2·6	1·7	3·3	5·5	4·0	0·4	2·0	1·0	2·2	4·1	2·9
1964	1·4	3·4	2·3	0·5	1·7	1·0	1·0	2·6	1·7	2·8	5·4	3·7	0·4	1·9	1·1	1·9	4·1	2·7
1965	1·5	3·4	2·5	0·4	1·8	1·0	1·0	2·6	1·8	2·7	5·5	3·7	0·3	2·1	1·0	1·8	4·1	2·7
1966	1·7	4·0	2·7	0·4	1·8	1·0	1·1	2·9	1·9	2·4	5·4	3·5	0·3	2·0	1·0	1·6	4·0	2·5
1967	1·5	3·9	2·6	0·4	1·7	1·0	1·0	2·8	1·8	2·6	5·8	3·7	0·3	2·2	1·1	1·7	4·3	2·7
1968	1·7	3·6	2·5	0·5	1·8	1·0	1·1	2·7	1·8	3·2	5·8	4·1	0·4	2·4	1·2	2·1	4·3	2·9
1969	1·3	3·3	2·3	0·4	1·8	1·0	0·9	2·5	1·6	3·1	5·3	3·9	0·4	2·2	1·1	2·0	4·0	2·8
Jänner	2·5	3·8	3·1	0·5	1·9	1·1	1·5	2·8	2·1	9·2	7·8	8·7	0·5	2·7	1·4	5·9	5·5	5·7
Februar	2·4	3·6	2·9	5·5	1·8	1·1	1·4	2·7	2·0	8·9	7·4	8·4	0·5	2·6	1·3	5·6	5·3	5·5
März	1·8	3·8	2·5	0·4	1·8	1·0	1·1	2·5	1·7	5·5	6·4	5·8	0·4	2·5	1·3	3·5	4·7	3·9
April	1·5	3·3	2·3	0·4	1·9	1·1	0·9	2·6	1·6	2·0	5·5	3·3	0·4	2·5	1·3	1·4	4·2	2·4
Mai	1·4	3·3	2·2	0·4	1·8	1·0	0·9	2·6	1·6	1·5	5·3	2·9	0·3	2·3	1·1	0·9	3·5	1·9
Juni	1·3	3·4	2·3	0·4	1·8	1·0	0·9	2·6	1·6	1·1	3·8	2·0	0·3	2·3	1·1	0·8	3·1	1·7
Juli	1·4	3·2	2·1	0·4	1·7	0·9	0·9	2·4	1·5	0·9	3·5	1·8	0·3	2·3	1·1	0·7	2·9	1·5
August	0·9	2·9	1·8	0·3	1·8	1·0	0·6	2·3	1·3	0·7	3·2	1·6	0·3	2·1	1·0	0·5	2·7	1·4
September	1·0	3·0	1·9	0·3	1·9	1·0	0·7	2·4	1·4	0·8	3·6	1·8	0·3	2·3	1·1	0·6	3·0	1·5
Oktober	1·2	3·0	1·9	0·4	1·9	1·0	0·7	2·5	1·5	1·0	4·9	2·4	0·3	2·5	1·2	0·7	3·9	1·9
November	1·1	3·1	2·0	0·4	1·9	1·0	0·7	2·5	1·5	1·4	6·5	3·2	0·3	2·6	1·2	1·0	4·7	2·4
Dezember	1·6	3·3	2·4	0·4	1·9	1·0	0·9	2·5	1·6	4·8	6·8	5·5	0·3	2·5	1·3	3·0	4·8	3·7

Quelle: Statistik des Bundesministeriums für soziale Verwaltung und eigene Berechnung. — M = Männer, F = Frauen, Z = Zusammen. — ¹) Ab 1962 ohne Bezieher eines Pensionsvorschusses.

Tabelle 4:[1305] **Arbeitslosenrate in Österreich (1946–1969)**

Besonders in der Zeit zwischen 1945 und 1948/49 bestand ein hoher Angestelltenanteil, dem auf der anderen Seite ein ArbeiterInnenmangel gegenüber stand. Während 1948[1306] der Angestelltenanteil 25,8 Prozent der Arbeitskräfte betrug, war die Arbeitslosenrate der Angestellten mit 2,4 um nur 0,2 Prozentpunkte höher als im ArbeiterInnensektor (2,2 Prozent).[1307] Der Arbeitskräfteüberhang im Angestelltensektor rührte vom „Abbau der übersteigerten Angestelltenbestände aus der Kriegswirtschaft"[1308] her. Das ArbeiterInnendefizit fiel in den verschiedenen Branchen unterschiedlich aus. Besonders betroffen war die Industrie.[1309] Der Landwirtschaftssektor war anfangs weniger stark angeschlagen, da am Land zunächst noch Binnenflüchtlinge aus den größeren Städten als ErntehelferInnen zur Verfügung standen. Ein branchenübergreifendes Problem war der FacharbeiterInnenmangel. „Im Sommer 1947 fehlten 6.100 Metallarbeiter, 9.700 Bauarbeiter, und 5.200 Textil- und Bekleidungsarbeiter."[1310] Auch der Landwirtschaftssektor und das Bergbauwesen waren vom FacharbeiterInnenmangel erfasst.[1311] In der Landwirtschaft waren im März 1948 mit rund 316.000 MitarbeiterInnen, gefolgt von der metallverarbeitenden Industrie mit 241.000 und dem Baugewerbe mit 187.000 MitarbeiterInnen die meisten Beschäftigten untergebracht.[1312] Erschwerend kam hinzu, dass die britische Besatzungsmacht zwischen 1948 und 1950 – zunächst nur in ihrer Besatzungszone und dann in ganz Österreich[1313] – mehrere tausend[1314] weibliche österreichische Arbeitskräfte abwarb, um den Bedarf vor allem an Pflegepersonal und Textilarbeiterinnen in Großbritannien zu decken (Werbeaktion „Blue-Danube"[1315]).

[1305] Wirtschafts- und sozialstatistisches Handbuch 1945–1969, hg. v. d. Kammer für Arbeiter und Angestellte Wien (Wien 1970) 276.

[1306] Wirtschafts- und sozialstatistisches Handbuch 1945–1969, 202. Für dieses Jahr liegen hier erstmals statistische Angaben zum Angestelltenanteil vor.

[1307] Ebd, 276.

[1308] Bundespressedienst, Jahrbuch 1945–1946, 290 und 292.

[1309] Schmidt, Arbeitsmarktverwaltung, 135.

[1310] Ebd.

[1311] Bundespressedienst, Jahrbuch 1945–1946, 290.

[1312] Bundespressedienst (Hg), Österreichisches Jahrbuch 1948. Nach amtlichen Quellen. Zwanzigste Folge (Wien 1949) 68.

[1313] Lewis, Jill, The Early Years. In: Trestler, Marion, Destination UK. Woman Immigrants from Post-War Austria. Immigrantinnen aus dem Nachkriegsösterreich (Wien 2013) 9–18, hier: 13.

[1314] Ebd, 15. Die genaue Zahl steht nicht fest.

[1315] ÖStA/AdR, BMsV/SP, Kart 214, GZ 147.438/48, Schreiben des BMsV an das LAA Kärnten betreffs Weibliche Arbeitskräfte für die englische Textilindustrie (23. September 1948).

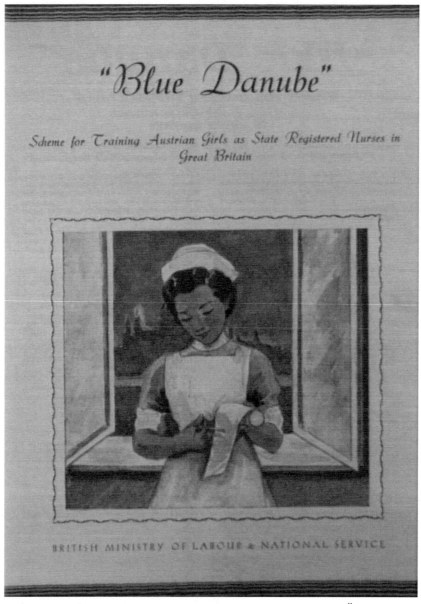

Abbildung 9:[1316] **Werbeaktion „Blue-Danube" für die Ausbildung von Österreicherinnen zu Krankenschwestern in Großbritannien (1948)**

[1316] ÖStA/AdR, BMsV/SP, Kart 214, GZ 147.438/48, Schreiben des BMsV an das LAA Kärnten betreffs Weibliche Arbeitskräfte für die englische Textilindustrie (23. September 1948), darin: „Blue Danube", Scheme for Training Austrian Girls as State Registered Nurses in Great Britain.

Abbildung 10:[1317] **Österreichische Textilarbeiterinnen in Bolton, Großbritannien (1948)**

Eine der vordergründigen Maßnahmen war, den ausländischen ZwangsarbeiterInnen die Rückkehr in ihre Heimatstaaten zu ermöglichen. Nach dem Krieg hielten sich insgesamt „1,6 Millionen Flüchtlinge, Heimatvertriebene, Umsiedler [und] ‚displaced persons' (verschleppte Personen)"[1318] in Österreich auf. Für den Arbeitsmarkt der wiedererstandenen Republik Österreich war die Repatriierung von hunderttausenden Displaced Persons (DP)[1319] – so notwendig und grundsätzlich indiskutabel sie auch war – eine zusätzliche Belastung.[1320] Die „Volksdeutschen", also die aus Ost- und Mitteleuropa vertriebenen deutschsprachigen Minderheiten, wurden im Jahr 1952 – im Unterschied zu anderen Heimatlosen – arbeitsrechtlich[1321] den ÖsterreicherInnen gleichgestellt und bedurften fortan keiner arbeitsamtlichen Bewilligung gemäß der „Verordnung über ausländische Arbeitnehmer".[1322] Die nächste große Gruppe ausländischer Arbeitskräfte, die – diesmal mehr oder weniger freiwillig – ihren Weg nach Österreich fand, war jene der GastarbeiterInnen. Deren planmäßige Anwerbung und der Aufschwung ihrer Immigration infolge gezielter Immigrationspolitik begann – ebenfalls als Folge des mit dem Marshallplan begünstigten Wirtschaftsaufschwungs – zwar

---

[1317] ÖStA/AdR, BMsV/SP, Kart 214, GZ 147.438/48, Amtsvermerk des BMsV betreffs Ausdehnung der Aktion „Oesterreichische Textilarbeiterinnen für England" auf 2.000 Arbeitskräfte und Erhöhung der Altersgrenze für die Bewerbung zur Ausbildung als Krankenpflegerin in England (7. Dezember 1948) samt Fotos.

[1318] *Vocelka*, Geschichte, 317 f.

[1319] *Bruckmüller*, Sozialgeschichte, 594.

[1320] Bundespressedienst, Jahrbuch 1945–1946, 290.

[1321] Als „Volksdeutsche" galten „Personen deutscher Sprachzugehörigkeit, die staatenlos [...] [waren] oder deren Staatsangehörigkeit ungeklärt" war („Bundesgesetz vom 18. Juli 1952, betreffend Maßnahmen hinsichtlich der arbeitsrechtlichen Gleichstellung der Volksdeutschen mit inländischen Dienstnehmern", BGBl 166/1952); grundsätzlich zur rechtlichen Gleichstellung siehe *Perchinig*, Bernhard, Von der Fremdarbeit zur Integration? Migrations- und Integrationspolitik in Österreich seit 1945. In: *Bakondy*, Vida / *Ferfoglia*, Simonetta / *Janković*, Jasmina / *Kogoj*, Cornelia / *Ongan*, Gamze / *Pichler*, Heinrich / *Sircar*, Ruby / *Winter*, Renée (Hg), Viel Glück! Migration heute. Wien, Belgrad, Zagreb, Istanbul. Good Luck! (Wien 2010) 142–160, www.demokratiezentrum.org/fileadmin/media/pdf/Perchinig.pdf (abger am 12. Dezember 2014) online 2.

[1322] RGBl I 1933 S 26. Diese VO wurde durch das R-ÜG in den Rechtsbestand der Republik Österreich übernommen (*Reiter-Zatloukal*, italienische Migration, 60).

schon in den Fünfzigerjahren.[1323] Ihre Zahl überschritt aber erst 1962/63 die 10.000-Marke[1324] und sie spielte während des Betrachtungszeitraums (bis 1957), verglichen mit späteren Jahren, noch eine eher untergeordnete Rolle.[1325]

Mit dem unmittelbar aus dem Krieg resultierenden und direkt dem NS-Regime zuzurechnenden Abgang von Arbeitskräften in weiten Bereichen des Arbeitsmarktes war es allerdings nicht abgetan. Auch die Besatzungsmächte forderten ihren Anteil an Arbeitskräften, die damit den Arbeitsmarktbehörden zusätzlich entzogen wurden. In diesem Bereich spielte auch die zwangsweise Beschäftigung von ehemaligen NationalsozialistInnen eine Rolle. Im Juni 1946 etwa belief sich die Zahl der von den Besatzungsmächten beanspruchten Arbeitskräfte in Wien auf mehr als 20.000.[1326]

Der Umgang mit NS-regimetreuen Arbeitskräften war gerade in den ersten paar Nachkriegsjahren ein immanentes Problem im Handlungsumfeld der österreichischen Arbeitsmarktbehörden und stand im ständigen Spannungsfeld mit dem grundsätzlichen Arbeitskräftebedarf. Wie groß das Ausmaß dieser gesellschafts- und wirtschaftspolitischen Problematik war, lässt die Quote von 9,1 Prozent registrierter NationalsozialistInnen gemessen an der Gesamtbevölkerung vermuten, die bis April 1946 per Fragebögen erfasst wurden.[1327] Die Gruppe ehemals nationalsozialistischer ArbeitnehmerInnen bildete aber nicht die einzige Problemzone am Arbeitsmarkt. Immer wieder thematisiert wurde auch das Problem der Jugend- beziehungsweise „Invaliden"-Arbeitslosigkeit als unmittelbare Kriegsfolge.

Die ebenfalls kriegsbedingte umfassende Güterknappheit schlug sich besonders im Lebensmittelsektor zu Buche und bewirkte eine allgemeine Not weiter Bevölkerungsteile. Zur Rationierung der Nahrungsmittel wurden Lebensmittelkarten mit präziser Produktzuteilung eingeführt; „die [festgelegte] Kalorienmenge pro Tag erreichte erst Ende 1946 1.550 [Kilo]kalorien und 1948 2.100 [Kilo]kalorien für Normalverbraucher".[1328] Die Lebensmittelkarten wurden insofern zu einem harten Druckmittel, als deren Entzug als Strafform im Bereich der Arbeitspflicht normiert, sowie ihr Erwerb an die Vorlage einer Beschäftigungskarte geknüpft wurde, was einen starken Eingriff in fundamentale Bedürfnisse bedeutete. Die Lebensmittelkarten wurden erst 1953 nach dem Auslaufen des European Recovery Program und dem Greifen der verbesserten Nahrungsmittelsituation wieder abgeschafft.[1329]

2. Rechtliche Rahmenbedingungen

Angesichts des betonten Bruchs mit dem NS-Regime und der ausdrücklichen Anknüpfung an die Verhältnisse der Ersten Republik in Bezug auf das Organisationsgefüge sowie hinsichtlich der arbeitsmarktbehördlichen Grundsätze[1330] ist es verwunderlich, dass zugleich mit dem „Rechts-

---

[1323] *Schmiderer*, Stefanie, Integration: Schlagwort – Zauberwort – hohles Wort. Eine historische und begriffliche Auseinandersetzung im Kontext der österreichischen Immigrationsgeschichte (1970–2005) (geisteswiss Dipl, Wien 2008) 18.

[1324] Wirtschafts- und sozialstatistisches Handbuch 1945–1969, 229. In diesem Sinne schreibt *Perchinig*, Integrationspolitik, online 3, dass die Zuwanderung aus dem Ausland „erst relativ spät, nämlich zu Beginn der 1960er, zu einem zentralen wirtschaftspolitischen Thema" wurde.

[1325] *Hintermann*, Christiane, „Beneficial", „problematic" and „different: Representations of Immigration and Immigrants in Austrian Textbooks. In: *Hintermann*, Christiane / *Johansson*, Christina (Hg), Migration and Memory. Representations of Migration in Europe since 1960 (European history and public spheres 3, Innsbruck/Wien 2010) 61–78, hier: 75, fand heraus, dass ungeachtet des starken Anwachsens ausländischer Arbeitskräfte ab den 1960er Jahren deren relativ große Bedeutung in der österreichischen Volkswirtschaft erst sehr spät – ab den 1990er Jahren – in die österreichischen Schulbücher Eingang fand.

[1326] ÖStA/AdR, BMsV/SP, Kart 32, 30.787/1946, Protokoll über die konstituierende Sitzung des Verwaltungsausschusses beim Landesarbeitsamt Wien am 5. Juni 1946, 3.

[1327] *Stiefel*, Entnazifizierung, 34; in diesem Sinne auch *Judt*, Geschichte, 72.

[1328] *Vocelka*, Geschichte, 318.

[1329] Ebd.

[1330] Zu den Grundsätzen siehe weiter unten in diesem Kap.

Überleitungsgesetz"[1331] (R-ÜG) zunächst eine weitgehende Kontinuität der NS-Verhältnisse hergestellt wurde. Das R-ÜG kündigte in § 1 programmatisch an, dass

> „[a]alle nach dem 13. März 1938 erlassenen Gesetze und Verordnungen sowie alle einzelnen Bestimmungen in solchen Rechtsvorschriften, die mit dem Bestand eines freien und unabhängigen Österreich oder mit den Grundsätzen einer echten Demokratie unvereinbar sind, die dem Rechtsempfinden des österreichischen Volkes widersprechen oder typisches Gedankengut des Nationalsozialismus enthalten",

aufgehoben wurden. Die Provisorische Staatsregierung wurde berufen, mittels Verordnung festzustellen, welche dieser Rechtsvorschriften als aufgehoben zu gelten hatten.[1332] Da aber diese Verordnung nie erlassen wurde, stellt sich die Frage, ob die Ungültigkeit einer den genannten Vorgaben widersprechenden Bestimmung auch schlichtweg angenommen werden kann; diese Frage wird vom VfGH durchwegs bejaht, vom VwGH beziehungsweise vom OGH hingegen verneint und ist in der Literatur nicht geklärt.[1333]

Die ersten Aktivitäten der neu formierten demokratischen Legislative, die sich auf die Arbeitsmarktverwaltung erstreckten, standen also im Zeichen weitreichender Kontinuität. Aufgrund des R-ÜG wurden zentrale Regelwerke aus der NS-Zeit zunächst beibehalten.[1334] Im Einzelnen waren dies[1335] das AVAVG,[1336] das „Gesetz über Arbeitsvermittlung, Berufsberatung und Lehrstellenvermittlung",[1337] die Arbeitsplatzwechselverordnung,[1338] die Dienstpflichtverordnung 1939,[1339] das Arbeitsbuchgesetz[1340] und die Verordnung über ausländische Arbeitnehmer.[1341] Dass die in diversen überkommenen Regelungen enthaltenen Strafvorschriften nicht mehr vollzogen wurden, ändert grundsätzlich nichts daran, dass die betreffenden Normen formal in Geltung blieben.[1342] Von einer „Abschaffung" des nationalsozialistischen Rechtsbestands, wie sie im Potsdamer Abkommen festgeschrieben wurde,[1343] war man also vorerst weit entfernt.[1344]

Die Beibehaltung von Reglements wie eine der Arbeitsplatzwechsel- und der Dienstpflichtverordnung lösten insofern „einige Überraschung"[1345] aus, als sie in der NS-Zeit zum Kernstück der Rechtsgrundlagen für die Zwangsbeschäftigung zählten. Diese scheinbar grundsätzlich antidemokratische Haltung lässt sich aber bei genauerem Hinschauen darauf zurückführen, dass das massive Arbeitskräftedefizit einer gezielten Lenkung bedurfte.[1346] Der vorgefundene Rechtsbestand schien dafür eine praktische Handhabe zu bieten. 1947[1347] trat die Arbeitsplatzwechselverordnung und 1948[1348] das Arbeitspflichtgesetz, ein Nachfolgeinstrument der Dienstpflichtverordnung, außer Kraft. Das Arbeitspflichtgesetz wurde zuletzt bis 31. Dezember 1948 verlängert, um „im Interesse

---

[1331] StGBl 6/1945. Dazu grundsätzlich *Kittl*, Egon, Zur Problematik des R-ÜG. In: JBl (1956) 330 f.

[1332] § 2 leg cit.

[1333] *Walter / Mayer / Kucsko-Stadlmayer*, Bundesverfassungsrecht, 40, mit etlichen Nachweisen zur Judikatur.

[1334] *Schmidt*, Arbeitsmarktverwaltung, 137. Er spricht fälschlicherweise vom „Behörden-Überleitungsgesetz" (StGBl 94/1945).

[1335] AMS NÖ/LGSt, o.A., 6 Jahre Arbeitsämter in Niederösterreich. Tätigkeitsbericht des LAA NÖ für die Jahre 1945 bis 1950 (1952) 39.

[1336] RGBl I 1927 S 187.

[1337] RGBl I 1935 S 1281.

[1338] RGBl I 1939 S 1685.

[1339] RGBl I 1939 S 206.

[1340] RGBl I 1935 S 311.

[1341] RGBl I 1933 S 26.

[1342] O.A., 6 Jahre Arbeitsämter in Niederösterreich, 55.

[1343] Kap III. B. 4. Eliten/Personal: Die Arbeitsmarktbehörden als Objekte der Entnazifizierung gemäß VerbG.

[1344] Zu den Verzögerungen bei der Neuregelung der arbeitsmarktbehördlichen Rechtsgrundlagen Ende der 1960er-Jahre siehe Kap III. C. 8. Der Versuch einer gesetzlichen Neuauflage der Arbeitsmarktverwaltung.

[1345] *Schmidt*, Arbeitsmarktverwaltung, 137.

[1346] Ebd.

[1347] BGBl 134/1947.

[1348] BGBl 10/1948.

des Wiederaufbaus insbesondere den Einsatz der Nationalsozialisten durchführen zu können".[1349] Das Arbeitsbuchgesetz wurde 1955 aufgehoben.[1350]

Zwei fundamentale Rechtsgrundlagen im Bereich der arbeitsmarktbehördlichen Zuständigkeit – das AVAVG[1351] sowie das „Gesetz über Arbeitsvermittlung, Berufsberatung und Lehrstellenvermittlung"[1352] – wurden erst mit dem Arbeitsmarktförderungsgesetz[1353] aufgehoben. Damit blieben insbesondere die arbeitsamtliche Monopolstellung[1354] nach dem nationalsozialistischen AVBLG sowie die gesetzliche Rechtsgrundlage für die arbeitsmarktbehördlichen Agenden der Arbeitsvermittlung und Berufsberatung aus dem Deutschen Reich (AVAVG) ein Viertel Jahrhundert nach dem Ende des NS-Regimes maßgebliche Bestandteile der Rechtsordnung in der Republik Österreich.

Während die wichtigsten übergeleiteten Rechtsgrundlagen in den einzelnen Kapiteln weiter unten eingehend behandelt werden, verdient an dieser Stelle das Arbeitsbuch eine besondere Erwähnung. Die einstweilige Beibehaltung des Arbeitsbuchs und die anschließende Einführung ähnlicher Dokumente als Kontrollinstrumente in der Frühzeit der Zweiten Republik dienten mehreren Zwecken. Vorrangig ging es gewiss um eine zweckmäßige Verteilung der (Fach)Arbeitskräfte. Der strategische Schritt, die Ausgabe der Lebensmittelkarten an die Vorlage des Arbeitsbuchs beziehungsweise der Beschäftigungskarte zu knüpfen,[1355] hob das Dokument über die Ebene des „Ausweischarakters" hinaus und machte es praktisch zu einem Zahlungsmittel. Im Anwendungsbereich der Entnazifizierung wiederum diente die Arbeitsbuchkartei der gezielten Ortung ehemals nationalsozialistischer SympathisantInnen zu deren arbeitsplatzbezogener Entmachtung.[1356] Letztendlich blieb aber vor allem die ursprüngliche Intention beibehalten, den Arbeitsmarktbehörden ein schlagkräftiges Instrumentarium zu gewähren, um behördlichen Zwang in verschiedene Richtungen hin auszuüben, welche auch, wie im Falle der Entnazifizierung, über das reine Arbeitsplatzmanagement hinausreichen konnten.

Dass die Originale der NS-Arbeitsbücher teilweise noch weit bis ins Jahr 1946 hinein Verwendung fanden, zeigen entsprechende Einträge in diversen Exemplaren.[1357] Bei einzelnen AÄ wurde vonseiten des BMsV gar das Fehlen der Arbeitsbuchkartei moniert.[1358] Diese Lücken waren teilweise auf die Vernichtung dieser Karteien im Zuge des Kriegsendes zurückzuführen, wie in den Fällen der AÄ Schärding, Wels und Rohrbach (OÖ).[1359] Für Oberösterreich und Salzburg ist die

---

[1349] Bundespressedienst (Hg), Österreichisches Jahrbuch 1947. Nach amtlichen Quellen. Neunzehnte Folge (Wien 1948).

[1350] „Bundesgesetz vom 31. März 1955, womit die Vorschriften über das Arbeitsbuch aufgehoben werden" (BGBl 71/1955).

[1351] RGBl I 1927 S 187. Auf die Rechtsüberleitung nimmt ausdrücklich § 1 Arbeitslosenfürsorgegesetz (BGBl 97/1946) Bezug. Auch das AlVG (BGBl 184/1949) ließ hob dieses Gesetz nicht auf, und bestimmte, dass jene Materien, die nicht im AlVG geregelt waren – und damit auch die Bereiche Arbeitsvermittlung und Berufsberatung – weiterhin dem Reichsrecht unterlagen (§ 74 Abs 1 Z 1 leg cit).

[1352] RGBl 1935 S 1281.

[1353] BGBl 31/1969. Zu diesem Gesetz näher im Kap III. C. 8. Der Versuch einer gesetzlichen Neuauflage der Arbeitsmarktverwaltung. Die Bedeutung des AVAVG und des AVBLG als die beiden zentralen reichsrechtlichen Rechtsgrundlagen auch noch im Jahr 1957 geht etwa aus den Diskussionen anlässlich der Frage nach einer Aufnahme der Arbeitsmarktbehörden in das EGVG hervor: ÖStA/AdR, BMsV/Präs, Kart 1, GrZ 11.897/60, darin: GZ 40.892/57, Ressortinternes Schreiben des BMsV betreffs Erweiterung des Anwendungsbereiches der Verwaltungsverfahrensgesetze (30. März 1957) 1 f. Zu diesen Debatten siehe näher im Kap III. B. 2. Unterinstanzen.

[1354] Dazu näher im Kap III. B. 3. Das Umfeld der Arbeitseinsatzbehörden.

[1355] Kap III. A. 1. Politische, wirtschaftliche und soziale Rahmenbedingungen.

[1356] Kap III. C. 3. Das Wirtschaftssäuberungsgesetz aus dem Jahr 1945: Die Anfänge der Arbeitsmarktbehörden als Subjekte der Entnazifizierung.

[1357] Etwa Privatarchiv Mathias Krempl, „Eintragungen der Unternehmer" des „Arbeitsbuches" einer weiblichen Arbeitskraft (zuletzt 30. September 1946).

[1358] ÖStA/AdR, BMsV/SP, Kart 32, GZ 3.707/46, Prüfung einiger Dienststellen des LAA Wien (29. Jänner 1946), darin: Bericht über die am 18., 19. und 20. Dezember 1945 durchgeführte Prüfung des AA für die Metall- und chemische Industrie in Wien, 6, sowie Bericht über die im Zeit vom 14. bis 18. Jänner 1946 durchgeführte Prüfung des AA für Angestellte in Wien, 4.

[1359] ÖStA/AdR, BMsV/SP, Kart 113, GZ 13.481/47, Aktenvermerk über das am 22. Jänner 1947 geführte Interview mit Dozent Dr. Viktor Guttmann (25. Jänner 1947).

Einziehung der Arbeitsbücher auf Verlangen der Besatzungsmacht zeitgleich mit dem Inkrafttreten des Arbeitspflichtgesetzes und der damit verbundenen Einführung von Beschäftigungsausweisen[1360] nachgewiesen.[1361] In Oberösterreich war diese Maßnahme Ende März 1946 kurz vor dem Abschluss im Sprengel des AA Ried bereits vollzogen;[1362] bis zu diesem Zeitpunkt wurden in OÖ insgesamt zirka 31.000 Arbeitsbücher eingezogen und gegen neue Dokumente umgetauscht, womit das NS-Arbeitsbuch im Grunde unter anderem Vorzeichen fortbestand.

In einem Schreiben der Kammer für Arbeiter und Angestellte in Wien anlässlich geplanter Schritte in Richtung einer Verwaltungsvereinfachung, die auch Einschnitte in das Evidenzsystem der Arbeitsmarktbehörden umfassen sollte, trat die Kammer vehement für die Beibehaltung der Beschäftigtenkartei[1363] ein. Die Nachricht von der geplanten Abschaffung der Kartei gab der Arbeiterkammer „zur größten Besorgnis für die künftige Arbeitsmarktlenkung Veranlassung, da die genannte [Beschäftigten]kartei die einzige Unterlage für die Aufteilung der Beschäftigten nach Berufsgruppen bildet[e], ohne deren Kenntnis eine planmäßige Arbeitsmarktpolitik überhaupt nicht möglich ist."[1364] Diese Stellungnahme war gewiss sachlich begründet; sie ist aber zugleich deshalb bemerkenswert, weil diese just von der gesetzlichen ArbeitnehmerInnenvertretung stammte, wo doch die Gewerkschaften einige Jahrzehnte zuvor noch die Abschaffung des Arbeitsbuchs erreicht hatten.[1365]

Aus dem beschwichtigenden Antwortschreiben des BMsV, in dem ein wohlbedachtes Vorgehen betont wurde, geht hervor, dass das 1950 bestehende Evidenzsystem sein unmittelbares Vorbild im NS-Arbeitsbuchreglement hatte. Im Zusammenhang mit den Überlegungen zur Verwaltungsvereinfachung wurde im BMsV unter anderem „auch die Frage aufgeworfen, ob die Notwendigkeit besteht und ob es zweckmäßig erscheint, die Beschäftigtenkarteien bei den Arbeitsämtern, die in Verbindung mit der Einführung des Arbeitsbuches in Österreich geschaffen wurden, in der bisherigen Form weiterzuführen."[1366] Wie wenig ernst es mit der Abschaffung der Beschäftigtenkartei zu dieser Zeit tatsächlich gemeint war, zeigte schließlich die späte Außerkraftsetzung des Arbeitsbuchgesetzes aus der NS-Zeit im Jahr 1955. Was letztendlich geblieben sein dürfte, war ein Evidenzsystem, das sich weitgehend an jenes der Ersten Republik anlehnte.[1367]

Ähnlich wie das Arbeitsbuchreglement wurde auch die Wertschaffende Arbeitslosenfürsorge[1368] durch die Überleitung des AVAVG Bestandteil der österreichischen Rechtsordnung; sie dürfte aber in den vier Jahren ihrer Geltung nach dem Zweiten Weltkrieg – ähnlich schon wie in der Zeit der NS-Herrschaft in der „Ostmark" – wenn überhaupt eine eher untergeordnete Rolle gespielt haben. Die Wertschaffende Arbeitslosenfürsorge wurde im Jahr 1949 mit der Wiedereinführung der ähnlich konzipierten Produktiven Arbeitslosenfürsorge gem §§ 37 ff „Arbeitslosenversicherungsgesetz"[1369] abgeschafft. Damit knüpfte man an jenen Rechtsbestand an, welcher bereits in der Ersten Republik einen bedeutenden Stellenwert eingenommen hatte. Die PAF spielte im Licht der Bestände des

---

[1360] Kap III. C. 1. Arbeitspflicht.
[1361] ÖStA/AdR, BMsV/SP, Kart 32, GZ 14.869/46, Einschau bei den LAÄ in Linz und in Salzburg in der Zeit vom 20. bis 28. März (25. April 1946).
[1362] ÖStA/AdR, BMsV/SP, Kart 32, GZ 15.955/46, Monatsbericht des LAA OÖ an den Arbeitsoffizier der amerikanischen Militärregierung, Linz an der Donau (30. März 1946).
[1363] Zur Arbeitsbuchkartei siehe Kap II. C. 1. Arbeitsbuch.
[1364] ÖStA/AdR, BMsV/SP, Kart 274, GZ 56.557/50, Beschäftigtenkartei. Schreiben der Kammer für Arbeiter und Angestellte in Wien, darin: Schreiben der Kammer für Arbeiter und Angestellte in Wien an das BMsV betreffs Karteiführung bei den Landesarbeitsämtern (20. März 1950).
[1365] Kap I. B. 1. Das Arbeitsbuch und andere Hilfsmittel.
[1366] ÖStA/AdR, BMsV/SP, Kart 274, GZ 56.557/50, Beschäftigtenkartei. Schreiben der Kammer für Arbeiter und Angestellte in Wien, darin: Schreiben des BMsV an die Kammer für Arbeiter und Angestellte in Wien (14. April 1950).
[1367] Kap I. C. 1. Das Arbeitsbuch und andere Hilfsmittel.
[1368] Kap II. B. 2. Rechtliche Rahmenbedingungen.
[1369] BGBl 184/1949. Zur Bedeutung der PAF in der Ersten Republik siehe Kap I. C. 3. Produktive Arbeitslosenfürsorge.

Österreichischen Staatsarchivs schließlich ab 1950[1370] wieder eine Rolle, deren endgültige Einschätzung im Kanon arbeitsmarktbehördlicher Zuständigkeiten in der Zweiten Republik jedoch eingehenderen Folgestudien vorbehalten werden soll.

Als Zwischenbilanz kann an dieser Stelle festgehalten werden, dass mit der Rechtsüberleitung ein innerstaatliches Regulativ vorlag, das die Prägung des Nachkriegsarbeitsmarktes durch die Mittel der NS-Diktatur zunächst hinnahm; dies wird besonders in den einzelnen Kapiteln zur Arbeitsmarktgestaltung deutlich. Auf völkerrechtlicher Ebene hat die ILO mit dem Übereinkommen Nr. 96/1949 (Entgeltliche Arbeitsvermittlung) eine international bedeutsame Rechtsgrundlage geschaffen. Österreich trat diesem Übereinkommen allerdings nie bei.[1371] Insofern war dieses Abkommen nicht für die rechtlichen arbeitsmarktbehördlichen Rahmenbedingungen in Österreich erheblich.

Die Wiederindienststellung der Arbeitsmarktbehörden für die Zwecke eines demokratischen Staatswesens machte eine Neudefinition der Grundsätze ihrer Tätigkeit in den Bereichen der Arbeitsvermittlung und Berufsberatung erforderlich. Das Hauptproblem bei der Feststellung dieser grundlegenden Ordnungsprinzipien war die Tatsache, dass bis zum Ende des Betrachtungszeitraumes das Rechtsgebiet der Arbeitsmarktverwaltung – trotz einiger Gehversuche in diese Richtung[1372] – nie in einem Gesetzeswerk kodifiziert wurde und deshalb auch für die frühe Zweite Republik – abgesehen von den geltenden reichsrechtlichen Vorschriften wie jenen des AVBLG über die Unentgeltlichkeit und Unparteilichkeit[1373] – eine befriedigende gesetzliche Festlegung fehlte.

Die Vorarbeiten zum Gesetzesentwurf des Arbeitsvermittlungsgesetzes (AVermiG) sind deshalb interessant, weil sie die im Behördengebrauch faktisch geübten Grundsätze dokumentieren. Dass die „Grundsätze der Arbeitsvermittlung, wie sie in den §§ 10 bis 13 [AVermiG] festgelegt sind, [...] im wesentlichen [sic!] der Regelung, wie sie praktisch schon vor 1938 bestanden",[1374] entsprachen, stimmt nur zum Teil; denn die Einschnitte des austrofaschistischen Regimes bleiben demnach unberücksichtigt. Schlüssig dokumentiert wird hingegen die Ausrichtung der Arbeitsvermittlung entlang unparteilicher,[1375] unentgeltlicher[1376] und die persönlichen Verhältnisse der jeweiligen Arbeitskraft berücksichtigender[1377] Maßstäbe. Im Wesentlichen wurden damit eine Revision der diktatorischen Verhältnisse der NS- und Ständestaat-Regimes sowie die Rückkehr zu den Prinzipien der Ersten Republik gewahrt. Zum Paritätsprinzip siehe im Übrigen an anderer Stelle.[1378]

[1370] Anwendungsfälle für Niederösterreich und Kärnten (1950) sowie Oberösterreich (1957): ÖStA/AdR, BMsV/SP, Kart 300, GrZ 189.425/50, Schreiben des LAA NÖ an das Gemeindeamt Senftenberg, NÖ, betreffs Produktive Arbeitslosenfürsorge; Pflasterung der Schulgasse in Senftenberg (12. Dezember 1950); ÖStA/AdR, BMsV/SP, Kart 300, GrZ 189.434/50, Schreiben des LAA Kärnten, Klagenfurt, an die Stadtwerke Klagenfurt (4. Dezember 1950) [Tiefbau]; ÖStA/AdR, BMsV/SP, Kart 720, GrZ 10.049/57, GZ 112.592/57, Prüfdienst; Überprüfung der PAF-Vorhaben im Bereiche des Arbeitsamtes Schärding samt Bericht über die bisherigen Ergebnisse der Überprüfung der PAF-Vorhaben im Bereiche des Arbeitsamtes Schärding (8. Juli 1957) [diverse Bauarbeiten wie jene an der Schärdinger Brauerei und an Gasthäusern].

[1371] www.ilo.org/dyn/normlex/en/f?p=NORMLEXPUB:11310:0::NO:11310:P11310_INSTRUMENT_ID:312241:NO (abger am 16. Dezember 2014). In diesem Sinne auch ILO, Convention (Revised) 1949, 7. Näher zur Begründung für den Nichtbeitritt Österreichs im Zusammenhang mit der gewerblichen Stellenvermittlung und dem AVBLG siehe Kap III. B. 3. Das Umfeld der Arbeitsmarktbehörden.

[1372] Kap III. C. 8. Der Versuch einer gesetzlichen Neuauflage der Arbeitsmarktverwaltung.

[1373] *Hammerl*, Arbeitsvermittlung, 53.

[1374] „Bundesgesetz vom ... [sic!] über die Regelung der Arbeitsvermittlung und Berufsberatung (Arbeitsvermittlungsgesetz [...])" (746 BlgNR, V. GP, EB, 7).

[1375] Ebd. Die EB verorten diesen Grundsatz in dem unglücklich formulierten § 12 AVermiG-Entwurf der in Abs 1 festlegt: „Die Arbeitsvermittlung in einem von Streik oder Aussperrung betroffenen Betrieb ist unzulässig."

[1376] § 10 AVermiG-Entwurf.

[1377] § 11 leg cit.

[1378] Kap III. B. 2. Unterinstanzen.

Die beiden Amnestien von 1948[1379] („Minderbelastetenamnestie") und 1957[1380] („Nationalsozialistenamnestie") beendeten die Sühnefolgen für ehemalige NationalsozialistInnen, wodurch auch die Maßnahmen im Bereich der Arbeitsmarktverwaltung wegfielen. Die Entnazifizierungsmaßnahmen gemäß dem WSG waren zum Zeitpunkt der Minderbelastetenamnestie praktisch zwar schon weitgehend abgeschlossen;[1381] dass mit den arbeitsmarktbehördlichen Maßnahmen aber oftmals eine längere Nachlaufzeit verbunden war, zeigt sich in den Urteilen des VfGH, die zum Teil über die Mitte der Fünfzigerjahren hinaus datieren.[1382] Aus Perspektive der Rechtssicherheit war es sicherlich begrüßenswert, dass im Gegensatz etwa zur WSG-Novelle[1383] eine ex-nunc-Wirkung der beiden Amnestiegesetze festgelegt wurde.[1384]

Am deutlichsten waren die Folgen der Amnestien gewiss im Anwendungsbereich des WSG. Zwar war schon nach dem WSG 1947, also der Fassung nach dem NSG, die AA-Ausschuss-Zustimmung zur Neu- und Wiedereinstellung nur mehr bei „Belasteten" nötig.[1385] Die übrigen Vorschriften des WSG blieben aber bis zur Amnestierung der „Minderbelasteten" auch auf diese anwendbar. Demgegenüber wurden die „Minderbelasteten" durch das NSG schon generell von der verstärkten Heranziehung zur Arbeitspflicht befreit.[1386] Die APlWVO, deren nachteilige Bestimmungen besonders auf ehemalige NationalsozialistInnen Anwendung fanden, fiel schon vor der Minderbelastetenamnestie weg, wodurch sich hier eine Entlastung per Gesetz erübrigte. Die Nationalsozialistenamnestie beendete die nachteiligen Folgen für die „Belasteten" nach dem WSG; die Arbeitspflicht wurde schon Ende 1948 allgemein außer Kraft gesetzt.

[1379] BGBl 99/1948.

[1380] BGBl 82/1957. Zu den Rechtsfolgen der Nationalsozialistenamnestie aus dem Jahr 1957 im Strafrecht im Überblick siehe *Janowski*, Norbert, Einige Gedanken zur Amnestie 1957 und zu den strafrechtlichen Bestimmungen der NS-Amnestie 1957. In: JBl (1957) 253–255.

[1381] Kap III. C. 5. Das Nationalsozialistengesetz: Die Schlussphase der Arbeitsmarktbehörden als Subjekte der Entnazifizierung und die Novelle Arbeitspflicht.

[1382] Die letzten Urteile des VfGH im Betrachtungszeitraum (VfSlg 2.809, 2.883 und 3.010, die Bescheidbeschwerden wurden jeweils wegen Fristenablaufs abgewiesen [prüfen]) stammen aus den Jahren 1955 und 1956.

[1383] Kap III. C. 5. Das Nationalsozialistengesetz: Die Schlussphase der Arbeitsmarktbehörden als Subjekte der Entnazifizierung und die Novelle Arbeitspflicht.

[1384] § 3 Minderbelastetenamnestie und §§ 42 f Nationalsozialistenamnestie.

[1385] Kap III. C. 5. Das Nationalsozialistengesetz: Die Schlussphase der Arbeitsmarktbehörden als Subjekte der Entnazifizierung und die Novelle Arbeitspflicht.

[1386] Ebd.

B. Organisation

1. Vom Staatsamt für soziale Verwaltung zum Bundesministerium für soziale Verwaltung

Wie auch bei den übrigen Ressorts der Regierung Renner bestanden auf Bundesebene nach dem Zweiten Weltkrieg in Österreich keine administrativen Strukturen, die unmittelbar in ein Ministerium – in diesem Fall in ein Sozialministerium – hätten übernommen werden können. Ein solches musste praktisch neu geschaffen werden, womit man nicht lange zögerte. Das StAsV wurde durch die „Kundmachung über die Einsetzung einer Provisorischen Staatsregierung"[1387] vom 27. April 1945 errichtet und war damit die Vorgängerinstitution des späteren BMsV.

Die Umstände der Besatzung brachten es für die Behörden der Arbeitsmarktverwaltung mit sich, dass zunächst eine einheitliche Lenkung durch das StAsV im Wesentlichen auf die SBZ beschränkt war. Dies wird am Beispiel des Wirtschaftssäuberungsgesetzes[1388] deutlich, einem der ersten, neuen zentralen Gesetze im Bereich der Arbeitsmarktverwaltung der jungen Zweiten Republik. Das Gesetz wurde am 22. September 1945 kundgemacht und in der Folge in der SBZ wirksam;[1389] für das gesamte Staatsgebiet trat es aber erst – nach seiner Genehmigung durch den Alliierten Rat am 5. Februar 1946[1390] – am 6. Februar 1946 in Kraft.[1391] Aus diesem Grund mangelte es in dieser frühen und „heißen" Phase in wichtigen Belangen wie jenen der Entnazifizierung des Arbeitsmarktes einer bundesweit einheitlichen und koordinierenden Stelle.

Aufgrund der anfänglich nur von der Sowjetischen Besatzungsmacht zugestandenen Anerkennung der Provisorischen Staatsregierung und des damit verbundenen räumlichen Einflussmangels ist es auch nicht verwunderlich, dass dem StAsV zunächst völlig die Übersicht über die Tätigkeit der Arbeitsmarktbehörden jenseits der sowjetischen Demarkationslinie fehlte. Überraschend ist allerdings, dass dieser Zustand des mangelnden Überblicks noch weit in das Jahr 1946 hinein fortdauerte.

Der US-amerikanische „Arbeitsoffizier" regte Anfang Herbst 1946 an, das LAA Salzburg einer Überprüfung zu unterziehen.[1392] Dem BMsV kam dieser Wunsch deshalb gelegen, weil dieses zu jener Zeit „über die Tätigkeit der Landesarbeitsämter und Arbeitsämter außerhalb der Demarkationslinie nicht orientiert"[1393] war. Ein ähnlicher Nachweis aus etwa derselben Zeit ist aus der Britischen Besatzungszone überliefert. Hier nahm das BMsV einen an die Britische Militärregierung adressierten und irrtümlicherweise erhaltenen Bericht über Buchungsvorgänge zum Anlass, es „wolle auch berichtet werden, welche sonstigen Aufgaben vom Landesarbeitsamt [Kärnten] im Auftrag der Besatzungsmacht versehen"[1394] wurden. In der an den Amtskalender angelehnten Broschüre „Österreichische Behörden", die aus Oktober 1945 datiert, wurden unter dem Abschnitt „[Dem StAsV] nachgeordnete Dienststellen – Dienststellen für Arbeitsvermittlung" nur die LAÄ Wien, Niederösterreich und „Graz" angeführt.[1395]

[1387] StGBl 2/1945.
[1388] StGBl 160/1945.
[1389] *Stiefel*, Entnazifizierung, 194.
[1390] Ebd.
[1391] *Heller*, Ludwig (Hg), Das Nationalsozialistengesetz. Das Verbotsgesetz 1947. Die damit zusammenhängenden Spezialgesetze (Wien 1947) 334.
[1392] Der Name des „Arbeitsoffiziers" geht aus den Quellen nicht hervor.
[1393] ÖStA/AdR, BMsV/SP, Kart 33, GZ 59.532/46, Überprüfung des Landesarbeitsamtes und Arbeitsamtes Salzburg (10. Oktober 1946). Zu dieser Zeit amtierte bereits Karl Maisel als Bundesminister für soziale Verwaltung.
[1394] ÖStA/AdR, BMsV/SP, Kart 88, SA 15 F, GZ 45.838/46, LAA Kärnten: Buchhaltungskonto: „Übergebene Wehrmachtsangehörige und versetzte Personen", darin: GZ 38.076/46, LAA Kärnten: Buchhaltungskonto: „Übergebene Wehrmachtsangehörige und versetzte Personen" (31. Juli 1946).
[1395] Österreichische Behörden 1945, 50.

Am 27. Dezember 1945 übersandte das BMsV die erste Ausgabe der „Amtlichen Nachrichten des Staatsamtes für soziale Verwaltung" und jener „bisher ergangenen grundsätzlichen Weisungen, die nicht für eine Verlautbarung in den Amtlichen Nachrichten vorgesehen"[1396] waren, an die Landesarbeitsämter außerhalb der Sowjet-Zone. Dies erfolgte ausdrücklich „[i]m Zusammenhang mit der Erstreckung des Verwaltungsbereiches der provisorischen Staatsregierung auf das gesamte Staatsgebiet". Die damit übermittelten Erlässe sind „in Ergänzung der vielfach nur mündlich gegebenen Weisungen an die Landesarbeitsämter in Wien und Niederösterreich ergangen" und trugen den von der dortigen Lage „teilweise abweichen[den]" und ihr gegenüber „häufiger langsameren Entwicklung" in den übrigen Bundesländern Rechnung. Es ist also davon auszugehen, dass spätestens seit dem Bestehen der neu angelobten Bundesregierung systematische Bestrebungen in Richtung einer tatsächlichen gesamtstaatlichen Lenkungsgewalt des nunmehrigen BMsV einsetzten.

Karl Maisel (SPÖ) wurde am 20. Dezember 1945 als Ressortchef des Bundesministeriums für soziale Verwaltung angelobt, wodurch nicht nur die Ablöse Johann Böhms (ebenfalls SPÖ) als „Staatssekretär" erfolgte, sondern auch jene des StAsV selbst eingeleitet wurden. Innerhalb des Ressorts war nunmehr die Sektion III (Sozialpolitik) – vormals Sektion II[1397] im StAsV – für die zentralen Agenden der untergeordneten Arbeitsmarktbehörden zuständig.[1398] Innerhalb der Sektion III bestanden die Abteilungen 7 bis 11, wobei die Abteilung 7 (Abteilungsleiter Dr. Franz Keller) für die Agenden der Arbeitsvermittlung, Berufsberatung und Lehrstellenvermittlung und die Abteilung 8 (Abteilungsleiter Dr. Franz Neviani) für die Arbeitslosenversicherung zuständig waren. Diese Struktur des Ministeriums selbst blieb jedenfalls bis zum Ende des Betrachtungszeitraums weitgehend beibehalten.[1399]

Das Paritätsprinzip, dessen Wiedereinführung bei den Arbeitsmarktbehörden den demokratischen Charakter gegenüber der NS-Zeit betonte, fand keinen nachhaltigen Eingang in die oberste Instanz. Es gab Versuche, von den Sozialpartnern beschickte Spruchstellen mit einem allgemeinen Zuständigkeitsbereich zu errichten.[1400] Letztendlich blieb es aber lediglich bei ressortunmittelbaren Spruch- und Beratungskörpern wie jenen nach dem WSG sowie gem Jugendeinstellungsgesetz, die mit speziellen Agenden betraut waren. Dies überrascht insofern nicht, als diese stark demokratisch geprägte Struktur eigentlich nicht dem monokratischen Wesen der Bundesministerien nach dem B-VG entspricht.

2. Unterinstanzen

Im Unterschied zur Bundesebene bestanden auf Länder- und lokaler Ebene bereits Unterinstanzen, deren Amtsstrukturen zwar kriegsbedingt[1401] und politisch (Entnazifizierung der LAÄ und AÄ) stark angeschlagen waren, aber immerhin eine Ausgangsbasis für die neu zu gestaltenden Arbeitsmarktbehörden boten. Diese Einsichten fanden Eingang ins Behörden-Überleitungsgesetz,[1402]

[1396] ÖStA/AdR, BMsV/SP, Kart 3, GZ 51.572/45, Erlass des BMsV an die LAÄ OÖ, Sbg, Stmk, Ktn, Tir, und Vbg betreffs Übersendung der „Amtlichen Nachrichten des Staatsamtes für soziale Verwaltung" [Nr. 1/2, 15. September 1945] und von bisher ergangenen grundsätzlichen Weisungen [Juni bis Oktober 1945] an die Landesarbeitsämter außerhalb der sowjetisch-russischen Besatzungszone (27. Dezember 1945).

[1397] Österreichische Behörden 1945 (Wien 1945) 47.

[1398] Österreichische Behörden 1946 (Wien 1946) 48 f.

[1399] Österreichische Behörden 1947 (Wien 1947) – Amtskalender 1957 (Wien 1957).

[1400] Kap III. C. 8. Der Versuch einer gesetzlichen Neuauflage der Arbeitsmarktverwaltung.

[1401] ÖStA/AdR, BMsV/SP, Kart 33 [wohl 32!!!], 30.787/1946, Protokoll über die Sitzung des Verwaltungsausschusses beim Landesarbeitsamt Wien am 5. Juni 1946, 1 f. Das Protokoll berichtet von zerstörten Amtsgebäuden und Bediensteten, die Bargeld der Amtskassa in Rucksäcken aufbewahren mussten und ist nur einer von vielen vergleichbaren Nachweisen für die zerstörte Infrastruktur.

[1402] StGBl 94/1945.

das am 29. Juli 1945 in Kraft trat. Darin wurde festgelegt, dass die vormaligen Gauarbeitsämter als Landesarbeitsämter fortbestanden.[1403] Damit wich man offensichtlich von dem Grundsatz ab, dass die „für das Gebiet der Republik Österreich oder deren Teilbereiche bestehenden Behörden [...] aufgelöst"[1404] wurden. Wie in der Ersten Republik auch, waren die Behörden der beiden unteren Instanzen solche der unmittelbaren Bundesverwaltung;[1405] „dies ergibt sich [indirekt] aus § 55 [...] Behörden-Überleitungsgesetz".[1406] Die Standorte und Sprengel der Landesarbeitsämter wurden nach der Verteilung der ehemaligen Gauarbeitsämter bestimmt, wobei zur Ausführung eine VO-Kompetenz des StAsV bestand.[1407]

Großteils stimmten die aus der NS-Zeit übernommenen LAA-Sprengel mit den Bundesländergrenzen überein, teilweise mussten aber die örtlichen Zuständigkeiten der einzelnen LAÄ und AÄ an die neu gezeichnete politische Landkarte angepasst werden. Die beiden Landesarbeitsämter Burgenland und Vorarlberg mussten entsprechend den Forderungen der VertreterInnen dieser beiden Länder in der Zweiten Länderkonferenz[1408] überhaupt neu geschaffen werden. In beiden Ländern hatte schon vor der Okkupation Österreichs durch das Deutsche Reich ein eigenes LAA bestanden, das nun wiedererrichtet wurde. Am 31. Oktober 1945 erarbeitete das StAsV die entsprechende „Verordnung [...] betreffend die Errichtung eines Landesarbeitsamtes für Vorarlberg und eines [...] für das Burgenland".[1409] Gem der VO wurden von den LAA-Sprengeln Tirol-Vorarlberg beziehungsweise Niederösterreich und Steiermark die den beiden wiedererrichteten Bundesländern entsprechenden Teile abgetrennt, um diese Gebiete für die beiden neuen LAÄ zu gewinnen. Über die Zustimmung der Besatzungsmächte zu diesen Verschiebungen sind keine Nachweise überliefert. Die Verlautbarung der Verordnung erfolgte am 1. Februar 1946;[1410] mit der Errichtung des LAA Burgenland in Eisenstadt und dessen Leitung wurde Karl Jelinek (SPÖ)[1411] betraut.

Die Aufteilung Oberösterreichs in zwei Besatzungszonen hatte keine größeren Auswirkungen auf die Homogenität des LAA-Sprengels in OÖ. Die Sowjetische Besatzungsmacht, der auch das Mühlviertel unterstand, verzichtete noch 1945 auf eine arbeitsmarktmäßige Verwaltung der nördlich der Donau gelegenen Teile Oberösterreichs, die damit dem LAA OÖ zuzurechnen waren und insofern unter US-amerikanischem Einfluss standen.[1412] Dieser Zustand wurde auch nach den ersten Nationalratswahlen aufrechterhalten[1413] und dürfte über die gesamte Besatzungszeit fortgedauert haben.

Nicht in allen Belangen wurde die Rücknahme der NS-Strukturen konsequent verfolgt. Anfang Jänner 1946 forderte die Distriktleitung Wiener Neustadt des Österreichischen Gewerkschaftsbundes die Errichtung eines eigenen Landesarbeitsamtes in Wiener Neustadt, um damit den Zustand vor der Okkupation wiederherzustellen. Dies mit dem Argument, dass der „Arbeitseinsatz

---

[1403] § 55 leg cit.

[1404] § 1 Abs 1.

[1405] *Hammerl*, Josef, Die Arbeitslosenversicherung. In: Soziale Sicherheit 7 (1951) 230–233, hier: 230; ÖStA/AdR, BMsV/SP, Kart 180, GZ 63.566/48, Erlass des BMsV an das LAA Stmk betreffs Gerichtsbezirk Aussee; Rückgliederung an das Land Steiermark (5. Juli 1948); ÖStA/AdR, BMsV/SP, Kart 180, GZ 7.889/48, Erlass des BMsV an die LAÄ Ktn und Tir betreffs Rückgliederung Osttirols an das Bundesland Tirol; Überleitung des Arbeitsamtes Lienz in den Verband des Landesarbeitsamtes Tirol (8. Dezember 1947).

[1406] ÖStA/AdR, BMsV/SP, Kart 399, GZ 103.063/52, Ressortinternes Schreiben an das BMsV-Präsidium betreffs Anfrage des Landesgerichtes Feldkirch betr[effend] den Charakter der Landesarbeitsämter als Behörden (31. Juli 1952).

[1407] § 55 iVm § 80 leg cit.

[1408] ÖStA/AdR, BMsV/SP, Kart 3, GZ 51.150/45, VO betreffend die Errichtung eines LAA Vorarlberg und eines für das Burgenland (31. Oktober 1945).

[1409] Ebd.

[1410] BGBl 29/1946.

[1411] ÖStA/AdR, BMsV/SP, Kart 32, GZ 4.136/46, Karl Jelinek, geb. [geboren] 25. 11. 1887; Betrauung mit der Einrichtung und Leitung des LAA Burgenland in Eisenstadt (19. April 1946).

[1412] ÖStA/AdR, BMsV/SP, Kart 32, GZ 607/ 46, Errichtung von paritätischen Ausschüssen bei den LAÄ und AÄ, darin: Schreiben der Zivilverwaltung Mühlviertel an das StAsV betreffs Errichtung von paritätischen Ausschüssen bei den LAÄ und AÄ (22. Dezember 1945).

[1413] ÖStA/AdR, BMsV/SP, Kart 32, GZ 36.553/46, Errichtung von paritätischen Ausschüssen bei den LAÄ und AÄ (8. Juli 1946).

des Wiener-Neustädter, Neunkirchner Industrie- und Notstandsgebietes [...] durch die seitens des Landesarbeitsamtes [...] [Niederösterreich] erfolgenden, anderweitigen Anforderungen von Arbeitskräften wie Zistersdorf, Moosbierbaum [...] beeinträchtigt"[1414] würde. Gerade dieses Argument nahm das BMsV zum Anlass, an den Vorgaben des § 55 Behörden-Überleitungsgesetz ausnahmslos festzuhalten. Demnach sprachen die „kritischen Anforderungen von Arbeitskräften für Zistersdorf und Moosbierbaum [...] im Gegenteil [...] für den Bestand [nur] eines Landesarbeitsamtes in Niederösterreich".[1415] Außerdem führte man den „allgemeinen Aufbau der Verwaltung" ins Treffen, welchem die nun bestehenden Arbeitsmarktbehörden entsprachen. Vor allem fürchtete man einen Dominoeffekt; denn zumindest innerhalb von Niederösterreich hätte das Zugeständnis die Errichtung eines weiteren LAA in Gmünd bedeutet.[1416]

Letztendlich kam es zu keiner Mehrzahl von LAÄ in NÖ, womit man die nivellierenden Umgestaltungen des NS-Regimes gezielt beibehielt. Im Übrigen wurde die Verteilungsstruktur der LAÄ in Anlehnung an die Bundesländer etwa ein Jahr nach dem Kriegsende hergestellt. Während im Amtskalender[1417] aus 1945 noch lediglich die LAÄ Wien, NÖ und Graz [sic!] 1945 als dem StAsV nachgeordnete Dienststellen angeführt waren, hatte die Ausgabe aus 1946[1418] – nach der Anerkennung der Bundesregierung durch die übrigen Besatzungsmächte und der NR-Wahl – bereits alle neun LAÄ im Verzeichnis.

Grafik 11: Die österreichischen Landesarbeitsämter (ab 1946)

- LAA Burgenland (Sitz in Eisenstadt)
- LAA Kärnten (Klagenfurt)
- LAA Niederösterreich (Wien)
- LAA Oberösterreich (Linz)
- LAA Salzburg (Salzburg)
- LAA Steiermark (Graz)
- LAA Tirol (Innsbruck)
- LAA Vorarlberg (Bregenz)
- LAA Wien (Wien)

Während in den oberen Instanzen die Abgrenzung der örtlichen Zuständigkeiten schon im ersten Nachkriegsjahr, so die Quellen, eine wichtige Rolle spielten, hatten auf der Ebene der Arbeitsämter zu diesem frühen Zeitpunkt personalpolitische Fragen Vorrang. Der zentrale organisationsrechtliche Erlass[1419] anlässlich der Eingliederung der westlichen Besatzungszonen in den BMsV-Wirkungsbereich gab für die Konsolidierung der Unterinstanzen insbesondere Anweisungen zur Handhabe des

---

[1414] ÖStA/AdR, BMsV/SP, Kart 28, SA 6, GZ 1.813/46, Antrag des Österreichischen Gewerkschaftsbundes, Distriktsleitung Wr. Neustadt, auf Errichtung eines Landesarbeitsamtes in Wr. Neustadt, darin: Schreiben des Österreichischen Gewerkschaftsbundes, Distriktsleitung Wr. Neustadt, an den BMsV (4. Jänner 1946).

[1415] ÖStA/AdR, BMsV/SP, Kart 28, SA 6, GZ 1.813/46, Amtsvermerk des BMsV betreffs Antrag des Österreichischen Gewerkschaftsbundes, Distriktsleitung Wr. Neustadt, auf Errichtung eines Landesarbeitsamtes in Wr. Neustadt (25. April 1946).

[1416] Ebd.

[1417] Österreichische Behörden 1945, 50 (Stand vom Oktober 1945).

[1418] Österreichische Behörden 1946, 53.

[1419] ÖStA/AdR, BMsV/SP, Kart 3, GZ 51.572/45, Übersendung der „Amtlichen Nachrichten des Staatsamtes für soziale Verwaltung" [Nr. 1/2, 15. September 1945] und von bisher ergangenen grundsätzlichen Weisungen [Juni bis Oktober 1945] an die Landesarbeitsämter außerhalb der sowjetisch-russischen Besatzungszone (27. Dezember 1945), darin: Erlass des StAsV an die LAÄ Wien und Niederösterreich betreffs Aufbau der AÄ (1945).

Verbotsgesetzes. Er machte aber noch keine Vorgaben bezüglich der Eingrenzung des AÄ-Netzes. Erste Hinweise darauf sind erst aus dem Jahr 1948 datiert. Jene „Richtlinien, welche beim organisatorischen Neuaufbau der […] Arbeitsämter Anwendung fanden, […] [sahen] die Errichtung von Arbeitsämtern an den Sitzen der Bezirkshauptmannschaften vor."[1420] Ein Erlass des BMsV zur Anpassung des AÄ-Netzes an die Sprengel der Bezirksverwaltungsbehörden ist nicht bekannt, doch entsprechen – abgesehen von den eben zitierten Nachweisen – auch die Angaben der Amtskalender diesem Bild.[1421]

Karte 2:[1422] **AA-Bezirke des LAA Niederösterreich (1949)**

[1420] ÖStA/AdR, BMsV/SP, Kart 169, GZ 105.720/48, Amtsvermerk des BMsV betreffs Umwandlung der Arbeitsamts-Nebenstelle Eferding des Arbeitsamtes Grieskirchen in ein selbständiges Arbeitsamt (24. August 1948); in diesem Sinne für den LAA-Bezirk Oberösterreich auch ÖStA/AdR, BMsV/SP, Kart 274, GZ 39.938/50, Schreiben LAA NÖ an das BMsV betreffs Organisation der Arbeitsämter in NÖ, darin: Dienstblatt des LAA NÖ (1. Jänner 1950) 2.

[1421] Amtskalender 1949–1957. Die Ausgaben der Jahre davor führen lediglich die beiden oberen Instanzen an und schlüsseln die einzelnen AÄ nicht auf.

[1422] ÖStA/AdR, BMsV/SP, Kart 274, GZ 39.938/50, Schreiben LAA NÖ an das BMsV betreffs Organisation der Arbeitsämter in NÖ, darin: Karte der AA-Bezirke des LAA NÖ (1949).

Karte 3:[1423] **AA-Bezirke des LAA Kärnten (1956)**

Im Gegensatz zur Tendenz, den in der NS-Zeit „aufgeblähten" Apparat der Arbeitsmarktbehörden zurückzubilden,[1424] stand, dass teilweise „in den Jahren unmittelbar nach der Befreiung die Notwendigkeit gegeben [war], eine sehr große Anzahl von Dienststellen der Arbeitsverwaltung zu errichten;"[1425] als Gründe für diese Engmaschigkeit der AÄ-Verteilung wurden verkehrstechnische Probleme und die damit verbundenen Zugangshürden zulasten der Bevölkerung angeführt. Nachdem sich diese Infrastrukturprobleme bis etwa 1950 gebessert hatten, konnte in NÖ wieder eine nicht näher angeführte „Reihe [...] kleinerer Dienststellen aufgelassen werden".[1426]

Größere politische Arrondierungen betrafen nicht nur die Mittelinstanzen sondern auch die Arbeitsamtsbezirke. Gem der „Vorläufigen Verfassung"[1427] waren alle nach dem 5. März 1933 erlassenen Bundesverfassungsgesetze und -bestimmungen aufgehoben. Dementsprechend war als Folge der Rückgliederung des Ausseerlandes in die Steiermark die dortige AA-Nebenstelle vom AA-Bezirk Gmunden zu lösen und als selbständiges AA mit Stichtag 1. Juli 1948 dem LAA Steiermark unterzuordnen.[1428]

Ähnlich verliefen die Entwicklungen bezüglich der Rückgliederung Osttirols an Nordtirol. Am 26. September 1947 wurde das Übereinkommen die verwaltungsmäßige Rückgliederung Osttirols

[1423] ÖStA/AdR, BMsV/SP, Kart 679, GrZ 115.489/56, Jahresbericht zum Berichtjahr 1955 des LAA Ktn (Juli 1956) 37.

[1424] Zu Entwicklungstendenzen des arbeitsmarktbehördlichen Personalstandes siehe Kap III. B. 4. Eliten/Personal: Die Arbeitsmarktbehörden als Objekte der Entnazifizierung gemäß VerbG.

[1425] ÖStA/AdR, BMsV/SP, Kart 274, GZ 39.938/50, Schreiben LAA NÖ an das BMsV betreffs Organisation der Arbeitsämter in NÖ, darin: GZ 172.274, Amtsvermerk des BMsV betreffs Organisation der AÄ in NÖ (28. Dezember 1949).

[1426] Ebd. Die Rückbildung der Dienststellen-Anzahl darf aber – zumindest für NÖ – nicht überbewertet werden, wie die Stichjahre 1949/1951/ 1953 zeigen. Die Akten enthalten keine Zusammenstellung der vorgenommenen Änderungen im Netz der AÄ; allerdings geben die Amtskalender einen Einblick auch in diese Umstrukturierung. Demnach bestanden 1949 in NÖ insgesamt 33 Dienststellen auf AA-Ebene (21 AÄ, 12 AA-Nebenstellen) (Amtskalender 1949, 182); demgegenüber gab es dort sowohl 1951 (Amtskalender 1951, 196), als auch 1953 (Amtskalender 1953, 211) 38 Dienststellen. Die Amtskalender aus den Jahren 1945–1948 geben über die unterste Instanz keine Auskunft. Ähnliche Nachweise für eine infrastrukturell begründete Verdichtung des AÄ-Netzes wie in Niederösterreich sind für die Steiermark überliefert (ÖStA/AdR, BMsV/SP, Kart 170, SA 11, GZ 47.570/47, Erteilung von Baugenehmigungen; Einschaltung der LAÄ, darin: Schreiben des LAA Steiermark an das BMsV betreffs Erteilung von Baugenehmigungen; Einschaltung der LAÄ, 29. April 1947).

[1427] StGBl 5/1945.

[1428] ÖStA/AdR, BMsV/SP, Kart 180, GZ 63.566/48, Erlass des BMsV an das LAA Stmk betreffs Gerichtsbezirk Aussee; Rückgliederung an das Land Steiermark (5. Juli 1948).

an das Bundesland Tirol von den britischen und französischen Hochkommissären in Österreich betreffend offiziell bekanntgegeben.[1429] Im Sinne dieses Übereinkommens wurden mit Stichtag 1. Jänner 1948 die im Bundesland Tirol bestehenden Behörden der unmittelbaren Bundesverwaltung für Osttirol zuständig. Durch diese Verfügung wurde das AA Lienz vom LAA-Sprengel Kärnten losgelöst und dem LAA Tirol unterstellt. Die Wiener Randgebiete wurden im Zuge ihrer Rückgliederung von „Groß-Wien" aus der Nazi-Zeit nach Niederösterreich und dessen LAA unterstellt. Eine Sonderstellung nahm das Landwirtschaftliche AA ein, das zwar dem LAA Niederösterreich angehörte, aber auch die landwirtschaftlichen Vermittlungen im Gebiet von Wien durchführte.[1430]

Besondere Beachtung verdienen die Bemühungen der Gemeindebediensteten der Nebenstelle Kleinwalsertal des AA Bregenz um deren Aufrechterhaltung.[1431] Die Nebenstelle existierte in der Ersten Republik noch nicht. Die durch Gebirgszüge der Allgäuer Alpen vom übrigen Staatsgebiet abgeschiedenen Touristenziele Mittelberg, Riezlern und Hirschegg wurden vom AA Bregenz durch die Gemeindeverwaltung des Kleinen Walsertals betreut und nach der Okkupation in den Zuständigkeitsbereich des AA Kempten im Allgäu übertragen. Nach dem Zweiten Weltkrieg ergriffen die Gemeindebediensteten von Mittelberg die Initiative, um die dortige Arbeitsmarktverwaltung unter österreichischem Banner erfolgreich zu organisieren. Als wenige Zeit später dem Bürgermeister von Mittelberg, Fritz G., „die beabsichtigte Auflassung der Nebenstelle Kleinwalsertal zur Kenntnis"[1432] gelangte, appellierte er an das LAA Vbg nicht nur erfolgreich[1433] für deren Beibehaltung, sondern erreichte auch die Einstellung einer zweiten Hilfskraft. Bis dahin waren sämtliche Amtsgeschäfte auf Werkvertragsbasis nebenberuflich durch einen Mittelberger Gemeindebediensteten besorgt worden.[1434]

In den ersten Jahren nach dem Krieg wurde ein großer Teil des materiellen nationalsozialistischen Rechts beibehalten.[1435] Dass sich die Lage im Behördenaufbau anders darstellte, wurde schon im soeben dargestellten Abschnitt über die Verschiebungen der räumlichen Zuständigkeiten angesprochen. Wie weitreichend aber die organisatorischen Umbrüche waren, zeigt erst der Blick auf die diversen behördeninternen Spruchkörper. Es ist wenig überraschend, dass in der Behördenstruktur umgehend Demokratisierungsmaßnahmen ergriffen wurden, deren Kern vor allem die Wiedereinführung paritätisch – also vonseiten der Interessenvertretungen – besetzter Ausschüsse und das Vorschlagsrecht der Kammern und Gewerkschaften war.[1436] Diese Maßnahmen standen ganz im Zeichen des Aufschwungs der Sozialpartnerschaft[1437] und verstanden sich als Voraussetzung für den Behördenbetrieb nach pluralistischer Maßgabe. Noch im Vorfeld und parallel zu den organisatorischen Maßnahmen wurde systematisch nationalsozialistisches Personal aus dem Apparat der Arbeitsmarktbehörden abgezogen.[1438]

[1429] ÖStA/AdR, BMsV/SP, Kart 180, GZ 7.889/48, Erlass des BMsV an die LAÄ Ktn und Tir betreffs Rückgliederung Osttirols an das Bundesland Tirol; Überleitung des Arbeitsamtes Lienz in den Verband des Landesarbeitsamtes Tirol (8. Dezember 1947).

[1430] ÖStA/AdR, BMsV/SP, Kart 33, GZ 41.826/46, Bericht des LAA NÖ betreffs Errichtung von paritätischen Ausschüssen bei den LAÄ und AÄ; Meldung des Vollzugs (31. Juli 1946), darin: Protokoll über die konstituierende Sitzung des Verwaltungsausschusses am 28. Juni 1946, 3.

[1431] ÖStA/AdR, BMsV/SP, Kart 214, GrunZ 56.115/49, Außenstelle Kleinwalsertal (LAA. Vorarlberg), darin: Schreiben des LAA Vbg an das BMsV betreffs Erhaltung der Nebenstelle des AA Bregenz; hier: Einstellung des Karl Helm (7. Mai 1948) 3.

[1432] ÖStA/AdR, BMsV/SP, Kart 214, GrunZ 56.115/49, Außenstelle Kleinwalsertal (LAA. Vorarlberg), darin: Schreiben des Bgm von Mittelberg an das LAA Vbg betreffs Auflassung der Arbeitsamtnebenstelle Kleinwalsertal (4. Mai 1948).

[1433] ÖStA/AdR, BMsV/SP, Kart 214, GrunZ 56.115/49, Erlass des BMsV an das LAA Vbg betreffs Außenstelle Kleinwalsertal (LAA. Vorarlberg) (26. März 1949).

[1434] ÖStA/AdR, BMsV/SP, Kart 214, GrunZ 56.115/49, Außenstelle Kleinwalsertal (LAA. Vorarlberg), darin: Schreiben des LAA Vbg an das BMsV betreffs Erhaltung der Nebenstelle des AA Bregenz; hier: Einstellung des Karl Helm (7. Mai 1948) 3.

[1435] Kap III. A. 2. Rechtliche Rahmenbedingungen.

[1436] Schmidt, Arbeitsmarktverwaltung, 138.

[1437] Emmerich Tálos, Vom Vorzeige- zum Auslaufmodell? Österreichische Sozialpartnerschaft 1945 bis 2005. In: Karlhofer, Ferdinand / Tálos, Emmerich (Hg), Sozialpartnerschaft. Österreichische und Europäische Perspektiven (Wien/Münster 2005) 185–217, hier: 186 ff.

[1438] Kap III. B. 4. Eliten/Personal: Die Arbeitsmarktbehörden als Objekte der Entnazifizierung gemäß VerbG.

Innerhalb der SBZ, wo sehr früh strukturell Maßnahmen in diese Richtung ergriffen wurden, erging im Juli 1945 die Anweisung zur Errichtung der ersten paritätischen Ausschüsse wahrscheinlich im Anwendungsbereich der APlWVO ihre Funktionen.[1439] Der Erlass des StAsV vom 14. Juli 1945 an die LAÄ der SBZ anlässlich der „Errichtung paritätischer Ausschüsse bei den Landesarbeitsämtern zur Mitwirkung bei Anträgen auf Lösung von Dienstverhältnissen"[1440] ist ein deutlicher Hinweis darauf. Damit wird klar, dass diese frühen Ausschüsse keinen allgemeinen Zuständigkeitsbereich hatten, sondern vor allem die Überwachung der Arbeitsplatzfluktuationen zugewiesen bekamen. Am 27. Dezember 1945 wies der frisch ernannte Bundesminister für soziale Verwaltung, Johann Böhm, die LAÄ außerhalb der Sowjet-Zone an, paritätisch zusammengesetzte Ausschüsse mit der Zuständigkeit im Bereich der Arbeitsplatzwechselverordnung zu schaffen.[1441] Auf diese Weise wurden verhältnismäßig früh Vorkehrungen getroffen, um „im Verwaltungswege"[1442] – also ohne gesetzliche Grundlage und damit relativ rasch – den demokratischen Charakter der Landesarbeitsämter und Arbeitsämter wieder herzustellen.

Die Errichtung von demokratisch zusammengesetzten Spruchkörpern mit allgemeinem Zuständigkeitsbereich in Form von „Verwaltungsausschüssen" auf LAA-Ebene beziehungsweise „Vermittlungsausschüssen" bei den Arbeitsämtern lief Ende 1945 an. Am 3. Dezember 1945 erging an die LAÄ außerhalb der Sowjetzone der Erlass, die Ausschüsse zu errichten; gleichzeitig erhielten die Handels-, Landwirtschafts- und Arbeiterkammern von Niederösterreich und Wien die Einladung, Vertreter für diese Organe namhaft zu machen.[1443] Die Ausschüsse, „die bei allen grundsätzlichen Fragen aus dem Aufgabenbereich der Landesarbeitsämter und Arbeitsämter mitzuwirken […] [hatten], setz[t]en sich aus je 4 Vertretern der Arbeitgeber und der Arbeitnehmer zusammen und […] [standen] unter dem Vorsitz des Leiters des Landesarbeitsamtes bzw. Arbeitsamtes."[1444]

Das LAA Steiermark – Britische Zone – berief seinen Verwaltungsausschuss erstmals im April 1946 ein,[1445] jenes von Vorarlberg – Französische Zone – am 16. Mai 1946. „Seitens der Militärregierung Vorarlberg nahm der Arbeitsoffizier, Herr Comm. Delestre, an der Sitzung teil, der den Dank der Militärregierung für die gute Zusammenarbeit zwischen Militärregierung und Landesarbeitsamt bzw. Arbeitsämter zum Ausdruck brachte."[1446] Beim LAA Oberösterreich erfolgte die Konstituierung kurz danach am 22. Mai 1946.[1447] Das LAA Niederösterreich vollzog die Errichtung des Verwaltungsausschusses einen Monat später am 28. Juni 1946.[1448] Die Ausschüsse auf beiden Ebenen des LAA-Bezirks Salzburg – US-Zone – nahmen mit August 1946 ihre Tätigkeit auf.[1449] Das

---

[1439] Näheres zu diesen Ausschüssen siehe Kap III. C. 2. Die Rezeption der Arbeitsplatzwechselverordnung.

[1440] ÖStA/AdR, BMsV/SP, Kart 3, GrZ 50.035/45, GZ 50.283/45, Erlass des StAsV an die LAÄ betreffs Errichtung paritätischer Ausschüsse bei den Landesarbeitsämtern zur Mitwirkung bei Anträgen auf Lösung von Dienstverhältnissen (14. Juli 1945).

[1441] ÖStA/AdR, BMsV/SP, Kart 3, GZ 51.572/45, Erlass des BMsV an die LAÄ OÖ, Sbg, Stmk, Ktn, Tir, und Vbg betreffs Übersendung der „Amtlichen Nachrichten des Staatsamtes für soziale Verwaltung" [Nr. 1/2, 15. September 1945] und von bisher ergangenen grundsätzlichen Weisungen [Juni bis Oktober 1945] an die Landesarbeitsämter außerhalb der sowjetisch-russischen Besatzungszone (27. Dezember 1945), darin: Amtliche Nachrichten des Staatsamtes für soziale Verwaltung Nr. 1/2 (15. September 1945) Erlass Nummer 21, 30.

[1442] 745 BlgNR, V. GP, RV, 7.

[1443] ÖStA/AdR, BMsV/SP, Kart 3, GZ 51.367/45, Erlass des StAsV an die LAÄ OÖ, NÖ, Sbg, Stmk, Ktn, Tir, und Vbg und W betreffs Errichtung von paritätischen Ausschüssen bei den Landesarbeitsämtern und Arbeitsämtern (3. Dezember 1945).

[1444] ÖStA/AdR, BMsV/SP, Kart 3, GZ 51.367/45, Schreiben des StAsV an die Handels-, Landwirtschafts- und Arbeiterkammern von NÖ und W betreffs Errichtung von paritätischen Ausschüssen bei den Landesarbeitsämtern und Arbeitsämtern (3. Dezember 1945).

[1445] ÖStA/AdR, BMsV/SP, Kart 113, GZ 10.296/47, Bericht des LAA Stmk betreffs Errichtung von paritätischen Ausschüssen bei den LAÄ und AÄ (22. Jänner 1947).

[1446] ÖStA/AdR, BMsV/SP, Kart 33, GZ 42.875/46, Bericht des LAA Vbg an das BMsV betreffs Errichtung des Verwaltungsausschusses beim Landesarbeitsamt Vorarlberg und der Vermittlungsausschüsse bei den nachgeordneten Arbeitsämtern (30. Juli 1946).

[1447] ÖStA/AdR, BMsV/SP, Kart 32, GZ 26.438/46, Bericht des LAA OÖ betreffs Verwaltungsausschuss beim LAA OÖ; Konstituierung und Angelobung (29. Mai 1946).

[1448] ÖStA/AdR, BMsV/SP, Kart 33, GZ 41.826/46, Bericht des LAA NÖ betreffs Errichtung von paritätischen Ausschüssen bei den LAÄ und AÄ; Meldung des Vollzugs (31. Juli 1946), darin: Protokoll über die konstituierende Sitzung des Verwaltungsausschusses am 28. Juni 1946.

[1449] ÖStA/AdR, BMsV/SP, Kart 113, GZ 12.565/47, Bericht des LAA Sbg betreffs Errichtung von paritätischen Ausschüssen bei den LAÄ und AÄ (30. Jänner 1947).

LAA Wien meldete am 20. Jänner 1947, dass die Vermittlungsausschüsse bei seinen Fach-AÄ bereits bestanden.[1450] Im LAA-Bezirk Kärnten hielten die Vermittlungsausschüsse bei den AÄ im Jahr 1946 insgesamt 113 Sitzungen ab.[1451] Es ist davon auszugehen, dass auch die LAÄ Tirol und Burgenland – dieses nach seiner Errichtung – entsprechend angewiesen wurden; Ende Jänner 1947 meldete letzteres die Einführung der Ausschüsse und gab bekannt, „dass das Fehlen von Eisenbahnen und Autobusverbindungen sowie die schlechten Sicherheitsverhältnisse"[1452] die Verzögerungen verursachten.

Spätestens 1947 bestanden damit bei den arbeitsmarktbehördlichen Unterinstanzen des BMsV Verwaltungs- und Vermittlungsausschüsse, womit der Zustand, wie er „vor der Machtergreifung durch den Nationalsozialismus bestanden […] [hat], wieder ins Leben gerufen"[1453] war. Diese Struktur überdauerte das Ende des Betrachtungszeitraumes. Nachdem das AÄOrgG nicht zustande kam, blieb es allerdings dabei, dass für den Aufbau der paritätischen Ausschüsse mit allgemeinem Zuständigkeitsbereich innerhalb der Arbeitsmarktbehörden keine gesetzliche Grundlage bestand.

Die Betrauung der Arbeitsmarktbehörden mit der Entnazifizierung der Privatwirtschaft sorgte nicht nur für deren organisatorische Prägung gemäß den Vorgaben des WSG;[1454] vielmehr brachten diese Aufgaben Organisationsmuster mit sich, die nicht unmittelbar auf gesetzlichen Grundlagen fußten. In Wien bestanden Anfang November 1945 insgesamt 21 „Einsatzstellen für Nationalsozialisten".[1455] Im März 1946 bestand in den Bezirken 1 bis 20 jeweils eine Einsatzstelle; innerhalb des Wiener LAA unterstanden diese Stellen direkt der Abteilung II, Arbeitsvermittlung, unter der Leitung von Dr. Hans Cech.[1456] Die im Rahmen der Einsatzstellen verpflichteten NationalsozialistInnen wurden für „im Interesse der Allgemeinheit gelegene Tätigkeiten"[1457] wie Schneeräumungen herangezogen, wofür insgesamt 8.586 Tageseinsätze aufgebracht wurden; der Großteil des Aufgebots entfiel mit 38.000 Tageseinsätzen auf das Konto der Alliierten. Ende Juni 1947 wurden diese Einsatzstellen in Wien aufgelöst und die betreffenden Arbeitskräfte den Arbeitsämtern zur Eingliederung am Arbeitsmarkt übergeben.[1458] Wenngleich ähnliche Einsatzstellen bei den übrigen Bundesländern nicht nachgewiesen werden konnten, ist davon auszugehen, dass solche Stellen nicht nur in Wien bestanden.

Die Wiener Arbeitsämter unterschieden sich in der Zweiten Republik formal – in Anlehnung an die Zwischenkriegszeit – insofern von der üblichen Struktur (branchenunabhängige Zuständigkeit),[1459] als hier wieder sukzessive flächendeckend selbständige Fach-AÄ errichtet und im Weiteren die NS-

---

[1450] ÖStA/AdR, BMsV/SP, Kart 113, GZ 6.840/47, Bericht des LAA W an das BMsV betreffs Errichtung von paritätischen Ausschüssen bei den LAÄ und AÄ (20. Jänner 1947).

[1451] ÖStA/AdR, BMsV/SP, Kart 113, GZ 24.387/47, Bericht des LAA Ktn betreffs Errichtung von paritätischen Ausschüssen bei den LAÄ und AÄ (7. März 1947).

[1452] ÖStA/AdR, BMsV/SP, Kart 113, GZ 9.596/47, Bericht des LAA Bgld betreffs Errichtung von paritätischen Ausschüssen bei den LAÄ und AÄ (24. Jänner 1947).

[1453] ÖStA/AdR, BMsV/SP, Kart 3, GZ 51.367/45, Erlass des StAsV an die LAÄ OÖ, NÖ, Sbg, Stmk, Ktn, Tir, und Vbg und W betreffs Errichtung von paritätischen Ausschüssen bei den Landesarbeitsämtern und Arbeitsämtern (3. Dezember 1945).

[1454] Kap III. C. 3. Das Wirtschaftssäuberungsgesetz aus dem Jahr 1945: Die Anfänge der Arbeitsmarktbehörden als Subjekte der Entnazifizierung und Kap III. C. 5. Das Nationalsozialistengesetz: Die Schlussphase der Arbeitsmarktbehörden als Subjekte der Entnazifizierung und die Novelle Arbeitspflicht. Während die speziellen organisationsrechtlichen Aspekte (etwa betreffend die Kommissionen und Ausschüsse gem WSG) grundsätzlich in den einzelnen Kapiteln behandelt werden, folgt hier die Thematisierung einiger Aspekte, die keinem eigenen Kapitel zuzuordnen sind.

[1455] ÖStA/AdR, BMsV/SP, Kart 3, GZ 51.489/45, Dienstanweisung 15/1945, Neu- und Wiedereinstellung von ehemaligen Nationalsozialisten (§ 13 WSG) (3. November 1945). Die Zahl der dort eingesetzten NationalsozialistInnen ist nicht bekannt.

[1456] ÖStA/AdR, BMsV/SP, Kart 32, GZ 10.765/46, Schreiben des LAA Wien an die Alliierte Kommission für Österreich, Justizpalast, betreffs Verwaltung des LAA Wien und der ihm unterstehenden AÄ und Dienststellen (13. März 1946), darin: Landesarbeitsamt Wien – Gliederung (Grafik).

[1457] AMS NÖ/LGSt, LAA W, Jahresbericht für das Berichtsjahr 1947 (1948) 6 f.

[1458] Ebd, 7.

[1459] Etwa Amtskalender 1949 und 1957. Dass auch „in einigen Landeshauptstädten" (745 BlgNR, V. GP, EB, 8) Facharbeitsämter bestünden, konnte nicht bestätigt werden.

Strukturen[1460] abweichend von § 55 Behörden-Überleitungsgesetz[1461] revidiert wurden. Diese Umstellung ging relativ zügig vonstatten. Während im März 1946 neben den wieder errichteten Fach-AÄ noch acht „Ortsarbeitsämter"[1462] bestanden, wurde im Jahresbericht zum Berichtsjahr 1947 nur noch das AA Liesing angeführt,[1463] das über den Betrachtungszeitraum hinaus existierte.[1464]

3. Das Umfeld der Arbeitsmarktbehörden

Zur Koordinierung der Arbeitskraftanforderungen der Besatzungsmächte bei den österreichischen Arbeitsmarktbehörden errichteten die Besatzer eigene Stellen. Im Fall der Britischen Besatzungsmacht bestanden „Britische Arbeitsämter"[1465] („Civil Labour Units"[1466]) in Graz, Klagenfurt, Wien (Theresienbadgasse, 21. Wiener Gemeindebezirk), Leoben und Villach. Anlässlich der Auflösung dieser Stellen und der Übernahme des Personals durch die österreichischen Arbeitsmarktbehörden fand am 14. April 1947 beim LAA Wien eine Besprechung mit Mr. Niven vom „britischen Element" statt, bei der man vorerst vom Plan der Auflösung aus unbekannten Gründen Abstand nahm und auf einen unbestimmten Zeitpunkt („[a]s from an early date to be notified later"[1467]) verschob. Im Zuständigkeitsbereich der US-Zone war der „Arbeitsoffizier"[1468] mit den Arbeitsmarktfragen betraut.

Eine Kooperation mit den Gemeinden bestand nicht nur im Umfeld der Ortshilfe[1469] sondern auch im Tätigkeitsbereich der Berufsberatung, wo die Arbeitsmarktbehörden in die Koordinierung der Aktion „Jugend am Werk" eingebunden waren. Diese baute auf die Ideen der Vorgängerplattform „Jugend in Not" aus der Zwischenkriegszeit und entstand in Wien bereits im Mai 1945.[1470] Als Träger der anfangs eher lose zusammengehaltenen Initiative fungierten zunächst einzelne Landeshauptstädte.[1471] Das BMsV betonte, dass es in dem Projekt besonders das Potential im Hinblick auf die Berufsvorbereitung sähe; demgegenüber stünde der Fürsorgeaspekt aus seiner Perspektive nicht so sehr im Vordergrund.[1472] Um in diesem Sinne seinen Einfluss geltend machen zu können, knüpfte es eine finanzielle Unterstützung an die Bedingung, „grundsätzlich nur Jugendliche […] [aufzunehmen], die […] [von den Arbeitsmarktbehörden] zugewiesen w[u]rden".[1473]

[1460] Zu den NS-Strukturen siehe Kap II. B. 2. Unterinstanzen.

[1461] Dazu näher oben in diesem Kap.

[1462] ÖStA/AdR, BMsV/SP, Kart 32, GZ 10.765/46, Schreiben des LAA Wien an die Alliierte Kommission für Österreich, Justizpalast, betreffs Verwaltung des LAA Wien und der ihm unterstehenden AÄ und Dienststellen (13. März 1946), darin: Landesarbeitsamt Wien – Gliederung (Grafik). Es handelte sich um die AÄ Floridsdorf, Groß-Enzersdorf, Klosterneuburg, Lang-Enzersdorf, Liesing, Mödling, Purkersdorf und Schwechat.

[1463] AMS NÖ/LGSt, LAA W, Jahresbericht für das Berichtsjahr 1947 (1948) 20–37.

[1464] Amtskalender 1957, 632.

[1465] ÖStA/AdR, BMsV/SP, Kart 97, GZ 26.696/47, Amtsvermerk des BMsV betreffs Arbeitskräfte für die englische Besatzungsmacht; Vorschlag auf Schließung der britischen AÄ (17. April 1947).

[1466] ÖStA/AdR, BMsV/SP, Kart 97, GZ 26.696/47, Amtsvermerk des BMsV betreffs Arbeitskräfte für die englische Besatzungsmacht; Vorschlag auf Schließung der britischen AÄ, darin: Schreiben der Social Administration Division, Allied Commission for Austria (British Element) (15. März 1947) samt Anlage: Abolition Of Civil Labour Units, 1.

[1467] Ebd.

[1468] Etwa ÖStA/AdR, BMsV/SP, Kart 33, GZ 59.532/46, Überprüfung des Landesarbeitsamtes und Arbeitsamtes Salzburg (10. Oktober 1946).

[1469] Dazu näher im Kap III. C. 1. Arbeitspflicht.

[1470] ÖStA/AdR, BMsV/SP, Kart 281, SA 15 F, GrZ 5.414/50, GZ 1.286/49, Schreiben des LAA Wien an das BMsV betreffs Berufsberatung und „Jugend am Werk" (8. März 1949). Das Jahr der Entstehung von „Jugend in Not" wird nicht angegeben.

[1471] Für Linz ÖStA/AdR, BMsV/SP, Kart 281, SA 15 F, GrZ 5.414/50, GZ 176.034/50, Amtsvermerk des BMsV betreffs „Jugend am Werk"; Teilnahme Dr. Piperks an der Eröffnung des Heimes in Linz, Muldenstraße 3, am 27.11.1950 und an der Besprechung der Aktionsleiter von „Jugend am Werk" mit den LAA-Leitern am 28.11.1950 (27. November 1950). Weitere Nachweise folgen weiter unten in diesem Kap.

[1472] ÖStA/AdR, BMsV/SP, Kart 342, SA 15 F, GrZ 2.014/51, GZ 101.336/51, Aktenvermerk des BMsV betreffs Bericht über die Arbeitstagung der Aktion „Jugend am Werk" vom 26. und 27. Juni 1951 in Graz (30. Juli 1951) Aktenumschlag Innenseite links.

[1473] ÖStA/AdR, BMsV/SP, Kart 281, SA 15 F, GrZ 5.414/50, GZ 28.518/49, Schreiben des BMsV an die Gemeinde Wien betreffs Gemeinde Wien; Zentralstelle „Jugend am Werk"; Förderungsbeitrag (7. April 1949).

Im Zuge der Gründung von „Jugend am Werk" in Tirol erging durch das BMsV ein Erlass an das LAA Tirol.[1474] Darin sagte das Ministerium zu, sich im Ausmaß von jeweils 30 % der Gründungskosten (höchstens S 30.000,- einmalig) und laufenden Ausgaben (höchstens S 2.900,– monatlich) zu beteiligen. Dafür stellte es die Bedingung, das ausschließliche Recht zu haben, die AspirantInnen via das LAA zu rekrutieren.[1475] Außerdem sollten „die männlichen und weiblichen Jugendlichen […] voneinander getrennt beschäftigt werden".[1476] 1948 wurde allein in der Steiermark von 11.752 SchulabgängerInnen etwa die Hälfte (6.328) auf dauerhafte Beschäftigungsverhältnisse beziehungsweise Lehrplätze vermittelt; zwischen 19. April und Ende 1948 wurden 426 Burschen und Mädchen zunächst im Rahmen von „Jugend am Werk" und davon später wiederum etwas mehr als die Hälfte (261) davon auf Lehr- und Arbeitsplätzen untergebracht.[1477]

Am 26. und 27. Juni 1951 fanden in Graz und Leibnitz Arbeitsbesprechungen zum Thema statt. In diesem Rahmen stellten die LAÄ Steiermark und Wien vor, in welche Richtung sich die Organisationsform entwickeln könnte.

„Mit dem Ausbau erwies sich ein selbständiger mit Rechtspersönlichkeit ausgestatteter Rechtsträger als notwendig. Der Verein ‚Jugend am Werk Steiermark' wurde kürzlich gegründet und behördlich genehmigt, ihm gehör[t]en außer dem Landesarbeitsamt (Bund), dem Land, den Arbeitgeber- und Arbeitnehmerverbänden auch die Gemeinden, bei denen Aktionen errichtet […] [waren], an. […] [D]er andere Weg, die Aktion mit Rechtspersönlichkeit in der Rechtsform der Stiftung [des öffentlichen Rechts] auszustatten, […] [war] in Zeiten unsicherer Währungsverhältnisse nicht gangbar und überdies wegen des Formalaktes eines Gesetzes schwerfällig".[1478] Wie schwerfällig die Einführung neuer Gesetze auf dem Gebiet der Arbeitsmarktverwaltung tatsächlich sein konnte, zeigten die Entwurfsdiskussionen zum AÄOrgG beziehungsweise zum AVermiG.[1479]

Neben der Berufsberatung betrieben die Gemeinden fallweise auch gewerbliche Stellenvermittlung. Solche Fälle sind aus Oberösterreich aus der Zeit vor der Ausdehnung des örtlichen Wirkungsbereichs des BMsV auf die Gebiete außerhalb der Sowjet-Zone überliefert.

„Infolge des Kriegszusammenbruchs machten sich gewisse Übertretungen des Vermittlungsmonopols der staatlichen Arbeitsämter bemerkbar, hauptsächlich in der Form von Vermittlungen, zum Teil sogar gewerblichen Vermittlungen durch einzelne Gemeindeämter. Durch […] [die Verfügung der Landeshauptmannschaft Oberösterreich vom 23. August 1945 an die Arbeitsämter in Oberösterreich] wurde das Vermittlungsmonopol der Arbeitsämter eindeutig wiederhergestellt."[1480]

[1474] ÖStA/AdR, BMsV/SP, Kart 281, SA 15 F, GrZ 5.414/50, GZ 163.273/50, Erlass des BMsV an das LAA Tir betreffs Jugend am Werk in Tirol (19. Mai 1950).

[1475] Z 1 BMsV-Erlass GZ 163.273/50.

[1476] Z 2 leg cit. Diese Bestimmung erinnert an den „geschlossenen Arbeitseinsatz" von Jüdinnen und Juden in der NS-Zeit (Kap II. C. 4. a. Zwangsarbeit von Jüdinnen und Juden); auch das NS-Regime bediente sich der Trennung von Jüdinnen und Juden von „arischen" Arbeitskräften. Der Konzentrationsgedanke der hierbei entwickelten, gruppenweisen Trennung von Arbeitskräften dürfte Eingang in den Bereich der Beschäftigung von jungen Arbeitskräften gefunden haben, wobei wahrscheinlich in beiden Zeitabschnitten das Ziel eines angeblich höheren Arbeitserfolgs infolge der Trennung eine Rolle gespielt haben mochte. Dieser arbeitsamtliche Trennungsgedanke hatte aber natürlich in der NS-Zeit in Bezug auf die Schoah eine weitaus größere Tragweite.

[1477] ÖStA/AdR, BMsV/SP, Kart 224, GrZ 88.171/49, Schreiben des LAA Stmk an das BMsV (20. Mai 1949), darin: Ein Appell an die Wirtschaft. Die Lage am Arbeitsmarkt in der Steiermark. – Vorschläge zur Behebung und Verhinderung der Arbeitslosigkeit (März 1949) 7.

[1478] ÖStA/AdR, BMsV/SP, Kart 342, SA 15 F, GrZ 2.014/51, GZ 101.336/51, Aktenvermerk des BMsV betreffs Bericht über die Arbeitstagung der Aktion „Jugend am Werk" vom 26. und 27. Juni 1951 in Graz (30. Juli 1951) Einlageblätter 2 und 3. Der Verein hat bis heute Bestand (www.jaw.at/home/ueberuns, abger am 5. Februar 2014).

[1479] III. C. 8. Der Versuch einer gesetzlichen Neuauflage der Arbeitsmarktverwaltung.

[1480] OÖLA/BHSchaerding, Schachtel 155, 1945, Präs/Arb, 92 Vermittlung von Arbeitskräften, Schreiben der Landeshauptmannschaft Oberösterreich an die Leiter der Arbeitsämter im Bezirk des Landesarbeitsamtes Oberösterreich (30. September 1945).

Interessant ist in diesem Zusammenhang, dass nicht die Arbeitsmarktbehörden selbst, welche ja zu dieser Zeit noch nicht bundesweit zentral durch das Sozialressort geleitet wurden, sondern die Landeshauptmannschaft das Gebot des Monopols einforderte. Der Grund dafür wird weiter unten in dem Schreiben offengelegt; es ging schlicht darum, eine Handhabe dafür zu schaffen, den „krankhaften Erscheinungen [...] auf dem Gebiet der Arbeitsmoral infolge des Kriegszusammenbruchs" entgegenzutreten. Im Monopol sah man ein unabdingbares Instrument in diese Richtung;[1481] das Interesse der Landeshauptmannschaft als Element der Landesregierung lag auf der Hand.

Mit ihrer Vorgangsweise durchbrachen die betroffenen Gemeinden die Monopolstellung der Arbeitsmarktbehörden im Bereich der Stellenvermittlung, welche während der NS-Herrschaft vehement gestärkt und faktisch in der Zweiten Republik übernommen wurden.[1482] Zweieinhalb Jahre nach Beseitigung des NS-Regimes bestanden nur „10 erwerbsmäßige Arbeitsvermittlungsstellen privater Personen für Musiker, Artisten und Bühnenangehörige",[1483] die der weiterhin geltenden NS-Rechtslage unterworfen[1484] waren. In dieser Vorgangsweise lag allerdings nicht das Hauptproblem. Problematisch war das Monopol an sich, auch wenn dies zu dieser frühen Zeit noch nicht diskursrelevant war.

Am 17. Dezember 1953 hob der Verfassungsgerichtshof den Bescheid des BMsV vom 6. Juni 1953 auf, welcher dem „Verein der Hotel-, Restaurant- und Kaffeehausangestellten Österreichs" die gemeinnützige Stellenvermittlung sowohl auf in-, als auch auf ausländische Arbeitsplätze versagte.[1485] Dem Urteil gemäß waren für das Bestreben der Zentralisierung und Monopolisierung der gesamten Arbeitsvermittlung, einschließlich der nicht gewerbsmäßigen

„offenbar nur die Bedürfnisse der militärischen Rüstung bestimmend und Erwägungen typisch nationalsozialistischen Gedankenguts (§ 1 R-ÜG). [...] Dies geht schon aus dem Eingang des Gesetzes 1935 [des AVBLG] hervor, der ausdrücklich hervorhob, daß das Gesetz, zur weiteren Sicherung eines geordneten Arbeitseinsatzes' erlassen"[1486]

wurde.

Letztlich ist es wenig verwunderlich, dass in Österreich sowohl die gewerbliche als auch die gemeinnützige Stellenvermittlung im hier behandelten Zeitraum – letztere zumindest bis zum VfGH-Urteil[1487] von1953 – einem strengen Monopol-Regime unterlag,[1488] das im NS-System wurzelte. Der darin liegende bittere Beigeschmack beginnt sich etwas zu verflüchtigen, wenn man auf den europaweiten Trend der Stärkung der staatlichen Arbeitsmarktbehörden in der ersten Hälfte des zwanzigsten Jahrhunderts blickt.[1489]

Für die Praxis in Österreich bedeutete dies, dass nichtstaatliche Akteure nach wie vor um eine Bewilligung ansuchen mussten. Im gewerblichen Bereich waren häufig Vermittlungsbüros für Kunst-

---

[1481] OÖLA/BHSchaerding, Schachtel 155, 1945, Präs/Arb, 95 Vermittlung von Arbeitskräften, Schreiben der Landeshauptmannschaft Oberösterreich an die Bezirkshauptmannschaften in Oberösterreich (23. August 1945).

[1482] Dazu besonders auch ÖStA/AdR, BMsV/SP, Kart 214, SA 11, GZ 175.292/49, Unbefugte Werbung von Eisenbahnbau-Technikern für Argentinien, darin: Schreiben des LAA OÖ an das BMsV betreffs Überwachung unbefugter Vermittlungstätigkeit (18. Oktober 1945) 2.

[1483] ÖStA/AdR, BMsV/SP, Kart 160, GZ 148.367/47, XXXI. Internationale Arbeitskonferenz. Zehnjahresbericht über die Durchführung des Übereinkommens Nr. 34 über Büros für entgeltliche Arbeitsvermittlung (15. Dezember 1947), darin: Stellungnahme [des BMsV] zum Entwurf eines Zehnjahresberichts der I.A.A. über die Durchführung des Übereinkommens über die erwerbsmäßige Arbeitsvermittlung (o.D.) 3.

[1484] Ebd, 1.

[1485] VfSlg 2.620/1953.

[1486] Ebd.

[1487] Ebd.

[1488] Sozialwissenschaftliche Arbeitsgemeinschaft, Arbeitsvermittlung, 1.

[1489] 746 BlgNR, V. GP, EB, 5 f; in diesem Sinne auch VfSlg 2.339/1952. Zum Entwurf des AVermiG siehe Kap III. C. 8. Der Versuch einer gesetzlichen Neuauflage der Arbeitsmarktverwaltung.

schaffende vertreten.[1490] Die gemeinnützige Stellenvermittlung erlebte nach dem VfGH-Urteil[1491] von 1953 in diversen Branchen einen Aufschwung; die Bandbreite reichte von Vermittlungen in private Haushalte[1492] über den Sozialbereich und die Gastronomie bis hin zur Industrie.[1493] Das Landesarbeitsamt Tirol gab abgesehen von der Zulässigkeitsfrage zu bedenken, dass wohl oftmals Regelungsbedarf auch im Hinblick auf die vielfach ungeklärte Frage der vereinsrechtlichen Zulässigkeit im Sinne der jeweiligen Satzung bestünde.

Im Umfeld der Zuständigkeit der Arbeitsmarktbehörden agierte insgesamt eine Vielzahl von Akteuren, deren Rolle sich mit zeitlichem Abstand zum Kriegsende teilweise reduzierte (Besatzungsmächte), teilweise aber auch ausweitete (gemeinnützige Vermittlungen). Andere Akteure blieben auf der Bühne der Arbeitsmarktverwaltung mit weitgehend unverändertem Aktionsradius bestehen (Bezirksverwaltungsbehörden). In wichtigen Bereichen konnten die Arbeitsmarktbehörden ihre dominierende Stellung weitgehend behaupten, wie vor allem die Monopol-Diskussionen im Bereich der gewerblichen Vermittlungen zeigen.

4. Eliten/Personal: Die Arbeitsmarktbehörden als Objekte der Entnazifizierung gemäß VerbG

Wohl noch gewichtigere Umbrüche als jene im Organisationsgefüge betrafen den Personalstand.[1494] In der ersten Phase nach Kriegsende sah es nicht nur am Arbeitsmarkt, also dem Zuständigkeitsbereich der Behörden der Arbeitsmarktverwaltung, wenig rosig aus; auch die Lage des Behördenapparates selbst war denkbar schlecht. Zum einen litt dieser unter dem massiv schlechten Ruf und dem Vertrauensmangel, der sich durch seine Agitationen während der NS-Herrschaft erschloss. Im Rahmen der Klagenfurter Gewerbeausstellung (August 1950) war das Kärntner LAA als Exponent daher bedacht, die arbeitsmarktbehördlichen Leistungen in ein positives Licht zu rücken.[1495]

[1490] VfSlg 2.339/1952; ÖStA/AdR, BMsV/SP, Kart 718, SA 11, GrZ 61.584/57, Neubauer Hugo [...], Erlöschen der Erlaubnis zur erwerbsmäßigen Arbeitsvermittlung für Artisten in Österreich und nach dem Auslande (24. Mai 1957), darin: Bescheid des BMsV an Hugo Neubauer betreffs Erteilung der Erlaubnis zur erwerbsmäßigen Arbeitsvermittlung für Artisten (20. Juli 1949); ÖStA/AdR, BMsV/SP, Kart 718, SA 11, GrZ 56.220/57, Bescheid des BMsV an Odo Ruepp betreffs Ansuchens um Erteilung der Erlaubnis zur erwerbsmäßigen Bühnenvermittlung für das In- und Ausland (18. November 1957); ÖStA/AdR, BMsV/SP, Kart 718, SA 11, GrZ 30.056/57, Schreiben des BMsV an Marischka Viktor betreffs Ansuchens um Erteilung der Erlaubnis zur erwerbsmäßigen Bühnenvermittlung (5. März 1957).

[1491] VfSlg 2.620/1953.

[1492] ÖStA/AdR, BMsV/SP, Kart 534, SA 11, GrZ 89.318/54, Nicht gewerbsmäßige Arbeitsvermittlung; Vorschlag einer einheitlichen Regelung im Bundesgebiet, darin: Zeitungsartikel der [...] [unleserlich] Nachrichten (27. April 1954).

[1493] ÖStA/AdR, BMsV/SP, Kart 534, SA 11, GrZ 89.318/54, Nicht gewerbsmäßige Arbeitsvermittlung; Vorschlag einer einheitlichen Regelung im Bundesgebiet, darin: Schreiben des LAA Tir an das BMsV betreffs Nicht gewerbsmäßige Arbeitsvermittlung; Vorschlag einer einheitlichen Regelung im Bundesgebiet (24. Juni 1954).

[1494] Der Stand der während der NS-Herrschaft innerbehördlich Beschäftigten ging von etwa 4.000 – allein auf Wien entfielen dabei nicht weniger als 2.000 Bedienstete (WbR/TbA, Sachmappe Arbeitsämter 331.96, G. *Horowitz*, Der Aufbau des Arbeitsamtes. Gespräch mit Staatssekretär a. D. Wacek. In: ÖZ, 25. 5. 1945) – auf zirka 2.700 (*Schmidt*, Arbeitsmarktverwaltung, 145) unmittelbar nach dem Krieg zurück.

[1495] ÖStA/AdR, BMsV/SP, Kart 274, GZ 137.648/50, Schreiben des LAA Kärnten an das BMsV betreffs Beteiligung an der Klagenfurter Gewerbeausstellung, darin: o.A., Arbeitsamt zeigt seine Leistungen, Volkszeitung Nr. 184/1950 (11. August 1950).

Abbildung 11:[1496] **Schautafeln des LAA Kärnten anlässlich dessen Beteiligung an der Klagenfurter Gewerbeausstellung (1950)**

Die bis lange nach 1955 von der Sozialistischen Partei Österreichs bekleidete Spitze des Sozialressorts (Bundesminister Johann Böhm, Karl Maisel und Anton Proksch) lässt Schmidt die gewagte Vermutung aufstellen, dass „das Personal der Arbeitsämter [...] schon im Jahre 1947 überwiegend sozialdemokratisch eingestellt"[1497] war. Von den sozialdemokratischen Sozialministern im Betrachtungszeitraum der Ersten Republik en bloc auf die politische Orientierung des Gesamtpersonals zu schließen, ist sicherlich nicht der richtige Zugang; dennoch fällt besonders im Unterschied zur Ersten Republik auf, dass jedenfalls die Verwaltungsspitze des BMsV nun eine SPÖ-Kontinuität aufwies und damit die Ausgangslage bestand, auch innerhalb des behördlichen Unterbaus entsprechende parteispezifische Akzente zu setzen. Allerdings erfolgte trotz dieses parteipolitischen Bruches gegenüber der Zwischenkriegszeit innerhalb des Sozialressorts nach Esping-Andersen kein grundsätzlicher Kurswechsel im österreichischen Wohlfahrtsstaatmodell; vielmehr gliederte sich Österreich auch in der Zweiten Republik gemeinsam mit Ländern wie der Bundesrepublik Deutschland oder Frankreich in die Reihe der „konservativen Wohlfahrtsstaaten" ein.[1498]

Der Abbau eines gewissen Anteils von ehemals altreichsdeutschen Bediensteten, die durch das NS-Regime in die „Ostmark" beordert wurden, war gewiss ein Grund für den Mangel an behördeninternem Fachpersonal. Doch der Abgang dieses Teils der Bediensteten war nicht das einzige Personalproblem. Ein anderer quantitativ gewichtigerer Auslöser für den Personalmangel gründete

---

[1496] ÖStA/AdR, BMsV/SP, Kart 274, GZ 137.648/50, Schreiben des LAA Kärnten an das BMsV betreffs Beteiligung an der Klagenfurter Gewerbeausstellung (29. August 1950), darin: Fotos von der Austellung.
[1497] *Schmidt*, Arbeitsmarktverwaltung, 144.
[1498] *Esping-Andersen*, Gøsta, The three Worlds of Welfare Capitalism (Princeton ³1993) 27.

in der Entnazifizierung, die gezielt einen großen personellen Aderlass herbeiführte, in deren Verlauf die Arbeitsmarktbehörden eine vordergründige Stellung hatten. Zunächst verloren sie dadurch einen Großteil ihrer MitarbeiterInnen; und schließlich spielten sie selbst bei der Entnazifizierung der Privatwirtschaft eine entscheidende Rolle.[1499] In diesem Zusammenhang hat Schmuhl für Deutschland die Unterscheidung zwischen den Arbeitsmarktbehörden als Objekt beziehungsweise als Subjekt der Entnazifizierung geprägt, die im Folgenden übernommen werden soll.[1500]

Die ersten personellen Konsequenzen innerhalb der Arbeitsmarktverwaltung wurden sehr bald nach dem Kriegsende und vor dem Inkrafttreten der einschlägigen Gesetze gezogen. Symptomatisch ist, dass Bundeskanzler Dipl.-Ing. Leopold Figl die Errichtung jener Kommission, welche die Entnazifizierung der obersten drei Dienstklassen koordinierte („Figl-Kommission"), ohne Rechtsgrundlage veranlasste.[1501] Wie der Bericht des Leiters des Landesarbeitsamtes Wien, Staatssekretär a.D. Adolf Watzek, sehr anschaulich schildert, war das Umfeld der Arbeitsmarktbehörden die Tage vor und nach dem Kriegsende überhaupt sehr chaotisch. Zerstörte Amtshäuser dominierten das Bild, Akten flogen aus den Fenstern und wurden von Passanten teilweise wieder gerettet, Geld wurde auf Anweisung verbrannt beziehungsweise von Bediensteten in Rucksäcken aufbewahrt[1502] – gewiss, diese und ähnliche Ereignisse trugen sich teilweise noch während des NS-Regimes zu. Doch ist vor diesem Hintergrund gut vorstellbar, dass die erste Aussiebung von NationalsozialistInnen unter 400 Wiener Bediensteten unter dem ersten nicht nationalsozialistischen Leiter des Wiener Landesarbeitsamtes in der Zweiten Republik, Dr. Theodor Scharmann,[1503] nicht ausschließlich in geordneten Bahnen und nach rechtsstaatlichen Mustern verlief.

Die Entnazifizierung, also die systematische Ausschaltung des Nationalsozialismus schlechthin innerhalb der österreichischen – wie auch der deutschen – Nachkriegsgesellschaft, war eine zentrale Zielsetzung der Alliierten unmittelbar nach dem Ende des Krieges.[1504] Wenngleich ihre Mechanismen in Gesetzen wie dem Verbotsgesetz[1505] oder dem Wirtschaftssäuberungsgesetz[1506] festgeschrieben und in den Spruchkammern auch RichterInnen vertreten waren, überwog jenseits der strafrechtlichen Tatbestände die Vermutung der politischen Verwerflichkeit. Diese traf besonders auf berufsbezogene Maßnahmen zu. Über weite Teile war die Entnazifizierung damit ein „nicht strafrechtliches, sondern politisches Verfahren [das als solches] auf den Nachweis von Schuld verzichtete und zumindest schon den NS-Verdacht sanktionierte".[1507] Beschlossen wurde diese Maßnahmen auf den Konferenzen von Jalta im Februar und Potsdam im Juli 1945.

Das Potsdamer Abkommen[1508] (PA) gibt in Art 3 einen guten Überblick über die Vorgehensweisen,[1509] „die notwendig sind, damit Deutschland niemals mehr seine Nachbarn oder die Erhaltung des Friedens in der ganzen Welt bedrohen kann". Im PA einigten sich die Alliierten Mächte auf den Umgang mit Deutschland nach dem Krieg. Der Maßnahmen-Katalog des Potsdamer Abkommens interessiert in diesem Zusammenhang vor allem im Hinblick auf die „Abschaffung" des natio-

---

[1499] Vor allem Kap III. C. 3. Das Wirtschaftssäuberungsgesetz aus dem Jahr 1945: Die Anfänge der Arbeitsmarktbehörden als Subjekte der Entnazifizierung und Kap III. C. 4. Exkurs: Die untergeordnete Rolle der deutschen Arbeitsmarktbehörden als Subjekte der Entnazifizierung.
[1500] *Schmuhl*, Arbeitsmarktpolitik, 378.
[1501] *Stiefel*, Entnazifizierung, 95.
[1502] ÖStA/AdR, BMsV/SP, Kart 33 [wohl 32!!!], 30.787/1946, Protokoll über die Sitzung des Verwaltungsausschusses beim Landesarbeitsamt Wien am 5. Juni 1946, 1 f.
[1503] Protokoll über die Sitzung des Verwaltungsausschusses beim Landesarbeitsamt Wien am 5. Juni 1946, 1.
[1504] *Stiefel*, Entnazifizierung, 21.
[1505] StGBl 13/1945.
[1506] StGBl 160/1945.
[1507] *van Melis*, Daniman, Entnazifizierung in Mecklenburg-Vorpommern. Herrschaft und Verwaltung 1945–1948 (Studien zur Zeitgeschichte 56, München 1999) 103.
[1508] Text online abrufbar unter www.documentarchiv.de/in/1945/potsdamer-abkommen.html (abger am 19. Februar 2014).
[1509] *Stiefel*, Entnazifizierung, 21 f.

nalsozialistischen Rechtsbestands[1510] sowie die Entfernung aller „Mitglieder der Nazistischen Partei" aus der Verwaltung und aus den „wichtigen Privatunternehmungen"[1511] – dies deshalb, weil in diesen beiden Punkten[1512] die österreichischen Arbeitsmarktbehörden unmittelbar betroffen waren.

Die Entnazifizierung war auch eines der ersten Aufgabenfelder der Provisorischen Staatsregierung.[1513] Die wieder errichtete österreichische Regierung ergriff besondere Maßnahmen zur Lösung dieses Problems. So war die Registrierung der NationalsozialistInnen gemäß den §§ 4 bis 9 „Verbotsgesetz"[1514] vom 8. Mai 1945 für die spätere strafrechtliche Verfolgung der „Illegalen", also der im Austrofaschismus verbotenermaßen aktiven NationalsozialistInnen,[1515] nach den §§ 10 bis 14 leg cit vorgesehen. Diese Fragen sollen im Folgenden hier aber soweit ausgeblendet werden, als dabei die Rolle der Arbeitsmarktbehörden nicht wichtig war.

Das „Verbotsgesetz"[1516] aus dem Jahr 1945 gilt als die erste wichtige Rechtsgrundlage für die durch österreichische Stellen erfolgende Entnazifizierung der Behörden[1517] und damit auch der österreichischen Arbeitsmarktbehörden. Da es für weite Bevölkerungsschichten den Verlust verfassungsrechtlich gewährleisteter Rechtspositionen vorsah, wurde es als Verfassungsgesetz erlassen.[1518] Die beiden zentralen Tatbestandsmerkmale im Bereich der Entnazifizierung der Behörden waren die NSDAP-Mitgliedschaft – beziehungsweise die Mitgliedschaft in einem der in § 10 VerbG genannten Wehrverbände und die SS-Anwärterschaft – sowie die berufliche Stellung, wobei ersteres grundsätzlich den Verlust, die lohnmäßige oder sonstige Beschneidung letzterer bedeutete. Man ging allgemein besonders streng im Bereich des öffentlichen Dienstes vor,[1519] da man im Staatswesen zurecht einen wichtigen Anknüpfungspunkt für die politische Gestalt des öffentlichen Lebens sah.

Der gesetzliche Mechanismus der Entnazifizierung der öffentlichen Dienststellen ergab grundsätzlich zwei Möglichkeiten: die Entlassung beziehungsweise den ersatzlosen Pensionsverlust mit gesetzesunmittelbarer Wirkung oder nach Prüfung durch ein Gremium. Das Verbotsgesetz sah die erstere strengere Variante lediglich für „illegale" öffentlich Bedienstete vor.[1520] Demgegenüber waren nach der weniger strengen Variante alle übrigen NationalsozialistInnen – also jene, die erst während der NS-Herrschaft „legal" die Mitgliedschaft der NSDAP oder ihrer Wehrverbände erworben hatten[1521] – nur dann zu entlassen, wenn sie „keine Gewähr dafür bieten, daß sie jederzeit rückhaltlos für die unabhängige Republik Österreich eintreten"[1522] würden. Die Prüfung oblag den „Sonderkommissionen"[1523] – das Verbotsgesetz sprach schlicht von „Kommissionen" –, die nach der „Verbotsgesetznovelle"[1524] vom 15. August 1945 bei allen Behörden und damit auch bei den Arbeitsmarktbehörden einzurichten waren. Jeder Sonderkommission musste ein Richter angehören.[1525]

[1510] Art 3 Z 4.

[1511] Z 6. Weitere Maßnahmen des Art 3 PA waren die Auflösung der NSDAP und ihrer Gliederungen (Z 3), die Verurteilung der „Kriegsverbrecher" (Z 5) sowie die Schaffung demokratischer Strukturen im Schulwesen (Z 7), in der Gerichtsbarkeit (Z 8) und in der Verwaltung (Z 9).

[1512] Zum „abzuschaffenden" nationalsozialistischen Rechtsbestand und zum R-ÜG siehe Kap III. A. 2. Rechtliche Rahmenbedingungen.

[1513] *Stiefel*, Entnazifizierung, 81.

[1514] StGBl 13/1945.

[1515] § 10 leg cit; *Weber*, Wolfgang, Aspekte der administrativen Entnazifizierung in Vorarlberg. In: *Schuster*, Walter / *Weber*, Wolfgang (Hg), Entnazifizierung im regionalen Vergleich (Linz 2004) 59–96, hier: 64.

[1516] StGBl 13/1945.

[1517] *Stiefel*, Entnazifizierung, 129; *Pittermann*, WSG, 16; *Mahnig*, Anton (Hg), Wirtschaftssäuberungsgesetz 1947 unter Berücksichtigung der einschlägigen Bestimmungen des Nationalsozialistengesetzes mit Erläuterungen und einem Sachregister (Wien ²1947) 14.

[1518] *Stiefel*, Entnazifizierung, 81, spricht in diesem Zusammenhang von der Problematik des „Sonderrechts".

[1519] Ebd, 128.

[1520] § 14 leg cit; *Stiefel*, Entnazifizierung, 130.

[1521] § 4 leg cit; *Stiefel*, Entnazifizierung, 84.

[1522] § 21 leg cit.

[1523] *Stiefel*, Entnazifizierung, 131 (FN 26).

[1524] StGBl 127/1945.

[1525] § 1 Abs 2 leg cit; *Dohle*, Oskar, „Allem voran möchte ich das Problem der endgültigen Liquidierung des nationalsozialistischen Geistes stellen". Entnazifizierung im Bundesland Salzburg. In: *Schuster*, Walter / *Weber*, Wolfgang (Hg), Entnazifizierung im regionalen Vergleich (Linz 2004) 117–156, hier: 145.

Dieses behördliche Entnazifizierungsverfahren ist gegenüber der ausnahmslosen, gesetzlichen ex-lege-Entlassung nach § 14 als weniger streng einzustufen, weil der jeweils zuständigen Sonderkommission innerhalb eines gewissen Ermessensspielraumes immer noch die Möglichkeit der Beibehaltung des betreffenden öffentlich Bediensteten eingeräumt wurde.[1526] Abgesehen davon bewirkten die recht späte Einsetzung vieler Sonderkommissionen[1527] sowie die verzögerten Verfahren zunächst den Verbleib vieler ehemaliger öffentlich bediensteter NationalsozialistInnen. Die Sonderkommissionen in sämtlichen Verwaltungszweigen hatten im Juni 1946 erst in der Hälfte der Fälle Entscheidungen getroffen.[1528]

Mit dem „Nationalsozialistengesetz"[1529] vom 6. Februar 1947 wurde das Verbotsgesetz grundlegend novelliert, was die Entnazifizierung im Bereich des öffentlichen Dienstes aufgrund des Verbotsgesetzes vor allem eine neue Definition des verpönten NS-Personenkreises bedeutete.[1530] In Abwendung vom Begriff „Illegaler" betonte man nun die „Belasteten"-Eigenschaft. Darunter verstand man fortan NationalsozialistInnen, die NS-Gedankengut auch abseits der Verbotszeit im Austrofaschismus besonders vehement vertraten. Dazu gehörten etwa FunktionärInnen der NSDAP wie ZellenleiterInnen beziehungsweise Höherrangige[1531] oder Mitglieder der SS.[1532] Alle anderen NationalsozialistInnen waren „Minderbelastete". Während man damit auf Tatbestandsseite einen Wechsel im Grundmuster vollführte, blieben die Rechtsfolgen weitgehend unverändert; die bis dahin erprobte Methode der Einführung gesetzesunmittelbarer Rechtsfolgen wurde schlicht auf die „Illegalen" umgemünzt, die nun ihre Posten ex lege verloren.

Während sämtliche „Belasteten" – wie früher die „Illegalen" – aus der öffentlichen Verwaltung ausschieden, konnten nun nur mehr die „Minderbelasteten" nach individueller Überprüfung den Posten beibehalten beziehungsweise wieder in Dienst gebracht werden. Diese Überprüfung erfolgte dabei nunmehr durch die Dienstgeberin beziehungsweise den Dienstgeber[1533] und nicht wie nach dem Verbotsgesetz alter Fassung durch „Sonderkommissionen". Den Schritt, sämtliche NationalsozialistInnen zu entlassen, unternahm man damit auch 1947 nicht. Die „Minderbelasteten" wurden schließlich per Gesetz[1534] vom 21. April 1948 entlastet („Minderbelastetenamnestie"[1535]), die „Belasteten" per Gesetz[1536] vom 14. März 1957.

Das Kriegsende, die Notwendigkeit der Wiedererrichtung des Rechtsstaates und die oftmals heterogenen Prioritäten der Besatzungsmächte[1537] torpedierten die Durchführung der Entnazifizierungsgesetze durch die österreichischen Stellen. Erschwerend kam hinzu, dass die Vollzugsorgane der Republik nicht autonom agieren konnten, sondern immer auch mit Interventionen der Alliierten Besatzungsmächte rechnen mussten. Der Allierte Rat behielt sich und seinem Entnazifizierungsbüro anlässlich der Genehmigung des Verbotsgesetzes am 10. Jänner 1946 das Recht vor, weiterhin Personen aus Staat und Wirtschaft zu „entfernen".[1538] In der „autonomen Phase" bis 1. April

---

[1526] *Stiefel*, Entnazifizierung, 133.
[1527] Ebd, 132.
[1528] Ebd, 135.
[1529] BGBl 25/1947. Zur Entstehungsgeschichte des NSG und den damit verbundenen Novellen des WSG und des Arbeitspflichtgesetzes siehe Kap III. C. 5. Das Nationalsozialistengesetz: Die Schlussphase der Arbeitsmarktbehörden als Subjekte der Entnazifizierung und die Novelle Arbeitspflicht.
[1530] *Stiefel*, Entnazifizierung, 135.
[1531] § 17 Abs 2 lit a Verbotsgesetz idFd Nationalsozialistengesetzes.
[1532] Lit b.
[1533] *Stiefel*, Entnazifizierung, 135.
[1534] BGBl 99/1948.
[1535] *Stiefel*, Entnazifizierung, 115.
[1536] BGBl 82/1957.
[1537] *Stiefel*, Entnazifizierung, 88–93.
[1538] Ebd, 94. Wie hoch der Anteil der durch den Alliierten Rat arbeitsplatzmäßig gemaßregelten Personen ist, konnte nicht herausgefunden werden.

1946 war überhaupt der Handlungsspielraum der jeweiligen Besatzungsmacht tonangebend und die österreichischen Stellen hatten wenig Einfluss.[1539] Trotz dieser Hürden ist der Entnazifizierungsgrad innerhalb der Arbeitsmarktverwaltung im Vergleich zu anderen Verwaltungszweigen insgesamt relativ hoch einzuschätzen. Dass bei weitem nicht alle ehemaligen NationalsozialistInnen endgültig aus dem Amtsbetrieb ausschieden, ist ein Umstand, der vor allem auf den notorischen Mangel an Fachpersonal zurückzuführen ist.

Speziell betroffen waren die Finanzbehörden mit einem Verlust von etwa 50 Prozent ihres Personalstockes; ähnlich sah es bei den Arbeitsmarktbehörden aus.[1540] Im Zuge von Entnazifizierungsmaßnahmen schieden in den Landesarbeits-, Arbeits-, Invalidenämtern und Gewerbeinspektoraten im Zeitraum zwischen 27. April 1945 und 31. Mai 1948 österreichweit 3.337 gegenüber 4.665 beibehaltenen „unbelasteten" Bediensteten aus. Zum Stichtag des 31. Mai 1948 gab es in denselben Verwaltungszweigen 295 „Minderbelastete".[1541] Aus diesen Angaben ist nicht die genaue Zahl der von den Entnazifizierungsmaßnahmen betroffenen Bediensteten aus dem Bereich Arbeitsmarktverwaltung abzulesen. Denn einerseits sind nicht nur die Bediensteten aus der Arbeitsmarktverwaltung angeführt und andererseits sind auch jene ausgeschiedenen erfasst, die nicht von Entnazifizierungsmaßnahmen betroffen waren. Dennoch lassen diese Zahlen eine relativ hohe Entnazifizierungsquote in Bezug auf die „Minderbelasteten" vermuten. Ab Ende der 40er-Jahre waren „Belastete" im gesamten öffentlichen Dienst überhaupt nicht mehr tätig.[1542]

Wenn auch die Angaben zur Situation der Arbeitsmarktbehörden in den einzelnen Bundesländern noch nicht vollständig erforscht sind – insbesondere die Frage nach der Dauer des jeweiligen Amtsverlustes muss an dieser Stelle unbeantwortet bleiben –, lässt sich doch im Licht des bestehenden Forschungsstandes das Bild einer recht flächendeckenden Entnazifizierung ablesen. Bei den Arbeitsmarktbehörden, Invalidenämtern und Gewerbeinspektoraten des Bundeslandes Salzburg wurden bis 29. Februar 1948 insgesamt 207 „unbelastete" Bedienstete beibehalten, während 136 Bedienstete ausschieden. Zum selben Stichtag waren in denselben Verwaltungszweigen neun „Minderbelastete" beschäftigt.[1543] Ähnlich gestaltete sich die Lage in Niederösterreich. Dort waren es bis zum 30. Juni 1947 insgesamt 613 beibehaltene „Unbelastete", 540 Ausgeschiedene und 51 beibehaltene „Minderbelastete".[1544] In Vorarlberg waren es bis zum 20. Mai 1947 122 beibehaltene „Unbelastete", 128 ausgeschiedene Bedienstete und 21 beibehaltene „Minderbelastete".[1545] Die Situation in diesen drei Ländern entspricht damit ziemlich genau dem durchschnittlichen österreichischen Bild in diesen Verwaltungszweigen.[1546]

[1539] Ebd, 25.
[1540] Ebd, 140.
[1541] Ebd, 141 (Tabelle).
[1542] Ebd, 136.
[1543] *Dohle*, Bundesland Salzburg, 133 (Tabelle).
[1544] *Mulley*, Klaus-Dieter, Zur Administration der Entnazifizierung in Niederösterreich. In: *Schuster*, Walter / *Weber*, Wolfgang (Hg), Entnazifizierung im regionalen Vergleich (Linz 2004) 267–302, hier: 293 (Tabelle).
[1545] *Weber*, Vorarlberg, 85 (Tabelle).
[1546] Siehe dazu gleich oben in diesem Kap.

C. Arbeitsmarktgestaltung

1. Arbeitspflicht

Die Volkswirtschaft der Zweiten Republik war nach dem Zweiten Weltkrieg von einem empfindlichen Mangel an Arbeitskräften in nahezu allen Branchen gekennzeichnet. Die Arbeitsämter waren auch knapp ein Jahr nach Kriegsende noch weit davon entfernt, „selbst die dringlichsten Arbeiten mit der erforderlichen Zahl von Arbeitskräften"[1547] auf dem Weg der Vermittlung versorgen zu können. Einem Ausgleich durch Kriegsheimkehrer schenkte man wenig Hoffnung, da dieser wieder durch die Rückkehr der Reichs- und Volksdeutschen wettgemacht wurde.[1548] Die notorische Knappheit wirkte sich besonders drastisch auf die vordringlichsten Sektoren Ernährungssicherung (vor allem Landwirtschaft) und Baugewerbe aus.[1549] Der Bedarf an landwirtschaftlichen Arbeitskräften für das Jahr 1946 wurde für das gesamte Bundesgebiet mit mindestens 80.000 bis 90.000 Arbeitskräften angenommen. Besonders ungünstig lagen die Verhältnisse in Niederösterreich, das alleine einen ungedeckten Bedarf von 40.000 Arbeitskräften aufwies.[1550]

Das Arbeitskräftedefizit war nichts Neues; praktisch die gesamte NS-Kriegswirtschaft war mit diesem Problem befasst. Im Ergebnis setzte das NS-Regime auf eine umfassende Sklavenbewirtschaftung (zivile AusländerInnen, politisch Verfolgte, Kriegsgefangene) und führte 1939 mit der Dienstpflicht[1551] ein Instrument ein, um auch den staatlich erzwungenen Zugriff auf „gewöhnliche deutsche" Arbeitskräfte zu rechtfertigen. Die maßgeblichen Rechtsgrundlagen überdauerten offenbar den Verfassungsumbruch von 1945 ungeachtet des R-ÜG, welches die Aufhebung von demokratiefeindlichem NS-Recht anordnete;[1552] die Dienstpflichtverordnung (1939) wurde erst 1946 mit dem neuen Arbeitspflichtgesetz[1553] ausdrücklich aufgehoben.[1554] Dieses reichsrechtliche Regelwerk erschien im Allgemeinen verständlicherweise nicht als wünschenswert, weil diese Verordnung gerade

„aus der Zeit des stärksten nationalsozialistischen Drucks [stammte] und durch hemmungslose Anwendung zur Deckung des Bedarfes der Rüstungsindustrie im Kriege so diskreditiert worden [ist], dass [seine] Anwendung auf Dienstnehmer- und Dienstgeberseite auf starken Widerstand stieß."[1555]

Behördenintern bestanden zwar schon lange vor Inkrafttreten des APflG Dringlichkeitsstufen, nach denen die Arbeitskräfte gezielt in die Branchen mit höchster Priorität zu vermitteln waren.[1556] Auf dem Weg der Vermittlung alleine konnte oder wollte man letztendlich dem Knappheitsproblem aber nicht beikommen, weshalb man sich auf Bundesebene auf eine Neuauflage der Arbeitspflicht einigte.

Im ersten Nachkriegsjahr war also de jure das NS-Recht maßgebend für die Umsetzung der Arbeitspflicht. In Kärnten wurden durch das LAA zwischen Sommer 1945 und Sommer 1946 insgesamt 1.943 Verpflichtungen ausgesprochen, von denen im Juli 1946 noch 530 aufrecht waren;[1557] der Anteil der aufgrund des NS-Rechts ausgesprochenen Verpflichtungen ist aus den Angaben der

---

[1547] 29 BlgNR, V. GP, EB, 5.
[1548] Ebd.
[1549] *Hofmann*, Gustav / *Keller*, Franz, Das Arbeitspflichtgesetz und die einschlägigen Vorschriften mit eingehenden Erläuterungen und einem Sachregister (Wien 1946) 17.
[1550] Protokolle Figl I, Bd 1, 313.
[1551] RGBl I 1939 S 206. Kap II. C. 3. a. Dienstpflicht und Notdienst.
[1552] Kap III. A. 2. Rechtliche Rahmenbedingungen.
[1553] BGBl 63/1946 (Bundesverfassungsgesetz).
[1554] § 15 APflG.
[1555] *Hofmann* / *Keller*, APflG, 19 f.
[1556] Ebd, 37.
[1557] ÖStA/AdR, BMsV/SP, Kart 32, GZ 22.058/46, Ein Jahr LAA Kärnten (Juli 1946) 6.

Quellen nicht nachvollziehbar. Der Bericht nennt vor allem das „Begraben von Verstorbenen" und die Verladung von Lebensmitteln als primäre Anwendungsbereiche dieser frühen Verpflichtungen in der Zweiten Republik gemäß der NS-Dienstpflicht. Ein Verweis auf die besondere Berücksichtigung von NationalsozialistInnen ist nicht enthalten.

Ungeachtet der Dringlichkeit einer gesamtösterreichischen Neuregelung wurde im Bereich der Arbeitspflicht nicht mehr die Provisorische Staatsregierung tätig. Die Verabschiedung des „Bundesverfassungsgesetzes vom 15. Februar 1946 über die Sicherstellung der für den Wiederaufbau erforderlichen Arbeitskräfte (Arbeitspflichtgesetz)"[1558] zählte zu den ersten Herausforderungen des neu gewählten österreichischen Parlaments. Die Schwierigkeit bestand darin, die staatlich erzwungene umfassende Heranziehung von Arbeitskräften möglichst mit demokratieverträglichen Mitteln zu vereinen. Dabei zeichneten sich einige zentrale Aspekte ab, die von gezielten Demokratisierungsmaßnahmen über Entnazifizierungs- bis hin zu Gender- und Erziehungsfragen reichten. Es galt in bewusster Abkehr vom NS-Recht die weitgehende Berücksichtigung der sozialen Verhältnisse der Verpflichteten durch verfassungsmäßige Maßnahmen wie deren Anhörung und die Mitwirkung demokratisch eingerichteter Verpflichtungskörper sicherzustellen.[1559] Im Sinne der Abgrenzung von den NS-Gewaltmethoden wurde in einem Atemzug mit dem APflG in § 15 das einschlägige NS-Recht außer Kraft gesetzt. Primär sollten die NS-treuen Arbeitskräfte als TrägerInnen des Regimes in die Pflicht genommen werden.[1560] Damit suchte man gezielt an die Maßnahmen des WSG anzuknüpfen, wonach die ehemaligen NationalsozialistInnen beruflich entmachtet wurden. Eine Rechtsgrundlage für die Arbeitspflicht zulasten des Ehemaligenmilieus war besonders den kommunistischen RegierungsvertreterInnen ein Anliegen.[1561]

Auffällig ist außerdem, dass Genderfragen in zweierlei Hinsicht ins Gesetz einflossen. Inhaltlich wurde in großem Umfang bei „der Festsetzung der Ausnahmen [den Haushalt Führende, Erziehende, Schwangere und Vollbeschäftigte] im Besonderen auf die Frauen Rücksicht genommen".[1562] In verfahrensrechtlicher Hinsicht war die Bestellung weiblicher Ausschussmitglieder in § 7 Abs 3 vorgesehen. Die wesentlichen Schutzmaßnahmen waren schon in der Regierungsvorlage enthalten. Im Ausschuss für soziale Verwaltung des NR[1563] wurden die Ausnahmen bezüglich der weiblichen Arbeitskräfte erweitert.[1564] Ursprünglich war etwa festgelegt, dass den Haushalt Führende nur auszunehmen waren, sofern eine Heirat vorlag. Bei den Erziehenden wurde die Altersgrenze des Kindes vom zehnten auf das 16. Lebensjahr angehoben. Die Schutzklausel für Vollbeschäftigte wurde überhaupt erst im Ausschuss für soziale Verwaltung eingeführt.

Außerdem sah man in der adäquaten Ausgestaltung der Arbeitspflicht das Potential, den „schweren Erziehungsschäden des nationalsozialistischen Regimes" beizukommen.[1565] In der Ministerratssitzung vom 22. Jänner 1946, in der die Arbeitspflicht grundlegend besprochen wurde, stand dieses Thema an erster Stelle der Diskussion. Dem zu Protokoll gebrachten Bericht des Bundeskanzlers Figl zufolge, wäre es „notwendig, in der Erziehung und Weiterbildung der Jugend einen energischen Schritt vorwärts zu tun." Es könnte „nicht geduldet werden, daß junge Leute zwischen 14 und 18 Jahren herumlungern [...] und unter Umständen meutern",[1566] womit die Arbeitspflicht als Form

---

[1558] Ebd.
[1559] *Hofmann / Keller*, APflG, 21.
[1560] 42 BlgNR, V. GP, AsVB, 1; *Hofmann / Keller*, APflG, 22.
[1561] *Mugrauer*, Manfred, Die Politik der KPÖ in der provisorischen Regierung Renner (Innsbruck/Wien/Bozen 2006) 129.
[1562] *Hofmann / Keller*, APflG, 28.
[1563] Zu den wesentlichen Akteuren gleich unten in diesem Kap.
[1564] 42 BlgNR, V. GP, AsVB, 2.
[1565] *Hofmann / Keller*, APflG, 23.
[1566] Protokolle Figl I, Bd 1, 72–74, hier: 72.

der demokratischen Umerziehung auf die Agenda kam. BM Dr. Karl Gruber (Bundesministerium für auswärtige Angelegenheiten, ÖVP) und BM Dr. Felix Hurdes (Bundesministerium für Unterricht, ÖVP) warnten zugleich vor einer Übernahme nationalsozialistischer Muster wie die Schaffung einer eigenen Organisation ähnlich dem RAD oder einer Uniformpflicht.[1567]

Diese Überlegungen lassen es verständlich erscheinen, dass erste konkrete Entwurfsarbeiten zur Arbeitspflicht nicht nur vom Bundesministerium für Handel und Wiederaufbau (BM Dr. Eugen Fleischacker, ÖVP) sondern auch im Bundesministerium für Unterricht vorweggenommen wurden.[1568] Die Erziehungsfragen mündeten in die Klausel des APflG, wonach die Zusammenfassung von Arbeitskräften zwischen dem 16. und 21. Lebensjahr in „Gemeinschaftsgruppen" aus erzieherischen Gründen vorgesehen war.[1569]

Schließlich galt es zu betonen, dass es sich bei der Arbeitspflicht lediglich um eine Notstandsmaßnahme handelte und die Wirksamkeit des Gesetzes einer zeitlichen Begrenzung unterlag.[1570] In diesem Sinne sollte das APflG gem § 16 nur bis zum 31. Dezember 1946 gelten, es wurde aber zweimal[1571] verlängert und blieb bis Ende 1948 in Kraft. In gesetzestechnischer Hinsicht fällt auf, dass einige Durchführungserlässe und -verordnungen[1572] vorgesehen waren, teilweise auch ergingen beziehungsweise erlassen wurden. Die Regierungsvorlage zum Arbeitspflichtgesetz wurde im Ministerrat am 29. Jänner 1946 ohne weitere inhaltliche Debatten beschlossen.[1573]

Im NR-Ausschuss für soziale Verwaltung[1574] wurde betont, Beschäftigte wären nur soweit heranzuziehen, als die Durchführung der Aufbauarbeiten anderweitig gefährdet wäre.[1575] Es wurde schon im Lauf der Generaldebatte im AsV klar, dass im Interesse der ArbeitnehmerInnenschaft der Personenkreis gegenüber der Regierungsvorlage stärker einzuschränken war.[1576] Abgesehen von den Schutzmaßnahmen bezüglich der weiblichen Arbeitskräfte nahm man im Gesetz vor allem eine allgemeine Verschiebung der Altersgrenzen zugunsten der Verpflichteten auf. Bei den Kriegsbeschädigten wurde die Grenze der Erwerbsminderung von 50 auf 40 Prozent herabgesetzt.

Das APflG wurde vom NR am 15. Februar 1946 mit der für Verfassungsgesetze erforderlichen Zweidrittelmehrheit angenommen und trat am 19. April 1946 in Kraft. Die Novelle durch das NSG wird im dafür einschlägigen Kapitel behandelt.[1577]

In § 1 Abs 1 APflG wurde der allgemeine Anwendungsbereich mit den Schlagwörtern „Ernährungssicherung" und „Wiederaufbau" umschrieben, wobei öffentliche und private DienstgeberInnen mit mehr als drei ArbeitnehmerInnen allenfalls zur Abgabe von österreichischen Arbeitskräften verpflichtet werden konnten. Diese Kleinbetriebsklausel fiel mit der ersten Novelle[1578] weg. Gem § 9 APflG war die Dauer der Verpflichtung auf sechs Monate beschränkt.

[1567] Ebd, 75.

[1568] Ebd.

[1569] § 2 Abs 4. Die Erläuternden Bemerkungen weisen ausdrücklich auf den erzieherischen Zweck der Zusammenfassung hin, geben aber nicht an, was damit genau erreicht werden sollte (29 BlgNR, V. GP, EB, 6).

[1570] *Hofmann / Keller*, APflG, 24.

[1571] BGBl 8/1947 und 10/1948.

[1572] Diese Rechtsgrundlagen werden weiter unten im Rahmen der dogmatischen Beschreibung des Rechtsgebiets „Arbeitspflicht" behandelt.

[1573] Protokolle Figl I, Bd 1, 128.

[1574] Namentlich nicht zuordenbare Abänderungsanträge wurden im Ausschuss eingebracht durch die Abgeordneten Viktor Elser (KPÖ), Ferdinand Geißlinger (ÖVP), Dr. Eugen Margaretha (ÖVP), Wilhelmine Moik (SPÖ), Ing. Julius Raab (ÖVP) und Robert Uhlir (SPÖ); an Wechselreden außerdem beteiligt: BM Maisel.

[1575] 42 BlgNR, V. GP, AsVB, 1.

[1576] Ebd, 2.

[1577] Kap III. C. 5. Das Nationalsozialistengesetz: Die Schlussphase der Arbeitsmarktbehörden als Subjekte der Entnazifizierung und die Novelle Arbeitspflicht.

[1578] BGBl 132/1946.

Der Kreis der erfassten Arbeitskräfte war sehr weit gesteckt. Vorbehaltlich der in § 1 Abs 2 APflG aufgezählten Ausnahmen – Altersgrenzen, etliche Gruppen von Frauen, Geschützte nach Opfer-Fürsorgegesetz und per Staatsvertrag geschützte AusländerInnen – konnten sämtliche Arbeitskräfte herangezogen werden. Bei männlichen Arbeitskräften lagen die Altersgrenzen beim vollendeten 16. und beim 55. Lebensjahr, bei weiblichen beim 16. und beim 40. Der Zugriff auf diese Arbeitskräfte war in einer Reihenfolge festgelegt; demnach waren zuerst NationalsozialistInnen („legale" und „ille-gale"), dann Personen ohne „geregelten Erwerb, der sie voll in Anspruch"[1579] nahm, und erst zuletzt Männer bis zum 30. Lebensjahr heranzuziehen.

Die zugelassenen Arbeiten waren gem § 3 APflG auf die beiden Wirtschaftsbranchen „Ernäh-rungssicherung" und „Wiederaufbau" beschränkt. Präzisierungen erfolgten per „Kundmachung"[1580] des Bundesministeriums für Handel und Wiederaufbau (BMHuW) vom 23. April 1946. Demnach hatten die Dringlichkeitsvorhaben der Alliierten Besatzungsmächte,[1581] der Ernährungssicherung[1582] und des „Wiederaufbaues im engeren Sinne"[1583] – diese drei Agenden hatten gleiche Priorität[1584] – Vorrang vor Arbeiten des „Wiederaufbaues im weiteren Sinne" (wie etwa die Energieversorgung).[1585]

Die Verpflichtung begründete ein Dienstverhältnis gem §§ 10–12 APflG, das im Verpflichtungs-bescheid des AA näher ausgestaltet war. Grundsätzlich war „in erster Linie auf Ortsansässige zu greifen";[1586] sollte das im Anwendungsfall nicht möglich sein, gebührte der Arbeitskraft gem § 11 Abs 4 leg cit ein Trennungszuschlag, der von der Arbeitgeberin beziehungsweise dem Arbeitgeber zu tragen war. Außer der Ortsbindung war bei der Verpflichtung auf die persönlichen Verhältnisse der Arbeitskraft Rücksicht zu nehmen.[1587]

Die §§ 4–8 APflG regelten das Verfahren, das zur Gänze vor den Arbeitsmarktbehörden stattfand. Die Teilnahme der jeweiligen ArbeitgeberInnen an den Maßnahmen des APflG erforderte einen An-trag, da mit der Verpflichtung auf ArbeitgeberInnenseite auch Lasten wie Trennungszuschläge und Ausgleichszulagen anfielen.[1588] Der Antrag war bei jenem AA zu stellen, das nach dem Betriebssitz zuständig war; über ihn wurde gem § 6 leg cit per Bescheid entschieden. Vor der Verpflichtung war die betreffende Arbeitskraft zu hören.[1589] Vor dem Ausspruch einer Verpflichtung mussten die AÄ versuchen, den Bedarf im Wege der gewöhnlichen Arbeitsvermittlung abzudecken.[1590]

Gegen den Verpflichtungsbescheid konnte binnen Wochenfrist Berufung beim LAA eingebracht werden, über die ein paritätisch besetzter Ausschuss entschied,[1591] der sich aus dem LAA-Leiter und vier Mitgliedern vonseiten der Interessenvertretungen zusammensetzte, die auf deren Vorschlag vom BMsV ernannt wurden. Der LAA-Ausschuss fasste seine Beschlüsse mit einfacher Mehrheit, wo-bei eine interessante Regelung für den Fall der Anwesenheit einer ungleichen Zahl von Interes-senvertretungs-Mitgliedern bestand: „Sind bei der Abstimmung Vertreter der Dienstgeber und der Dienstnehmer in ungleicher Zahl anwesend, so scheidet für die Abstimmung die Überzahl aus; wer ausschied, entscheidet im Streitfalle das Los."[1592] Damit unterschied sich dieser Modus von den Ab-

---

[1579] § 2 Abs 1 lit b leg cit.
[1580] GZ 57.009/46, abgedruckt bei *Hofmann / Keller*, APflG, 81 f, hier: 81.
[1581] Kundmachung lit A.
[1582] Lit B, va. Landwirtschaftliche Produktion.
[1583] Lit C, zB. Baustofferzeugung.
[1584] GZ 57.009/46, abgedruckt bei *Hofmann / Keller*, APflG, 81 f, hier: 82, lit C vorletzter Absatz.
[1585] *Hofmann / Keller*, APflG, 37.
[1586] *Hofmann / Keller*, APflG, 33.
[1587] § 5 leg cit.
[1588] *Hofmann / Keller*, APflG, 38.
[1589] § 7 Abs 1 leg cit.
[1590] *Hofmann / Keller*, APflG, 38.
[1591] § 8 leg cit.
[1592] § 8 Abs 2 leg cit.

stimmungsverfahren sowohl nach dem WSG als auch nach dem Wiedereinstellungsgesetz darin, dass dort die für den Fall der Stimmengleichheit der Vorsitzstimme gezielt der Vorzug eingeräumt wurde. Die Entscheidung des LAA war endgültig,[1593] die Beschwerde an den VwGH zulässig.[1594]

Der „Durchführungserlaß"[1595] des BMsV sah in Z 6 Abs 3 und 4 vor, dass auf bereits bestehende Organisationsstrukturen zurückzugreifen war. Darin wurde „empfohlen", dass, „wie bereits schon im Erlass vom 26. April 1946, [GZ] III/8.842, ausgeführt wurde, mit […] [den Aufgaben nach dem APflG] die bereits bestehenden Vermittlungsausschüsse zu betrauen" waren. In der Mittelinstanz sollten bei den LAÄ eigene Unterausschüsse der Verwaltungsausschüsse eingerichtet werden.

Zur Sicherung der Durchführung griff man auf bereits bekannte Mechanismen wie Strafen und Meldepflichten zurück. § 14 APflG stellte für Übertretungen nach diesem Gesetz oder den zur Durchführung ergangenen VO Geldstrafen bis zu S 5.000,- auf, die von der Bezirksverwaltungsbehörde zu verhängen war. Gem § 14 Abs 2 leg cit konnten vom AA die Kürzung oder der Entzug der Lebensmittelzuteilungen für jeweils höchstens vier Wochen verfügt werden.

Aus Sicht der LAÄ war die neu gefasste Arbeitspflicht angesichts des allgegenwärtigen Kräftedefizits eine dringend erwartete Maßnahme, wie im Monatsbericht des LAA Steiermark zum Berichtsmonat März 1946 – kurz vor dem Inkrafttreten des APflG – mehrfach betont wurde.

„Die logische Folgerung aus dieser Lage [des Arbeitskräftemangels war], daß durch Anwendung von Arbeitsverpflichtungen ein Abzug von minder-ausgenützten Arbeitskräften von Betrieben [beziehungsweise] eine verstärkte Heranziehung von unbeschäftigten Frauen und die Einziehung gewißer Gruppen von Studenten nicht zu umgehen"[1596]

wäre. Auch der Einsatz von fremdländischen Arbeitskräften aus den Lagern der Displaced Persons machte zwar „gute Fortschritte, trotz der großen Schwierigkeiten, die der Verwendung von Familien entgegenst[standen]".[1597] Insgesamt würde aber, so schätzte man, „in der Landwirtschaft noch ein erheblicher, aus den bereits vorhandenen Kräften nicht zu befriedigender Bedarf übrig bleiben, der im Laufe der nächsten 2 Monate zusätzliche Maßnahmen (Arbeitspflicht, Betriebsurlaub) notwendig werden" ließ. Diese Einschätzung weist auf den von behördlicher Seite georteten Bedarf nach einer neuen Rechtsgrundlage anstelle des NS-Rechts hin.

[1593] § 8 Abs 2 aE APflG.
[1594] *Hofmann / Keller*, APflG, 43.
[1595] GZ 16.247/46, abgedruckt bei *Hofmann / Keller*, APflG, 70–80, hier: 75 f.
[1596] ÖStA/AdR, BMsV/SP, Kart 32, GZ 17.764/46, Zusammenfassender Textbericht für den Berichtsmonat März 1946 des LAA Steiermark (April 1946) 1.
[1597] Ebd, 2.

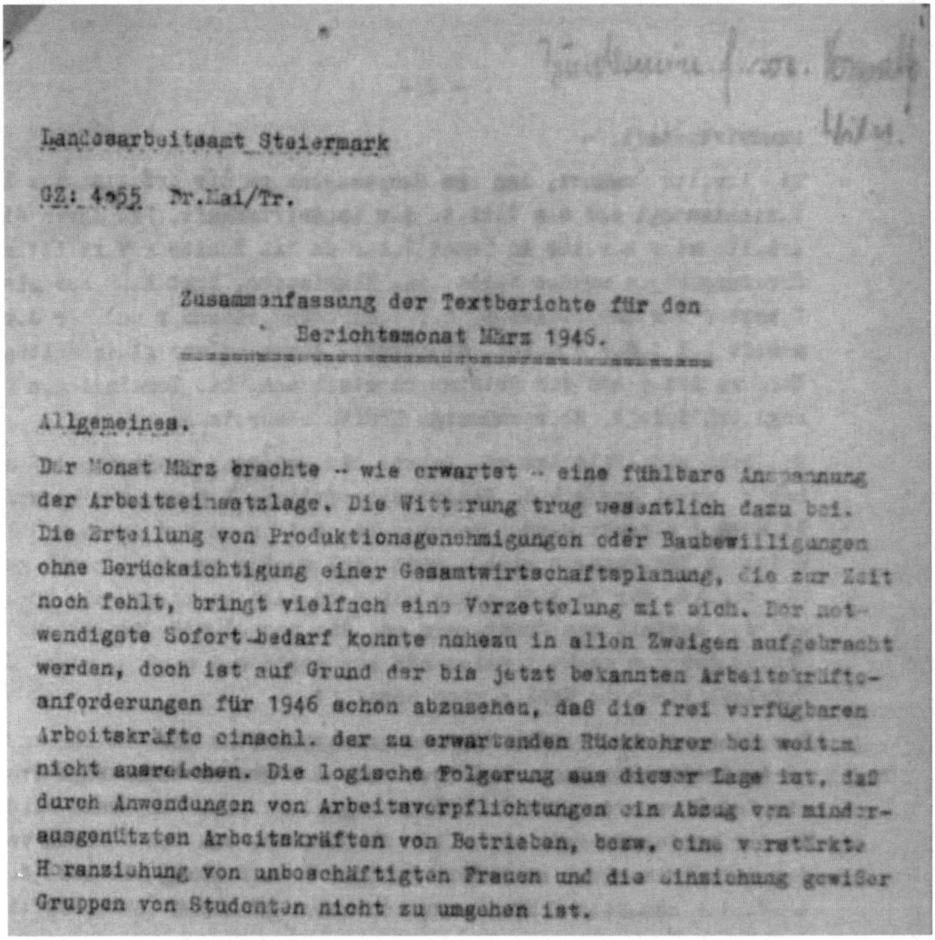

Abbildung 12:[1598] **Monatsbericht des LAA Steiermark zur Arbeitspflicht (April 1946)**

Eine Erfassung der beschäftigten und unbeschäftigten Arbeitskräfte wurde in den meisten Bundesländern schon im Vorfeld des APflG durch die Alliierten Besatzungsmächte angeordnet und durchgeführt.[1599] Unmittelbar nach dem Inkrafttreten des APflG ergingen durch die LAÄ die einschlägigen Erlässe und Kundmachungen zur Durchführung der Meldepflicht gem § 13 leg cit, die vor allem die Ausstellung der Beschäftigungsausweise normierten. Ende April 1946 ordnete das LAA Wien für seinen örtlichen Zuständigkeitsbereich per „Kundmachung"[1600] die umfassende Ausstellung von Beschäftigungsausweisen an, die gemäß Z 2 letzter Abs der Kundmachung bis zum 4. Juni 1946 abzuschließen war. Im Jahr 1947 wurden in Wien 37.217 Beschäftigungsausweise ausgestellt, wobei in dieser Zahl auch die Inhaber alter Ausweise vor dem NSG enthalten sind, welche nun neue Ausweise gemäß dem APflG erhielten.[1601] Zur Betonung der Nachdrücklichkeit rückte man die Lebensmittelkarten in den Vordergrund, die nur nach Vorlage eines Beschäftigungsausweises

---

[1598] ÖStA/AdR, BMsV/SP, Kart 32, GZ 17.764/46, Zusammenfassender Textbericht für den Berichtsmonat März 1946 des LAA Steiermark (April 1946) 1.

[1599] *Hofmann / Keller*, APflG, 64 f.

[1600] „Kundmachung des Landesarbeitsamtes Wien vom 23. April 1946 über die Ausstellung eines Beschäftigungsausweises", abgedruckt bei *Hofmann / Keller*, APflG, 101–103.

[1601] AMS NÖ/LGSt, LAA W, Jahresbericht für das Berichtsjahr 1947 (1948) 7.

ausgegeben wurden. 1947 wurden alleine im Wirkungsbereich des AA Bau/Holz in stattlichen 5.050 Fällen „die Sperre der Lebensmittelkarten verfügt. Vielfach wurde dadurch die Wiedereingliederung in den Arbeitsprozeß erzielt."[1602] In ähnlicher Weise stellte sich das Vorgehen in Niederösterreich[1603] und Oberösterreich dar.[1604]

Die Kooperation zwischen den Arbeitsmarktbehörden und den Gemeinden fand in der Einrichtung der „Ortshilfe" einen institutionalisierten Rahmen, der auf die Arbeitspflicht aufbaute. Die Ortshilfe wurde auf Betreiben des BMsV forciert, um die ländlichen Arbeitskraftreserven zur Heranziehung in der Landwirtschaft gezielt einzubinden. Man setzte letztendlich deshalb besonders auf die in ländlichen Gebieten wohnhafte Bevölkerung, „da diese meist der Landwirtschaft kundig"[1605] war. Zur Abwicklung der Aufgaben im Rahmen der Ortshilfe durch die Gemeinden wurden „paritätische Ortsausschüsse" unter dem Vorsitz des jeweiligen Bürgermeisters aus den VertreterInnen der ArbeitgeberInnen und -nehmerInnen gebildet. Die Ortsausschüsse hatten insbesondere die Auswahl der Arbeitskräfte zu treffen, wobei primär Unbeschäftigte heranzuziehen waren; ein Hinweis auf die primäre Beauftragung von ehemaligen NationalsozialistInnen ist in den gegenständlichen Unterlagen nicht gegeben.

Per Anschlag in den Gemeinden wurde auf die Pflicht der Bevölkerung hingewiesen, den Zuweisungen durch die Bürgermeister bei sonstiger Verhängung von Strafmaßnahmen nach dem APflG Folge zu leisten, und zu guter Letzt zur „nachbarlichen Hilfeleistung" gemahnt.[1606] Die Durchführung der Ortshilfe wurde durch den Außendienst des LAA und der AÄ überprüft.[1607] Die in diesem Stadium entwickelte Kooperationsform der Ortshilfe – nicht zuletzt auch die freiwillige „nachbarliche Hilfeleistung" – sollte später nach dem Außerkrafttreten des APflG und dem Wegfall der darin vorgesehenen Möglichkeiten eine besonders große Rolle spielen.[1608]

Die demokratisch auf solidem Fundament fußende neue Arbeitspflicht öffnete den Arbeitsmarktbehörden die Türen in materieller Hinsicht. In der Steiermark bestand zur Zeit des Inkrafttretens des APflG ein ungebrochen großer Bedarf an Bergwerksarbeitern, der mittels der gewöhnlichen Vermittlung bei weitem nicht abgedeckt werden konnte. Auf dem Weg der Arbeitspflicht war im Herbst 1945 und Frühling 1946 eine unbekannte Zahl vornehmlich von Hauern vom Erzberg in Eisenerz und aus Hüttenberg arbeitsmarktbehördlich abgezogen und in die verschiedenen Kohlegruben in der Steiermark (britische Besatzungszone) verpflichtet worden.[1609] Die aufgrund der NS-Dienstpflichtverordnung ausgesprochenen Verpflichtungen liefen am 31. Mai 1946 ab. „Um den Produktionsrückgang nicht noch wesentlich zu erhöhen, wurden sämtliche über 30 Jahre alten Hauer im Auftrage der Britischen Militärregierung verhalten, auf ihrem bisherigen Arbeitsplatz in den Kohlegruben zu verbleiben."[1610]

[1602] Ebd, 22.

[1603] ÖStA/AdR, BMsV/SP, Kart 33, GZ 41.826/46, Errichtung von paritätischen Ausschüssen, darin: GZ 42.044, LAA NÖ, Protokoll über die konstituierende Sitzung des Verwaltungsausschusses (28. Juni 1946) 14.

[1604] OÖLA/BHSchaerding, Schachtel 156, 1945, Präs/Arb, 132, Arbeitspflicht, Einführung eines Ausweises, darin: Anordnung des LAA OÖ (21. Juni 1946).

[1605] ÖStA/AdR, BMsV/SP, Kart 32, GZ 20.666/46, Schreiben des LAA Sbg an das BMsV (7. Mai 1946), darin: Schreiben des LAA Sbg an den Bürgermeister der Gemeinde Kuchl (3. Mai 1946) 1.

[1606] ÖStA/AdR, BMsV/SP, Kart 32, GZ 20.666/46, Schreiben des LAA Sbg an das BMsV (7. Mai 1946), darin: Schreiben des LAA Sbg an den Bürgermeister der Gemeinde Kuchl (3. Mai 1946) 2, und Anordnung betreffend die Einrichtung einer Ortshilfe zur Durchführung landwirtschaftlicher Arbeiten (gezeichnet Landesregierung und LAA Salzburg, 17. April 1946) Ziffer 5 und letzter Absatz.

[1607] ÖStA/AdR, BMsV/SP, Kart 32, GZ 20.666/46, Schreiben des LAA Sbg an das BMsV (7. Mai 1946), darin: Schreiben des LAA Sbg an den Bürgermeister der Gemeinde Kuchl (3. Mai 1946) 2.

[1608] Dazu weiter unten in diesem Kap.

[1609] ÖStA/AdR, BMsV/SP, Kart 32, GZ 37.501/46, Arbeitspflichtgesetz; Erweiterung, darin: Schreiben des LAA Stmk an das BMsV (24. Mai 1946).

[1610] ÖStA/AdR, BMsV/SP, Kart 32, GZ 37.501/46, Arbeitspflichtgesetz; Erweiterung, darin: Schreiben des LAA Stmk an das BMsV (13. Juli 1946).

Das Wirtschaftsreferat der Tiroler Landesregierung plante Ende April 1947 – ein Jahr nach dem Inkrafttreten des APflG – mit Rücksicht auf die ungünstige Brennstofflage eine „intensive Ausnützung der in Tirol befindlichen Torfstiche."[1611] Für die Durchführung dieser Torfgewinnung, die bislang nur als landwirtschaftliche Nebenarbeit betrieben wurde, waren etwa 200 Arbeitskräfte erforderlich, der Großteil davon in Kitzbühel. Mangels vermittelbarer Arbeitskraftreserven auch in diesem Bereich sah sich das LAA Tirol gezwungen, den Bedarf per Arbeitspflicht zu decken.

Während in wichtigen Bereichen die Anwendung der Arbeitspflicht tatsächlich sehr hilfreich erschien, erübrigte sich in den meisten Fällen aufgrund der abschreckenden Wirkung des APflG die Notwendigkeit, von einer Verpflichtung tatsächlich Gebrauch zu machen.

„Seine Einführung und Handhabung [war] für die Durchführung der Kräftebeschaffung für Wiederaufbauarbeiten und die Ernährungssicherung unerläßlich. Es mußte aber bisher [bis Juni1946] fast nicht angewendet werden, weil seine Wirksamkeit vielfach schon für die Lenkung der Arbeitskräfte ausreichend [war]. Jedenfalls [erwies] es sich als wirksames Druckmittel, die Arbeitsunlust zu steuern."[1612]

In dieses Licht wurde die Arbeitspflicht von Akteuren aus dem Umfeld der Arbeitsmarktverwaltung, der Fachliteratur[1613] wie auch auf Konferenzen[1614] gestellt.

Ressortinternen Berichten zufolge stellte sich die Lage differenziert dar. So erhellt sich, dass durch das Landesarbeitsamt Wien im Jahr 1947 insgesamt 643 Arbeitsverpflichtungen ausgesprochen wurden, wobei nur zehn davon Frauen betrafen. Die überwiegende Zahl der Verpflichtungen (zirka 500 zulasten von „Belasteten" nach § 2 Abs 1 lit a APflG idFd NSG) erstreckte sich auf ehemalige NationalsozialistInnen (großteils Männer, die Angestelltenpositionen innehatten), die auf diese Weise „in Arbeit gebracht wurden".[1615] Dieses Verhältnis beweist die Bedeutung des APflG als Instrument der Entnazifizierung. Im Jahr 1948 wurden vom LAA Wien 32 Verpflichtungen vorgenommen.[1616] Das Landesarbeitsamt Niederösterreich wiederum sprach zwischen April 1946 und Dezember 1948 525 Verpflichtungen aus.[1617] Es ist davon auszugehen, dass in Österreich insgesamt einige tausend Verpflichtungen aufgrund des APflG ausgesprochen wurden. Wenngleich natürlich der größte Teil der Arbeitskräfte nicht durch Verpflichtung beschäftigt war, steht doch außer Frage, dass damit das Gesetz öfter als – wie zeitgenössische Akteure gegenüber der Öffentlichkeit vertraten – „in sehr seltenen Fällen"[1618] zur Anwendung kam.

	1946	1947	1948
Niederösterreich	-	643 (va. „Belastete")	32 (bis Februar)
Wien	525 (April 1946 bis Dezember 1948)		

Tabelle 5: Arbeitspflicht in Niederösterreich und Wien (1946–1948)

[1611] ÖStA/AdR, BMsV/SP, Kart 100, SA 11, GZ 43.849/47, Zugelassene Arbeiten nach dem Arbeitspflichtgesetz; Auslegung der Kundmachung des Bundesministeriums für Handel und Wiederaufbau vom 31. Jänner 1947 darin: Schreiben des LAA Tir an das BMsV betreffs Aufnahme der Torfgewinnung (25. April 1947) 1.

[1612] ÖStA/AdR, BMsV/SP, Kart 33, GZ 41.826/46, Errichtung von paritätischen Ausschüssen, darin: GZ 42.044, LAA NÖ, Protokoll über die konstituierende Sitzung des Verwaltungsausschusses (28. Juni 1946) 8.

[1613] ÖStA/AdR, BMsV/SP, Kart 113, GZ 55.385/47, Schulungsfachblatt des Landesarbeitsamtes Steiermark, Blatt 5 (19. Mai 1947) 2 f, hier: 2.

[1614] ÖStA/AdR, BMsV/SP, Kart 171, SA 11, GZ 22.759/48, Bericht über die Konferenz für Arbeitskräfte in Rom, darin: Information für den Ministerrat (2. März 1948) 1.

[1615] AMS NÖ/LGSt, LAA W, Jahresbericht für das Berichtsjahr 1947 (1948) 6 und 20.

[1616] AMS NÖ/LGSt, LAA W, Jahresbericht für das Berichtsjahr 1948 (1949) 11.

[1617] O.A., 6 Jahre Arbeitsämter in Niederösterreich, 41.

[1618] ÖStA/AdR, BMsV/SP, Kart 171, GZ 23.813/48, Arbeitskräftekonferenz in Rom – Kongressmaterial, darin: Memorandum der österreichischen Delegation bei der „Conférence de la Main d'Oeuvre" in Rom, zur Tagesordnung der Kommissionen 1 und 2 (31. Jänner 1948), 2 f.

Mit dem Außerkrafttreten des APflG Ende 1948 waren die Arbeitsmarktbehörden und andere beteiligte Stellen darauf angewiesen, die dadurch wegfallenden Möglichkeiten der hoheitlich befohlenen Zuweisung von Arbeitskräften durch andere Maßnahmen auszugleichen. Im Bereich der landwirtschaftlichen Produktion griff man auf das bewährte Instrument der Ortshilfe zurück, wobei natürlich auch hier der Wegfall des verpflichtenden Charakters die Nachdrücklichkeit der Ortshilfe stark einschränkte.[1619] Als Ersatz dafür einigte sich der Ministerrat auf ein gegenüber den Vorjahren nun besser ausgebautes Anreizsystem. Um verstärkt die freiwillige Einbringung von Arbeitskräften in der Landwirtschaft attraktiv zu machen, wurden Lebensmittelprämien im verdoppelten Ausmaß bei längerer Beschäftigungsdauer, die Gewährung von Trennungsbeihilfen an arbeitslose FamilienerhalterInnen und der vergünstigte Bezug von Arbeitsschuhen angewiesen.[1620] Die entsprechenden Vorgaben wurden durch das Bundesministerium für Inneres an die Ämter der Landesregierungen[1621] und seitens des Bundesministeriums für Volksernährung an die Landesernährungsämter[1622] herausgebracht.

Die Endberichte der Landesarbeitsämter vom Herbst 1949 legen offen, dass etliche der angedachten Maßnahmen zur Kompensation des Arbeitspflicht-Endes zwar gut gemeint waren, in vielen Fällen aber nicht in dem gewünschten Ausmaß griffen.[1623] Die Einrichtung der Ortshilfe erfolgte in vielen Fällen gar nicht; selbst in Niederösterreich, wo die Ortshilfe in den Vorjahren eine große praktische Bedeutung hatte, war diese Gegenentwicklung festzustellen. Das LAA NÖ konnte aber beobachten, dass die Mithilfe der Ortsangehörigen nicht sank, was die Arbeitsmarktbehörden auf die steigende Bedeutung der Nachbarschaftshilfe zurückführten; viele VertragspartnerInnen sammelten schlicht schon in den vorigen Saisonen gute Erfahrungen miteinander und verzichteten nun auf eine Einschaltung der Ortsausschüsse und AÄ samt Prämienzuschlag. Besonders die Lebensmittelprämien konnten im Jahr 1949 keinen ausreichenden Anreiz mehr bieten. Die Bilanz der Trennungsbeihilfe für arbeitslose FamilienerhalterInnen fiel äußerst unterschiedlich aus. Die LAÄ NÖ und OÖ versprachen sich von diesem Instrument keinen langanhaltenden Erfolg. Das LAA Vbg verzeichnete trotz der Verlautbarung des Anspruches im Rundfunk und in der Tagespresse lediglich in Einzelfällen eine Inanspruchnahme der Trennungsbeihilfe. Demgegenüber wurde in Kärnten, in Niederösterreich, in Oberösterreich und in der Steiermark in je 100 bis 300 Fällen davon Gebrauch gemacht.

Die Arbeitspflicht in der Zweiten Republik stellte jenen Bereich dar, in dem das NS-Arbeitseinsatzrecht zur Zwangsbeschäftigung abgeschafft und durch demokratisch legitimierte Methoden ersetzt wurde.[1624] Die demokratische Tragweite kam dabei sowohl im parlamentarischen Zustandekommen des Arbeitspflichtgesetzes als auch in dessen inhaltlicher Ausgestaltung zum Ausdruck. Es

[1619] ÖStA/AdR, BMsV/SP, Kart 214, SA 11, GZ 160.028/49, Maßnahmen zur Bereitstellung der für die Landwirtschaft erforderlichen Arbeitskräfte für das Jahr 1949, darin: BMsV/SP, GZ 78.477/49, Maßnahmen zur Bereitstellung der für die Landwirtschaft erforderlichen Arbeitskräfte für das Jahr 1949, Erlass an die LAÄ (18. Mai 1949).

[1620] Ebd.

[1621] ÖStA/AdR, BMsV/SP, Kart 214, SA 11, GZ 160.028/49, Maßnahmen zur Bereitstellung der für die Landwirtschaft erforderlichen Arbeitskräfte für das Jahr 1949, darin: BMsV/SP, GZ 86.676/49, Maßnahmen zur Bereitstellung der für die Landwirtschaft erforderlichen Arbeitskräfte für das Jahr 1949, Erlass des Bundesministeriums für Inneres an die Ämter der Landesregierungen (14. Mai 1949).

[1622] ÖStA/AdR, BMsV/SP, Kart 214, SA 11, GZ 160.028/49, Maßnahmen zur Bereitstellung der für die Landwirtschaft erforderlichen Arbeitskräfte für das Jahr 1949, darin: BMsV/SP, GZ 86.676/49, Maßnahmen zur Bereitstellung der für die Landwirtschaft erforderlichen Arbeitskräfte für das Jahr 1949, Erlass des Bundesministeriums für Volksernährung an die Landesernährungsämter und Ämter der Landesregierungen (18. Mai 1949).

[1623] ÖStA/AdR, BMsV/SP, Kart 214, SA 11, GZ 160.028/49, Maßnahmen zur Bereitstellung der für die Landwirtschaft erforderlichen Arbeitskräfte für das Jahr 1949 (29. November 1949). Die Zusammenfassung der Endberichte der Landesarbeitsämter auf der Innenseite des Aktenumschlags geben einen sehr guten Überblick über die Situationen in den einzelnen LAA-Bezirken.

[1624] Eine Gesamteinschätzung erscheint angesichts der wenig umfangreichen Novellierung durch das NSG (Kap III. C. 5. Das Nationalsozialistengesetz: Die Schlussphase der Arbeitsmarktbehörden als Subjekte der Entnazifizierung und die Novelle Arbeitspflicht) bereits an dieser Stelle der Studie hier angebracht.

wurden gezielt geschlechtsspezifische Aspekte durch die Berücksichtigung weiblicher Ausschussmitglieder und die Normierung weitreichender Ausnahmen für weibliche Arbeitspflichtige berücksichtigt. Im Hinblick auf die Entnazifizierung knüpfte das APflG an das WSG an, um die ehemaligen NationalsozialistInnen beruflich zu entmachten, wodurch das APflG nicht nur zu einem rein arbeitsmarktpolitischen Steuerungsinstrument wurde, sondern auch gezielt parteipolitisch motivierte Zwecke verfolgte. Wenngleich das Gesetz nur wenige Jahre in Kraft war und Hinweise darauf bestehen, dass die Anwendungspraxis durchaus von einer gewissen Zurückhaltung geprägt war, muss es doch insgesamt als wichtiges arbeitsmarktpolitisches Mittel gesehen werden.

2. Die Rezeption der Arbeitsplatzwechselverordnung

Nicht nur das Dienstpflicht-Regime, auch die „Verordnung über die Beschränkung des Arbeitsplatzwechsels"[1625] vom 1. September 1939 („Arbeitsplatzwechselverordnung") wurde nach dem Inkrafttreten des RÜG durch die Provisorische Staatsregierung beziehungsweise die Bundesregierung nicht per „Kundmachung" aufgehoben, wie dies gem § 1 Abs 2 leg cit möglich gewesen wäre. Sondern sie fand weiterhin Anwendung durch die Arbeitsämter.[1626] Das bedeutete, dass grundsätzlich für jeden Abschluss eines Arbeitsvertrags nach § 4 Arbeitsplatzwechselverordnung und für jede einseitige Auflösung des Arbeitsverhältnisses gemäß der Generalklausel nach § 1 leg cit die Zustimmung des AA nötig war. In diesem Sinn kann von einem Festhalten an der Auflösungs- und Kontrahierungsschranke aus der NS-Zeit gesprochen werden.

In Anbetracht dessen, dass die Aufrechterhaltung der Arbeitsplatzwechselverordnung jeglichem demokratischen Grundverständnis massiv widersprach,[1627] erschien es undenkbar, diese Rechtslage ohne weiteres aufrechtzuerhalten. Abhilfe schuf der zentrale Erlass des StAsV vom 14. Juli 1945 an die LAÄ[1628] zur „Errichtung paritätischer Ausschüsse bei den Landesarbeitsämtern zur Mitwirkung bei Anträgen auf Lösung von Dienstverhältnissen".[1629] Dieser StAsV-Erlass ordnete auf der organisatorischen Ebene an, dass für die Entscheidung in Angelegenheiten der Arbeitsplatzwechselverordnung bei den LAÄ einzurichtende „Lösungsausschüsse" zuständig waren. Den Vorgaben des StAsV-Erlasses[1630] entsprechend wurden ab Mitte November 1945 bei den LAÄ im Einflussbereich der Staatsregierung – also in Wien und Niederösterreich – sukzessive jeweils mehrere Unterausschüsse für die wichtigsten Wirtschaftsbranchen (vor allem in der Landwirtschaft, der Industrie, dem Gewerbe und dem Handel) geschaffen.[1631] Es ist davon auszugehen, dass die Errichtung dieser Ausschüsse bei den LAÄ außerhalb der SBZ erst im Laufe des ersten Halbjahres 1946 anlief.[1632]

[1625] RGBl I 1939 S 1685. Dazu ausführlich im Kap II. C. 3. b. „Arbeitsplatzwechselverordnung". Die zentralen Erkenntnisse dieses Kapitels finden sich erstveröffentlicht auch bei *Krempl*, Mathias, Macht und Ohnmacht des Arbeitsamtes? Die Reglementierung des „Arbeitsplatzwechsels" im Nationalsozialismus und deren umstrittene Rolle in der österreichischen Nachkriegszeit. In: BRGÖ 1/2015 (im Druck).

[1626] Für OÖ zum Beispiel ÖStA/AdR, BMsV/SP, Kart 100, GZ 24.791/47, Erlass des BMsV an das LAA OÖ betreffs Anordnung gegen Arbeitsvertragsbruch und Abwerbung von Arbeitskräften vom 20.7.1942, RArbBl. I, 341 (19. April 1947).

[1627] Dazu grundsätzlich *Gürtler*, Hans, Arbeitsplatzwechselverordnung und Freiheit der Erwerbsbetätigung. In: ÖJZ (1947) 191–193.

[1628] Zum im Wesentlichen auf die Sowjet-Zone beschränkten räumlichen Wirkungsbereich des BMsV 1945 siehe Kap III. A. 1. Politische, wirtschaftliche und soziale Rahmenbedingungen.

[1629] ÖStA/AdR, BMsV/SP, Kart 3, GrZ 50.035/45, GZ 50.283/45, Erlass des StAsV an die LAÄ betreffs Errichtung paritätischer Ausschüsse bei den Landesarbeitsämtern zur Mitwirkung bei Anträgen auf Lösung von Dienstverhältnissen (14. Juli 1945).

[1630] Ebd, Z 1 und Z 3.

[1631] ÖStA/AdR, BMsV/SP, Kart 3, GrZ 50.035/45, GZ 50.283/45, Erlass des StAsV an die LAÄ betreffs Errichtung paritätischer Ausschüsse bei den Landesarbeitsämtern zur Mitwirkung bei Anträgen auf Lösung von Dienstverhältnissen, darin: GZ 51.712, Protokoll über die am 17. November 1945 beim LAA NÖ stattgefundene Plenarsitzung des paritätischen Ausschusses zur Mitwirkung bei Anträgen auf Lösung von Dienstverhältnissen; im selben Sinne auch ÖStA/AdR, BMsV/SP, Kart 33, GZ 41.826/46, Errichtung von paritätischen Ausschüssen, darin: GZ 42.044, Vorschläge des LAA W f. die Besetzung der Unterausschüsse (11. August 1946).

[1632] ÖStA/AdR, BMsV/SP, Kart 3, GZ 51.572/45, Übersendung der „Amtlichen Nachrichten des Staatsamtes für soziale Verwaltung" [Nr. 1/2, 15. September 1945] und von bisher ergangenen grundsätzlichen Weisungen [Juni bis Oktober 1945] an die Landesarbeitsämter außerhalb der sowjetisch-russischen Besatzungszone (27. Dezember 1945).

Die jeweiligen Lösungsausschüsse setzten sich aus dem Leiter des LAA sowie dem vom ÖGB und der Handelskammer vorgeschlagenen VertreterInnen der Sozialpartner zusammen, die durch das StAsV/BMsV ernannt wurden. Mit dem Vorsitz war der LAA-Leiter oder ein von ihm bezeichneter Bediensteter des LAA zu betrauen. Bei den Abstimmungen galt das Mehrheitsprinzip, bei Stimmengleichheit war die Vorsitz-Stimme ausschlaggebend. War bei der Abstimmung eine ungleiche Zahl von Vertretern der ArbeitgeberInnen- und –nehmerInnenseite anwesend, so entschied im Zweifelsfall das Los, wessen Stimmrecht für diese Abstimmung zählte.[1633]

Für die ersten Monate der Geltung des StAsV-Erlasses[1634] waren jedoch zunächst keine Lösungsausschüsse bei den einzelnen AÄ vorgesehen. Ausschlaggebend dafür war das „Interesse eines einheitliche Vorgehens",[1635] dessen Erfolg durch eine frühzeitige Errichtung von entsprechenden Ausschüssen bei den AÄ gefährdet schien.

Eine wichtige inhaltliche Anpassung betraf die Beendigung von Arbeitsverhältnissen ehemaliger NationalsozialistInnen (Mitglieder der Partei beziehungsweise ihrer Kampfverbände), die bei einem allfälligen „Abbau von Arbeitskräften in erster Linie"[1636] heranzuziehen waren. Aus „zwingende[m] fachliche[n] Interesse" konnte davon abgegangen werden, worin ein Hinweis auf den kriegsbedingten Mangel an Arbeitskräften in Schlüsselpositionen auch nach Kriegsende zu sehen ist.

Durch die relativ einfache Rechtsform des Erlasses war es möglich, im Bereich des angeordneten vorrangigen Abzugs von ehemaligen NationalsozialistInnen früher als in anderen Feldern des Arbeitsmarktes konkrete Schritte in Richtung der Beseitigung von NS-Erbe zu setzen. Zentrale Maßnahmen wie das WSG, welches erst am 22. September 1945 in Kraft trat, griffen deutlich später. Damit ist in dem Erlass sicherlich eine der ersten Bestrebungen zu sehen, die Entnazifizierung im Bereich der unselbständig Beschäftigten in der Privatwirtschaft voranzutreiben.

Der vorliegende StAsV-Erlass[1637] ist freilich gleichzeitig auch ein Beleg für die grundsätzliche Beibehaltung der überkommenen NS-Rechtslage unter gleichzeitiger Vornahme wichtiger Änderungen im Sinne demokratischer Verhältnisse. Für Wien konnte nachgewiesen werden, dass diese Rechtslage aber unbefriedigend war. Von den dortigen Arbeitsämtern wurde immer wieder die Beobachtung gemacht, dass „trotz der mehrmaligen Verlautbarung" über das Fortbestehen der Arbeitsplatzwechselverordnung deren Bestimmungen nicht eingehalten wurden.[1638] Dem gegenständlichen Bericht zufolge handelte es sich um eine nicht näher konkretisierte „große Anzahl" von Verstößen. Das LAA Wien schlug deshalb vor, in einer neuerlichen Verlautbarung auf die Relevanz der Arbeitsplatzwechselverordnung aus der NS-Zeit hinzuweisen. Im Verlautbarungsentwurf des LAA Wien wurde ausdrücklich auf die Strafvorschriften gem § 11 Arbeitsplatzwechselverordnung (Gefängnis und Geldstrafe oder eine dieser Strafen) hingewiesen.

Fälle der „lebendige[n] Anwendung der Arbeitsplatzwechselverordnung"[1639] lassen sich auch aus heutiger Sicht in einzelnen archivarischen Quellen[1640] sowie in der zeitgenössischen Fachliteratur nachweisen. So stand etwa ein Dreher, der bei einem Bergwerksbetrieb Arbeit fand, im Fokus der Betrachtung; ein anderes Mal ein Bauingenieur beschäftigt bei einer Baufirma und dann wieder ein

---

[1633] Z 3 StAsV-Erlass GZ 50.283/45.
[1634] GZ 50.283/45.
[1635] Z 2 leg cit.
[1636] Z 2 letzter Absatz StAsV-Erlass GZ 50.283/45.
[1637] GZ 50.283/45.
[1638] ÖStA/AdR, BMsV/SP, Kart 3, GZ 51.044/45, Zeitungsverlautbarung über Arbeitsplatzwechsel (29. September 1945).
[1639] ÖStA/AdR, BMsV/SP, Kart 113, GZ 55.385/47, Schulungsfachblatt des Landesarbeitsamtes Steiermark, Blatt 5 (19. Mai 1947) 3–5, hier: 5.
[1640] OÖLA/BHSchaerding, Schachtel 157, 1945, Präs/Arb, 32 Arb, Bericht des AA Schärding an die BH Schärding am Inn betreffs Landarbeiterin (23. Februar 1947).

Landarbeiter, der als Bauarbeiter tätig war.[1641] Damit waren auch zu damaligem Zeitpunkt mehrere Beispiele angeführt, in denen die befasste Vermittlungskraft „formal im Recht"[1642] – also die Entscheidungen jeweils von den Rechtsgrundlagen – gedeckt war. Aus Praxissicht warf der Autor aber den zuständigen AA-Bediensteten bei denselben Sachverhalten einmal „stures Handeln" und an anderer Stelle „den Arbeitgeber schädigende Maßnahmen" vor. Letztendlich plädierte dieser Autor zwar nicht für die Abschaffung der Arbeitsplatzwechselverordnung; vielmehr appellierte er an die jeweilige Vermittlungskraft, „mit offenen Augen durchs Leben" zu gehen, um „den richtigen Weg" zu finden. All diese Fälle zeigen aber, mit welchen Unsicherheiten diese Rechtslage für die SachbearbeiterInnen und erst recht für die Beteiligten am Arbeitsmarkt verbunden war.

In der 64. Sitzung des Ministerrats vom 14. April 1947 fand eine Besprechung anlässlich der Bereitstellung der für den Anbau von Saatgut 1947 erforderlichen Arbeitskräfte statt.[1643] Im Vorfeld hatten das BMsV (BM Karl Maisel, SPÖ) und das Bundesministerium für Land- und Forstwirtschaft (BM Josef Kraus, ÖVP) einen Bericht erstellt, aus dem der dringende Bedarf an Arbeitskräften hervorging. Zu dessen Deckung einigten sich die beiden Ressorts auf Maßnahmen wie die Ortshilfe, Lebensmittelprämien, die Versorgung mit angemessenem Schuhwerk[1644] und die verstärkte Heranziehung von Displaced Persons, LehrerInnen, SchülerInnen und StudentInnen. In der Sitzung wurden diese Punkte ausgiebig diskutiert.

An zentraler Stelle stand auch die vorgeschlagene Sicherung der vorhandenen Arbeitskräfte, womit in der Diskussion die Frage nach der Abschaffung der Arbeitsplatzwechselverordnung ins Spiel kam. BM Kraus sprach sich offen für deren Beibehalt aus.[1645] In Anlehnung an die Einschätzung Maisels sprach BM Dr. Karl Altmann (Bundesministerium für Elektrifizierung und Energiewirtschaft, Kommunistische Partei Österreichs, KPÖ) die Problematik des längeren Fortbestands der Arbeitsplatzwechselverordnung mit folgenden Worten an:

„Diese Verordnung kann man, wie mir BM Maisel sagte, schwer aufrechterhalten. Auf einen längeren Zeitraum werden wir uns hier nicht einlassen können. Es muß daher eine Arbeitsplatzplanung erfolgen, die zeitgerechte Maßnahmen auf [dem] Gebiet [des] Arbeitsmarktes ermöglicht."[1646]

Eine Regierungsvorlage zur Abschaffung der Verordnung wurde aber in dieser Sitzung nicht angesprochen und erging im Weiteren auch nicht.

Am 27. Mai 1947 zog schließlich der Ausschuss für soziale Verwaltung den Initiativantrag zur Aufhebung der Arbeitsplatzwechselverordnung in Beratung, welcher entgegen der Linie des ÖVP-Landwirtschaftsministers von den ÖVP-Mandataren Ing. Julius Raab, Karl Aichhorn, Franz Prinke, Eduard Ludwig, Karl Friedl, Ing. Vinzenz Schumy, Max Handel und Genossen eingebracht wurde.[1647] Festgestellt wurde dabei, dass diese Verordnung „in der Zeit der nationalsozialistischen Gewaltherrschaft erlassen worden" wäre und „neben der Dienstverpflichtung die rechtliche Grundlage für die Fronarbeit, wie sie von den Nationalsozialisten eingeführt worden war",[1648] bildete. Deshalb wäre die Aufrechterhaltung der Arbeitsplatzwechselverordnung nun nicht länger tragbar.

[1641] ÖStA/AdR, BMsV/SP, Kart 113, GZ 55.385/47, Schulungsfachblatt des Landesarbeitsamtes Steiermark, Blatt 5 (19. Mai 1947) 3–5, hier: 5.
[1642] Ebd.
[1643] Protokolle Figl I, Bd 5, 365.
[1644] Zu diesen Maßnahmen siehe Kap III. C. 1. Arbeitspflicht.
[1645] Protokolle Figl I, Bd 5, 366.
[1646] Ebd, 367. Aus den Reihen der KommunistInnen ist nach Ansicht von *Mugrauer*, Regierung Renner, 129, die Rolle Altmanns „[a]ufgrund seiner fachlichen Qualifikation und Erfahrungen […] im Prozess der Ausarbeitung von Gesetzen" generell als relativ hoch einzuschätzen.
[1647] 277 BlgNR, V. GP, AsVB.
[1648] Ebd.

Ungeachtet des Anliegens, NS-Recht zu beseitigen, war man sich im AsV der Notwendigkeit bewusst, die alles andere als entspannte Arbeitsmarktlage möglichst nicht zusätzlich zu strapazieren. Ein Jahr davor (1946) war gerade das Arbeitspflichtgesetz[1649] beschlossen worden, um gezielt für die zentralen Branchen der Land- und Bauwirtschaft Ersatz für die abgeschaffte NS-Arbeitspflicht – und damit immerhin entschärfte aber doch neue Steuerungsinstrumente mit Zwangscharakter – zu schaffen. Um einen ausreichenden Zeitraum für die Ausarbeitung von Gesetzen, welche eine neu gefasste Handhabe zur „Arbeitsvermittlung und Arbeitslenkung" regelten, einzuräumen, sollte die Verordnung erst mit Ende 1947 außer Kraft treten.[1650] Die Abschaffung der Zustimmung der Arbeitsämter bei Annahme oder einseitiger Beendigung einer Beschäftigung erfolgte schließlich per Bundesgesetz mit 31. Dezember 1947.[1651]

Von „manchen Seiten" wurde nun „angenommen, daß mit dem Fall der Arbeitsplatzwechsel-verordnung der Tätigkeit der Arbeitsämter überhaupt ein Ende gesetzt sei."[1652] Gewiss hatte das Auslaufen der Arbeitsplatzwechselverordnung einen Einflussverlust der Arbeitsämter zur Folge. Doch enthüllt ein Blick auf die Vermittlungsstatistik, dass zwar ein Rückgang in den durch die AÄ vermittelten Beschäftigungsverhältnissen zu verzeichnen war, von einem Abgleiten in die befürchtete Bedeutungslosigkeit jedoch bei weitem nicht die Rede sein konnte. In Vorarlberg blieben die Arbeitsämter weitgehend in die Besetzung von Arbeitsstellen eingeschaltet; im Jahr 1948 wurden 12.696 (8.415 männliche und 4.281 weibliche) Arbeitsplätze durch die AÄ besetzt. Gemessen am Vorjahr betrug der Anteil der AA-Vermittlungen damit 62 Prozent.[1653] Auch in Wien waren die Vermittlungszahlen 1948 nur „etwas geringer als im Vorjahr".[1654] Von den Wiener ArbeitgeberInnen wurden insgesamt 215.855 (im Vorjahr 306.147) offene Stellen gemeldet, die zum Abschluss von 192.018 (im Vorjahr 266.994) Vermittlungen führten. Von den ArbeitnehmerInnen wurden die AÄ in insgesamt 317.629 (im Vorjahr 379.712) Fällen in Anspruch genommen.

[1649] BGBl. 63/1946. *Berg*, Matthew Paul, Arbeitspflicht in Postwar Vienna: Punishing Nazis vs. Expediting Reconstruction, 1945–48. In: Austrian History Yearbook 37 (2006) 181–207, hier: 195–201, 205–208, beleuchtet das Arbeitspflichtgesetz vor allem unter dem Gesichtspunkt der Entnazifizierung in Wien.
[1650] 277 BlgNR, V. GP, AsVB.
[1651] BGBl 134/1947.
[1652] AMS NÖ/LGSt, LAA W, Jahresbericht für das Berichtsjahr 1948 (1949) 1.
[1653] ÖStA/AdR, BMsV/SP, Kart 224, GrZ 125.941/49, LAA Vbg, Jahresbericht für das Berichtsjahr 1948 (1949) 16.
[1654] AMS NÖ/LGSt, LAA W, Jahresbericht für das Berichtsjahr 1948 (1949) 6.

Durch die Arbeitsämter besetzte Arbeitsplätze
im Jahre 1948 nach Berufsgruppen
und Monatsdurchschnitt 1947 und 1948

a) männliche Arbeitskräfte

Tabelle IV

Berufsgruppen	Besetzte Arbeitsplätze				Monatsdurchschnitt	
	1. Quartal	2. Quartal	3. Quartal	4. Quartal	1948	1947
1.Landw.Berufe, Gärtner	142	315	143	70	56	144
2.Forstberufe	57	46	30	7	12	30
3.Bergbau u.verw.Berufe	31	82	21	6	12	35
4.Steine,Erde,Keram.Gew	16	83	15	24	11	9
5.Metallarb.u.zug.Ber.	177	137	124	96	44	89
9.Textilarbeiter	95	80	88	78	28	72
12.Holzarbeiter	54	46	64	41	17	27
14.Bekleidungsarbeiter	50	55	36	46	16	21
16.Bauarbeiter	127	177	115	118	45	51
20.Gaststättenarbeiter	43	12	19	20	8	12
21.Verkehrsarbeiter	90	118	97	59	30	58
23.Hilfsarb.aller Art	1052	1385	1045	1024	375	373
25-27 Angest.aller Art	117	83	74	61	28	108
übrige Berufsgr.	68	51	57	48	19	40
Summe	2119	2670	1928	1698	701	1069

b) weibliche Arbeitskräfte

Berufsgruppen	1. Quartal	2. Quartal	3. Quartal	4. Quartal	1948	1947
1.landw.Berufe	81	143	62	36		
9.Textilarbeiter	149	223	149	200	27	48
14.Bekleidungsarbeiter	100	105	74	60	60	77
20.Gaststättenarbeiter	138	209	121	165	28	65
22.Hausgehilfen	415	355	211	208	53	91
23.Hilfsarb.aller Art	204	175	167	152	99	168
25-27 Angest.aller Art	86	74	43	72	58	83
übrige Berufsgr.	44	32	14	14	23	77
Summe	1217	1316	841	907	8	20
Insges. ml.u.wbl.	3336	3986	2769	2605	356	629
					1057	1698

Tabelle 6:[1655] **Durch die Vorarlberger AÄ besetzte Arbeitsplätze (1947 und 1948)**

Beachtlich ist im Zusammenhang mit der zwingenden Zustimmung der AÄ zur Begründung des Arbeitsverhältnisses im Weiteren, dass für „Belastete" gemäß dem Wirtschaftssäuberungsgesetz[1656]

[1655] ÖStA/AdR, BMsV/SP, Kart 224, GrZ 125.941/49, LAA Vbg, Jahresbericht für das Berichtsjahr 1948 (1949) 49.
[1656] StGBl 160/1945.

auch nach dem Wegfall der Arbeitsplatzwechselverordnung die zwingende Zustimmung des AA-Ausschusses bei Neu- und Wiedereinstellung gem § 13 WSG notwendig war.[1657] Auch die Beschäftigung ausländischer Arbeitskräfte bedurfte weiterhin der Zustimmung des AA.[1658]

Ein neues Gesetz war ganz generell zur Neudefinition der Arbeitsmarktbehörden offenbar fällig. In der Aufhebung der Arbeitsplatzwechselverordnung manifestierte sich zwar die gewünschte gesetzlich[1659] verankerte Tendenz weg vom Primat der Verpflichtung im NS-Sinn hin zu einer demokratisch geprägten Arbeitsmarktverwaltung. Damit wagte man erstmals den wichtigen Schritt, zentrales NS-Recht im Bereich der Arbeitsmarktverwaltung ersatzlos abzuschaffen – wodurch sich die Agenden des Arbeitsplatzwechsels stark von anderen Bereichen wie der Arbeitspflicht[1660] unterschieden. Man war aber vor allem in den Reihen der Arbeitsmarktbehörden nicht allseits erfreut über diese Beschneidung des aus dem vergangenen Jahrzehnt gewohnt dirigistischen Gepräges der Behörde.

Dementsprechend stellte man vonseiten der Arbeitsmarktbehörden die Forderung nach gänzlich neuen Rechtsgrundlagen, welche diesem Paradigmenwechsel entsprachen.[1661] Man war der Auffassung,

„daß an die Stelle einer bürokratischen Lenkung der Arbeitskräfte eine Neuorganisierung des Arbeitsmarktes zu treten hat[te] und zwar eine Neuregelung des Arbeitseinsatzes und der Arbeitsvermittlung. Bei dieser legislativen Ordnung [sollte] zugleich auch das große Kapitel der Berufsberatung, der Berufslenkung, der Ausbildung von Fachkräften für die Industrie und Landwirtschaft, sowie die verschiedenen Maßnahmen der Nach- und Umschulung eingebunden werden."[1662]

Der ernsthafte Versuch, die Arbeitsmarktagenden durch eine vehemente Distanzierung vom NS-Recht umfassend auf die Souveränität der Republik zu gründen, wurde aber fast ein Viertel Jahrhundert lang – bis Ende 1968 – nicht unternommen.[1663]

Insgesamt stellte sich die Rezeption des Arbeitsplatzwechsel-Regimes zunächst ähnlich dar, wie die Überleitung der NS-Dienstpflicht. Auch hier wurde das aus dem Nationalsozialismus stammende Reglement neben allgemeinen beschäftigungspolitischen Zielen zum Anlass genommen, vorrangig ehemalige NationalsozialistInnen beruflich zu entmachten und insofern eine Ergänzung zu den arbeitsamtlichen WSG-Agenden zu schaffen. Auf organisatorischer Ebene wurden ebenfalls mit der Adaption des Paritätsprinzips ein der Demokratie gemäßer Rahmen gesetzt. Allerdings bestand der maßgebliche Unterschied darin, dass die Dienstpflicht durch eine gesetzlich fundierte demokratische Variante der Zwangsbeschäftigung in Gestalt des Arbeitspflichtgesetzes für begrenzte Zeit beibehalten und der Arbeitsplatzwechsel unter Verzicht auf eine gesetzliche Übergangslösung – wenn auch unter einstweiliger Reglementierung im Erlasswege – abgeschafft wurde. Insofern reduzierte sich die in der NS-Zeit massiv gestärkte arbeitsmarktbehördliche Dominanz wieder auf ein demokratieverträgliches Maß; ein Abgleiten der Arbeitsämter in die bisweilen befürchtete Bedeutungslosigkeit war damit nicht verbunden, wie die weiteren Entwicklungen in der Zweiten Republik zeigten.

[1657] ÖStA/AdR, BMsV/SP, Kart 224, GrZ 125.941/49, LAA Vbg, Jahresbericht für das Berichtsjahr 1948 (1949) 16.
[1658] Ebd.
[1659] BGBl 134/1947.
[1660] Kap III. C. 1. Arbeitspflicht.
[1661] Kap III. C. 8. Der Versuch einer gesetzlichen Neuauflage der Arbeitsmarktverwaltung.
[1662] ÖStA/AdR, BMsV/SP, Kart 180, GZ 50.193/48, Schulungsfachblatt des Landesarbeitsamtes Steiermark, Blatt 7 (20. Oktober 1947) 15 f, hier: 16.
[1663] BGBl 31/1969. Dazu näher im Kap III. C. 8. Der Versuch einer gesetzlichen Neuauflage der Arbeitsmarktverwaltung.

3. Das Wirtschaftssäuberungsgesetz aus dem Jahr 1945: Die Anfänge der Arbeitsmarktbehörden als Subjekte der Entnazifizierung

Chronologisch erster Knackpunkt in der Entnazifizierungsdebatte war die Rolle der Arbeitsmarktbehörden als Objekte der Entnazifizierung,[1664] was die Entfernung der NationalsozialistInnen aus dem Behördenapparat bedeutete. Die zweite Quintessenz war, dass bei der Entfernung von Personal aus dem privatwirtschaftlichen Berufsleben just die Arbeitsmarktbehörden auftraten. Insofern wendete sich das Blatt und ein Stellungswechsel der Arbeitsmarktbehörden von Objekten zu Akteuren der Entnazifizierung fand statt.

Zur grundsätzlichen Bedeutung der Entnazifizierung im Hinblick auf die berufliche Stellung schreibt Schmuhl treffend: „In einer modernen Gesellschaft entscheidet die Position auf dem Arbeitsmarkt über Einkommenslage und Sozialstatus […] und die Regulierung des Arbeitsmarktes bietet die Möglichkeit, den Aufbau der Gesellschaft zu beeinflussen."[1665] Die Arbeitsmarktbehörden für eine politische Umpolung breiter Gesellschaftsschichten durch Eingriffe in das Berufsleben heranzuziehen, war im Hinblick auf die jahrzehntelange Etablierung dieser Behörden naheliegend.[1666] Dieser Ansatz war nichts grundlegend Neues, denn bereits das NS-Regime bediente sich eben dieser Behörden zum selben Zweck, indem es etwa mittels der AÄ Jüdinnen und Juden beziehungsweise andere ZwangsarbeiterInnen schikanierte.

Das „Wirtschaftssäuberungsgesetzes"[1667] vom 12. September 1945 enthielt die einschlägigen Rechtsgrundlagen für den Akteurs-Status der Arbeitsmarktbehörden bei der Entnazifizierung. Entsprechende Maßnahmen gegen „Illegale" waren zwar schon in der ursprünglichen Fassung des Verbotsgesetzes enthalten, wonach „Illegale" keine GesellschaftsfunktionärInnen sein durften und diese „auch im wirtschaftlichen Leben nicht in führender Stellung tätig sein [konnten]".[1668] Allerdings wurden diese knappen Regelungen als „dürftig und unvollständig"[1669] empfunden.

Das WSG forcierte in erster Linie die berufliche Entmachtung von ArbeitnehmerInnen. Maßnahmen gegen UnternehmerInnen und GesellschaftsfunktionärInnen wie die Ausschaltung von der Betriebsleitung wurden zwar schon in die ursprüngliche Fassung des WSG aufgenommen; doch die periphere Rolle dieser Maßnahmen im WSG ist unübersehbar. Erfasst waren nur Selbständige, die nach § 10 Verbotsgesetz[1670] als „illegal" galten. Weder in den Archivbeständen noch in der Judikatur wurden Hinweise auf die Erfolge der Maßnahmen bei Selbständigen gefunden.

DDr. Bruno Pittermann (SPÖ) beschreibt in seinem einschlägigen Kommentar zum WSG die Entstehung des Gesetzes im Redaktionsstadium.[1671] Ausschlaggebend war die Unzulänglichkeit der bereits bestehenden Möglichkeiten im Rahmen des Verbotsgesetzes.[1672] Interessant ist, dass die

---

[1664] Kap III. B. 4. Eliten/Personal: Die Arbeitsmarktbehörden als Objekte der Entnazifizierung gemäß VerbG.

[1665] *Schmuhl*, Arbeitsmarktpolitik, 379. *Van Melis*, Entnazifizierung, 86 f, sieht im beruflichen Eingriff, der Verhaftung und dem Vermögensentzug die Hauptkategorien der Entnazifizierung.

[1666] Zum deutschen Ansatz siehe Kap III. C. 4. Exkurs: Die untergeordnete Rolle der deutschen Arbeitsmarktbehörden als Subjekte der Entnazifizierung.

[1667] SGBl 160/1945. Das WSG trat am 23. September 1945 in Kraft. Sofern nicht anders angegeben, ist im Folgenden nur von dieser Fassung die Rede. Die wesentlichen Änderungen durch das NSG werden im Kap III. C. 5. Das Nationalsozialistengesetz: Die Schlussphase der Arbeitsmarktbehörden als Subjekte der Entnazifizierung und die Novelle Arbeitspflicht behandelt.

[1668] § 15 leg cit.

[1669] *Mahnig*, WSG 1947, 14.

[1670] StGBl 13/1945.

[1671] *Pittermann*, WSG, 17 f. Der Kommentar stammt aus der jüngeren Zeit der Anwendung des WSG und muss noch ohne die später gemachten Erfahrungen in seiner Anwendung das Auslangen finden. Dennoch kommen darin äußerst interessante Ergebnisse zum Ausdruck, weshalb er als unverzichtbare Grundlage für das Verständnis der Grundkonstruktionen des WSG und deren Hintergründe angesehen werden muss. *Mahnig*, WSG 1947, behandelt zwar auch die Rechtslage vor dem NSG, geht aber großteils nicht auf die Hintergründe ein; dieser Kommentar ist auf Grund der detaillierten Darstellung der Rechtslage weniger für einen „Einstieg" ins WSG geeignet.

[1672] In diesem Sinne auch *Mahnig*, WSG 1947, 14.

Forderungen nach einem gänzlich neuen Gesetz auch vonseiten der unselbständig Beschäftigten erhoben wurden,[1673] da die schließlich im WSG vorgesehenen Maßnahmen in erster Linie in deren Rechtspositionen eingriffen. Nachdem mehrere Vorschläge vonseiten der Provisorischen Staatsregierung durch die Sozialpartner abgelehnt worden waren, wiesen diese die Entwurfsarbeiten einem sechsköpfigen Redaktionskomitee zu.[1674] Dieses erarbeitete schließlich einen Entwurf, der in seinen wesentlichen Eckpunkten die Zustimmung der „Dienstgeberorganisationen […] wie auch […] sämtliche[r] Fraktionen des Österreichischen Gewerkschaftsbundes" fand.

Anlässlich der Beschlussfassung des WSG[1675] im Ministerrat der Provisorischen Staatsregierung Karl Renners kam es noch zu inhaltlichen Debatten,[1676] die sich vor allem um die Stellung der Berufungskommission gem § 9 Abs 2 WSG drehten. Unterstaatssekretär Dr. Karl Altmann (Staatsamt für Justiz, KPÖ)[1677] drängte in der entscheidenden 30. Kabinettsratsitzung vom 12. September 1945 – dem Tag der Beschlussfassung – auf deren Stärkung, indem er im Bereich des Berufungsverfahrens den erfolgreichen Antrag stellte, den ursprünglich nicht vorgesehenen § 9 Abs 3 zum Beschluss zu erheben. Diese Bestimmung sah vor, dass die Berufungskommission die rechtskräftige Entscheidung der Kommission innerhalb von sechs Wochen an sich ziehen konnte.[1678]

Im Lauf der Sitzung wurden auch Stimmen laut, welche die wirtschaftspolitische Tragweite durch die starken Eingriffe des WSG problematisierten. Staatssekretär Dr. Georg Zimmermann etwa, Ressortleiter des Staatsamts für Finanzen (parteilos),[1679] sprach sich anfangs überhaupt gegen das WSG aus. Er hätte „gegen das ganze Gesetz mit Rücksicht darauf Bedenken gehabt, daß der Kreis der Personen ungeheuer weit ist und eine große Unsicherheit in das Wirtschaftsleben hineingebracht wird; kein Antragsteller wird wissen, ob er bleibt oder nicht."[1680] Letztendlich war es aber klar, dass die Notwendigkeit der Entnazifizierung diese Erwägungen hintan stellte. Dies zeigt auch die grundsätzliche Zustimmung zum Gesetzesentwurf vonseiten der Interessenvertretungen und Ressorts im Vorfeld.[1681] In diesem Sinne betonten Staatssekretär Johann Böhm und Renner die letztendliche Einigung der Sozialpartner als großen Erfolg.[1682] Das WSG trat im Wirkungsbereich der Provisorischen Staatsregierung – also der SBZ[1683] – am 23. September 1945 in Kraft.[1684]

Der Mechanismus des WSG rief bezüglich der Akteure primär[1685] die ArbeitgeberInnen zur Entlassung, Kündigung oder Bezugskürzung während der Kündigungsfrist auf und unterschied im Weiteren verpflichtende (Entlassung) und fakultative Maßnahmen (Kündigung, Bezugskürzung). Das WSG knüpfte hinsichtlich des Kreises der betroffenen ArbeitnehmerInnen an die Arbeiterkammerzugehörigkeit an – beziehungsweise erfasste darüber hinaus ausdrücklich GesellschaftsfunktionärInnen – und nahm zugleich bestimmte Gruppen wie Ärztinnen und Ärzte beziehungsweise

---

[1673] *Pittermann*, WSG, 17 f.

[1674] Welche Ressorts, Interessenvertretungen und Mitglieder im Redaktionskomitee konkret beteiligt waren, lässt Pittermann offen.

[1675] Die Gesetzesmaterialien sind dürftig, da in der „Legislaturperiode" der Provisorischen Staatsregierung ohne Parlaments diese die Gesetzgebung besorgte.

[1676] Siehe dazu vor allem Renners Kritik an den „überraschenden" Änderungsanträgen gleich unten in diesem Absatz.

[1677] *Enderle-Burcel*, Gertrude / *Jeřábek*, Rudolf (Hg), Protokolle des Kabinettsrates der Provisorischen Regierung Karl Renner 1945, Bd 3, Protokolle des Kabinettsrates 12. September 1945 bis 17. Dezember 1945 (Wien 2003) XLV.

[1678] Protokolle Renner, Bd 3, 32.

[1679] Ebd, XLVI.

[1680] Ebd, 33.

[1681] Ebd, 31 (FN 83).

[1682] Ebd, 34.

[1683] *Stiefel*, Entnazifizierung, 194.

[1684] Zum Problem der späteren Genehmigung durch den Alliierten Rat und die daran geknüpfte Wirksamkeit für das gesamte Staatsgebiet siehe weiter unten in diesem Kap.

[1685] *Stiefel*, Entnazifizierung, 193. In diesem Sinne auch ÖStA/AdR, BMsV/SP, Kart 33, GZ 41.826/46, Bericht des LAA NÖ betreffs Errichtung von paritätischen Ausschüssen bei den LAÄ und AÄ; Meldung des Vollzugs (31. Juli 1946), darin: Protokoll über die konstituierende Sitzung des Verwaltungsausschusses am 28. Juni 1946, 9.

Rechtsanwältinnen und Rechtsanwälte oder öffentlich Bedienstete aus, da für diese eigene Reglements vorgesehen waren.[1686] Zu entlassen waren jene nationalsozialistischen ArbeitnehmerInnen, die nach Verbotsgesetz[1687] als „illegal"[1688] einzustufen waren.[1689] Der wahlweisen ArbeitgeberInnen-Kündigung unterlagen vor allem schlicht Registrierungspflichtige[1690] – also „legale" ehemalige NationalsozialisInnen – und solche ArbeitnehmerInnen, die sich unabhängig von einer Parteimitgliedschaft „erwiesenermaßen" im NS-Sinne besonders betätigten[1691] beziehungsweise aus NS-dienlichen Gründen[1692] angestellt wurden. Die fakultative Kürzung der Bezüge war zulasten schlicht Registrierungspflichtiger nach der Kündigung ihres Dienstverhältnisses vorgesehen.[1693] Das Gesetz knüpfte durchwegs die Definition der Nationalsozialisten-Eigenschaft an das Verbotsgesetz.[1694] Eine derartige Beendigung des Arbeitsverhältnisses war vom Arbeitgeber beziehungsweise von der Arbeitgeberin der Kommission beim Landesarbeitsamt zu melden.[1695]

Die verwaltungsstrafrechtlichen Vorschriften zulasten der DienstnehmerInnen sanktionierten Verstöße gegen Meldepflichten bezüglich der ausgeübten Gestaltungsrechte[1696] und sicherten den Arbeitsmarkbehörden Kontrollrechte und den Zugriff auf die nationalsozialistischen Arbeitskräfte; die Höchststrafe betrug 5.000 RM beziehungsweise Ersatzfreiheitsstrafe. Die nicht ausgeübten Gestaltungsrechte mussten bei sonstiger Strafe dem Betriebsrat (beziehungsweise den „Vertrauensmännern") oder der Landesstelle des Österreichischen Gewerkschaftsbundes gemeldet werden.[1697] Für das Verfahren waren sachlich die Bezirksverwaltungsbehörden zuständig.

Nahmen die ArbeitgeberInnen ihr Gestaltungsrecht nicht wahr, so griffen die Zuständigkeiten der Arbeitsmarktbehörden. Bei der Entnazifizierung der Privatwirtschaft hatten vor allem die LAÄ mit ihren „Wirtschaftssäuberungskommissionen"[1698] – die ähnlich den „Sonderkommissionen" in der gesetzlichen Terminologie und den Gesetzes-Kommentaren schlicht „Kommissionen" genannt wurden – und AÄ mit besonderen Ausschüssen drei Kernfunktionen.[1699]

Erstens hatten die Wirtschaftssäuberungskommissionen das subsidiäre Recht, das Dienstverhältnis von ehemaligen NationalsozialistInnen auf Antrag des Betriebsrats (beziehungsweise der „Vertrauensmänner") oder der Landesstelle des Österreichischen Gewerkschaftsbundes anstelle des Arbeitgebers beziehungsweise der Arbeitgeberin zulasten der betroffenen Arbeitskraft zu gestalten, sofern dieser die Beschneidung des Dienstverhältnisses nicht vornahm.[1700] Diese Bestimmung ist im Hinblick auf die Kündigung verständlich, die für die ArbeitgeberInnen ausdrücklich fakultativ war. Zweitens mussten die AA-Ausschüsse zur zivilrechtlichen Wirksamkeit des Beschäftigungsverhältnisses bei der Neu- und Wiedereinstellung ehemaliger ParteigenossInnen mitwirken.[1701] Schließlich

---

[1686] *Hammerl*, Josef, Das Wirtschaftssäuberungsgesetz. In: ÖJZ (1946) 61–63, hier: 61.
[1687] StGBl 13/1945.
[1688] Kap III. B. 4. Eliten/Personal: Die Arbeitsmarktbehörden als Objekte der Entnazifizierung gemäß VerbG.
[1689] § 3 WSG.
[1690] § 4 Abs 1 WSG.
[1691] § 4 Abs 2 lit a leg cit.
[1692] Lit b leg cit.
[1693] § 6 WSG.
[1694] *Stiefel*, Entnazifizierung, 192 f.
[1695] § 6 WSG.
[1696] § 14 iVm § 5 leg cit.
[1697] § 14 iVm § 8 leg cit.
[1698] § 9 Abs 1 WSG; dazu etwa VfSlg 2.022/1950, 2.050/1950 und 2.883/1955 (jeweils Sachverhaltsdarstellung); *Schmidt*, Arbeitsmarktverwaltung, 140. Unter diesem Begriff werden lediglich die Kommissionen bei den LAÄ nach § 9 WSG alter Fassung (BGBl 160/1945) und neuer Fassung gemäß dem NSG (BGBl 25/1947) verstanden, also die mittlere Instanz. Davon zu unterscheiden sind insbesondere die Neu- und Wiedereinstellungs-Ausschüsse bei den Arbeitsämtern und die Berufungskommission unmittelbar beim BMsV. Auf die Unterscheidung dieser Diktionen ist zu achten.
[1699] *Stiefel*, Entnazifizierung, 193; *Pittermann*, WSG, 38 und 49.
[1700] § 10 Abs 1 Satz 1 leg cit; *Pittermann*, WSG, 38.
[1701] § 13; *Pittermann*, WSG, 49.

nahmen die Wirtschaftssäuberungskommissionen insofern Rechtsschutzfunktion wahr, als sich die betroffene Arbeitskraft mit einem „Antrag auf Entscheidung"[1702] gegen die Kündigung, Entlassung oder Kürzung der Bezüge nach Kündigung an die „Wirtschaftssäuberungskommission" wenden konnte.[1703]

Die untere (gem § 13 WSG errichtete Ausschüsse bei den AÄ) und mittlere Instanz (Kommissionen gem § 9 Abs 1 bei den LAÄ) waren klarerweise primär zur Vollziehung des WSG berufen. Beim StAsV beziehungsweise beim BMsV waren eine oder mehrere Berufungskommissionen einzurichten, welche letztinstanzlich über Rechtsmittelanträge zu entscheiden hatten. In der mittleren und obersten Instanz mussten Berufsrichter vertreten sein, weshalb in diesen Verfahren die „Zivilprozessordnung"[1704] (ZPO) Anwendung fand und vor allem Weisungsfreiheit galt.[1705] Die Zusammensetzung der Ausschüsse und Kommissionen in sämtlichen Instanzen wurde vom Paritätsprinzip geleitet, das heißt, jede Spruchstelle musste auch mit Mitgliedern vonseiten der gesetzlichen Interessenvertretungen besetzt sein; in die Berufungskommission wurde je ein Vertreter beziehungsweise eine Vertreterin der KPÖ, ÖVP und SPÖ berufen. Durch diese Vorgaben wurde bewirkt, dass „die Säuberung der Privatwirtschaft nicht nur eine wirtschaftliche, sondern auch eine politische Seite hat[te]."[1706] Es waren Mehrheitsbeschlüsse vorgesehen; bei Stimmengleichheit war die Stimme des Vorsitzenden ausschlaggebend.[1707] Auf das Verfahren vor den Kommissionen fand das AVG weitgehend sinngemäß Anwendung, sofern im WSG keine Abweichungen bestanden.[1708]

Insgesamt machen diese Zuständigkeitsregelungen deutlich, dass der verwaltungsbehördliche Vollzug des WSG im Wesentlichen den Arbeitsmarktbehörden aufgetragen wurde. Wenngleich die Gesetzesmaterialien über eine direkte Vorbildwirkung schweigen, sticht in diesem Zusammenhang die Ähnlichkeit der Intensität arbeitsmarktbehördlicher Einbindung im Vergleich zu früheren Regelungen der Zwischenkriegszeit ins Auge. In der primären Inpflichtnahme der ArbeitgeberInnen und dem Rückgriff auf die Arbeitsämter erst in einem zweiten Schritt lässt sich ein Muster erkennen, das stark an die begünstigte Versorgung der „Schutzkorps"-Mitglieder ab 1934 erinnert.[1709] Letztendlich sind diese Vorgänge ein eindeutiger Hinweis auf die Instrumentalisierung der Arbeitsmarktbehörden für ideologische Zwecke.

Sicherlich ein ausschlaggebender Grund für die Ansiedlung der WSG-Zuständigkeiten und der Spruchstellen bei den Arbeitsmarktbehörden und nicht bei anderen Hoheitsträgern war letztendlich die Sachnähe der zu bewältigenden Aufgaben, welche allfällige Bedenken, wie sie etwa in Deutschland[1710] gehegt wurden, hintan stellten. Diese Sachnähe war wohl besonders in der Anfangszeit relevant, als die Spruchstellen gebildet werden mussten, worin die Arbeitsmarktbehörden einerseits jahrzehntelange Erfahrung aus der Zwischenkriegszeit „mitbrachten" und womit sie andererseits in ganz ähnlichen Belangen (Verwaltungsausschüsse) in den Anfängen der Zweiten Republik befasst waren.

[1702] *Stiefel*, Entnazifizierung, 193. Die von Stiefel gewählte Formulierung „Einspruch" ist kein gesetzlicher Terminus in diesem Verfahren.

[1703] § 8 Abs 6 und § 10 Abs 1 Satz 2 leg cit; *Pittermann*, WSG, 38.

[1704] öRGBl 113/1895 idgF.

[1705] § 9 Abs 5 leg cit; *Pittermann*, WSG, 37. Anders als im Bereich des AVG war die Anwendbarkeit der ZPO im WSG nicht ausdrücklich vorgesehen.

[1706] *Pittermann*, WSG, 41. Gemeint ist eine durch die Sozialpartner vermittelte „parteipolitische Seite".

[1707] § 9 Abs 8 leg cit.

[1708] § 9 Abs 7 leg cit. In diesem Sinne beschreibt *Pittermann*, WSG, 42–47, das Rechtsmittelverfahren nach §§ 63 f AVG und die Wiedereinsetzung in den vorigen Stand nach §§ 71 f AVG.

[1709] Dazu näher im Kap I. C. 4. Das Vermittlungsregime im Austrofaschismus: Belohnung für Konformität und frühe Tendenzen der Zwangsbeschäftigung. Daran ändert auch der Umstand grundsätzlich nichts, dass 1934 die begünstigte Versorgung von Regimetreuen mit Arbeit und nun die Beseitigung vom Arbeitsplatz im Vordergrund standen.

[1710] In den Archivbeständen wurden keine Hinweise auf solche Bedenken gefunden, doch ist davon auszugehen, dass solche Überlegungen wie auch in Deutschland eine Rolle spielten (Kap III. C. 4. Exkurs: Die untergeordnete Rolle der deutschen Arbeitsmarktbehörden als Subjekte der Entnazifizierung).

Entlassen	Gesamt	Davon Illegale oder Funktionäre	Verblieben	Davon Illegale oder Funktionäre
DienstnehmerInnen	32.064	9.319 (29 %)	14.621	-
Davon leitend	4.693	-	1.016	-
UnternehmerInnen, freie Berufe	26.693	7.430 (28 %)	16.592	307 (2 %)
UnternehmerInnen	1.019	562 (55 %)	3.395	898 (27 %)
DienstnehmerInnen*	1.274	368 (29 %)	1.376	-
Summe	61.050	17.679 (29 %)	35.924	-
* Weshalb diese Gruppe nicht in der ersten Zeile enthalten ist, erläutert Stiefel nicht.				

Tabelle 7:[1711] **Entnazifizierung der Privatwirtschaft in Österreich gemäß dem Wirtschaftssäuberungsgesetz (vor der Novellierung durch das NSG) bis 30. April 1947**

Bis 30. April 1947 verloren nach dem WSG gegenüber 14.621 verbliebenen Arbeitskräften stattliche 32.064 Beschäftigte ihren Arbeitsplatz in der Privatwirtschaft.[1712] Bei den UnternehmerInnen schieden 26.693 aus, 16.592 verblieben. Die Zahl der von den Kommissionen bei den LAÄ tatsächlich ausgesprochenen Beendigungen der Dienstverhältnisse – primär war ja der Arbeitgeber beziehungsweise die Arbeitgeberin zuständig – ist nicht bekannt. Dieser statistische Graubereich war den Arbeitsmarktbehörden auch bewusst und wurde in den einschlägigen ressortinternen Berichten berücksichtigt. Zwar bestand die Meldepflicht der DienstgeberInnen bezüglich der Beendigung der Dienstverhältnisse. Doch stand fest, dass „das Arbeitsamt […] nur von jenen Fällen Kenntnis [erhielt], die zum Amte herangebracht" wurden.[1713]

Ein Hauptproblem bei der Umsetzung des WSG war nach Stiefel[1714] zunächst die Tatsache, dass für die Maßnahmen, welche den DienstgeberInnen offenstanden, nur eine sehr kurze Frist von sechs Wochen vorgesehen war. Die von Stiefel argumentierte Problematik der kurzen Geltungsdauer dieser Maßnahmen wurde allerdings durch die Rückwirkung zentraler Bestimmungen des WSG in § 16 seiner Erstfassung relativiert. Gemäß diesem Paragrafen wurden Entlassungen, Kündigungen und Versetzungen in den Ruhestand legalisiert, die nach dem 26. April 1945 erfolgten. Davon waren „zahlreiche Dienstverhältnisse" betroffen, die „in den ersten Wochen nach der Befreiung […] meist über Betreiben des Betriebsrates […] gelöst"[1715] wurden.

Darüber hinaus war vor der ersten Verlängerung[1716] der Maßnahmen, welche den DienstgeberInnen offenstanden, die Regierungsgewalt der Provisorischen Staatsregierung Dr. Karl Renners im Jahr 1945 faktisch auf die Sowjetische Besatzungszone beschränkt.[1717] Für das gesamte Staatsgebiet trat es erst – nach seiner Genehmigung durch den Alliierten Rat am 5. Februar 1946[1718] – am 6. Februar

---

[1711] *Stiefel*, Entnazifizierung, 195 (Tabelle). Stiefel spricht von „Entlassungen", meint aber wohl auch die Fälle der „Kündigung".
[1712] Ebd.
[1713] ÖStA/AdR, BMsV/SP, Kart 32, GZ 3.707/46, Prüfung einiger Dienststellen des LAA Wien (29. Jänner 1946), darin: Bericht über die am 18., 19. und 20. Dezember 1945 durchgeführte Prüfung des AA für die Metall- und chemische Industrie in Wien, 6.
[1714] *Stiefel*, Entnazifizierung, 194, spricht ein diesem Zusammenhang von der befristeten Möglichkeit der „Durchführung der Entlassungen" aufgrund des WSG schlechthin. In Wahrheit unterlag aber das WSG insgesamt keiner Befristung, sondern nur die Maßnahmen, welche den DienstgeberInnen offenstanden.
[1715] *Pittermann*, WSG, 59.
[1716] BGBl 39/1946. Diese erste WSG-Novelle wurde am 4. Februar 1946 kundgemacht und trat rückwirkend mit 16. November 1945 in Kraft (§ 3 der Novelle).
[1717] *Vocelka*, Geschichte, 317; *Stiefel*, Entnazifizierung, 194.
[1718] *Stiefel*, Entnazifizierung, 194.

1946 in Kraft.[1719] Zu dieser Zeit waren aber schon die Kabinetts- und Parlamentsverhandlungen um das Nationalsozialistengesetz im Gang – „die Parteienverhandlungen [zum NSG] wurden am 25. Februar 1946 aufgenommen"[1720] – und „die Durchführung der bestehenden gesetzlichen Bestimmungen [geriet] ins Stocken".[1721] Durch dieses Zuwarten auf das NSG mussten die den DienstgeberInnen zustehenden Maßnahmen des WSG mehrmals[1722] befristet verlängert werden. Bevor der Alliierte Rat seine Genehmigung zur letzten Verlängerung[1723] erteilte,[1724] trat das NSG[1725] in Kraft. Außerhalb der Sowjetischen Besatzungszone ist deshalb von großen Verzögerungen in der Anwendungspraxis auszugehen. So begann die Arbeit der „Wirtschaftssäuberungskommission" beim Landesarbeitsamt Vorarlberg erst im Herbst 1946.[1726]

Neben den Defiziten der Regierungsgewalt, hervorgerufen durch den räumlich beschränkten Einflussbereich und die verzögerte Gesetzgebung in Bezug auf das NSG, war natürlich der notorische FacharbeiterInnenmangel ein großes Hindernis.[1727] Wirtschaftspolitische Umstände wurden so zum Hemmschuh für die konsequente Umsetzung der gesellschaftspolitischen Vorgaben.

In Niederösterreich wurden bis Ende Juni 1946 in zirka 900 Fällen die nach § 9 WGS eingerichteten Wirtschaftssäuberungskommissionen als Rechtsmittelinstanz in Sachen Kündigung oder Entlassung gemäß dem WSG angerufen, von denen zu dieser Zeit rund zwei Drittel erledigt waren.[1728] Die Kommission beim LAA Niederösterreich bestand wie vorgesehen aus einem Richter als Vorsitzendem und je zwei BeisitzerInnen aus dem Kreis der Dienstgeber- und -nehmerInnen. Die Neu- und Wiedereinstellung ehemaliger ParteigenossInnen wurde gemäß dem Bericht des LAA Niederösterreich von den AÄ in der Regel nur bezüglich „untergeordneter oder manueller Tätigkeit" bewilligt.

Ein wichtiger Behelf für den Zugriff auf die gemäß dem Verbotsgesetz registrierungspflichtigen Personen war das Arbeitsbuch. Zu diesem Thema ist ein Interview überliefert, in dem im Auftrag von Abteilungsleiter[1729] Dr. Franz Keller der Leiter des LAA OÖ, Dozent Dr. Viktor Guttmann,[1730] befragt wurde; das Interview entstand kurz vor dem Inkrafttreten des NSG und gewährt einen Einblick in die Bedeutung des Arbeitsbuchs im Bereich der Entnazifizierung aufgrund des WSG in seiner ursprünglichen Fassung.[1731] Demzufolge verschafften sich die Arbeitsämter in einem ersten Schritt mittels der von den Registrierungsbehörden angefertigten Registrierungslisten Kenntnis über die Registrierungspflichtigen.[1732] In einem zweiten Schritt wurden diese Ergebnisse mit der Arbeits-

---

[1719] *Heller*, NSG, 334.
[1720] 191 BlgNR, V. GP, HB, 1.
[1721] *Stiefel*, Entnazifizierung, 194.
[1722] BGBl 39/1946, 41/1946, 80/1946 und 158/1946.
[1723] BGBl 158/1946.
[1724] *Mahnig*, WSG 1947, 14.
[1725] BGBl 25/1947.
[1726] *Schuster*, Walter / *Weber*, Wolfgang, Entnazifizierung im regionalen Vergleich: der Versuch einer Bilanz. In: *Schuster*, Walter / *Weber*, Wolfgang (Hg), Entnazifizierung im regionalen Vergleich (Linz 2004) 15–42, hier: 34; *Weber*, Entnazifizierung, 67.
[1727] Kap III. A. 1. Politische, wirtschaftliche und soziale Rahmenbedingungen; in diesem Sinne auch *van Melis*, Entnazifizierung, 103 und *Hoser*, Entnazifizierung, 497.
[1728] ÖStA/AdR, BMsV/SP, Kart 33, GZ 41.826/46, Bericht des LAA NÖ betreffs Errichtung von paritätischen Ausschüssen bei den LAÄ und AÄ; Meldung des Vollzugs (31. Juli 1946), darin: Protokoll über die konstituierende Sitzung des Verwaltungsausschusses am 28. Juni 1946, 9 f.
[1729] Österreichische Behörden 1946, 48 und 1947, 55.
[1730] Guttmann war Assistent und Honorardozent am volkswirtschaftspolitischen Institut der Konsularakademie in Wien (*Thaler*, Eliten, Kap IV. C. 5. Widerstände gegen die NS-Dominanz seitens der AMV-Beschäftigen).
[1731] ÖStA/AdR, BMsV/SP, Kart 113, GZ 13.481/47, Aktenvermerk über das am 22. Jänner 1947 geführte Interview mit Dozent Dr. Viktor Guttmann (25. Jänner 1947).
[1732] In der Sowjetischen Besatzungszone gaben die Bezirksverwaltungsbehörden unter Heranziehung der Gemeinden „Fragebögen zur Durchführung des Wirtschaftssäuberungsgesetzes" an die Betriebe aus und erstellten Tabellen mit ehemals nationalsozialistischen ArbeitnehmerInnen (Zum Beispiel OÖLA/BHFreistadt, Schachtel 733, NS-Wirtschaftssäuberung, Wirtschaftssäuberung im Verwaltungsbezirk Freistadt. Es ist weder der Adressat noch der Absender der Tabelle angegeben, doch ist aus den Korrespondenzen im Aktenkonvolut zu schließen, dass es sich um ein Ergebnis der Zusammenarbeit zwischen Bezirkshauptmannschaft Freistadt und den Gemeinden handelt).

buchkartei abgeglichen, aus der wichtige entnazifizierungsrelevante Informationen wie der während der Regimezeit sowie der derzeit ausgeübte Beruf der jeweiligen registrierungspflichtigen Person, das Vorliegen einer leitenden Position und die Arbeitgeberin beziehungsweise der Arbeitgeber hervorgingen.[1733]

Die einzige bekannte zentrale Entscheidung des VfGH[1734] zum WSG vor seiner Novellierung durch das NSG stammt vom 6. Oktober 1948. Sie setzte sich mit einem Fall auseinander, in dem die Dienstgeberin (Fa. Gebrüder Böhler & Co. A. G., Kapfenberg) dem Beschwerdeführer gem § 4 WSG das Dienstverhältnis zum 31. Dezember 1945 kündigte. Den Anlass zur Kündigung gab die angebliche Mitgliedschaft im „Nationalsozialistischen Kraftfahrkorps" (NSKK), welche der Beschwerdeführer in mehreren Instanzen bestritt. Wie sich im Verfahren vor dem VfGH herausstellte, lag diese tatsächlich nicht vor, sondern nur die Mitgliedschaft in einem „Korps, das die Aufgabe hatte, das NSKK finanziell zu fördern"; aufgrund dieser Angehörigkeit zahlte der Beschwerdeführer monatlich einen Beitrag von 2 RM. Erhebungen des VfGH beim BKA zufolge wurden die Angehörigen dieses Korps aber nicht als Mitglieder des NSKK angesehen und waren damit nicht registrierungspflichtig. Im Ergebnis hob der VfGH den Bescheid der Berufungskommission wegen der Verletzung des Eigentumsrechts[1735] auf.

Die dargestellten Nachteile wie die späte Geltung des WSG in ganz Österreich stellten gravierende Hürden für eine erfolgreiche Verwirklichung der „Wirtschaftssäuberung" dar. Dennoch dürfte außer Zweifel stehen, dass das WSG insgesamt zu einem zentralen Gesetz im Bereich der Arbeitsmarktverwaltung der jungen Zweiten Republik zählte.[1736]

4. Exkurs: Die untergeordnete Rolle der deutschen Arbeitsmarktbehörden als Subjekte der Entnazifizierung

Der Blick auf die österreichischen Arbeitsmarktbehörden und deren ausdifferenzierte Kompetenzen bei der Entmachtung der NationalsozialistInnen wirft die Frage nach dem deutschen[1737] Ansatz auf. Die politische Ausgangssituation war dort noch stärker als in Österreich von den Alliierten Besatzungsmächten geprägt; vor allem fehlte es bis 1949 an einer eigenständigen deutschen Regierungsgewalt. Dementsprechend mangelte[1738] es in dieser für die Entnazifizierung zentralen Zeit noch gravierender als in der ehemaligen „Ostmark"[1739] an einer einheitlichen Entnazifizierungspolitik, wie das Vorgehen in den einzelnen Besatzungszonen verdeutlicht.

Es gab Versuche, die deutschen Landesarbeits- und Arbeitsämter in die Überwindung von NS-Strukturen auf ArbeitnehmerInnenseite einzubinden. Im Fall des AA Coburg (US-Besatzungszone) hinderte dieses letztendlich den Leiter der Nebenstelle in Neustadt daran, sich im Rahmen der Entnazifizierung zu profilieren.[1740] Die Alliierte Kommandantur ordnete den AÄ an, „belastete Ar-

---

[1733] ÖStA/AdR, BMsV/SP, Kart 113, GZ 13.481/47, Aktenvermerk über das am 22. Jänner 1947 geführte Interview (25. Jänner 1947).

[1734] VfSlg 1.690/1948. Die übrigen Entscheidungen stehen einmal mehr einmal weniger in einem Zusammenhang mit dem WSG 1947 und werden deshalb im Kap III. C. 5. Das Nationalsozialistengesetz: Die Schlussphase der Arbeitsmarktbehörden als Subjekte der Entnazifizierung und die Novelle Arbeitspflicht behandelt.

[1735] Art 5 StGG/Staatsbürgerrechte.

[1736] Eine Gesamteinschätzung in Bezug auf das WSG folgt am Ende des Kap III. C. 5. Das Nationalsozialistengesetz: Die Schlussphase der Arbeitsmarktbehörden als Subjekte der Entnazifizierung und die Novelle Arbeitspflicht.

[1737] Dieses Kapitel beschäftigt sich vorwiegend mit Zuständigkeitsfragen; bezüglich der genauen Umstände der Umsetzung und die damit verbundenen Probleme wird auf die Literatur verwiesen. Auf ein Quellenstudium zur Rolle der deutschen Arbeitsmarktbehörden wurde aufgrund der Dichte der bestehenden Forschungsliteratur verzichtet.

[1738] *Schmuhl*, Arbeitsmarktpolitik, 378.

[1739] Kap III. B. 4. Eliten/Personal: Die Arbeitsmarktbehörden als Objekte der Entnazifizierung gemäß VerbG.

[1740] *Schmuhl*, Arbeitsmarktpolitik, 380–382.

beitskräfte" einer schweren oder unerwünschten Arbeit zuzuführen.[1741] Zum Zweck des Ausfindig-machens der betroffenen Arbeitskräfte hatten sie Listen von den Betrieben anzufordern; doch amts-ärztliche Untersuchungen beim AA Stuttgart (ebenfalls US-Besatzungszone) ergaben, dass lediglich zwei Prozent der ehemaligen Parteigenossen „voll einsatzfähig" waren.[1742]

Am 26. September 1945 trat in der US-Besatzungszone das Gesetz Nr. 8 der Militärregierung in Kraft, das die Schließung von Betrieben vorsah, wenn die Unternehmensführung nicht in regel-mäßigen Berichten an die AÄ garantierte, ehemalige NSDAP-Mitglieder nur für gewöhnliche Auf-gaben[1743] heranzuziehen. Die Handhabung dieses Gesetzes war aber in Abhängigkeit der örtlichen Vertreter der Militärregierung äußerst heterogen, insgesamt galt auch dieses Gesetz als gescheitert.[1744] Auch für Mecklenburg-Vorpommern (Sowjetische Besatzungszone) wurde ein Scheitern des Landes-arbeitsamts unter Carl Mollman (SPD) bei der Entnazifizierung nachgewiesen.[1745]

Johannes Warnke, der nach dem Krieg dem Innenressort in Mecklenburg-Vorpommern vor-stand, erließ „am 30. August 1945 eine ausführliche Verordnung an die Oberbürgermeister, Land-räte, Fachabteilungen und anderen unterstellten Dienststellen", in der er unter Berufung auf das Potsdamer Abkommen[1746] die Entnazifizierung der Privatwirtschaft anordnete.[1747] Das bedeutete, dass die von der Sowjetischen Militäradministration in Deutschland (SMAD) kontrollierte Lan-desverwaltung – genauer: die Oberbürgermeister und Landräte[1748] – den Handlungsrahmen für die Entnazifizierung der Privatwirtschaft bildeten.[1749] Dies änderte sich im Prinzip auch nicht nach der – von den US-Besatzern initiierten[1750] – Kontrollratsdirektive Nr. 24 vom 12. Januar 1946[1751] be-ziehungsweise dem Befehl der SMAD Nr. 201 vom 16. August 1947[1752], die eine Neubesetzung der parteipolitisch-paritätischen[1753] Kommissionen bewirkten, aber die allgemeine Kompetenz der Landesverwaltung unberührt ließen.

Der USA als Besatzungsmacht kam eine Vorreiterrolle in der deutschen Entnazifizierungspolitik zu. So entwarfen die Joint Chiefs of Staff (US-Generalstab) in der Direktive Nr. 1067 im April 1945 die Grundzüge der Entnazifizierungspolitik, wie sie dann im August 1945 ins Potsdamer Ab-kommen Eingang fanden.[1754] Das von den Ministerpräsidenten der US-Zone beschlossene Gesetz Nr. 104 vom 7. März 1946 (Befreiungsgesetz) übertrug die Entnazifizierung der Privatwirtschaft Spruchkammern, die mit RichterInnen und paritätisch mit VertreterInnen der politischen Parteien besetzt waren.[1755] Die Leitung der Militärverwaltung in der Französischen Besatzungszone unter Generalverwalter Émile Laffons setzte zunächst mit dem Konzept der „auto-épuration" (Selbstreini-gung) auf eine starke Einbindung der im Nationalsozialismus politisch Verfolgten wie Gewerkschaf-

---

[1741] Ebd, 379 f.
[1742] Ebd, 380.
[1743] Beachte hier die dem WSG ähnliche Zuständigkeit der ArbeitgeberInnen für die Gestaltung der Vertragsverhältnisse zulasten der ehemali-gen Parteimitglieder.
[1744] *Hoser*, Paul, Die Entnazifizierung In Bayern. In: *Schuster*, Walter / *Weber*, Wolfgang (Hg), Entnazifizierung im regionalen Vergleich (Linz 2004) 473–510, hier: 480.
[1745] *Van Melis*, Entnazifizierung, 87.
[1746] Kap III. B. 4. Eliten/Personal: Die Arbeitsmarktbehörden als Objekte der Entnazifizierung gemäß VerbG.
[1747] *Van Melis*, Entnazifizierung, 96.
[1748] Das Amt des Landrats entspricht in etwa der Leitung einer Bezirksverwaltungsbehörden (Bezirkshauptmann/-frau beziehungsweise Bürger-meisterIn einer Statutarstadt).
[1749] *Van Melis*, Entnazifizierung, 61; *Wille*, Entnazifizierung, 111, betont die Rolle der Betriebsräte, bevor die Ausschüsse der Oberbürgermeis-ter und Landräte mit der Aufgabe betraut wurden.
[1750] *Hoser*, Entnazifizierung, 482.
[1751] *Van Melis*, Entnazifizierung, 191 und 193.
[1752] Ebd, 207 und 216.
[1753] *Schwabe*, Klaus, Entnazifizierung in Mecklenburg-Vorpommern 1947–1949. Anmerkungen zur Geschichte einer Region (Geschichte Mecklenburg-Vorpommerns 1, Schwein 1992) 13.
[1754] *Hoser*, Entnazifizierung, 482.
[1755] Ebd, 486 f.

ter oder Sozialdemokraten.[1756] Schließlich übernahm man hier weitgehend das Spruchkammerverfahren gemäß dem Befreiungsgesetz der US-Zone.[1757]

Generell steht fest, dass die deutschen Landesarbeits- und Arbeitsämter im Vergleich zu jenen in Österreich bei der Entnazifizierung der Privatwirtschaft eine sehr untergeordnete Rolle spielten. Ein wichtiger Grund dafür wohl lag darin, dass man den Arbeitsämter-Apparat nach dem Unheil, das er als integraler Bestandteil des vorhergehenden Regimes angerichtet hatte, für die Bewältigung der Nachkriegsaufgaben nun schlicht als ungeeignet betrachtete.[1758] In dieser Frage dürften sich die Besatzungsmächte und weitgehend auch die deutschen Entscheidungsträger einig gewesen sein, wie etwa das Beispiel Coburg zeigt. Mit Blick zurück auf das Nachkriegsösterreich zeigt dieses Agieren an der Peripherie der deutschen Entnazifizierung in der Welt der unselbständig Beschäftigten aber die große Bedeutung der österreichischen Arbeitsmarktbehörden, denen besonders im Rahmen des WSG relativ großer Einfluss eingeräumt wurde.

5. Das Nationalsozialistengesetz: Die Schlussphase der Arbeitsmarktbehörden als Subjekte der Entnazifizierung und die Novelle Arbeitspflicht

Wichtiges Leitmotiv für das „Nationalsozialistengesetz"[1759] war gewiss die Einsicht, dass die Entnazifizierung auf der Grundlage des bestehenden Verbotsgesetzes nicht den gewünschten Erfolg brachte. Vor allem die darin mangelhaft ausgestaltete „Abstufung der Sühnefolgen"[1760] sah man als gescheitert an. Insbesondere wurde bald die als Ausnahme vorgesehene Möglichkeit der Nachsicht der Sühnefolgen durch die Provisorische Staatsregierung[1761] zur Regel, wodurch „die obersten Staatsorgane mit einer Lahmlegung bedroht" wurden. Diesem administrativen Problem versuchte man zwar mit der Einführung der gruppenweisen Ausnahme von den Sühnefolgen in der 2. Verbotsgesetz-Novelle[1762] beizukommen.[1763] Doch die mangelhafte Abstufung der Sühnefolgen empfand man offenbar weiterhin als ungenügend.

Überdies arbeiteten vor dem Inkrafttreten des NSG die Behörden – besonders auch die Arbeitsmarktbehörden im Anwendungsbereich des WSG[1764] – in dem Bewusstsein, dass die gegenwärtige Rechtslage eine Übergangslösung war. Das NSG „bezweckte nun, eine endgültige Lösung des Naziproblems herbeizuführen, in dem alle Fragen erschöpfend behandelt werden"[1765] und war insofern ein dringender Schritt in der Entnazifizierung.

Das NSG als Regierungsvorlage bot der Bundesregierung auch die Möglichkeit, sich international, vor allem gegenüber den Alliierten, zu profilieren. Nachdem die Verhandlungen der politischen

---

[1756] *Klöckler*, Jürgen, Entnazifizierung Im Französisch besetzten Südwestdeutschland. Das Verfahren der „auto-épuration" in Baden und Württemberg-Hohenzollern. In: *Schuster*, Walter / *Weber*, Wolfgang (Hg), Entnazifizierung im regionalen Vergleich (Linz 2004) 511–528, hier: 515.

[1757] Ebd, 520 f.

[1758] *Schmuhl*, Arbeitsmarktpolitik, 378–382. Er führt als weiteren Grund die „Überforderung" der AÄ mit der Doppelaufgabe des Wiederaufbaus einerseits und des gesellschaftlichen Umbaus andererseits an (382).

[1759] BGBl 25/1947. Zur Novelle des VerbG durch das NSG siehe Kap III. B 4. Eliten/Personal: Die Arbeitsmarktbehörden als Objekte der Entnazifizierung gemäß VerbG.

[1760] 130 BlgNR, V. GP, EB, 25.

[1761] § 27 VerbotsG.

[1762] BGBl 16/1946.

[1763] 130 BlgNR, V. GP, EB, 25.

[1764] Kap III. C. 3. Das Wirtschaftssäuberungsgesetz aus dem Jahr 1945: Die Anfänge der Arbeitsmarktbehörden als Subjekte der Entnazifizierung.

[1765] 191 BlgNR, V. GP, HB, 1 f.

Parteien Ende März 1946 abgeschlossen waren, erarbeitete das BKA auf den hierbei beschlossenen Grundsätzen in Zusammenarbeit mit den beteiligten Bundesministerien einen Gesetzesentwurf.[1766] Dabei entschloss sich das Kabinett ganz gezielt, das NSG im Rahmen einer Regierungsvorlage auszuarbeiten, und nicht etwa dem NR den formalen Anstoß eines Initiativantrags zu überlassen, um außenpolitisch zu signalisieren, dass die Bundesregierung hinter den Änderungen stünde.[1767] Die Regierungsvorlage wurde vom Nationalrat am 24. Juli 1946 einstimmig angenommen,[1768] womit der Weg frei war für die Zustimmung des Alliierten Rates.

Die Gesetzwerdung des NSG bildet deutlich das Spannungsfeld zwischen österreichischer Souveränität und Alliierter Kontrolle ab. Im Rahmen der Redaktionsdiskussionen traten die beteiligten politischen Parteien für eine Milderung der Bestimmungen sowohl des WSG als auch des Arbeitspflichtgesetzes ein.[1769] Im Ganzen wurden etwa 50 Vetos der Besatzungsmächte zum NSG vorgebracht.[1770] Eine der geforderten Änderungen, welche das WSG forcierte, war die Erweiterung der Berufsverbote in § 3a WSG neuer Fassung. Der ursprüngliche Entwurf sah zwar in dieser Regelung wesentliche Bestimmungen wie den grundsätzlichen Ausschluss der „belasteten" wie auch der „minderbelasteten" Führungskräfte aus der Privatwirtschaft vor.[1771] Den Alliierten war aber diese Maßnahme zu wenig weitreichend, weshalb sie die Beschränkungen bezüglich weiterer Berufsgruppen wie Ärzte/ÄrztInnen, ApothekerInnen und RechtsanwältInnen in den Entwurf hinein reklamierten, wodurch sich der Katalog in § 3a WSG neuer Fassung um einige Lettern erweiterte.[1772]

Mit Note vom 14. Dezember 1946 erteilte der Alliierte Rat schließlich vorbehaltlich dieser und ähnlicher Änderungen die gemäß Kontrollabkommen für die Kundmachung erforderliche Zustimmung. Der NR erhob den angepassten Entwurf am 6. Februar 1947 einstimmig zum Beschluss.[1773] Das NSG trat am 18. Februar 1947 in Kraft.

Mit dem NSG wurde eine ganze Reihe von Gesetzen novelliert.[1774] Von diesen Novellierungen interessieren hier über jene des Verbotsgesetzes[1775] hinaus vor allem die des Arbeitspflichtgesetzes und des WSG (im Folgenden WSG 1947). Die legistischen Änderungen in Form von Novellierungen und nicht etwa mittels gänzlich neuer Gesetze umzusetzen, wurde „bewußt"[1776] gewählt, um diese Neuerungen in das Licht der grundsätzlichen Kontinuität gegenüber der eingeschlagenen Linie zu rücken.

Die Novelle des Arbeitspflichtgesetzes war im Vergleich zu jener des WSG relativ wenig weitreichend. Sie brachte vor allem zwei inhaltliche Änderungen in seinem Anwendungsbereich. Die erste betraf die Neufassung des geänderten Personenkreises im Verbotsgesetz 1947 entsprechend des Musterwechsels von „Illegalen" auf „Belastete".[1777] Die zweite schränkte die Anwendbarkeit des APfIG

[1766] 191 BlgNR, V. GP, HB, 1. Zur Drei-Parteien-Einigung von KPÖ, ÖVP und SPÖ siehe etwa *Stiefel*, Entnazifizierung, 101–104; in diesem Sinne auch schon *Mahnig*, WSG 1947, 15.

[1767] *Enderle-Burcel*, Gertrude / *Jeřábek*, Rudolf (Hg), Protokolle des Ministerrates der Zweiten Republik. Kabinett Leopold Figl I. 20. Dezember 1945 bis 8. November 1949, Bd 2, 16. April 1946 bis 19. Juli 1946 (Wien 2005) 187.

[1768] *Mahnig*, WSG 1947, 16.

[1769] *Enderle-Burcel*, Gertrude / *Jeřábek*, Rudolf (Hg), Protokolle des Ministerrates der Zweiten Republik. Kabinett Leopold Figl I. 20. Dezember 1945 bis 8. November 1949, Bd 4, 21. November 1946 bis 11. Februar 1947 (Wien 2006) 58 (FN 90). Welche Parteien sich dafür stark machten – es kann sich nur um die KPÖ, ÖVP und SPÖ gehandelt haben – und die unterschiedlichen Tendenzen werden nicht erwähnt.

[1770] *Stiefel*, Entnazifizierung, 107.

[1771] 191 BlgNR, V. GP, HB, 23.

[1772] 296 BlgNR, V. GP, EB, 1.

[1773] *Mahnig*, WSG 1947, 16.

[1774] Einen umfassenden Überblick bietet der Standard-Kommentar *Heller*, NSG.

[1775] Zum geänderten Personenkreis – dem Wechsel des Grundmusters von den „Illegalen" zu den „Belasteten" – siehe Kap III. B. 4. Eliten/Personal: Die Arbeitsmarktbehörden als Objekte der Entnazifizierung gemäß VerbG.

[1776] 130 BlgNR, V. GP, EB, 25.

[1777] Dazu gleich unten in diesem Kap.

auf „Belastete" ein.[1778] Für die „Minderbelasteten" bedeutete dies, dass die nachteiligen Rechtsfolgen im Bereich der Arbeitspflicht schon knapp eineinhalb Jahre vor dem Inkrafttreten der Minderbelastetenamnestie[1779] wegfielen. Eine verhältnismäßig umfassende dogmatische Neukonzeption der Arbeitspflicht durch das NSG blieb aus.

Im Unterschied dazu wurden im WSG bedeutende inhaltliche Änderungen vorgenommen. Auch nach dem NSG spielten ehemalige ParteigenossInnen als UnternehmerInnen im Regelungsgefüge des WSG 1947 eine untergeordnete Rolle. Grundsätzlich waren sie gem § 1 WSG 1947 von der Führung des Unternehmens oder Betriebes ausgeschlossen; GesellschaftsfunktionärInnen waren nicht mehr ausdrücklich, sondern nur mehr kraft Analogie erfasst.[1780] Anders als nach der alten Rechtslage war aber der Zugriff der Arbeitsmarktbehörden auf die UnternehmerInnen nun gänzlich ausgeschlossen, denn die Rechtsfolgen gegen UnternehmerInnen traten mit gesetzesunmittelbarer Wirkung ein; diesbezügliche Feststellungen hatten durch die Registrierungsbehörden zu erfolgen, die gem dem WSG 1947 eingerichteten Kommissionen waren für die Feststellung unzuständig.[1781]

Auch nach dem WSG 1947 waren entsprechende Mitwirkungsbefugnisse der Arbeitsmarktbehörden vorgesehen.[1782] Die wesentlichen Eckpfeiler wie insbesondere die primäre Zuständigkeit der ArbeitgeberInnen für die Entnazifizierungsmaßnahmen bezüglich der ArbeitnehmerInnen, der verwaltungsbehördliche Vollzug durch die Arbeitsmarktbehörden (besondere Ausschüsse und Kommissionen) und die Anknüpfung an das Verbotsgesetz (idFv 1947) wurden beibehalten. Stiefel formuliert treffend, „[das] neue NS-Gesetz 1947 brachte [...] für die Wirtschaft ausgefeiltere, vielleicht gerechtere, auf alle Fälle aber kompliziertere Bestimmungen der Entnazifizierung."[1783] Im Detail gab es aber durchaus wichtige Änderungen, auf die nachfolgend in ihren Grundzügen einzugehen ist.

Eine zentrale Neuerung war der geänderte Personenkreis im neuen Verbotsgesetz 1947, auf dem das WSG 1947 aufbaute. Im Unterschied zur Rechtslage vor dem NSG, die „illegale" ParteigenossInnen am stärksten in ihren Rechtspositionen beschränkte – sie konnten insbesondere entlassen werden – und den schlichten Parteigenossen gegenüberstellte, wurde nun der Begriff der „Belasteten" eingeführt.[1784] Ihnen standen jetzt die „Minderbelasteten" als weniger verpönte ParteigenossInnen gegenüber.

Über diese Fragen des geänderten Personenkreises hinaus gab es weitere wichtige Änderungen. Die neuen Maßnahmen gegen ehemals nationalsozialistische DienstnehmerInnen, welche primär den DienstgeberInnen und subsidiär den gem § 9 WSG 1947 bei den LAÄ eingerichteten Wirtschaftssäuberungskommissionen zustanden, waren gegenüber der alten Rechtslage allgemein stärker ausdifferenziert. Diese Änderungen sind deshalb wichtig, weil sie die Arbeitsmarktbehörden sowohl bei ihren Entscheidungen anstelle der DienstgeberInnen als auch im Rechtsmittelverfahren und bei der Neu- und Wiedereinstellung zu beachten hatten.

So wurde der Maßnahmen-Katalog näher ausgestaltet und ergänzt. Neben die Entlassung „Belasteter" gem § 3 leg cit und die Kündigung bei „Minderbelasteten", wenn diese leitende Posten bekleideten,[1785] trat insbesondere das ex-lege-Verbot bezüglich der Bekleidung leitender Dienst-

---

[1778] § 2 Abs 1 lit a APfG idFd NSG; AMS NÖ/LGSt, LAA W, Jahresbericht für das Berichtsjahr 1947 (1948) 7.

[1779] BGBl 99/1948. Die Minderbelastetenamnestie trat am 6. Juni 1948 in Kraft.

[1780] *Heller*, NSG, 335.

[1781] Ebd, 336 f.

[1782] *Stiefel*, Entnazifizierung, 195–197; Privatarchiv Oliver Rathkolb, Entnazifizierung aufgrund des neuen Entnazifizierungsgesetzes, 24.766/1947, 7–10.

[1783] *Stiefel*, Entnazifizierung, 195. Seine Ausführungen zum WSG 1947 sind sehr kurz gehalten und geben nicht den gewünschten Einblick in die mit dem NSG vorgenommenen Änderungen. Der einschlägige Kommentar *Mahnig*, WSG 1947, (ca. 200 Seiten) ist sehr detailliert; *Heller*, NSG, (ca. 20 Seiten zum WSG 1947) eignet sich für einen Einstieg ins WSG 1947.

[1784] Kap III. B. 4. Eliten/Personal: Die Arbeitsmarktbehörden als Objekte der Entnazifizierung gemäß VerbG.

[1785] § 4 Abs 1 lit b leg cit.

posten.[1786] Sowohl „Belasteten" als auch „Minderbelasteten" war es verboten, leitende Positionen wie etwa die von AbteilungsleiterInnen einzunehmen.[1787] Sie mussten also entweder aus dem Unternehmen ausscheiden oder die Versetzung auf einen nichtleitenden Posten in Kauf nehmen. Bedeutsam ist in diesem Zusammenhang, dass neben der Aufzählung einzelner Berufszweige (Ärzte, Anwälte usw.) der Auffangtatbestand in § 3a Abs 1 lit b leg cit ins Gesetz aufgenommen wurde.

Außerdem novellierte man auch die Neu- und Wiedereinstellung gem § 13 WSG. Nach § 13 WSG 1947 war die AA-Ausschuss-Zustimmung nur mehr bei „Belasteten" nötig.[1788] Ein Rechtsmittelverfahren wurde in diesem Bereich weiterhin nicht eingeführt, womit im Wesentlichen die alte Rechtslage festgeschrieben blieb. Allerdings stand die Beschwerde an den VwGH (mangels richterlicher Qualität der Ausschüsse) und die Aufsichtsbeschwerde an das LAA und das BMsV offen.[1789]

Die Novellierungspraxis des WSG verlief – abgesehen von den systemimmanenten Änderungen aufgrund der Verbotsgesetznovelle durch das NSG – auf der Ebene des trial-and-error-Prinzips. Nach Ausarbeitung des WSG in seiner Erstfassung bedurfte es einiger Zeit, um vor der Anwendung nicht absehbare Mängel zu beheben. Gegenüber dem Wiedereinstellungsgesetz,[1790] wo ähnlich vorgegangen wurde, verlief aber die Entwicklung vor allem wegen des Interesses der Alliierten an der Entnazifizierung weitaus holpriger.

Im Unterschied zur ursprünglichen Fassung des WSG aus 1945 bestehen zahlreiche Nachweise zur Entnazifizierungspraxis gem dem WSG 1947 besonders im Bereich der Judikative.

„Während […] nach dem alten Wirtschaftssäuberungsgesetz 36.000 Personen nach kommissioneller politischer Überprüfung in ihren beruflichen Tätigkeiten bleiben konnten, befanden sich nach dem neuen NS-Gesetz Anfang 1947 15.000 Personen in Berufssituationen, die für sie verboten waren."[1791]

Insgesamt waren im „ganzen […] 1947 noch etwa 3.000 belastete Arbeitnehmer von [den] Entlassungsmaßnahmen betroffen.[1792] Von den „Minderbelasteten" verloren etwa 2.000 leitende ArbeitnehmerInnen ihren Posten ex lege.[1793] Die Befugnis der bei den Bundesministerien eingerichteten „besondere[n] Kommission[en]", für die betroffenen „Minderbelasteten" eine vorzeitige Berufszulassung auszusprechen, wurde in „den meisten Fällen"[1794] allerdings ausgeübt.

Das Zuwarten auf das NSG bewirkte, wie weiter oben angesprochen,[1795] eine faktische Hemmwirkung in Bezug auf den verwaltungsbehördlichen Vollzug des WSG alter Fassung durch die Arbeitsmarktbehörden. Daher ist es nicht verwunderlich, dass das NSG und die darin vorgeschlagene Novelle des WSG „die Grundlage für eine […] mit außerordentlicher Mehrarbeit verbundene Aufgabe der Arbeitsämter"[1796] bildete, die vor allem in der Kontrolltätigkeit der im WSG vorgesehenen Entnazifizierungsmaßnahmen lag.

[1786] § 3a leg cit; *Heller*, NSG, 338.
[1787] *Stiefel*, Entnazifizierung, 196.
[1788] *Heller*, NSG, 345 f; AMS NÖ/LGSt, LAA W, Jahresbericht für das Berichtsjahr 1947 (1948) 20.
[1789] *Heller*, NSG, 345.
[1790] Kap III. C. 6. Das Wiedereinstellungsgesetz samt seinen Novellen.
[1791] *Stiefel*, Entnazifizierung, 195. Er belegt seine dortigen Angaben leider nicht.
[1792] Ebd, 196.
[1793] Ebd, 197.
[1794] Ebd, 196.
[1795] Kap III. C. 3. Das Wirtschaftssäuberungsgesetz aus dem Jahr 1945. Die Anfänge der Arbeitsmarktbehörden als Subjekte der Entnazifizierung gemäß VerbG.
[1796] O.A., 6 Jahre Arbeitsämter in Niederösterreich, 48.

Fast die gesamte Rechtsprechung des VfGH zum Wirtschaftssäuberungsgesetz hatte Sachverhalte zum Gegenstand, auf welche dessen Bestimmungen gemäß neuer Fassung nach dem NSG Anwendung fanden. Die meisten Fälle betrafen dabei Kündigungen oder Entlassungen.[1797]

In einigen Entscheidungen beschäftigte sich der VfGH eingehend mit dem Grundmusterwechsel vom „Illegalen" zum „Belasteten".[1798] Hier waren die Arbeitskräfte, die nach „altem" WSG entlassen wurden, nach dem Verbotsgesetz 1947 nur als „minderbelastet" zu registrieren. Der Beschwerdeführer in VfSlg 2.022/1950 bekleidete vor seiner Entlassung den Posten eines Direktorstellvertreters bei der Steiermärkischen Sparkasse in Graz und wurde auf Anordnung der Britischen Besatzungsmacht des Dienstes enthoben. Diese Initiative der Briten zeigt deutlich, dass im Einzelfall die dem WSG grundsätzlich zugrunde gelegte Hauptrolle der ArbeitgeberInnen bei der Entnazifizierung durch die Macht der Besatzung durchbrochen war.

Auf diese Fälle war nach Ansicht des VfGH § 16 WSG 1947 anwendbar, der ausdrücklich die Rückwirkung von Entlassungen und Kündigungen anordnete. Die Entscheidung des Gesetzgebers, den Wortlaut der übernommenen Rückwirkungsbestimmung beizubehalten, konnte demzufolge „nur den Sinn haben, daß das WSG 1947 auch auf jene Personen Anwendung findet, die in der Zeit vom 27. April 1945 bis zum Inkrafttreten dieses Gesetzes, das [war] bis 18. Februar 1947, entlassen, gekündigt oder in den Ruhestand versetzt worden" waren.[1799] Die Ansicht der Dienstgeberin des Beschwerdeführers in VfSlg 2.267/1952, dass der Sinn der Übernahme des § 16 WSG in das neue Gesetz darin läge, „die Kontinuität der Bestimmung des § 16 WSG 1945 zu gewährleisten, mit anderen Worten, die vor Inkrafttreten des WSG 1945 getroffenen Maßnahmen unter gewissen Voraussetzungen auch während des Geltungsbereiches des WSG 1947, [das heißt] für die Zukunft rechtswirksam bleiben zu lassen", ließ das Gericht nicht gelten. Dem Gericht zufolge würde diese Kontinuitätstheorie § 16 „aus dem Zusammenhang des gesamten Gesetzes in seiner neuen Fassung reißen" und dem Gesetzgeber zumuten, dass er bloß aus einem redaktionellen Versehen heraus den Wortlaut beibehalten hätte.

Die reichhaltige VfGH-Judikatur zum WSG ist ein deutlicher Beleg dafür, welch zentrale Rolle den Arbeitsmarktbehörden bei der Umsetzung der Entnazifizierung der Privatwirtschaft im Bereich der unselbständig Beschäftigten beizumessen ist. Allerdings ist zu bedenken, dass diese Judikatur nicht den gesamten Tätigkeitsbereich der Arbeitsmarktbehörden abbildete.

Besonders deutlich wird bei einer rückblickenden Betrachtung des Feldes der „Wirtschaftssäuberung" die primär parteipolitisch motivierte Funktion arbeitsamtlicher Tätigkeiten zur beruflichen Entmachtung ehemaliger NationalsozialistInnen und damit das Ziel der Aufarbeitung des NS-Regimes. Demgegenüber spielten – anders als bei der Rezeption des Zwangsbeschäftigungsregimes (Dienstpflicht/Arbeitspflicht, Arbeitsplatzwechsel) – unmittelbare arbeitsmarktpolitische Erwägungen kaum eine Rolle. Zugleich war aber nicht das gesamte Feld der arbeitsamtlichen WSG-Maßnahmen Neuland. Denn einerseits wurden die Arbeitsämter sowohl im Austrofaschismus (etwa gem SchukoEG) als auch im NS (etwa nach der „Verordnung über die Beschäftigung von Juden") massiv für sachfremde Zwecke herangezogen. Andererseits war auch der Mechanismus der primären Gesetzeswirkung abseits arbeitsamtlicher Tätigkeiten und das Zurückgreifen auf die Behörden in einem zweiten Schritt aus der Vorzeit bekannt (IBG, SchukoEG). Im Übrigen sind für diesen Bereich

---

[1797] Im Sachregister der veröffentlichten VfGH-Entscheidungen sind folgende Entscheidungen mit Kündigungs- oder Entlassungsbezug nach WSG 1947 enthalten: VfSlg 2.022/1950, 2.050/1950, 2.051/1950, 2.111/1951, 2.267/1952, 2.591/1953, 2.605/1953, 2.606/1953, 2.809/1955, 2.883/1955 und 3.010/1956.

[1798] Insbesondere VfSlg 2.022/1950 und 2.267/1952.

[1799] VfSlg 2.022/1950.

bereits anhand des bestehenden Forschungsstandes relativ klare Aussagen über die große Bedeutung der „Wirtschaftssäuberung" als arbeitsmarktbehördliche Agenda zu treffen, wobei allerdings offen bleiben muss, inwiefern die WSG-Maßnahmen dauerhaft waren und welche beruflichen Positionen die Gemaßregelten danach ergreifen konnten.

6. Das Wiedereinstellungsgesetz samt seinen Novellen

Im Bereich der Entschädigung spielten auch die in der Zeit der Diktaturen zwischen 1933 und 1945 aus politischen Gründen gelösten Arbeitsverhältnisse eine Rolle.[1800] Dabei ging es auf Opferseite um

„Personen, die in Österreich nach dem 4. März 1933 in einem Dienstverhältnis standen, das vor dem Befreiungstag [für Wien 13. April 1945, für die übrigen Bundesländer 9. Mai][1801] aus politischen oder rassischen Gründen – außer wegen nationalsozialistischer Betätigung – entweder aufgrund gesetzlicher Bestimmungen oder vom Dienstgeber eigenmächtig aufgelöst worden ist".[1802] Die Anknüpfung an parteipolitische Gründe des Arbeitsplatzverlustes machte es notwendig, für die Zeit des Austrofaschismus die Entlassung oder Kündigung aus Gründen nationalsozialistischer Betätigung von der „Wiedergutmachung" auszunehmen.[1803]

Von der Wiedereinstellung nach dem Wiedereinstellungsgesetz ist die Neu- und Wiedereinstellung gem § 13 WSG zu unterscheiden, die von Anfang an wichtiger Bestandteil des WSG war und auch nach dessen Novellierung durch das NSG beibehalten wurde. Während das WSG die Neu- und Wiedereinstellung von ParteigenossInnen regelte, forcierte das Wiedereinstellungsgesetz die Entschädigung von im Austrofaschismus oder NS geschädigten DienstnehmerInnen.

Den ErzeugerInnen des Gesetzes ging es darum, dass durch dieses „die dringlichst erscheinende Frage geregelt werde, nämlich die Wiedereinstellung geschädigter Dienstnehmer auf ihren früheren Dienstplatz." Soweit eine solche nicht möglich wäre, sollte „durch das Gesetz dem geschädigten Dienstnehmer der Anspruch gegeben werden, auf einen seiner früheren Verwendung entsprechenden Dienstplatz bevorzugt vermittelt zu werden."[1804] Zuerst die Erstattung des Arbeitsplatzes legistisch in Angriff zu nehmen, war naheliegend, da es hier um den Erwerb des täglichen Lebensunterhalts ging.

Dass die Interessen der Wiedergutmachung ähnlich wie bei den WSG-Maßnahmen mit wirtschaftlichen Gesichtspunkten kollidierten, war man sich bei der Einführung des Gesetzes bewusst;[1805] die Notwendigkeit der Entschädigung war aber letztendlich eindeutig überwiegend. Dieser Interessenkonflikt machte es notwendig, Kompromisslösungen auszuarbeiten. Im Bereich der Restitution arbeitsrechtlicher Ansprüche war in der Regierungsvorlage die Ausnahme der Anrechnung von Auslandsdienstzeiten vorgesehen.[1806] Im Ausschuss für soziale Verwaltung des NR einigte man sich schließlich auf eine zeitliche Begrenzung von höchstens sechs Jahren.

[1800] 405 BlgNR, V. GP, EB, 4.

[1801] VO des Bundesministeriums für Justiz, BGBl 89/1946.

[1802] § 1 „Wiedereinstellungsgesetz" vom 4. Juli 1947 (BGBl 160/1947, Bundesgesetz).

[1803] 405 BlgNR, V. GP, EB, 4. Kritisch zum Begriff der „Wiedergutmachung" nach 1945 siehe etwa bei *Fritsche*, Christiane / *Paulmann*, Johannes, „Arisierung" und „Wiedergutmachung" vor Ort: Perspektiven auf die Vernichtung der wirtschaftlichen Existenz deutscher Juden und die Entschädigung nach 1945. In: *Fritsche*, Christiane / *Paulmann*, Johannes (Hg), „Arisierung" und „Wiedergutmachung" in deutschen Städten (Köln/Wien 2014) 7–45, hier: 8–13, mit etlichen weiteren Nachweisen und dem treffenden Argument, dass grundsätzlich die Verbrechen des NS-Regimes nicht im engeren Sinn des Wortes „wiedergutzumachen" sind und deshalb die Gefahr der Verharmlosung besteht. Zu unterscheiden ist im Übrigen die „Wiedergutmachung" im NS, dazu näher in Kap II. B. 4. Eliten/Personal.

[1804] Ebd.

[1805] Ebd.

[1806] § 4 Abs 2.

In der Kabinettsratssitzung vom 17. Juni 1947 betonte BM Dr. Karl Altmann (Bundesministerium für Elektrifizierung und Energiewirtschaft, KPÖ), dass es ganz gezielt nicht nur auf die Opfer des NS abzuzielen gälte. Vielmehr wären auch die im Austrofaschismus beendeten Dienstverhältnisse zu erfassen.[1807] Während in diesem wesentlichen Punkt schon sehr bald Einigkeit bestand, fanden im Vorfeld der Regierungsvorlage „viele Verhandlungen" statt, um die Mängel des Gesetzes und Uneinigkeiten zu beseitigen. Die Erörterung der restlichen offenen Fragen[1808] wurde bis auf Einwendungen Altmanns den parlamentarischen Debatten vorbehalten. Altmann, ehemaliger Unterstaatssekretär im Justizressort, kritisierte vor allem den Umstand, dass lediglich jene Geschädigten erfasst waren, deren Dienstverhältnis bereits im Austrofaschismus begründet worden war; denn dabei wäre es oftmals der Fall gewesen, dass erst im NS eingestellte Arbeitskräfte dann aus politischen Gründen auch wieder entfernt wurden.

Eine zentrale Änderung, welche der Ausschuss für soziale Fürsorge im NR erarbeitete, war die Neugestaltung der Wiedereinstellungsausschüsse bei den LAÄ. Während die Regierungsvorlage den Vorsitz der LAA-LeiterInnen vorsah, übertrug der Ausschuss den Vorsitz den Interessenvertretungen. Der Bericht betonte, dass diese Zusammensetzung „auf der Grundlage der Parität zwischen den Dienstgebern und Dienstnehmern"[1809] neu zu regeln wäre; gegenüber der ursprünglichen Fassung verloren damit die LAA-Leitungen an Einfluss, da die Stimmgewichtungsregel[1810] nun zugunsten der Interessenvertretung ausgerichtet war.

Ähnlich wie schon nach dem IBG aus dem Jahr 1920 oder nach dem WSG wurden primär die Arbeitsvertrags-Parteien zur Umsetzung der Wiedereinstellung berufen und erst sekundär die Arbeitsmarktbehörden. Die ArbeitnehmerInnen hatten grundsätzlich Anspruch auf Wiedereinstellung;[1811] dieser und die übrigen Rechte aus dem Gesetz konnten bis zum Jahresende 1948 geltend gemacht werden. Per Novelle[1812] wurde diese allgemeine Frist zur Geltendmachung der Ansprüche einmalig bis zum 31. Dezember 1949 verlängert. Bei Vorliegen eines der Ausschlussgründe wie die mittlerweile eingetretene Untauglichkeit der geschädigten Arbeitskraft oder erfolgte Besetzung des Dienstpostens durch eine politisch unbelastete Arbeitskraft[1813] bestand der Anspruch auf bevorzugte Vermittlung gem § 6 leg cit durch das Arbeitsamt.

Zur Vollziehung des Wiedereinstellungsgesetzes wurden die Arbeitsmarktbehörden berufen,[1814] wobei diese vor allem in Spruchstellen der unteren und der Mittelinstanz tätig wurden. Für die Abwicklung der Wiedereinstellungen waren bei den Landesarbeitsämtern eingerichtete „Wiedereinstellungsausschüsse" zuständig,[1815] die drei Kernkompetenzen hatten. Nach § 5 Abs 3 leg cit entschieden sie über Streitigkeiten aus § 5-Ausschluss-Gründen; ordentliche Rechtsmittel wurden ausdrücklich ausgeschlossen, weshalb lediglich die Beschwerde an den VwGH und die Aufsichtsbeschwerde in Frage kamen. Nach § 5 Abs 2 leg cit hatten sie eine Ermessensentscheidung zu treffen, wenn zwei oder mehr Geschädigte denselben Posten beanspruchten. Schließlich mussten sie gem § 8 Abs 3 leg cit die Zustimmung zur Kündigung von Wiedereingestellten oder bevorzugt Vermittelten erteilen.

[1807] *Enderle-Burcel*, Gertrude / *Jeřábek*, Rudolf (Hg), Protokolle des Ministerrates der Zweiten Republik. Kabinett Leopold Figl I. 20. Dezember 1945 bis 8. November 1949, Bd 6, 13. Mai 1947 bis 2. September 1947 (Wien 2011) 235.

[1808] Diese Fragen wurden in der Sitzung dem Protokoll nach nicht erwähnt.

[1809] 435 BlgNR, V. GP, AsVB.

[1810] § 11 letzter Satz.

[1811] § 4 Abs 1.

[1812] BGBl 35/1949. Spätere Novellen (BGBl 15/1950 und 4/1951) brachten nur mehr die Verlängerung der Frist für Spätheimkehrer.

[1813] § 5 leg cit.

[1814] *Schmidt*, Arbeitsmarktverwaltung, 141.

[1815] § 10 leg cit.

Wiedereinstellungsausschüsse setzten sich aus je zwei VertreterInnen der gesetzlichen Interessenvertretungen und dem LAA-Leiter beziehungsweise einem von ihm ernannten Bediensteten des LAA zusammen.[1816] Den Vorsitz übernahmen abwechselnd einmal die ArbeitnehmerInnen-, das andere Mal die ArbeitgeberInnenseite, beginnend bei ersteren. Welches jeweils berufene Mitglied den Vorsitz tatsächlich führen sollte, wurde nicht konkretisiert. Bei Stimmengleichheit war das Votum der Vorsitzstimme ausschlaggebend. Die schlichte Beteiligung der hauptberuflichen LAA-Funktionäre ohne Vorsitz-Funktion – und damit mit einfacher Stimme – bewirkte eine gegenüber der Sozialpartnerschaft und entgegen dem Plan der Regierungsvorlage schließlich abgewertete Position der Behörde. Die Tätigkeit der Ausschussmitglieder war ehrenamtlich.[1817] Für die Betreuung der bevorzugt zu Vermittelnden waren bei den AÄ keine besonderen Organevorgesehen.

Das Wiedereinstellungsgesetz wurde zweimal bedeutend novelliert. Die „2. Novelle […]“[1818] erweiterte vor allem den Personenkreis über die Fälle der „Auflösung“ der Verträge hinaus um Opfer „tatsächlicher Beendigung“ des Dienstverhältnisses mit ordentlichem Wohnsitz oder dauerndem Aufenthalt in Österreich.[1819] Die „3. Novelle […]“[1820] erfasste erstmals die SpätheimkehrerInnen – also solche, die frühestens am 1. Oktober 1949 aus dem Exil oder der Kriegsgefangenschaft „heimkehrten“ – mit ordentlichem Wohnsitz oder dauerndem Aufenthalt in Österreich.[1821] Mit Wirkung zum 24. September 1950 wurde das Wiedereinstellungsgesetz wiederverlautbart („Wiedereinstellungsgesetz 1950“).[1822]

Die Novellierungspraxis des Wiedereinstellungsgesetzes ähnelte damit jener des WSG, das als „Sühnegesetz“ bezeichnet werden kann; demgegenüber betonte das Wiedereinstellungsgesetz die Entschädigungsebene. Nach Ausarbeitung des Gesetzes bedurfte es einiger Zeit, um die vor der Anwendung nicht absehbaren Mängel zu beheben. Einwände der Alliierten waren hier aus zweierlei Gründen nicht zu befürchten. Erstens wurde das Wiedereinstellungsgesetz nicht als Verfassungsgesetz erlassen, weil man offenbar die Eingriffe des Wiedereinstellungsgesetzes auf ArbeitgeberInnenseite als verhältnismäßig gering wertete; dadurch war keine Zustimmung der Alliierten nach dem Zweiten Kontrollabkommen erforderlich. Zweitens hatten diese wohl – im Gegensatz zur Entnazifizierung – ein relativ geringes Interesse an dem Gesetz.

Interessant ist der Umstand, dass im Wiedereinstellungsgesetz die UnternehmerInnenseite nicht zum Zug kam. Darin unterschied sich dieses Gesetz deutlich vom WSG. Auch die Ehrenamtlichkeit der Ausschusstätigkeit war ein Kriterium, das die Wiedereinstellungsausschüsse gegenüber den Spruchkörpern nach dem WSG deutlich abwertete. Im Vergleich zum WSG ist weiters auffällig, dass das Wiedereinstellungsgesetz erst wesentlich – nämlich ganze zwei Jahre – später erlassen wurde.

Die Archive geben leider wenig Auskunft über die Umsetzung des Wiedereinstellungsgesetzes. Beim LAA OÖ konstituierte sich der Wiedereinstellungsausschuss am 6. Februar 1948.[1823] Im Betreff des Berichts wird auf einen Erlass des BMsV/SP[1824] Bezug genommen, woraus zu schließen ist, dass die Errichtung der Wiedereinstellungsausschüsse Ende 1947 zentral angeordnet wurde und die Konstituierung der Ausschüsse in den übrigen Bundesländern ungefähr zur selben Zeit erfolgte. Die

---

[1816] § 10 Abs 1 leg cit.
[1817] § 10 Abs 3 leg cit.
[1818] BGBl 81/1949.
[1819] § 1 Abs 1 leg cit.
[1820] BGBl 15/1950.
[1821] § 16 Wiedereinstellungsgesetz idF leg cit.
[1822] BGBl 185/1950.
[1823] ÖStA/AdR, BMsV/SP, Kart 180, GZ 29.701/48, Bericht des LAA OÖ an das BMsV (28. Februar 1948).
[1824] GZ 146.871/47.

Konstituierung des Ausschusses wurde vom Vorsitzenden des LAA OÖ, Dozent Dr. Viktor Guttmann, geleitet, wodurch man von der gesetzlich vorgesehenen Leitung der ersten Sitzung durch den ArbeitnehmerInnenvertreter abging. Der zweite Tagesordnungspunkt des Protokolls dokumentierte in Übereinstimmung mit dem Gesetz die Angelobung jener Mitglieder, „welche nicht schon als Beamte ein Angelöbnis abgelegt haben". Das Gesetz sah vor, dass die Angelobung zur Bekundung der Unparteilichkeit per Handschlag gegenüber dem Vorsitzenden vorzunehmen war.

Die Sitzung begann insofern holprig, als drei der vier ArbeitnehmerInnenvertreter aus gesundheitlichen Gründen fehlten. Zwei davon leisteten der mehrmaligen Ladung zur Angelobung nicht Folge, einer sagte die Ableistung des Angelöbnisses „in der nächsten Woche" zu. Die Anwesenden aus der ArbeitnehmerInnengruppe waren ein Redakteur und ein Buchhalter. Die ArbeitgeberInnenvertreter – als Hauptmitglieder zwei Handelskammerbedienstete, darunter Bundesrat Dr. Ludwig Hiermann, waren allesamt anwesend. Alle Mitglieder waren Männer.

Diese Umstände zeigen, dass vor allem im Anfangsstadium im Einzelfall doch eine beträchtliche Abweichung der tatsächlichen Vorgänge vom normativen Plan vorliegen konnte. Die Motivation der Ausschussmitglieder mit niedrigerem Gehalt, sich aktiv in den Ausschuss einzubringen, wurde gewiss auch durch die gesetzlich vorgesehene Ehrenamtlichkeit[1825] geschmälert.

Ein Bericht an das Internationale Arbeitsamt geht auch auf das Wiedereinstellungsgesetz ein, nennt aber keine konkreten Inhalte, da das Schwergewicht der Berichtspflicht auf den Maßnahmen zur Bekämpfung der Arbeitslosigkeit lag.[1826] Berichtet wurde nur über die Pflicht der AÄ, Geschädigte bevorzugt zu vermitteln; auf die Wiedereinstellungsausschüsse wird im Bericht nicht eingegangen.

Im Wiedereinstellungsgesetz ist eine ergänzende Maßnahme zur Entnazifizierung zu sehen. Während gemäß WSG die „Ehemaligen" gemaßregelt wurden, wurde mit dem gegenständlichen Gesetz der Schadenersatz-Gedanke und damit ebenfalls ein primär parteipolitisches Ziel verfolgt, das mit rein arbeitsmarktpolitischen Fragen relativ wenig zu tun hatte. Noch deutlicher als beim WSG kamen Mechanismen des IBG zum Ausdruck, da es hier – wie dort – um die bevorzugte Unterbringung am Arbeitsmarkt unter maßgeblicher arbeitsamtlicher Beteiligung ging.

7. Die Rolle der Arbeitsmarktbehörden im Rahmen des Arbeitsplatzmanagements zugunsten benachteiligter Berufsgruppen: „Kriegsinvalide", junge Arbeitskräfte und Bauarbeiter

Mit der „Dritten Verordnung über die Verlängerung der Geltungsdauer des Invalidenbeschäftigungsgesetzes"[1827] und dem R-ÜG wurde das IBG[1828] aus der Ersten Republik in den Rechtsbestand

---

[1825] § 10 Abs 3 Wiedereinstellungsgesetz.
[1826] ÖStA/AdR, BMsV/SP, Kart 240, SA SA 18 B, GrZ 88.178/49, GeZ 128.596/49, Jahresbericht 1948–1949 über die Durchführung der von Österreich ratifizierten internationalen Übereinkommen (19. Oktober 1949), darin: Bericht […] [über die Maßnahmen des] Übereinkommens (Nr. 2) über die Arbeitslosigkeit.
[1827] RGBl I 1942 S 664.
[1828] StGBl 459/1920; näher dazu Kap I. C. 2. Die Rolle der Arbeitsmarktbehörden im Rahmen des Arbeitsplatzmanagements zugunsten benachteiligter Arbeitskräfte („Kriegsinvalide").

der Zweiten Republik übergeführt[1829] – letztendlich aber mit einem unbefriedigenden Ergebnis. Zentrale Regelungen des IBG, wie die Befreiung der Gebietskörperschaften und ArbeitgeberInnen mit gemeinnützigem Charakter, der Kreis der Begünstigten und die Möglichkeit der Vorab-Befreiung von der Ausgleichstaxe wurden als nicht mehr zeitgemäß angesehen,[1830] weshalb schließlich auch der Grundkonsens über die Notwendigkeit eines gänzlich neuen Gesetzes hergestellt wurde. Die Vordringlichkeit dieser Materie wurde besonders auch in dem Umstand deutlich, dass nach dem Zweiten Weltkrieg von einer gegenüber der Zwischenkriegszeit noch höheren Zahl von arbeitsmarktrelevanten Kriegsverwundeten auszugehen war.[1831] Die Regierungsvorlage[1832] zum IEinstG wurde durch den AsV vor allem auch hinsichtlich der Arbeitsvermittlungsbestimmungen abgeändert.[1833] Das Gesetz wurde am 14. September 1946 kundgemacht und trat am 1. Oktober 1946 in Kraft.[1834] Eine zeitliche Begrenzung der Geltungsdauer war bewusst nicht vorgesehen, da man nach den Erfahrungen des Ersten Weltkriegs wusste, dass „die sozialpolitische Liquidierung der Folgen eines modernen Krieges Jahrzehnte beansprucht".[1835]

Das IEinstG normierte – im Unterschied zum IBG – eine Beschäftigungspflicht sämtlicher DienstgeberInnen inklusive der Gebietskörperschaften zugunsten „Invalider".[1836] Grundsätzlich war ab 15 DienstnehmerInnen eine begünstigte Arbeitskraft einzustellen, auf je 20 zusätzliche DienstnehmerInnen entfiel eine weitere; Kleinbetriebe waren damit befreit, abweichende Maßgaben waren per VO des BMsV zulässig. Erleichterungen bestanden für Gebietskörperschaften (generelle Quote von 5 Prozent gegenüber 6,6 Prozent bei den übrigen Mittelbetrieben mit 15–34 MitarbeiterInnen) sowie land- und forstwirtschaftliche Betriebe (es zählen nur familienfremde MitarbeiterInnen).

Als „Invalide" im Sinne des Gesetzes galten vor allem „Kriegsbeschädigte" mit einer um mindestens 50 Prozent verminderten Erwerbsfähigkeit und Gleichgestellte, also vorwiegend solche zu mindestens 30 Prozent Versehrte, denen ein Arbeitsplatz nicht verschafft werden konnte und deren Gleichstellung durch das Landesinvalidenamt bestätigt wurde.[1837] Eine Ausgleichstaxe war für den Fall vorgesehen, dass die Beschäftigungspflicht nicht erfüllt wurde; es handelte sich dabei weder um eine Steuer noch um eine Geldstrafe,[1838] der jeweilige Betrieb konnte sich aber damit gleichsam „freikaufen". Die Taxe betrug pro begünstigter Person und Jahr S 600.-,[1839] wurde vom AA vorgeschrieben und speiste einen Fonds für Zwecke der Begünstigten;[1840] grundsätzlich waren auch die Gebietskörperschaften von der Zahlungspflicht betroffen, wobei die diesbezüglich vorgesehene VO[1841] im Betrachtungszeitraum nicht erging.[1842]

[1829] § 24 Abs 2 „Invalideneinstellungsgesetz" (IEinstG, BGBl 163/1946). Im Folgenden werden die drei zentralen Materien dieses Kapitels in ihren Grundzügen nur soweit dargestellt, wie für die Beleuchtung der Rolle der Arbeitsmarktbehörden notwendig ist.

[1830] 160 BlgNR, RV, V. GP.

[1831] Nach *Schöberle*, Theodor, Das Invalideneinstellungsgesetz. In: JBl (1948) 227–229, hier: 227, waren nach dem Zweiten Weltkrieg in Österreich „rund 150.000 (Kriegs-)Invalide zu beklagen, von denen man ungefähr die Hälfte als Schwerbeschädigte ansprechen […] [konnte]. Aus dem ersten [sic!] Weltkrieg leb[t]en noch bei 50.000 Invalide, die zu einem bedeutenden Teil noch Jahrgängen angehör[t]en, die für den Wirtschaftsprozess in Betracht" kamen. Zu den demografischen Daten der Zwischenkriegszeit siehe Kap I. C. 2. Die Rolle der Arbeitsmarktbehörden im Rahmen des Arbeitsplatzmanagements zugunsten benachteiligter Arbeitskräfte („Kriegsinvalide").

[1832] 160 BlgNR, V. GP.

[1833] 206 BlgNR, V. GP, AsVB, 4. Dazu siehe unten in diesem Kap.

[1834] § 24 Abs 1 IEinstG.

[1835] 160 BlgNR, V. GP, EB, 14.

[1836] § 1 IEinstG; *Schöberle*, Invalideneinstellungsgesetz (1948), 227.

[1837] § 2 IEinstG.

[1838] *Schöberle*, Theodor, Invalideneinstellungsgesetz mit allen hierzu ergangenen Durchführungsvorschriften eingehenden Erläuterungen und einem Sachregister (Wien 1947) 60.

[1839] § 9 Abs 2. Mit der IEinstG-Novelle 1950 wurde der Betrag auf S 900,– angehoben (BGBl 146/1950).

[1840] § 10.

[1841] Gemäß § 17 Abs 2 IEinstG.

[1842] In diesem Sinne auch *Schöberle*, IEinstG, 62. Der Gesetzeskommentar stammt zwar aus der Zeit kurz nach dem Inkrafttreten des Gesetzes, die Rechtsdatenbank RIS bestätigt aber das Fehlen der VO. Die VO des BMsV vom 25. Februar 1947 (BGBl 74/1947) führte diesen Paragrafen nicht aus.

Zur Wahrnehmung der mit dem Gesetz verbundenen Aufgaben waren bei jedem Landesarbeits-amt ein Invalidenausschuss – bestehend aus dem LAA-Leiter sowie Mitgliedern der „Invaliden"- und gesetzlichen beruflichen Interessenvertretung – und bei jedem Landesinvalidenamt ein Einstel-lungsausschuss zu bilden.[1843] Die Aufgabenverteilung zwischen diesen beiden Stellen war so gestaltet, dass das Landesinvalidenamt über die Ausstellung eines Invalidenscheins entschied und damit die Begünstigten im Einzelfall definierte.[1844] Das Landesarbeitsamt hatte durch seinen Invalidenaus-schuss erstinstanzlich seine Zustimmung zu Kündigungen zu geben[1845] und fungierte als Rechtsmit-telinstanz gegen AA-Bescheide.[1846] Die AA-Zustimmung zur Einstellung[1847] war zum Zeitpunkt des Inkrafttretens des IEinstG zwar bereits durch die APlWVO gedeckt, doch deren Außerkrafttreten offenbar schon absehbar beziehungsweise wollte man diese Einbindung der AÄ in „Sorge für die Beschäftigung der Invaliden unabhängig von der in weiterer Zukunft etwa zu gewärtigenden Neu-regelung der allgemeinen Kompetenzen der Arbeitsämter"[1848] gesetzlich vorsehen.

Dem jeweiligen Arbeitsamt wurde die Durchführung der Arbeitsvermittlung übertragen.[1849] Die begünstigte Vermittlung, welche nunmehr anders als im IBG gesetzlich ausdrücklich normiert wurde, war dabei so ausgestaltet, dass das BMsV mit Zustimmung – seit der IEinstG-Novelle[1850] 1952 nach Anhörung – des dort einzurichtenden Beirats[1851] bestimmen konnte, Arbeitsplätze bestimmter Art begünstigten Arbeitskräften vorzubehalten.[1852] Neben der allgemeinen Auskunftspflicht[1853] bestand eine Anzeigepflicht des Arbeitgebers beziehungsweise der Arbeitgeberin bezüglich neu geschaffener und frei werdender, derart „vorbehaltener" Arbeitsplätze.[1854]

[1843] § 12 leg cit.
[1844] §§ 13 f leg cit.
[1845] § 8 Abs 2.
[1846] § 19 Abs 2.
[1847] § 15 Abs 1 Satz 3.
[1848] 160 BlgNR, V. GP, EB, 12.
[1849] § 15.
[1850] BGBl 165/1952.
[1851] Bestehend aus Mitgliedern der „Invaliden"- und gesetzlichen beruflichen Interessenvertretung (§ 10 Abs 2).
[1852] § 1 Abs 3 Satz 2.
[1853] § 16.
[1854] § 15 Abs 2.

Abbildung 13:[1855] „Fernsprechzentrale; der Arbeitsplatz eines Schwerkriegsbeschädigten" (innerhalb der oberösterreichischen Arbeitsmarktbehörden, 1952)

Um eine Abhilfe gegen die Jugendarbeitslosigkeit zu schaffen, in der „eines der vordringlichsten sozialpolitischen Probleme"[1856] lag, brachte die Bundesregierung einige Jahre später die Regierungsvorlage zum Jugendeinstellungsgesetz (JugEG)[1857] ein, das am 31. August 1953 kundgemacht und einen Tag später in Kraft gesetzt wurde. Während auch andere Maßnahmen wie die Erweiterung der

---

[1855] ÖStA/AdR, BMsV/SP, Kart 399, GZ 162.947/52, Schreiben des LAA OÖ an das BMsV (29. November 1952) samt 10 Fotos.
[1856] 160 BlgNR, V. GP, EB, 5.
[1857] BGBl 140/1953.

Schulpflicht oder der Ausbau der Aktion „Jugend am Werk"[1858] in Erwägung gezogen wurden,[1859] war man sich bald einig, dass man nicht umhinkommen würde, ein gezieltes Arbeitsplatzmanagement zu etablieren, deren Kern in einer Einstellungspflicht zugunsten Jugendlicher lag. Das JugEG hatte aber eine begrenzte Geltungsdauer und sollte am 31. Dezember 1954 wieder außer Kraft treten,[1860] blieb aber schließlich nach mehrmaliger Verlängerung bis 31. Dezember 1957 bestehen.[1861] Der Grund für die Befristung lag in der demografischen Erwartung begründet, dass „in den folgenden Jahren die Zahl der schulentlassenen Jugendlichen zurückgeh[en]"[1862] würde und damit die Maßnahmen des Gesetzes entbehrlich erschienen. Die Verfassungsbestimmung,[1863] wonach „[d]ie Erlassung und Aufhebung der Vorschriften des Abschn[itts] II [also des normativen Hauptteils, MK] dieses Bundesgesetzes sowie die Vollziehung" Bundessache waren, hatte den primären Zweck, die Bundeskompetenz sowohl hinsichtlich der gesamten Gesetzgebung als auch hinsichtlich der Vollziehung durch die Arbeitsmarktbehörden – diese waren ja Behörden der unmittelbaren Bundesverwaltung[1864] – auch für den Agrarbereich zu schaffen.

Praktisch das gesamte dogmatische Grundkonzept des IEinstG fand – mit Abweichungen – Eingang ins JugEG. Verpflichtet wurden privatrechtlich organisierte DienstgeberInnen schlechthin[1865] und solche öffentlichrechtlicher Natur abseits der Hoheitsverwaltung.[1866] Begünstigt waren „Jugendliche", also Personen mit erfüllter Schulpflicht, die das 14., nicht aber das 18. Lebensjahr vollendet hatten.[1867] Grundsätzlich musste auf fünf DienstnehmerInnen eine jugendliche oder gleichgestellte Arbeitskraft eingestellt werden, auf je weitere 15 beziehungsweise ab 300 auf je 25 weitere ArbeitnehmerInnen eine zusätzliche; auf dieser Grundlage war die Pflichtzahl zu ermitteln. Für Saisonbetriebe und per VO[1868] zu bezeichnende Betriebe bestanden Erleichterungen.[1869]

Diesem Zahlenverhältnis lag der RV zufolge[1870] – die eine geringere Einstellungsdichte im Verhältnis von 1:10 bei 10–24 ArbeitnehmerInnen normierte – die Annahme zugrunde, dass neben den bereits beschäftigten 50.000 Jugendlichen durch dieses Gesetz weitere 23.000 einzustellen waren.[1871] Durch das schließlich zum Gesetz erhobene Verhältnis von 1:5 bei 5–14 ArbeitnehmerInnen war das Ergebnis entsprechend erfolgversprechender.[1872] Per Durchführungsverordnung konnte das Pflichtzahlenverhältnis angepasst werden, „[w]enn sich die Zahl der arbeitsuchenden Jugendlichen wesentlich ändert[e]".[1873] Diese Verordnung[1874] wurde am 14. Oktober 1954 kundgemacht, trat am 1. November 1954 in Kraft[1875] und beseitigte die Begünstigung für Betriebe mit mehr als 300 ArbeitnehmerInnen. Die vom AA vorzuschreibende Ausgleichsgebühr[1876] betrug monatlich S 75,– und entsprach damit aufs Jahr hochgerechnet genau dem Betrag nach dem IEinstG.[1877]

[1858] Dazu näher in Kap III. B. 3. Das Umfeld der Arbeitsmarktbehörden.
[1859] 160 BlgNR, V. GP, EB, 5.
[1860] § 31.
[1861] BGBl 262/1956. Damit wurde praktisch die Einschätzung der RV bestätigt, welche den 31. Dezember 1958 als letzten Gültigkeitstag vorschlug (160 BlgNR, V. GP, RV).
[1862] 160 BlgNR, V. GP, EB, 5.
[1863] § 1 JugEG.
[1864] Kap III. B. 2. Unterinstanzen.
[1865] § 2 Abs 1 JugEG.
[1866] § 4 leg cit.
[1867] § 2 JugEG.
[1868] Diese konnte nicht nachgewiesen werden (RIS).
[1869] § 3 leg cit.
[1870] 61 BlgNR, VII. GP, RV.
[1871] 61 BlgNR, VII. GP, EB, 5.
[1872] *Kroll*, JugEG, 15 f.
[1873] § 3 Abs 5 leg cit.
[1874] BGBl 228/1954.
[1875] § 2 der VO.
[1876] § 8.
[1877] S 900,- (BGBl 163/1946 idF BGBl 146/1950); *Kroll*, JugEG, 25.

Beim BMsV war ein Beirat einzurichten, in dem unter dem Vorsitz des BMsV oder eines BMsV-Beamten und neben VertreterInnen diverser Bundesministerien Mitglieder der beruflichen Interessenvertretungen und Jugendverbände berufen waren.[1878] Die Vorschläge zur Besetzung der Jugendvertretungen waren von der Katholischen Jugend Österreichs, der ÖVP, der SPÖ und dem Gewerkschaftsbund zu nennen.[1879] Die expliziten gesetzlichen Aufgaben des Beirats waren die Abgabe eines unverbindlichen[1880] Statements zur Pflichtzahlreduktion benachteiligter Betriebe[1881] sowie allgemein die „Beratung" des BMsV in den Angelegenheiten des Gesetzes.[1882] Anstelle einer besonderen Arbeitsvermittlungsklausel – wie die AA-Zustimmung zur Einstellung in § 15 IEinstG – war die als halbjährliche Berichtspflicht der DienstgeberInnen an die AÄ ausgestaltete Auskunftspflicht vorgesehen,[1883] auf deren Grundlage die Arbeitsvermittlung durchzuführen war. Auf LAA-Ebene bestanden keine besonderen Spruchstellen.

Die dritte hier darzustellende Gruppe besonders geschützter ArbeitnehmerInnen waren Bauarbeiter. Ähnlich wie bei der PAF[1884] wurden den betroffenen ArbeitgeberInnen Beihilfen gewährt, um so der Arbeitslosigkeit entgegenzuwirken. Der von den Abgeordneten Franz Olah (SPÖ), Erwin Altenburger (ÖVP) und Genossen vorgelegte Entwurf eines „Schlechtwetterentschädigungsgesetzes (SchlWEG)"[1885] wurde im AsV im Rahmen der Verhandlungen zum Wohnbauförderungsgesetz am 5. Juli 1954 beraten und beschlossen,[1886] am 19. August 1954 im Bundesgesetzblatt kundgemacht und am 30. August 1954 für ein Jahr lang in Kraft gesetzt. Das SchlWEG trat anschließend im Jahr 1955 rückwirkend mit 1. September wieder in Kraft,[1887] diesmal für zwei Jahre, und galt ab 1956 schließlich ohne zeitliche Begrenzung.[1888]

Ausgangspunkt für das Gesetz war die Feststellung, dass sich bei witterungsbedingter Unmöglichkeit der Bauausführung und „Arbeitsbereitschaft des Arbeitnehmers [...] nach herrschender Ansicht [...] aus den Bestimmungen des Allgemeinen Bürgerlichen Gesetzbuches eine eindeutige Verteilung des Betriebsrisikos nicht erkennen"[1889] ließ. Bestimmten Betriebsgattungen in der Baubranche[1890] waren daher die Beträge der nach diesem Gesetz an die Bauarbeiter auszubezahlenden „Schlechtwetterentschädigungen"[1891] nach Antragstellung beim nach der Lage der Baustelle zuständigen Arbeitsamt[1892] zurück zu erstatten.[1893] Stellte das AA fest, dass die Angaben für die Rückerstattung „den Tatsachen nicht entsprachen", so waren die rückerstatteten Beträge wiederum dem AA zurückzuzahlen.[1894]

Die Schlechtwetterentschädigung betrug, da auf sie keine „Lohnsummensteuer" entfiel,[1895] 60 Prozent des Lohnes und wurde anfangs – bei Erleichterungen für über 1.500 Meter über dem

---

[1878] § 9 leg cit.
[1879] § 9 Abs 4 leg cit. Diese Klausel wurde vom AsV angeregt und war nicht Bestandteil der RV (132 BlgNR, VII. GP, AsVB, 2).
[1880] Arg „nach Anhörung".
[1881] § 3 Abs 6.
[1882] § 9 Abs 1.
[1883] § 10 leg cit.
[1884] Etwa nach §§ 37 ff AlVG (BGBl 184/1949). Kap III. A. 2. Rechtliche Rahmenbedingungen.
[1885] BGBl 174/1954.
[1886] 376 BlgNR, VII. GP.
[1887] BGBl 187/1955.
[1888] BGBl 267/1956.
[1889] *Widorn*, Thomas, Bauarbeiter-Schlechtwetter-Entschädigungsgesetz (Wien 1973) VII.
[1890] § 1 SchlWEG.
[1891] § 4 leg cit.
[1892] § 10 leg cit.
[1893] § 8.
[1894] § 10 Abs 3.
[1895] § 6 Abs 2 letzter Satz.

Meeresspiegel gelegenen Arbeitsstellen – nur für die kalte Jahreszeit gewährt;[1896] seit der Novelle[1897] von 1956 fand die Regelung das ganze Jahr über Anwendung. Die Entscheidung, ob die Arbeit aufgrund der Witterung einzustellen war, oblag dem Arbeitgeber beziehungsweise der Arbeitgeberin nach Anhörung des Betriebsrats; die betreffenden Arbeiter hatten bei Schlechtwetter „eine andere zumutbare Arbeit im Betrieb" zu verrichten.[1898] Die finanzielle Mehrbelastung wurde primär durch einen Zuschlag zur Arbeitslosenversicherung in der Höhe von einem Prozent und subsidiär durch einen Zuschuss vom Bundesbudget gedeckt.[1899]

Im Jahr 1948 erfasste alleine das Landesarbeitsamt Vorarlberg „rund 300 Betriebe, die von der Einstellungspflicht"[1900] nach dem IEinstG betroffen waren. In diesen Betrieben waren Ende 1948 etwa 550 Begünstigte und zirka 100 „Kriegswitwen"[1901] beschäftigt. „[V]on 1.500 karteimäßig erfassten Invaliden, die unter die Bestimmungen des Invalideneinstellungsgesetzes [...] [fielen], konnten von 1945 bis Ende des Berichtsjahres [1948] rund 1.300 in Arbeit vermittelt werden."[1902] Der Invalidenausschuss beim LAA Vbg tagte im Jahr 1948 insgesamt fünf Mal; er hatte 18 Anträge auf Anrechnung von „Kriegswitwen" auf die Pflichtzahl, drei Ansuchen auf Zustimmung zur Kündigung und 72 Berufungen gegen Bescheide der AÄ auf Vorschreibung der Ausgleichstaxe zu behandeln.[1903] Der Bericht des LAA Kärnten macht vor allem die Schwächen des IEinstG deutlich und zwar insofern, als er betont, dass die saisonbedingten Konjunkturschwankungen nicht nur die allgemeinen Vermittlungserfolge sondern auch jene nach diesem Gesetz begrenzten. Im Jänner 1955 betrug der Höchststand der arbeitsuchenden Begünstigten in Kärnten 530 gegenüber dem Tiefststand von 168 im August.[1904]

Im August 1955 bestanden in Kärnten 1.380 Betriebe, die gem JugEG einstellungspflichtig waren; davon erfüllten im selben Monat 238 Betriebe die Einstellungspflicht nicht.[1905] Insgesamt gab es in allen Betrieben 3.038 Pflichtstellen, wobei das ganze Jahr über mehr Jugendliche beschäftigt als Pflichtstellen vorhanden waren. Darin ist auch ein Indiz dafür zu sehen, dass sich zu dieser Zeit der Arbeitsmarkt vom Krieg wieder relativ gut erholen konnte. Zwischen den Monaten September 1945 bis Februar 1955 fielen in Kärnten Ausgleichsgebühren in der Höhe von S 227.325,– an.[1906]

Im Anwendungsbereich des SchlWEG wurden im gesamten Jahr 1955 über das LAA Ktn die an 18.472 Arbeiter ausbezahlten Schlechtwetterentschädigungen rückerstattet.[1907] In Summe beliefen sich diese Ausgaben des LAA auf einen Betrag von S 978.107,35; davon entfielen auf die Spitzenmonate Jänner S 250.073,53 gegenüber S 11.537,81 im September.

Rückblickend auf die drei Gesetze fielen unter den Sammelbegriff der Arbeitsvermittlung auch Maßnahmen, die mit unterschiedlichen Mechanismen gezielt die Eingliederung bestimmter weniger konkurrenzfähiger Berufsgruppen und damit sachimmanente Zwecke verfolgten und damit nicht primär parteipolitisch motiviert waren. Als erste dieser Gruppen wurde relativ bald nach der Wie-

---

[1896] § 3.
[1897] BGBl 267/1956.
[1898] § 5 Abs 2.
[1899] § 12.
[1900] ÖStA/AdR, BMsV/SP, Kart 224, GrZ 125.941/49, Jahresbericht zum Berichtjahr 1948 des LAA Vbg (Juli 1949) 33.
[1901] Ebd.
[1902] Ebd, 32.
[1903] Ebd, 33.
[1904] ÖStA/AdR, BMsV/SP, Kart 679, GrZ 115.489/56, Jahresbericht zum Berichtjahr 1955 des LAA Ktn (Juli 1956) 37.
[1905] Ebd, 39.
[1906] Ebd.
[1907] Ebd, 46.

derherstellung der Handlungsfähigkeit Österreichs durch die Bundesregierung die infolge des Kriegs dauerhaft körperlich Geschädigten geschützt. Später wurden die in diesem Bereich entwickelten Strategien auch auf junge Arbeitskräfte umgemünzt. Bei beiden Materien wurden die ArbeitgeberInnen unmittelbar in die Pflicht genommen. Einem davon abweichenden Reglement, das Elemente der Produktiven Arbeitslosenfürsorge enthielt, folgte die Begünstigung der Bauarbeiter. Hier wurde die finanzielle Mehrbelastung der Maßnahmen letztendlich auf die Arbeitgeber- und -nehmerInnenseite aufgeteilt. Insgesamt sind diese Materien als Ausdruck einer Konsolidierung der Arbeitsmarktbehörden im demokratischen Umfeld zu werten.

8. Der Versuch einer gesetzlichen Neuauflage der Arbeitsmarktverwaltung

Die Entmachtung der Arbeitsmarktbehörden durch den Wegfall der Arbeitsplatzwechselverordnung brachte im Laufe des Jahres 1947 den Ruf nach einem gänzlich neuen „Arbeitsvermittlungsgesetz" auf die Agenda. In diesem Sinne erstellte die Bundesregierung die Regierungsvorlage für ein künftiges „Bundesgesetz vom ... [sic!] über die Organisation der Landesarbeitsämter und Arbeitsämter" (im Folgenden AÄOrgG).[1908] Die Erläuternden Bemerkungen zur RV legen gleich im einleitenden ersten Absatz offen, dass mit den beiden vorliegenden Gesetzesentwürfen keine grundlegenden Änderungen verfolgt wurden. Weiter unten heißt es treffend, dass nach

„der Befreiung Österreichs [...] zunächst im Verwaltungswege, versucht [wurde], den demokratischen Charakter der Landesarbeitsämter und Arbeitsämter wieder herzustellen, indem den Leitern [...] [derselben] aus Vertretern der Dienstnehmer und der Dienstgeber zusammengesetzte Verwaltungs- [bei den LAÄ und Vermittlungs-] Ausschüsse [bei den AÄ] zur Seite gestellt wurden."[1909]

Die wichtigste Abweichung des AÄOrgG-Entwurfs vom Status quo bestand sicherlich in der Stärkung des Paritätsprinzips. Dem sollte vor allem durch die Einrichtung einer beim BMsV angesiedelten „Zentralkommission für Arbeitsvermittlung und Arbeitslosenversicherung", die sich aus VertreterInnen der DienstnehmerInnen und -geberInnen zusammensetzte, Rechnung getragen werden.[1910] In Abgrenzung zu ähnlichen Spruchstellen wie jenen nach dem WSG war angedacht, diese Zentralkommission mit einer allgemeinen – nicht näher spezifizierten[1911] – sachlichen Zuständigkeit auszustatten. Dementsprechend sollte sie berufen sein, „bei der Erlassung von Verordnungen sowie sonstiger wichtiger und grundsätzlicher Verfügungen des Bundesministeriums für soziale Verwaltung in Angelegenheiten der Arbeitsvermittlung, der Berufsberatung, der Arbeitslosenversicherung [...] mitzuwirken".[1912]

Die Erläuternden Bemerkungen zum vorliegenden Entwurf geben außerdem an, dass sich dieser insgesamt „weitgehend an die Regelung, die vor 1935 bestanden hat",[1913] anschloss, womit ausgedrückt wurde, dass das Paritätsprinzip neu bewertet werden sollte – und zwar in Anlehnung an das AlVG.[1914] Dies ergab laut den EB die Konsequenz, dass man sich sowohl vom System des arbeitseinsatzbehördlichen NS-Apparats als auch von jenem nach dem GSVG[1915] klar distanziert wissen wollte.

[1908] 745 BlgNR, V. GP, RV, 1.
[1909] Ebd, 7.
[1910] Ebd.
[1911] § 32 Abs 1 des Entwurfs.
[1912] § 32 Abs 1 des Entwurfs.
[1913] 745 BlgNR, V. GP, RV, 7.
[1914] StGBl 153/1920.
[1915] BGBl 107/1935.

Bei der Bestellung des LAA-Direktors[1916] beziehungsweise der einzelnen AA-Leiter[1917] wurde der Verwaltungskommission beim jeweiligen LAA gemäß dem Entwurf nun ein Vorschlagsrecht eingeräumt und damit das nach dem Zweiten Weltkrieg wiederbelebte Paritätsprinzip stärker aufgewertet. Eine Frauenquote war nicht vorgesehen.

Die Übergangsregeln nahmen den Vorstößen in Richtung ausgebauter Selbstverwaltung beträchtlich Wind aus den Segeln. Denn es war gem § 34 Abs 1 des Entwurfs vorgesehen, dass die derzeit bestehenden Behörden – LAÄ und AÄ – und deren Leiter unbefristet als solche laut den neuen Bestimmungen bestehen sollten. Zweck dieser Regelung war es gemäß den EB, dass dadurch „in der Geschäftsführung dieser Einrichtungen keine Unterbrechung eintreten"[1918] sollte. Im Bereich der Behördenstruktur gab es damit interessante Ansätze, die aber nicht bahnbrechend in eine neue Richtung wiesen.

Gleichzeitig mit dem AÄOrgG wurde der Entwurf des „Bundesgesetz[es] vom ... [sic!] über die Regelung der Arbeitsvermittlung und Berufsberatung (Arbeitsvermittlungsgesetz [...])"[1919] (AVermiG) dem AsV vorgelegt. Der AVermiG-Entwurf definierte als Wirkungsbereich des zu erlassenden Gesetzes die Arbeitsvermittlung und Berufsberatung, womit offenbar eine materiellrechtliche Ergänzung zum ebenfalls zugleich eingebrachten AlVG beabsichtigt war, das zwar die Arbeitslosenversicherung, nicht aber diese Agenden abdeckte. Mit dem AVermiG sollten also für die Aufgabenbereiche der Arbeitsvermittlung und Berufsberatung österreichische Rechtsgrundlagen geschaffen und die bis dato weiterhin geltenden reichsrechtlichen Vorschriften des AVAVG[1920] und des AVBLG[1921] in diesem Bereich ersetzt werden.[1922] § 34 des AVermiG-Entwurfs sollte deshalb kollidierendes Reichsrecht ausdrücklich – wenn auch nicht unter Aufzählung der betroffenen Regelungen – außer Kraft setzen. Im Unterschied zum Entwurf des AÄOrgG bestanden also hier bereits gesetzliche Rechtsgrundlagen, die es zu ersetzen galt. Es ist daher nicht verwunderlich, dass auch hier viele bestehende Elemente in den Entwurf Eingang fanden.

Die Reihe der bekannten Regelungen innerhalb dieses Entwurfs ist lange. Dass etwa die vorliegenden Regelungen auch in der Land- und Forstwirtschaft greifen sollten,[1923] entsprach der überkommenen Rechtslage.[1924] Art 12 Z 4 B-VG verlangte aber nach einer Verfassungsbestimmung. Auch die Arbeitsmarktbehörden (BMsV/LAÄ/AÄ[1925]) als Träger der Arbeitsvermittlung beziehungsweise Berufsberatung und deren Monopolstellung sollten erhalten bleiben. Das Tätigwerden durch „andere Stellen [...] [sollte] unbeschadet der Bestimmungen des § 4 untersagt"[1926] sein. Gemäß den EB zu § 4 Abs 1 stellte die gemeinnützige Arbeitsvermittlung Berufsvereinigungen wie jene der MusikerInnen und BühnenkünstlerInnen in den Vordergrund.[1927] Dass die gewerbliche Arbeitsvermittlung weiterhin nur „ausnahmsweise"[1928] zulässig sein sollte, ist hinsichtlich der Argumentationslogik interessant, welche „in der heutigen Zeit, die die menschliche Arbeitskraft nicht mehr als Ware betrachtet", einer auf Gewinn ausgerichteten Vermittlungtätigkeit keinen Platz mehr einräumte.

[1916] § 14 Abs 1 des Entwurfs.
[1917] § 28 Abs 1 des Entwurfs.
[1918] 745 BlgNR, V. GP, RV, 9.
[1919] 745 BlgNR, V. GP, RV, 1.
[1920] RGBl I 1927 S 187.
[1921] RGBl I 1935 S 1281.
[1922] 746 BlgNR, V. GP, EB, 5.
[1923] § 2 AVermiG-Entwurf.
[1924] 746 BlgNR, V. GP, EB, 5.
[1925] § 3 Abs 1 AVermiG-Entwurf.
[1926] § 3 Abs 3 AVermiG-Entwurf.
[1927] 746 BlgNR, V. GP, EB, 5.
[1928] § 4 Abs 1.

Die seit April 1945 erteilten Genehmigungen für gemeinnützige und gewerbliche Arbeitsvermitt-lung hingegen sollten uneingeschränkt aufrecht bleiben;[1929] die Voraussetzungen für gewerbliche Arbeitsvermittlung waren der Verordnungsmacht des BMsV vorbehalten.[1930] Wesentliche Elemente des finanziellen Leistungsrechts, wie AA-Zuschüsse für Umschulung/Nachschulung (zugunsten der Heimkehrer[1931]), Reisekostenerstattungen,[1932] Ausbildungsbeihilfen zugunsten finanziell „minderbe-mittelter" Jugendlicher,[1933] „standen nicht nur im Einklang mit der derzeitigen Rechtslage, sie haben zum größten Teil auch schon vor 1938 bestanden."[1934]

Da man im Jahr 1948 auch auf dem Arbeitsmarkt noch weit von einer erholten Friedenswirtschaft entfernt war, ist es wenig überraschend, dass auffallend dirigistische und ebenfalls bekannte Instru-mente in den Entwurf des AVermiG einflossen. Die Meldepflicht der DienstgeberInnen bezüglich der durch Arbeitskraftabgang bewirkten Leerstellen ist in § 14 eine offensichtliche Reminiszenz an § 3 der „Verordnung über die Beschränkung des Arbeitsplatzwechsels",[1935] der bei einvernehmlichen Vertragsauflösungen anstelle der AA-Zustimmung die Meldepflicht des Arbeitgebers beziehungs-weise der Arbeitgeberin vorsah.

Während damit im Entwurf des AVermiG die zentralen Regelungen des gesamten Spektrums der Arbeitsvermittlung weitgehend nur eine neue Rechtsgrundlage erhalten sollten, war der Versuch der Verrechtlichung der Berufsberatung in der hier vorgeschlagenen Form tatsächlich neu. § 7 definierte erstmals die Berufsberatung auf gesetzlicher Basis. Demnach war es arbeitsmarktbehördliche Aufga-be, „die Berufswahl Jugendlicher im Einvernehmen mit der Schulverwaltung planmäßig vorzuberei-ten und Jugendliche sowie alle Personen, die [...] einen Wechsel ihres Berufes anstreb[t]en, [...] in der Verfolgung ihres Berufszieles zu unterstützen", wobei „die Berufswünsche des einzelnen [sic!] mit den Interessen der Wirtschaft tunlichst in Einklang zu bringen" waren.

Die §§ 19 f zeichneten den Weg vor, wie dieses theoretische Ziel in die Praxis umzusetzen war, in-dem die Kooperation der AÄ mit den allgemein bildenden Schulen auf moderner demokratischer Basis vorgesehen war. Dieses Zusammenwirken von Schule und AA bestand einerseits in der Meldepflicht der Schulen über die SchulabgängerInnen gegenüber dem AA des SchülerInnen-Wohnsitzes[1936] und andererseits in der Beratungsleistung der Arbeitsämter, worin insgesamt ein neue Aufgabe zu sehen war.[1937] Gemäß dem Gesetzesentwurf hatten „die Arbeitsämter [...] an der Ausbildungsberatung, die gemäß den Schulvorschriften anläßlich der Aufnahme eines Aufnahmewerbers in eine Lehranstalt oder anläßlich des Aufstieges in die obere Stufe einer Lehranstalt [...] [stattfand], mitzuwirken".[1938] Darin ist aus beratungstechnischer Perspektive die eigentlich spannende Regelung enthalten, die den Arbeitsmarktbehörden systematisch Zugang zur Beratung in Ausbildungsstätten gewährte.

Wie der Blick auf die beiden Entwürfe zeigt, sind insgesamt – abgesehen von der Stärkung des Paritätsprinzips und der gesetzlichen Regelung der Berufsberatung – sowohl beim AÄOrgG als auch beim AVermiG keine wirklich bedeutenden Umbrüche festzumachen. Die Entwürfe wur-den gemeinsam mit dem neuen AlVG dem NR vorgelegt, um damit die gesamte Tätigkeit der Arbeitsmarktbehörden formal auf genuin österreichische Rechtsgrundlagen zu stellen und damit

---

[1929] § 30.
[1930] § 4 Abs 2.
[1931] § 22 Abs 3; 746 BlgNR, V. GP, EB, 8.
[1932] § 23.
[1933] § 24.
[1934] 746 BlgNR, V. GP, EB, 8.
[1935] RGBl I 1939 S 1685.
[1936] § 19 Abs 1.
[1937] O.A., 6 Jahre Arbeitsämter in Niederösterreich, 54 f.
[1938] § 20 Abs 2.

eine Abgrenzung zum NS-Arbeitseinsatz zu schaffen. So ambitioniert dieses Vorhaben auch war, der nachfolgende parlamentarische Gesetzgebungsprozess zeigt, dass der gute politische Wille nicht so weit reichte, das Projekt auch tatsächlich umzusetzen.

Abbildung 14:[1939] **„Eignungsuntersuchungsraum der Berufsberatung" (innerhalb der oberösterreichischen Arbeitsmarktbehörden, 1952)**

Während das BMsV schon im Mai 1947 die LAA-Leiter über eine entsprechende legislative Tätigkeit in Kenntnis gesetzt hatte, wurden die beiden Regierungsvorlagen erst am 24. November 1948 – also eineinhalb Jahre später – dem AsV zur Beratung zugewiesen.[1940] Hammerl schreibt im Hinblick auf die Verzögerung beschwichtigend, es wäre

„durchaus verständlich und […] kaum anders zu erwarten, daß ein Vorschlag zur Neuregelung eines Aufgabengebietes, das, wie die Arbeitsvermittlung, die Interessen der Allgemeinheit ebenso wie die des einzelnen zutiefst berührt, nicht sogleich einer einhelligen Stellungnahme der einzelnen Interessengruppen begegnete, sondern daß sich diese erst aus dem Streite der Meinungen herausbilden"[1941]

würde. Jedenfalls zog der AsV diese Regierungsvorlagen in der fünften Legislaturperiode nicht mehr in Beratung – im Unterschied zu anderen wohl als dringlicher erachteten Gesetzesentwürfen, wie etwa jenem das Arbeitslosenversicherungsgesetz betreffend,[1942] welcher in derselben Sitzung dem Ausschuss vorgelegt wurde.

Anlässlich der Ersten Lesung zum Bundesfinanzgesetz für das Jahr 1951 brachte im Plenum des NR erstmals Abg. Johann Koplenig[1943] (Linksblock, eine Vereinigung von Kommunisten und Links-

---

[1939] ÖStA/AdR, BMsV/SP, Kart 399, GZ 162.947/52, Schreiben des LAA OÖ an das BMsV (29. November 1952) samt 10 Fotos.
[1940] Sten Prot, 24. November 1948, 92. SNR, V. GP, 2550.
[1941] *Hammerl*, Arbeitsvermittlung, 53.
[1942] 747 BlgNR, V. GP, RV, 1; BGBl 184/1949.
[1943] www.parlament.gv.at/WWER/PAD_00914/index.shtml (abger am 9. Jänner 2014).

sozialisten, die im Laufe des Wahlkampfes 1949 entstand) das Manko der Verzögerung zur Sprache. Er beanstandete:

> „Meine Damen und Herren, sehen Sie doch nicht immer objektive Probleme, die objektiv gelöst werden müssen, durch eine sinnlose Parteibrille [...] Wie wollen Sie denn eine Arbeitsmarktpolitik betreiben, wie eine Vollbeschäftigung, ohne diesen Arbeitsmarkt zu organisieren?"[1944]

In der Generaldebatte zum Bundesfinanzgesetz sprach Abg. Karl Hartleb (Wahlpartei der Unabhängigen, WdU, Wahlbündnis aus dem Umfeld des Verbands der Unabhängigen, VdU)[1945] gar von „Sabotage".[1946] Hartleb führte in diesem Zusammenhang aus: „Wir haben [...] noch eine Reihe von Forderungen, aber wir brauchen sehr dringend die Lösung folgender Probleme: der Arbeitsvermittlung und der Organisation der Arbeitsämter."[1947] Die Sabotage hätte darin bestanden, dass die Regierungsparteien im AsV ihren Einfluss geltend machten, um die Arbeiten zurückzuhalten. Beachtlich ist, dass Hartleb nur diese beiden Agenden hervorhob. Denn bei den beiden Gesetzesentwürfen handelte es sich nicht um die einzigen unbestellten Felder, die im parlamentarischen Betrieb brachlagen. Die beiden Gesetzesvorhaben stünden laut Abg. Friedrich Hillegeist (SPÖ, Mitglied im AsV)[1948] in einer Reihe mit weiteren, unfertigen sozialpolitischen Projekten wie dem Arbeitszeitgesetz und dem Heimarbeitergesetz.[1949] Nach Hillegeist wäre es jedenfalls „geradezu unverantwortlich, in welcher Weise diese Gesetzgebung hinausgezogen"[1950] wurde.

Die beiden Gesetze müssen letztlich – zumindest für die vier GP des Betrachtungszeitraums dieser Studie – als gescheitert angesehen werden. Die Gründe für dieses Scheitern können nicht restlos geklärt werden. Wahrscheinlich waren tatsächlich die erwähnten Vorwürfe der „Verschleppung" nicht ganz unbegründet. Diese hatte allerdings zumindest zum Teil auch sachliche Gründe, denn das neue AlVG, dessen RV im Herbst zugleich eingebracht und schließlich auch beschlossen wurde, hatte möglicherweise aus sachlichen Gründen Vorrang. Letztlich befand man auf politischer Ebene eine Neufassung der Arbeitsmarktgesetze über mehrere Jahre und Legislaturperioden hinweg nicht für vordringlich und man fand sich zugleich mit der Tatsache ab, dass die Arbeitsmarktverwaltung weiterhin auf Rechtsgrundlagen des deutschen Reichs fußte, wobei besonders die Monopolstellung gemäß AVBLG nicht besonders zufriedenstellend sein konnte. Auch im Bereich des Behördenaufbaus und der Vermittlungskompetenz lagen zwar demokratische Verhältnisse vor, allerdings ohne eine demokratischen Verhältnissen angemessene gesetzliche Rechtsgrundlage.

Ein weiteres Argument – inhaltlicher Natur – gegen die beiden Gesetze führte abs. iur. Thomas Neuwirth (WdU, seit 25. November 1949 Mitglied im AsV)[1951] an. Anlässlich seiner Rede zum Rechnungshofbericht erwähnte er den „immensen Verwaltungsaufwand",[1952] der mit der Umsetzung der beiden neuen Arbeitsmarktgesetze verbunden gewesen wäre, weshalb er und seine Partei für das Zustandekommen dieser Gesetze „schwarz [sahen]".[1953] In diesem Zusammenhang stellte Neuwirth auch die Erfolge bei den Einsparungen heraus, die beim Personalabbau und der Effizienzsteigerung der Arbeitsmarktbehörden erzielt worden waren. Demnach hatte man eine Reduktion des Personalstands von 3.600 Bediensteten (im Jahr 1948) auf 3.000, eine forcierte Schulung des verbleibenden

---

[1944] Sten Prot, 8. November 1950, 33. SNR, VI. GP, 1229.

[1945] www.parlament.gv.at/WWER/PAD_00513/index.shtml#tab-Ueberblick (abger am 11. Jänner 2014).

[1946] Sten Prot, 6. Dezember 1950, 36. SNR, VI. GP, 1383. Wen genau Hartleb der „Sabotage" bezichtigte, erwähnt er nicht ausdrücklich, er dürfte sich aber auf die Koalitionsparteien (ÖVP, SPÖ) der Regierung Figl II beziehen.

[1947] Ebd.

[1948] www.parlament.gv.at/WWER/PAD_00591/index.shtml (abger am 11. Jänner 2014).

[1949] Sten Prot, 11. Dezember 1950, 39. SNR, VI. GP, 1576.

[1950] Ebd.

[1951] www.parlament.gv.at/PAKT/VHG/VI/WD/WD_00127/imfname_284646.pdf (abger am 13. Jänner 2014).

[1952] Sten Prot, 22. November 1950, 34. SNR, VI. GP, 1304.

[1953] Ebd.

Personals, die Hereinnahme besser qualifizierter Bediensteter und die Umwandlung von weniger wichtigen AÄ in Nebenstellen erreicht. Diese Erfolge nun neuerlich durch einen zwar gesetzlich fundierten aber gleichzeitig teureren Apparat rückgängig zu machen, lag wohl nicht im Interesse der Regierung. Fest dürfte dabei aber auch stehen, dass vonseiten des VdU als Sammelbecken der „Ehemaligen" keine besonders große Motivation gegeben war, an die konsequente Revision der NS-Rechtsgrundlagen zu schreiten.

Etwas anders liest sich diese Kostenproblematik in einer Stellungnahme des LAA NÖ zum Rechnungshofbericht vom 4. Oktober 1948 gegenüber dem BMsV. Offenbar stellte der Rechnungshof unter „Berichtabschnitt 1" im Personalaufwand der Landesarbeitsamtes Niederösterreich ein Einsparungspotential fest, das nach dessen „Auffassung den tatsächlichen Verhältnissen in verschiedener Hinsicht nicht [entsprach]".[1954] In diesem Zusammenhang führte das LAA NÖ auch das erwartete AVermiG ins Treffen. Das

> „neue Arbeitsvermittlungsgesetz wird den Arbeitsämtern über die Tagesarbeit hinaus lenkende und planende Aufgaben zuweisen. Trotz alledem sind intern alle Vorsorgen für einen vertretbaren Personalabbau und für eine intensive fachliche Schulung der verbleibenden Fachbediensteten getroffen."[1955]

Das LAA NÖ ging also davon aus, dass mit dem neuen Gesetz zwar neue arbeitsmarktpolitische Aufgaben und damit ein Kostensprung einhergehen würden, doch hielt es zugleich geplante Einsparungen beim Personalaufwand des Behördenapparats für verkraftbar.

Es bleibt festzuhalten, dass in dem Unterbleiben der beiden Arbeitsmarktgesetze keine versäumte inhaltlich revolutionäre Neugestaltung zu sehen ist. An das vom politischen Idealismus geprägte starke Paritätsprinzip der Zwanzigerjahre anzuschließen, war gut gemeint, aber offenbar in der Zweiten Republik nach der im NS erfahrenen Aufwertung der Arbeitsmarktbehörden nicht mehr möglich. Dafür hatte die Zeit der Diktaturen und die gewissermaßen gestärkt daraus hervorgegangenen staatlichen Strukturen – durch die Schwächung des Paritätsprinzips – zu tiefe Spuren hinterlassen. In diesem Sinn ist die Rede vom „autoritären Zentralisierungsprozess"[1956] durchaus treffend. Im Übrigen waren die zur Debatte stehenden Beschaffenheiten der Behörden bereits grundsätzlich in Form von ähnlichen Kommissionen und Ausschüssen in der Praxis vorhanden. Dass diese nun nicht in die Gesetzesform gegossen und gestärkt wurden, war aus rechtsstaatlicher Sicht gewiss bedauerlich, letztendlich aber sowohl für den Arbeitsmarkt als auch für die Arbeitsmarktbehörden verschmerzbar.

Eine gesetzliche – juristisch gewollte aber politisch unbefriedigende – Regelungslücke bestand letztendlich besonders im Bereich der Berufsberatung, in welchem die reichsrechtlichen Regelungen aufrecht blieben;[1957] damit erhielt sich das Monopol der Arbeitsmarktbehörden aufgrund des AVBLG[1958] aus der NS-Zeit in den Bereichen Arbeitsvermittlung und Berufsberatung. Das Nichtzustandekommen des AVermiG bei gleichzeitigem Bedarf nach zeitgemäßen Regelungen machte es notwendig, weiterhin auf die Praxis der Vereinbarungen zwischen den Arbeitsmarktbehörden und den Schulbehörden zurückzugreifen.

[1954] ÖStA/AdR, BMsV/SP, Kart 180, GZ 152.814/48, Stellungnahme des LAA NÖ zum Rechnungshofbericht vom 4. Oktober 1948 gegenüber dem BMsV (30. November 1948) 1. Der Rechnungshofbericht selbst ist dem Akt nicht beigeschlossen.

[1955] Ebd, 3.

[1956] *Vana*, Arbeitsvermittlung, 38 f.

[1957] O.A., 6 Jahre Arbeitsämter in Niederösterreich, 54 f.

[1958] RGBl I 1935 S 1281.

„Unter diesen Abmachungen kommt der Vereinbarung zwischen dem Bundesministerium für soziale Verwaltung und dem Bundesministerium für Unterricht vom 5. Mai 1947 besondere Bedeutung zu. Sie sieht unter anderem die jährliche Meldung aller Schulabgänger durch die Pflichtschulen an die Berufsberatungsstellen und Übersendung von Beratungsunterlagen in Form von Schülerbeschreibungen vor."[1959]

Im Endeffekt setzte man damit die Meldungen vonseiten der Schulen an die AÄ ohne gesetzliche Grundlage in die Praxis um. Im Bereich der Beratungstätigkeit der AÄ im unmittelbaren schulischen Umfeld sind keine Vereinbarungen dieser Art bekannt.

Abschließend bleibt festzustellen, dass der ernsthafte Versuch, die Arbeitsmarktagenden durch eine vehemente Distanzierung vom NS-Recht umfassend auf souveräne Beine der Republik zu stellen, ein Viertel Jahrhundert lang – bis Ende 1969 – nicht unternommen wurde.[1960] Insofern wurde es auf politischer Ebene versäumt, sich frühzeitig und konsequent vom Erbe der Regimezeit zu distanzieren.

[1959] O.A., 6 Jahre Arbeitsämter in Niederösterreich, 54 f; in diesem Sinne auch ÖStA/AdR, BMsV/SP, Kart 224, GrZ 88.171/49, Schreiben des LAA Stmk an das BMsV (20. Mai 1949), darin: Ein Appell an die Wirtschaft. Die Lage am Arbeitsmarkt in der Steiermark. – Vorschläge zur Behebung und Verhinderung der Arbeitslosigkeit (März 1949) 6.
[1960] BGBl 31/1969.

Zusammenfassung

Organisatorische und Arbeitsvermittlungsaspekte

Zentrale nichtstaatliche Akteure im Bereich der Arbeitsvermittlung vor 1917 waren gewerbliche ArbeitsvermittlerInnen, die Gesellenbruderschaften, Gewerbegenossenschaften sowie Vereine. Erste behördliche Vermittlungseinrichtungen vor 1917 stellten das Wiener Dienstbotenamt sowie diverse städtische Ämter dar. Bezeichnend für die historische Ausgangslage war, dass sich schließlich im ausgehenden 19. Jahrhundert auf der Ebene des politischen Diskurses die Idee eines zentralstaatlich getragenen Vermittlungswesen abzuheben begann, ohne dass jedoch zunächst eine tatsächliche Umsetzung der Pläne erfolgte; erst nach dem Ausbruch des Ersten Weltkriegs wurden auf dem Gebiet des heutigen Österreich mit den Erntekommissionen (Ackerbauministerium) und der Invalidenvermittlung (Innenressort) konkrete Schritt zur Etablierung eines zwar auf bestimmte Gruppen von Arbeitskräften beschränkten, aber immerhin flächendeckenden zentralstaatlichen Vermittlungswesens gesetzt. Demgegenüber bestanden besonders in Böhmen schon vor dem Krieg relativ erfolgreiche Bestrebungen, mit Naturalverpflegsstationen einen staatlichen Vermittlungsapparat zu schaffen.

Die politischen Rahmenbedingungen im ersten Teil des Betrachtungszeitraums waren vor allem durch die Umbrüche von der Monarchie zur Demokratie und zum Austrofaschismus geprägt. In wirtschaftlicher Hinsicht stellte besonders die Weltwirtschaftskrise der Dreißigerjahre eine Hürde dar, der man – im Unterschied zur ebenfalls schwierigen Lage der unmittelbaren Nachkriegszeit mit der nun zentralstaatlichen Wahrnehmung des Arbeitsmarktverwaltungswesens als Konsequenz – in arbeitsmarktpolitischer Hinsicht nicht konsequent entgegenzutreten vermochte. Fundamentale soziale Faktoren waren die allgemein hohe Arbeitslosigkeit, die Spannungen zwischen den politischen Parteien (SchukoEG), die erhöhte Invalidenzahl infolge des Zweiten Weltkriegs sowie die Jugendarbeitslosigkeit (FAD). Die rechtliche Ausgangslage für ein erstes umfassendes Arbeitsmarktverwaltungswesen fußte letztlich auf der AVVO1917, deren organisatorische Grundkonzepte ins AlVG aus 1920 Eingang fanden, wo mit der Anknüpfung an die Arbeitslosen als primäre Zielgruppe der arbeitsmarktbehördlich zu Betreuenden ein fundamentaler materiell-rechtlicher Konnex geschaffen wurde. Die Rahmenbedingungen waren außerdem durch völkerrechtliche Entwicklungen sowie die erstmalige Ausbildung von arbeitsmarktbehördlichen Grundsätzen gekennzeichnet.

Auf organisatorischer Ebene ist in der Errichtung des Ministeriums für soziale Fürsorge im Jahr 1917, welches im Bundesministerium für soziale Verwaltung aufging, eine Zäsur zu sehen. Die Unterinstanzen waren auf zwei weiteren Ebenen als Behörden der unmittelbaren Bundesverwaltung im Sinne des B-VG eingerichtet. In diesem Zusammenhang stellte das Paritätsprinzip ein grundlegendes Bauprinzip dar, das im Austrofaschismus durch den Ausschluss vor allem der politischen Linken beschnitten wurde. Ab dem GSVG (1935) wurden die gesetzlichen Bezeichnungen „Arbeitsämter"/„Landesarbeitsämter" eingeführt, welche die Diktion der „Arbeitslosenämter" beziehungsweise der „IBK" ablösten.

Im Umfeld der Arbeitsmarktbehörden gab es Versuche, ein militärisches Vermittlungswesen innerhalb des Verteidigungsressorts zu errichten; allgemein spielte die gewerbliche Stellenvermittlung, welche schon vor dem Beginn des Betrachtungszeitraums eine fundamentale Stellung im Vermittlungswesen einnahm, eine relativ große Rolle. Im Rahmen des FAD hatten die Arbeitsmarktbehörden vor allem auf der Mittelebene auch schon vor dem Austrofaschismus Kompetenzen im

Hinblick auf die Zulassung von FAD-Maßnahmen. Die Spitze der arbeitsmarktbehördlichen Elite waren in parteipolitischer Hinsicht – mit Ausnahme von Ferdinand Hanusch (SDAP) und Hugo Jury (NSDAP) – vor allem davon geprägt, dass ausschließlich CSP/VF-Minister ins Sozialressort berufen wurden. Im Austrofaschismus wurden auf dem Verordnungsweg gezielt Maßnahmen ergriffen, um das arbeitsmarktbehördliche Führungspersonal systematisch an der VF-Linie auszurichten.

In inhaltlicher Hinsicht stellte zunächst noch das Arbeitsbuch ein Mittel der Arbeitsmarktgestaltung dar. Als Bestandteil der GewO (öRGBl 227/1859) hatte es allerdings nur bis 1919 Bestand; ein Arbeitsbuch wurde in beispielloser Weise erst wieder im NS eingeführt. Die Ausdifferenzierung arbeitsmarktbehördlicher Zuständigkeiten im Rahmen des Arbeitsplatzmanagements zugunsten benachteiligter Arbeitskräfte erreichte im Bereich der „Kriegsinvaliden" einen ersten Höhepunkt. Im IBG aus dem Jahr 1920 etablierte sich ein zentrales materiell-rechtliches Vermittlungsregime sowie grundlegende Mechanismen der arbeitsmarktbehördlichen Einbindung, die für spätere Entwicklungen bedeutende Vorbildwirkungen hatten. 1922 wurde die Produktive Arbeitslosenfürsorge eingeführt, um – ähnlich wie im Rahmen des FAD – besonders exponierte Arbeitskräfte (Bauarbeiter) zu berücksichtigen.

Das Vermittlungsregime im Austrofaschismus birgt reichhaltige Nachweise für ein arbeitsmarktbehördliches Belohnungssystem für Regimekonformität (SchukoEVO 1934, SchukoEG 1935; BMsV-Erlass[1961] vom Juni 1934, vor allem zugunsten der Gewerkschafts- und VF-Mitglieder und arbeitsmarktbehördlicher FAD-Kompetenzen); in diesem Zusammenhang wird besonders die primär parteipolitisch motivierte Indienstnahme der Arbeitsmarktbehörden deutlich, wogegen sachbezogene arbeitsmarktpolitische Erfordernisse eher in den Hintergrund gerückt wurden. Frühe Tendenzen der Zwangsbeschäftigung (Bundesdienstpflicht) können jedoch nur ansatzweise und ohne konsequente Umsetzung festgestellt werden.

Ein Spezifikum ist schließlich die männliche Domäne der Besorgung arbeitsmarktbehördlicher Agenden. In der Zwischenkriegszeit kam dieses Phänomen in organisatorischer Hinsicht einerseits sprachlich in sämtlichen zentralen Rechtsgrundlagen (AVVO17, AlVG20, GSVG35) zum Ausdruck; dieser Umstand dürfte durchaus den allgemeinen gesellschaftspolitischen Entwicklungen und gängigen legistischen Diktionen entsprochen haben. Andererseits konnten aber auch für den Praxisbereich in den eingesehenen archivarischen Quellennachweisen keine Hinweise auf Akteurinnen in Schlüsselpositionen ausfindig gemacht werden. Im Hinblick auf den FAD als zentrale inhaltliche Maßnahme im Bereich der Jugendarbeitslosigkeit fällt auf, dass auf eine Gesamtzahl von 17.300 Dienstwilligen Ende September nur 770 Mädchen trafen. Sachlich bedingt zielte das IBG aus dem Jahr 1920 insbesondere auf Männer. –

Die politischen Rahmenbedingungen standen von der ersten Stunde ab Mitte März 1938 an im Zeichen nationalsozialistischer Machtausübung. Eine drastische Ausweitung der Staatsgrenzen brachte im April 1941 die – auch für den Aufbau der nun sogenannten „Arbeitseinsatzbehörden" relevante – Eingliederung großer Teile Nord-Jugoslawiens in den Verwaltungssprengel des LAA Steiermark-Kärnten. Auf wirtschaftlicher Ebene wurden die Branchen der Rüstungswirtschaft bevorzugt bedient. Sowohl Zwangsarbeit von gleichsam versklavten Arbeitskräften als auch Zwangsbeschäftigung von – auf mehr oder weniger geregelte Weise – arbeitseinsatzbehördlich in die jeweilige Position gezwungenen Arbeitskräften wurden als Schlüsselkriterien definiert. Das Gefälle in dieser Zwangswirtschaft spiegelt auf drastische Art wesentliche Extrempole im sozialen Gefüge des NS-Staates wider, vor denen auch die Arbeitseinsatzverwaltung nicht Halt machte. Als markante

---

[1961] GZ 54.346/34.

rechtliche Rahmenbedingungen sind die Neudefinition der arbeitseinsatzbehördlichen Grundsätze entsprechend der NS-Lesart sowie das interlokale Recht zu nennen.

Schon in den ersten Wochen nach der Okkupation verlor das Bundesministerium für soziale Verwaltung seine Stellung als zentrale arbeitsmarkt- beziehungsweise arbeitseinsatzbehördliche Drehscheibe zunächst zugunsten der „Reichsanstalt", deren Kompetenzen dann an den RAM und schließlich an den „Generalbevollmächtigten für den Arbeitseinsatz" übertragen worden sind. Die Unterinstanzen waren von Anbeginn davon geprägt, dass das Paritätsprinzip als Organisationsmerkmal beseitigt wurde. Die Anzahl der Behörden auf der Mittelebene wurde auf vier LAÄ reduziert, bevor das Regime eine Anpassung der Arbeitseinsatzbehörden an die Verteilung der Reichsgaue mit sieben GAÄ anordnete. In Wien bestand formal lediglich ein AA anstelle der vormaligen Vielzahl von Facharbeitsämtern. Das Umfeld der Arbeitseinsatzbehörden war besonders in der zweiten Kriegshälfte von einer intensiven Kooperation mit den Wehrwirtschaftsbehörden gekennzeichnet. Die bis zum NS relativ vitale gewerbliche Arbeitsvermittlung wurde im Sinne einer stark gefestigten Stellung der Arbeitseinsatzbehörden durch das AVBLG weitestgehend abgeschafft. Junge, zunächst ausschließlich männliche Arbeitskräfte wurden im Rahmen des Reichsarbeitsdienstes durch dessen eigenständige Formationen herangezogen. Die Vorschriften zur „Österreich-Medaille" sowie zur „Wiedergutmachung" bei den im Austrofaschismus gemaßregelten Bediensteten und die Anwendung dieser Vorgaben geben Aufschluss über die ideologische Gleichschaltung der arbeitseinsatzbehördlichen Führungsebene.

Gegenüber der Vorzeit in Österreich hatte das NS-Arbeitsbuch einen fundamentalen Stellenwert als Mittel der Arbeitseinsatz-Gestaltung. Ähnlich wie im „Altreich" war dessen Einführung durch eine verwaltungsaufwandsbedingte Verzögerung geprägt, spielte dann aber als Zwangsinstrument eine Rolle sowohl im Rahmen der Zwangsarbeit als auch der Zwangsbeschäftigung. In Bezug auf nicht durch Zwang in Arbeit gebrachte Arbeitskräfte bot dieses Instrument den Arbeitseinsatzbehörden vor allem einen branchenübergreifenden Überblick, welcher sich nun über den Kreis der Arbeitslosen hinaus erstreckte. Die „Landhilfe" war eines der ersten arbeitseinsatzbehördlichen Mittel, welches durch das Abzielen auf die „arischen" Bevölkerungsteile von einer massiven ideologischen Befrachtung gekennzeichnet war; darin begann sich wiederum die parteipolitische Instrumentalisierung der Arbeitsämter abzuzeichnen, die besonders in den rassistisch motivierten Auswüchsen der arbeitseinsatzbehördlichen Beteiligung an der Zwangsarbeit einen Höhepunkt erreichte.

Im Bereich der Zwangsbeschäftigung spielte die Dienstpflicht eine tragende Rolle; dabei erlitt der „ostmärkische" Arbeitsmarkt einen Abzug vieler Kräfte ins „Altreich"; die Dienstpflicht hatte außerdem eine große Bedeutung bei der arbeitseinsatz- und wehrwirtschaftsbehördlichen Kooperation. Im Rahmen des „Notdienstes" wurde verschiedene Gruppen von Arbeitskräften wie SchülerInnen oder öffentlich Bedienstete für hoheitliche Zwecke – letztere auch für die KZ-Aufsicht – herangezogen. Die Arbeitsplatzwechsel-Verordnung war, wie auch die Dienstpflicht, auf die arbeitseinsatzbehördliche Kontrolle vor allem der „arischen" Arbeitskräfte gerichtet, diente aber im Unterschied zu jener der Kanalisierung der Arbeitsvertrags-Parteien-Initiative.

Die ersten systematischen Bestrebungen des NS-Regimes mit Blick auf arbeitseinsatzbehördliche Agenden der Zwangsarbeit stellten auf die Versklavung von Jüdinnen und Juden ab. Der in der Forschungsliteratur bekannte Erlass Friedrich Syrups vom 20. Dezember 1938 bildete eine erste Rechtsgrundlage, welche den reichsweit durch die Arbeitseinsatzbehörden koordinierten Arbeitseinsatz von Jüdinnen und Juden anordnete. Die endgültige Fassung des Sonderrechts erfolgte am 3. Oktober 1941 – lange nach Beginn der jüdischen Zwangsarbeit und kurz vor dem Abschluss der Deportationen; sie ordnete den „geschlossenen Arbeitseinsatz" der jüdischen Arbeitskräfte an. Die Zwangsarbeit von Sinti und Roma folgte im Wesentlichen diesem Muster. Mit Blick auf die Zwangsarbeit von Kriegsgefangenen ist festzuhalten, dass diese teilweise völkerrechtlich geregelt und erlaubt war; es bestehen aber etliche Hinweise auf völkerrechtswidrigen Einsatz dieser Gruppe von Arbeitskräften. Im Unterschied dazu erfolgte die Zwangsarbeit von zivilen AusländerInnen fast ausschließlich unter Missachtung der völkerrechtlichen Vorgaben. Im Zuständigkeitsbereich des LAA Steiermark-Kärnten ist eine Anwerbekommission überliefert, die ihre Rekrutierungstätigkeit im Raum um Krakau begann. Als Anreiz für die männlichen zivilen Zwangsarbeiter wurde unter maßgeblicher arbeitseinsatzbehördlicher Beteiligung die Errichtung von Bordellen vorangetrieben. Die Verletzung der körperlichen und sexuellen Integrität durch die Arbeitseinsatzbehörden gipfelte in deren Anordnungen zur Vornahme von Zwangsabtreibungen bei zivilen ausländischen Zwangsarbeiterinnen.

Im NS setzte sich die Linie männlicher Dominanz innerhalb der Arbeitsmarktverwaltung besonders auf organisatorischer Ebene im Prinzip ungebrochen fort. So konnte etwa die „Österreich"-Medaille grundsätzlich auch an Frauen verliehen werden; sie wurde aber im arbeitseinsatzbehördlichen Bereich offenbar letztlich ausschließlich an Männer vergeben. Im Rahmen der „Wiedergutmachung"[1962] scheint in den Archivalien lediglich eine einzige Frau auf, welche im NS nachweislich für die im Austrofaschismus erfahrene Maßregelung bedacht wurde. Allerdings begann sich im Zuge der kriegswirtschaftlich forcierten Frauenarbeit auf organisatorischer Ebene eine gewisse systematische Einbindung von Frauen abzuzeichnen, indem etwa eine Frauenreferentin des Gauarbeitsamtes „Oberdonau" bestellt wurde; von einer Aufweichung der männlichen Domäne war man aber dennoch weit entfernt. Auf Ebene der inhaltlichen Arbeitseinsatzgestaltung stellte sich die Präsenz von weiblichen Arbeitskräften weitaus aktueller dar. Während zwar auch hier manche Regimes auf männliche Arbeitskräfte abstellten (RAD, Bordelle für männliche Zwangsarbeiter), gab es eine Reihe von Maßnahmen, die vorwiegend auf weibliche Arbeitskräfte abzielten. Im Jahr 1939 wurde das im Deutschen Reich seit Februar 1938 geltende „Pflichtjahr" ausdrücklich für junge weibliche Arbeitskräfte eingeführt. Eine große – unbekannte – Zahl von Frauen wurde überdies im Wege der „Dienstpflicht" herangezogen. Die Meldepflicht wurde geschaffen, um vor allem auf den verstärkten Einsatz der Frauen hinzuarbeiten. Ein großes Maß an Verletzung der körperlichen und sexuellen Integrität war mit den Abtreibungen verbunden, die nach Maßgabe arbeitsamtlicher Anordnung an zivilen ausländischen Arbeiterinnen vorgenommen wurden. –

Die politischen Rahmenbedingungen in der Zweiten Republik waren im ersten Jahrzehnt nach dem Krieg vom Besatzungsstatus geprägt, wobei allerdings dem besetzten Österreich von den alliierten Besatzungsmächten im Vergleich etwa zu Deutschland auch schon vor dem Staatsvertrag von 1955 eine relativ weitreichende Autonomie zugestanden wurde. Die Veränderungen des NS-Regimes im Bereich der politischen Grenzziehung wurden sowohl nach außen hin (vor allem in Bezug auf die Untersteiermark) als auch im Inneren der Republik Österreich kurz nach Kriegsende wieder rückgängig gemacht; daran waren naturgemäß auch die österreichischen Arbeitsmarktbehörden gebunden.

Ein wesentlicher Unterschied der Außenpolitik der Siegermächte im Vergleich zur Zwischenkriegszeit war die strukturelle Unterstützung beim Wiederaufbau; die damit erreichte wirtschaftliche Erholung hatte zur Folge, dass ab etwa 1960 wieder Vollbeschäftigung herrschte. Die sozialen Rahmenbedingungen des staatlichen Arbeitsmarktwesens waren bis zu den großen Amnestien (1948/1957) vom Problem des Ehemaligenmilieus geprägt, auf welches man auch mit weitreichen-

---

[1962] RGBl I 1938 S 375.

den arbeitsmarktbehördlichen Entnazifizierungskompetenzen reagierte; strukturelle Probleme waren ähnlich wie schon nach dem Ersten Weltkrieg die Jugend- und Invalidenarbeitslosigkeit. Zäsuren im Bereich der rechtlichen Rahmenbedingungen waren das RÜG, die Abschaffung des Arbeitsbuchs, die Adaption der arbeitsmarktbehördlichen Grundsätze sowie die beiden Amnestien.

Das Paritätsprinzip hielt als fundamentales Organisationselement demokratischer Arbeitsmarktverwaltung in zwei Bereichen (WSG, JugEG) Einzug direkt in das StAsV beziehungsweise in das BMsV, während es in den übrigen Bereichen unmittelbar auf ministerieller Ebene keine besondere Bedeutung erlangte. Demgegenüber wurde das Paritätsprinzip bei den Unterinstanzen auf Länder- (vor allem im Rahmen der Verwaltungsausschüsse) und auf lokaler Ebene (Vermittlungsausschüsse) wieder zu einem maßgeblichen Strukturelement. Die Verwaltungssprengel wurden bis auf Ausnahmen an die Situation vor der Okkupation angepasst; in NÖ bestand ab 1946 nur ein LAA, wobei insgesamt die bis 1994 beibehaltene Zahl von neun LAÄ festgelegt worden war. Im Umfeld der Arbeitsmarktbehörden spielten folgende Akteure eine mehr oder weniger bedeutende Rolle: die Besatzungsmächte (in der US-Zone ist ein „Arbeitsoffizier" überliefert), Gemeinden (Ortshilfe), der Verein „Jugend am Werk" (Berufsberatung) und gewerbliche VermittlerInnen. Aufgrund des VerbG wurde das Personal der Arbeitsmarktbehörden einer systematischen Entnazifizierung unterzogen.

Während nach dem Zweiten Weltkrieg in organisatorischer Hinsicht schon früh eine relativ konsequente Distanzierung von den NS-Strukturen vorangetrieben wurde, war die inhaltliche Arbeitsmarktgestaltung über weite Strecken von einer gewissen Kontinuität geprägt. So wurde zunächst die NS-Dienstpflicht zwar in einer demokratisch geprägten Anwendungsform aber im Wesentlichen auf NS-Rechtsgrundlage fortgeführt, bevor die Arbeitspflicht aufgrund des APflG in den Jahren 1946–1948 das NS-Recht ablöste; im Rahmen der „Dienst"- beziehungsweise Arbeitspflicht wurden systematisch ehemalige NationalsozialistInnen herangezogen. Eine solche Ergänzung der Entnazifizierung kannten auch die Vorschriften (StAsV-Erlass[1963]) zur Arbeitsplatzwechselverordnung, welche zunächst rezipiert und Ende 1947 ersatzlos abgeschafft wurde.

Das Wirtschaftssäuberungsgesetz aus dem Jahr 1945 leitete die Anfänge der Arbeitsmarktbehörden als Subjekte der Entnazifizierung ein. Die diesbezügliche Statistik ist bereits anhand der bestehenden Forschungsliteratur bekannt; unbeantwortet muss jedoch einerseits die Frage bleiben, wie dauerhaft die Gemaßregelten ihre beruflichen Positionen verloren und andererseits die Frage nach deren späterer beruflicher Stellung. Tatsache ist aber – besonders auch im Licht der zahlreichen VfGH-Judikate –, dass in diesem Zusammenhang anders als in Deutschland sowohl von Seiten der alliierten Besatzungsmächte als auch auf innenpolitischer Ebene den Arbeitsmarktbehörden ein großer Stellenwert beigemessen wurde.

Die untergeordnete Rolle der deutschen Arbeitsmarktbehörden als Subjekte der Entnazifizierung kam darin zum Ausdruck, dass dort die berufliche Entmachtung der Ehemaligen außerhalb der Arbeitsmarktbehörden erfolgte. Das Nationalsozialistengesetz läutete die lange Schlussphase ein, in welcher die Arbeitsmarktbehörden als Subjekte der Entnazifizierung in Erscheinung traten. Insgesamt zeigt sich besonders in den WSG-Agenden, dass die Arbeitsämter auch in der Zweiten Republik nicht nur zu unmittelbar sachnahen arbeitsmarktpolitischen, sondern durchaus auch zu schwerpunktmäßig parteipolitisch motivierten Aufgaben herangezogen wurden.

Das Wiedereinstellungsgesetz aus dem Jahr 1947 kann insofern als Pendant zu den arbeitsmarktbehördlichen Entnazifizierungsmaßnahmen nach dem WSG gesehen werden, als darin – ähnlich wie nach dem IBG aus dem Jahr 1920 in Bezug auf die „Kriegsversehrten" – systematisch eine arbeits-

---

[1963] GZ 50. 283/45.

amtlich koordinierte bevorzugte Eingliederung derjenigen Arbeitskräfte forciert wurde, welche im NS ihre berufliche Stellung eingebüßt hatten.

Die Rolle der Arbeitsmarktbehörden im Rahmen des Arbeitsplatzmanagements zugunsten benachteiligter Berufsgruppen bedachte auf gesetzlicher Basis vor allem „Kriegsinvalide", junge Arbeitskräfte und Bauarbeiter; besonders in diesen drei Bereichen ist die Vorbildwirkung des IBG augenscheinlich. Der Versuch einer gesetzlichen Neuauflage der Arbeitsmarktverwaltung, welcher über mehrere Jahre im Nationalrat betrieben wurde und auf eine Stärkung des Paritätsprinzips durch umfassende Verankerung bei der obersten Verwaltungsebene sowie durch gesetzliche Festlegung der Berufsberatungsagenden abzielte, kam schließlich im Betrachtungszeitraum nicht mehr zustande und erfolgte erst Ende der Sechzigerjahre.

In der Zweiten Republik war vor allem das Arbeitspflichtgesetz in zweierlei Hinsicht bedeutsam für die geschlechtsspezifische Tragweite. Einerseits war erstmals im arbeitsmarktbehördlichen Bereich auf gesetzlicher Ebene die Bestellung weiblicher Ausschussmitglieder vorgesehen. Andererseits enthielt das APflG etliche Ausnahmen (Altersgrenzen, einige Gruppen von Frauen) zugunsten weiblicher Arbeitskräfte. Im Rahmen des gescheiterten AÄOrgG-Entwurfs kam aber offensichtlich auf politischer Ebene dieser gute Wille wieder abhanden, als versäumt wurde, gezielt auf eine Beteiligung weiblicher Akteure innerhalb des arbeitsmarktbehördlichen Verwaltungsapparats zu setzen. Inhaltlich war die Ortshilfe in Bezug auf jugendliche Arbeitskräfte vom Gedanken getragen, Mädchen und Jungen voneinander getrennt zu beschäftigen. Insgesamt war man auch im dritten Teil des Betrachtungszeitraums von einer echten Trendwende hin zur geschlechtlichen Gleichberechtigung im Bereich der Arbeitsmarktverwaltung – insbesondere auf organisatorischer Ebene – weit entfernt.

Berufsberatungs- und arbeitsamtlich gesteuerte Erziehungsaspekte

Die Berufsberatungsagenden sind im gesamten Betrachtungszeitraum von einer verhältnismäßig geringen Regelungsdichte gekennzeichnet. In der Zwischenkriegszeit weisen vereinzelt organisatorische Nachweise auf eine Wahrnehmung der Berufsberatung durch die Arbeitsmarktbehörden hin. Während die Berufsberatungsagenden schon in den Zwanziger- und frühen Dreißigerjahren von den Arbeitsmarktbehörden wahrgenommen worden sein dürften, erfolgte mit dem GSVG erstmals eine ausdrückliche gesetzliche Zuweisung dieser Kompetenz zugunsten der Arbeitsmarktbehörden. Im Übrigen waren Erziehungsaufgaben im arbeitsmarktbehördlichen Umfeld in der Zwischenkriegszeit vor allem durch die FAD-Maßnahmen gedeckt, wobei sich dabei im Austrofaschismus Gelegenheit für eine ideologische Aufladung bot.

Zur Zeit des NS flossen massiv vom NS-Weltbild motivierte Erziehungsfragen in die arbeitsamtlich wahrgenommene berufsbezogene Jugendarbeit ein. Dies kam vor allem im Bereich der „Landhilfe" sowie bei der „Umsiedler"-Thematik deutlich zum Ausdruck.

In der Zweiten Republik wurde im APflG ein adäquates Mittel gesehen, um den „schweren Erziehungsschäden" des NS-Regimes entgegenzuwirken. Auch in dieser Phase erfolgte eine Wahrnehmung der Berufsberatungsagenden im arbeitsmarktbehördlichen Umfeld (Verein „Jugend am Werk"). § 7 AVermiG-Entwurf schließlich definierte erstmals die Berufsberatung auf gesetzlicher Basis; mangels Gesetzwerdung wurde diese Bestimmung zunächst allerdings nicht zum Bestandteil der geltenden Rechtsordnung.

Bestätigung der These

Seit der Errichtung eines zentralstaatlich gesteuerten Apparats von Arbeitsmarktbehörden wurde deren Bestand primär vom wirtschafts- und sozialpolitischen Zweck geleitet, Arbeitsuchende und ArbeitgeberInnen zusammenzuführen. Es ging also – und geht auch heute noch – vor allem um die Bedienung des Arbeitsmarktes als ureigene Funktion. Insgesamt steht jedoch im Licht der vorliegenden Studie auch außer Zweifel, dass die Arbeitsmarktbehörden als zentrale soziale Schnittstellen zwischen der arbeitsfähigen Bevölkerung und dem Staatsapparat gerade in der Zeit der Diktaturen, aber auch danach systematisch zur Bewältigung parteipolitisch-ideologischer Ziele herangezogen wurden. Mit Blick auf die Vorgänge sowohl im Austrofaschismus und Nationalsozialismus als auch in der Zweiten Republik ist deshalb die eingangs aufgestellte These zu bestätigen.

Vereinzelt bestehen Hinweise auf Ansätze politisch-ideologischer Instrumentalisierung der Arbeitsämter schon in den späten Zwanzigerjahren, wie etwa die parlamentarische Anfrage zur Tiroler Heimwehrvermittlung zeigt.[1964] Eine deutliche Ausprägung dieser Instrumentalisierung folgte im Austrofaschismus, als Mechanismen der Invalidenvermittlung ab 1920 zum Vorbild für einen Modell systematischer Bevorzugung regimetreuer Kräfte wurden, wie sich symptomatisch im SchukoEG, aber auch im Bereich der begünstigten Vermittlung von VF- und Gewerkschaftsmitgliedern zeigte. Der Höhepunkt dieser Entwicklung wurde im Nationalsozialismus erreicht, als bei den Arbeitsämtern sowohl die kompetenzmäßigen (parteipolitisch und rassistisch motivierte Verwaltung der Zwangsarbeit, „Dienstpflicht" und ähnliche Zwangsmittel), als auch die organisatorischen Rahmenbedingungen (Beseitigung des Paritätsprinzips zugunsten des „Führerprinzips") geschaffen wurden, um diese Behörden zu wirkmächtigen wirtschaftlichen, besonders aber auch zu ideologischen Steuerungsinstrumenten des Regimes auszubauen. Die Arbeitsämter wurden gezielt dazu benutzt, um politisch unerwünschte Gruppen zu schwächen.

In der Zweiten Republik wurde diese Linie der Instrumentalisierung der Arbeitsmarktbehörden für ideologische Zwecke – freilich im Dienste der Demokratie und unter den Auspizien der Besatzungsmächte – fortgesetzt. Dabei bediente man sich einerseits neuer Gesetze (WSG, Wiedereinstellungsgesetz), die gänzlich neue Zuständigkeiten wie die Entnazifizierung schufen. Andererseits griff die Regierung auf alte Rechtsgrundlagen (wie jene der APlWVO) zurück, um darauf gründend – und modifiziert im Erlass-Weg – parteipolitisch motivierte Arbeitsmarktpolitik zu betreiben. Und schließlich wurden Instrumente geschaffen, die dem Grund nach aus dem NS-Recht übernommen (Dienstpflicht) und den demokratischen Verhältnissen sowie den Erfordernissen der Besatzung angepasst wurden (Arbeitspflichtgesetz).

Bezeichnend für eine Rückkehr zu relativ stabilen innenpolitischen Verhältnissen war, dass Ende der 1940er Jahre jene Instrumente, welche dieser Instrumentalisierung dienten („Arbeitsplatzwechsel", Arbeitspflicht), abgeschafft wurden. Eine Art Abschluss dieser Konsolidierung bildete das Außerkrafttreten des WSG – der letzten Rechtsgrundlage, in der diese ideologische Komponente prägnant zum Ausdruck kam – mit § 42 NSG.

[1964] Kap I. C. 3. Produktive Arbeitslosenfürsorge.

Anhang

Abkürzungs- und Kurzbezeichnungsverzeichnis

Die im allgemeinen Sprachgebrauch geläufigen Abkürzungen sind nicht enthalten. Sofern nicht anders angegeben, betreffen Rechtsgrundlagenbezeichnungen ohne Spezifizierung wie Fundstelle oder Jahreszahl die ursprüngliche Fassung beziehungsweise solche Aspekte, die zum konstanten Kernbestand der Rechtsgrundlage gehörten.

A	administrativrechtliche Entscheidung (Verwaltungsgerichtshof)
AA/AÄ	Arbeitsamt/Arbeitsämter
AÄOrgG	„Bundesgesetz vom ... [sic!] über die Organisation der Landesarbeitsämter und Arbeitsämter" (745 BlgNR, V. GP, RV)
AB	Ausschussbericht
Abg.	Abgeordnete(r) zum Nationalrat
abger	abgerufen
AbgH	Haus der Abgeordneten (Reichsrat)
Abs	Absatz
abs. iur.	Absolvent der juristischen Studien (alter Studienordnung), der diese ohne die Rigorosen abschloss und deshalb keinen Doktortitel verliehen bekam
Abt.	Abteilung
a.D.	außer Dienst
AdR	Archiv der Republik (Abteilung des Österreichischen Staatsarchivs)
aE	am Ende
AlA/AlÄ	Arbeitslosenamt/Arbeitslosenämter
AlUVO	„Vollzugsanweisung des Deutschösterreichischen Staatsrates vom 6. November 1918, betreffend die Unterstützung der Arbeitslosen" (StGBl 20/1918)
AlVG	„Arbeitslosenversicherungsgesetz" (StGBl 153/1920 beziehungsweise BGBl 184/1949)
AMS/LGSt	Arbeitsmarktservice/Landesgeschäftsstelle
AOG	„Gesetz zur Ordnung der nationalen Arbeit" (RGBl I 1934 S 45)
APflG	„Bundesverfassungsgesetzes vom 15. Februar 1946 über die Sicherstellung der für den Wiederaufbau erforderlichen Arbeitskräfte (Arbeitspflichtgesetz)" (BGBl 63/1946)
APlWVO	„Verordnung über die Beschränkung des Arbeitsplatzwechsels" (RGBl I 1939 S 1685)
arg	Argument
Art	Artikel
AsV(B)	(Bericht des) Ausschuss(es) für soziale Verwaltung (Nationalrat)
ATO	Allgemeine Tarifordnung
AVBLG	„Gesetz über Arbeitsvermittlung, Berufsberatung und Lehrstellenvermittlung" (RGBl I 1935 S 1281)

AVBLGVO	„Verordnung zur Durchführung des Gesetzes über Arbeitsvermittlung, Berufs-beratung und Lehrstellenvermittlung im Saarland, in der Ostmark, im Reichsgau Sudetenland und im Memelland. Vom 14. September 1939" (RGBl I 1939 S 1769)
AVermiG	„Bundesgesetz vom … [sic!] über die Regelung der Arbeitsvermittlung und Berufs-beratung (Arbeitsvermittlungsgesetz […])" (746 BlgNR, V. GP, RV)
AVG	„Allgemeines Verwaltungsverfahrensgesetz" (BGBl 274/1925)
AVVO 1917	„Verordnung […] betreffend die Regelung der Arbeitsvermittlung für die Dauer der durch den Krieg verursachten außerordentlichen Verhältnisse" (öRGBl 509/1917), kurz Arbeitsvermittlungsverordnung 1917
AVVO 1918	„Vollzugsanweisung des Deutschösterreichischen Staatsrates, betreffend die Arbeits-vermittlung für die Zeit der Abrüstung" (StGBl 18/1918)
„AZS-Aktion"	Aktion „Aktion Auskämmung des Zivilen Sektors"

BArch/M	Bundesarchiv/Militärarchiv
BArch/R	Bundesarchiv/Deutsches Reich
Bd/Bd.	Band
BGBl	Bundesgesetzblatt
BGH	Bundesgerichtshof
Bgld	Burgenland
BH/Bh	Bezirkshauptmannschaft
BKA	Bundeskanzleramt
BlgKNV	Beilagen zu den Stenographischen Protokollen der Konstituierenden National-versammlung (Erste Republik)
BlgNR	Beilagen zu den Stenographischen Protokollen des Nationalrats
BM	Bundesminister(-ium)
BMfV	Bundesministerium für Verkehr (Österreichisches Staatsarchiv)
BMHuW	Bundesministerium für Handel und Wiederaufbau
BMI	Bundesministerium für Inneres
BMLV	Bundesministerium für Landesverteidigung
BMsV/SP	Bundesministerium für soziale Verwaltung/Sozialpolitik (Österreichisches Staatsarchiv)
BRGÖ	Beiträge zur Rechtsgeschichte Österreichs
B-VG	„Bundes-Verfassungsgesetz" (BGBl 1/1920)

CSP	Christlichsoziale Partei

DAF	Deutsche Arbeitsfront
ders.	derselbe
dies.	dieselbe(n)
DP	Displaced Person(s)
DRA	Deutscher Reichsanzeiger

EB	Erläuternde Bemerkungen (Regierungsvorlage)
ebd	ebenda

EGVG/ E. G. V. G.	„Bundesgesetz vom 21. Juli 1925 zur Einführung der Bundesgesetze über das allgemeine Verwaltungsverfahren, über die allgemeinen Bestimmungen des Verwaltungsstrafrechtes und das Verwaltungsstrafverfahren sowie über das Vollstreckungsverfahren in der Verwaltung (Einführungsgesetz zu den Verwaltungsverfahrensgesetzen – E. G. V. G.)" (BGBl 273/1925 beziehungsweise idgF)
EWOD	Eisenwerke Oberdonau
f	folgende
ff	fortfolgende
FAD	Freiwilliger Arbeitsdienst
FADG	„Bundesgesetz vom 18. August 1932, betreffend den Freiwilligen Arbeitsdienst" (BGBl 304/1932)
FN	Fußnote
fol.	Folie
GBA	„Generalbevollmächtigte für den Arbeitseinsatz"
GBlÖ	Gesetzblatt für das Land Österreich
GAA/GAÄ	Gauarbeitsamt/Gauarbeitsämter
geb.	geboren
gem	gemäß
Gestapo	„Geheime Staatspolizei"
GewO (1907)	„Gewerbeordnung" (öRGBl 227/1859, allenfalls idF öRGBl 26/1907)
GK II	„Abkommen über die Behandlung der Kriegsgefangenen. Vom 27. Juli 1929" (BGBl 166/1936), kurz Genfer Konvention II
GmbH	Gesellschaft mit beschränkter Haftung
GO	Geschäftsordnung
GP	Gesetzgebungsperiode
GrZ	Grundzahl (Österreichisches Staatsarchiv)
GSVG	„Gewerbliches Sozialversicherungsgesetz" (BGBl 107/1935)
GZ	Geschäftszahl (Archivalien)
HB	Bericht des Hauptausschusses des Nationalrats
HGW	Hermann Göring Werke
HJ	„Hitlerjugend"
HLKO	„Übereinkommen vom 18. Oktober 1907, betreffend die Gesetze und Gebräuche des Landkriegs" samt „Anlage zum Übereinkommen. Ordnung der Gesetze und Gebräuche des Landkriegs" (öRGBl 180/1913)
IBG	„Invalidenbeschäftigungsgesetz" (StGBl 459/1920)
IBK	Industrielle Bezirkskommission
IAA, I.A.A.	Internationales Arbeitsamt
idgF	in der geltenden Fassung
idFd/v	in der Fassung des/der/vom/von
IEinstG	„Invalideneinstellungsgesetz" (BGBl 163/1946)

ILO	International Labour Organisation (Internationale Arbeitsorganisation)
iVm	in Verbindung mit
JugEG	„Jugendeinstellungsgesetz" (BGBl 140/1953)
Kap	Kapitel
Kart	Karton
Kdr.	Kommandeur
k.k.	kaiserlich-königlich (auf „die im Reichsrat vertretenen Königreiche und Länder" – ohne Ungarn – bezogen)
KPÖ	Kommunistische Partei Österreichs
Ktn	Kärnten
KWEG	„Kriegswirtschaftliches Ermächtigungsgesetz" (öRGBl 307/1917)
KZ/KL.	Konzentrationslager
LAA/L.A.A./ LAÄ	Landesarbeitsamt/Landesarbeitsämter
leg cit	legis citatae (Bezugnahme auf die im Fließtext zuletzt genannte Rechtsgrundlage; betrifft nicht nur Gesetze im engeren Sinn, sondern schlechthin bindende normative Grundlagen, wie zum Beispiel insbesondere auch Erlässe)
lex cit	lex citata (Bezugnahme auf die im Fließtext zuletzt genannte Einzelbestimmung)
lfd. Nr.	laufende Nummer
LGBl	Landesgesetzblatt
lit	litera
LWA	Landeswirtschaftsamt
MF	Mikrofiche
M u. RV	Abteilung Militär und Wehrmacht (OÖLA)
MinDir	Ministerialdirektor
MinWA	„Minister(-ium) für Wirtschaft und Arbeit"
N.A.A.F.I.	Navy, Army and Air Force Institutes
NÖ	Niederösterreich
Nr.	Nummer
NR	Nationalrat
NSG	„Nationalsozialistengesetz" (BGBl 25/1947)
NSDAP	Nationalsozislistische Deutsche Arbeiterpartei
NSKK	„Nationalsozialistisches Kraftfahrkorps"
o.A.	ohne Autor
ÖAAB	Österreichischer Arbeiter- und Angestelltenbund
ÖBB	Österreichische Bundesbahnen

ÖAEVO	„Verordnung über die Eingliederung der Landesarbeitsämter und Arbeitsämter in die Reichsanstalt für Arbeitsvermittlung und Arbeitslosenversicherung und über die Regelung des Arbeitseinsatzes im Lande Österreich" (RGBl I 1938 S 591)
Ob.Reg.Rat	Oberregierungsrat
Obstlt.a.D.	Oberstleutnant außer Dienst
o.D.	ohne Datum
o.E.	ohne Empfänger
o.J.	ohne Jahr
OKW	Oberkommando der Wehrmacht
Olt	Oberleutnant
o.N.	ohne Namen
o.O.	ohne Ort
OÖ	Oberösterreich
OÖLA	Oberösterreichisches Landesarchiv
öRGBl	(österreichisches) Reichsgesetzblatt
o.S.	ohne Seitenangabe
ÖStA	Österreichisches Staatsarchiv
ÖVP	Österreichische Volkspartei
PA	Potsdamer Abkommen
PAF	Produktive Arbeitslosenfürsorge
PlanZl	Planzahl (Oberösterreichisches Landesarchiv)
Präs/Arb	Präsidium/Arbeit (Oberösterreichisches Landesarchiv)
r	rückseitig
RAD	Reichsarbeitsdienst
RAM	Reichsarbeitsminister(-ium)
RA(rb)Bl.	„Reichsarbeitsblatt"
RdErl.	Runderlass
Ref.	Referat
RegAss	Regierungsassessor
„Reichs-anstalt"	„Reichsanstalt für Arbeitsvermittlung und Arbeitslosenversicherung"
RGBl	(deutsches) Reichsgesetzblatt
RIS	Rechtsinformationssystem des Bundeskanzleramtes
RM	Reichsmark; Reichsminister(-ium)
RMdI/RMI	„Reichsminister(-ium) des Innern"
R-ÜG	„Rechts-Überleitungsgesetz" (StGBl 6/1945)
RüIn	Rüstungsinspektion
RüKdo	Rüstungskommando
RV	Regierungsvorlage
S	Schilling; Seite
SA 6	Sammelakt 6 (Arbeitsämter, Österreichisches Staatsarchiv)

SA 11	Sammelakt 11 (Arbeitsvermittlung/Marshallplan, Österreichisches Staatsarchiv)
SA 12	Sammelakt 6 (Landesarbeitsämter, Österreichisches Staatsarchiv)
SA 15 F	Sammelakt 15 (Finanzielles/Landesarbeitsämter, Österreichisches Staatsarchiv)
SA 18 B	Sammelakt 18 B (ratifizierte Übereinkommen mit dem Internationalen Arbeitsamt, Österreichisches Staatsarchiv)
Sbg	Salzburg
SBZ	sowjetische Besatzungszone
Sch.	Schachtel (Oberösterreichisches Landesarchiv)
SchukoEG	„Bundesgesetz über die begünstigte Einstellung von arbeitslosen abgerüsteten Angehörigen des freiwilligen Schutzkorps und des Militärassistenzkorps in die Betriebe" (BGBl 165/1935)
SchukoEVO	„Verordnung der Bundesregierung vom 9. März 1934 über die begünstigte Einstellung der arbeitslosen abgerüsteten Schutzkorpsangehörigen in die Betriebe" (BGBl 165/1934 [sic!])
SD	„Sicherheitsdienst des Reichsführers SS"
SDAP	Sozialdemokratische Arbeiterpartei
SMAD	Sowjetische Militäradministration in Deutschland
SNR	Sitzungsnummer (Nationalrat)
SP	Bestand Sozialpolitik im Österreichischen Staatsarchiv/Archiv der Republik
SPÖ	Sozialistische Partei Österreichs
SS	„Schutzstaffel"
StAHW	Staatsamt für Heereswesen
Stapo	„Staatspolizei"
StAsF	Staatsamt für soziale Fürsorge
StAsV	Staatsamt für soziale Verwaltung
StGB	(deutsches) „Strafgesetzbuch" (RGBl 1871 S 127)
StGBl	Staatsgesetzblatt
StGG/Reichs-vertretung	„Gesetz, wodurch das Grundgesetz über die Reichsvertretung vom 26. Februar 1861 abgeändert wird", kurz Staatsgrundgesetz/Reichsvertretung (öRGBl 141/1867)
StGG/Staats-bürgerrechte	„Staatsgrundgesetz über die allgemeinen Rechte der Staatsbürger für die im Reichsrathe vertretenen Königreiche und Länder" (öRGBl 142/1867)
Stmk	Steiermark
sublit	sublitera
Tir	Tirol
Uk-Stellung	Unabkömmlichstellung (Wehrdienst)
Vbg	Vorarlberg
VdU	Verband der Unabhängigen
VF	Vaterländische Front
VfSlg	Sammlung der Erkenntnisse und wichtigsten Beschlüsse des Verfassungsgerichtshofes
VfGH	Verfasungsgerichtshof

v.H.	von Hundert (Prozent)
V-ÜG	„Verfassungs-Überleitungsgesetz" (StGBl 4/1945)
VwGH	Verwaltungsgerichtshof
VwSlg	Erkenntnisse und Beschlüsse des Verfassungsgerichtshofes
VO	Verordnung

W	Wien
WbR/TbA	Wienbibliothek im Rathaus/Tagblatt-Archiv
WdU	Wahlpartei der Unabhängigen
WrStLA	Wiener Stadt- und Landesarchiv
WSG	„Wirtschaftssäuberungsgesetz" (StGBl 160/1945)
WSG 1947	„Wirtschaftssäuberungsgesetz" in der Fassung „Nationalsozialistengesetz" (BGBl 25/1947)

Z	Ziffer
ZPO	„Zivilprozessordnung" (öRGBl 113/1895 idgF)
ZVM	Zivilverwaltung Mühlviertel (Oberösterreichisches Landesarchiv)
„Zweigstelle Österreich"	„Zweigstelle Österreich der Reichsanstalt für Arbeitsvermittlung und Arbeitslosenversicherung"

Tabellenverzeichnis

Grafikenverzeichnis

Kartenverzeichnis

Abbildungsverzeichnis

Quellenverzeichnis

Archivalien (eingesehene Bestände)

AMS NÖ/LGSt

AMS OÖ/LGSt

BArch/M, RW 20–17/1, 20–17/2, 20–17/3, 20–17/4, 20–17/5, 20–17/6, 20–17/7, 20–17/8, 20–17/9, 20–17/10, 20–17/11, 20–17/12, 20–17/13, 20–17/14, 20–17/15, 20–18/24, 20–18/25, 21–24/4, 21–24/10, 21–24/12, 21–24/16, 21–24/20, 21–28/2, 21–28/5, 21–28/6, 21–28/8, 21–28/9, 21–28/11, 21–28/12, 21–28/13, 21–28/13, 21–28/14, 21–28/15, 21–28/18, 21–38/5, 21–38/10, 21–46/3, 21–46/4, 21–46/14, 21–63/2, 21–63/3, 21–63/4

BArch NS 19/1.815

BArch/R 3/3.043, 11/1.203, 55/23.745, 56-III/196, 59/175, 59/211, 2.301/4.888, 2.301/4.889, 2.301/4.890, 2.301/4.891, 301/5.301, 3.101/3.0549, 3.101/30.777, 3.101/30.875, 3.901/20.146, 3.901/20.208, 3.901/20.265, 3.901/20.273, 3.901/20.574, 3.901/1.770, 4.601/4.018, 8.136/3.772

OÖLA/BhFreistadt, Sch. 218, 270, 490, 633, 733

OÖLA/BhRied, Sch. 305, 345

OÖLA/BhSchaerding, Sch. 1, 58, 137, 141, 155, 156, 157, 181, 216

OÖLA/BhSteyr-Land, Sch. 175, 347, 482, 490

OÖLA/LReg45Paes, MF 516

OÖLA/WiAbt45, Sch. 14, 49

OÖLA/Wohnungswesen, Sch. 93

OÖLA/ZVM, Sch. 139

OÖLA/Zwangsarbeiter, MF 356, 363, 421, 427, 484

ÖStA/AdR, BMfV/Präs, Kart 6

ÖStA/AdR, BMsV/Präs, Kart 1, 11, 73

ÖStA/AdR, BMsV/SP (1. Republik): Kart 13, 29, 42, 66, 70, 97, 124, 157, 192, 250, 269, 293, 359, 372, 373, 374, 375, 376, 379, 380, 386, 411, 420, 421, 433, 459, 473, 477, 489, 490, 491, 492, 493, 551, 576, 578, 580, 589, 613, 621, 626, 633, 641, 650, 656, 660, 667, 687, 675, 807, 810, 812, 816, 817, 818, 857, 864

ÖStA/AdR, BMsV/SP (2. Republik): 2, 3, 28, 32, 33, 88, 97, 98, 99, 100, 113, 156, 159, 160, 169, 170, 171, 180, 214, 223, 224, 237, 240, 267, 274, 281, 284, 286, 289, 300, 331, 332, 337, 342, 348, 360, 399, 460, 534, 600, 606, 673, 679, 688, 693, 695, 700, 718, 719, 720

WbR/TbA, Sachmappe Arbeitsämter

WrStLA, Arbeitslosenkataster

Gedruckte Quellen

Amtliche Nachrichten des BMsV 1934 (Wien 1935).

Amts-Kalender 1923 (Wien 1923).

Amts-Kalender 1925 (Wien 1925).

Amts-Kalender 1928 (Wien 1928).

Amts-Kalender 1929 (Wien 1929).

Amts-Kalender 1933 (Wien 1933).

Amts-Kalender 1934 (Wien 1934).

Amts-Kalender 1935 (Wien 1935).

Amts-Kalender 1936 (Wien 1936).

Amts-Kalender 1937 (Wien 1937).

Amtskalender 1949 (Wien 1949).

Amtskalender 1950 (Wien 1950).

Amtskalender 1951 (Wien 1951).

Amtskalender 1952 (Wien 1952).

Amtskalender 1953 (Wien 1953).

Amtskalender 1954 (Wien 1954).

Amtskalender 1955 (Wien 1955).

Amtskalender 1956 (Wien 1956).

Amtskalender 1957 (Wien 1957).

Österreichische Behörden 1945 (Wien 1945).

Österreichische Behörden 1946 (Wien 1946).

Österreichische Behörden 1947 (Wien 1947).

Österreichische Behörden 1948 (Wien 1948).

Verzeichnis der Onlineressourcen

alex.onb.ac.at/tab_dra.htm (abger am 15. Jänner 2015)

Dornik, Wolfram, Rezension von: Wolf Gruner, Zwangsarbeit und Verfolgung. Österreichische Juden im NS-Staat 1938–1945 (Nationalsozialismus und seine Folgen 1, Innsbruck/Wien/München 2000). In: Friedrich-Ebert-Stiftung, September 2001, online unter library.fes.de/fulltext/afs/htmrez/80239.htm (abger am 16. Jänner 2015).

O.A., Demografie der österreichischen Juden 1938–1945. In: DÖW, online unter http://www.doew.at/projekte/holocaust/shoah/demo.html (abger am 14. März 2012).

Perchinig, Bernhard, Von der Fremdarbeit zur Integration? Migrations- und Integrationspolitik in Österreich seit 1945. In: *Bakondy*, Vida / *Ferfoglia*, Simonetta / *Janković*, Jasmina / *Kogoj*, Cornelia / *Ongan*, Gamze / *Pichler*, Heinrich / *Sircar*, Ruby / *Winter*, Renée (Hg): Viel Glück! Migration heute. Wien, Belgrad, Zagreb, Istanbul. Good Luck! (Wien 2010) 142–160, online unter www.demokratiezentrum.org/fileadmin/media/pdf/Perchinig.pdf (abger am 12. Dezember 2014).

web.archive.org/web/20120719005615/http://www.landtag-noe.at/service/politik/landtag/Abgeordnete/Abgeordnete2.pdf (abger am 4. Juni 2015).

www.argus.bundesarchiv.de/Bestaendeuebersicht/index.htm?kid=D69ACDA066404009A808FAB33D8ACDBD (abger am 27. Juni 2014).

www.documentarchiv.de/in/1945/potsdamer-abkommen.html (abger am 19. Februar 2014).

www.ilo.org/dyn/normlex/en/f?p=1000:11300:0::NO:11300:P11300_INSTRUMENT_ID:312147 (abger am 7. Februar 2014).

www.ilo.org/dyn/normlex/en/f?p=NORMLEXPUB:11310:0::NO:11310:P11310_INSTRUMENT_ID:312241:NO (abger am 16. Dezember 2014).

www.ilo.org/dyn/normlex/en/f?p=NORMLEXPUB:12100:0::NO:12100:P12100_INSTRUMENT_ID:312147:NO (abger am 7. Februar 2014).

www.ilo.org/ilolex/german/docs/gc029.htm (abger am 24. Mai 2012).

www.jaw.at/home/ueberuns (abger am 5. Februar 2014).

www.parlament.gv.at/PAKT/VHG/VI/WD/WD_00127/imfname_284646.pdf (abger am 13. Jänner 2014).

www.parlament.gv.at/WWER/PAD_00044/index.shtml#tab-Ueberblick (abger am 11. Jänner 2014).

www.parlament.gv.at/WWER/PAD_00513/index.shtml#tab-Ueberblick (abger am 11. Jänner 2014)

www.parlament.gv.at/WWER/PAD_00591/index.shtml (abger am 11. Jänner 2014).

www.parlament.gv.at/WWER/PAD_00914/index.shtml (abger am 9. Jänner 2014).

www.parlament.gv.at/WWER/PAD_01042/ (abger am 24. November 2014).

www.ris.bka.gv.at/Bund/ (abger am 15. Jänner 2015).

www.uibk.ac.at/zeitgeschichte/zis/library/eisterer.html (abger am 19. Februar 2014).

www.wehrmacht-awards.com/service_awards/occupation_medals.htm (abger am 12. Juni 2014).

Literaturverzeichnis

Adam, Uwe Dietrich, Judenpolitik im Dritten Reich (Düsseldorf 2003).

Aly, Götz / *Heim*, Susanne, Vordenker der Vernichtung (Hamburg 1991).

Aly, Götz / *Roth*, Karl Heinz, Die restlose Erfassung. Volkszählung, Identifizieren, Aussondern im Nationalsozialismus (Die Zeit des Nationalsozialismus, Frankfurt am Main ²2005).

Arbeitsgemeinschaft Österreichische Rechtsgeschichte (Hg), Rechts- und Verfassungsgeschichte (Wien ³2014).

Baumgartner, Gerhard, Auf den Spuren der „verschwundenen" Roma-Siedlungen des Burgenlandes. In: *Härle*, Andrea / *Kogoj*, Cornelia / *Schwarz*, Werner Michael / *Weese*, Michael / *Winkler*, Susanne (Hg), Romane Thana. Orte Der Roma Und Sinti (Wien 2015) 66–75.

Becker, Otto, Die gesetzliche Regelung der Arbeitsvermittlung in den wichtigsten Ländern der Erde (Berlin 1913).

Bei, Neda, Austrofaschistische Geschlechterpolitik durch Recht: Die „Doppelverdienterberordnung". In: *Reiter-Zatloukal*, Ilse / *Rothländer*, Christiane / *Schölnberger*, Pia (Hg), Österreich 1933 – 1938. Interdisziplinäre An-näherungen an das Dollfuß-/Schuschnigg-Regime (Wien/Köln/Weimar 2012) 197–206.

Berg, Matthew Paul, Arbeitspflicht in Postwar Vienna: Punishing Nazis vs. Expediting Reconstruction, 1945–48. In: Austrian History Yearbook 37 (2006) 181–207.

Bericht zur innenpolitischen Lage Nr. 17 vom 17. November 1939. In: *Boberach*, Heinz (Hg), Meldungen aus dem Reich 1938–1945. Die geheimen Lageberichte des Sicherheitsdienstes der SS, Bd 3, Berichte zur innenpolitischen Lage Nr. 15 vom 13. November 1939 – Nr. 25 vom 6. Dezember 1939. Meldungen aus dem Reich Nr. 26 vom 8. Dezember 1939 – Nr. 65 vom 13. März 1940 (Herrsching 1984) 465–475.

Bielefeldt, Sven, Österreichisch-deutsche Rechtsbeziehungen II. Rechtsvereinheitlichung im Privatrecht 1938–1945 (Rechts- und sozialwissenschaftliche Reihe 13, Frankfurt am Main/Berlin/Bern/New York/Paris/Wien 1996).

Boeckle, Willi A., Die Deutsche Wirtschaft 1930–1945. Interna des Reichswirtschaftsministeriums (Düsseldorf 1983).

Borejsza, Jerzy, Schulen des Hasses. Faschistische Systeme in Europa (Europäische Geschichte, Frankfurt am Main 1999).

Brauneder, Wilhelm, Österreichische Verfassungsgeschichte (Wien ⁸2001).

Bruckmüller, Ernst, Sozialgeschichte Österreichs (München ²2001).

Bulla, Gustav Adolf, Die Beschränkung des Arbeitsplatzwechsels. Kommentar zur Verordnung über die Beschränkung des Arbeitsplatzwechsels vom 1. September 1939 nebst Durchführungs-Verordnungen und Ministerial-Erlassen (Berlin/Wien/Leipzig 1942).

Bundespressedienst (Hg), Österreichisches Jahrbuch 1945–1946. Nach amtlichen Quellen. Achtzehnte Folge (Wien 1947).

Ders. (Hg), Österreichisches Jahrbuch 1947. Nach amtlichen Quellen. Neunzehnte Folge (Wien 1948).

Ders. (Hg), Österreichisches Jahrbuch 1948. Nach amtlichen Quellen. Zwanzigste Folge (Wien 1949).

Danimann, Franz, Die Arbeitsämter unter dem Faschismus (Wien 1966).

Diakow, Jaromir, Der Arbeitsdienst im Rahmen der Bundesdienstpflicht in Österreich (Graz/Wien/Leipzig 1936).

Dohle, Oskar, „Allem voran möchte ich das Problem der endgültigen Liquidierung des nationalsozialistischen Geistes stellen". Entnazifizierung im Bundesland Salzburg. In: *Schuster*, Walter / *Weber*, Wolfgang (Hg), Entnazifizierung im regionalen Vergleich (Linz 2004) 117–156.

Enderle-Burcel, Gertrude / *Jeřábek*, Rudolf (Hg), Protokolle des Kabinettsrates der Provisorischen Regierung Karl Renner 1945, Bd 3, Protokolle des Kabinettsrates 12. September 1945 bis 17. Dezember 1945 (Wien 2003).

Dies., Protokolle des Ministerrates der Zweiten Republik. Kabinett Leopold Figl I. 20. Dezember 1945 bis 8. November 1949, Bd 2, 16. April 1946 bis 19. Juli 1946 (Wien 2005).

Dies., (Hg), Protokolle des Ministerrates der Zweiten Republik. Kabinett Leopold Figl I. 20. Dezember 1945 bis 8. November 1949, Bd 3, 17. Juli 1946 bis 19. November 1949 (Wien 2005).

Dies., (Hg), Protokolle des Ministerrates der Zweiten Republik. Kabinett Leopold Figl I. 20. Dezember 1945 bis 8. November 1949, Bd 4, 21. November 1946 bis 11. Februar 1947 (Wien 2006).

Dies., (Hg), Protokolle des Ministerrates der Zweiten Republik. Kabinett Leopold Figl I. 20. Dezember 1945 bis 8. November 1949, Bd 6, 13. Mai 1947 bis 2. September 1947 (Wien 2011).

Engel, Reinhard, / *Radzyner*, Joana, Sklavenarbeit unterm Hakenkreuz. Die verdrängte Geschichte der österreichischen Industrie (Wien/München 1999).

Esping-Andersen, Gøsta, The three Worlds of Welfare Capitalism (Princeton [3]1993).

Festl-Wietek, Wolfgang, Einzelne Rechtsgebiete. In: *Brauneder*, Wilhelm (Hg), Österreichisch-deutsche Rechtsbeziehungen I. Rechtsangleichung 1850–1938 (Frankfurt am Main/Berlin/Bern/New York/Paris/Wien 1996) 199–266.

Forchheimer, Karl, Arbeitslosenfürsorge und Arbeitsvermittlung. In: *Exner*, Wilhelm (Hg), 10 Jahre Wiederaufbau. Die staatliche, kulturelle und wirtschaftliche Entwicklung der Republik Österreich 1918–1928 (Wien 1928) 273–275.

Freund, Florian / *Baumgartner*, Gerhard / *Greifender*, Harald, Vermögensentzug, Restitution und Entschädigung der Roma und Sinti (Veröffentlichungen der Österreichischen Historikerkommission. Vermögensentzug während der NS-Zeit sowie Rückstellungen und Entschädigungen seit 1945 in Österreich 23/2, Wien / München 2004).

Freund, Florian / *Perz*, Bertrand / *Spoerer*, Mark (Hg), Zwangsarbeiter und Zwangsarbeiterinnen auf dem Gebiet der Republik Österreich 1939–1945 (Veröffentlichungen der Österreichischen Historikerkommission 26/1, Wien/München 2004).

Freund, Florian / *Perz*, Bertrand, Die Zahlenentwicklung der ausländischen Zwangsarbeiter und Zwangsarbeiterinnen auf dem Gebiet der Republik Österreich 1939–1945. In: *Freund*, Florian / *Perz*, Bertrand / *Spoerer*, Mark (Hg), Zwangsarbeiter und Zwangsarbeiterinnen auf dem Gebiet der Republik Österreich 1939–1945 (Veröffentlichungen der Österreichischen Historikerkommission 26/1, Wien/München 2004) 7–274.

Dies., Zwangsarbeit von zivilen AusländerInnen, Kriegsgefangenen, KZ-Häftlingen und ungarischen Juden in Österreich. In: *Tálos*, Emmerich (Hg), NS-Herrschaft in Österreich. Ein Handbuch (Wien 2001) 644–695.

Freund, Florian / *Safrian*, Hans, Die Verfolgung der österreichischen Juden 1938–1945. Vertreibung und Deportation. In: *Tálos*, Emmerich (Hg), NS-Herrschaft in Österreich. Ein Handbuch (Wien 2001) 767–794.

Freund, Florian, NS-Arbeitskräftepolitik in der „Ostmark". In: *Rathkolb*, Oliver / *Freund*, Florian (Hg), NS-Zwangsarbeit in der Elektrizitätswirtschaft der „Ostmark" 1938–1945. Ennskraftwerke – Kaprunn – Draukraftwerke – Ybbs-Persenbeug – Ernsthofen (Wien/Köln/Weimar 2002) 8–26.

Fritsche, Christiane / *Paulmann*, Johannes, „Arisierung" und „Wiedergutmachung" vor Ort: Perspektiven auf die Vernichtung der wirtschaftlichen Existenz deutscher Juden und die Entschädigung nach 1945. In: *Fritsche*, Christiane / *Paulmann*, Johannes (Hg), „Arisierung" und „Wiedergutmachung" in deutschen Städten (Köln/Wien 2014) 7–45.

Ganglmair, Siegwald, „Die hohe Schule von Schlögen." Zur Geschichte und Rezeption eines Bettlerlagers im Ständestaat. In: Medien & Zeit 2 (1990) 19–29.

Ders., Fremdarbeiter und Kriegsgefangene. In: DÖW (Hg), Widerstand und Verfolgung in Oberösterreich 1934–1945. Eine Dokumentation (Wien 1982) 410–413.

Geyer, Michael, Ein Vorbote des Wohlfahrtsstaates. Die Kriegsopferversorgung in Frankreich, Deutschland und Großbritannien nach dem Ersten Weltkrieg. In: Geschichte und Gesellschaft 9/2 (1983) 230–277.

Gruner, Wolf, Zwangsarbeit und Verfolgung. Österreichische Juden im NS-Staat 1938–1945 (Nationalsozialismus und seine Folgen 1, Innsbruck/Wien/München 2000).

Gürtler, Hans, Arbeitsplatzwechselverordnung und Freiheit der Erwerbsbetätigung. In: ÖJZ (1947) 191–193.

Gutheil-Knopp-Kirchwald, Carl, Vom K.K.Ministerium für soziale Fürsorge zum Bundesministerium für soziale Verwaltung. Die Errichtung des Österreichischen Sozialministeriums (Wien 1998).

Gutmann, Israel, (Hauptherausgeber), Enzyklopädie des Holocaust. Die Verfolgung und Ermordung der europäischen Juden (München 1995).

Hammerl, Josef, Das Wirtschaftssäuberungsgesetz. In: ÖJZ (1946) 61–63.

Ders., Die Arbeitslosenversicherung. In: Soziale Sicherheit 7 (1951) 230–233.

Ders., Probleme der Arbeitsvermittlung. In: ÖJZ (1948) 53–55.

Hasiba, Gernot, Das Notverordnungsrecht in Österreich (1848–1917). Notwendigkeit und Missbrauch eines „Staatserhaltenden Instruments" (Wien 1985).

Hauch, Gabriella, Zwangsarbeiterinnen und ihre Kinder: Zum Geschlecht der Zwangsarbeit. In: *Rathkolb*, Oliver (Hg), NS-Zwangsarbeit. Der Standort Linz der Reichswerke Hermann Göring AG Berlin, 1938–1945, Bd 1, Zwangsarbeit – Sklavenarbeit: Politik-, sozial- und wirtschaftshistorische Studien (Wien/Köln/Weimar 2001) 355–448.

Heise, Bettina, Vom k.k. Ministerium für soziale Fürsorge zum Bundesministerium für soziale Verwaltung (geisteswiss Dipl, Wien 1995).

Heller, Ludwig (Hg), Das Nationalsozialistengesetz. Das Verbotsgesetz 1947. Die damit zusammenhängenden Spezialgesetze (Wien 1947)..

Herbert, Ulrich, Fremdarbeiter. Politik und Praxis des „Ausländer-Einsatzes" in der Kriegswirtschaft des Dritten Reiches (Berlin [2]1986)..

Ders., Geschichte der Ausländerpolitik in Deutschland. Saisonarbeiter, Zwangsarbeiter, Gastarbeiter, Flüchtlinge (München 2001).

Herrmann, Volker, Vom Arbeitsmarkt zum Arbeitseinsatz. Zur Geschichte der Reichsanstalt für Arbeitsvermittlung und Arbeitslosenversicherung 1929 bis 1939 (Frankfurt am Main/Berlin/Bern/ New York/Paris/Wien 1993).

Hintermann, Christiane, "Beneficial", "problematic" and "different: Representations of Immigration and Immigrants in Austrian Textbooks. In: *Hintermann*, Christiane / *Johansson*, Christina (Hg), Migration and Memory. Representations of Migration in Europe since 1960 (European history and public spheres 3, Innsbruck/Wien 2010) 61–78.

Hoffmann, Barbara, Kriegsblinde in Österreich 1914–1934 (Graz 2006). S. 150 ff.

Hofmann, Gustav / *Keller*, Franz, Das Arbeitspflichtgesetz und die einschlägigen Vorschriften mit eingehenden Erläuterungen und einem Sachregister (Wien 1946).

Hofmeister, Herbert, Arbeitsvermittlung und Arbeitslosenversorgung in Österreich, insbesondere 1918 bis 1938. In: *Benöhr*, Hans-Peter (Hg), Arbeitsvermittlung und Arbeitslosenversorgung in der neueren deutschen Rechtsgeschichte (Beiträge zur Rechtsgeschichte des 20. Jahrhunderts, Tübingen 1991) 217–236.

Hornung, Ela / *Langthaler*, Ernst / *Schweitzer*, Sabine, Zwangsarbeit in der Landwirtschaft in Niederösterreich und dem nördlichen Burgenland (Veröffentlichungen der Österreichischen Historikerkommission. Vermögensentzug während der NS-Zeit sowie Rückstellungen und Entschädigungen seit 1945 in Österreich 26/3, Wien/München 2004).

Hoser, Paul, Die Entnazifizierung In Bayern. In: *Schuster*, Walter / *Weber*, Wolfgang (Hg), Entnazifizierung im regionalen Vergleich (Linz 2004) 473–510.

Hülber, Hans, Arbeitsnachweise, Arbeitsvermittlung und Arbeitsmarktgeschehen in Österreich in vorindustrieller Zeit unter besonderer Berücksichtigung Wiens. Eine sozial- und wirtschaftsgeschichtliche Studie. In: Verein für Geschichte der Stadt Wien (Hg), Wiener Geschichtsblätter, Sonderheft 1, 30. Jahrgang (1975).

Humann, Detlev, „Arbeitsschlacht“: Arbeitsbeschaffung und Propaganda in der NS-Zeit 1933–1939 (Göttingen 2011).

Hutter, Clemens M. / *Beckel*, Lothar, Großglockner. Saumpfad Römerweg Hochalpenstraße (Wien 1985).

Jagschitz, Gerhard, Der österreichische Ständestaat 1934–1938. In: *Weinzierl*, Erika / *Skalnik*, Kurt (Hg), Österreich 1918–1938. Geschichte der Ersten Republik, Bd 1 (Graz 1983) 497–515.

Janowski, Norbert, Einige Gedanken zur Amnestie 1957 und zu den strafrechtlichen Bestimmungen der NS-Amnestie 1957. In: JBl (1957) 253–255.

Johe, Werner, Die gleichgeschaltete Justiz. Organisation des Rechtswesens und Politisierung der Rechtsprechung 1933–1945 dargestellt am Beispiel des Oberlandesgerichtsbezirks Hamburg (Frankfurt am Main 1967).

John, Michael, Zwangsarbeit und NS-Industriepolitik am Standort Linz. In: *Rathkolb*, Oliver (Hg), NS-Zwangsarbeit. Der Standort Linz der Reichswerke Hermann Göring AG Berlin, 1938 – 1945, Bd 1, Zwangsarbeit – Sklavenarbeit: Politik-, sozial- und wirtschaftshistorische Studien (Wien/Köln/Weimar 2001) 23–146.

Judt, Tony, Geschichte Europas (Frankfurt am Main 2009).

Kahrs, Horst, Die ordnende Hand der Arbeitsämter. Zur deutschen Arbeitsverwaltung 1933–1939. In: *Aly*, Götz / *Hamann*, Mathias / *Heim*, Susanne / *Meyer*, Ahlrich (Hg), Arbeitsmarkt und Sondererlaß. Menschenverwertung, Rassenpolitik und Arbeitsamt (Beiträge zur nationalsozialistischen Gesundheits- und Sozialpolitik 8, Berlin 1990) 9–61.

Kittl, Egon, Zur Problematik des R-ÜG. In: JBl (1956) 330 f.

Kletečka, Andreas, Grundriss des bürgerlichen Rechts, Bd 1, Allgemeiner Teil, Sachenrecht, Familienrecht. Auf Grundlage der von Helmut Koziol und Rudolf Welser gemeinsam herausgegebenen 1.–10. Auflage. 11. u. 12. Auflage bearbeitet von Helmut Koziol unter Mitarbeit von Raimund Bollenberger (Manzsche Kurzlehrbuch-Reihe 1, Wien ¹³2006).

Klöckler, Jürgen, Entnazifizierung Im Französisch Besetzten Südwestdeutschland. Das Verfahren der „auto-épuration" in Baden und Württemberg-Hohenzollern. In: *Schuster*, Walter / *Weber*, Wolfgang (Hg), Entnazifizierung im regionalen Vergleich (Linz 2004) 511–528.

Koroschitz, Werner / *Vonbank-Schedler*, Uli, Kein schöner Land. NS-Opfer in Murau (Murau 2012).

Krempl, Mathias, Arbeitsamt und Staatsgewalt. Das Recht der Arbeitsmarktverwaltung 1917–1957 – Zentrale Organisationsstrukturen und Sachfragen in den Bereichen Arbeitsvermittlung und Berufsberatung im Wandel der politischen Systeme auf dem Gebiet des heutigen Österreich (unapprobierte rechtswiss Diss, Wien).

Ders., Die Arbeitsmarktverwaltung in der „Ostmark" von 1938 bis 1945 (geisteswiss Dipl, Wien 2011).

Ders., Macht und Ohnmacht des Arbeitsamtes? Die Reglementierung des „Arbeitsplatzwechsels" im Nationalsozialismus und deren umstrittene Rolle in der österreichischen Nachkriegszeit. In: BRGÖ 1/2015 (im Druck).

Kroener, Bernhard R., Der Kampf um den „Sparstoff Mensch". Forschungskontroverse über die Mobilisierung der deutschen Kriegswirtschaft 1939–1942. In: *Michalka*, Wolfgang (Hg), Der Zweite Weltkrieg. Analysen, Grundzüge, Forschungsbilanz (Serie Piper 811, München/Zürich ²1990) 402–417.

Kroll, Suse, Jugendeinstellungsgesetz (Wien 1953).

Kubat, Johann, Die Invalidenentschädigung von 1919 bis 1918. In: Bundesministerium für soziale Verwaltung/Zentralorganisation der Kriegsopferverbände (Hg), 60 Jahre Kriegsopferversorgung in Österreich (Wien 1979) 15–19.

Kühne-Erfurt (sic!), Das Arbeitsbuch und seine Bedeutung für den Arbeitseinsatz. In: *Sommer*, Willi (Hg), Die Praxis des Arbeitsamtes. Eine Gemeinschaftsarbeit von Angehörigen der Reichsanstalt für Arbeitsvermittlung und Arbeitslosenversicherung (Berlin/Wien 1939) 45–56.

Küppers, Hans, Das Beschäftigungsverhältnis der Juden. In: RABl V 32 (1941) 569–574.

Ders., Die Beschäftigung von Zigeunern. In: RABl V 9 (1942) 176–178.

Ders., Die vorläufige arbeitsrechtliche Behandlung der Juden. In: RABl V 6 (1941) 106–110.

Ders., Erläuterungen. In: *Syrup*, Friedrich (Hg), Arbeitsgesetzgebung. Kommentar zu den Gesetzen u. Bestimmungen über Ordnung u. Regelung der Arbeit und des Arbeitseinsatzes im Kriege (München/Berlin 1943) II Juden S 3–18 [sic! Das Buch verfügt über keine durchgängigen herkömmlichen Seitenangaben].

Lappin-Eppel, Eleonore, Sonderlager für ungarisch-jüdische Zwangsarbeiter. In: *Benz*, Wolfgang / *Distl*, Barbara (Hg), Der Ort des Terrors. Geschichte der nationalsozialistischen Konzentrationslager, Bd 9, Arbeitserziehungslager, Ghettos, Jugendschutzlager, Polizeihaftlager, Sonderlager, Zigeunerlager, Zwangsarbeiterlager (München 2009) 218–247.

Dies., Eleonore, Ungarisch-jüdische Zwangsarbeiter und Zwangsarbeiterinnen in Österreich 1944/45. Arbeitseinsatz – Todesmärsche – Folgen (Forschung und Wissenschaft 3, Wien/Berlin 2010).

Letsch (sic!), Grundsätze des Arbeitseinsatzes und der Arbeitseinsatzpolitik. In: *Sommer*, Willi (Hg), Die Praxis des Arbeitsamtes. Eine Gemeinschaftsarbeit von Angehörigen der Reichsanstalt für Arbeitsvermittlung und Arbeitslosenversicherung (Berlin/Wien 1939) 35–38.

Lewis, Jill, The Early Years. In: *Trestler*, Marion, Destination UK. Woman Immigrants from Post-War Austria. Immigrantinnen aus dem Nachkriegsösterreich (Wien 2013) 9–18.

Loebenstein, Herbert, Strafrecht und Strafenpraxis im nationalsozialistischen Staat. In: *Davy*, U. / *Fuchs*, H. / *Hofmeister*, H. / *Marte*, J. / *Reiter*, I. (Hg), Nationalsozialismus und Recht. Rechtssetzung und Rechtswissenschaft in Österreich unter der Herrschaft des Nationalsozialismus (Wien 1990) 201–208.

Lojowsky, Michael, Zuständigkeit des Volksgerichtshofes in Österreich. In: *Form*, Wolfgang / *Neugebauer*, Wolfgang / *Schiller*, Theo (Hg), NS-Justiz und politische Verfolgung in Österreich 1938 – 1945. Analysen zu den Verfahren vor dem Volksgerichtshof und dem Oberlandesgericht Wien (München 2006) 15–27.

Lütgenau, Stefan / *Schröck*, Alexander, Zwangsarbeit in der österreichischen Bauindustrie. Die Teerag-Asdag AG 1938–1945 (Innsbruck/Wien/München 2001).

Machek, Erich, Die Sonderverträge des Wirtschaftssäuberungsgesetzes. In: JBl (1949) 155 f.

Mahnig, Anton (Hg), Wirtschaftssäuberungsgesetz 1947 unter Berücksichtigung der einschlägigen Bestimmungen des Nationalsozialistengesetzes mit Erläuterungen und einem Sachregister (Wien ²1947).

Maier, Dieter, Arbeitseinsatz und Deportation. Die Mitwirkung der Arbeitsverwaltung bei der nationalsozialistischen Judenverfolgung in den Jahren 1938–1945 (Publikationen der Gedenkstätte Haus der Wannsee-Konferenz 4, Berlin 1994).

Mayer-Maly, Theo, Nationalsozialismus und Arbeitsrecht. In: *Davy*, U. / *Fuchs*, H. / *Hofmeister*, H. / *Marte*, J. / *Reiter*, I. (Hg), Nationalsozialismus und Recht. Rechtssetzung und Rechtswissenschaft in Österreich unter der Herrschaft des Nationalsozialismus (Wien 1990) 173–191.

Meyer, Beate, „Jüdische Mischlinge". Rassenpolitik und Verfolgungserfahrung 1933–1945 (Studien zur jüdischen Geschichte 6, Hamburg ²2002).

Millauer, Philipp, Strafrecht in Österreich in der Zeit des Nationalsozialismus, (jur Diss, Salzburg 2001).

Moser, Josef, Aus ökonomischer Sicht: Die Bedeutung des Einsatzes ausländischer Arbeitskräfte, ZwangsarbeiterInnen, Kriegsgefangener und KZ-Häftlinge in den Linzer Eisen- und Stahlwerken. In: *Rathkolb*, Oliver (Hg), NS-Zwangsarbeit. Der Standort Linz der Reichswerke Hermann Göring AG Berlin, 1938–1945, Bd 1, Zwangsarbeit – Sklavenarbeit: Politik-, sozial- und wirtschaftshistorische Studien (Wien/Köln/Weimar 2001) 323–354.

Moser, Jonny, Demografie der jüdischen Bevölkerung Österreichs 1938–1945 (Schriftenreihe des Dokumentationsarchives des österreichischen Widerstandes 5, Wien 1999).

Mugrauer, Manfred, Die Politik der KPÖ in der provisorischen Regierung Renner (Innsbruck/Wien/Bozen 2006).

Mulley, Klaus-Dieter, Zur Administration der Entnazifizierung in Niederösterreich. In: *Schuster*, Walter / *Weber*, Wolfgang (Hg), Entnazifizierung im regionalen Vergleich (Linz 2004) 267–302.

Neck, Rudolf / *Wandruszka*, Adam (Hg), Protokolle des Ministerrates der Ersten Republik. Abteilung VIII. 20. Mai 1932 bis 25. Juli 1934. Bd 4, Kabinett Dr. Engelbert Dollfuß. 16. Juni 1933 bis 27. Oktober 1933 (Wien 1984).

Neugebauer, Wolfgang, Repressionsapparat und -maßnahmen 1933–1938. In: *Tálos*, Emmerich / *Neugebauer*, Wolfgang (Hg), Austrofaschismus. Politik – Ökonomie – Kultur. 1933 – 1938 (Wien [5]2005) 298–321.

Neuhold, Hanspeter / *Hummer*, Waldemar / *Schreuer*, Christoph (Hg), Österreichisches Handbuch des Völkerrechts, Bd 1 (Textteil) (Wien [4]2004).

O.A., 6 Jahre Arbeitsämter in Niederösterreich. Tätigkeitsbericht des LAA NÖ für die Jahre 1945 bis 1950 (Wien 1952).

O.A., Die industrielle Bezirkskommission Wien, Landesbehörde für Arbeitsvermittlung, und ihre Arbeitsämter (Wien o.J.).

O.A., Jahresbericht des Landesarbeitsamtes Niederösterreich für das Jahr 1954 (o.J.).

Öhlinger, Theo, Verfassungsrecht (Wien [8]2009).

Olechowski, Thomas, Die Einführung der Verwaltungsgerichtsbarkeit in Österreich (Wien 1999).

Ottinger, Johannes, Orden und Ehrenzeichen in der Bundesrepublik Deutschland (Herford [2]1977).

Overy, Richard J., „Blitzkriegswirtschaft"? Finanzpolitik, Lebensstandard und Arbeitseinsatz in Deutschland 1939–1942. In: VfZ 3/36 (1988) 379–435.

Pacher, Richard, Das Invalidenentschädigungsgesetz und das Invalidenbeschäftigungsgesetz samt kurzen Erläuterungen (Graz 1925).

Pawlowsky, Verena, Arbeitslosenpolitik im Austrofaschismus. Din Beispiel restriktiver Sozialpolitik in ökonomischen Krisenzeiten (geisteswiss Dipl, Wien 1988).

Pawlowsky, Verena / *Wendelin*, Harald, Die Wunden des Staates. Kriegsopfer und Sozialstaat in Österreich 1914–1938 (Wien/Köln/Weimar 2015).

Paxton, Robert O., The anatomy of fascism (London 2004).

Payne, Stanley G., Fascism. Comparison and definition (Madison 1980).

Pellar, Brigitte, ... mit sozialpolitischen Erwägungen. Staatliche Arbeitsstatistik und Gewerkschaftsmitsprache im Handelsministerium der Habsburgermonarchie (Berichte und Forschungen zur Gewerkschaftsgeschichte 2, Wien 2013).

Petzina, Dietmar, Die Mobilisierung deutscher Arbeitskräfte vor und während des Zweiten Weltkrieges. In: VfZ 18 (1970) 443–455..

Pichler, Meinrad / *Walser*, Harald, Die Wacht am Rhein. Alltag in Vorarlberg während der NS-Zeit (Studien zur Geschichte und Gesellschaft Vorarlbergs 2, Bregenz 1988).

Pittermann, Bruno (Hg), Wirtschaftssäuberungsgesetz (Verfassungsgesetz vom 12. September 1945 über Maßnahmen zur Wiederherstellung gesunder Verhältnisse in der Privatwirtschaft) mit Erläuterungen (Wien 1946).

Price, David, Office of Hope: A History of the Public Employment Service in Great Britain (London 2000).

Rathkolb, Oliver (Hg), NS-Zwangsarbeit. Der Standort Linz der Reichswerke Hermann Göring AG Berlin, 1938–1945 (Wien/Köln/Weimar 2001).

Rathkolb, Oliver / *Freund*, Florian (Hg), NS-Zwangsarbeit in der Elektrizitätswirtschaft der „Ostmark" 1938–1945. Ennskraftwerke – Kaprunn – Draukraftwerke – Ybbs-Persenbeug – Ernsthofen (Wien/Köln/Weimar 2002).

Rathkolb, Oliver / *Wirth*, Maria / *Wladika*, Michael (Hg), Die „Reichsforste" in Österreich 1938–1945 (Wien/Köln/Weimar 2010).

Rauchensteiner, Manfried, Das Jahrzehnt der Besatzung als Epoche in der österreichischen Geschichte. In: *Ableitinger*, Alfred / *Beer*, Siegfried / *Staudinger*, Eduard G. (Hg), Österreich unter alliierter Besatzung: 1945–1955 (Wien/Köln/Graz 1998) 15–39.

Reichsanstalt für Arbeitsvermittlung und Arbeitslosenversicherung / Zweigstelle Österreich, Anweisung zur Einführung des Arbeitsbuches im Lande Österreich (nur für den Dienstgebrauch) (Wien 1938).

Reidegeld, Eckart, Staatliche Sozialpolitik in Deutschland: Band II: Sozialpolitik in Demokratie und Diktatur 1919–1945 (Wiesbaden 2006).

Reiter-Zatloukal, Ilse, Joseph Roths „Rebellion" aus rechtshistorischer Perspektive. In: *Lughofer*, Johann (Hg), Im Prisma. Joseph Roths Romane (Wien 2009) 51–74.

Dies., Juristenausbildung in Österreich unter dem NS-Regime. Kontinuitäten und Brüche 1938/1945 am Beispiel der Wiener Juristenfakultät. In: *Meissel*, Franz Stefan / *Olechowski*, Thomas / *Reiter-Zatloukal*, Ilse / *Schima*, Stefan (Hg), Vertriebenes Recht – Vertreibendes Recht (Juridicum Spotlight 2, Wien 2012) 9–34.

Dies., Normative Rahmenbedingungen italienischer Migration nach Wien. Von der frühen Neuzeit bis zum österreichischern EU-Beitritt. In: *Ehmer*, Josef / *Ille*, Karl (Hg), Italienische Anteile am multikulturellen Wien (Querschnitte 27, Innsbruck/Wien/Berlin 2009) 36–69.

Riegele, Georg, Die Wiener Höhenstraße. Autos, Landschaft und Politik in den dreißiger Jahren (Wien 1993).

Rieger, Barbara, „Zigeunerleben" in Salzburg 1930–1943. Die regionale Zigeunerverfolgung als Vorstufe zur planmäßigen Vernichtung in Auschwitz (Dipl, Wien 1990).

Rilke, Alice, Frauenberufstätigkeit. In: Nationalsozialistische Monatshefte. Zentrale politische und kulturelle Zeitschrift der NSDAP 13 (1942) 123–132.

Rottenecker, Heribert, 1939–1945. Vom freien Arbeitsmarkt zum Arbeitseinsatz – Ende der Reichsanstalt. In: *Rottenecker*, Heribert / *Schneider*, Jürgen (Hg), Geschichte der Arbeitsverwaltung in Deutschland (Stuttgart/Berlin/ Köln 1996) 113–124.

Sandgruber, Roman, Ökonomie und Politik. Österreichische Wirtschaftsgeschichte vom Mittelalter bis zur Gegenwart (Österreichische Geschichte, Wien 2005).

Schausberger, Norbert, Deutsche Wirtschaftsinteressen in Österreich vor und nach dem März 1938. In: *Stourzh*, Gerald / *Zaar*, Brigitta (Hg), Österreich, Deutschland und die Mächte. Internationale und österreichische Aspekte des „Anschlusses" vom März 1938 (Veröffentlichungen der Kommission für die Geschichte Österreichs 16, Wien 1990) 177–212.

Ders., Sieben Jahre deutsche Kriegswirtschaft in Österreich (1938–1945). In: Jahrbuch (1986) 10–60.

Schlegel, Armin, Die österreichische Wiedergutmachungs- und Entschädigungsgesetzgebung und -vollziehung nach 1945 im Vergleich der unterschiedlichen Opfergruppen unter besonderer Berücksichtigung der Angehörigen der slowenischsprachigen Minderheit in Kärnten (rechtswiss Diss, Univ. Wien 2009).

Schlögel, Anton, Genfer Abkommen zum Schutz der Kriegsopfer vom 12. 8. 1949. In: *Schlochauer*, Hans-Jürgen / *Krüger*, Herbert / *Mosler*, Hermann / *Scheuner*, Ulrich (Hg), Wörterbuch des Völkerrechts. Begründet von Karl Strupp, Bd. 1, Aachener Kongreß – Hussar-Fall (Berlin ²1960) 644–651.

Schmiderer, Stefanie, Integration: Schlagwort – Zauberwort – hohles Wort. Eine historische und begriffliche Auseinandersetzung im Kontext der österreichischen Immigrationsgeschichte (1970 – 2005) (geisteswiss Dipl, Wien 2008).

Schmidt, Karl, Geschichte der Arbeitsmarktverwaltung von ihren Anfängen an (Salzburg o.J.).

Schmitz-Berning, Cornelia, Vokabular des Nationalsozialismus (Berlin 2000).

Schmuhl, Hans-Walter, Arbeitsmarktpolitik und Arbeitsverwaltung in Deutschland 1871–2002 (Nürnberg 2003).

Schöberle, Theodor, Das Invalideneinstellungsgesetz. In: JBl (1948) 227–229.

Ders., Invalideneinstellungsgesetz mit allen hierzu ergangenen Durchführungsvorschriften eingehenden Erläuterungen und einem Sachregister (Wien 1947).

Schreiber, Horst, Wirtschafts- und Sozialgeschichte der Nazizeit in Tirol (Geschichte & Ökonomie 3, Innsbruck 1994).

Schulz, Gertraude, Notwendigkeit und Grenzen der Arbeitseinsatzpolitik (wirtschaftswiss Dipl, Würzburg 1938).

Schuster, Walter / *Weber*, Wolfgang (Hg), Entnazifizierung im regionalen Vergleich (Linz 2004).

Dies., Entnazifizierung im regionalen Vergleich: der Versuch einer Bilanz. In: *Schuster*, Walter / *Weber*, Wolfgang (Hg), Entnazifizierung im regionalen Vergleich (Linz 2004) 15–42.

Schwabe, Klaus, Entnazifizierung in Mecklenburg-Vorpommern 1947–1949. Anmerkungen zur Geschichte einer Region (Geschichte Mecklenburg-Vorpommerns 1, Schwein 1992).

Senft, Gerhard, Im Vorfeld der Katastrophe. Die Wirtschaftspolitik des Ständestaates. Österreich 1934–1938 (Vergleichende Gesellschaftsgeschichte und politische Ideengeschichte der Neuzeit 15, Wien 2002).

Siebert, Wolfgang, Das Recht der Arbeit. Systematische Zusammenstellung der wichtigsten arbeitsrechtlichen Vorschriften (Berlin/Leibzig/Wien ⁵1944).

Sozialwissenschaftliche Arbeitsgemeinschaft, Arbeitsvermittlung und Berufsberatung in Österreich. Gedanken zur notwendigen Neuregelung (Wien 1955).

Spoerer, Mark, Zwangsarbeit unter dem Hakenkreuz. Ausländische Zivilarbeiter, Kriegsgefangene und Häftlinge im Deutschen Reich und im besetzten Europa 1939–1945 (Stuttgart/München 2001).

Staff, Ilse, Justiz im Dritten Reich. Eine Dokumentation (Frankfurt am Main 1979).

Steiner, Guenther, Sozialversicherung unter dem Primat der Wirtschaft. Sozialminister Josef Resch und die österreichische Sozialversicherung 1918–1938 (Wien 2014).

Steinmetz, Selma, Österreichs Zigeuner im NS-Staat (Monographien zur Zeitgeschichte, Wien/Frankfurt/Zürich 1966).

Stiefel, Dieter, Arbeitslosigkeit, politische und wirtschaftliche Auswirkungen – am Beispiel Österreichs 1918–1938 (Schriften zur Wirtschafts- und Sozialgeschichte 31, Berlin 1979).

Ders., Entnazifizierung in Österreich (Wien/München/Zürich 1981).

Streibel, Robert, Bürokratie und Beletage. Ein Ringstraßenpalais zwischen „Arisierung" und spätem Recht (Wien 2015).

Szilagi, Alexander, Gesetzliche Vorschriften über den Arbeitseinsatz in der Ostmark. Wegweiser durch die bis Anfang August 1938 im Lande Österreich in Kraft getretenen Bestimmungen zur Lenkung des Arbeitseinsatzes (Graz/Wien/Leipzig 1938).

Szita, Szabolcs, Verschleppt, verhungert, vernichtet. Die Deportation von ungarischen Juden auf das Gebiet des annektierten Österreich 1944–1945 (Wien 1999).

Tálos, Emmerich, Austrofaschismus und Arbeiterschaft. In: *Reiter-Zatloukal*, Ilse / *Rothländer*, Christiane / *Schölnberger*, Pia (Hg), Österreich 1933–1938. Interdisziplinäre Annäherungen an das Dollfuß-/Schuschnigg-Regime (Wien/Köln/Weimar 2012) 167–180.

Ders., Das austrofaschistische Herrschaftssystem. In: *Tálos*, Emmerich / *Neugebauer*, Wolfgang (Hg), Austrofaschismus. Politik – Ökonmie – Kultur. 1933–1938 (Wien ⁵2005) 394–420.

Ders., Das austrofaschistische Herrschaftssystem. Österreich 1933–1938 (Wien 2013).

Ders., Sozialpartnerschaft. Ein zentraler politischer Gestaltungsfaktor in der Zweiten Republik (Wien 2008).

Ders., Sozialpartnerschaft. Kooperation – Konzertierung – politische Regulierung. In: *Dachs*, Herbert / *Gerlich*, Peter / *Gottweis*, Herbert (Hg), Handbuch des politischen Systems Österreichs. Zweite Republik (Wien ³1997) 432–451.

Ders., Vom Vorzeige- zum Auslaufmodell? Österreichische Sozialpartnerschaft 1945 bis 2005. In: *Karlhofer*, Ferdinand / *Tálos*, Emmerich (Hg), Sozialpartnerschaft. Österreichische und Europäische Perspektiven (Wien/Münster 2005) 185–217.

Tálos, Emmerich / *Manoschek*, Walter, Aspekte der politischen Struktur des Austrofaschismus. In: *Tálos*, Emmerich / *Neugebauer*, Wolfgang (Hg), Austrofaschismus. Politik – Ökonomie – Kultur. 1933–1938 (Wien ⁵2005) 124–161.

Thaler, Johannes, Eliten der Arbeitsmarktverwaltung. Fallstudien und Statistiken zur politischen Kontinuität (in diesem Band).

Tröbinger, Jürgen, „Armenpflege mit eiserner Faust". Öffentliche Fürsorge und die Verfolgung „Asozialer" im Reichsgau Oberdonau. In: Mitteilungen des Oberösterreichischen Landesarchives 21 (2008) 617–692.

Trummer, Ingrid / *Stollhof*, Alexander (Hg), „... Bei uns in der Lofag ...". Erinnerungen an die Floridsdorfer Lokomotivfabrik – Wiens größten Industriebetrieb (Wien 2005).

van Melis, Daniman, Entnazifizierung in Mecklenburg-Vorpommern. Herrschaft und Verwaltung 1945–1948 (Studien zur Zeitgeschichte 56, München 1999).

Vana, Irina, Gebrauchsweisen der öffentlichen Arbeitsvermittlung. Österreich 1889–1938 (geisteswiss Diss, Wien 2013).

Vergin, Ute, Die nationalsozialistische Arbeitseinsatzverwaltung und ihre Funktionen beim Fremdarbeiter(innen)einsatz während des Zweiten Weltkriegs (geisteswiss Diss, Osnabrück 2008).

Vocelka, Karl, Geschichte Österreichs. Kultur – Gesellschaft – Politik (Graz/Wien/Köln ⁵2002).

Wadauer, Sigrid / *Buchner*, Thomas / *Mejstrik*, Alexander, The Making of Public Labour Intermediation. Job Search, Job Placement, and the State in Europe, 1880–1940. In: International Review of Social History 57 (2012) 161–189.

Walitschek, Anton, Der Arbeitsmarkt in Österreich während des Krieges. In: Zeitschrift für Volkswirtschaft, Sozialpolitik und Verwaltung 24 (1915) 727–776.

Walser, Harald, „Arbeit für den Endsieg". Arbeitsalltag im „Nationalen Sozialismus". In: *Pichler*, Meinrad / *Walser*, Harald, Die Wacht am Rhein. Alltag in Vorarlberg während der NS-Zeit (Studien zur Geschichte und Gesellschaft Vorarlbergs 2, Bregenz 1988) 73–108.

Walter, Robert / *Mayer*, Heinz / *Kucsko-Stadlmayer*, Gabriele, Grundriss des österreichischen Bundesverfassungsrechts (Manzsche Kurzlehrbuchreihe, Wien ¹⁰2007).

Walter, Rolf, Wirtschaftsgeschichte. Vom Merkantilismus bis zur Gegenwart (Köln/Weimar/Wien ⁵2011).

Weber, Wolfgang, Aspekte der administrativen Entnazifizierung in Vorarlberg. In: *Schuster*, Walter / *Weber*, Wolfgang (Hg), Entnazifizierung im regionalen Vergleich (Linz 2004) 59–96.

Weinberbger, Wilhelm, Der Freiwillige Arbeitsdienst In Österreich (Geisteswiss Dipl, Wien 1987).

Weishaupt, Timo, Social Partners and the Governance of Public Employment Services: Trends and Experiences from Western Europe (Genf 2011).

Wenninger, Florian, Dimensionen organisierter Gewalt. Zum militärhistorischen Forschungsstand über die österreichische Zwischenkriegszeit. In: *Wenninger*, Florian / *Dreidemy*, Lucile (Hg), Das Dollfuß/Schuschnigg-Regime 1933–1938 (Wien/Köln/Weimar 2013) 493–578.

Werkmüller, Dieter, Über Aufkommen und Verbreitung der Weistümer. Nach der Sammlung von Jacob Grimm (Berlin 1972).

Widorn, Thomas, Bauarbeiter-Schlechtwetter-Entschädigungsgesetz (Wien 1973).

Wille, Manfred, Entnazifizierung in der Sowjetischen Besatzungszone Deutschlands 1945–48 (O.O. O.J).

Winkler, Elisabeth, Die Polizei als Instrument in der Etablierungsphase der austrofaschistischen Diktatur (1932–1934) mit besonderer Berücksichtigung der Wiener Polizei (geisteswiss Diss Wien 1983).

Wirtschafts- und sozialstatistisches Handbuch 1945–1969, hg. v. d. Kammer für Arbeiter und Angestellte Wien (Wien 1970).

Wohnout, Helmut, Die Verfassung 1934 im Widerstreit der unterschiedlichen Kräfte im Regierungslager. In: *Reiter-Zatloukal*, Ilse / *Rothländer*, Christiane / *Schölnberger*, Pia (Hg), Österreich 1933–1938. Interdisziplinäre Annäherungen an das Dollfuß-/Schuschnigg-Regime (Wien 2012) 17–30.

Zeinar, Hubert, Geschichte des österreichischen Generalstabes (Wien 2006).

Zimmermann, Michael, Rassenutopie und Genozid. Die nationalsozialistische „Lösung der Zigeunerfrage" (Hamburger Beiträge zur Sozial- und Zeitgeschichte 33, Hamburg 1996).

Eliten der Arbeitsmarktverwaltung

Fallstudien und Statistiken zur Frage
der politischen Kontinuität
(Johannes Thaler)

Einleitung

Der folgende Abschnitt stellt eine empirische Studie zu den Eliten der österreichischen Arbeitsmarktverwaltung (AMV) dar. Ergänzend zur rechtshistorischen Analyse Mathias Krempls werden im Folgenden Statistiken und Fallbeispiele zur politischen Prägung und „Umfärbung" des Personalstands der AMV gebracht, die ansatzweise im Dollfuß/Schuschnigg-Regime ab 1933, intensiv im Zuge der Nazifizierung ab 1938 und schließlich durch die Entnazifizierung ab 1945 stattfanden.

Das fast zeitgleich mit dem Entstehen der Republik Österreich 1918 ins Leben gerufene „Paritätische Industriekomitee" (aufgrund seiner Mitgliederzahl auch „Sechserkomitee" genannt) war ein bedeutendes Werkzeug zur Wahrung sozialer Stabilität in der österreichischen Nachkriegszeit. Es war unter anderem die Vorsorge gegen das Entstehen einer Räterepublik beziehungsweise eines kommunistischen Umsturzes wie in Ungarn und Bayern 1919, die Arbeitgeber (drei Vertreter des „Reichsverbands der österreichischen Industrie") und Arbeitnehmer (drei Vertreter der großteils sozialdemokratisch ausgerichteten „Gewerkschaftskommission Österreichs") dazu veranlasste, die dringenden Belange des Arbeitsmarktes der erst im Entstehen begriffenen Republik, Arbeitslosenunterstützung, Arbeitsbeschaffung und Arbeitsvermittlung, kooperativ zu bewältigen. „Die Bedeutung, die diesem ‚Sechserkomitee' für die Wahrung des *sozialen Friedens* in der Zeit kurz beziehungsweise nach dem Waffenstillstand (3.11.1918) […] zukam, ist kaum zu überschätzen: Regierung und Parlament folgten den Ratschlägen dieser Kommission in der Regel bis ins Detail."[1965] Auf Ebene der Bundesländer wurden ebenfalls paritätisch besetzte Industrielle Bezirkskommissionen (IBK) und auf lokaler Ebene schließlich die Arbeitslosenämter (AlÄ) gegründet.

Vorsitzende der IBK waren zumeist Industrielle, Unternehmer oder Privatiers der Wirtschaft. Den Posten des Geschäftsführers beziehungsweise des Sekretärs/der Sekretärin hatte in der Regel ein Beschäftiger/eine Beschäftigte des Bundesministeriums für soziale Verwaltung (BMsV) inne. „Das *‚Paritätische Industriekomitee'* sowie die *‚Industriellen Bezirkskommissionen'* genossen sowohl das Vertrauen der Unternehmer als auch der industriellen Arbeiterschaft. Für den reibungslosen Vollzug […] war diese breite Vertrauensbasis zweifellos von maßgeblicher Bedeutung."[1966] Irina Vana betont jedoch in ihrer jüngst erschienenen Dissertation, die Bestellung der IBK dürfe nicht nur unter dem „Blickwinkel des Klassenkonflikts"[1967] betrachtet werden, zumal bei der Besetzung der Gremien auch innerhalb der Gruppen der ArbeitgeberInnen und der ArbeitnehmerInnen verschiedene Interessen berücksichtigt werden mussten:

> „[D]ie Kontroverse um die Besetzung der paritätischen Gremien betraf auch die unterschiedlichen Interessensgruppierungen der Arbeitgeber/innen – die Kleingewerbetreibenden und Großindustriellen – sowie die verschiedenen Vertretungen der Arbeitnehmer/innen und Arbeitslosen – wie die freien Gewerkschaften, Kommunist/innen und christlichsoziale Gewerkschaften."[1968]

Zur Illustration sei im Folgenden ein Sample von IBK-Vorsitzenden angeführt.[1969] Im Jahr 1934 – also kurz vor der Überleitung der Agenden der IBK in die neu geschaffenen Landesarbeitsämter (LAÄ) – hatten den Vorsitz inne: in Burgenland Robert Medinger, Dr. der Technik, Ingenieur und Kommerzialrat, Leiter der Firma Medinger & Söhne in Neufeld; in Kärnten Kommerzial-

---

[1965] *Hofmeister,* Herbert, Arbeitsvermittlung und Arbeitslosenversorgung in Österreich, insbesondere 1918 bis 1938. In: Benöhr, Hans-Peter (Hg), Arbeitsvermittlung und Arbeitslosenversorgung in der neueren deutschen Rechtsgeschichte (Beiträge zur Rechtsgeschichte des 20. Jahrhunderts, Tübingen 1991) 217–236, hier: 222.

[1966] Ebd, 224.

[1967] *Vana,* Irina, Gebrauchsweisen der öffentlichen Arbeitsvermittlung. Österreich 1889–1938 (geisteswiss. Diss., Wien 2013), 104.

[1968] Ebd.

[1969] Österreichischer Amts-Kalender für das Jahr 1934.

rat Rupert Kastner; in Niederösterreich (IBK Gmünd) Bruno Korczewski, Webereibesitzer; in Niederösterreich (IBK Wiener Neustadt) Gregor Micko, Ingenieur, Hofrat und stellvertretender Sekretär des Industriellenverbandes; in Oberösterreich Alois Hobelsperger, Dr. der Rechte und Geschäftsführer des Industriellenverbandes für Oberösterreich; in Steiermark Helmuth Höhn, Dr. und Geschäftsführer des Hauptverbandes der Industrie; in Vorarlberg Adolf Fritsch, Dr. und Fabrikant in Dornbirn; und schließlich in Wien Robert Lang, Dr. und Leiter der Armaturenfabrik Firma S. Lang. Lediglich in Kärnten, Niederösterreich (IBK St. Pölten) und Tirol konnte bei den IBK-Vorsitzenden 1934 keine leitende Funktion in der Wirtschaft festgestellt werden.[1970]

Die ursprünglich zur Stabilisierung der Nachkriegszustände geschaffene Struktur der Paritätischen Industriekommission und der Industriellen Bezirkskommissionen wurde 1934 vom Dollfuß-Regime aufgelöst. Landesarbeitsämter (LAÄ) traten an die Stelle der von ArbeitgeberInnen und ArbeitnehmeInnen beiderseits beschickten IBK. Zeitgleich wurde die Bezeichnung der untergeordneten „Arbeitslosenämter" (AlÄ) in „Arbeitsämter" (AÄ) geändert. Irina Vana sieht in dieser Maßnahme den Charakter einer „Abschaffung der Gremien der Selbstverwaltung"[1971]. Sie fasst in diesem Sinne zusammen: „Das austrofaschistische Regime leitete mithin einen autoritären Zentralisierungsprozess im Bereich der Arbeitsvermittlung ein, wodurch die öffentliche Arbeitsvermittlung endgültig zu einer behördlichen, durch die Regierung kontrollierten Aufgabe gemacht wurde."[1972] Dies widerspricht zum Teil dem von Dollfuß vertretenen rückwärtsgewandten und auch romantisierten Ideal der bäuerlichen „Hausgemeinschaft", die nach Möglichkeit die Verantwortung für ihre arbeitslosen Mitglieder übernehmen sollte: „Der Staat versuchte sich aus der Sozialpolitik und der finanziellen Verantwortung gegenüber Arbeitslosen zunehmend zurückzuziehen. Diese Pflichten sollten – im Sinne einer Solidarfunktion der Hausgemeinschaft – in die Familien und die Gemeinden verlagert werden."[1973] In ideologischer Hinsicht passte dies zum konservativen bürgerlich-bäuerlichen Ideal des Dollfuß-Regimes. Dem standen allerdings die autoritären Zentralisierungstendenzen der Diktatur entgegen: Die Regierung nahm „auf die Ausgestaltung der Arbeitsvermittlung vehement Einfluss und machte die öffentliche Arbeitsvermittlung zur Behörde, womit die Kontrolle der Arbeitslosen und die staatliche Autorität im Bereich der Arbeitsvermittlung gesetzlich statuiert wurden."[1974]

Wie aus der Tabelle im Anhang C ersichtlich ist, ging der Übergang von den IBK zur Organisationseinheit der LAÄ in der Regel mit einem Führungswechsel auf der Landesebene der AMV einher. In den meisten Bundesländern scheint der Führungswechsel 1935 in den Amtskalendern auf. Im Fall von Niederösterreich (IBK St. Pölten) fand der Führungswechsel auf Landesebene erst 1936 statt, in Tirol 1937 und lediglich in Kärnten (Albert Peter-Pirkham) übernahm der vormalige Vorsitzende der IBK auch dauerhaft die Leitung des neu eingerichteten LAA bis zum „Anschluss" 1938. In diesen drei Fällen dürfte es sich auch zur Zeit der IBK eben nicht, wie bereits erwähnt, um Vertreter der Wirtschaft, sondern um Beschäftigte der AMV beziehungsweise des BMsV gehandelt haben, wodurch Kontinuität gewahrt blieb. Es ist auch festzustellen, dass in vier Fällen (Kärnten, Salzburg, Steiermark, Vorarlberg) die Leitung des neuen LAA auf die *Geschäftsführer* der ehemaligen IBK überging (beziehungsweise in Vorarlberg vorerst auf den ehemaligen Sekretär).[1975]

[1970] Ebd.

[1971] *Vana*, Arbeitsvermittlung, 138.

[1972] Ebd, 138f. Mathias Krempl widerspricht dieser Auffassung von Vana im vorliegenden Band wenn er betont, dass die IBK vom BMsV bereits früher – in den 1920er Jahren – als „Behörden der unmittelbaren Bundesverwaltung" angesehen wurden: *Krempl*, Mathias, Arbeitsamt und Staatsgewalt. Arbeitsmarktbehördliche Organisation und Sachfragen im politischen Wandel [in diesem Band], 56.

[1973] *Vana*, Arbeitsvermittlung, 143.

[1974] Ebd.

[1975] Österreichischer Amts-Kalender für das Jahr 1934, 1935, 1936 und 1937.

Im Sinne der staatlichen Indienstnahme der AMV, wie sie anfänglich in der Ersten Republik, verstärkt im Dollfuß/Schuschnigg-Regime und später im Nationalsozialismus zum Extrem betrieben wurde, werden im nachfolgenden Abschnitt dieser Studie Kontinuitäten und Veränderungen durch politische Umbrüche im Personalstand der österreichischen AMV untersucht. Detailstudien zu den Eliten der österreichischen AMV sind bisher nicht vorhanden. Gernot Stimmer geht in seiner breit angelegten Studie über „Eliten in Österreich" nur auf die höhere Bürokratie der Ministerien ein.[1976] In vereinzelten Fällen werden im Folgenden Personalveränderungen in den Jahren 1933/34 zu Beginn des Dollfuß/Schuschnigg-Regimes, die großen Veränderungen schließlich 1938 im NS-Regime und später nach Ende des Krieges im Zuge der Entnazifizierung in der Zweiten Republik dokumentiert. Schwerpunkt sind hierbei die Veränderungen nach der Machtübernahme der Nationalsozialisten beziehungsweise nach 1945 die Entnazifizierung und der Umgang mit ehemaligen Nationalsozialisten bis zur großen Amnestie 1957. Neben der Beleuchtung der politischen Vorgänge innerhalb der Elite der AMV wird auch auf die Arbeitsbereiche der Beamten und Angestellten eingegangen, soweit die entsprechenden Archivmaterialien darüber Aufschluss geben.

Auf die Auseinandersetzung mit den Lebensläufen der jeweiligen Sozialminister wurde – unter anderem aufgrund der bereits vorhandenen zitierten Studie von Gernot Stimmer[1977] – zugunsten der ausführlicheren Darstellung von Beamten verzichtet, die in unmittelbarer Weise in die Agenden der AMV und der Arbeitsvermittlung involviert waren. Als „Eliten der Arbeitsmarktverwaltung" werden im Folgenden somit die Vorsitzenden der Industriellen Bezirkskommissionen und die Leiter der Arbeitslosenämter beziehungsweise ab 1934/1935 die Leiter der Landesarbeitsämter und der Arbeitsämter, sowie andere amtsintern als „leitende Beamte" eingestufte Personen verstanden. Vereinzelt wurden auch für die Entwicklung der österreichischen AMV bedeutsame Leiter der Sektion für Sozialpolitik im BMsV in die Betrachtung miteinbezogen.

Ausgehend von einer umfassenden Auswertung der Amtskalender und Recherchen in Personalverzeichnissen wurden die Namen der leitenden Beamten eruiert, welche die Grundlage für konkrete Recherchen in den Personalakten beziehungsweise Standesausweisen des BMsV im Österreichischen Staatsarchiv bildeten. Wo vorhanden wurden auch Gauakten der NS-Zeit und Gnadengesuche gemäß § 27 Verbotsgesetz aus dem Staatsarchiv herangezogen. Gut dokumentiert sind der Personalstand der österreichischen AMV kurz nach dem „Anschluss" 1938 sowie die erste (unvollständige) Entnazifizierung im Zuge der Tätigkeit des „Figl-Komitees" im Jahr 1946.

Es wird bei den folgenden Statistiken auf ein Sample von 94 Personen aus der Elite der AMV zurückgegriffen, zu denen detaillierte Archivrecherchen durchgeführt wurden. Berücksichtigt wurden dabei für den Zeitraum 1917 bis 1957 sämtliche Leiter der Sektion für Sozialpolitik im BMsV, sowie auf Bundesländerebene die Vorsitzenden der IBK (soweit diese nicht private Unternehmer sondern Beschäftigte des BMsV waren) beziehungsweise ab 1935 die Leiter der LAÄ. Im Anhang dieser Studie befindet sich eine auf Basis verschiedener Amts- und Schreibkalender erstellte chronologische Tabelle mit den Namen der leitenden Funktionäre der Arbeitsmarktverwaltung im forschungsrelevanten Zeitraum. Um auf ein aussagekräftiges Sample zu kommen, wurde dieser Personenkreis, der sich für den Untersuchungszeitraum auf etwa 30 Personen beläuft, um die leitenden Beamten der örtlichen AÄ zum Stichjahr 1938 kurz nach dem „Anschluss" erweitert. Für diesen Zeitpunkt liegt, wie unten noch ausgeführt wird, eine vollständige Dokumentation vor. Abstriche mussten dort

---

[1976] Stimmer, Gernot, Eliten in Österreich 1848–1970 (=Studien zu Politik und Verwaltung, Hg. Cristien Brünner, Wolfgang Mantl, Manfried Welan, Bd. 57/I) (Wien/Köln/Graz 1997).

[1977] Stimmer, Eliten.

gemacht werden, wo zu den in das Sample fallende Personen kein Personalakt, Standesausweis oder NS-Gauakt vorhanden war.

In einem eigenen Abschnitt werden aus dem Untersuchungssample Fallbeispiele von MitarbeiterInnen der österreichischen AMV herausgegriffen. Es wurden prägnante und auch ausgefallene Beispiele gewählt, die über unterschiedliche politische Zusammenhänge Aufschluss geben: ehemalige Vertreter des Dollfuß/Schuschnigg-Regimes und der Heimwehr, Sozialdemokraten sowie Anhänger des Nationalsozialismus, bei denen – ungeachtet ihrer späteren offiziellen Verzeichnung als „legale" oder „illegale" (1945) beziehungsweise als „belastete" oder „minderbelastete" (ab 1947) Ehemalige – der Versuch unternommen wird, eine für die vorliegende Studie sinnvolle Unterscheidung zwischen – im Hinblick auf ihr Engagement für das NS-Regime – „aktiven" und „nicht aktiven" Mitgliedern der NSDAP zu treffen. Es soll damit ermöglicht werden, die speziellen politischen Stimmungen (insbesondere bei Nazifizierung und Entnazifizierung) einzufangen, wie sie sich in den Ämtern der österreichischen AMV von der Zwischenkriegszeit bis 1957 ausprägten. Untersuchungen darüber, ob in dieser Hinsicht Unterschiede zu anderen Ämtern der österreichischen Verwaltung auffallen, muss nachfolgenden vergleichenden Studien überlassen bleiben. Wie eingangs erwähnt wurde, werden in den angeführten Fallbeispielen auch konkrete Hinweise auf die Arbeitsbereiche der in Betracht stehenden MitarbeiterInnen aufgegriffen, um so Einsichten in den Zusammenhang von allgemeinen politischen Umständen der Zeit und der konkreten Situation der Bediensteten der AMV zu ermöglichen.

Dokumentarische Basis des vorliegenden Abschnitts sind Personalakten des Sozialministeriums sowie amtliche Standesausweise. In einzelnen Fällen wurden auch NS-Gauakten konsultiert. Es sind unterschiedliche Dokumente, die in einem Personalakt auf politische Vorgänge innerhalb der AMV beziehungsweise auf die politische Gesinnung des Mitarbeiters/der Mitarbeitern schließen lassen. Dies sind insbesondere politische Fragebögen aus der NS-Zeit und der Nachkriegszeit, Lebensbeschreibungen, politische Beurteilungen seitens der Vorgesetzten, Beförderungs- und Auszeichnungsanträge sowie polizeiliche Ermittlungs- und politische Leumundsberichte. Die einzelnen MitarbeiterInnen wurden in diesem Sinne nach Gesichtspunkten von politischer Zugehörigkeit, politischem Engagement beziehungsweise nach faktischer Weiterbeschäftigung, Entlassung/Enthebung, Beförderung oder Rückstufung während der unterschiedlichen Regime in einer Datenbank erfasst.

I. Personalstand und Organisation der AMV 1938

Kurze Zeit nach dem „Anschluss" erging im Mai 1938 eine telefonische Weisung seitens des BMsV an die Landesarbeitsämter, eine Auflistung sämtlicher MitarbeiterInnen des LAA und der untergeordneten AÄ inklusive deren amtlicher Verwendung und Bezüge vorzulegen.[1978] Die aufgrund dessen angefertigten Verzeichnisse[1979] wurden dem politischen Kommissar des BMsV Franz Wiesinger zugestellt, der sie am 1.6.1938 an den „Präsidenten der Reichsanstalt für Arbeitsvermittlung und Arbeitslosenversicherung, Zweigstelle Österreich" übermittelte. Die Listen sind im Österreichischen Staatsarchiv im Bestand „Sozialpolitik" des BMsV bis heute vollständig erhalten. Es

---

[1978] ÖStA/AdR, BMsV/SP, Sammelakt 14/Allg. 1935–38, Kt. 421.
[1979] Ebd.

liegen somit die vollständigen Verzeichnisse sämtlicher MitarbeiterInnen aller Arbeitsämter in Österreich zu jenem Zeitpunkt vor. Der Stichtag 1. 6. 1938 ergibt bundesweit folgendes statistisches Bild:

Landesarbeitsamt	Arbeitsämter inkl. Landesarbeitsamt	Beschäftige	Beschäftige – bundesweiter Anteil
Burgenland	6	56	2,5 %
Kärnten	7	113	5 %
NÖ	26	306	13,6 %
OÖ	14	203	9 %
Salzburg	6	76	3,4 %
Steiermark	13	287	12,8 %
Tirol	11	90	4 %
Vorarlberg	5	61	2,7 %
Wien	23	1050	46,8 %
ÖSTERREICH	111	2242	100 %

Zweieinhalb Monate nach dem „Anschluss" hatte die dem BMsV unterstehende AMV demnach in den Bundesländern 111 Ämter und 2.242 Beschäftige. Fast die Hälfte des Personals (1050 Personen, 47,8 %) entfiel auf die Bundeshauptstadt Wien. Hervorzuheben ist die unterschiedliche Größe der Ämter. Während in Wien durchschnittlich etwa 45 MitarbeiterInnen auf ein Amt entfielen, waren es in der teilweise industriell geprägten Steiermark 22, hingegen in den übrigen Bundesländern zusammen nicht mehr als durchschnittlich 12.

Die Wiener AMV unterschied sich strukturell von den übrigen Bundesländern. Abgesehen vom LAA und dem allgemeinen AA war sie in eine Reihe von Fachämtern mit Spezialisierung auf Berufsbranchen unterteilt: „Angestellte", „Baugewerbe", „Bekleidungs-, Textil- und Hutarbeiter", „Fleischverarbeitendes Gewerbe", „Graphisches und papierverarbeitendes Gewerbe", „Holzarbeiter und verwandte Berufe", „Hotel-, Gast- und Kaffeehausgewerbe sowie Friseure", „Arbeiter für die Landwirtschaft", „Betriebe der Lebens- und Genussmittelerzeugung", „Metallindustrie, metallverarbeitendes Gewerbe, chemische Industrie", „Schuh- und Lederindustrie" und schließlich der „Arbeitsnachweis der Stadt Wien für ungelernte Arbeiter und Arbeiterinnen". Hinzu kamen noch die gesonderten Bereiche für Berufsberatung, Nachschulung, Jugendliche, die Prüfstelle sowie regionale Ämter im Raum Wien: Marchfeld, Tullnerfeld, Liesing, Stockerau und Wiener Boden.[1980] 80 der 136 Mitarbeiter des allgemeinen „Arbeitsamt Wien" sowie sämtliche 49 Mitarbeiter des AA für Baugewerbe waren außerdem nicht dem BMsV unterstellt sondern Beschäftigte der Gemeinde Wien.

Für Niederösterreich ist zu berücksichtigen, dass es bis 1938 als einziges Bundesland über drei Landesarbeitsämter verfügte, und zwar in St. Pölten, Wiener Neustadt und Gmünd.[1981]

Vermerkt wurde in den Listen gleichfalls (in der Regel ohne Angabe von Gründen), welche MitarbeiterInnen zum Stichtag durch die veränderte politische Situation bereits entlassen, enhoben oder beurlaubt waren:

[1980] Ebd, Mappe Wien.
[1981] Ebd, Mappen St. Pölten, Wiener Neustadt, Gmünd.

LAA	Beschäftige	davon beurlaubt/entlassen		Vermerk „Jude"/„Jüdin"	
Burgenland	56	6	10,7 %	2	3,6 %
Kärnten	113	15	13,3 %	0	0
NÖ	306	16	5,2 %	3	1 %
OÖ	203	5	2,5 %	2	1 %
Salzburg	76	0	0	0	0
Steiermark	287	10	3,5 %	0	0
Tirol	90	3	3,3 %	0	0
Vorarlberg	61	7	11,5 %	0	0
Wien	1050	44	4,2 %	34	3,2 %

Den größten Anteil von Entlassungen, Dienstenthebungen beziehungsweise Beurlaubungen unter den MitarbeiterInnen der AÄ weist Kärnten auf (13,3 %), gefolgt von Vorarlberg (11,5 %) und Burgenland (10,7 %). Der diesbezügliche österreichweite Durchschnitt betrug 4,7 %. In Salzburg war es bis Ende Mai 1938 zu keiner einzigen Entlassung oder Ähnlichem gekommen.

In 41 Fällen finden sich in diesen tabellarischen Auflistungen auch Hinweise auf jüdische Herkunft der MitarbeiterInnen: „beurlaubt da Jude" beziehungsweise „Jude, vom Dienst enthoben" (häufig einhergehend mit einer Enthebung oder Beurlaubung). Im Falle der AMV-Behörden in Wien, wo es allein aus demografischen Gründen eine größere Zahl jüdischer MitarbeiterInnen gegeben haben dürfte, finden sich 34 zumeist handschriftliche Vermerke „Jude"/„Jüdin" (89 % der österreichweiten Gesamtzahl). Im Gegensatz zum Vorgehen in den Bundesländern hatte dies in Wien allerdings (so legen die Akten nahe) zum Stichtag 1.6.1938 noch nicht zwangsläufig eine Enthebung oder Beurlaubung der Betroffenen zur Folge.

Auszug aus der Liste der MitarbeiterInnen des LAA Wien im Juni 1938.
In der rechten Spalte zweimal der Vermerk „Jude, vom Dienst enthoben"[1982]

1982 Abbildung aus: ÖStA/AdR, BMsV/SP, Sammelakt 14/Allg. 1935–38, Kt. 421, Mappe Wien.

Prozentuell gesehen sind für Wien in dieser Statistik vom Mai 1938 etwa gleich viele jüdische MitarbeiterInnen angeführt wie für das Burgenland (3,3 % beziehungsweise 3,6 %), gefolgt von etwa 1 % in Niederösterreich. Im Falle Oberösterreichs wurden zwei Mitarbeiter mit dem Verweis „Mischling, Vater Jude"[1983] erfasst. Bezüglich des Amtsleiters des AA Kirchdorf/Krems kam es zu dem Verweis „Die Gattin soll Jüdin sein".[1984] Für Niederösterreich, das die Besonderheit von drei LAÄ aufwies, fällt auf, dass das LAA St. Pölten bei 120 MitarbeiterInnen keinen einzigen Mitarbeiter/keine einzige Mitarbeiterin als „Jude"/„Jüdin" auswies, das LAA Wiener Neustadt von seinen 147 Beschäftigten hingegen gleich drei Personen[1985] und der Bericht erstattende Leiterstellvertreter des kleineren LAA Gmünd bezüglich seines Personalstands von 39 Personen explizit hervorhob: „Juden keine im Stande".[1986]

Die Tatsache, dass in Kärnten, Salzburg, Steiermark, Tirol und Vorarlberg gar keine jüdischen MitarbeiterInnen angeführt wurden, könnte auf einen „stillen Arierparagraphen" hindeuten, der es Juden und Jüdinnen bereits vor 1938 unmöglich machte, in jenen Ämtern Beschäftigung zu finden, auch wenn rechtlich keinerlei Schranken vorhanden waren.

Anmerkungen zur „Mitarbeiterliste für Oberösterreich".
Zl. 16: „Mischling, Vater Jude", Zl. 61: „Gattin soll Jüdin sein"[1987]

[1983] Ebd, Mappe Linz, Seite 8.
[1984] Ebd.
[1985] Ebd, Mappe Wiener Neustadt, Seiten 1 (AA Wr. Neustadt), 4 (AA Erlach), 7 (AA Neunkirchen).
[1986] Ebd, Mappe Gmünd, Seite 1 u. 6.
[1987] Abbildung aus: ÖStA/AdR, BMsV/SP, Sammelakt 14/Allg. 1935–38, Kt. 421, Mappe Oberösterreich.

II. NSDAP-Mitgliedschaften bei der AMV

Gut dokumentiert sind im Rahmen der AMV die Ergebnisse des „ersten Entnazifizierungsschubs"[1988] durch die in den Bundesländern eingesetzten Sonderkommissionen beziehungsweise unter dem zentral eingerichteten „Ministerkomitee zur Säuberung der höchsten Staats- und Wirtschaftsstellen von Nazielementen" (auch „Figl-Komitee" beziehungsweise „Figl-Kommission" genannt), das die Tätigkeit der in den Augen der Besatzungsmächte nicht sehr effizient arbeitenden Sonderkommissionen ergänzen sollte.[1989] Zum Stichtag 10.4.1946 berichtete das „Figl-Komitee" in einer „Meldung der Nationalsozialisten an das Bundeskanzleramt": „Aus dem Stand des Bundesministeriums für soziale Verwaltung und seiner nachgeordneten Dienststellen (Wien und Länder) sind wegen ihrer Verbindung mit der NSDAP: endgiltig [sic] aus dem Dienst ausgeschieden [...] 1.472, noch im Dienst verbliebene Parteiangehörige [...] 605".[1990]

Diese Zahlen betrafen das Ministerium selbst, Gewerbeinspektorate, LAÄ, Landesinvalidenämter, Bakteriologisch-serologische Untersuchungsanstalten, Lebensmitteluntersuchungsanstalten sowie Chemisch-pharmazeutische Untersuchungsanstalten, wobei die LAÄ den bei weitem größten Teil des Personalstandes und somit auch den größten Anteil an der Entnazifizierung ausmachten. Für die einzelnen Bundesländer ergibt sich im Bereich der LAÄ und den ihnen untergeordneten AÄ dabei folgendes statistisches Bild (April 1946):[1991]

Bundesland	Entlassene/ endgültig nicht mehr in Verwendung genommene ehem. Parteiangehörige	Enthobene/ noch in Verwendung genommene ehem. Parteiangehörige	ehem. NSDAP-Mitglieder GESAMT
Burgenland	33	20	53
Kärnten	22	49	71
Niederösterreich	334	192	526
Oberösterreich	145	60	205
Salzburg	69	10	79
Steiermark	213	97	310
Tirol	97	70	167
Vorarlberg	23	20	43
Wien	338	100	438
ÖSTERREICH	**1.274**	**618**	**1.892**

Wie viele Personen insgesamt im NS-Regime und unmittelbar nach Ende des Krieges in der AMV beschäftigt waren, ist aufgrund der Aktenlage bisher noch nicht eindeutig festzustellen. Karl Schmidt spricht von 4.000 Beschäftigen der „ostmärkischen" AMV im NS gegenüber 1.000 am Ende des Dollfuß/Schuschnigg-Regimes.[1992] Es dürfte sich dabei zumindest teilweise um Schätzungen handeln. Die Zahl von 1.000 Beschäftigten kann für das Jahr 1938 nicht bestätigt werden.

[1988] *Stiefel*, Dieter, Entnazifizierung in Österreich (Wien/München/Zürich 1981), 129–135.

[1989] Ebd, 132f.

[1990] Erläuterung des BMsV zu den erstellten Listen, 12.4.1946: ÖStA/AdR, BKA/Entnazifizierung, Kt. 25, Mappe „Namenslisten der Ministerien".

[1991] ÖStA/AdR, BKA/Entnazifizierung, Kt. 25. Weitere detailliertere Dokumentation für die Bundesländer Kärnten, Oberösterreich, Salzburg und Steiermark sowie für unmittelbar im BMsV beschäftigte MitarbeiterInnen: Kt. 23, 24, 26, 27, 30, 31.

[1992] *Schmidt*, Karl, Geschichte der Arbeitsmarktverwaltung von ihren Anfängen an (Salzburg o.J.), 148.

Aus der aufgrund der amtlichen Dokumentation im Kapitel I erstellten Tabelle geht hervor, dass unmittelbar nach dem „Anschluss" in 111 AÄ und LAÄ auf dem Gebiet Österreichs bereits 2.242 Personen beschäftigt waren.

Nimmt man dennoch die Zahl von etwa 4000 beschäftigten Personen in der AMV unmittelbar nach Ende des Krieges an, so waren davon – der Dokumentation des Figl-Komitees in oben erstellter Tabelle zufolge – in der österreichischen AMV 1.892 „Parteigenossen" beschäftigt. Es ergibt sich daraus ein Prozentsatz von 47,3% an ehemaligen NSDAP-Mitgliedern in der unmittelbaren Nachkriegszeit.

In ihrer Studie über „Personelle (Dis-)kontinuitäten im Bereich der Österreichischen Bundesforste/Reichsforstverwaltung"[1993] kommt Maria Wirth bei einem Untersuchungssample von Bediensteten aus dem Jahr 1937 in dem von ihr untersuchten Amt auf einen Anteil von 72 % NSDAP-Mitgliedern (inklusive Parteianwärtern und Antragstellern), darunter 66 % „Alte Kämpfer" und frühere „Illegale".[1994] Bei einem Untersuchungssample für das Jahr 1939 wird auf einen Anteil von 62 % NSDAP-Mitgliedern geschlossen, wobei dieser Unterschied Wirth zufolge aber auf die schlechtere Aktenlage für diesen Zeitraum zurückzuführen ist, womit man für das Jahr ebenfalls von 70–75 % ausgehen kann.[1995] Verglichen damit war der Anteil von 47,3% in der Arbeitsmarktverwaltung geringer. Geht man aber für Gesamtösterreich von einem Anteil 10–11 %[1996] an Parteimitgliedern aus, so war der Prozentsatz bei der AMV verhältnismäßig hoch.

Da die genaue Beschäftigtenzahl in den Bundesländern für das Jahr 1946 nicht bekannt ist, werden im Folgenden die bundesländerweisen prozentuellen Anteile an NSDAP-Mitgliedschaften ihrem prozentuellen Anteil an AMV-Beschäftigten für Gesamtösterreich aus dem Jahr 1938 gegenübergestellt. Wenn auch die österreichweite Zahl von 2.242 AMV-Beschäftigten 1938 (LAÄ und AÄ) bis 1945 auf rund 4.000 angestiegen sein dürfte, so gehen wir für die folgende Statistik davon aus, dass der prozentuelle Anteil der einzelnen Bundesländer dabei in etwa gleich geblieben ist:

Bundesland	Beschäftigte in der AMV – bundesweiter Anteil (1938)	Entlassene – bundesweiter Anteil (1946)	Enthobene/ noch in Verwendung Genommene – bundesweiter Anteil (1946)	ehem. NSDAP-Mitglieder GESAMT – bundesweiter Anteil (1946)
Burgenland	2,5 %	2,6 %	3,2 %	2,8 %
Kärnten	5 %	1,7 %	7,9 %	3,8 %
NÖ	13,6 %	26,2 %	31 %	27,8 %
OÖ	9 %	11,4 %	9,7 %	10,8 %
Salzburg	3,4 %	5,4 %	1,6 %	4,2 %
Steiermark	12,8 %	16,7 %	15,7 %	16,4 %
Tirol	4 %	7,6 %	11,3 %	8,8 %
Vorarlberg	2,7 %	1,8 %	3,2 %	2,3 %
Wien	46,8 %	26,5 %	16,2 %	23,2 %

[1993] *Wirth*, Maria, Personelle (Dis-)kontinuitäten im Bereich der Österreichischen Bundesforste/Reichsforstverwaltung 1938 – 1945 – 1955, In: Rathkolb, Oliver / Wirth, Maria / Wladika, Michael (Hg) Die „Reichsforste" in Österreich 1938–1945 (Wien/Köln/Weimar 2010), 15–128.
[1994] Ebd, 63.
[1995] Ebd, 65.
[1996] *Wirth*, Bundesforste, 60.

Auffällig sind in dieser Statistik Niederösterreich und Tirol, die jeweils einen mehr als doppelt so hohen bundesweiten Prozentsatz an ehemaligen NSDAP-Mitgliedschaften aufweisen als sie bundesweiten Anteil an AMV-Beschäftigten hatten (27,7 % gegenüber 13,6 % bzw. 8,8 % gegenüber 4%). Wien hingegen fällt dadurch auf, dass es bundesweit nur einen etwa halb so großen Anteil an Parteimitgliedschaften hatte (23,2 % gegenüber 46,8 %). Für Kärnten ist hervorzuheben dass der bundesweite Anteil an noch im Dienst befindlichen Ehemaligen wesentlich höher war als jener der entlassenen (7,9 % gegenüber 1,7 %), für Salzburg wiederum umgekehrt der weitaus höhere Anteil bei den bereits entlassenen als bei den noch im Dienst befindlichen Ehemaligen (5,4 % gegenüber 1,6 %).

III. SAMPLE: 94 leitende Beamte der AMV

A. Beschreibung und bundesweite Statistik

Der verbleibende Teil der vorliegenden Studie ist der statistischen Untersuchung eines Samples von 94 leitenden Beamten der österreichischen AMV gewidmet sowie der Darstellung einiger Fallbeispiele daraus. Im Sinne des Elitenschwerpunkts wurden aus den vorgefundenen Listen Landesarbeitsamtsleiter, Arbeitsamtsleiter und etwaige andere gehaltsmäßig und verwaltungstechnisch höher eingestufte leitende Beamte und Angestellte der AMV erfasst. Nicht berücksichtigt wurden einfache Fachbeamte der Vermittlung und Versicherung, Schalterbeamte, zur Überprüfung der Arbeitslosigkeit im Außendienst tätige „Kontrollore" sowie Hilfskräfte. Auf Basis der Personalakten des BMsV lässt sich nachverfolgen, wie die Karrieren der Betroffenen im Beobachtungszeitraum 1917–1957 über die politischen Umbrüche hinweg aussah.

Der größte Anteil der in das Sample aufgenommenen Personen (75) war bereits in der Ersten Republik – also vor der Schließung des Parlaments unter Dollfuß im März 1933 – im Staatsdienst im Bereich des BMsV beschäftigt. Die meisten hiervon waren von Anfang an direkt im Bereich der AMV tätig, entweder auf ministerieller Ebene oder im Bereich der AÄ. Bei 15 Personen ist eine Anstellung im Bereich des BMsV erst ab dem Dollfuß/Schuschnigg-Regime 1933–1938 nachzuweisen. Bei zwei Beschäftigten wurde die Anstellung bei der AMV im Dollfuß/Schuschnigg-Regime unterbrochen. Bei Einem handelte es sich um ein überzeugtes Mitglied der Sozialdemokratischen Partei (Jelinek), beim Anderen um einen am Juliputsch 1934 beteiligten Nationalsozialisten (Kalista).[1997] Beide wurden nach dem „Anschluss" 1938 vom NS-Regime wieder eingestellt. 13 Personen wurden nach dem „Anschluss" gekündigt und in der NS-Zeit nicht mehr weiter beschäftigt. Einige weitere wurden im Dienst belassen, aber aus ihrer leitenden Position zurückgestuft. Zwei Personen wurden erst in der Zeit des NS eingestellt, drei überhaupt erst nach 1945.

Bei 14 Personen im Sample ist eine Affinität mit dem Dollfuß/Schuschnigg-Regime nachzuweisen, in der Form von Mitgliedschaft bei der Vaterländischen Front (VF) oder in einzelnen Fällen bei der Heimwehr (siehe Fallbeispiele unten). Es handelt sich dabei nur teilweise um jene Personen, die 1933 bis 1938 neu eingestellt worden waren. Die Zahl erscheint repräsentativ für den österreichischen Durchschnitt, zumal die VF in den etwa fünf Jahren ihres Bestehens formal einen sehr hohen Organisationsgrad erreichte (zirka 500.000 Mitglieder bei einer damaligen Bevölkerung von etwa

---

[1997] Siehe Fallbeispiele unten.

sechs Millionen in Österreich). Bei den öffentlich Bediensteten war in diesem Sinne ein entsprechend höherer Organisationsgrad zu erwarten, wie diese Zahl auch bestätigt.

Von den 88 Beamten und Angestellten aus dem Sample, die im Mai 1938 in der AMV beschäftigt waren (die verbleibenden sieben waren entweder nur vor 1938 oder erst nach 1945 bei der AMV beschäftigt), wurden 18 durch die Nationalsozialisten aus dem Dienst entlassen, sechs weitere nachweislich in der Diensthierarchie zurückgestuft. Man kann also in 24 dokumentierten Fällen von einer Schädigung der beruflichen Laufbahn durch den Nationalsozialismus sprechen. Bei den Verbleibenden acht handelt es sich in drei Fällen um Parteigänger der Nationalsozialisten, die vom Dollfuß/Schuschnigg-Regime entlassen worden waren und nach 1938 wieder eingestellt wurden. Nur drei Personen aus dem Sample wurden überhaupt erst nach 1945 eingestellt.

Bei 64 (68,1 %) der 94 leitenden Beschäftigten der AMV im Sample konnte eine Affinität mit der NSDAP nachgewiesen werden. In den meisten Fällen bedeutete dies die Parteimitgliedschaft. In vereinzelten Fällen hatten die Personen nur den Status von Parteianwärtern beziehungsweise wurde deren Aufnahme von der Partei abgewiesen. 40 dieser 64 Fälle erlangten ab 1947 nachweislich den Status von Minderbelasteten und waren von den Sühnefolgen befreit, in 15 Fällen wurden entsprechende Anträge abgewiesen. Ausgehend von den archivalischen Unterlagen können zehn Fälle – trotz ihrer Einstufung als Minderbelastete ab 1947 – aus heutiger Sicht dennoch als „aktive" Nationalsozialisten bezeichnet werden; dies aufgrund der Tatsache, dass sie entweder in der Verbotszeit der NSDAP ab 1934 Mitglied waren, NS-Auszeichnungen besaßen oder sonstige aktive Parteifunktionen erfüllten.

Von den 64 NS-affinen AMV-Mitarbeitern des Samples wurden nach 1945 26 Personen weiterbeschäftigt beziehungsweise nach einer vorläufigen Entlassung oder Dienstenthebung später wieder eingestellt. 29 dieser NS-Affinen wurden nach dem Krieg nachweislich aus dem Dienststand der Zweiten Republik entlassen und nicht wieder eingestellt.

B. Statistik nach Bundesländern

Auf die einzelnen Bundesländer umgelegt ergibt sich hinsichtlich NS-Affinität der AMV-Beschäftigten folgendes statistisches Bild:

Bundesland	untersuchte Fälle	davon NS-affin	Prozentsatz
Burgenland	5	2	40 %
Kärnten	10	6	60 %
Niederösterreich	24	15	62,5 %
Oberösterreich	7	3	42,9 %
Salzburg	8	5	62,5 %
Steiermark	12	11	91,7 %
Tirol	8	7	87,5 %
Vorarlberg	2	2	100 %
Wien	16	12	75 %
BMsV-Sektionsleiter „Sozialpolitik"	2	1	50 %
SAMPLE	**94**	**64**	**68,1 %**

Politischer Fragebogen 1946 – Leiter des LAA Salzburg[1998]

C. Fallbeispiele

1. Frauen in der AMV

Seitens der Regierung Dollfuß erging am 15. 12. 1933 die Verordnung „über den Abbau verheirateter weiblicher Personen im Bundesdienste und andere dienstrechtliche Maßnahmen".[1999] Frauen, deren Ehemänner ebenfalls in einer öffentlichen Einrichtung beschäftigt waren, sollten demnach gekündigt werden, sofern das Einkommen des Mannes eine Mindestgrenze überstieg, wobei für Kinder ein Geldbetrag in Abzug gebracht werden konnte. In den diesbezüglichen Berichten der IBK beziehungsweise der LAÄ aus den Jahren 1935 bis 1937 an das BMsV fällt auf, dass diese Verordnung kaum Anwendung fand, da fast keine verheirateten Frauen in den AÄ beschäftigt waren.

Im Personenkreis der vorliegenden Studie zu Sektionschefs, IBK-Vorsitzenden/LAA-Leitern, AlA/AA-Leitern und anderen leitenden Beamten fanden sich nur drei Frauen wieder, von denen wiederum nur im Fall von Elsa Gasteiger ein Personalakt aufzufinden war. Es fällt hierbei auf, dass im Bereich des LAA Tirol gleich zwei Frauen in gehobener Stellung tätig waren (siehe Fallbeispiele unten).

Elisabeth (Elsa) GASTEIGER[2000] **(geb. 2. 2. 1901)** stand im Dienst der AMV in Tirol. Sie promovierte 1922 zum Doktor der Staatswissenschaften an der Universität Innsbruck und trat am 1. 6. 1924 den Dienst bei der IBK Innsbruck (später LAA Innsbruck) an, wo sie 37 Jahre hindurch bis zu ihrer Pensionierung blieb.

Zuerst als „Sekretär" der IBK tätig (in der Kommissionshierarchie der dritte Posten nach dem Vorsitzenden und dem Geschäftsführer) wurde sie später „zum ständigen Stellvertreter"[2001] [sic-männliche Form beibehalten] des Leiters des LAA bestellt – ein Posten, von dem sie in der NS-Zeit „wegen ihrer gegensätzlichen Einstellung zum Nationalsozialismus"[2002] bereits am 13. 3. 1938 enthoben wurde. Ab 1. 11. 1939 war Gasteiger Mitglied der NSDAP (Mitgliedsnummer 7,252.133).

[1998] Abbildung aus: ÖStA/AdR, BMsV/Präs, PA Anton Choc.
[1999] BGBl. 545/1933.
[2000] ÖStA/AdR, BMsV/Präs, PA Elisabeth Gasteiger.
[2001] Antrag auf Beförderung des LAA Tirol an das BMsV für Elisabeth Gasteiger, 21. 3. 1957: PA Elisabeth Gasteiger.
[2002] Ebd.

Sie war in Folge in untergeordneter Stellung als Berufsberaterin beim AA Innsbruck tätig und wurde Ende 1940 wieder zum LAA als „Referentin für Fraueneinsatz"[2003] versetzt. Ein „gaugerichtliches Urteil" sprach am 5. 2. 1944 (wahrscheinlich aus politischen Gründen) eine „strenge Verwarnung unter Androhung des Ausschlusses [vom Dienst]"[2004] gegen die Bedienstete aus.

Nach dem Fall des NS-Regimes wurde Gasteiger im Mai 1945 wieder in die Funktion eines „Abteilungsleiters"[2005] [sic] erhoben. Wahrscheinlich aufgrund ihrer Parteimitgliedschaft wurde sie 1946 für fünf Wochen vom Dienst entfernt, danach jedoch wieder aufgenommen. Im Jahr 1947 wurde die AMV-Bedienstete als minderbelastet und nicht registrierungspflichtige ehemalige Nationalsozialistin eingestuft. Ihre Pragmatisierung erfolgte 1948 gleichzeitig mit der Ernennung zum „Rat" des LAA in Tirol.

Ab 1951 war sie Leiterin der Abteilung „Landwirtschaftliche Arbeitsvermittlung". Mit Wirksamkeit vom 1. 7. 1957 wurde sie durch den Bundespräsidenten zum „Oberrat" des LAA ernannt. Am 24. 1. 1962 erhielt Elisabeth Gasteiger das „Goldene Ehrenzeichen für Verdienste um die Republik Österreich" durch Bundespräsident Schärf verliehen. In einer amtlichen Darstellung hieß es:

„Dr. Gasteiger hat die Aufgaben des Abteilungsleiters für landwirtschaftliche Vermittlung übertragen, weiters führt sie das Referat der Vermittlung für alle Frauenberufe der gewerblichen Wirtschaft, Auslandsvermittlung, Nach- und Umschulung, Anlernmaßnahmen und Vermittlungen nach dem Opferfürsorgegesetz. Sie hat sich in allen diesen Verwendungen sehr gut bewährt […]",[2006]

und anderenorts: „selbständiger Referent [sic] für Vermittlung von Frauen in die gewerbliche Wirtschaft einschließlich der Berufsnachwuchsfragen".[2007]

```
            Das Landesarbeitsamt Tirol beantragt, Abteilungs-
leiter Dr. Elsa G a s t e i g e r, Rat des Landesarbeitsamtes
Tirol, mit Wirksamkeit vom 1. Juli 1957 zum Beamten der
Dienstklasse VII des höheren Dienstes bei den Arbeitsämtern
zu ernennen.

            Dr. Elsa Gasteiger, welche im 57. Lebensjahr steht,
trat am 1.6.1924 in die Dienste des Landesarbeitsamtes Tirol
und wurde später zum ständigen Stellvertreter des Leiters
dieser Dienststelle bestellt. Wegen ihrer gegensätzlichen
Einstellung zum Nationalsozialismus wurde sie am 13.3.1938
von ihrem Dienstposten enthoben, schließlich bei einer unter-
geordneten Dienststelle verwendet und ist seit dem Mai 1945
wieder als Abteilungsleiter beim Landesarbeitsamt Tirol tätig.
```

Beförderungsantrag des LAA Tirol an das BMsV für Elsa Gasteiger, 21. 3. 1957[2008]

Paula TORISER war im Mai 1938 Leiterin des dem LAA für Tirol unterstehenden Berufsberatungsamts in Innsbruck. Leider war zu ihrer Person und ihrem Karriereverlauf kein Akt auffindbar.[2009]

2003 Formular „Antrag auf Auszeichnung" Sozialminister Proksch, 28. 12. 1961: PA Elisabeth Gasteiger.
2004 Personalevidenzblatt des LAA Tirol, o. J. (1948): PA Elisabeth Gasteiger.
2005 Ebd.
2006 Ebd.
2007 Formular „Antrag auf Ernennung zum Beamten" des LAA Tirol für Elisabeth Gasteiger, 21. 3. 1957: PA Elisabeth Gasteiger.
2008 Abbildung aus: ÖStA/AdR, BMsV/Präs, PA Elisabeth Gasteiger.
2009 ÖStA/AdR, BMsV/SP, Sammelakt 14/Allg. 1935–38, Kt. 421, Mappe Tirol.

Beim AA Stockerau, das dem LAA Wien unterstand, war Ende Mai 1938 die in der Kanzlei beschäftigte **Auguste MEISEL** als Vertretung für den amtierenden Amtsleiter vermerkt. Allerdings ist auch in ihrem Fall kein Personalakt vorhanden.[2010]

Abschließend kann somit bemerkt werden, dass in zweiter und dritter Führungsebene (nach LAA-Leitern und AA-Leitern) vereinzelt durchaus Frauen in einflussreichen Positionen vertreten waren. **Elsa Gasteiger** wurden offensichtlich erst im NS-Regime explizit frauenspezifische Vermittlungstätigkeiten der AMV übertragen, die sie auch über den Fall des Regimes hinaus bis zu ihrer Pensionierung ausübte. Auffallend ist, dass im Nationalsozialismus die feminine Berufsbezeichnung verwendet wurde („Referentin für den Fraueneinsatz", siehe oben), während vor 1938 und nach 1945 amtlicherseits dafür ausschließlich das Maskulinum in Gebrauch war („Sekretär", „Abteilungsleiter" u.a., siehe oben).

2. Vertreter linker Parteien

Im Folgenden einige Beispiele von Mitarbeitern, die der Sozialdemokratischen Partei (SDAP) und der Kommunistischen Partei (KPÖ) nahe standen und wie sich deren Karriereverlauf während zweier ihren Parteien grundsätzlich feindlich gesinnter Diktaturen (Dollfuß/Schuschnigg-Regime und NS-Regime) gestaltete.

Der gelernte Sozialpsychologe **Karl BIRZELE**[2011] **(geb. 12. 10. 1913)** trat in der Zeit des Austrofaschismus im Jahr 1936 in den Dienst der AMV. Als VF-Mitglied ab 1934 wurde er von der NSDAP 1941 dennoch als „politisch einwandfrei" eingestuft. Die Partei bezeichnete ihn als „Sozialdemokrat pazifistischer Einstellung" und hatte keine Bedenken bezüglich seines Weiterverbleibens im Amt. Birzeles eigenen Angaben zufolge wurde ihm nach dem „Anschluss" nahegelegt, sich um Aufnahme in die NSDAP zu bewerben, was er auch tat. Sein Ansuchen wurde aber abgelehnt. Nach dem Krieg wurde er 1946 zum Leiter des LAA für Steiermark ernannt, was Birzele bis zu seiner Pensionierung am 31. 12. 1978 blieb.

Eine politisch schillernde Persönlichkeit war **Ernst SYRUTSCHEK**[2012] **(geb. 14. 8. 1893)**, der seit 1923 in der AMV beschäftigt war. Er war Mitglied der KPÖ und auch der NSDAP seit 1. 4. 1933 bis zum Verbot (Mitgliedsnummer 1,527.606). 1941 erfolgte die Wiederaufnahme in die NSDAP mit der neuen Mitgliedsnummer 9,027.874. Außerdem war er in der NSV („Nationalsozialistische Volkswohlfahrt") und in der DAF („Deutsche Arbeitsfront")[2013] tätig. Syrutschek war von 1933 bis zum „Anschluss" auch Mitglied der VF. Er war Leiter des AA Mödling (Niederösterreich), wurde aber Anfang 1944 auf Betreiben der NSDAP als Amtsleiter des Postens enthoben und als Sachbearbeiter nach Wien versetzt. Nach dem Krieg gab er an, während des Dollfuß/Schuschnigg-Regimes überzeugtes Mitglied der KPÖ gewesen und nur zu ihrem Nutzen auch der NSDAP beigetreten zu sein. Er scheint diesen Schritt aber ohne Wissen der KPÖ vollzogen zu haben, die sich im Weiteren auch von ihm distanzierte. Seinen eigenen Angaben zufolge hätte Syrutschek trotz seiner Parteimitgliedschaft auch während der NS-Herrschaft nicht gut mit der NSDAP zusammengear-

---

[2010] Ebd, Mappe Wien.
[2011] ÖStA/AdR, BMsV/Präs, PA Karl Birzele.
[2012] ÖStA/AdR, BMsV/Präs, PA Ernst Syrutschek.
[2013] Einheitsverband für ArbeitnehmerInnen und ArbeitgeberInnen im NS.

beitet. Den Angaben der Parteileitung zufolge wäre allerdings durchaus eine gute Kooperation mit Syrutschek vorhanden gewesen. 1947 schied Syrutschek aus dem Dienst der AMV aus, erhielt eine Abfertigung und wechselte direkt ins BMsV, wo er bis zu seiner Pensionierung 1958 blieb.

Josef FRIDL[2014] **(geb. 5. 12. 1885)** war von 1922 bis 1933 Leiter des Wiener AlA für Schuh- und Lederindustrie. Er wurde unter dem Dollfuß/Schuschnigg-Regime im Dienst zurückgestuft und nach dem „Anschluss" 1938 wieder zum Amtsleiter erhoben. Fridl war nie bei der NSDAP oder einem ihrer angeschlossenen Verbände. In Personalstands-Fragebögen gab er in der Spalte „Glaubensbekenntnis" „konfessionslos" an, was ihn möglicherweise in Konflikt mit dem Dollfuß/ Schuschnigg-Regime brachte. Hinweise auf anderwärtige politische Aktivitäten finden sich in den zur Verfügung stehenden Unterlagen nicht, die Zurückstufung im Dienst legt dies aber nahe.

Eine entsprechende politische Dynamik ist auch im Fall **Karl JELINEK (geb. 25. 11. 1887)** zu beobachten. Er war Sozialdemokrat und bereits seit 1919 bei der IBK für Wien beschäftigt. Er wurde während des Dollfuß/Schuschnigg-Regimes entlassen und im Nationalsozialismus am 1. 4. 1938 als Hilfskraft beim LAA Wien wieder eingestellt. 1948 erhielt Jelinek einen Opferausweis gemäß Opferfürsorgegesetz, weil er am 31. 10. 1934 aus politischen Gründen „wegen demokratischer Einstellung" entlassen worden war und bis 1945 keinen der früheren Stellung entsprechenden Posten mehr bekommen hatte. 1947 wurde er zum Leiter des neu errichteten LAA für Burgenland berufen, dem er bis zu seinem Ruhestand Ende 1952 vorstand.

Während also eine unauffällige Affinität mit der SDAP für **Birzele** weder nach 1933 noch nach 1938 ein größeres berufliches Hindernis darstellte, kam es in den Fällen **Fridl** und **Jelinek** durchaus zur Rückstufung beziehungsweise Entlassung durch das Dollfuß/Schuschnigg-Regime. **Jelinek** wurde offensichtlich als ehemaliger Gegner jenes Regimes vom NS-Regime wieder eingestellt. Der Fall **Syrutschek** wiederum legt politischen Opportunismus nahe. Ähnlich gelagert scheint auch der Fall **Victor Vogt** (siehe Abschnitt unten „Mitglieder der NSDAP"), der langjähriges Mitglied der SDAP, später der VF und schließlich aktives Mitglied der NSDAP war, sich aber nach 1945 wiederum auf seine frühe Mitgliedschaft bei der Sozialdemokratischen Partei berief.[2015]

3. Anhänger des Dollfuß/Schuschnigg-Regimes und der Heimwehr

„Auch Heimwehren und die Vaterländische Front wurden unter dem Eindruck der politischen Konfrontation als Möglichkeit beurteilt, schneller in Betrieben unterzukommen und ein Erwerbseinkommen zu finden. In Form von Einstellungsbescheinigungen für ehemalige Schutzkorpsangehörige wurde die Bevorzugung politisch konformer Arbeitsuchender bei der Arbeitsplatzvergabe 1934 auch rechtlich verankert",[2016] beurteilt Vana die Rolle regime-naher Organisationen in der Zeit des Dollfuß/Schuschnigg-Regimes bei der Arbeitsplatzvergabe. Sie zitiert in diesem Zusammenhang einen Arbeiter, der in jener Zeit über Kollegen berichtete: „Ich habe in Hütteldorf einige Arbeiter gekannt, die durch die Aussichtslosigkeit, eine Arbeit zu finden, gezwungen wurden zur Heimwehr zu gehen. [...] Außerdem bekamen die Heimwehrler Empfehlungsschreiben zu bestimmten Firmen."[2017]

[2014] ÖStA/AdR, BMsV/Präs, PA Josef Fridl.
[2015] Siehe unten.
[2016] *Vana*, Arbeitsvermittlung, 300.
[2017] Ebd. 301. Zitat Arbeiter Franz Engelmann.

Die Zugehörigkeit zur Vaterländischen Front (VF) oder anderen Organisationen des Dollfuß/Schuschnigg-Regimes scheint für eine Wiedereinstellung bei den Behörden der Zweiten Republik nach 1945 kein grundsätzliches Hindernis gewesen zu sein. In einzelnen Fällen fiel den Behörden jedoch die politische Beurteilung der Betroffenen sichtlich schwer – im Folgenden daher die Fallbeispiele von Unterstützern des Regimes und Angehörigen der Heimwehr:

Franz WLCEK[2018] **(geb. 9. 8. 1878)** war ein Vertreter der älteren Generation der Beamtenschaft im Bereich der AMV. Er trat seinen Staatsdienst bereits 1901 in der k.k. Statthalterei in Wien an. Im Jahr darauf wechselte er in den politischen Verwaltungsdienst in Krain, später in die Statthalterei Triest. 1903 erfolgte die Ablegung des Diensteides. Noch in der Monarchie gegen Ende des Krieges wurde Wlcek ins Ministerium für öffentliche Arbeiten berufen beziehungsweise wechselte er ebenfalls vor Ende des Krieges in das Ministerium des Innern. Sehr bald nach dem Zerfall der Monarchie erfolgte am 11. 12. 1918 seine Angelobung in den Staatsdienst der Republik. Im Jänner 1919 begann schließlich seine Arbeit im Umfeld der AMV durch seine Überstellung zum Staatsamt für soziale Fürsorge, wo er noch im selben Jahr zum Ministerialsekretär befördert wurde.

Nach Umwandlung des Staatsamtes in das BMsV wurde Wlcek 1921 zum Sektionsrat und im Jahr darauf zum Ministerialrat erhoben. Im Februar 1931 durch den Bundespräsidenten zum Sektionschef ernannt stand er dem Bereich Sozialpolitik im BMsV vor. Wlcek wurde Mitglied der VF wenige Monate nach ihrer Gründung im Februar 1934. In die Zeit des Dollfuß/Schuschnigg-Regimes – nämlich am 19. 12. 1933 – fällt die Verleihung des „Großen goldenen Ehrenzeichens für Verdienste um die Republik Österreich". Ebenso wurde Wlcek unter Schuschnigg 1936 offiziell „Dank und Anerkennung der Bundesregierung für Mitwirken an den Arbeiten zum berufsständischen Aufbau Oesterr[eichs]"[2019] ausgesprochen. Am 17. 3. 1938 legte er den Amtseid auf Hitler ab, wurde aber unmittelbar nach dem „Anschluss" des Dienstes enthoben und beurlaubt. Die Akten legen nahe, dass Wlcek in diesem Zusammenhang noch einmal der offizielle Dank des Ministers für soziale Verwaltung für seine amtliche Tätigkeit ausgesprochen wurde.[2020]

Erst Ende 1939 erfolgte seine Pensionierung. Wlcek wurde von den Nationalsozialisten zwar als politisch untragbar erachtet, dennoch wurde ihm (in seinen eigenen Worten) immerhin der Vorteil einer Pension nicht verwehrt:

> „Wenn ich schließlich ungeachtet starker Gegenströmungen in der nationalsozialistischen Partei gemäß dem Deutschen Beamtengesetz pensioniert wurde, so hatte ich dies [...] dem Umstand zu verdanken, daß ich Österreich durch eine Reihe von Jahren auf den internationalen Arbeitskonferenzen vertrat, überdies als österreichischer Korrespondent des internationalen Arbeitsamtes in Genf vom Jahre 1933 bis 1938 tätig war und vermöge dieser Funktionen in ausländischen Fachkreisen bekannt war."[2021]

Nach dem Untergang des Nationalsozialismus wurde Wlcek im Februar 1948 rehabilitiert. Er wurde aus pensionstechnischen Gründen rückwirkend ab 1940 wieder in den Dienststand aufgenommen und gleichzeitig mit 1. 1. 1944 in den Ruhestand versetzt.

[2018] ÖStA/AdR, BMsV/Präs, PA Franz Wlcek. ÖStA/AdR, BMsV/Präs, StAw Franz Wlcek.
[2019] Einlageblatt im Standesausweis Franz Wlceks, letzter Eintrag 1938: StAw Franz Wlcek.
[2020] Ebd.
[2021] Antrag um rückwirkende Wiederaufnahme in den Dienststand, Anrechnung Dienstzeiten und Wiederversetzung in den Ruhestand, 28. 1. 1948: ÖStA/AdR, BMsV/Präs, PA Franz Wlcek.

Viktor GUTTMANN[2022] **(geb. 4. 12. 1903)** war Mitglied der Christlichsozialen Partei (CSP) von 1923 bis zu ihrer Auflösung 1934 unter Dollfuß. Der Christlichsoziale hatte eine Reihe einflussreicher Posten inne. Ab November 1933 war er Assistent und Honorardozent am volkswirtschaftspolitischen Institut der Konsularakademie[2023] in Wien. Diese Stellung verlor er im Juli 1938, wahrscheinlich aufgrund seines „offenen Bekenntnisses zu Österreich".[2024] Trotz Anzeigen seitens der Gestapo wurde Guttmann – scheinbar wegen seiner einschlägigen wirtschaftlichen Fachkenntnisse – als Wirtschaftsreferent zum Rüstungskommando „Oberdonau" in Linz dienstverpflichtet „und in verantwortungsvoller Stellung als Referent (Arbeitseinsatz) verwendet."[2025]

Guttmann war niemals Mitglied der NSDAP und wurde 1945 von der amerikanischen Besatzung von Mai bis Oktober 1945 in die oberösterreichische Landes-Übergangs-Beamtenregierung als Vertreter für den sozialen Sektor bestellt. Aufgrund seiner Erfahrung im Bereich des Arbeitseinsatzes der Rüstungsindustrie übernahm er nach 1945 auch die Leitung des LAA Oberösterreich, die er bis zu seinem Tod im Jahr 1967 ausübte. Gelobt wurde der „mustergültige" Neuaufbau des Amtes durch Guttmann in der Nachkriegszeit:

> „Das Landesarbeitsamt Oberösterreich umfasst derzeit 20 Dienststellen mit insgesamt 420 Bediensteten; es ist somit eines der grössten Landesarbeitsämter Österreichs. Dr. Guttmann hat in den Jahren seit 1945 durch die erfolgreiche Leitung des Landesarbeitsamtes bewiesen, dass er einer der hervorragendsten Fachleute im Personalstande der Landesarbeitsämter ist."[2026]

Der AMV-Bedienstete **Hans MEINHART**[2027] **(geb. 12. 12. 1908)** trat 1925 in den Staatsdienst bei der Agrarbezirksbehörde Linz, wechselte 1929 zur Bundesbahn und im Februar 1930 schließlich zum AlA Perg (Oberösterreich), das er bis zu seiner Entlassung durch die Nationalsozialisten leitete. In der Familie des Bediensteten scheint durchaus deutschnationales Gedankengut vorhanden gewesen zu sein. So wurde 1925 der slawisch geprägte Familienname „Medacek" in „Meinhart" umgeändert. Ebenso trat die Familie vom helvetisch-evangelischen Bekenntnis (H.B.) zum lutherischen Augsburger Bekenntnis (A.B.) über. Nach dem Krieg betonte seine Witwe, dass dieser Übertritt „schon früher", also vor der nationalsozialistischen Herrschaft vollzogen worden war.

In der Tat war Hans Meinhart nie Mitglied der NSDAP, sondern scheint ein überzeugter Vertreter der Heimwehr und Anhänger ihres Bundesführers Ernst Rüdiger Starhemberg gewesen zu sein. Als Mitglied der Heimwehr von 1930 bis zu ihrer Auflösung unter Schuschnigg im Oktober 1936 taufte er seinen ersten Sohn im September 1934 auf den Namen „Ernst Rüdiger". Im Nationalsozialismus wurde er, sehr wahrscheinlich aufgrund seiner Affinität mit der Heimwehr und dem Dollfuß/Schuschnigg-Regime, per Verordnung des Ministers für Wirtschaft und Arbeit im Februar 1939 entlassen.

Der ehemalige Bedienstete der AMV versah ab 1940 Kriegsdienst und galt ab Jänner 1943 bei Stalingrad als vermisst. Nach Ende des Krieges wurden ihm vorerst Bezüge für Eingerückte zuerkannt, Meinhart kehrte aber nicht zurück. Geplant waren die Wiederaufnahme in den Dienststand „post mortem" unter gleichzeitiger Überführung in das öffentlich-rechtliche Dienstverhältnis und die Ernennung zum „Revidenten" des AA Perg. Seine Frau und Witwe sollte eine Witwenpension

---

[2022] ÖStA/AdR, BMsV/Präs, PA Viktor Guttmann.
[2023] Eine erste Recherche zu Guttmanns Tätigkeit an der Diplomatischen Akademie ergab keine weiteren Ergebnisse: *Rathkolb*, Oliver (Hg.), 250 Jahre. Von der Orientalischen Akademie zur Diplomatischen Akademie in Wien, (Innsbruck u.a. 2004 [c]).
[2024] Antrag auf Beförderung seitens des BMsV, 9. 5. 1953: PA Viktor Guttmann.
[2025] Ebd.
[2026] Ebd.
[2027] ÖStA/AdR, BMsV/Präs, PA Hans Meinhart.

erhalten. Die beantragte Zuerkennung eines außerordentlichen Versorgungsgenusses für Helene Meinhart wurde aber vom Bundesministerium für Finanzen mit der Begründung ihrer grundsätzlichen Arbeitsfähigkeit in höherer Instanz abgelehnt.

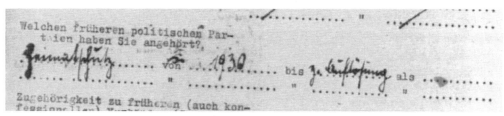

Politischer Fragebogen Hans Meinhart: „Heimatschutz von 1930 bis z. Auflösung", 7. 9. 1946[2028]

Während also die aktive Teilnahme am berufständischen Aufbau des Dollfuß/Schuschnigg-Regimes (**Wlcek**) und das überzeugte Engagement für die militante Formation der Heimwehr (**Meinhart**) den weiteren Karriereverlauf im Nationalsozialismus behinderten, wurde ein überzeugtes aber politisch konservatives Bekenntnis zu Österreich durch einschlägige Fachkompetenz aufgewogen: **Guttmann** war Mitglied der CSP, scheint aber nicht bei der VF gewesen zu sein. Das NS-Regime wollte auf seine Arbeitskraft nicht verzichten.

Benedikt HOCHL[2029] (geb. 12. 2. 1901) begann seinen Dienst in der Arbeitsmarktverwaltung am 17. 10. 1932, war beim AlA Graz beschäftigt und übernahm später die Leitung des AA Spittal a. d. Drau, im Frühjahr 1938 wurde er als Leiter ins kleinere AA St. Veit a. d. Glan versetzt. Bis zu seinem Dienstantritt beim AlA Graz war Hochl Mitglied des steirischen Heimatschutz. Aufgrund eines entsprechenden Hinweises im Zuge der Vermittlung auf den Dienstposten vor seiner Einstellung legte er diese Mitgliedschaft nieder. In der Zeit des Nationalsozialismus brüstete sich Hochl damit, Vertreter des nationalsozialistisch ausgerichteten steirischen Heimatschutz der „Richtung Kammerhofer" gewesen zu sein. Befördert wurde Hochl unter der NS-Herrschaft nicht – im Gegenteil scheint er auf Druck der NSDAP-Kreisleitung von Spittal auf einen unbedeutenderen Posten nach St. Veit versetzt worden zu sein. Laut eigenen wiederholten Angaben wurde er vom NS-Regime als „politisch unzuverlässig" eingestuft.

Mit 1. 11. 1946 wurde er vom österreichischen Liquidator der Einrichtung des Deutschen Reiches außer Dienst gestellt. Hochl argumentierte nun, sich selbst widerlegend, er könnte gar nicht dem steirischen Heimatschutz „Richtung Kammerhofer" angehört haben, da diese erst 1933 gegründet worden wäre, er aber bereits 1932 im Zuge seines Dienstantritts bei der Arbeitsmarktverwaltung den steirischen Heimatschutz verlassen hätte. Er behauptete, seine Aussage gegenüber den NS-Behörden hätte nur den Zweck gehabt, seine Stelle im AA zu behalten. Da er als ehemaliges Mitglied der Heimwehr dort bereits einen schlechten Stand gehabt hätte, wäre sein Anliegen gewesen, mittels Berufung auf die nationalsozialistische „Richtung Kammerhofer" sein Ansehen zu „verbessern" und seine berufliche Stellung zu halten. Er sagte, er wäre nie Parteimitglied oder –anwärter der NSDAP gewesen und berief sich dabei unter anderem auf die Gepflogenheiten des Schuschnigg-Regimes: „Im Übrigen wäre ich im Jahre 1936 wohl kaum zum Leiter des Arbeitsamtes Spittal bestellt worden, wenn derartige Bedenken vorgelegen hätten." Mit 1. 12. 1947 wurde Hochl in den Dienst des Landesarbeitsamtes Kärnten wieder aufgenommen.

[2028] Abbildung aus: ÖStA/AdR, BMsV/Präs, PA Hans Meinhart.
[2029] ÖStA/AdR, BMsV/Präs, PA Benedikt Hochl.

Josef WEISSENBERGER[2030] (**geb. 14. 3. 1904**) trat seinen Dienst bei der Arbeitsmarktverwaltung am 1. 12. 1926 an. 1928/29 war er acht Monate lang Mitglied der legalen NSDAP, trat jedoch wieder aus. Von 1928 bis 1938 fungierte er als Leiter des AlA/AA Wolfsberg in Kärnten. Er war Heimwehr-Mann und seit ihrer Gründung Mitglied der Vaterländischen Front. Weissenberger war unter dem NS-Regime zwar Mitglied der DAF und der NSV, aufgrund seiner bekannten Gegnerschaft zum Nationalsozialismus musste er nach 1938 allerdings Gehaltseinbußen hinnehmen, wurde zum AA Völkermarkt versetzt, in weiterer Folge wegen abfälliger Äußerungen über das NS-Regime 1944 entlassen und schließlich wegen „Zersetzung der Wehrmacht" verurteilt. Die letzten Kriegsmonate verbrachte er in den Konzentrationslagern Buchenwald und Flossenbürg. Auf Befehl der britischen Militärregierung vom 27. 12. 1945 wurde er nach Kriegsende wahrscheinlich aufgrund seiner ursprünglichen Parteimitgliedschaft außer Dienst gestellt. Später erfolgte seine Wiedereinstellung und in weiterer Folge seine Pragmatisierung, allerdings nicht mehr in der Position eines Amtsleiters.

Ähnlich wie im Fall **Meinhart** dokumentieren die Karriereverläufe **Hochls** und **Weissenbergers**, dass eine aktive Mitgliedschaft in der paramilitärischen Heimwehr im Nationalsozialismus wesentliche berufliche Schwierigkeiten verursachte. Der Fall **Hochl** zeigt den Versuch, sich dem NS-Regime durch Berufung auf die nationalsozialistische Richtung „Kammerhofer" des steirischen Heimatschutz anzunähern, was aber ohne Erfolg blieb. Ebenso legt der Fall **Meinhart** offen, dass das in seiner Familie offensichtlich vorhandene deutschnationale Gedankengut – wie es sich etwa im Übertritt zum deutschen evangelischen Augsburger Bekenntnis und in der Änderung des slawischen Namens Medacek auf Meinhart zeigte – für den Einzelnen nicht unbedingt zu einer Affinität mit dem Nationalsozialismus führte.

4. Mitglieder der NSDAP

Bei der Kategorisierung der ehemaligen NationalsozialistInnen in „Belastete" und „Minderbelastete", wie sie 1947 gesetzlich festgeschrieben wurde, eröffnet sich für HistorikerInnen die Schwierigkeit, dass diese Kategorien bei der politischen Beurteilung der einzelnen Personen aus heutiger Sicht kaum befriedigen beziehungsweise keineswegs trennscharf waren. Die Einstufung einer Person als „Belasteter" oder als „Minderbelasteter" hatte größtmögliche rechtliche und berufliche Konsequenzen für den oder die Betroffene/n. Um aber heute auf eine befriedigende politische Beurteilung zu kommen, inwieweit ein Beschäftigter/eine Beschäftigte der AMV aktiv die Ideologie des Nationalsozialismus verfolgte, oder nur formal der NSDAP angehörte, muss sein/ihr gesamter beruflicher und politischer Werdegang verfolgt werden – soweit dieser aus den vorhandenen Unterlagen ersichtlich ist.

Bei der unten vorgenommenen Unterteilung in „aktive" und „nicht aktive" Mitglieder der NSDAP handelt es sich somit um einen Versuch, eine politisch befriedigendere Kategorisierung zu finden als jene in „Belastete" und „Minderbelastete". Personen, die bereits vor dem „Anschluss" Mitglieder der NSDAP waren, insbesondere jene, die auch in der Verbotszeit ab 1934 mit NS-Organisationen affiliiert blieben, wurden hier unter „aktive" Nationalsozialisten gereiht, auch wenn sie rechtlich durchaus als Minderbelastete gelten konnten.

[2030] ÖStA/AdR, BMsV/Präs, PA Josef Weissenberger.

a) „Nicht aktive" Mitglieder der NSDAP

Ab 1927 bei der IBK Tirol beschäftigt, war **Vinzenz NEUBAUER**[2031] **(geb. 3. 10. 1899)** von 1933 bis 1938 Mitglied der VF und zur Zeit des „Anschluss" im höheren Dienst des Wiener Berufsberatungsamts tätig. Aus politischen Gründen wurde er vom NS-Regime 1938 seines Postens enthoben und ins „Altreich" beziehungsweise in kleinere Ämter auf untergeordnete Stellen versetzt. 1940 trat Neubauer der NSDAP bei und kommentierte diesbezüglich nach 1945: „Als Beamter war ich gezwungen zur Partei zu gehen", „um mich überhaupt zu halten". Seitens des französischen Gouvernement Militaire en Autriche wurde der Psychologe als antinationalsozialistisch bezeichnet und als solcher weiter beschäftigt. Neubauer blieb über das Ende des NS-Regimes hinaus bis zu seinem Ruhestand 1963 bei der AMV beschäftigt.

Leo GANSTERER[2032] **(geb. 6. 10. 1905)** war seit 1924 bei der AMV tätig. Zur Zeit des „Anschluss" leitete er das AA Liezen (Steiermark). Er trat bereits am 1.5.1938 der NSDAP und dem NSKK („Nationalsozialistisches Kraftfahrkorps") bei. Trotz seines Beitritts zur Partei wurde er als Leiter des AA Liezen abgesetzt und als einfacher Angestellter zum AA Graz überstellt. Seinen Posten als Amtsleiter übernahm ein früherer „Illegaler". 1943 rückte Gansterer zur Wehrmacht ein. Nach dem Fall des NS wurde er 1945 entlassen. Ein späteres Gesuch auf Wiedereinstellung wurde mangels eines freien Dienstpostens abgelehnt.

Adolf JEDLITSCHKA[2033] **(geb. 3. 4. 1892)** war vor dem Krieg von 1924 bis 1937 bei der IBK/ beim LAA Salzburg als Leiter der AlÄ/AÄ Tamsweg, Zell am See und Bischofshofen tätig und von September 1937 bis Mai 1938 diente er direkt beim LAA als Sachbearbeiter für Berufungsverfahren und Versicherung. In der Zeit des NS leitete er 1938 das AA Vöcklabruck, das im selben Jahr zu einer Nebenstelle des AA Gmunden umgewandelt wurde. Ab November 1938 arbeitete er bis 1945 für das AA Gmunden als Verwaltungskraft, die meiste Zeit als Leiter der Rechnungs- und Prüfstelle. 1946 wurde er vom Liquidator der Einrichtungen des Deutschen Reichs des Postens enthoben und aufgrund seiner NSDAP-Mitgliedschaft nicht wieder eingestellt. Jahre später stellte er wiederholt Anträge auf Wiedereinstellung, zuletzt auch auf Behandlung nach den Bestimmungen der NS-Amnestie 1957, wurde aber ebenfalls mangels eines freien Dienstpostens nicht wieder eingestellt.

Jedlitschka rechtfertigte seinen Beitritt zur NSDAP wie folgt:

„Als öffentlicher Angestellter war ich jederzeit und grundsätzlich zur jeweiligen Staatsverfassung eingestellt; ebenso folgerichtig schien mir die Zugehörigkeit zur ehemaligen NSDAP und lag meinem Beitritt der Glaube und das Vertrauen an eine wirtschaftliche Besserstellung Österreichs zugrunde. Hierbei habe ich mich nie exponiert und war bestrebt, Hilfsbereitschaft und Rechtschaffenheit stets hoch zu halten. Ich habe Vorteile weder gesucht, noch sind mir solche zu teil geworden, vielmehr habe auch ich gelegentlich persönl[iche] Nachteile, leider auch in dienstlichen Belangen, hinnehmen müssen."[2034]

Er bezog sich bei der Betonung der erlittenen „Nachteile" aller Wahrscheinlichkeit nach auf seine zweimalige Versetzung auf niedrigere Posten und die Übertragung seiner Amtsleitung an einen dienstjüngeren „reichsdeutschen" Angestellten. In einem weiteren Wiedereinstellungsansuchen 1947 an das BMsV schrieb Jedlitschka:

[2031] ÖStA/AdR, BMsV/Präs, PA Vinzenz Neubauer.

[2032] ÖStA/AdR, BMsV/Präs, PA Leo Gansterer.

[2033] ÖStA/AdR, BMsV/Präs, PA Adolf Jedlitschka.

[2034] Wiedereinstellungsansuchen Jedlitschkas an das LAA Oberösterreich, 11. 1. 1949: ÖStA/AdR, BMfsV/Präs, PA Adolf Jedlitschka.

„Während meiner 21 Jährigen Dienstverwendung auf vorwiegend exponierten Posten habe ich mir durch Fleiß und Rechtschaffenheit meine Existenz aufgebaut und war auch meine Zugehörigkeit und Einstellung zur jeweiligen Staatsverfassung bzw. -form bindend und verpflichtend; so gehörte ich bis zum Verbot der freien Gewerkschaft, bis 1938 der christl. Interessenvertretung und vom Mai 1938 bis zum Zusammenbruch der NSDAP an. […] Mein Beitritt zur NSDAP war freiwillig und lag außer der Existenzfrage diesem der Glaube und das Vertrauen an eine wirtschaftliche Besserstellung Österreichs und das durch die Anschlußabstimmung bekundete Vertrauen von Millionen Österreichern zur neuen Staatsform zugrunde."[2035]

Als Beweis für seine antinationalsozialistische Einstellung führte er seine anderwärtige Parteimitgliedschaft nach 1945 an: „Seitens meiner früheren demokratischen Partei darf ich mich durch die Wiederverleihung der Mitgliedschaft seit November 1945 als rehabilitiert betrachten."[2036]

Aus den Akten geht nicht eindeutig hervor, von welcher „demokratischen Partei" Jedlitschka hier sprach, es dürfte sich aber um die Nachfolgeorganisation der Christlichsozialen Partei, die neugegründete ÖVP, handeln.

Obwohl den vorliegenden Akten zufolge bei den angeführten Personen kein ausgesprochen aktives Engagement für den Nationalsozialismus vorlag, kam es in zwei Fällen (**Neubauer** und **Jedlitschka**) nicht zur Weiterbeschäftigung in der AMV der Zweiten Republik. In denselben beiden Fällen wurde außerdem bei der Rechtfertigung der NSDAP-Mitgliedschaft auf ein Beamten-Ethos verwiesen, demzufolge ein Staatsbediensteter/eine Staatsbedienstete der jeweiligen Regierung zu dienen hätte. Die Fälle **Gansterer** und **Jedlitschka** bezeugen darüber hinaus, dass eine einfache Parteimitgliedschaft nicht zwangsläufig zur Beförderung führte, da die genannten Personen im Gegenteil zwar im Dienst belassen aber zurückgestuft wurden. Höhere Posten scheinen aktiveren beziehungsweise überzeugteren Vertretern des Nationalsozialismus vorbehalten geblieben zu sein.

b) „Aktive" Mitglieder der NSDAP

Karl KAUFMANN[2037] **(geb. 21. 3. 1897)** war bereits in den Vorläufern der IBK tätig. Von Jänner 1913 bis Oktober 1915 arbeitete er als Volontär in der „Arbeitsvermittlung des Landesverbandes für Wohltätigkeit in Steiermark" bis zur Einberufung in den Kriegsdienst. Unmittelbar nach dem Ersten Weltkrieg und seiner Rückkehr aus russischer Kriegsgefangenschaft, trat Kaufmann dann auch im November 1918 in den Dienst der IBK Graz und des AlA Graz (die sich zwischenzeitlich aus Kaufmanns früherer Dienststelle herausgebildet hatten) – zuerst als Schalterbeamter und Hauptvermittler für das Bau- und Baunebengewerbe später als Abteilungsleiter.

Eigenen Angaben zufolge leistete er wesentliche Arbeit bei der Eröffnung der AlÄ Voitsberg und Deutschlandsberg im Jahr 1919.[2038] 1926 wechselte Kaufmann als Amtsleiter an das AlA Bruck a. d. Mur, wo er auch bis 1938 blieb. Er trat 1937 der NSDAP bei und wurde nach dem „Anschluss" von der neuen Leitung des AA als „Alter Kämpfer" übernommen. Allerdings wurde er zum stellvertretenden Leiter zurückgestuft. Die Leitung übernahm ein Kollege aus dem „Altreich". 1940 wurde Kaufmann als Leiter des kleineren AA Liezen und 1941 als ebensolcher zum Aufbau eines AA in Krainburg/Oberkrain versetzt.[2039] Im August 1945, nach seiner Rückkehr, wurde Kaufmann nach

[2035] Ansuchen Jedlitschkas um Wiedereinstellung an das BMsV, 25. 10. 1947: PA Adolf Jedlitschka.
[2036] Ebd.
[2037] ÖStA/AdR, BMsV/Präs, PA Karl Kaufmann.
[2038] Brief Kaufmanns an das LAA Steiermark, 20. 5. 1947: PA Karl Kaufmann.
[2039] Bewerbungsbogen um Aufnahme beim LAA Graz, 7. 6. 1951: PA Karl Kaufmann.

32 jähriger Dienstzeit aufgrund seiner Zugehörigkeit zur NSDAP entlassen, später aber als minderbelastet eingestuft.

Aus wirtschaftlicher Not heraus bewarb sich Kaufmann 1947 beim LAA Steiermark und 1949 direkt beim Bundesminister um Wiedereinstellung in den Dienst der AMV. Eine neuerliche Prüfung des Falles wurde angeordnet. Kaufmann berief sich auf seinen langjährigen Dienst und seine Motivation für die Sache:

„Die Liebe zu meinem, seit meiner Jugend ausgeübten Beruf, den ich bis zu meiner Entlassung als Lebensaufgabe betrachtete und die Tatsache, dass Sie in einigen Fällen Gnade vor Recht ergehen ließen, veranlassten mich, die Wiederaufnahme anzustreben, zumal ich nie dem Kreise der belasteten Personen im Sinne des NS Gesetzes angehört habe. […] Ich bitte schließlich nicht zu übersehen, dass ich durch ein Menschenalter mitgeholfen habe an dem Werdegang Ihrer heutigen Institution."[2040]

Kaufmann war auch Mitglied der SPÖ und veranlasste parteiintern eine Intervention beim Leiter des LAA Steiermark Karl Birzele im Sinne seiner Wiedereinstellung.[2041] Zwar konnte seitens des Amtes keine wünschenswerte Klarheit über die politische Einstellung Kaufmanns erlangt werden („Nach [hieramtlichen] Dafürhalten liegt nicht die Gewähr dafür vor, dass Herr Kaufmann eine demokratische Einstellung bezogen hat.")[2042] Dennoch war der Gewerkschaftsbund einverstanden[2043] und Kaufmanns langjährige Erfahrung wurde als unabkömmlich betrachtet:

„Das Landesarbeitsamt Steiermark ist an der Einstellung des K. ganz besonders interessiert. Es sind im Landesarbeitsamt verhältnismäßig wenig Bedienstete, die als hochqualifiziert bezeichnet werden können und mit besonderen hochwertigen Aufgaben betraut werden können. Der Ersatz für ausscheidende qualifizierte Kräfte ist aus den eigenen Reihen deshalb in manchen Fällen kaum möglich. […] Nachdem die Ersatzgestellung […] äußerst dringend ist, […] wird um dringende und positive Erledigung gebeten."[2044]

Mit 15. 10. 1951 wurde Kaufmann wieder in den gehobenen Fachdienst beim AA Graz aufgenommen.[2045] Kurz darauf legte er den Angelobungseid auf die Republik Österreich ab.[2046] 1952 übernahm er wiederum die Leitung des AA Liezen, die er kurzzeitig auch im Jahr 1940 innegehabt hatte.

Eine weit zurückreichende Laufbahn in der AMV beginnend als „Volontär in der Arbeitsvermittlung" beim „Landesverband für Wohltätigkeit in Steiermark" 1913, Bewerbungsbogen von Karl Kaufmann vom 7. 6. 1951[2047]

[2040] Ansuchen um Wiedereinstellung Kaufmanns an das LAA Steiermark, 15. 6. 1951: PA Karl Kaufmann.
[2041] Handschriftlicher Brief Kaufmanns an den Leiter des AA Klagenfurt Oskar Kasparek, 12. 12. 1949: PA Karl Kaufmann.
[2042] LAA Steiermark an Regierungsrat Hans Zima BMsV, 3. 1. 1950: PA Karl Kaufmann.
[2043] LAA Steiermark an das BMsV, 21. 6. 1951: PA Karl Kaufmann.
[2044] Ebd.
[2045] Dienstvertrag Kaufmanns mit dem BMsV, 30. 11. 1951: PA Karl Kaufmann.
[2046] Angelobungseid Kaufmanns, 30. 11. 1951: PA Karl Kaufmann.
[2047] Abbildung aus: ÖStA/AdR, BMsV/Präs, PA Karl Kaufmann.

Der Karriereverlauf **Kaufmanns** ist unter anderem aufgrund seiner sehr frühen Tätigkeit bei der österreichischen AMV interessant (ab 1913). Seine ausgesprochene fachliche Expertise ermöglichte es ihm, trotz seiner offensichtlichen nationalsozialistischen Gesinnung (Mitgliedschaft ab 1937, „Alter Kämpfer") auch in der Zweiten Republik seine berufliche Laufbahn fortzusetzen. **Kaufmann** scheint überzeugter Nationalsozialist gewesen zu sein, allerdings weisen die Akten nicht auf auffällige Tätigkeiten für das NS-Regime und seine Politik hin.

Heinrich ERTL[2048] **(geb. 30. 8. 1908)** arbeitete für die IBK Wiener Neustadt und die IBK Wien von 1931 bis zur Einberufung zum Wehrdienst 1942. In Wien war Ertl Amtsleiter des AIA für „Graphisches und papierverarbeitendes Gewerbe". Er trat im Mai 1934 der NSDAP bei und blieb auch in der Verbotszeit mit ihr verbunden, so dass er später als „Illegaler" galt. 1946 wurde Ertl vom Dienst enthoben, fiel aber schließlich unter die Bestimmungen der Minderbelastetenamnestie 1947. Er wurde offiziell rehabilitiert, mangels eines freien Dienstpostens aber nicht mehr eingestellt. Eigenen Angaben zufolge war er im Nationalsozialismus als Leiter des AA abgesetzt und versetzt worden, weil er „zu wenig radikal" gewesen wäre. Trotz Mitgliedschaft bei der NSDAP in der Verbotszeit ab 1934 galt Ertl nach 1945 jedenfalls als minderbelastet.

Karl MARESCH[2049] **(geb. 31. 8. 1900)** gehörte bereits seit 1923 der NSDAP an, war SA-Mann und galt später als „Alter Kämpfer". Er verfügte über die aufgrund seines frühen Beitritts prominent niedrige Parteimitgliedsnummer 1,008.624 und wie es amtlich hieß, „dürfte [er] Blutordenträger gewesen sein". Zum Zeitpunkt des „Anschluss" war Maresch Leiter des Wiener AA für Angestellte. Nach dem Krieg wurde er zuerst gemäß § 14 Verbotsgesetz entlassen und war für 14 Monate in Haft. Er erlangte in weiterer Folge den Status eines Minderbelasteten, wurde aber dennoch im Zuge der Durchführung des Beamtenüberleitungsgesetzes (BÜG) enthoben. In der Begründung hieß es unter anderem: „Auch im Hinblick auf den Erlaß des Bundeskanzleramtes, der eine Erhöhung der Zahl der beschäftigten Minderbelasteten als nicht angängig bezeichnet, muß von einem Antrag auf Wiederanstellung abgesehen werden."[2050] Auch ein späteres Ansuchen um Wiedereinstellung gemäß der Amnestie von 1957 wurde abgelehnt. Den vorliegenden Unterlagen zufolge hat Maresch in der NS-Zeit als Parteimitglied durchaus auch politisch Andersdenkende im Amt unterstützt.

Ludwig ORTNER[2051] **(geb. 21. 8. 1897)**, geboren in Braunau am Inn, arbeitete ab 1929 als Oberkontrollor bei der IBK Oberösterreich. Seit 1934 gehörte er der NSDAP an und bewarb sich später um Aufnahme in die SS. 1941 wurde er zum Regierungsinspektor erhoben, 1943 zum Oberinspektor. 1947 stellte er einen Antrag auf Nachsicht von Sühnefolgen als registrierter ehemaliger Nationalsozialist. Bei der Beurteilung seines Falles herrschten in der Präsidentschaftskanzlei anfänglich noch Zweifel vor: „[E]s kann […] absolut nicht beurteilt werden, ob der Genannte sich irgend etwas zuschulden kommen liess. Die Antragstabelle enthält lediglich die Begründung, dass er ein eifriger Sozialist gewesen sei."[2052] Dennoch wurde die Ausnahme von der Behandlung nach den Bestimmungen der Artikel III und IV des Verbotsgesetzes 1947 durch Bundespräsident Karl Renner Ende 1947 bewilligt. Ortner blieb von 1929 bis Ende 1962 durchgehend bei der AMV beschäftigt. Anlässlich seiner Pensionierung erhielt er ein Anerkennungsschreiben des Bundesministers.

[2048] ÖStA/AdR, BMsV/Präs, PA Heinrich Ertl.
[2049] ÖStA/AdR, BMsV/Präs, PA Karl Maresch.
[2050] Schreiben des LAA Steiermark an das BMsV, 27. 11. 1947: ÖStA/AdR, BMsV/Präs, PA Leo Gansterer.
[2051] ÖStA/AdR, BMsV/Präs, PA Ludwig Ortner.
[2052] ÖStA/AdR, PK/AR, NS-Gnadenanträge gem. § 27 VG, Ludwig Ortner.

Die Fälle **Kaufmann, Ertl, Maresch** und **Ortner** dokumentieren, dass eine frühe NS-Parteimitgliedschaft – auch die Anerkennung als „Alter Kämpfer" oder „Illegaler" durch das NS-Regime – mit dem Status eines Minderbelasteten ab 1947 durchaus vereinbar war. Bei **Ertl** und **Maresch** kam es, anders als bei **Kaufmann** und **Ortner**, in der Zweiten Republik nicht zur Weiterbeschäftigung bei der AMV.

Franz SCHREINER[2053] **(geb. 30. 8. 1910)** war ab 1932 im Bereich der AMV insbesondere beim AlA/AA Eisenstadt und beim AlA/AA Neutal (Burgenland) tätig. Zur Zeit des „Anschluss" war er Amtsleiterstellvertreter in Neutal, trat kurz danach der NSDAP bei und wurde im selben Jahr 1938 – nach der Entlassung seines Vorgesetzten – zum provisorischen Amtsleiter des AA Neutal (Burgenland) ernannt. Gegenüber der NSDAP unternahm er den Versuch, rückwirkend die Anerkennung als Parteimitglied schon ab 1. 12. 1935, also bereits in der Verbotszeit, zu erlangen, was den Parteistellen vorerst nicht glaubhaft erschien.[2054] Später scheint er aber als „Altparteigenosse"[2055] anerkannt worden zu sein.

Schreiner war auch aktives Mitglied der DAF: Betriebsobmann 1938–1940 und ab 1939 Kreisfachschaftswalter der Fachschaft „Soziale Verwaltung". Im Rahmen der NSDAP war er Referent für Presse- und Propaganda der Ortsgruppe Eisenstadt. 1945 wurde Schreiner aufgrund seiner Verwicklungen mit dem NS-Regime vom Dienst suspendiert und im Jahr darauf „in Durchführung des Beschlusses der Säuberungskommission des politischen Bezirkes Eisenstadt fristlos entlassen".[2056] Schreiners Antrag auf eine Abfertigung wurde im Jänner 1947 vorerst abgewiesen: „Da Sie [...] wegen Betätigung für die nationalsozialistische Bewegung als ‚Altparteigenosse' anerkannt worden sind, sind Sie nach § 10 des Verbotsgesetzes als ‚Illegaler' anzusehen."[2057]

Aufgrund der geänderten rechtlichen Rahmenbedingungen durch das Nationalsozialistengesetz 1947 wurde Schreiner 1950 schließlich aber als minderbelastet eingestuft und erhielt eine Abfertigung zuerkannt. Es ist fraglich, ob die Abfertigung je ausgefolgt wurde, da Schreiner 1951 scheinbar nach Deutschland verzogen und unbekannten Aufenthaltes war. Der amtliche Entlassungsbescheid konnte aus diesem Grund nicht zugestellt werden.

[2053] ÖStA/AdR, BMsV/Präs, PA Franz Schreiner.

[2054] Schreiben des LAA Burgenland an das BMsV, 4. 12. 1946: PA Franz Schreiner.

[2055] Bescheid des Liquidators der Einrichtungen des Deutschen Reiches in der Republik Österreich, 20. 1. 1947: PA Franz Schreiner, siehe unten.

[2056] Anlage zum Akt Franz Schreiner, 1946: PA Franz Schreiner.

[2057] Bescheid des Liquidators der Einrichtungen des Deutschen Reiches in der Republik Österreich, 20. 1. 1947: PA Franz Schreiner.

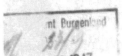

G r ü n d e :

Da Sie wie aus Ihren Personalunterlagen ersichtlich ist, wegen

Betätigung für die nationalsozialistische Bewegung als "Altpartei-

genosse" anerkannt worden sind, sind Sie nach § 10 des Verbotsge-

setzes als "Illegaler" anzusehen. Auf Sie findet demgemäss der § 14

des angeführten Verfassungsgesetzes Anwendung, demzufolge Angestell-

te, die unter § 10 fallen, mit dem Inkrafttreten des Gesetzes (6.

Juni 1945) entlassen sind.

I.V.

Entlassung Schreiners durch den Liquidator der Einrichtungen des Deutschen Reichs und Einstufung als registrierungspflichtiger Nationalsozialist, 20. 1. 1947 (Einstufung als Minderbelasteter erfolgte 1950)[2058]

Franz EBENWALDNER[2059] **(geb. 17. 2. 1900)** war aktiver Nationalsozialist, der dennoch als Minderbelasteter eingestuft wurde. Er war Mitglied der NSDAP auch in der Verbotszeit und Kreisjugendwalter der Hitlerjugend (HJ). In den Dienst der AMV trat er 1932. Zur Zeit des „Anschluss" leitete er das AA Wolfsberg (Kärnten). 1945 wurde Ebenwaldner von der britischen Militärregierung im Anhaltelager Wolfsberg in Haft genommen. Seine Dienstenthebung erfolgte unmittelbar nach Kriegsende bereits am 1. 7. 1945. Er wurde als Kriegsverbrecher angeklagt[2060] und freigesprochen. Ein späterer Antrag auf Wiedereinstellung wurde abgelehnt.

Alexander KALISTA[2061] **(geb. 9. 3. 1898)**, aktiver Nationalsozialist, hatte eine unübliche berufliche Laufbahn in der AMV. Während der Zeit der Ersten Republik stand er ab 10. 2. 1919 durchgehend im Dienst der österreichischen AMV. Im Dezember 1933 trat Kalista der SA bei beziehungsweise im März 1934 der NSDAP. Im selben Jahr beteiligte er sich als Führer des Motorsturmes III/47 am Juliputsch gegen Dollfuß. Der über ihn verhängten Freiheitsstrafe von sechs Monaten entzog er sich durch Flucht nach Deutschland. Offiziell schied der AMV-Bedienstete am 31. 7. 1934 aus seinem Dienst in Österreich aus, trat aber am 20. 5. 1935 in den Dienst der *deutschen* Arbeitsverwaltung. Nach dem „Anschluss" kehrte er als Amtsleiter an das AA Voitsberg (Steiermark) nach Österreich zurück und wechselte später zum AA Deutschlandsberg (Steiermark).

Er galt als „Alter Kämpfer" und war Obertruppführer der SA. Zum Zeitpunkt der nationalsozialistischen Kapitulation befand er sich in einem öffentlich-rechtlichen Dienstverhältnis zum Deutschen Reich. Bereits am 8. 5. 1945 wurde er gemäß Verbotsgesetz 1945 aus dem Dienst entlassen. Die Bestätigung der Enthebung durch den Liquidator des Deutschen Reiches erfolgte im Juni 1947. Nach der allgemeinen NS-Amnestie 1957 bewarb sich Kalista um Wiedereinstellung, die aber abgelehnt wurde. 1961 erhob er zusätzlich Anspruch auf Abfertigung:

2058 Abbildung aus: ÖStA/AdR, BMsV/Präs, PA Franz Schreiner.
2059 ÖStA/AdR, BMsV/Präs, PA Franz Ebenwaldner.
2060 Eine entsprechende Recherche in den Volksgerichtsakten ist noch ausständig.
2061 ÖStA/AdR, BMsV/Präs, PA Alexander Kalista.

„Mit Rücksicht darauf, daß es nach den gesetzlichen Bestimmungen keine fristlose Entlassung aus dem öffentlichen Dienst gibt, außer bei Personen, die sich aus anderen als politischen Gründen vergangen haben, ersuche ich nunmehr um Flüssigmachung der mir rechtens zustehenden Abfertigung, wie sie auch bereits anderen Kollegen, die in derselben Situation waren, ausbezahlt worden ist. Ihrer ehesten aufrechten Erledigung entgegensehend [...]".[2062]

Dieser Anspruch wurde aber mit dem Hinweis auf seine Teilnahme am Juliputsch 1934 abgewiesen.

Bemerkenswert am Fall **Kalista** ist – neben seiner aktiven Teilnahme am Juliputsch aufseiten der Nationalsozialisten – der berufliche Wechsel von der österreichischen zur reichsdeutschen AMV im Jahr 1935 und seine berufliche Rückkehr nach Österreich im Zuge des „Anschluss". Der Versuch, einen persönlichen Vorteil aus der NS-Amnestie von 1957 zu ziehen, scheiterte aufgrund seiner offensichtlichen politischen Verwicklungen als aktiver Nationalsozialist.

Victor VOGT[2063] **(geb. 17. 5. 1902)** war ab 8. 7. 1926 bei der IBK Wien beschäftigt. Er arbeitete eigenen Angaben zufolge in den Bereichen „Nachschulung, Produktive Arbeitslosenfürsorge, Vermittlungsausgleich, Verlängerungs- und Revisionsabteilung". Damit hatte er „die Voraussetzungen zum Dienststellenleiter erbracht" und leitete sieben Jahre lang die Nebenstelle Liesing. 1921 trat er der Sozialdemokratischen Partei bei und blieb Mitglied bis zu deren Verbot am 12. 2. 1934. Bereits am 1. 3. desselben Jahres trat er der Vaterländischen Front bei, deren Mitglied er bis zum „Anschluss" blieb.

Vogt war seit 1. 5. 1935 gleichzeitig auch Mitglied der NSDAP (Nr. 6,202.418) und seit 1. 4. 1938 Mitglied der SS. Er war Träger des Ehrenzeichens „Medaille zur Erinnerung an den 13. März 1938". Wegen seiner Zugehörigkeit zur NSDAP wurde er nach dem Einmarsch der Sowjetunion 1945 für einige Monate verhaftet und mit 6. 6. 1945 aus dem Dienstverhältnis entlassen. Diese Entlassung aufgrund des § 14 des Verbotsgesetzes 1945 wurde ein Jahr später rechtskräftig bestätigt. 1955 suchte er um Nachsicht von Sühnefolgen gemäß § 27 des Verbotsgesetzes 1947 an, was ihm auch per Entschließung des Bundespräsidenten am 9. 2. 1956 bewilligt wurde (Ausnahme von den Bestimmungen des § 18 lit.b des Verbotsgesetzes 1947).

Vogt wurde beim LAA Salzburg wieder eingestellt. Drei Jahre später suchte er um Behandlung nach dem Amnestiegesetz 1957 an, aufgrund dessen er die Anrechnung des Enthebungszeitraumes 1945 bis 1956 für höhere Bezüge beantragte. Amtlicherseits wurde Vogt attestiert, er hätte „seine Zugehörigkeit zur NSDAP oder einer ihrer Gliederungen nicht missbraucht". Vogt äußerte sich folgendermaßen: „Bezüglich meiner politischen Vergangenheit gestatte ich mir nachträglich zu bemerken, dass ich vom 1. 5. 1921 bis zu deren Verbot am 12. 2. 1934 Mitglied der Sozialdemokratischen Partei war." Als Religionsbekenntnis gab Vogt „gottgläubig" an.

Gustav WEIDINGER[2064] **(geb. 5. 5. 1898)** trat mit 1. 10. 1929 in den Dienst der Wiener AMV. Als ehemaliges Mitglied der NSDAP und der SS wurde er 1945 aufgrund § 14 des Verbotsgesetzes 1945 entlassen. Dies wurde 1947 vom Liquidator der Einrichtungen des Deutschen Reiches in der Republik Österreich in eine Enthebung umgewandelt. Weidinger bekam eine Abfertigung. Nach wiederholten Anträgen auf Wiedereinstellung aufgrund existenzieller Nöte stellte er 1957 einen Antrag auf Behandlung nach dem Amnestiegesetz und wurde mit 11. 11. 1957 schließlich wieder in den Dienst der AMV in Salzburg aufgenommen.

[2062] Schreiben Kalistas an das LAA Steiermark, 2. 11. 1961: PA Alexander Kalista.
[2063] ÖStA/AdR, BMsV/Präs, PA Victor Vogt.
[2064] ÖStA/AdR, BMsV/Präs, PA Gustav Weidinger.

Ernst GSCHLIEßER[2065] **(geb. 12. 9. 1898)** war ab 1922 dauerhaft in der AMV zuerst bei der IBK Tirol, ab 1936 beim LAA Wien beschäftigt.

„G. gehörte seit 1934 in Innsbruck der NSDAP an und erhielt mit 1. 5. 1938 die Mitgliedsnummer 6,135.023. Er betätigte sich als Leiter des Landesarbeitsamtes durch Unterbringung von NS-Arbeitern und Angestellten und leistete außer seinen Mitgliedsbeiträgen noch geldliche Beihilfen. Am 1. 4. 38 trat er der NS-Betriebszelle des Landesarbeitsamtes Wien bei",[2066]

hieß es in einem polizeilichen Bericht. Gschließer wurde 1945 vom Dienst enthoben, was 1945 vom Liquidator bestätigt wurde. Allerdings wurde er zeitgleich als minderbelastet eingestuft.

Johann GRABNER[2067] **(geb. 2. 3. 1889)** war von 1925 bis 1945 durchgehend bei der AMV beschäftigt. Im Mai 1938 war er Leiter des AA Klagenfurt. Im Juni 1938 trat er der NSDAP bei und war auch Mitglied der SA und der NSV. Von der englischen Militärregierung wurde er am 31. 7. 1945 außer Dienst gestellt. Der Liquidator verordnete im Folgejahr seine Entlassung. Ein Ansuchen Grabners um Wiedereinstellung im Juni 1946 wurde abgelehnt. Das LAA Klagenfurt dazu: „In der beim LAA Niederösterreich vorgefundenen sogen. NSBO[2068]-Kartei wird Herr Grabner als ‚Parteimitglied' geführt. Da diese Kartei im März 1938 amtlich angelegt wurde, sind die darin als Pg. [Parteigenossen] bezeichneten Personen grundsätzlich als Illegale zu betrachten."[2069] Allerdings wurde dem ehemaligen Amtsleiter 1949 eine Abfertigung zuerkannt.

Johann ZENS[2070] **(geb. 3. 3. 1898)** trat in der NS-Zeit am 16. 3. 1939 erstmals in den Dienst des Wiener LAA. Er war „vorerst als Hilfskraft, später als Gruppenleiter in der Arbeitsbuchausschreibung und ab 1. 2. 1940 im Außendienst beschäftigt."[2071] Er führte die Parteimitgliedsnummer 6,273.189 und dürfte bereits 1930 bei der SS gewesen sein.

Am 31. 8. 1940 wurde Johann Zens zum Wehrdienst eingezogen. Nach seiner Rückkehr aus der Kriegsgefangenschaft meldete er sich 1946 wieder zum Dienst, wurde aber „wegen Verdachtes der Illegalität nicht mehr in Dienstverwendung genommen".[2072] Zens wurde seines Dienstes enthoben, ein Jahr später per Bescheid des Liquidators des Deutschen Reichs offiziell entlassen. Darüber hinaus wurde der ehemalige AMV-Angestellte in die „öffentlichen Listen der Nationalsozialisten" aufgenommen und als Belasteter verzeichnet. „Der genannte Bescheid konnte Zens [aber] erst am 7. Mai 1956 zugestellt werden, zumal sich der Genannte seit 30. Juni 1947 im sowjetischen Gewahrsam außer Landes befand.", hieß es in einer amtlichen Feststellung. Unmittelbar nach seiner Rückkehr aus der Kriegsgefangenschaft 1956 erhob der ehemalige Bedienstete Beschwerde dagegen. Dem Ansuchen um Streichung aus der Liste der Belasteten wurde von der Beschwerdekommission des BMI stattgegeben, es erfolgte eine „teilweise Streichung" der Eintragung. Zens war Mitglied des Fechtverbandes „Arminia" gewesen, der angeblich pauschal in die SS übergeführt wurde, so dass er die Mitgliedschaft bei der NSDAP nicht selbst beantragt hatte. In seiner Verteidigung wurde festgestellt:

„Es ist möglich, dass der Beschwerdeführer [...] Angaben über die Zugehörigkeit zur NSDAP und zur SS machte, die nicht der Wahrheit entsprachen. Er kann sich aber nicht daran erinnern. Sollte dies aber der Fall sein, so tat er dies, wie manche andere in der damaligen Zeit, in schön-

[2065] ÖStA/AdR, BMsV/Präs, PA Ernst Gschließer.
[2066] Polizeidirektion Wien an das LAA Wien, Abschrift, 24. 2. 1947: PA Ernst Gschließer.
[2067] ÖStA/AdR, BMsV/Präs, PA Johann Grabner.
[2068] „Nationalsozialistische Betriebszellenorganisation" – wurde 1935 aufgelöst und in die DAF integriert.
[2069] Schreiben des LAA Klagenfurt zum Fall Grabner, 22. 7. 1946: PA Johann Grabner.
[2070] ÖStA/AdR, BMsV/Präs, PA Johann Zens.
[2071] Schreiben des LAA Wien an das BMsV Zens' Ansuchen um Wiedereinstellung betreffend, 8. 2. 1956: PA Johann Zens.
[2072] Ebd.

färberischer Weise. Da sich späterhin offenbar Zweifel seitens seiner Dienststelle an seiner Zugehörigkeit zur NSDAP und SS ergaben, hat der Beschwerdeführer zur allfälligen Deckung, beziehungsweise Sanierung seiner unwahren Angaben einen förmlichen Antrag um Aufnahme in die
NSDAP gestellt (im April 1940.). [...] Der Beschwerdeführer stand tatsächlich dem Ideengut der
nationalsozialistischen Bewegung vollkommen fern. Dies ergibt sich unter anderem auch daraus,
dass er bis Ende 1943 eine jüdische Familie in jeder Weise mit Rat und Tat unterstützte. Dies war,
wie allgemein bekannt, mit erheblichen Gefahren verbunden. [...] Die Tatsache allein, dass sich
der Beschwerdeführer wiederholt als SS-Angehöriger bezeichnet hat und womöglich vorgegeben
hat, Hauptscharführer der SS zu sein, genügt nicht für die Verzeichnung als belastete Person."

Alfred ZENS (geb. 4. 12. 1906) war Leiter des „AA für Holzarbeiter und verwandte Berufe" in
Wien. Alfred Zens war innerhalb des Wiener LAA höher gestellt als sein Bruder Johann. Zur seiner
Person scheint aber keine detaillierte archivalische Dokumentation erhalten zu sein. Er dürfte bereits
1930 Mitglied der NSDAP gewesen sein und trat nach dem „Anschluss" am 1. 5. 1938 erneut der
Partei bei.[2073]

Die angeführten Beispiele von „aktiven" Mitgliedern der NSDAP unterscheiden sich dennoch
sehr deutlich im Hinblick auf politisches Engagement und beruflichen Werdegang. Auch wenn es
sich – nach dem Eintrittsdatum in die Partei zu schließen – um überzeugte Nationalsozialisten
gehandelt haben dürfte, so ist in manchen Fällen aktives politisches Engagement zu beobachten, in
anderen Fällen weniger. **Maresch** scheint als Parteimitglied Andersdenkende unterstützt zu haben.
Vogt wurde amtlicherseits attestiert, er hätte seine Stellung in der Partei nicht „missbraucht". **Kalista**
und **Ebenwaldner** sind hingegen Fälle von deutlichem nationalsozialistischem Engagement. Einige
der hier angeführten aktiven Nationalsozialisten wurden nach 1947 als minderbelastet eingestuft
(**Kaufmann, Ertl, Maresch, Ortner, Schreiner, Gschließer**), wobei auffällt, dass – wie bereits erwähnt – Anerkennungen als „Alter Kämpfer" oder „Illegaler" durch das NS-Regime mit dem Status
eines Minderbelasteten ab 1947 durchaus vereinbar waren. Anderen wurde eine Abfertigung zuerkannt (**Schreiner, Grabner, Weidinger**). In zwei Fällen erfolgte eine Wiedereinstellung nach 1945
beim LAA Salzburg: **Weidinger** nach dem Amnestiegesetz 1957, **Vogt** bereits im Jahr 1956 vor der
Amnestie.

5. Widerstände gegen die NS-Dominanz seitens der AMV-Beschäftigen

In einzelnen Fällen ist betriebsinterner Widerstand gegen die nationalsozialistischen Machthaber
dokumentiert. Dies erfolgte teilweise auch von Mitgliedern der NSDAP wie an den folgenden Bei-
spielen gezeigt werden soll.

Franz JENKO[2074] **(geb. 4. 4. 1893)** begann seine Tätigkeit für das BMsV unmittelbar nach dem
Ersten Weltkrieg 1920 bei der Invalidenentschädigungskommission. 1923 übernahm er den Vorsitz
der IBK in Gmünd (Niederösterreich), 1929 wechselte er – ebenfalls als Vorsitzender – zur IBK Salz-
burg. Unter dem NS-Regime wurde er politisch gemaßregelt und auf niedrigere Posten der AMV in
Kärnten und Tirol zurückgestuft. Eigenen Angaben zufolge trat er aufgrund dieses Drucks 1941 der
NSDAP bei. Nach dem Krieg wurde Jenko 1948 amtlich eine Gegnerschaft zum NS attestiert. Für

[2073] Schreiben des LAA Wien an das BMsV Zens' Ansuchen um Wiedereinstellung betreffend, 8. 2. 1956: PA Johann Zens.
[2074] ÖStA/AdR, BMsV/Präs, PA Franz Jenko.

ein Jahr wurde ihm wurde die Leitung des LAA für Tirol übertragen, danach blieb er „dem Leiter zugeteilt". Seine Pensionierung erfolgte am 31. 12. 1958.

Otto PIFFL[2075] **(geb. 18. 2. 1900)** war ab 1927 bei der IBK Tirol beschäftigt, später Leiter des AlA Kitzbühel und stellvertretender Leiter des AlA Kufstein. Er „war ab 1929 Leiter eines Arbeits[losen]amtes und wurde sodann in Anbetracht seiner ausgezeichneten Dienstleistung beim Landesarbeitsamt Tirol selbst verwendet."[2076] Dort war er in weiterer Folge als leitender Statistiker tätig. In dieser Funktion, so hieß es seitens des Amtes, oblag ihm nicht nur das Erstellen von Statistiken, „sondern auch deren Auswertung in arbeitsmarktpolitischer Hinsicht. In dieser Verwendung hat sich der Genannte ausgezeichnet bewährt. Hervorzuheben ist auch seine hervorragende Mitwirkung an den vom statistischen Zentralamt herausgegebenen systematischen Verzeichnissen der Betriebe und Berufe."[2077] Piffl wurde aufgrund seiner beruflichen Leistungen zu einem sogenannten „Wirklichen Amtsrat" ernannt.

Unmittelbar nach dem „Anschluss" wurde Piffl von seinem Posten als Amtsleiter beim AA Kitzbühel enthoben. Er trat in weiterer Folge zwar der NSDAP bei, behielt aber sichtlich eine gegnerische Haltung zum NS. Nach dem Krieg hieß es im Zuge der Verhandlungen um die Rehabilitierung Piffls:

> „Wenn auch die Amtsenthebung als Folge der Okkupation nicht bestritten werden kann, kann doch nicht der Auffassung [...] beigepflichtet werden, dass es sich dabei um keine staatspolizeiliche Maßnahme handelte. Abgesehen davon, dass nach [hieramtlicher] Ansicht der Begriff der staatspolizeilichen Maßnahme im Sinne des Gesetzes zur Einheit von Partei und Staat von 1935 extensiv sich dem Begriff der s t a a t s p o l i t i s c h e n   Maßnahme nähert, hatte jede Amtsenthebung aus politischen Gründen in Oesterreich 1938 ihre Ursache in einem direkten Akt der Gestapo oder in einer generellen Anordnung von Verwaltungsbehörden der besetzenden Macht, die ihrerseits auf politische Dispositionen der Gestapo und des SD zurückzuführen waren."[2078]

Seine dem NS-Regime feindliche Haltung kam in persönlichen beruflichen Entscheidungen zum Ausdruck: „Als bemerkenswert für die permanente politische Haltung Piffls muss angeführt werden, dass er im Jahre 1939 trotz Familie und der eminenten Gefahr, der er sich damit aussetzte, aus politischen Gründen um Entlassung aus dem Dienst im Arbeitsamt ansuchte und aus denselben Gründen im Sept. 1942 eine Ueberführung in das reichsdeutsche Beamtenverhältnis ablehnte."[2079] Es ist davon auszugehen, dass Piffl damit eine Vereidigung auf den Führer und Reichskanzler Adolf Hitler vermeiden wollte.

Juristisch wurde außerdem der Zeitpunkt von Piffls Beitritt zur NSDAP thematisiert:

> „Die Auffassung, dass die Schädigung unbedingt im Status der Parteimitgliedschaft oder Anwartschaft erlitten werden musste, kann nicht geteilt werden. Abgesehen davon, dass dem diesbezüglichen Text des VG ein solcher Wille des Gesetzgebers nicht entnommen werden kann, würde damit diese Auslegung den sog[enannten] Illegalen vor Personen, die aus zwingenden Existenzgründen erst 1939/40 der NSDAP beitraten, eine unverdiente Priorität im Genuss der Ausnahmebestimmung nach § 4,5 (c) des VG einräumen."[2080]

[2075] ÖStA/AdR, BMsV/Präs, PA Otto Piffl.
[2076] Antrag an das BKA vom BMsV auf Beförderung Piffls: ÖStA/AdR, BMfsV/Präs, PA Otto Piffl.
[2077] Ebd.
[2078] Bescheid aus dem Amt der Tiroler Landesregierung bzgl. Streichung Piffls von der Liste der Belasteten, 26.3.1948: PA Otto Piffl.
[2079] Ebd.
[2080] Ebd.

Nach der Bestätigung der erstinstanzlichen Entscheidung der Bezirkshauptmannschaft Innsbruck wurde 1947 Piffls Pragmatisierung in die Wege geleitet.

Josef TSCHEITSCHONIG[2081] **(geb. 5. 5. 1900)** trat am 1. 3. 1930 in den Dienst der IBK Kärnten. 1932 trat er erstmals der NSDAP bei, was er nach den Jahren des Parteiverbots 1938 wiederholte. Zum Zeitpunkt des „Anschluss" war er stellvertretender Amtsleiter des AA Villach. Auch wurde Tscheitschonig Mitglied der DAF und als solches zum Betriebsobmann (Personalvertreter) des AA Villach bestellt. 1942 wurde er in das Beamtenverhältnis übernommen und gleichzeitig zum Regierungsinspektor ernannt. Trotz seiner langjährigen Mitgliedschaft bei der NSDAP beschwerte sich der Bedienstete über die amtliche Praxis des NS-Regimes:

„Die Leitung des Arbeitsamtes kam in die Hände der nach Österreich abgeordneten deutschen Beamten und Angestellten, die auch die übrigen gehobenen Posten besetzten. Die pflichtgemäße Ausübung meines schwierigen, undankbaren Amtes eines Personalvertreters brachte mich nicht nur mit meinen Vorgesetzten in schwere Konflikte; die bisher nicht für möglich gehaltene Einstellung der reichsdeutschen Behördenleiter uns Österreichern gegenüber brachte mir auch die erste große Enttäuschung. Die mir obliegende Interessensvertretung der Angestellten des Arbeitsamtes wurde immer mehr ein Kampf um die Geltung der österreichischen Arbeitskameraden. Gegen die immer mehr Platz greifende geringschätzige Bewertung der Arbeitskraft der österr. Angestellten und insbesonders gegen die Verächtlichmachung des Österreichertums im Allgemeinen, hatte ich den erbittertsten Kampf zu führen. Meine häufigen Vorstellungen bei den leitenden Personen der Arbeits- und Landesarbeitsämter auf Abstellung dieser unhaltbaren Zustände brachten mir die Drohung des Ausschlusses aus der Partei mit weiteren scharfen Maßnahmen."[2082]

Im Rahmen eines Betriebsappells protestierte Tscheitschonig seinen eigenen Angaben zufolge öffentlich gegen die Zustände im Amt: „1. gegen die Versuche, Österreich als Deutsche Kolonie anzusehen [...], 2. gegen die Überheblichkeit, uns erst richtig „Deutsch" lernen zu wollen, und 3. gegen die dauernden Benachteiligungen der öst[erreichischen] Kameraden bei den Stellenbesetzungen und Vorrückungen."[2083] Sein öffentliches Engagement für die österreichischen Kollegen hatte die strafweise Einberufung zur Wehrmacht des AMV-Bediensteten zur Folge.

Für Tscheitschonig war die Überführung in das Beamtenverhältnis sowie die gleichzeitige Ernennung zum Regierungsinspektor geplant. Wie jedoch der Präsident des im Nationalsozialismus zusammengefassten LAA Steiermark-Kärnten Walter Opitz vermerkte:

„Nach den Vorkommnissen anläßlich des Betriebsappells im Arbeitsamt Villach [...], auf dem gegen Gefolgschaftsmitglieder aus dem alten Reichsgebiete völlig unbegründete Vorwürfe erhoben wurden, habe ich auf Grund Ihrer ganzen Haltung in dieser Angelegenheit übereinstimmend mit dem Herrn Leiter des Arbeitsamtes Villach die Überzeugung gewonnen, daß Sie über die Pflichten eines Behördenangestellten und künftigen Beamten noch nicht die richtige Auffassung besitzen. Von Ihrer Überführung in das Beamtenverhältnis wurde daher zunächst wieder abgesehen. [...] Mit einer Verbeamtung innerhalb der nächsten Zeit können Sie jedenfalls nicht rechnen."[2084]

Aufgrund seiner Zugehörigkeit zur NSDAP veranlasste die britische Militärregierung 1945 zuerst die Einstellung von Tscheitschonigs Bezügen und später im selben Jahr seine Außerdienststellung.

[2081] ÖStA/AdR, BMsV/Präs, PA Josef Tscheitschonig.

[2082] Ansuchen Tscheitschoniggs an die Registrierungskommission Villach bezüglich Abstandnahme von der Registrierung (Abschrift), 18. 2. 1946: PA Josef Tscheitschonig.

[2083] Ebd.

[2084] Schreiben des Präsidenten des LAA Steiermark-Kärnten Direktor Walter Opitz (Abschrift), 12. 12. 1941: PA Josef Tscheitschonig.

Ende 1946 wurde er durch den Liquidator endgültig des Dienstes enthoben. Er galt allerdings als Minderbelasteter und erhielt seitens des BMsV etwas mehr als zwei Jahre später im März 1949 eine (in Tscheitschonigs Meinung viel zu geringe) Abfertigung. Tscheitschonigs Antrag auf Wiedereinstellung im Jahr 1958 aufgrund des Amnestiegesetzes wurde mangels eines geeigneten freien Dienstpostens abgelehnt.

Die Verhältnisse wurden schließlich so untragbar, daß ich im Rahmen eines großen Betriebsappells die unhaltbare Situation zur Sprache bringen mußte. Bei dieser Gelegenheit protestierte ich

1. gegen die Versuche, Österreich als Deutsche Kolonie anzusehen und uns als Menschen zweiter Güte zu behandeln,

2. gegen die Überheblichkeit, uns erst richtig "deutsch" lernen zu wollen, und

3. gegen die dauernden Benachteiligungen der öst. Kameraden bei Stellenbesetzungen und Vorrückungen.

Bericht Tscheitschonigs an die Registrierungskommission in Villach, 18. 2. 1946[2085]

August MOßHAMMER[2086] **(geb. 6. 9. 1891)** trat 1922 in den Dienst der IBK Salzburg. Er übernahm die Leitung des AlA/AA Bischofshofen, wurde allerdings im Zuge des „Anschluss" dieser Funktion enthoben und im Jahr 1939 per Verfügung des Ministers für Wirtschaft und Arbeit aus dem Dienst entlassen. Während des Krieges verdingte sich Moßhammer mit einer Befugnis als Steuerhelfer. Als 1945 seine Wiedereinstellung in Aussicht genommen wurde, legte Moßhammer aufgrund der amtlich festgestellten Unvereinbarkeit der beiden Tätigkeiten seinen Gewerbeschein zurück. Moßhammer wurde 1946 als Leiter des AA Bischofshofen in den neuen Personalstand übernommen. Zu einer geplanten Amtsleiter-Konferenz am 23. 9. 1946 weigerte er sich zu erscheinen

„weil ich als pol[itisch] Gemaßregelter mit meiner menschlichen Würde nicht vereinbaren kann und daher ablehnen muss" mit ehemals NSDAP-affinen Personen zu verhandeln. „Außerdem werden diese Verhandlungen in einer Art geführt, die sich in nichts von dem unterscheidet, was 7 Jahre von den Nazi gehandhabt wurde. Das wundert mich zwar nicht, denn eine Praxis von 7 Jahren nimmt den Geist so gefangen, dass er nicht auf die ihm verhasste demokratische Denk- und Handlungsweise übergehen kann."[2087]

Moßhammer beschwerte sich sehr eindringlich, manche Kollegen

„verspritzen noch immer den freiheitstötenden Gischt, der sie in dieser Tätigkeit früher zu den Unterdrückern der treu gebliebenen Österreichern hat werden lassen. Und diese Geschöpfe [...] sollen in der neuen österreichischen Demokratie noch das große Wort führen dürfen? [...] Für Feinde der Demokratie und deren hörige Mitläufer ist in einem demokratischen Staatswesen kein Platz, am allerwenigsten aber in leitenden öffentlichen Stellen."[2088]

[2085] Abbildung aus: ÖStA/AdR, BMsV/Präs, PA Josef Tscheitschonig.
[2086] ÖStA/AdR, BMsV/Präs, PA August Moßhammer.
[2087] Schreiben August Moßhammers an das LAA Salzburg, 20. 9. 1946: PA August Moßhammer.
[2088] Ebd.

Vonseiten des LAA Salzburg wurden diese Anschuldigungen zurückgewiesen:

„[D]a das gesamte Landesarbeitsamt betreffende Anschuldigungen unqualifizierter Art darin erhoben werden, so dass die Einleitung eines Verfahrens von hier aus nicht tunlich erscheint. [...] Das Landesarbeitsamt erlaubt sich lediglich darauf hinzuweisen, dass sämtliche Angestellte, insbesondere aber die leitenden Angestellten einer wiederholten politischen Überprüfung durch die Sicherheitsdienststellen der amerikanischen Militärregierung und durch die österreichischen Sicherheitsbehörden unterzogen wurden und dass auch dem Bundesministerium für soziale Verwaltung alle Personalunterlagen gelegentlich der erfolgten Überprüfung bekannt geworden sind."[2089]

1947 erfolgte die Rehabilitierung Moßhammers und seine gleichzeitige Ernennung zum Amtssekretär. Mit 30. 9. 1948 trat Moßhammer in den Ruhestand.

Die beruflichen und politischen Laufbahnen von **Jenko, Piffl** und **Tscheitschonig** weisen auf die erwähnenswerte Tatsache hin, dass diese Personen als Mitglieder der NSDAP Widerstand gegen nationalsozialistische Politik leisteten. Alle drei kamen dadurch zu erheblichem persönlichen oder beruflichen Schaden. **Moßhammer** war nie Mitglied der Partei und wurde 1939 aus dem Dienst der AMV entlassen. Seine eindringliche Beschwerde über die Zustände beim LAA Salzburg nach 1945 finden eine beachtliche Parallele und Entsprechung in der Tatsache, dass – wie weiter oben dokumentiert – die aktiven ehemaligen Nationalsozialisten **Weidinger** und **Vogt** in den 1950er Jahren in eben diesem LAA wieder beschäftigt wurden. Möglicherweise war es beim LAA Salzburg nach 1945 leichter als in anderen LAÄ als ehemaliger Nationalsozialist beziehungsweise Nationalsozialistin Beschäftigung zu finden.

6. Prominente Akteure der AMV: Friedrich Gärtner, Josef Hammerl

Ursprünglich Präsident des reichdeutschen LAA Westfalen wurde **Friedrich GÄRTNER (geb. 30. 9. 1882)** bereits am 13. 4. 1938 nach Wien in die „Ostmark" „zur einheitlichen Lenkung der Arbeitsschlacht"[2090] berufen. Hier stand er für etwa zwei Jahre der „Zweigstelle Österreich" der „Reichsanstalt" vor. 1942 kehrte er als LAA-Präsident nach Dortmund ins „Altreich" zurück. In den Materialien des BMsV im Österreichischen Staatsarchiv finden sich zu seiner Person keine Unterlagen. Es lässt sich aber belegen, dass Gärtner während seiner Tätigkeit in Wien 1940 um Aufnahme in die NSDAP ansuchte.[2091]

Nach einer ersten Befürwortung durch den Ortsgruppenleiter der NSDAP in Wien[2092] wurde jedoch seitens der Partei-Kanzlei im Führerhauptquartier gegen seine Aufnahme Stellung bezogen. Der Grund: seine Frau war in erster Ehe mit einem Juden verheiratet, aus der auch Kinder, also „Mischlinge", hervorgegangen waren.[2093] Die Ablehnung wurde Gärnter (ohne Angabe von Gründen) im August 1942 nach Dortmund übermittelt.[2094]

[2089] Schreiben des LAA Salzburg an das BMsV, 27. 9. 1946: PA August Moßhammer.

[2090] zit. nach: *Krempl*, Arbeitsamt [in diesem Band], 107.

[2091] Antrag auf Aufnahme in die NSDAP Friedrich Gärtners, 3.6.1940: BArch (ehem. BDC) PK/C0371, Friedrich Gärtner, 30. 9. 1882, fol. 2590.

[2092] Personalfragebogen zum Antragschein auf Aufnahme in die NSDAP, Bestätigung durch den Ortsgruppenleiter, 20. 6. 1940: PK/C0371, Friedrich Gärtner, fol. 2589.

[2093] Schreiben des Leiters der Partei-Kanzlei an Reichsschatzmeister Schwarz, 16. 10. 1941: PK/C0371, Friedrich Gärtner, fol. 2584.

[2094] Schreiben des Chefs der Kanzlei des Führers der NSDAP, 28. 8. 1942: PK/CO371, Friedrich Gärtner, fol. 2568.

Josef HAMMERL[2095] **(geb. 23. 10. 1893)** ist als Prominenz der österreichischen AMV der Nachkriegszeit zu bezeichnen. 1945 bis zu seiner Pensionierung Ende 1958 war er Sektionschef der für Sozialpolitik zuständigen Sektion III im BMsV. Seine Tätigkeit im Bereich der AMV begann in der Ersten Republik und erstreckte sich auch über die Epochen des Austrofaschismus und National-sozialismus. Im Ersten Weltkrieg erwarb er die „Bronzene Militärverdienstmedaille am Bande des Militärverdienstkreuzes" sowie das „Kaiser-Karl-Truppenkreuz".

Als Doktor der Rechte begann Hammerl seinen Staatsdient 1920 als Angestellter der Invali-den-Entschädigungskommission für Niederösterreich. Bereits im darauf folgenden Jahr wurde er aufgrund des Kriegsbeschädigtenanstellungsgesetzes pragmatisiert und in das BMsV berufen, wo er nach eigenen Angaben tätig war: im Bundes-Wohn- und Siedlungsamt, in der Abteilung für Arbeitsrecht und Arbeitseinsatz, später in der Abteilung für Arbeitslosen- und Altersfürsorge. Ende 1930 wurde Hammerl zum Sektionsrat ernannt. Im Juni 1934 wurde er von der Dienstleistung im Ministerium enthoben und mit der Leitung des LAA Wien betraut, 1936 als Referent für die legis-lativen und finanziellen Angelegenheiten der Arbeitslosenfürsorge zurück ins Ministerium berufen. Die Oberleitung des LAA Wien behielt er bis zum „Anschluss" 1938 inne.

Hammerl war über die katholisch-deutsche „Hochschulverbindung Norica" Mitglied im Öster-reichischen Cartellverband. Er gehörte auch der Christlichsozialen Partei an und trat kurz nach ihrer Gründung im November 1933 der Vaterländischen Front (VF) bei, deren Mitglied er bis zur Auf-lösung 1938 blieb. Am 15. 3. 1934 bekam er durch Bundespräsident Wilhelm Miklas das Goldene Ehrenzeichen für Verdienste um die Republik Österreich verliehen. Ab 1935 war Hammerl Dienst-stellenleiter der VF beim LAA Wien. Am 17. 3. 1938 erfolgte die Vereidigung auf Adolf Hitler. Am 7. 10. 1938 wurde er zum Ministerialrat befördert.

Hammerl trat nie der NSDAP bei, war aber Mitglied in den der Partei angeschlossenen Ver-bänden NSV, RDB („Reichsbund der Deutschen Beamten") und NSRB („Nationalsozialistischer Rechtswahrerbund"). Außerdem gehörte er dem Reichsluftschutzbund, dem Reichskolonialbund und dem Reichskriegerbund an. In einem NSDAP-Screening der Amerikaner wurde er wie folgt beurteilt: „Mitglied der DAF, NSV, NSRB, RLB („Reichsluftschutzbund"), Kriegerbund, aktiver Unterstützer, nimmt an allen Parteitreffen teil, ausgezeichnet mit dem Kriegsverdienstkreuz II ohne Schwerter".[2096]

Ab Mai 1939 war Hammerl ausschließlich im Ministerium für Wirtschaft und Arbeit als Dezer-nent für die Arbeitslosenversicherung tätig. Im Oktober 1941 wurde ihm das „Silberne Treudienst-Ehrenzeichen" für seine 25-jährige amtliche Tätigkeit verliehen. 1943 wurde er wieder in das Gau-arbeitsamt Wien berufen.[2097]

NS-Behörden standen Hammerl anfänglich skeptisch gegenüber. Vonseiten der NSDAP Gaulei-tung Wien hieß es in einer Stellungnahme 1939, Hammerl wäre

„Cver [=ehemaliges Mitglied des im NS verbotenen Österreichischen Cartellverbands], Farben-bruder und Leibbursche des Ministers Dobretsberger. Er bietet nicht die Gewähr, dass er sich jederzeit für den nationalsozialistischen Staat restlos einsetzen wird, ich halte daher seine Pensio-nierung für erforderlich. Heil Hitler!"[2098]

[2095] ÖStA/AdR, BMsV/Präs, PA Josef Hammerl. ÖStA/AdR, Zivilakten der NS-Zeit/Gauakten, Josef Hammerl.
[2096] The National Archives at College Park, Maryland/U.S.A, ACA Austria, Box 983, Folders: Min of Int- NSDAP Screening (Privatbesitz: Oliver Rathkolb).
[2097] Fragebogen des Figl-Komitees im BMsV, Josef Hammerl, 23. 6. 1946: ÖStA/AdR, BKA/Entnazifizierung, Kt. 31.
[2098] Internes Schreiben der NSDAP Gauleitung Wien an das Gaupersonalamt, 21. 4. 1939: Gauakt Josef Hammerl.

Im selben Jahr resümierte die Gauleitung der Partei, der Beamte wäre „Hauptdienststellenleiter der VF für das Landesarbeitsamt [gewesen] und hat seine Stellung zur Unterstützung klerikaler Parteigänger ausgenützt." Gegen den Genannten bestünden „derzeit noch Bedenken".[2099] Vonseiten der Zweigstelle Ostmark des Reichsarbeitsministers für Arbeitseinsatz und Arbeitslosenhilfe versuchte man, diese Bedenken zu zerstreuen, indem man betonte, „daß es nicht beabsichtigt ist, Dr. Hammerl an eine andere Stelle als die zur Zeit von ihm versehene eines Dezernenten in der Zweigstelle zu bringen." Es wäre nicht vorgesehen, „ihn etwa an leitender Stelle in einem Arbeitsamt oder Landesarbeitsamt anzusetzen." Außerdem hielte man den Beamten allgemein „nicht nur für fachlich besonders tüchtig, sondern auch charakterlich für zuverlässig".[2100] In der Antwort der NSDAP Gauleitung wurde

> „neuerlich festgestellt, daß Dr. H. Mitglied der VF, des CV, und der christlichen Gewerkschaft also absolut klerikal ausgerichtet war. Da von Gehässigkeiten gegen die NSDAP [jedoch] nichts bekannt ist, habe ich keinen Einwand gegen ein Weiterverbleiben im Dienste, doch muß ich nochmals feststellen, daß demselben bis auf weiteres jede Beförderung gesperrt bleiben muß."[2101]

Ein handschriftlicher Kommentar des Gauhauptstellenleiters bestätigt dem entsprechend: „Nach Rückspr[ache] mit dem Präs[idium]. Kann bleiben, ohne Beförderung."[2102] 1940 erhielt Hammerl sogar das vom früheren deutschen Reichspräsidenten Hindenburg gestiftete Ehrenkreuz für Frontkämpfer verliehen.

1943 wurde Hammerl zum Gauarbeitsamt Wien abgeordnet. Es kam erneut zu einer politischen Durchleuchtung seiner Person durch die NSDAP, die wiederum zu dem Schluss kam, der Beamte

> „ist seiner ganzen Einstellung nach mehr katholisch. Politisch hervorgetreten ist er jedoch niemals. Seiner Haltung nach muß er als ein rechtlich denkender Mensch bezeichnet werden. […] Er ist bemüht, sich in das nationalsozialistische Gedankengut hineinzuleben und tritt im Übrigen auch jetzt politisch in keiner Weise hervor. Trotzdem glaube ich sagen zu können, daß er sich wenn notwendig, für den NS-Staat einsetzen wird. […] Sein charakterliches Verhalten ist einwandfrei, er ist ein guter Kamerad. Die Gebefreudigkeit bei Sammlungen ist gut."[2103]

Auch im amtlichen Erfassungsbogen wurde festgehalten: „Nach dem Umbruch scheint er sich langsam in die heutige Zeit eingefunden zu haben. Er besucht regelmäßig die Versammlungen, in politischer Hinsicht bestehen derzeit keine Bedenken mehr." Die abschließende Beurteilung im Akt: „ZUSAMMENFASSUNG: Guter Volksgenosse."[2104]

Nach dem Krieg beanspruchte Hammerl seine Position im NS zu Positivem verwendet zu haben: „Ich habe zahlreichen Personen dazu verholfen, vom zwangsmäßigen Kriegseinsatz des Nationalsozialismus freizukommen."[2105] 1947 legte er den Amtseid auf die Republik Österreich ab. Im Zuge eines Auszeichnungsantrags für Hammerl wurde amtlicherseits festgehalten: „Dem Nationalsozialismus ist Sektionschef Dr. Hammerl stets ferngestanden."[2106] 1958 wurde seine Tätigkeit amtlicherseits sehr positiv bewertet:

[2099] Schreiben der NSDAP Gauleitung Wien an die Zweigstelle Ostmark des Reichsarbeitsminister für Arbeitseinsatz u. Arbeitslosenhilfe, 2. 12. 1939: PA Josef Hammerl, 65.

[2100] Schreiben der Zweigstelle Ostmark des Reichsarbeitsministers an die NSDAP Gauleitung Wien, 20. 12. 1939: PA Josef Hammerl, 66.

[2101] Schreiben der NSDAP Gauleitung Wien an die Zweigstelle Ostmark des Reichsarbeitsministers, 27. 1. 1940: PA Josef Hammerl, 67.

[2102] Schreiben Gauhauptstellenleiter der NSDAP Gau Wien an den Reichsarbeitsminister Zweigstelle Österreich, 2. 12. 1939: Gauakt Josef Hammerl.

[2103] Politisches Gutachten der NSDAP Gauleitung Wien, 30. 6. 1943: Gauakt Josef Hammerl.

[2104] Zusammenfassung der politischen Beurteilungen und der Dienstdaten durch die NSDAP, 1. 7. 1943: Gauakt Josef Hammerl.

[2105] Fragebogen des Figl-Komitees im BMsV, Josef Hammerl, 23. 6. 1946: ÖStA/AdR, BKA/Entnazifizierung, Kt. 31.

[2106] Antrag des Bundesministers auf Verleihung des Großen Goldenen Ehrenzeichens für Verdienste um die Republik Österreich, 16. 1. 1954: PA Josef Hammerl.

„[Nach dem Sturz des NS-Regimes] gelang es ihm in überraschend kurzer Zeit, die Sektion zu einer vorzüglich funktionierenden Einheit auszubauen, die Ämter der Arbeitseinsatzverwaltung wieder in den österreichischen Behördenorganismus einzugliedern und auch auf legislativem Gebiet den Übergang von der deutschen Zwangsherrschaft zu einer wahrhaft sozialen Verwaltung reibungslos durchzuführen."

Betont wurde dabei sein positiver Einfluss auf die Legislatur, da in seiner Amtszeit eine beachtliche Zahl von Gesetzen geschaffen wurde:

„das Arbeitslosenfürsorge- und das Arbeitspflichtgesetz mit ihren Novellen, das Arbeiterurlaubsgesetz, das neue Arbeitslosenversicherungsgesetz und das Gesetz über die Beschäftigung von Kindern und Jugendlichen […], weiters das Heimarbeitsgesetz, das Mutterschutzgesetz, das neue Bäckereiarbeitergesetz und das neue Arbeiterkammergesetz, das Arbeitsplatzsicherungsgesetz und das Schlechtwetterentschädigungsgesetz".[2107]

Als anerkannter Fachmann vertrat er Österreich regelmäßig bei den Zusammenkünften des Internationalen Arbeitsamtes in Genf, wodurch er (wie es amtlich hieß) „nicht unwesentlich zur Hebung des österreichischen Ansehens im Ausland"[2108] beitrug. Diese Funktion eines internationalen Korrespondenten übte Hammerl auch nach seiner Pensionierung Ende 1958 weiterhin aus. Einen entsprechenden Dienstpass behielt er aus diesem Grund ebenfalls über den Zeitpunkt der Pensionierung hinaus.

In der Zeit 1933 bis 1946 publizierte der Beamte die fachlichen Werke: „Die Vorschriften über die Arbeitslosenversicherung", „Der Freiwillige Arbeitsdient" und „Arbeitslosenrecht". Außerdem erschienen auch einschlägige Artikel in Fachzeitschriften.[2109] Josef Hammerl verstarb am 14. 7. 1970.

[2107] Antrag des Bundesministers auf Auszeichnung Hammerls mit dem Großen Silbernen Ehrenzeichen mit Stern für Verdienste um die Republik Österreich, 8. 9. 1958: PA Josef Hammerl.

[2108] Ebd.

[2109] Fragebogen des Figl-Komitees im BMsV, Josef Hammerl, 23. 6. 1946: ÖStA/AdR, BKA/Entnazifizierung, Kt. 31.

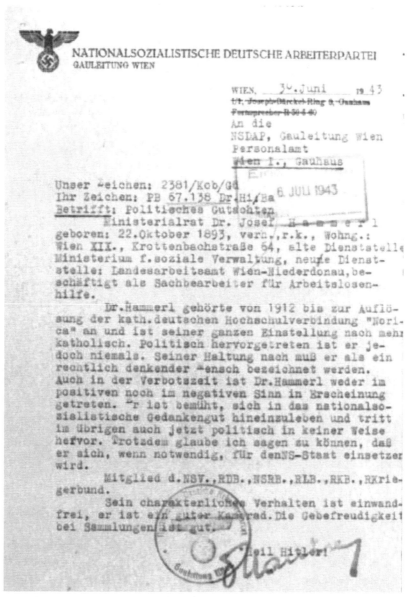

NATIONALSOZIALISTISCHE DEUTSCHE ARBEITERPARTEI
GAULEITUNG WIEN

WIEN, 30.Juni 19 43

An die
NSDAP, Gauleitung Wien
Personalamt
Wien I., Gauhaus

Unser Zeichen: 2381/Kob/Gd
Ihr Zeichen: PB 67.138 Dr.Hi/Ba   6 JULI 1943
Betrifft: Politisches Gutachten.
            Ministerialrat Dr. Josef Hammerl
geboren: 22.Oktober 1893, verh.,r.k., Wohng.:
Wien XII., Krottenbachstraße 64, alte Dienststelle
Ministerium f.soziale Verwaltung, neue Dienststelle: Landesarbeitsamt Wien-Niederdonau,be-
schäftigt als Sachbearbeiter für Arbeitslosenhilfe.
            Dr.Hammerl gehörte von 1912 bis zur Auflö-
sung der kath.deutschen Hochschulverbindung "Norica" an und ist seiner ganzen Einstellung nach mehr
katholisch. Politisch hervorgetreten ist er jedoch niemals. Seiner Haltung nach muß er als ein
rechtlich denkender Mensch bezeichnet werden.
Auch in der Verbotszeit ist Dr.Hammerl weder im
positiven noch im negativen Sinn in Erscheinung
getreten. Er ist bemüht, sich in das nationalsozialistische Gedankengut hineinzuleben und tritt
im übrigen auch jetzt politisch in keiner Weise
hervor. Trotzdem glaube ich sagen zu können, daß
er sich, wenn notwendig, für den NS-Staat einsetzen
wird.
            Mitglied d.NSV.,RDB.,NSRB.,RLB.,RKB.,RKrie-
gerbund.
            Sein charakterliches Verhalten ist einwand-
frei, er ist ein guter Kamerad.Die Gebefreudigkeit
bei Sammlungen ist gut.
                                        Heil Hitler!

Politische Beurteilung Hammerls durch die NSDAP Gauleitung Wien, 30. 6. 1943[2110]

Es ist eine beachtliche Tatsache, dass **Friedrich Gärtner** als bedeutender Akteur der österreichischen AMV im NS-Regime die Aufnahme in die NSDAP verweigert wurde. **Josef Hammerl** suchte
hingegen nie um Aufnahme in die Partei an, war aber Mitglied in den der NSDAP nahestehenden
Verbänden NSV, RDB und NSRB. Durch sein zwar eindeutig christlichsozial-konservatives aber
dennoch zurückhaltendes politisches Verhalten gelang es ihm, eine erfolgreiche Beamtenkarriere
über alle politischen Umbrüche seiner Zeit hinweg bis weit in die Zweite Republik hinein zu verfolgen.

[2110] Abbildung aus: ÖStA/AdR, Zivilakten der NS-Zeit/Gauakten, Josef Hammerl.

IV. Schluss

Als wesentliches Ergebnis des vorliegenden Abschnitts ist die in Kapitel II erbrachte Zahl von 1.892 ehemaligen NSDAP-Mitgliedern unter den von Schmidt geschätzten 4000 MitarbeiterInnen der österreichischen AMV – also ein Prozentsatz von 47,3 % – hervorzuheben. Aus dem Sample von 94 *leitenden* Beamten und Angestellten der AMV geht ein Anteil von 68,1% (64 Personen, Parteianwärter inbegriffen) hervor. Für den Mai 1938, also unmittelbar nach dem „Anschluss" konnte aufgrund der Quellenlage eine MitarbeiterInnenzahl von 2.242 in österreichweit 111 Arbeitsämtern (inklusive Landesarbeitsämtern) festgestellt werden. Annähernd die Hälfte des Personalstandes (1.050 Personen, 46,8 %) war allein in Wien beschäftigt. Von dieser Gesamtzahl waren 106 Personen zu jenem Zeitpunkt aus „rassischen" oder politischen Gründen bereits beurlaubt oder entlassen. Bei 41 Personen fand sich österreichweit der Vermerk „Jude"/"Jüdin", die meisten davon (34 Personen, 83 %) in Wien, was hier aber im Gegensatz zu den übrigen Bundesländern im Mai 1938 noch nicht zwangsläufig zu einer Dienstenthebung oder Beurlaubung geführt hatte.

„Um den Einfluß der Partei im öffentlichen Dienst zu stärken, erhielten [...] verdiente Nationalsozialisten in der Ostmark' besondere Förderung wie bevorzugte Anstellung als Beamte, bevorzugte Beförderung und eine Verbesserung der Besoldung durch Anrechnung der Zeiten in der SS und SA als Dienstzeiten. Diese Maßnahmen hatten letztlich größeren Einfluß auf die Nazifizierung des öffentlichen Dienstes als die personellen Säuberungen",[2111]
beschreibt Stiefel die personellen Veränderungen im NS-Regime.

Aus den Fallbeispielen geht hervor, dass die (manchmal auch langjährige) Parteimitgliedschaft aber nicht zwangsläufig zu einer positiven Karriere bei den Betroffenen führte. Häufig wurden Posten mit Bediensteten aus dem „Altreich" besetzt anstatt mit den österreichischen/„ostmärkischen" Beamten und Angestellten vor Ort, selbst wenn diese Parteimitglieder waren.

Gute Karriere scheinen durchwegs Beamte gemacht zu haben, die sich politisch nur mäßig hervortaten. Auch wenn sie im Nationalsozialismus häufig im Dienstrang zurückgestuft oder einfach nicht befördert wurden, so weisen jene Bediensteten häufig die größte berufliche Kontinuität von der Ersten Republik über das Dollfuß/Schuschnigg-Regime und das NS-Regime bis in die Zweite Republik hinein auf. Dies bestätigt auch Stiefel, wenn er betont, dass es bei der politischen „Umfärbung" der Beamtenschaft im NS-Regime je nach Amt und Vorgesetzten sehr unterschiedlich starken Druck in Richtung eines Parteibeitritts gab:

„[O]ft kam es nur auf den Chef der einzelnen Dienststelle an. Eine ‚unpolitische' Erfüllung der Beamtenpflicht genügte zumeist, wenn sie auch das berufliche Fortkommen zeitweise behindert haben mag. Daher erfolgte der Zugang zur Partei und ihren Gliederungen – auch im öffentlichen Dienst – überwiegend aus Überzeugung oder Opportunismus und nur zum geringeren Teil aus Zwang".[2112]

[2111] *Stiefel*, Entnazifizierung, 126.
[2112] Ebd, 128.

Abstract (Deutsch)

Eine Untersuchung der österreichischen Beamtenschaft ergab einen Anteil von 47 % NSDAP-Mitgliedern unter den etwa 4000 Beschäftigten der österreichischen AMV zu Ende des NS-Regimes. Gut zwei Drittel der ehemaligen NSDAP-Mitglieder (32 % aller Beschäftigten der AMV) schieden bis 1946 im Zuge der Entnazifizierung durch die sogenannte „Figl-Kommission" aus dem staatlichen Dienst aus. Wieviele im Zuge der „Minderbelastetenamnestie 1947" und er allgemeinen „Nationalsozialistenamnestie 1957" wiedereingestellt wurden kann zur Zeit noch nicht genau beziffert werden. Unter den Eliten der AMV war der Anteil an NSDAP-Mitgliedern um Einiges höher: Ein Sample von 94 Personen in Führungspositionen im gesamten Untersuchungszeitraum 1917–1957 deutet auf 70 % Parteimitgliedschaft auf Ebene der Arbeitsamtsleiter, Landesarbeitsamtsleiter und BMsV-Sektionschefs der Sektion für Sozialpolitik hin.

Für die Zeit unmittelbar nach dem „Anschluss" ist eine genaue Dokumentation des MitarbeiterInnenstandes vorhanden: In 111 Ämtern waren österreichweit 2.242 Personen beschäftigt, 47 % davon (1.050 Personen) allein in Wien. 5 % aller Beschäftigten (106 Personen) wurden bis Ende Mai 1938 bereits aus politischen oder „rassischen" Gründen entlassen. Bei 2 % (41 Personen) findet sich der Vermerk „Jude"/„Jüdin", wobei in fünf der neun Bundesländer gar keine Juden/Jüdinnen beschäftigt gewesen zu sein scheinen.

34 Fallbeispiele zeichnen unterschiedliche Karriereverläufe von AMV-Beschäftigten über die politischen Umbrüche hinweg exemplarisch nach. Es zeigt sich, dass die Mitgliedschaft bei der NSDAP und Engagement für den Nationalsozialismus vor 1938 nicht automatisch zur Karriere in der „ostmärkischen" AMV führten. Häufig bekamen Bedienstete aus dem „Altreich" den Vorzug bei Beförderungen. Engagierte Heimwehrmänner aus dem Untersuchungssample wurden im NS-Regime durchwegs sehr streng behandelt, einfache Anhänger des Dollfuß/Schuschnigg-Regimes konnten hingegen im Amt verbleiben.

Abstract (Englisch)

A survey of Austrian civil servants shows a rate of 47 % NSDAP membership among a total of 4000 employees of the Austrian Public Employment Service at the end of the Nazi-regime. Two-thirds of these NSDAP members (32% of the employees) were discharged by 1946. This first wave of denazification of the Public Employment Service (as in other state institutions) was carried out by the so called "Figl-Komission". At the present state of research it is not yet clear how many of these discharged National Socialists were re-employed in the course of the "Minderbelastetenamnestie 1947" and the "Nationalsozialistenamnestie 1957". The professional elites of the Public Employment Service display an even higher percentage of NSDAP membership. A sample of 94 leading officials working as heads of regional and provincial Public Employment Offices or as heads of the competent "Sektion" at the Ministry of Social Affairs in the period 1917–1957 accounts for 70 % of membership.

Shortly after the "Anschluss" 1938 2242 persons were employed in 111 Public Employment Offices. 47 % of these were employed in Vienna (1050 persons). For political or "racial" reasons 5 % of all employees (106 persons) had been dismissed by May 1938 already. 2 % (41 persons) of all employees were denominated as "Jewish". In five out of nine Austrian provinces no Jews were employed at the time of the "Anschluss".

34 case studies document models of career of Public Employment Service officials over the political upheavals of 1933, 1938 and 1945. There is evidence that NSDAP-membership and political activism for National Socialism before 1938 did not automatically lead to a career in the Public Employment Service of the "Ostmark" after 1938. Very often the regime preferred to promote civil servants and employees from the German "Altreich". Usually the Nazis treated protagonists of the dissolved "Heimwehr" rather harshly, whereas regular followers of the Dollfuß/Schuschnigg-Regime could keep their posts.

Abkürzungsverzeichnis

AA/AÄ	Arbeitsamt/Arbeitsämter
AlA/AlÄ	Arbeitslosenamt/Arbeitslosenämter
AMV	Arbeitsmarktverwaltung
BGBl	Bundesgesetzblatt
BMsV	Bundesministerium für soziale Verwaltung
CSP	Christlichsoziale Partei
DAF	„Deutsche Arbeitsfront"
IBK	Industrielle Bezirkskommission/en
LAA/LAÄ	Landesarbeitsamt/Landesarbeitsämter
NS	Nationalsozialismus
NSBO	„Nationalsozialistische Betriebszellenorganisation"
NSDAP	Nationalsozialistische Deutsche Arbeiterpartei
NSKK	„Nationalsozialistisches Kraftfahrkorps"
NSRB	„Nationalsozialistischer Rechtswahrerbund"
NSV	„Nationalsozialistische Volkswohlfahrt"
RDB	„Reichsbund der Deutschen Beamten"
RLB	„Reichsluftschutzbund"
SDAP	Sozialdemokratische Partei
SS	„Schutzstaffel"
VF	Vaterländische Front
VG	Verbotsgesetz

Literaturverzeichnis

Hofmeister, Herbert, Arbeitsvermittlung und Arbeitslosenversorgung in Österreich, insbesondere 1918 bis 1938. In: Benöhr, Hans-Peter (Hg), Arbeitsvermittlung und Arbeitslosenversorgung in der neueren deutschen Rechtsgeschichte (Beiträge zur Rechtsgeschichte des 20. Jahrhunderts, Tübingen 1991) 217–236.

Krempl, Mathias, Arbeitsamt und Staatsgewalt. Arbeitsmarktbehördliche Organisation und Sachfragen im politischen Wandel [in diesem Band].

Rathkolb, Oliver/ *Wirth*, Maria/ *Wladika*, Michael (Hg), Die „Reichsforste" in Österreich 1938–1945 (Wien/Köln/Weimar 2010).

Rathkolb, Oliver (Hg.), 250 Jahre. Von der Orientalischen Akademie zur Diplomatischen Akademie in Wien, (Innsbruck u.a. 2004 [c]).

Schmidt, Karl, Geschichte der Arbeitsmarktverwaltung von ihren Anfängen an (Salzburg o.J.).

Stiefel, Dieter, Entnazifizierung in Österreich (Wien/München/Zürich 1981).

Stimmer, Gernot, Eliten in Österreich 1848–1970 (= Studien zu Politik und Verwaltung, Hg. Cristien Brünner, Wolfgang Mantl, Manfried Welan, Bd. 57/I) (Wien/Köln/Graz 1997).

Vana, Irina, Gebrauchsweisen der öffentlichen Arbeitsvermittlung. Österreich 1889–1938 (geisteswiss. Diss., Wien 2013).

Quellenverzeichnis

A. Archivalien

BArch (ehem. BDC) PK

The National Archives at College Park, Maryland/U.S.A, ACA Austria, Box 983, Folders: Min of Int- NSDAP Screening (Privatbesitz: Oliver Rathkolb).

ÖStA/AdR, BKA/Entnazifizierung, Kartons 23, 24, 25, 26, 27, 30, 31

ÖStA/AdR, BMsV/Präs, Personalakten (PA) (SAMPLE 94 Personen):

Auzinger, Emil	Hoetzl, Dr. Arthur	Plautz, Valentin
Banofsky, Karl	Jedlitschka, Adolf	Pöcksteiner, Karl
Beran, Anton	Jelinek, Karl	Punkenhofer, Karl
Birzele, Dr. Karl	Jenko, Dr. Franz	Riml, Erich
Bloech, Dr. Ing. Max	Jonasch, Arch. Adolf	Rohm, Josef
Bodlicka, Eduard	Kalista, Alexander	Rudolph, Julius
Bogensberger, Gustav	Kasparek, Oskar	Rupprich, Friedrich
Bohle, Thomas	Kaufmann, Karl	Schaufler, Alfred
Choc, Dr. Anton	Kirschner, Otto	Schaufler, Wilhelm
Delle-Karth, Dr. Ludwig	Knechtl, Dr. Friedrich	Schöck, Michael
Durban, Ernst	Kölbl, Ing. Vinzenz	Schreiner, Franz
Ebenwaldner, Franz	Köstenmann, Artur	Seitz, Wilhelm
Ertl, Heinrich	Kral, Dr. Benno	Simonis, Ludwig
Fiala, Dr. Max	Kraushofer, Leopold	Stegner, Erwin
Freisinger, Robert Erich	Kronegger, Ludwig	Strenitz, Johann (Hans)
Fridl, Josef	Kulicka, Norbert	Swoboda, Dr. Paul
Früchtl, Franz	Kunz, Franz	Syrutschek, Ernst
Gansterer, Leo	Legat, Dr. Ernst	Thurner, Rudolf
Gasteiger, Dr. Elisabeth	Mais, Dr. Karl	Trinks, Ferdinand
Görtz, Dr. Karl	Maresch, Karl	Tscheitschonig, Josef
Görtz, Dr. Karl	Mayer, Josef	Uranitsch, Dr. Egon
Grabner, Hans	Mayrhofer, Moritz	Vogt, Viktor
Grüneis, Adolf	Meinhart, Hans	Vorderwinkler, Karl
Gschliesser, Dr. Ernst	Meisl, Ludwig	Wagner, Otto
Guttmann, Dr. Viktor	Moßhammer, August	Watzek, Adolf
Habler, Franz	Neubauer, Dr. Vinzenz	Watzek, Dr. Robert
Hackl, Ing. Karl	Oefner, Josef	Weidinger, Gustav
Haider, Franz	Ortner, Ludwig	Weissenberger, Josef
Hammerl, Dr. Josef	Pfitzner, Dr. Konrad	Wlcek, Dr. Franz
Hilbert, Arthur	Piffl, Otto	Zens, Alfred
Hirschwehr, Ludwig	Pitsch, Dr. Franz	
Hochl, Benedikt	Plager, Dr. Egon	

ÖStA/AdR, BMsV/Präs, Standesausweise (StAw)

ÖStA/AdR, BMsV/SP, Allg. 1935–1938

ÖStA/AdR, PK/AR, NS-Gnadenanträge gem. § 27 VG

ÖStA/AdR, Zivilakten der NS-Zeit/Gauakten

B. Gedruckte Quellen

Adressbuch von Wien 1948, früher Lehmann, Band II Behörden, Industrie, Handel, Gewerbe

Amtskalender für den Reichsgau Niederdonau 1942

Amtskalender für den Gau Oberdonau, Auskunfts- und Geschäftshandbuch (für die Jahre 1939, 1942)

Amtsverzeichnis für den Reichsgau Tirol und Vorarlberg 1942/1943

Niederösterreichischer Amtskalender 1949

Ostmark-Jahrbuch (1940–1942), „Der alte Krakauer Schreibkalender"

Österreichischer Amts-Kalender (für die Jahre 1922–1937)

Österreichischer Amtskalender (für die Jahre 1948–1957)

Österreichische Behörden (nach dem Stande vom Oktober 1945, Juli 1946, April 1947, Jänner 1948)

Salzburger Amts-Kalender (für die Jahre 1938–1942)

Wiener Zeit- und Wegweiser 1943, „Der alte Krakauer Schreibkalender"

Anhang

A. Statistiken der Arbeitsämter nach Bundesländern im Mai 1938

Burgenland:

AÄ	MitarbeiterInnen	davon beurlaubt/ entlassen	Vermerk „Jude"
LAA Eisenstadt	11	1	0
Eisenstadt	13	1	1
Wiener Neustadt	10	1	0
Neutal	9	2	0
Oberwart	8	0	0
Stegersbach	5	1	1
GESAMT	56	6 (10,7 %)	2 (3,6 %)

Kärnten:

AÄ	MitarbeiterInnen	davon beurlaubt/ entlassen	Vermerk „Jude"
LAA Klagenfurt	16	2	0
Klagenfurt	26	3	0
Villach	31	7	0
St. Veit a.Gl.	16	1	0
Spittal a.Dr.	11	0	0
Wolfsberg	6	1	0
Völkermarkt	7	1	0
GESAMT	113	15 (13,3 %)	0

Niederösterreich:

AÄ	MitarbeiterInnen	davon beurlaubt/ entlassen	Vermerk „Jude"
LAA ST. PÖLTEN	19	0	0
Amstetten	9	0	0
Hainfeld	5	0	0
Krems a.D.	13	0	0
Pöchlarn	14	3	0
Scheibbs	7	1	0
Traisen	9	0	0
Waidhofen	9	0	0
St. Pölten	35	0	0
LAA WR. NEUSTADT	18	1	1
Aspang	5	0	0
Baden	14	0	0
Erlach	8	2	1
Gloggnitz	9	0	0
Mödling	13	0	0
Neunkirchen	16	3	1
Pottendorf	9	0	0
St. Veit a.d. Triesting	16	2	0
Sollenau	6	0	0
Wr. Neustadt	24	2	0
Wöllersdorf	9	1	0
LAA GMÜND	9	1	0
Gmünd	13	0	0
Eggenburg	5	0	0
Waidhofen a.d. Thaya	8	0	0
Zwettl	4	0	0
GESAMT	306	16 (5,2 %)	3 (1 %)

Oberösterreich:

AÄ	MitarbeiterInnen	davon beurlaubt/ entlassen	Vermerk „Jude"
LAA Linz	27	1	1
Braunau	11	0	0
Freistadt	6	0	0
Gmunden	16	0	0
Kirchdorf/Krems	7	0	0
Linz	49	1	0
Perg	8	0	0
Ried	7	0	0
Rohrbach	7	0	0
Schärding/Inn	6	0	0
Vöcklabruck	11	0	1
Steyr	24	0	0
Zweigstelle Sierning	1	0	0
Wels	23	3	0
GESAMT	203	5 (2,5 %)	2 (1 %)

Salzburg:

AÄ	MitarbeiterInnen	davon beurlaubt/ entlassen	Vermerk „Jude"
LAA Salzburg	15	0	0
Salzburg	32	0	0
Hallein	6	0	0
Bischofshofen	9	0	0
Zell am See	10	0	0
Tamsweg	4	0	0
GESAMT	76	0	0

Steiermark:

AÄ	MitarbeiterInnen	davon beurlaubt/ entlassen	Vermerk „Jude"
LAA Graz	63	4	0
Graz	88	3	0
Bruck a.M.	17	1	0
Deutschlandsberg	10	0	0
Eisenerz	4	0	0
Fürstenfeld	13	2	0
Judenburg	23	0	0
Leibnitz	7	0	0
Leoben	15	0	0
Liezen	13	0	0
Mürzzuschlag	11	0	0
Voitsberg	9	0	0
Weiz	11	0	0
Nebenstelle Bad Aussee	3	0	0
GESAMT	287	10 (3,5 %)	0

Tirol:

AÄ	MitarbeiterInnen	davon beurlaubt/ entlassen	Vermerk „Jude"
LAA Innsbruck	18	0	0
Innsbruck	34	1	0
Berufsberatungsamt Innsbruck	4	0	0
Kitzbühel	5	0	0
Kufstein	8	0	0
Landeck	5	1	0
Außenstelle Imst	3	0	0
Lienz	3	0	0
Reutte	5	1	0
Schwaz	5	0	0
GESAMT	90	3 (3,3 %)	0

Vorarlberg:

AÄ	MitarbeiterInnen	davon beurlaubt/ entlassen	Vermerk „Jude"
LAA Bregenz	12	1	0
Bregenz	12	1	0
Dornbirn	14	2	0
Feldkirch	13	1	0
Bludenz	10	2	0
GESAMT	61	7 (11,5 %)	0

Wien (Unterteilung in Fachämter):

AÄ/Fachämter	MitarbeiterInnen	davon beurlaubt/ entlassen	Vermerk „Jude"
LAA Wien	180	15	11
„Berufsberatungsamt"	32	9	3
„Nachschulung"	41	2	2
„Arbeiter f. d. Landwirtschaft"	12	0	0
AA f. Jugendliche, Wien 2. Bezirk	9	0	0
AA f. Jugendliche, Wien 4. Bezirk	17	0	0
AA f. Jugendliche, Wien 17. Bezirk	18	0	0
„Angestellte"	108	4	2
„Baugewerbe" (Gemeindeangestellte)	49	0	0
„Bekleidungs-, Textil- u. Hutarbeiter"	54	4	3
„Graphisches u. papier- verarbeitendes Gewerbe"	21	2	2
„Holzarbeiter u. verwandte Berufe"	32	1	1
„Hotel-, Gast- u. Kaffeehaus- gewerbe sowie Friseure"	84	0	2
„Metallindustrie, metall- verarbeitendes Gewerbe, chemische Industrie"	103	4	2
„Schuh- u. Lederindustrie"	19	1	2
AA Stadt Wien	56	0	1
AA Stadt Wien , (Gemeindeangestellte)	80	1	0
AA Prüfstelle der Stadt Wien	30	0	0
AA Marchfeld	24	0	0
AA Tullnerfeld	22	0	1
AA Liesing	21	0	1
AA Stockerau	19	0	0
AA Wiener Boden	19	1	1
GESAMT	**1050**	**44 (4,2 %)**	**34 (3,2 %)**

B. Vermerk „Jude"/„Jüdin" in den MitarbeiterInnenlisten vom Mai 1938:

Person	Beschäftigungsort	Verwendung	geboren
Mizger, Barbara	AA Eisenstadt	Versicherung und Vermittlung	
Köstenmann, Artur	AA Stegersbach (Burgenland)	Amtsleiter	20. 05. 1884
Plager, Dr. Egon	LAA Wiener Neustadt	Leiter-Stellvertreter	15. 03. 1908
Niedermann, Her-mann	AA Erlach (NÖ)	Fachbeamter	
Skopall, Wilhelm	AA Neunkirchen (NÖ)	Hilfskraft	
Schimmerl, Hubert	LAA Linz	Ausgleichsvermittlung	03. 02. 1905
Schimmerl, Rudolf	AA Vöcklabruck (OÖ)	Vermittler	24. 12. 1911
Beck, Oskar	LAA Wien	-	
David, Arnold	LAA Wien	-	15. 01. 1895
Brüll, Dr. Paul	LAA Wien	-	
Florian, Karl	LAA Wien	-	
Goldberger, Olga	LAA Wien	-	
Hoyos, Balthasar	LAA Wien	-	10. 12. 1904
Maucher, Paul	LAA Wien	-	03. 03. 1894
Pick, Leopold	LAA Wien	-	
Steiner, Ing. Hugo	LAA Wien	-	
Trippelsdorf, Nazareno	LAA Wien	-	03. 11. 1894
Zagorski, Johann	LAA Wien	-	31. 10. 1904
Gemmel, Johann	Berufsberatungsamt Wien	Berufsberater	
Hackl, Ing. Karl	Berufsberatungsamt Wien	„höherer Dienst"	
Unger, Ing. Johann	Berufsberatungsamt Wien	„höherer Dienst", Berufsberater	15. 04. 1905
Lax, Rosa	Nachschulung Wien	-	14. 02. 1898
Schliesser, Ing. Anton	Nachschulung Wien	technischer Referent	
Bernfeld, Erwin	AA Angestellte	-	10. 11. 1891
Modry, Karl	AA Angestellte	-	
Nachtigall, Karl	AA Bekleidung	Versicherung	
Weiss, Anna	AA Bekleidung	-	
Winternitz, Oskar	AA Bekleidung	-	17. 12. 1896
Kopold, Franz	AA Graphik	-	
Lichteneger, Emanuel	AA Graphik	Versicherung	
Knoll, Hans	AA Holz	Versicherung	
Remy, Alexandra	AA Hotel	Vermittlung	
Linde, Karl	AA Hotel	Vermittlung	22. 02. 1893
Frankl, Karl	AA Metall	-	
Habicht, Josef	AA Metall	Versicherung	27. 01. 1885

Merkl, Karoline	AA Stadt Wien	Versicherung	
Beinhacker, Sigmund	AA Tullnerfeld	-	
Beinhacker, Anna	AA Schuh	-	
Mahel, Vinzenz	AA Schuh	Versicherung	
Wendlberger, Josef	AA Liesing	Amtsleiter Stellvertreter	
Ernecker, Josef	AA Wiener Boden	-	20. 03. 1895

C. Tabellen: Eliten der österreichischen AMV – Minister, Sektionschefs und LAA-Leiter 1917–1957

Quellen: Österreichischer Amtskalender, Amtskalender der Bundesländer beziehungsweise Reichsgaue (nur teilweise vorhanden), Krakauer Schreibkalender

1917 bis 1937 – Erste Republik und Dollfuß/Schuschnigg-Regime:

Bis zum Jahr 1934 handelt es sich bei den genannten Vorstehenden der Bundesländer um die Vorsitzenden der „Industriellen Bezirkskommissionen", im Jahr 1935 um die Vorsitzenden der für den verwaltungstechnischen Umbau eingerichteten „Verwaltungskommissionen" und ab dem Jahr 1936 schließlich um die Amtsleiter der Landesarbeitsämter. Für Niederösterreich ist nur das LAA St. Pölten berücksichtigt.

Jahr	Bundesminister für soziale Verwaltung	Sektionschef der Sektion für Sozialpolitik	Burgenland	Kärnten	Niederösterreich (St. Pölten)	Oberösterreich	Salzburg	Steiermark	Tirol	Vorarlberg	Wien
1917	–	–	–	–	–	–	–	–	–	–	–
1918	Ferdinand Hanusch	–	–	–	–	–	–	–	–	–	–
1919	Ferdinand Hanusch	–	–	–	–	–	–	–	–	–	–
1920	Eduard Heinl, Josef Resch	–	–	–	–	–	–	–	–	–	–
1921	Franz Pauer	–	–	–	–	–	–	–	–	–	–
1922	Richard Schmitz	–	–	–	–	–	–	–	–	–	–
1923	Richard Schmitz	Friedrich Hawelka	–	–	–	–	–	–	–	–	–
1924	Richard Schmitz	Friedrich Hawelka	–	–	–	–	–	–	–	–	–
1925	Josef Resch	Friedrich Hawelka	Heinrich Walter	–	–	–	–	–	–	–	–
1926	Josef Resch	Friedrich Hawelka	Heinrich Walter	–	–	–	–	–	–	–	Robert Lang
1927	Josef Resch	Friedrich Hawelka	Robert Medinger	Alois Konigstorfer	Phöbus Knicker	Albert Hüper	Rupert Kastner	Ludwig Kranz	Josef Holzhammer	Fritz Preiß	Robert Lang

Jahr	Bundes-minister für soziale Verwaltung	Sektionschef der Sektion für Sozial-politik	Burgen-land	Kärnten	Nieder-österreich (St. Pölten)	Ober-österreich	Salzburg	Steiermark	Tirol	Vorarlberg	Wien
1928	Josef Resch	Friedrich Hawelka	Robert Medinger	Franz Waldamero	Phöbus Knicker	Alois Hobel-sperger	Rupert Kastner	Ludwig Kranz	Josef Holz-hammer	Adolf Frisch	Robert Lang
1929	Josef Resch, Theodor Innitzer	Friedrich Hawelka	Robert Medinger	Franz Waldamero	Phöbus Knicker	Alois Hobel-sperger	Rupert Kastner	Ludwig Kranz	Josef Holz-hammer	Adolf Frisch	Robert Lang
1930	Theodor Innitzer, Richard Schmitz, Josef Resch	Friedrich Hawelka	Robert Medinger	Franz Waldamero	Phöbus Knicker	Alois Hobel-sperger	Rupert Kastner	Ludwig Kranz	Willibald Reder	Adolf Frisch	Robert Lang
1931	Josef Resch	Vorstand unbesetzt	Robert Medinger	Albert Peter- Pirk-ham	Phöbus Knicker	Alois Hobel-sperger	Rupert Kastner	Helmut Höhn	Willibald Reder	Adolf Frisch	Robert Lang
1932	Josef Resch	Franz Wlček	Robert Medinger	Albert Peter- Pirk-ham	Phöbus Knicker	Alois Hobel-sperger	Rupert Kastner	Helmut Höhn	Willibald Reder	Adolf Frisch	Robert Lang
1933	Josef Resch	Franz Wlček	Robert Medinger	Albert Peter- Pirk-ham	Phöbus Knicker	Alois Hobel-sperger	Rupert Kastner	Helmut Höhn	Ernst Gschließer	Adolf Frisch	Robert Lang
1934	Richard Schmitz	Franz Wlček	Robert Medinger	Albert Peter- Pirk-ham	Phöbus Knicker	Alois Hobel-sperger	Rupert Kastner	Helmut Höhn	Ernst Gschließer	Adolf Frisch	Robert Lang
1935	Odo Neustädter-Stürmer, Josef Dobrets-berger	Franz Wlček	Fritz Knechtl-Ostenburg	Albert Peter-Pirkham	Phöbus Knicker	Johann Schmid	Franz Jenko	Leopold Thomas	Ernst Gschließer	Bruno Fußenegger	Josef Hammerl
1936	Josef Dobrets-berger	Franz Wlček	Fritz Knechtl-Ostenburg	Albert Peter-Pirkham	Karl Görtz	Johann Schmid	Franz Jenko	Leopold Thomas	Ernst Gschließer	Bruno Fußenegger	Josef Hammerl
1937	Josef Resch	Franz Wlček	Fritz Knechtl-Ostenburg	Albert Peter-Pirkham	Karl Görtz	Johann Schmid	Franz Jenko	Egon Ura-nitsch	Benno Igler	Fritz Preiß	Josef Hammerl

1938 bis 1945 – NS-Regime:

Jahr	PräsZweigst	StvPräs	Oberdonau	Tirol-Salzburg/ab 1942 „Alpenland"	Steiermark-Kärnten	Wien-Nieder-donau
1938	Friedrich Gärtner	Walter Opitz		Franz Jenko		
1939	Friedrich Gärtner			Wilhelm Kohl		
1940	Friedrich Gärtner		Gustav Böhm	Wilhelm Kohl		
1941			Gustav Böhm	Heinrich Peckert	Walter Opitz	Alfred Proksch
1942			Gustav Böhm	Heinrich Peckert	Walter Opitz	Alfred Proksch
1943			Gustav Böhm	Heinrich Peckert	Walter Opitz	Alfred Proksch
1944			Gustav Böhm			Alfred Proksch
1945			Gustav Böhm			

Arbeitsämter der „Ostmark" 1938–1945 (wiederholt Änderungen unterworfen):

LAA Wien-Niederdonau:

AA Amstetten (Nebenstellen: Scheibbs, Waidhofen/Ybbs),

AA Eisenstadt (NSt: Bruck/Leitha, Engerau, Hainburg, Kirchschlag, Mattersburg, Oberpullendorf),

AA Gmünd/Niederdonau (NSt: Neubistritz, Waidhofen/Thaya, Zwettl),

AA Krems (NSt: Eggenburg),

AA Gänserndorf (NSt: Mistelbach),

AA St. Pölten (NSt: Hainfeld, Herzogenburg, Pöchlarn, Neulengbach, Traisen),

AA Stockerau (Hollabrunn, Korneuburg, Tulln),

AA Wien I. (NSt: Wien-Groß-Enzersdorf, Wien-Klosterneuburg, Wien-Langenzersdorf, Wien-Liesing, Wien-Mödling, Wien-Purkersdorf, Wien-Schwechat),

AA Wiener Neustadt (NSt: Aspang, Baden, Gloggnitz, Neunkirchen, Pottendorf, St. Veit/Tr.),

AA Znaim (NSt: Lundenburg, Mißlitz, Nikolsburg)

LAA Oberdonau:

AA Linz, (Nebenstellen: Eferding [1942: nicht vermerkt], Freistadt, Grieskirchen, Perg, Rohrbach, Wels)

AA Braunau (NSt: Ried/I., Schärding)

AA Gmunden (NSt.: Bad Aussee, Bad Ischl, Vöcklabruck)

AA Krummau/Moldau (NSt: Hohenfurth, Kaplitz, Oberplan)

AA Steyr (NSt: Bad Hall, Kirchdorf/Kr., Weyer)

LAA Steiermark-Kärnten:

AA Bruck/M.

AA Gleisdorf

AA Graz

AA Judenburg

AA Klagenfurt

AA Liezen

AA Villach

LAA Tirol-Salzburg (ab 1942: „LAA Alpenland"):

AA Bregenz

AA Innsbruck

AA Landeck

AA Salzburg

1945 bis 1957 – Zweite Republik:

Jahr	Bundesminister für soziale Verwaltung	Sektionschef der Sektion für Sozialpolitik	Burgenland	Kärnten	Niederösterreich (St. Pölten)	Oberösterreich	Salzburg	Steiermark	Tirol	Vorarlberg	Wien
1945	Johann Böhm	Josef Hammerl	–	Robert Freisinger	Max Brandstetter	Viktor Guttmann	–	Karl Birzele	Franz Jenko	–	Adolf Watzek
1946	Karl Maisel	Josef Hammerl	Karl Jelinek	Robert Freisinger	Max Brandstetter	Viktor Guttmann	Konrad Pfitzner	Karl Birzele	Franz Jenko, Ludwig Delle-Karth	Josef Mayer	Adolf Watzek
1947	Karl Maisel	Josef Hammerl	Karl Jelinek	Robert Freisinger	Max Brandstetter	Viktor Guttmann	Konrad Pfitzner	Karl Birzele	Ludwig Delle-Karth	Josef Mayer	Adolf Watzek
1948	Karl Maisel	Josef Hammerl	Karl Jelinek	Robert Freisinger	Max Brandstetter	Viktor Guttmann	Konrad Pfitzner	Karl Birzele	Ludwig Delle-Karth	Josef Mayer	Adolf Watzek
1949	Karl Maisel	Josef Hammerl	Karl Jelinek	Robert Freisinger	Max Brandstetter	Viktor Guttmann	Konrad Pfitzner	Karl Birzele	Ludwig Delle-Karth	Josef Mayer	Adolf Watzek, Arthur Hilbert
1950	Karl Maisel	Josef Hammerl	Karl Jelinek	Robert Freisinger	Max Brandstetter	Viktor Guttmann	Eduard Bodlicka	Karl Birzele	Ludwig Delle-Karth	Josef Mayer	Arthur Hilbert
1951	Karl Maisel	Josef Hammerl	Karl Jelinek	Hans Kraus, Oskar Kasparek	Max Brandstetter	Viktor Guttmann	Eduard Bodlicka	Karl Birzele	Ludwig Delle-Karth	Josef Mayer	Arthur Hilbert
1952	Karl Maisel	Josef Hammerl	Karl Jelinek	Oskar Kasparek	Max Brandstetter	Viktor Guttmann	Eduard Bodlicka	Karl Birzele	Ludwig Delle-Karth	Josef Mayer	Arthur Hilbert
1953	Karl Maisel	Josef Hammerl	Johann Moser	Oskar Kasparek	Max Brandstetter	Viktor Guttmann	Eduard Bodlicka	Karl Birzele	Ludwig Delle-Karth	Josef Mayer	Arthur Hilbert
1954	Karl Maisel	Josef Hammerl	Johann Moser	Oskar Kasparek	Max Brandstetter	Viktor Guttmann	Eduard Bodlicka	Karl Birzele	Ludwig Delle-Karth	Josef Mayer	Arthur Hil-bert
1955	Karl Maisel	Josef Hammerl	Johann Moser	Anton Choc	Max Brandstetter	Viktor Guttmann	Eduard Bodlicka	Karl Birzele	Ludwig Delle-Karth	Josef Mayer	Arthur Hilbert
1956	Anton Proksch	Josef Hammerl	Johann Moser	Anton Choc	Max Brandstetter	Viktor Guttmann	Hubert Schimmerl	Karl Birzele	Ludwig Delle-Karth	Josef Mayer	Arthur Hilbert
1957	Anton Proksch	Josef Hammerl	Johann Moser	Anton Choc	Max Brandstetter	Viktor Guttmann	Karl Schmidt	Karl Birzele	Ludwig Delle-Karth	Josef Mayer	Arthur Hilbert

Autoren

Mag.iur. Mag. phil. Mathias Krempl
Projektassistent am Institut für Zeitgeschichte der Universität Wien und „prae doc"-Assistent am Institut für Rechts- und Verfassungsgeschichte der Universität Wien

Mag. phil. Johannes Thaler
Projektassistent, Dissertant und ehemaliger studentischer Sprecher des „Initiativkollegs Europäische historische Diktatur- und Transformationsforschung" am Institut für Zeitgeschichte der Universität Wien